• 当代财经管理名著译库
• DSGE经典译丛

张同斌 译

[西] 阿方索·诺瓦莱斯（*Alfonso Novales*）
埃丝特·费尔南德斯（*Esther Fernández*） 著
杰斯·鲁伊斯（*Jesús Ruiz*）

经济增长
理论和数值求解方法

Economic Growth
Theory and Numerical Solution Methods

（第二版）
（*Second Edition*）

东北财经大学出版社
Dongbei University of Finance & Economics Press
大连

辽宁省版权局著作权合同登记号：06-2016-182

图书在版编目（CIP）数据

经济增长：理论和数值求解方法 / （西）阿方索·诺瓦莱斯（Alfonso Novales）等著；张同斌译. —大连：东北财经大学出版社，2019.1（2022.4重印）
（DSGE经典译丛）
ISBN 978-7-5654-3351-1

Ⅰ. 经… Ⅱ. ①阿… ②张… Ⅲ. 经济增长理论-研究 Ⅳ. F061.2

中国版本图书馆CIP数据核字（2018）第255400号

东北财经大学出版社出版发行
大连市黑石礁尖山街217号　邮政编码　116025
网　址：http://www. dufep. cn
读者信箱：dufep @ dufe. edu. cn
大连天骄彩色印刷有限公司印刷

幅面尺寸：185mm×260mm　字数：556千字　印张：25.5
2019年1月第1版　　2022年4月第2次印刷
责任编辑：李　季　王　玲　　责任校对：田　杰
封面设计：冀贵收　　版式设计：钟福建
定价：89.00元

教学支持　售后服务　联系电话：（0411）84710309
版权所有　侵权必究　举报电话：（0411）84710523
如有印装质量问题，请联系营销部：（0411）84710711

《DSGE经典译丛》编委会

本书得到

辽宁省高等学校创新人才支持计划（编号：WR2016014）和国家自然科学基金项目（项目号：71303035）资助

作者简介

Alfonso Novales 是西班牙马德里康普顿斯大学数量经济系经济学教授，他分别于明尼苏达大学、巴斯克大学获得经济学博士与数学博士学位，毕业后，在纽约州立大学石溪分校担任助理教授。他还曾担任西班牙经济学会会长和 Fundación de Estudios de Economía Aplicada（FEDEA）主席。在 *Econometrica, Journal of Economic Dynamics and Control, Journal of Macroeconomics, International Journal of Forecasting, Journal of Forecasting, Journal of Time Series Analysis, Journal of Banking and Finance, Economic Modelling, Computational Economics, Journal of International Financial Institutions, Markets and Money, International Journal of Money and Finance, Applied Financial Economics, Applied Economics Letters, International Journal of Finance* 等杂志上发表了多篇学术论文，参与撰写了多本宏观经济学与计量经济学著作，他还是西班牙 McGrawHill 出版的 *Econometria* 和 *Estadisticay Econometría* 两本教材的作者。他的研究方向包括经济政策评价和金融计量经济学等。

Esther Fernández 是西班牙马德里康普顿斯大学数量经济系经济学副教授，她的博士学位论文被评为1999年马德里康普顿斯大学优秀经济学博士论文。她的研究方向包括货币理论、经济增长和环境经济学，她在 *Journal of Economic Dynamics and Control, Energy Policy, Economic Modelling* 以及西班牙一些学术杂志上发表了多篇论文。

Jesús Ruiz 也是西班牙马德里康普顿斯大学数量经济系经济学副教授，他于1997年在马德里康普顿斯大学获得经济学博士学位。在 *Journal of Economic Dynamics and Control, Energy Journal, Energy Policy, International Review of Economic and Finance, Economic Modelling, Applied Financial Economics, Spanish Economic Review* 和其他西班牙杂志上发表学术论文。他参与撰写了《可计算经济学》教材的部分章节，研究方向包括采用动态宏观经济模型进行经济政策评价、环境经济学等。

译者序

经济增长一直是世界各国经济研究中十分重要的内容，有关经济增长的理论模型也层出不穷，如新古典增长模型、内生增长模型等。这些模型具有诸多优点，它们将微观经济与宏观经济进行了有效结合，从微观层面的家庭、企业等经济主体构建模型，以分析宏观层面的政策变动导致的经济产出与社会福利变动。同时，这些模型具有理论上的严谨性和灵活性，模型设定的过程本身就是理论框架的构建过程，且在模型的设定过程中，可以加入各类因素，如市场摩擦、非完全理性预期等。随着理论模型的进展与完善，数值模拟已经成为理论模型求解与经济增长研究中不可或缺的工具。

在阅读文献和学习模型的过程中，我通读了《经济增长：理论和数值求解方法》（*Economic Growth Theory and Numerical Solution Methods*）一书，发现该书对于经济增长研究的理论框架与模拟方法的设定形式、求解算法论述得十分清楚，特别是，该书提供了所有相关模型的程序，并结合Excel和MATLAB实现了模型的模拟，将知识清晰易懂地展现给读者。该书的结构为：第1章为引言；第2章介绍并给出了具有恒定储蓄率的新古典增长模型；第3章和第4章介绍了最优增长问题，给出了确定性的连续和离散时间模型；第5章给出了多种模型的数值解求法；第6章和第7章说明了连续和离散时间的内生增长模型以及扩展的内生增长模型；第8章和第9章介绍了货币外生增长模型，进行了转移动态的分析。全书由浅入深，结构合理，论述清晰，对于经济增长的研究具有很大帮助。

在本书的翻译过程中，首先要感谢东北财经大学出版社的李季老师，感谢她卓有成效的工作。我的硕士研究生王树贞、刘琳、张敏晗和我进行了全书的翻译工作，硕士研究生刘俸奇、马晴晴、刘巧红和我本人进行了全书的校对。此外，作者十分感谢辽宁省高等学校创新人才支持计划（编号：WR2016014）和国家自然科学基金青年项目（项目号：71303035）的资助。

由于本人和学生的能力所限，书中部分内容的翻译可能不尽如人意。虽然我们对经济增长相关理论的研究和学习还不够深入，但我们确信本书中有关经济增长理论与模拟方法的清晰描述，可以使得读者能够全面了解经济增长理论的基本知识，有助于其经济增长等相关问题的学习和研究。最后，在全书翻译过程中出现的错误和问题，恳请专家和读者批评指正，烦请您将意见发送至我的邮箱econometricsdufe@163.com，我们将进一步学习和改进，谢谢。

张同斌

2018年秋于大连

第二版前言

中央银行、政府经济咨询部门对动态、随机、一般均衡模型的依赖性逐渐增强。动态随机一般均衡模型基于经济中不同主体的优化行为，可以预测不同的经济政策对于整体经济的影响。写作本书的目的就是让读者理解这些模型背后的理论，以及研究政策效应所必需的数值解法。

本书以适宜难度介绍模型构建、模拟和政策评价的有关内容，试图包括外生和内生的、非货币与货币随机增长模型。在所有的模型中，经济主体都在不确定情形下求解动态最优化问题。例如，新凯恩斯宏观经济中市场出清的一般均衡模型、包含摩擦与价格黏性的垄断竞争模型等。本书中所有的模型都假定存在一个代表性的主体，不存在异质性。

理论模型往往缺少解析解，因此通过数值求解的统计性质描述宏观经济的特征已经成为常态，例如主要变量间的相关系数矩阵、估计回归方程和冲击响应函数等。本书具有双重作用：一是提供一个线索，将文献中零散的模型加以整合；二是提供不同模型的数值模拟程序。与其他介绍经济增长的书不同，本书既没有从frequentist的角度，也没有从Bayesian方法视角讨论这些模型的估计方法，这些需要另外的一本书去论述。

对于每一个模型，我们给出了模型的结构，关注于每个主体的信息集、目标函数和约束等，然后分析了均衡的条件，描述了实现数值模拟的方法。在一些例子中，Excel文件可以用于一个简单的均衡求解，读者可以掌握数值模拟方法的细节。在全部的例子中，Matlab文件则可以用于任意的求解过程。

数值求解可以用于解释每个模型的理论特征，讨论模型中的经济政策效应。在本书的每一章中，都包括“数值练习”一节，用以讨论给定的模型或特定政策效应的特征。当模型由外生转变为内生、非货币转换为货币模型时，用于进行数值求解的程序也变得复杂。由于这些程序不需要数学编程的基础，读者可以尝试学习如何撰写这些程序。

我们收到了许多有关本书第一版的评价，大多来自科研机构，还有中央银行。其均指出本书中的主题与一些著名经济学杂志、中央银行或国际经济组织（OECD、IMF、世界银行）的报告紧密相关。读者会发现，理解这些模型的表述以及求解方法，将有助于他们在模型中加入一些政策设定，并求解更为复杂的模型。在本书第二版出版之际，我们要感谢所有的读者，感谢他们的耐心和反馈。

与第一版相比，本文第二版修正了部分印刷和排版的错误。另外，还改进了符号表示方法。由于技术因素，本书中程序的网址也发生了变化，Excel工作表和Matlab程序的下载网址变动为：https://www.ucm.es/fundamentos-analisis-economico2/growth-textbook。

Alfonso Novales Esther Fernández Jesús Ruiz
于 Pozuelo de Alarcón
西班牙 马德里

第一版前言

将经济理论与数值求解相结合

包含经济主体最优化的动态、随机模型已经成为世界范围内中央银行和政府部门从事政策设定、政策评价的标准工具，这些模型也通常作为预测的参考。动态随机模型可以包含新凯恩斯宏观经济学中的一般均衡假定，包含现代经济周期理论、各类市场摩擦模型、设定价格刚性或垄断竞争形式等。实际上，上述模型均是现代经济增长理论的特殊情形，而本书中的理论和计算方法将成为该领域研究的起点。

本书将确定性和随机性、外生与内生增长模型的理论，与进行数值模拟的计算方法进行有效结合，即本书不仅提供了求解不同模型的解析方法和数值方法，并将求解算法应用于Excel和Matlab文件且进行了举例说明，这些文件用于解释理论结果，也可以模拟经济政策效应。本书中所涵盖的理论问题包括竞争性均衡的非有效性、李嘉图理论、动态拉弗曲线、通货膨胀的福利损失、价格水平的名义不确定性、内生增长模型的局部不稳定性等。在可能的条件下，把理论层面的解析与数值方面的求解相结合，将回答一系列不能应用解析法求解的问题，这也成为本书的一个创新。

有关读者

本书的读者对象是经济学高年级的本科生、研究生以及从事各类动态随机增长模型研究的研究者。如前所述，本书中的许多应用对于年轻的研究者而言是值得关注的。本书详细进行了模型的解析，而且不要求读者具有经济增长的知识背景。模型的软件程序也采用统一的符号表示，这使得程序文件对理论的描述变得简单易懂。由于本书包含了一些较为复杂的模型，程序也随之变得繁琐，但读者可以从第1章的简单程序开始顺利地过渡到内生增长模型中更为复杂的，或者用于分析货币经济学的程序等，并且不要求读者具有程序设计的基础。

本书是一个完整的体系，既可以用于讲授理论的进展，也可以用于同时处理计算问题。程序的结构、程序的结果均在每章的数值练习部分进行描述和说明，这些练习部分应该作为学习过程中不可或缺的一部分，根据程序文件的引导，读者可以形成和分析自己独特的问题。

主要思想

外生和内生增长模型是本书的主线，并且重点为财政和货币政策分析模型。一般而言，本书首先介绍模型的结构，接着描述模型的均衡条件。描述均衡条件时，着重强调横截性条件以保证隐含解的稳定性。稳定性是本书的一个重要内容，也是构建不同模型求解算法的核心问题。

尽管本书并不是一本关于经济政策的教材，但其大多数模型都纳入了不同的扭曲性或非扭曲性税收，以分析一系列政策问题。此外，非货币增长模型中的财政政策在第2~4章（外生增长模型）和第6~7章（内生增长模型）中介绍，本书第一部分刻画了动态增长模型中可能的动态拉弗曲线效应，以及在人力资本累积模型中的财政政策效应等问题。第8~9章重点分析包含财政政策变量和参数的货币经济学，这为讨论财政与货币政策的相互作用以及它们之间的协调性提供了可能。每一个模型均以稳态特征分析为起点，进而描述了不同政策干预的长期效应。稳态条件则以线性或近似对数线性的方式呈现，并且每个例子中每种政策设定下都将一般求解方法具体化以计算数值解序列。我们特别关注于刻画给定的政策干预效应在不同稳态间的转换特征。大部分模型均以连续或离散时间的方式呈现，以便读者熟悉两种形式。有时，一个模型可能采用两种不同的方法进行求解，使得读者更好地理解模型求解技术。

本书各章中"数值练习"的一节讨论了每个具体模型的数值解法，包含了一些政策实验的评价。大多数问题，例如技术扩散模型、不确定性熊彼特模型数值解法的细节，目前为止均是在论文中出现，在教材中则是首次出现。

内容概述

本书引言部分介绍了用于政策分析的理性预期增长模型，以及进行数值求解的必备知识。第2章以连续时间与离散时间两种形式，描述了一个具有不变储蓄率的新古典Solow-Swan增长模型。第3章介绍了连续时间的最优增长模型，具体分析了一个最优稳态的存在性并描述了稳态条件，展示了仁慈的中央计划者问题中产生的资源配置与竞争性均衡机制之间的关系。此外，还分析了政府的作用，引入了财政政策，构建了包含税收的竞争均衡经济体，并解释了李嘉图理论。第4章表述了离散时间形式下的上述问题，引入了数值求解以用于政策评价，同时考虑了模型的确定性和随机性两种形式。

第5章专注于求解方法，以及在扭曲性与非扭曲性税收两种情形下，该方法在求解最优增长模型中的应用。这一章包括一些线性求解方法，以及一些线性与非线性近似，例如线性二次近似、待定系数方法、状态空间模型、基于特征根–特征向量的分解方法，和一些非线性模型，例如参数化期望方法、一类投影方法等。并且，特别强调了求解方法在保证隐含解稳定性时的条件。

第6章引入了一些连续和离散时间形式的内生增长模型，包含财政政策工具的确定性和随机性AK模型是分析和扩展的基础，紧接着讨论了动态拉弗曲线的可能性。此外，还介绍了一个更为广义的重要转换模型，AK模型是其一种特殊形式。第7章主要是扩展的内生增长模型，包括具有不同产品部门的随机经济体、技术扩散、熊彼特增长、人力资本累积等细节与求解方法。第8~9章主要是货币经济学中的增长问题。第8章引入了基本的Sidrauski模型并讨论了该类模型实际研究中的一些建模问题，稳态下货币政策与财政政策的相互关系等，重点是描述财政与货币政策的可行组合，以及合适政策目标的选择。同时，还引入了最优通胀率的概念，讨论了在存在和不存在扭曲性税收情形下财政与货币政策的搭配问题，检验了内生劳动供给下非中性货币政策的条件。最后，本章还描述了有关最优货币政策选择的拉姆齐问题。第9章刻画了确定性和随机性货币经济学的转移动态特征并说明了其数值求解方法，描述了货币当局采用名义利率还是货币增长率作为货币政策控制变量时的细节，重点在于关注货币政策的具体设定导致名义不确定性上升的可能性。本章最后介绍了一个在实际政策制定中应用日益广泛的新凯恩斯货币主义模型，并详细分析了其均衡条件以及数值求解方法。

更为详细的概述见本书第1章第1.5节。

软件

如前所述，本书还提供了一系列Matlab和Excel文件用于理论分析，其中，Excel文件可用于计算一个给定模型的简单实现，这在确定性经济中已经足够了。Matlab文件可以用于同样的分析。特别是，在随机经济体研究中，通过大量数据实现对于给定统计量的概率分布描述在Excel中变得不可能，只有Matlab程序才能顺利实现。所有的Matlab和Excel文件可以从我们的网站上下载：https://www.ucm.es/fundamentos-analisis-economico2/growth-textbook。

先驱与致谢

多年来，我们受益于多本有关经济增长与动态一般均衡经济的教科书[Barro and Sala-i-Martin (2003), Aghion and Howitt (1999), Stokey and Lucas (1989), Blanchard and Fisher (1998), Lucas (1987), Sargent (1987), Ljunquist and Sargent (2004), Hansen and Sargent (2005), Cooley (1995), Turnovsky (2000), Walsh (1998)]。当然，文责自负。

通过在外生增长与内生增长的非货币与货币模型分析中将理论与计算分析相结合，我们致力于对浩瀚的经济增长文献做出一点贡献。尽管我们在第5章对不同的求解方法进行了详细讨论，本书还是重点使用了Blanchard and Kahn (1980)方法的变形，部分上应用了Ireland (2004)[http://www2.bc.edu/~irelandp/programs.html]的研究。近期有关动态经济计算方法的教材[Judd (1998), Heer and Maussner (2005), Marimon and Scott eds. (1997), de Jong and Dave (2007), Miranda and Fackler (2002), McCandless (2008)]也提供了参考和模型求解的其他方法。

在明尼苏达大学研究生项目中，将动态模型应用于时间序列分析，或者采用实际数据检验模型的思想是传统且十分重要的，这也深刻地影响了本书的写作。于我们而言，尤为重要的是Stephen Turnovsky, Tom Sargent, Christopher Sims的教学。在学习中，我们知道，经济学的进展应来源于理论模型与实际数据的反复检验，即任何现代经济（模型）都应有统计含义。

本书此前在西班牙马德里康普顿斯大学、日本横滨大学、日本东京的庆应义塾大学高年级本科生与研究生经济学、数理金融学的课程上作为教材使用。我们感谢参与初稿撰写的学生，感谢他们的耐心参与。感谢Yoshikiyo Sakai和Yatsuo Maeda与我们的讨论。此外，还要特别感谢我们的同事和朋友Emilio Domínguez, Javier Pérez, Gustavo Marrero有益且有启发性的讨论。最后，最真挚的谢意给予我们的家庭，感谢在本书长期的创作过程中他们给予的理解。

Alfonso Novales Esther Fernández Jesús Ruiz
于 Pozuelo de Alarcón
西班牙 马德里

目录

第1章

引　言

本书根据增长理论和数值方法充分描述了大多数增长模型的特性。在引言中，我们描述不同增长模型的主要特征及其在政策分析方面的应用，全世界主要的经济金融机构也越来越依赖于这些模型进行预测和政策评估。特别是，在微观基础上形成的增长模型使我们能够解决一系列更为广泛的政策性问题，而不是局限于传统的动态模型的框架中。如下所述，本文对基本的增长模型进行了扩展。其具体包括：(a) 储蓄率不变的新古典增长模型；(b) 最优增长模型；(c) 数值解方法；(d) 内生增长模型；(e) 货币增长模型。本书对每一个模型都进行了理论的讨论，尤其是描述了均衡解的特性以及在财政政策上的使用，同时用专门的一章描述了货币政策。此外，本书提供了所有相关模型的求解算法，并且结合Excel工作表和Matlab程序来实现这些算法。在数值练习章节中，将会对这些程序的运行结果进行评述，同时在程序可能改进的地方给出一些提示。本书尽可能将知识清晰易懂地展现给那些没有学过经济增长以及数学软件的学生。在本书的分析中，我们使用统一的符号，使读者更加容易了解程序的结构并且尽快学会怎样将其应用于其他设定和理论假设情形。

经济增长模型包含很多具体的假设，这些假设关于偏好、技术、随机性和政府的政策规则等，同时也包括描述不同主体在每一时期所做的决策和在他们做决策时所掌握的信息之间的联系。在不确定的情形下，经济主体对未来的预期明显影响着他们的行为。增长模型并没有特定的假设解释为何期望可以影响个体的决策。相反，为每个个体设定的优化问题的解决方案导致了相异个体具有不同的决策规则，它们以一种非常具体的方式包含未来变量函数的期望。如果在模型中假设理性预期，预期将会是内生变量，与模型结构完全一致，并且包含经济主体对可能发生的政策变化的预期。只有这样，诺贝尔奖获得者卢卡斯才认为这些模型能够经受住传统的经济政策评价方法的批判，并在过去的几十年内已经产生了深远的影响。如下文所述，这就是在中央银行的研究部门以及主要的国际经济组织运用这些模型去预测和评估各种政策的原因。

另一个问题是，根据随机控制问题整合而成的增长模型不具有解析解，所以应该采用数值模拟的方法进行求解。例如，蒙特卡洛（Monte Carlo）方法在随机增长模型中的应用。该模型的数值解以人工生成的时间序列的形式出现，可以用标准统计和计量经济学工具进行分析，将其结果与实际经济中相应的时间序列数据相比较，这是本章讨论的主要问题，并且之后会逐渐在全书中展开。第1.1节基于简单的时间序列模型复习了相关统计概念；第1.2节介绍了简单的动态宏观模型，以及一些新增的概念和贯穿全文的模拟方法；第1.3节介绍了增长模型的主要特征，并与传统动态宏观模型进行了比较。通过关注模型处理传统政策评估批判的方法，这一小节描述了增长模型的优点与各种不同的形式；第1.4节解释了获得增长模型数值解的必要性、它们的用途，以及这种方法如何改变我们所提出的政策问题的类型和我们得到的答案的类型。引言的最后是本书的概要，其中包括对引言提到的问题的处理。

1.1 时间序列的相关概念

在经济学中充满了有关重要变量动态性质的评论。例如，我们或许会说通货膨胀是持续的，总消费和GNP经历周期性的波动，工作时间与生产效率之间相互独立。就这些变量的时间序列表示形式而言，其有着直接的意义。有时，我们会更加具体，当我们说股票交易回报率为白噪声序列时，就意味着它们不可预测。这种不可预测性来自于预测白噪声的过程，不论未来时间多久，都是一样的。白噪声过程均值的预测值将会在资产回报问题中被假设为0。如果收益率采取对数形式，例如市场价格对数的一阶差分，那么价格自身将会遵循随机游走过程。这些特性并不能独立讨论，因为它们仅仅是股票市场价格描述的两种不同形式，在某种程度上，我们或许可以说经济有可能像前一年那样重复它的增长形式，当然这包含假设每年的GNP增长服从随机游走过程，它的最优预测为最后一期的观测值。另外，实际工资增长或者通胀的高持续性表现为在一阶自回归模型中自回归系数接近1。在本节中，我们简要复习随机过程的基本概念，这些概念经常用于表示经济变量的特征。

1.1.1 简单的随机过程

随机过程是指以时间为序的一系列随机变量值，在随机过程中，每一个随机变量在给定的时间t都有对应的概率分布。这些分布可以是不同的，且在随机过程中任意两个随机变量可能表现出某种类型的相关性或独立性。

白噪声过程为：

$$y_t = \varepsilon_t, t = 1,2,3,\cdots$$

其中，$\varepsilon_t, t = 1,2,\cdots$是一个独立同分布、均值为零的序列，为此过程的新息。白噪声过程有时还假设ε_t服从正态分布，数学期望为零，方差为常数，即$Var\left(y_t\right) = \sigma_\varepsilon^2$。更为一般地，我们考虑带有常数项的白噪声过程，即在随机过程中包含一个常数项：

$$y_t = a + \varepsilon_t, t = 1,2,3,\cdots$$

其中，白噪声的数学期望为$E(y_t) = a$，方差为$Var(y_t) = \sigma_\varepsilon^2$。

带有漂移项的白噪声的未来值为：$y_{t+s} = a + \varepsilon_{t+s}$。因此，如果要根据时刻$t$所得的信息[①]去预测白噪声的未来值，将会得到：

$E_t y_{t+s} = a + E_t \varepsilon_{t+s} = a,$

根据ε_t的性质，在这种情况下，白噪声过程不可预测。所以白噪声的预测值依赖于其均值，与先前的观测值没有任何关系。因此，白噪声过程的历史数据与未来的预测值没有任何联系。无论有多少数据，我们都不会使用它们来估计白噪声。

接下来，我们考虑带有漂移项的随机游走过程：

$$y_t = a + y_{t-1} + \varepsilon_t,\ t = 1,2,3,\cdots \tag{1.1}$$

其中，上式的一阶差分为白噪声过程。如果$y_t = \ln(P_t)$是市场价格的对数形式，那么其收益$r_t = \ln(P_t) - \ln(P_{t-1})$将为白噪声。随机游走过程没有确定的均值和方差。

对于没有漂移项的随机游走，有：

$y_{t+s} = y_{t+s-1} + \varepsilon_{t+s}, s \geqslant 1$

可以得到预测序列：

$E_t y_{t+1} = E_t y_t + E_t \varepsilon_{t+1} = y_t,$

$E_t y_{t+2} = E_t y_{t+1} + E_t \varepsilon_{t+2} = E_t y_{t+1} = y_t,$

以此类推，所有未来变量的均值都为y_t。在这里，随机游走过程的历史值与未来值是相关的，但仅仅是最后一个观测值。在随机游走过程预测中，除了最后一个数据，其他数据均可以忽略。

一阶自回归过程的形式，如下所示：

$y_t = \rho y_{t-1} + \varepsilon_t, |\rho| < 1,$

也可以写为：

$$y_t = \sum_{s=0}^{\infty} \rho^s \varepsilon_{t-s},$$

仅在$|\rho| < 1$、$Var(\varepsilon_t) = \sigma_\varepsilon^2$时，等式右边方差有限，在这种情况下，有：

$$E(y_t) = 0;\ Var(y_t) = \frac{\sigma_\varepsilon^2}{1-\rho^2}.$$

一阶自回归模型的预测值可以由下式获得：

$E_t y_{t+1} = \rho E_t y_t + E_t \varepsilon_{t+1} = \rho y_t,$

$E_t y_{t+2} = E_t(\rho y_{t+1}) + E_t \varepsilon_{t+2} = \rho^2 E_t y_{t+1} = \rho^2 y_t,$

更为一般的是：

$E_t y_{t+s} = \rho^s y_t, s \geqslant 1$

这就是我们限制$|\rho| < 1$的原因。参数ρ有时被认为用于衡量随机过程的持久性。如前所述，尽管y_t的影响将会随着时间推移而消失，但一单位y_t的增加或减少将会影响未来值y_{t+s}，而这取决于ρ值的大小。当ρ趋向于1时，y_t的影响将会持续存在于随机过程中；当ρ趋向于0时，则y_t的影响迅速消失。

在一阶自回归过程中两个时期不同值之间的协方差为：

$Cov(y_t, y_{t+s}) = \rho^s Var(y_t), s \geqslant 0,$

---

① 这相当于通过在预测表达式中加入条件期望值来形成预期，其中条件期望值与第t期的ε值有关。

所以，它们的相关系数是：

$$Corr(y_t, y_{t+s}) = \frac{Cov(y_t, y_{t+s})}{Var(y_t)} = \rho^s,$$

其与ρ值的大小密切相关。在自回归过程中，当ρ趋近于1时，y_t与过去值的相关系数在一段时间内还是很大的。

带有常数项的一阶自回归模型如下所示：

$$y_t = a + \rho y_{t-1} + \varepsilon_t, |\rho| < 1.$$

现在假设数学期望存在并有界，假设$Ey_t = Ey_{t-1}$，则有：

$$Ey_t = a + E(\rho y_{t-1}) + E\varepsilon_t = a + \rho Ey_t$$

所以$Ey_t = \dfrac{a}{1-\rho}$。为了求解y_t的方差，可以对表达式进行迭代：

$$\begin{aligned} y_t &= a + \rho y_{t-1} + \varepsilon_t = a + \rho(a + \rho y_{t-2} + \varepsilon_{t-1}) + \varepsilon_t \\ &= a(1 + \rho + \rho^2 + \cdots + \rho^{s-1}) + \rho^s y_{t-s} \\ &\quad + (\rho^{s-1}\varepsilon_{t-s+1} + \cdots + \rho^2\varepsilon_{t-2} + \rho\varepsilon_{t-1} + \varepsilon_t), \end{aligned}$$

如果将这个过程无限迭代，根据$\lim_{s\to\infty} \rho^s y_{t-s} = 0$①，可以得到：

$$y_t = a(1 + \rho + \rho^2 + \cdots) + (\cdots + \rho^2\varepsilon_{t-2} + \rho\varepsilon_{t-1} + \varepsilon_t),$$

所以表达式的方差为：

$$Var(y_t) = Var(\cdots + \rho^2\varepsilon_{t-2} + \rho\varepsilon_{t-1} + \varepsilon_t) = \sum_{s=0}^{\infty}\rho^{2s}\sigma_\varepsilon^2 = \frac{\sigma_\varepsilon^2}{1-\rho^2},$$

由上式可得，当随机误差项σ_ε^2的方差变大时，随机过程y_t的方差也将变大，但ρ趋向于1会变大得更快。另外，当ρ为1时，一阶自回归模型变成随机游走模型，模型的方差趋近于无穷大。这是因为，根据迭代上述随机游走过程，则有：

$$\begin{aligned} y_t &= a + y_{t-1} + \varepsilon_t = a + (a + y_{t-2} + \varepsilon_{t-1}) + \varepsilon_t \\ &= as + y_{t-s} + (\varepsilon_{t-s+1} + \cdots + \varepsilon_{t-2} + \varepsilon_{t-1} + \varepsilon_t), \end{aligned}$$

无论y_t滞后多大，滞后项y_{t-s}都不会消失，并且当我们在时间上推后时，括号里的方差将会无限提高，即随机游走模型具有无限方差。如果我们假设存在已知的初始条件y_0，那么随机游走模型可以表达为：

$$\begin{aligned} y_t &= a + y_{t-1} + \varepsilon_t = a + (a + y_{t-2} + \varepsilon_{t-1}) + \varepsilon_t \\ &= \cdots = at + y_0 + (\varepsilon_1 + \cdots + \varepsilon_{t-2} + \varepsilon_{t-1} + \varepsilon_t), \end{aligned}$$

上式均值为$E(y_t) = ta$，方差为$Var(y_t) = t\sigma_\varepsilon^2$。因此，随着时间推移，方差将会趋近于无穷大。然而，如果我们在同一个时间序列图形上对比随机游走模型和平稳的自回归过程，也较难分辨哪个过程有无限方差。

一阶自回归模型的未来值可以表述为：

$$y_{t+s} = a + \rho y_{t+s-1} + \varepsilon_{t+s}, |\rho| < 1, s \geq 1,$$

其同样可以被迭代为：

$$y_{t+s} = a(1 + \rho + \rho^2 + \cdots + \rho^{s-1}) + \rho^s y_t + (\rho^{s-1}\varepsilon_{t+1} + \rho^{s-2}\varepsilon_{t+2} + \cdots + \varepsilon_{t+s}),$$

---

① 这是随机变量的极限，我们必须给出合理的极限概念。因为ρ^s的值趋向于0，随机变量值也趋向于0。

其预测值是：

$$E_t y_{t+s} = a\frac{1-\rho^s}{1-\rho} + \rho^s y_t.$$

因此，当预测的时期趋向于无穷时，预测值趋向于一阶自回归过程的均值：

$$\lim E_t y_{t+s} = \frac{a}{1-\rho},$$

1.1.2 平稳性、均值回归和脉冲响应

当k个元素$(y_{t_1}, y_{t_2}, \cdots, y_{t_k})$分布相同，并且与$k$值和时期$t_1, t_2, \cdots, t_k$相独立时，随机过程就是平稳的。当预测时间趋向无穷时，未来的预测值趋向于其均值，符合平稳随机过程的性质，在白噪声的例子中这一点很明显。另一个特性是，在任何时期其会经常与样本均值相交。然而，非平稳过程在大多数时期会在样本均值的任意一边。例如，在一阶自回归模型中，任意两个值的相关系数序列组成的自相关函数将会很快趋向于0，而非平稳过程趋向于0的速度将会很慢。

当不存在随机新息冲击，即新息的方差为0时，平稳的自回归过程将会平滑并相对较快地收敛到数学期望。y_t过程将会从上方或者下方收敛到$\frac{a}{1-\rho}$，这取决于初始值y_0是在$\frac{a}{1-\rho}$的上方还是下方，而收敛速度取决于自回归系数。当新息冲击非零时，收敛到均值将不容易观察到。因为在每个阶段都要经受初始过程的冲击，这将会导致新的收敛覆盖原有的收敛。除了受到一个很大的新息冲击或初始条件偏离$\frac{a}{1-\rho}$较远外，我们发现随着时间推移，序列值在随机过程的数学期望附近波动，标准差$\sqrt{\frac{\sigma_\varepsilon^2}{1-\rho^2}}$衡量了波动的幅度。

经过随机冲击之后序列收敛到均值的性质称作均值回归，这是平稳随机过程的性质。在平稳过程中，任何冲击都将会随着时间的推移逐渐消失。对y_t的冲击表现为新息过程的值，并且出现在各个阶段，所以均值回归过程在经受冲击之后将会在下次冲击时也受到干扰。但是，平稳过程总会对冲击做出反应，即逐渐恢复为均值。相反，非平稳的过程将会在冲击之后偏离均值。其结果是，新息过程ε_t的连续值将会使得y_t偏离它的平均值。

此外，还可以通过暂时冲击或者新息来表述这个性质。平稳过程经过暂时性冲击后，将会产生短暂的反应。相反，非平稳过程对暂时的冲击有持久的反应。因此，如果平稳变量经受了一期冲击，或许它的影响看似深远，但实际在若干期后就会消失。对于非平稳过程，一期冲击的影响将表现出持久性。白噪声是新息过程，白噪声过程产生的数据与新息产生的数据相同。因此，只要新息影响随机过程的平稳性，那么新息的影响便是持久的。在随机游走模型中则不同，随机游走的值等于上一期的值加上新息。因此，新息过程的任何值将会在随机游走过程后续值中收敛。任何冲击的影响都永久持续，这反映了随机过程的非平稳性质。在平稳的一阶自回归模型中，任何新息ε_t的值包含在同一时期的y_t中，同时以大小为$\rho\varepsilon_t$对y_{t+1}产生影响。这是因为$y_{t+1} = \rho y_t + \varepsilon_{t+1}$，即使$\varepsilon_{t+1}$=0，随机误差项$\varepsilon_t$的影响同样也会通过影响$y_t$进而影响到$y_{t+1}$。

以上阐述暗示了如何去构建脉冲响应函数。在单变量的例子中，与本节提到的随机过程一样，通过设置一期新息不为0（在该期产生冲击）而其余各期均为0，可以得到响应值。一般而言，新息取一单位值[①]。脉冲响应函数是受到新息冲击过程的值与未受到冲击时的值之差。白噪声对其新息冲击的响应是受到当期冲击的单一峰值，因为白噪声在每个阶段都等于它的新息，除了受到冲击的时期，其余都为0。在一般的随机游走模型中，零新息将会导致随机游走从初始值y_0开始，以漂移项a所决定的速率不断增长。如果在时期t^*新息值是1单位，那么随机游走在时期t^*将会增加1单位，并且在未来时期也会增加。因此在这个例子中，脉冲响应是阶梯函数，它在t^*时期以及此后各期中都为1。现在考虑平稳的一阶自回归模型，t^*时期1单位的新息将会在当期产生1单位响应，在$t+s$时期响应ρ^s的值将会逐渐减小到0。

经济时间序列的另一个重要性质表现了周期性波动的存在性。事实上，一阶自回归过程能够展示与其他许多经济时间序列相似的图形，但我们依旧讨论二阶自回归过程，

$$y_t = \rho_1 y_{t-1} + \rho_2 y_{t-2} + \varepsilon_t,$$

其中，ε_t为新息，为独立同分布序列。采用滞后算子$B^s y_t = y_{t-s}$表示上述过程：

$$y_t - \rho_1 y_{t-1} - \rho_2 y_{t-2} = (1 - \rho_1 B - \rho_2 B^2) y_t = \varepsilon_t,$$

这个过程的动态性可用特征方程的根描述为：

$$1 - \rho_1 B - \rho_2 B^2 = (1 - \lambda_+ B)(1 - \lambda_- B) = 0,$$

其中，两个根λ_+和λ_-为：

$$\lambda_+, \lambda_- = \frac{-\rho_1 \pm \sqrt{\rho_1^2 + 4\rho_2}}{2\rho_2}.$$

二阶自回归的平稳性满足两个根都小于1，如果存在大于1的根将会使序列发散增长。在含有等于1的根条件下，样本数据虽然并未显示发散增长，但同样也具有非平稳性，会产生极少经过均值点的持久振荡序列，如同随机游走模型一样。例如，随机游走模型$(1-B)y_t = \varepsilon_t$可说明这一点。

特征方程为二阶，可能会出现两个共轭复根。当存在这种情况时，自回归过程将会产生周期性波动，例如，在下述动态宏观模型中，我们也会看到y_t对新息ε_t冲击的反应出现周期性特征。

1.1.3 数值练习：模拟简单的随机过程

Excel表格*Simple simulation.xls*[②]中展示了随机过程的模拟结果。在*simulation*标签页中，A列为时期标识或时期索引，B列为从标准正态分布中产生的随机数。具体操作过程为在Excel中选择工具/数据分析/随机数生成器菜单，并且选择变量个数为1，观测值为200，正态分布期望值为0，方差为1，同时在表格中选择合适的数据生成范围。

较好的随机数生成器可以从给定分布中输出相互独立的数值，然后我们在B列中给

---

① 在处理多个变量时，可以得到这些变量的脉冲响应。为了使响应的大小可比，每一项新息都应为与其标准差相等的值，这对于不同的新息可能有很大的不同。

② 本书中全部的Excel表格和Matlab程序均来自如下网站：https：www.ucm.es/fundamentos-analisis-economico2/growth-textbook，读者可下载参阅——译者注。

出200个服从正态分布的数值，这可以解释为从正态分布$N(0,1)$中抽取200个样本数，或者为简单的白噪声序列，其新息服从$N(0,1)$概率分布，本章将采用后一种解释。在B列的最后，我们计算了样本均值和标准差，分别为0.07和1.04，同时它们也是数学期望0和标准差1的估计值。随后，我们计算了前100个和后100个观测值的标准差，分别为1.05和1.03。由此可得，基于整个样本或者两个子样本得到的估计结果基本合理，不同的样本将导致不同的数值模拟结果。

第二组（*panel* 2）包含了基于不含漂移项的随机游走模型得到的三个样本。上述过程中，唯一的参数是新息的方差，我们将分别取值1，25和100。与白噪声过程不同，根据式（1.1），实际观测后续值在时间上相互依存，所以产生随机游走的时间序列需要初始条件。这三组样本也在*RandomWalks*标签中以图形方式展现，通过图表可得三个序列都表现出冲击的持久性，200个观察值仅穿过样本均值一次。由样本构造过程可得，三个序列缺乏严格定义的均值，且方差随时间变大。如该列结尾部分所示，我们计算了样本均值和标准差，但尝试用其解释统计数据并不明智。特别是在这个例子中，我们在B列中画出了不同于白噪声的图形，读者很容易看出样本均值和方差明显的变化。事实上，在上述几列中由前100和后100个样本观测值所计算得出的标准差显然不同，并且与我们的理论结果也有所差异，因此我们不能精确估计随时间变化的数值。

第三组（*panel* 3）比较了随机游走模型与三个一阶自回归模型，这三个一阶自回归过程的系数分别是0.99，0.95和0.3。如前所述，随机游走模型可以看作是自回归系数取值接近于1的一阶自回归模型，尽管模拟过程表现出不连续性，但只要自回归系数绝对值小于1，自回归过程就是平稳的，而随机游走具有不平稳性。另外，与随机游走不同，自回归过程有确定的均值和方差。上述四个过程的时间序列图形位于标签为*AR-processes*的电子表格中，如图所示，尽管系数为0.99的自回归过程与随机游走过程在理论上存在显著差异，但模拟结果差别很小。尤其是，自回归过程只有在少数情况下才经过它的样本均值。系数为0.95的自回归模型与之类似，在样本的末端均值回归的特征才比较明显。另一方面，系数为0.3的自回归过程表现出平稳随机过程的典型特征，即在样本均值附近波动。

第四组（*panel* 4）为带有常数项以及新息服从$N(0,1)$的白噪声序列，如表中图形所示，序列基本围绕其数学期望波动，即围绕漂移项所定义的常数项波动，同时序列也经常穿过样本均值。

第五组（*panel* 5）包含了带有漂移项的两个随机游走过程，在图形中表现出确定性趋势。这是因为相对于两个新息方差为25的随机过程，漂移项数值1和3较大。如果漂移项的值变小或者新息的方差增大，那么时间序列的图形将不同，因为波动将会影响漂移的累积效应，读者可以通过减小两个过程的漂移项参数进行检验。

第六组（*panel* 6）展示了自相关系数为0.9的一阶自回归过程。在第二个例子中，我们不包含新息，所以可以认为是确定性的自回归过程。表中描述平稳随机过程性质的图形也很有趣：从初始状态开始，如果没有新息，这个过程将会平滑地收敛于其期望。但在随机自回归过程中则明显不同，因为与初始条件150和数学期望100相比，新息的方差也较大。读者可以试着将S列中的标准差从5减少到0.5，时间序列波动会较为剧烈，并且收敛过程会变得很明显。

第七组（*panel* 7）包含了二阶自回归过程。第七组前两列展示了来自如下平稳自回归模型的样本数据：

模型1：$y_t = 10 + 0.6y_{t-1} + 0.3y_{t-2} + \varepsilon_t, \varepsilon_t \sim N(0,1)$ (1.2)

模型2：$y_t = 30 + 1.2y_{t-1} - 0.5y_{t-2} + \varepsilon_t, \varepsilon_t \sim N(0,1)$ (1.3)

其中，两个序列模拟结果显示于表内的图形中。两个时间序列显示了围绕样本均值100的变动特征，如图中红线所示，第二个时间序列显示出更为明显的平稳性质，即更加频繁地经过均值。第七组后三列显示了非平稳的二阶自回归过程，它们之间也有明显不同。前两个是：

模型3：$y_t = 0.7y_{t-1} + 0.3y_{t-2} + \varepsilon_t, \varepsilon_t \sim N(0,1)$ (1.4)

模型4：$y_t = 1.5y_{t-1} - 0.5y_{t-2} + \varepsilon_t, \varepsilon_t \sim N(0,1)$ (1.5)

其中，上述两个模型包含一个单位根和另一个小于1的根①，模型3的特征方程根分别为1和-0.3，模型4的为1和0.5。最后一个自回归模型为：

模型5：$y_t = 0.3y_{t-1} + 1.2y_{t-2} + \varepsilon_t, \varepsilon_t \sim N(0,1)$ (1.6)

其中，模型5的特征方程的两个根分别是-0.95和1.25，由于存在一个根大于1，这将会使序列发散。

*Impulse response*表格中包含对以上随机过程的一次冲击：随机游走、三个一阶自回归、两个平稳的二阶自回归、三个非平稳的二阶自回归。每个过程的新息在第1~10期设为0，在第11期（t^*=11）设为1，此后各期也为0，对照组为新息在所有时期均为0。脉冲响应为t^*=11时期1单位冲击的时期路径与不存在冲击的路径之差。一阶自回归的初始值 $y_0 = 100$，当其数学期望为0，在没有任何冲击时，以自回归系数决定的速度收敛于0。二阶自回归从 $y_0 = y_1 = 100$开始，这也是它们的数学期望值，在没有任何冲击时，自回归过程将会永远停留在这个值上②。

右边的第一幅图显示了随机游走过程和上述三个一阶自回归过程的脉冲响应，它们的系数分别为0.99，0.95和0.3。如前所述，随机游走有永久性的冲击反应，而一阶自回归则从初始单位值逐渐收敛到0，其中自回归系数越小，则响应期越短。对较大的自回归系数而言，这个过程显示了较强的持续特征，这使得冲击影响的时期变长。

第二幅图显示了两个平稳二阶自回归模型的脉冲响应。读者可以证明，模型1的特征方程根为-0.32和0.92，接近于非平稳，模型2的特征方程的根为$0.6 \pm 0.37417i$，其模为0.5。它们之间的不同体现在模型1有更加持久的脉冲响应，模型2的复根表现出模型的持续振荡特性。

第三幅图展示了三个非平稳的二阶自回归模型的脉冲响应。在模型3和模型4中，图形展示了对一次性暂时冲击的永久反应，而模型5的一个根大于1，其脉冲响应呈现出发散特征。

---

① 这两个多项式可以写成$1 - a_1B - a_2B^2 = (1 - B)(1 - \lambda B)$，第二个根是$1/\lambda$。读者仅需要在每个方程中计算$\lambda$值。

② 我们有其他的做法，如一阶自回归从数学期望开始，二阶自回归从期望值附近开始。读者可以尝试这些改变。

1.2 宏观经济模型

在这一部分，我们回顾了宏观经济模型结构的主要特征，特别关注体现其特征的统计性质，因为它们也适用于分析经济增长模型。结构模型是由各类变量相关联组成的系统，其中包括经济主体的决策规则、政策规则和个体特征等。经济主体的决策规则由经济主体的优化行为得出，为隐性解。虽然我们更加关注动态结构模型，然而为使表达更为合理，我们将首先从静态宏观经济模型进行论述。

1.2.1 静态模型

线性静态模型由方程组构成，在方程中所有变量都假定处于同一期，因此该模型不需要时期下标。这个模型由同一时点上的内生变量和外生变量构成。模型的解为结构参数和外生变量表示的内生变量。当采用这种表示方法时，该模型可用于计算由外生变量和参数值表示的内生变量值，线性静态模型解存在的必要条件是方程数与内生解释变量个数相等。该模型的一个例子为（变量均为对数形式）：

$$n=\frac{d_0+a_2\bar{k}-(w-p)}{1-a_1},$$

$$n=\eta(w-p),$$

$$y=a_0+a_1n+a_2\bar{k},$$

$$y=\left[c_1(1-\tau)y-c_2(r-\pi^e)\right]+\left[i_1-i_2(r-\pi^e)\right]+\bar{g},$$

$$\bar{m}-p=m_1y-m_2r.$$

上述系统中的方程有：(a) 劳动力需求①，其值与资本存量正相关，与实际工资负相关；(b) 劳动力的供给，其与实际工资呈正相关；(c) 生产函数，决定了商品的供给；(d) 商品的总需求，由私人消费、投资（与利率呈负相关）和政府支出构成，其中政府支出固定不变，为$\bar{g}$；(e) 在货币市场的出清条件下，$\bar{m}-p$为货币供给实际余额。$\bar{m}$为由货币政策所决定的名义货币供给量，劳动力市场和商品市场市场出清由需求量和供给量所决定。静态模型的内生变量为$n,y,w-p,p,r$；外生变量为资本存量$\bar{k}$、预期通货膨胀率π^e、货币供给$\bar{m}$、政府支出$\bar{g}$；结构参数为政府税率τ、生产函数中的份额参数、货币需求函数中的弹性参数。

该模型为递归结构，可以求解简单的解析解。前两个方程为劳动力需求和供给方程，决定了劳动力水平和工资水平；第三个方程为商品供给方程，决定了产出水平；第四个方程为产品需求方程，决定了利率水平；第五个方程在货币市场中决定了产品价格。具体而言，解为：

$$w-p=\omega_0+\omega_1\bar{k};\ n=\eta\omega_0+\eta\omega_1\bar{k};$$

$$\omega_0=\frac{d_0}{1+\eta(1-a_1)};\ \omega_1=\frac{a_2}{1+\eta(1-a_1)};$$

$$y=Y_0+K_0\bar{k};\ Y_0=a_0+\frac{a_1d_0\eta}{1+\eta(1-a_1)};\ K_0=\frac{a_2(1+\eta)}{1+\eta(1-a_1)};$$

① 根据满足柯布-道格拉斯生产技术的竞争性厂商利润最大化条件求得，$Y=a_0K^{a_1}L^{a_2},a_1+a_2\leq 1$。用对数形式表达一阶关系式，其中$d_0=\ln(a_0a_1)$。

$$r=\pi^e+\frac{i_1+\bar{g}}{c_2+i_2}-R_0Y_0-R_0K_0\bar{k};R_0=\frac{1-c_1(1-\tau)}{c_2+i_2};$$

$$p=\bar{m}+m_2\pi^e-(m_1+m_2R_0)K_0\bar{k}-(m_1+m_2R_0)Y_0+m_2\frac{i_1+\bar{g}}{c_2+i_2}.$$

显然，政府支出每增加一个单位，名义和实际利率增加$\frac{1}{c_2+i_2}$，价格上涨$\frac{m_2}{c_2+i_2}$，对劳动力和产出则没有影响；货币供给增加引起价格水平同幅度的增加，但不影响其他变量，这表现出模型中货币中性的特点。类似的，在模型解的基础上，便于进行其他政策设定。我们可以研究生产函数中某个弹性变化或消费函数、投资函数和货币需求函数中弹性变化的潜在效应。具体处理方法有两种：第一种方法为，假定该模型表示长期，在外生变量和参数值变化的情况下进行求解以得到内生变量的长期均衡值；在外生变量和参数值变化之后，对内生变量重新进行计算，再次得到均衡值，也就是说，在模型参数发生变化后，内生变量有足够长时间达到均衡值并在经济中持续存在。基于该视角，模型的静态性是相对于短期调整而言的。第二种方法为，假设外生变量$\bar{k},\pi^e,\bar{m},\bar{g}$的时间路径，以及结构参数如税率$\tau$的值，然后计算内生变量$n,y,w-p,p,r$的潜在时间路径。在该情形下，静态模型部分特征可以与时间序列观察到的统计特征相对比。在这样一个特殊的模型中，资本存量不变为短期假设。如果这个模型表示长期范围，应加入一个投资等式。

一般而言，线性静态模型可写为：$Ay=B+Cx$，其中x是一个向量为$k\times1$维的外生变量向量，而y是一个$s\times1$维的内生变量向量，另外A为$s\times s$维，B为$s\times1$维，C为$s\times k$维。根据上述静态宏观系统，$z=(n,y,w-p,p,r)'$，$x=\left(\bar{k},\pi^e,\bar{m},\bar{g}\right)'$，且：

$$A=\begin{pmatrix}1-a_1 & 0 & 1 & 0 & 0\\ 1 & 0 & -\eta & 0 & 0\\ -a_1 & 1 & 0 & 0 & 0\\ 0 & 1-c_1(1-\tau) & 0 & 0 & c_2+i_2\\ 0 & -m_1 & 0 & -1 & m_2\end{pmatrix};$$

$$B=\begin{bmatrix}d_0\\0\\a_0\\i_1\\0\end{bmatrix};C=\begin{pmatrix}a_2 & 0 & 0 & 0\\ 0 & 0 & 0 & 0\\ a_2 & 0 & 0 & 0\\ 0 & c_2+i_2 & 0 & 1\\ 0 & 0 & -1 & 0\end{pmatrix}.$$

当A为满秩矩阵时，模型的解为：

$$z=M+Nx,\text{其中}M=A^{-1}B,N=A^{-1}C \tag{1.7}$$

描述非线性静态模型的解一般比较困难，模型的一般形式为：$F\left(z_t,x_t;\theta\right)=0$，其中$\theta$代表着参数向量，其不存在类似于式（1.7）的表达式。在每个时点上，往往用数值算法求解非线性方程系统，获得以参数和外生变量表示的内生变量均衡值。但完整的非线性方程系统[①]可能没有解，可能有多个解。很多情况下，求解模型需要对$F\left(z_t,x_t\right)=0$这个方程计算线性、对数线性和多项式近似。

① 完整的非线性系统指的是方程数和内生变量数目相同的系统。

随机模型在上述模型基础上加入随机冲击，具体形式为[①]：

$$Az = B + Cx + D\varepsilon,$$

其中，ε 为 $q\times 1$ 维的外生冲击向量，D 为 $s\times q$ 维向量。如果 A 为满秩矩阵，模型有如下解：

$$z = M + Nx + P\varepsilon, \text{其中} M = A^{-1}B, N = A^{-1}C, P = A^{-1}D. \tag{1.8}$$

当上述模型处于短期时，根据给定的结构参数和外生冲击，内生变量可以写成时间序列的形式。通过一些概率分布假设条件，外生冲击可以通过蒙特卡洛（*Monte Carlo*）模拟获得。另外，该模型还将内生变量和外生变量的均值，以及内生变量的方差与外生变量以及随机误差项的方差联系起来。这个模型同时考虑了变量之间的线性相关系数[②]。新息的数量 q 将会限制统计系统的维数，例如，如果 $q=1$，任意两个或多个方程组用上述的求解过程得到的外生变量和内生变量估计的时间序列，随机误差项将会是奇异的方差-协方差矩阵。这种设定形式已经用于在不确定情况下的政策分析，例如，*Poole*［27］认为在受到货币和金融冲击时，名义利率应作为政策工具；在私人或公共消费以及投资受到冲击时，货币供应量应为最佳控制政策。

1.2.2 动态模型

在动态微观模型中明确指出，内生变量是先决变量（滞后的内生变量）、外生变量以及外生冲击的函数：

$$Az_t = B + Cz_{t-1} + Dx_t + E\varepsilon_t,$$

除了先决变量中的系数 C（s 阶方阵）以外，上式各变量含义与之前类似。通过对变量进行合适的定义，我们往往可以得到一阶向量自回归的表达形式[③]。模型的短期解可以表示为当期内生变量、外生变量、先决变量和结构参数的函数，其求解与静态模型相似。假设矩阵A是可逆的：

$$z_t = M + Nz_{t-1} + Px_t + Q\varepsilon_t,$$

其中，$M = A^{-1}B, N = A^{-1}C, P = A^{-1}D, Q = A^{-1}E.$

在静态模型中，从先决变量出发，随着时间的推移，可以模拟为外生变量的特定轨迹。与静态模型不同的是，动态宏观模型试图用内生变量描述短期波动，因此其具有长期和短期意义。由于滞后内生变量的存在，动态性意味着在一段时期内，任何政策干预或者是结构调整都会产生重要影响。因此，与纯粹的静态模型相比，这类模型有更大的意义，例如统计量的形式：短期和长期乘数，交叉相关和脉冲响应函数等。这与我们此前时间序列的统计分析中所描述的并无二致。

对于分析内生和外生变量隐含的长期关系，稳态是一个合适的概念，我们将对其作

---

① 为了简便起见，我们假设所有的随机冲击是白噪声，同时模型所包含的冲击的自回归结构也较为简易。

② 如果我们令 p_i 是 $s\times q$ 维矩阵 P 的第 p 行，那么 $Var(z_i) = p_i^{'}\sum_\varepsilon p_i$，$Var(z_j) = p_j^{'}\sum_\varepsilon p_j$，$Cov(z_i,z_j) = p_i^{'}\sum_\varepsilon p_j$，并且 $Corr(z_i,z_j) = \dfrac{p_i^{'}\sum_\varepsilon p_j}{\sqrt{p_i^{'}\sum_\varepsilon p_i}\sqrt{p_j^{'}\sum_\varepsilon p_j}}$，其中 $\sum_\varepsilon$ 是向量 ε 的 $q\times q$ 维方差-协方差矩阵。

③ 例如，如果 C_t, C_{t-1} 和 C_{t-2} 出现在模型中，那么向量 C_t 和 C_{t-1} 将会成为向量 z_t 的一部分，同时 C_{t-1} 和 C_{t-2} 将会包含在 z_{t-1} 中。这个表达式同样很容易改进以适应滞后的新息值。

如下解释。当达到稳态时，需要对于任意的t设定$z_t = z_{t-1} = z^*$以及设定任意时点外生冲击为0，且外生变量值固定不变，为x^*，求解模型得到z^*为x^*的函数。动态模型的稳态与静态模型类似，解释了模型的长期特征。当长期效应成为人们关注的焦点时，我们必须比较在给定的结构性改变和政策干预前后的稳态，换句话说，在结构性参数和外生变量值变化时进行比较。尽管静态模型可以建立这种对比，但是动态模型可以描述这种转移动态，即在旧稳态和新稳态之间内生变量的轨迹。动态模型不仅可以用来描述这种转移的持久性，而且也可以描述一些其他重要的特性，如转移路径上产出增长率、利率和生产率的变化。通过描述整个路径，动态宏观模型不仅评价了长期结构变迁和政策干预的影响，同样可以研究动态转移效应。政策制定者将会考虑任何干预政策的短期或长期的效果。更重要的是，如同我们在本书中反复看到的那样，在动态模型中，特定的政府干预政策在长期和短期有不同的表现，并且哪一个会占主导取决于转移路径的时间长度、长短期效应的大小和贴现率的大小。因此，如在静态模型中那样，仅考虑长期影响，将会对政策分析产生误导。

例如，我们考虑模型：

$$C_t = \alpha_1 + \alpha_2 Y_{t-1},$$
$$I_t = \beta_1 + \beta_2(Y_{t-1} - Y_{t-2}),$$
$$Y_t = C_t + I_t + G_t,$$

其中，C_t, I_t, Y_t, G_t分别代表私人消费、投资、产出和政府支出。该模型有三个等式，因此可以解释三个内生变量的特性。很容易看出这三个内生变量是消费、投资和产出。具体而言，第一个等式是消费方程，即用上一期产出所表示的消费函数。第二个等式描述了由上一期产出的变化量表示的投资，这可能是由资本的成本调整等原因造成的。最后一个等式是简单封闭经济中的国民生产恒等式。该模型是宏观经济中的乘数加速模型，投资对产出产生了加速影响。对于时间t而言，消费和投资方程中两个产出滞后项是前定的，同时公共支出被认为是外生变量。

如果我们有当前和未来的政府支出数据$G_1, G_2, G_3, \cdots$，和产出的初始条件Y_0, Y_{-1}，以及参数值$\alpha_1, \alpha_2, \beta_1, \beta_2$，则模型包含足够的信息供我们进行$(C_1, I_1, Y_1)$，$(C_2, I_2, Y_2)$，$\cdots$值的迭代，我们从消费等式中获得$C_1$，从投资等式中获得$I_1$，从国民收入等式中获得$Y_1$，每个时期都重复着这样的过程。这样做时，我们需要知道模型的参数值，这可从此前整体宏观经济时间序列数据中获得。或者，我们可以依据此前所描述的过程，给定外生参数初始值以及结构参数值，人工生成时间序列。

然而，并不是所有的模型都是可以识别的。与内生变量相同数量的方程是必要条件，但这对于解释某些变量为何是内生的而言并不是充分条件。为了便于理解，我们选择消费、产出和公共支出作为内生变量。在该情况下，我们从一个已知的参数值和给定的投资路径$I_1, I_2, I_3, \cdots$以及初始值Y_0, Y_{-1}开始，我们可以从消费等式中获得C_1，但是从最后一个等式去获得G_1和Y_1显然是不可能的，这表明在该种内生变量选择方法下，模型将不会被识别。

回到最初选择内生变量的情况，通过迭代，即将消费和投资方程带入到国民收入等式中，得到特征方程为：

$$Y_t-(\alpha_2+\beta_2)Y_{t-1}+\beta_2 Y_{t-2}=(\alpha_1+\beta_1)+G_t. \tag{1.9}$$

二阶差分方程显示当期的产出可以表示为前两期产出值以及当期政府支出值的函数。如下一节所示，等式左边的二阶多项式可以显示许多不同类型特征。

1.2.2.1 内生变量的动态性

现在假设，产出初始值为 Y_0,Y_{-1}，政府支出保持不变为 $G^*,G_t=G^*\ \forall t$。即使如此，产出也不是一个常数，我们有：

$$Y_1=(\alpha_2+\beta_2)Y_0-\beta_2 Y_{-1}+(\alpha_1+\beta_1)+G^*,$$

$$Y_2=(\alpha_2+\beta_2)Y_1-\beta_2 Y_0+(\alpha_1+\beta_1)+G^*,$$

$$Y_3=(\alpha_2+\beta_2)Y_2-\beta_2 Y_1+(\alpha_1+\beta_1)+G^*,$$

产出是收敛还是发散、是否稳定以及是否呈现出了波动的特征，依赖于α_2和β_2的值。有趣的是，产出存在均衡值，被定义为产出水平值，即如果经济从该值开始演变，将永远不会偏离该值，这个值通常称作为系统的稳态。实际上，这个均衡值很容易获得，在式（1.9）中我们假定产出在各时期是常数，则有：

$$Y^*=\frac{(\alpha_1+\beta_1)+G^*}{1-\alpha_2}$$

产出均衡值与所选的政府支出直接相关，根据政府支出和产出均衡值会得到私人消费和投资的均衡点 $C^*=\alpha_1+\alpha_2\dfrac{(\alpha_1+\beta_1)+G^*}{1-\alpha_2},I^*=\beta_1$。所以，经济系统将停留在稳态 G^*,Y^*,C^*,I^*。

然而，如果经济停留在这个均衡值，但政府支出发生改变，得到一个新的值 G^{**}，这个经济系统将会偏离 Y^*,C^*,I^*。随后，我们将会讨论经济是否会收敛到新的均衡值 $Y^{**}=\dfrac{(\alpha_1+\beta_1)+G^{**}}{1-\alpha_2}$，还是远离这个点。如果收敛，那么有待考虑的是振荡收敛还是平滑地趋向于这个值。

具体而言，特征方程的根为：

$$\lambda_+,\lambda_-=\frac{(\alpha_2+\beta_2)\pm\sqrt{(\alpha_2+\beta_2)^2-4\beta_2}}{2},$$

所以方程是：

$$Y_t=(\alpha_2+\beta_2)Y_{t-1}+\beta_2 Y_{t-2}=0$$

其通解是：

$$Y_t=A_1\lambda_+^t+A_2\lambda_-^t,$$

如果λ_+或者λ_-的绝对值大于1，那么产出是发散的。另外可能出现的情况为：（a）λ_+或者λ_-是实根且绝对值小于1，那么产出单调收敛到新的均衡点；（b）λ_+和λ_-是共轭复根，绝对值小于1，产出将会振荡收敛到新的均衡点；（c）λ_+和λ_-是共轭复根，绝对值远远大于1，那么产出将振荡性发散。

总之，如果λ_+和λ_-的模值小于1，产出的解稳定；反之，有一个大于1，解出现不稳定性；如果 $4\beta_2>(\alpha_2+\beta_2)^2$，根的特性变得更为复杂。

这个模型可以求解消费和投资两个内生变量中的任意一个。例如，使用消费函数从式（1.9）中消除收入值，可以得到：

$$C_t-(\alpha_2+\beta_2)C_{t-1}+\beta_2C_{t-2}=(\alpha_1+\alpha_2\beta_1)+\alpha_2G_{t-1}$$

因为消费仅由产出的滞后水平所决定，上式得到和产出相同的特征方程，所以与产出作为模型解的情形类似，消费将具有相同的动态性质。

1.2.2.2 动态乘数

根据内生变量对外生变量值变化所做的反应，我们区分了原始影响（影响乘数）和时变影响（动态乘数），以及长期的总影响（长期总乘数）。我们也要区分对外生变量冲击的暂时性改变和持久性变化的脉冲响应，在这个乘数加速数模型中，产出的二阶差分可以写作：

$$Y_t=(\alpha_2+\beta_2)Y_{t-1}-\beta_2Y_{t-2}+(\alpha_1+\beta_1)+G_t \tag{1.10}$$

将其进行一阶差分：

$$\Delta Y_t=(\alpha_2+\beta_2)\Delta Y_{t-1}-\beta_2\Delta Y_{t-2}+\Delta G_t, \tag{1.11}$$

即利用式（1.10）中t期减去$t-1$期可得上式。

这个模型展示了政府支出的影响乘数等于1，因为G改变1单位将会导致产出相应地改变1单位。通过数值模拟可以得到动态乘数。上述分析计算有些繁琐，因为要进行迭代替换过程，我们从时刻$t+1$开始改写式（1.11）：

$$\Delta Y_{t+1}=(\alpha_2+\beta_2)\Delta Y_t-\beta_2\Delta Y_{t-1}+\Delta G_{t+1},$$

$$\Delta Y_{t+2}=(\alpha_2+\beta_2)\Delta Y_{t+1}-\beta_2\Delta Y_t+\Delta G_{t+2},$$

用式（1.11）替代有：

$$\begin{aligned}\Delta Y_{t+1}=&\left[(\alpha_2+\beta_2)^2-\beta_2\right]\Delta Y_{t-1}-\beta_2(\alpha_2+\beta_2)\Delta Y_{t-2}\\&+[\Delta G_{t+1}+(\alpha_2+\beta_2)\Delta G_t],\\\Delta Y_{t+2}=&(\alpha_2+\beta_2)\left[(\alpha_2+\beta_2)^2-2\beta_2\right]\Delta Y_{t-1}\\&-\beta_2\left[(\alpha_2+\beta_2)^2-\beta_2\right]\Delta Y_{t-2}\\&+\left[\Delta G_{t+2}+(\alpha_2+\beta_2)\Delta G_{t+1}+\left[(\alpha_2+\beta_2)^2-\beta_2\right]\Delta G_t\right],\end{aligned}$$

在t期之前，产出值的变化都为0，即$\Delta Y_{t-1}=\Delta Y_{t-2}=0$。

我们要区分两个不同的情形：

a）如果政府支出的改变是永久的且值为2，我们有

$$\Delta G_t=2,\Delta G_{t+1}=\Delta G_{t+2}=\cdots=0,$$

产出的脉冲响应为：

$$\Delta Y_t=2,\Delta Y_{t+1}=2(\alpha_2+\beta_2),$$

$$\Delta Y_{t+2}=2\left[(\alpha_2+\beta_2)^2-\beta_2\right],\cdots$$

b）另一方面，政府支出改变只是暂时的，仅持续1期，且值为2，有：

$$\Delta G_t=2,\Delta G_{t+1}=-2,\Delta G_{t+2}=\cdots=0,$$

产出脉冲响应为：

$$\Delta Y_t=2,\Delta Y_{t+1}=2(\alpha_2+\beta_2-1),\Delta Y_{t+2}=2\left[(\alpha_2+\beta_2)^2-\alpha_2-2\beta_2\right],\cdots$$

所有的脉冲响应都基于政府支出规模改变的大小进行测度。这个代数表达式应与我们在Excel中具体例子的计算结果一致。在稳定的模型中，内生变量对暂时性改变外生变量的脉冲响应将会很快降到零，外生变量的永久性冲击将会使内生变量偏离之前的稳态变到新

的稳态；在不稳定的模型中，内生变量对外生变量持久或者短暂改变，将会永久偏离均衡值。在规模更大的模型中，这个动态过程可以描述得更加复杂，因为含有内生变量简化形式的方程阶数可能大于等于2，如之前的例子那样。这也是接下来我们要讨论的内容。

需要记住的是，线性模型中的乘数较容易处理。在内生变量表示为外生变量的非线性隐函数模型中，乘数依赖外生变量的变动和内生变量的初始值。如果模型是非线性的，我们无法求解特征方程，以得到稳定性的解。我们能做的是在某一点上（最好是稳态点）求得线性化模型的根。不幸的是，线性近似模型的稳定性不能保证原始的非线性模型的稳定性。第二个困难是如上述线性模型，在我们试着用给定的外生变量路径去模拟非线性模型时，需要在每一期都求解非线性方程系统。众所周知，即使解决了这些问题，这样一个系统很有可能无解、有一个解或多重解。此外，解的数量可能与变量值的范围有关，所以，某一时期的解的性质不一定在其他的时期适用。

1.2.3 随机动态模型

我们还可以很容易地设定随机模型，在这个模型中我们明确地知道，前定变量不能完全解释每个内生变量的行为。在这种情况下，可以将随机扰动作为附加项加入到某些或所有的方程中。这些随机变量将服从特定的概率分布。为简便起见，我们可以假设它们不存在序列相关，并且彼此不相关，尽管这不完全符合事实。这样，可以写出：

$$C_t = \alpha_1 + \alpha_2 Y_{t-1} + \varepsilon_{1t},$$
$$I_t = \beta_1 + \beta_2 (Y_{t-1} - Y_{t-2}) + \varepsilon_{2t},$$
$$Y_t = C_t + I_t + G_t,$$

其中，ε_{1t}是消费方程的随机扰动项，ε_{2t}是投资方程的随机扰动项。假定$E(\varepsilon_{1t}) = E(\varepsilon_{2t}) = 0$，$E(\varepsilon_{1t}\varepsilon_{1t-s}) = E(\varepsilon_{2t}\varepsilon_{2t-s}) = 0\ \forall s \neq 0$，$E(\varepsilon_{1t}\varepsilon_{2t-s}) = 0\ \forall s$。在后续内容中，我们会讨论如何处理不满足上述假定条件的情况。

对消费方程的扰动，例如，外生新息ε_{1t}值的变化将会对当期的消费产生影响，并且通过总收入方程对产出产生一定影响，但是对当前投资没有影响。然而，第t期产出增加将会对第$t+1$期及以后消费、投资及产出产生影响。ε_{2t}的冲击将会对当前投资和产出产生影响，但是对当前消费没有影响。ε_{2t}与ε_{1t}的冲击产生的影响一样，变动的影响将会从$t+1$期开始并一直持续。假设冲击发生在单一时期，例如纯粹的短暂性冲击，则这些动态反应被称为脉冲响应函数。

为了实际计算脉冲响应函数，我们先令所有随机扰动都等于均值（0），计算模型的稳态值，然后假设在其中一期随机扰动项等于其标准差，正号或负号取决于我们要分析的冲击类型。除了计算脉冲响应函数，如果我们想要计算持久冲击的脉冲响应，也可以令随机扰动项从时期t开始取值，且一直为其标准差。

因为方程可能是拟差分方程，随机扰动项可能呈现出自相关性，这是难以控制的，因此变换后的方程不具有自相关性。例如：

$$C_t = \alpha_1 + \alpha_2 Y_t + \varepsilon_{1t},$$
$$\varepsilon_{1t} = \rho \varepsilon_{1t-1} + a_t,$$

等价于：

$$C_t = \alpha_1{}' + \alpha_2 Y_t - \alpha_2{}' Y_{t-1} + \rho C_{t-1} + a_t,$$

其中，$\alpha_1' = \alpha_1(1-\rho), \alpha_2' = \alpha_2\rho, E(a_t a_{t-s}) = 0 \forall s \neq 0.$

困难的问题是，不同方程的随机扰动项彼此相关，这就需要我们引入一些假设条件。一种流行的方法就是利用因果关系的思想，在内生变量之间建立相关性等级。如果等级中第二个方程的随机扰动项是从第一个方程中的随机扰动项估计得出的，则残差将会与后者不相关，并且它将是ε_{2t}中由ε_{1t}解释不了的部分；类似地，如果第三个方程的随机扰动项可以从前两个方程的随机扰动项中估计出来，则不同方程的随机扰动项不相关。为了精确计算脉冲响应函数，模型中所有方程（除了第一个方程）必须是在它排名之前所有方程的线性组合①。

1.2.4 随机模拟

在前一节中，我们已经知道如何实现模型的模拟，以及将每一个内生变量生成预定长度的时间序列。在数值模拟前需要给定方程组内参数值、每个外生变量的时间序列、与模型中滞后内生变量数量一致的初始值，以及每个外生随机冲击的时间序列。在每个给定的时期，我们将会求得每个变量的数值。但是，我们没有充分考虑这样一个事实：模型中的随机冲击会服从于一些特定的概率分布，或者我们对于模型中的一些参数取值还不太确定。在利用蒙特卡罗模拟时，这些情况都可以考虑进去。

例如，为了充分证明这样一个事实：每个方程的冲击都是随机变量，我们模拟的模型有较大的时间样本，比如5 000，每次采样于不同时间序列的随机冲击。一般的模拟方法包括生成模型中随机冲击，并利用该模型为经济中的所有相关变量建立稳定的时间序列。如此一来，模型中冲击的概率分布就转变成了相关变量向量的概率分布。鉴于概率分布通过大量的模拟（数值解）得到，我们将计算如下部分统计量：（a）产出波动性；（b）投资和消费相对于产出的波动性；（c）消费、投资及利率与产出的相关性；（d）任何两个变量间的交叉相关性；（e）估计特定回归中的参数；（f）给定的变量对于任何其他变量冲击的响应。

当每次模拟时，对于上述统计信息我们都会获得不同的数值。如果我们进行5 000次模拟，也就是说，我们将会得到以上统计量中任何一个足够多的数值，因此，通过统计量的经验密度，我们可以近似得到它的概率分布。这样，我们就可以有准备地回答类似这样的问题：消费与产出的相关系数低于0.92，在这个模型中的可能性为多少？

通过设定先验概率分布，也可以考虑参数值的不确定性。对于每一次模拟，我们都会使用参数的不同数值，这个数值从它的先验概率分布中随机选择。在大多数的统计软件包中都存在已经设定好的用于模拟的概率分布，因此其几乎适用于每一种可能的参数值。我们仅需要根据所选择的概率分布来确定参数的值。比如，我们可以说α_2服从于正态分布$N(0.85,4)$，那么每次模拟都可以从这个分布中取值。这与具有确定参数值的情况不同。当我们校准模型，或者用计量方法来估计参数值时，参数不确定性就更有意义。在这种情况下，所有的模拟都可以用相同的α_2值（例如，当我们固定参数值时，一些隐含的统计数据与时间序列数据中的平均值相匹配）。从理论上讲，我们应该增加

---

① 这被称为Cholesky识别策略，即从原始信息方差-协方差矩阵的因子分解方法出发，导出方程组的线性变换。

模拟次数：对于每一个参数值，我们都应该进行大量的模拟，其中采用相同的参数值，但是随机扰动项不同。

最好确定参数值的联合概率分布，比如从联立方程计量经济模型的估计中得到的参数值。然而，从概率分布中抽样可能会更复杂。此外，如果之前没有估计模型，那么研究者将不会了解关于联合分布的更多特征。但是，蒙特卡罗模拟的思想就是以概率分布的形式尽可能地确定模型中我们所知道的不确定性信息，它被用来模拟那些概率分布的随机样本。

来源于外生变量路径的不确定性可以采用如下方式来考虑：我们假设，在模拟范围内的每一时期，政府支出都将会以概率p增长1%，以概率$1-p$增长2%。对于政府支出的任何一种路径，这都将是合理的，在给定的时点及未来进行两次不同的模拟，以上述概率赋予内生变量经验分布函数。研究者将会得到变量值的两个不同的经验分布，每个分布都给定一个发生概率。另外，也可以进行单一的蒙特卡罗模拟，使用政府支出的一条或另一条路径，概率为p或者$1-p$。这样，我们将会得到单一经验分布，它可能呈现出两种模式，从而显示出政府支出可供选择的两条路径。

1.2.5 数值练习：模拟动态宏观模型

*Dynamic responses.xls*表格展示了上一小节动态模型的模拟练习。*Monotonic*标签页是化简后的产出二阶自回归模型：$Y_t-0.7Y_{t-1}+0.1Y_{t-2}=0.3+G_t$，这是平稳的过程，特征根为0.2和0.5。我们假定所有时期政府支出均为20，这将会导致稳态时的产出为50.75。首先分析对政府支出的一期冲击，即先在t^*时期支出变为21，随后再恢复到20。产出的影响乘数可以看作是1，在冲击消除后会有负的动态乘数，总的长期乘数将会变为0。如我们所知，在平稳的系统中，这个反应或许会比冲击持续更久，但也不会永恒。第二个练习研究政府支出的永久性冲击，将其值变到21，并一直保持不变。产出影响（即期）乘数的大小还是1，动态乘数为正，长期总响应为2.5。左图展示了产出对政府支出暂时性和永久性的冲击的反应；右图展示了在这个模型和下一个模型中产出对政府支出的暂时性冲击的反应，表现出振荡性，我们接下来讨论该模型。

在*Oscillatory*子标签页中，确定结构参数的数值解，得到产出的二阶自回归模型是$Y_t-1.4Y_{t-1}+0.8Y_{t-2}=0.3+G_t$，它的特征方程有两个共轭复根$0.7\pm0.55678i$，模为0.8。这解释了模型中出现的政府支出冲击引起的振荡阻尼式周期性响应。在永久性冲击的例子中，周期性冲击使得变量达到了更大的新稳态值，同时由于政府支出的暂时性冲击，产出在原始稳态值附近振荡。

之前对模型的分析并没有加入随机扰动项，我们仅仅改变了外生变量的值并且验证了外生变量对模型的干扰。*Stochchastic G*标签页中说明了最后一节叙述的随机经济，但仅仅包含对政府支出的冲击。在表中，我们获得了100个服从$N(60,3^2)$的独立随机变量G_t的观测值①，模型中的方程用于获得经济中内生变量的模拟数据。首先，我们在稳

① 另一方面，我们可以考虑政府支出具有惯性，或者改变模型使得政府支出与产出的过去值相关。

态水平上选择产出的两个初始值[①]，Y_0,Y_{-1}，$t=1$时的消费水平C_1随后可以从第一个方程中获得，投资水平从第二个方程中获得。因为我们有政府支出的整个时间序列，所以可以计算Y_1。按照程序迭代，我们可以计算整个消费、投资和产出的时间序列。在产出变量的右边，我们给出了产出滞后项时间序列，下方为样本矩。我们可以看到，政府支出的平均值为60.19，标准差为2.85；平均消费为92.22，标准差为2.39；平均投资为0.8和平均产出为153.2，标准差为3.98。变异系数显示了序列的波动性，其中投资最高，这与实际数据一致[②]。

消费和产出的相关系数为0.69，投资与产出的相关系数较低，为0.38，模型通俗地阐述了这些关系。由第一个方程可知，消费时间序列与产出滞后值的相关系数为1，而与当期产出的相关系数为0.69。这是消费产出相关性的体现，所以基于参数值，模型引入了产出的持久性，反映为Y_t和Y_{t-1}的相关系数为0.69。这也可以称作是产出函数自相关系数值[③]，产出的持久性是模型有趣的特征。我们应该注意，对于政府支出不同的随机值，数值解将会发生改变。如果我们改变政府支出的随机过程或者其他方程以及参数$\alpha_1,\alpha_2,\beta_1,\beta_2$值，它们同样会发生变化。模型中参数变化非常重要，因为这些参数使二阶自回归模型中的产出发生显著变化。

进一步分析模拟数据，我们会十分好奇模型中消费和产出的关系。这个模型联系了滞后的产出与当前的消费，但不是我们通常所见的消费函数。在上述统计分析后，我们估计这样的消费函数，即当期消费和当期产出之间的关系。如前所述，我们得到了有说服力的结果，即$R^2=0.48$，$\hat{\beta}=0.42$。下方第一幅图展示了残差作为解释变量，产出作为被解释变量的函数，结果表明两者之间没有明显的联系。下面的图显示残差作为消费的函数，两者具有正相关关系，表明消费中存在重要变异没有被产出变量解释，因此包含在残差项中。右边第一幅图展示了残差作为时间变量的函数，没有显示出持久性。残差在零均值附近振荡，最后，下方的图展示了消费与产出的散点图以及拟合的回归线。表中，消费的拟合时间序列值和残差在内生变量时间序列的右边。同时表中给出了残差滞后项，且残差一阶自相关系数为0.11[④]。在*Stochchastic G*(2)中，我们仅改变了政府支出，所以读者可以看到随着模型的随机特性变化，不同数据的数值解如何变化。

*Multiple shocks*标签页重复着上述练习，这次考虑了消费、投资方程和政府支出的随机冲击。政府支出的随机冲击与之前表中的描述一致，消费和投资与产出的线性相关系数要比之前更大，因为消费（投资）的随机误差项会在每个时期同时影响消费（投资）水平和产出水平，所以存在一个共同的随机成分。

*Impulse responses*标签页中计算了对每个内生变量消费、投资和产出暂时性和永久性冲击的脉冲响应。这些脉冲响应可以通过如下方式获得：开始，所有的变量被认为处在

① 稳态水平作为初始条件的选择是任意的。然而，在随机模型中，因为政府支出冲击使得经济产生波动，所以对初始值的选择没有严格要求。

② 注意通过标准差或是变异系数来计算相对波动率的区别，而后者更加可取。

③ 对于任意s，自相关系数函数是$Corr(Y_t,Y_{t-s})$的序列值。

④ 这表明残差的自相关系数并不明显。

稳态水平，所有的新息为零，这与我们考虑的确定性模型一样。在时刻$t=0$，内生变量变为它的稳态值加上一个增长值（冲击），冲击可以等于它的标准差。然后，我们计算其他变量如何变化。在冲击的大小方面，我们取随机变量的标准差加入模型中，只有政府支出具有任意性[①]。消费和产出变量对于消费冲击的反应十分剧烈。对投资的冲击与消费或产出相比没有太大影响，消费和投资对产出冲击的反应很剧烈且延迟一期，而投资波动仅持续了一期。

本章前两节介绍了一些统计概念，这将会在本书分析模型数值解时用到。我们同样提到了蒙特卡洛动态模拟的基础内容，展示了基于时间序列数据统计和计量方法求得模型的解，以及如何推出一系列更有价值的信息。我们现在转向描述增长模型的主要特性以及模型的发展与演化，如何解决政策评价中的卢卡斯批判，如何求解数值解以及如何将其应用于政策分析。

1.3 为什么经济增长模型十分有趣

1.3.1 宏观经济的微观基础

增长模型试图捕捉实际经济的结构与动态特征。如本书所展示的那样，增长模型建立了第t期经济主体决策、前定变量（这些变量在第t期做出决策时就是已知的）以及当期和未来外生变量和政策变量之间的隐含关系。在随机模型的例子中，这些关系还包含未来变量的期望函数。反过来说，这些关系通常对经济增长率有一定影响。因此，增长模型可以总结为在不同的时间点上关于变量和函数期望的动态关系。

尽管增长模型包括了动态宏观模型，但是其结构太过丰富，无法与前面章节中所考虑的模型相结合。微观基础产生了具有典型模式的增长模型，其中，对经济主体（国内的消费者、企业和政府以及其他国家）做出具体而细致的假设，以及经济主体的目标函数、所面临的约束条件、它们所拥有的信息和市场的运行方式，还有关于经济政策的实施等。动态模型也非常详细地阐述了不同市场开放和封闭的时期，以及每个决策期间和每一个交易进行的具体时期[②]。

特别的，基于每个代表性个体求解的动态优化问题得到了每种商品总需求和总供给，在市场如何运行的具体假设下形成了商品价格。市场能否出清，中间产品或者最终产品的生产者拥有一些垄断势力，经济主体获得的信息集不同等。所以，增长模型不仅在竞争性均衡的假设下，同时也可以在设定的背景或者在劳动力市场存在摩擦以及不同主体所获得信息不对称的前提下进行分析。关于这些方面的经济结构都可以在模型含义中详细说明。经济政策以时间路径或变量形式进入模型，例如税率、政府支出或者货币供给增长率，在个体求解各自的最优化问题时，这些为外生变量。在该条件下，资源配

---

① 这是任意的。我们可以使冲击的大小等于从实际时间序列中估计的新息的标准差，因为这对每个变量而言为单一时期波动。

② 事实上，这是很重要的，因为模型的结构和意义可能会由于决策、新信息和市场开放或封闭的时期而发生显著性改变。

置不仅是个体目标函数和约束条件相互作用的结果，还受市场结构假设和财政货币政策组合影响。在随机模型中，私人个体对未来政策和未来外生变量变化的看法将会是影响决策的主要因素。

私人个体有明确的偏好和目标函数，这为政策问题的规范分析提供了极大的帮助。微观基础导致了增长模型结构的复杂性，但是也显著丰富了分析内容。模型的所有方面都有详细的阐述，所以我们可以得到各个方面的相关性来解释给定模型的特征，或者对具体政策问题给予解答①。

这种规范性方法对经济政策设计的意义显而易见，但这样的分析不能在我们第一节所讲述的宏观模型中解答，在第一节中不同经济主体（消费者、企业和政府）的目标函数不能发挥任何作用。在1.2节简单结构模型中，一般而言，我们将第一个等式看作使得消费者效用最大化的消费函数。类似地，第二个等式为投资和产出滞后项之间的线性函数，表示利润最大化厂商的最优行为。不幸的是，对这种优化行为的严格分析通常与动态宏观经济模型不一致。

考虑相对简单的代表性消费者效用最大化问题：

$$\underset{\{C_t,N_t,K_{t+1}\}_{t=0}^{\infty}}{Max}\sum_{t=0}^{\infty}\beta^t U(C_t,1-N_t),$$

预算约束为：

$$(1+\tau^c)C_t+S_t\leqslant(1-\tau^w)\frac{w_t}{P_t}N_t+\left[1+(1-\tau^r)r_t\right]S_{t-1},$$

其中，C_t为消费，$1-N_t$为闲暇（定义标准化为1单位的总时间减去工作时间N_t），S_t为储蓄，τ^c,τ^w,τ^r分别为政府征收的消费税率、工资税率和资本税率，w_t为名义工资，P_t为价格水平，r_t为实际利率。在本书所述的标准化模型中，决定第t期消费以及闲暇的最优选择条件为：

$$\frac{\partial U(C_t,1-N_t)}{\partial C_t}=\beta\left[1+(1-\tau^r)r_{t+1}\right]\frac{\partial U(C_{t+1},1-N_{t+1})}{\partial C_{t+1}},$$

$$\frac{\dfrac{\partial U(C_t,1-N_t)}{\partial(1-N_t)}}{\dfrac{\partial U(C_t,1-N_t)}{\partial C_t}}=\frac{1-\tau^w}{1+\tau^c}\frac{w_t}{P_t}. \qquad (1.12)$$

第一个等式表示了当期最优消费和下一期消费的跨期关系，而第二个方程表示了同期消费与闲暇的替代关系。后者是劳动力供给方程，它显示了最优劳动供给与税后实际工资和消费水平的非线性关系②。

如果我们假设了相对简单的对数效用函数，第一个优化条件变为：

$$\frac{1}{C_t}=\beta[1+(1-\tau^r)r_{t+1}]\frac{1}{C_{t+1}}, \qquad (1.13)$$

当期消费依赖于下一期消费以及当期储蓄在下一期的税后回报率。为了使整个时期

① 这种建模方法在宏观经济学中已司空见惯。正如运用于增长模型中，含有微观基础的动态模型往往运用于财政学、货币理论、劳动经济学与国际经济学。对于后者而言，主要的不同是它们聚焦于描述短期和长期增长的决定因素。

② 这是中级微观课程中的标准结果。

总效用最大化，消费者必须考虑这个事实，即消费决策决定着当期储蓄，而储蓄是影响企业投资实物资本从而在未来增加产出的重要渠道。因此，当期的消费和储蓄决定了未来可以获得的资源，从而影响总效用。之前的方程描述了消费者如何建立当期和下一期消费的关系，其依赖于政策变量、市场价格和利率。另一方面，在整体经济层面上，考虑信贷市场，利率将会依赖于消费者的决策，因为消费能够对贷款的需求、供给产生影响。这个例子表明，即使在简单的增长模型中，当前的最优化决策依赖于价格以及未来的经济状态[①]。

在一个封闭经济中，政府不消耗任何资源，在第 t 期末的资本存量 K_{t+1} 由 t 期初始资本存量 K_t 经过折旧[②] δK_t，再加上储蓄 S_t 得到：

$$K_{t+1}=(1-\delta)K_t+S_t, \tag{1.14}$$

其中，K_0 从第 $t=0$ 期开始计算。

在给定技术水平及市场竞争性条件下，代表性厂商会使得每一单位投入的边际产出等于它的相对价格，以实现当前利润最大化。例如，对于柯布-道格拉斯生产技术 $Y_t=A_tK_t^{\alpha}N_t^{1-\alpha}$，则有：

$$(1-\alpha)A_t\left(\frac{K_t}{N_t}\right)^{\alpha}=\frac{w_t}{P_t}, \tag{1.15}$$

$$\alpha A_t\left(\frac{N_t}{K_t}\right)^{1-\alpha}=r_t+\delta=\alpha\left(\frac{Y_t}{K_t}\right), \tag{1.16}$$

根据式（1.13），求解得到[③]：

$$\frac{1}{C_t}=\beta\left[1+(1-\tau^r)\left(\alpha\left(\frac{Y_{t+1}}{K_{t+1}}\right)-\delta\right)\right]\frac{1}{C_{t+1}}, \tag{1.17}$$

其中，上式为消费函数，除了下一期收入以外，消费还受其他因素影响。

在本书后面所讨论的货币经济模型中，货币实际余额作为一个重要因素被纳入到效用函数中，其效用最大化条件是：

$$\frac{U_2\left(C_t,\dfrac{M_t}{P_t}\right)}{U_1\left(C_t,\dfrac{M_t}{P_t}\right)}=(1+r_t)(1+\pi_t)-1, \tag{1.18}$$

其中，U_1, U_2 表示效用函数关于两个变量的偏导数。这是在效用最大化条件下获得的关系式，等式左边的消费和实际货币余额边际替代率之比，等于等式右边的名义利率。依据该最优化条件，实际货币余额的需求会与实际利率和通货膨胀率之间存在负向关系，和消费水平存在正向关系。只要模型设定了消费与收入的正向关系，那么实际货币余额将与收入正相关。因此，这个关系往往很明确地体现在动态经济模型的货币需求函数中。事实上，根据消费者效用最大化的假定，个人需要货币余额进行交易，当我们讨论

---

① 不同的效用函数产生不同的函数形式，以表示当期消费与下一期消费以及利率的关系。

② δ 是每期的资本折旧率。

③ 与上述效用最大化模型一致，我们假设在经济体中有唯一的消费者或家庭，也可以解释为在方程中变量为人均劳动和资本存量。

货币增长模型时，这个等式也较为合理。为进一步解释说明，假定效用函数是对数形式且由分开的两部分组成，即：

$$U\left(C_t, \frac{M_t}{P_t}\right) = \ln C_t + \theta \ln \frac{M_t}{P_t}, \theta > 0.$$

式（1.18）变为$\frac{\theta C_t}{M_t/P_t} = i_t$，其中$i_t$为名义利率，即$\frac{M_t}{P_t} = \frac{\theta C_t}{i_t}$，这与对数形式的需求函数一致：

$$\ln\left(\frac{M_t}{P_t}\right) = \beta_0 + \beta_1 \ln C_t + \beta_2 \ln i_t,$$

其中，我们对消费和利率弹性有特定的限制。

第t期的状态变量均能影响同期的决策变量。一些t时期的决策变量在$t+1$时期有可能变为状态变量。生产性资本存量就是一个典型例子，第t期投资为决策变量，而在$t+1$时期将会变成状态变量；另一个例子为代表性消费者资产组合。通过假设经济主体的优化行为，增长模型通常在决策过程中引入迭代结构。每一时期经济主体的最优决策规则都会是一系列状态变量的函数。部分状态变量是外生的，它们的时间路径在确定决策变量时间路径之前已知；其他的状态变量为之前所述的先决变量，例如滞后的决策变量，它们将以迭代的方式求解。

上述所有内容将会在本书的各个模型中详细阐述。这一节的例子仅仅解释了经济个体做出决策的方式以及偏好结构和生产技术，这在本章第一节所讲的动态宏观模型基础上进行了拓展。建立在微观基础上的经济主体决策依赖于状态变量、价格和外生变量①，比那些包含于传统宏观动态模型中的描述更具一般性。模型中各种变量之间建立了非线性关系，并存在广泛的同期效应。而线性关系不能较好地表现出变量之间的关联性，更不用说讨论变量之间的联系程度如何，以及政策评价和最优政策设计等，用标准的线性关系很难解决这些问题。

总而言之，增长模型说明了主要变量随时期变化的路径，总结了动态系统的类别，即非线性增长模型的主要特性。至少当我们考虑模型对价格形成的影响时②，非线性不可避免。广泛的同期效应存在于模型中，因为：（a）模型中外生冲击解释整个经济如何运行；（b）对一些变量，个体通常同时做出决定；（c）经济主体所做的决策（例如，政府决定货币供给的增长率）的条件对于其他经济主体而言是给定的，并且会影响它们的行为。主要的结论为：在不确定的情形下，描述随机增长模型的系统将包含未来决策、外生和政策变量的非线性函数及其预期。模型结构过于复杂以至于解析解通常不存在，通过模拟得到的人工时间序列进行统计和计量分析，可以更好地分析模型的含义。

模拟非线性模型的基本思想与我们在简单线性动态宏观经济模型中所看到的相似，

---

① 在随机增长模型中，同样依赖未来状态和决策变量的条件期望值，如我们在下一章所见。

② 在内生价格下，经济主体求解的优化问题不是线性二次结构，说明了它们的决策规则是非线性的。因为这些决策是模型系统的一部分，所以系统也是非线性的。Sargent的宏观经济理论包含了一些带有外生价格的局部均衡理论，优化问题有线性二次结构。在这个简单的背景下，决策规则是线性的。

但是增长模型特殊的结构导致了一些问题：有关期望的处理以及保证求得解的稳定性。然而，大多数统计概念已经存在于更简单的模型中，前面的章节可供读者快速复习统计学基础。

1.3.2 政策评估中的卢卡斯批判

宏观经济模型的微观基础，特别是增长模型，是消费、投资等问题的最优化行为。在本书中采用这种模型的主要原因是卢卡斯批判。卢卡斯的研究工作具有基础性，他指出，在理性预期下，宏观模型依赖于私人主体对经济当权者现在和未来所制定的政策的看法，即最重要的是经济主体对政策制定者的信任，而不是实际执行的经济政策。这体现了政策制定者信用的重要性，这一问题已完全成为政策制定者与公众的互动方式。基于理性预期观点，仅在个人知晓并充分意识到政策效应的前提下，政策干预才发挥作用。

另外一个含义是个体对未来政策看法的改变很容易影响当前的市场结果，即使这个预期后来被证明是错误的。特别是，卢卡斯对模拟分析政策干预效果的批判具有毁灭性，因为只要我们认为代表性个体信任政策发生变化，模型的结构就需要根据所考虑的政策变化加以改变。迄今为止，使用同一模型来模拟政策选择效果的做法，基本上都不恰当。

我们如何去应对这个批判？实质上，不就未来期望如何影响个体当前决策或期望形成机制做出特殊假设[①]。宏观经济模型有时假定，某些决策如消费、储蓄或投资，取决于对未来变量如通货膨胀率或利率的预期。对于这个假设，我们增加了预期的额外假定，例如适应性预期或者完全预期。这类机制假定预期以过去的信息[②]为基础而形成，所以预期可以从模型中彻底消除。因此，政策改变对模型的结构没有影响，并且我们回到了这样一种情况，即同样的模型可以去评价政策选择，卢卡斯批判完全适用于这里。

增长模型清晰地展示了每个个体做决策时所获得的信息，模型设定了预期如何被纳入方程中，描述哪些函数的期望是相关的，并且这些期望是如何影响个体决策的。另外，理性的个体将形成与他对未来经济结构和未来政策规则认知相一致的预期，并且个体将使用这些信息来计算优化问题。因此，如果个体认为模型结构发生了变化（参数值、未来的外生变量或者是政策规则），期望将随着信任的改变而改变。只要现在的决策依赖于未来变量的期望，它们同样会被影响，市场上商品交易的价格和数量同样会调整。如果我们认为私人个体理解和相信政策干预，那么就要采用不同的模型去评估给定的政策干预影响。通过将明确的微观经济基础和理性预期的假设结合起来考虑这些影响，我们不仅可以避免卢卡斯的批判，而且我们也可以在模型中纳入个体对未来的信

---

① 模型中未来变量或者变量函数的期望需要被当作新的变量，因此包含期望的模型如果没有关于个体如何形成它们期望的假设是不完整的。期望形成机制的假设在方程组中起到补充的作用，其与效用函数和总生产函数中的假设一样重要，是随机模型的重要组成部分，能够影响内生变量的时间路径。

② 这些期望机制以过去为基准，因为它们由过去变量的函数表示，代表性个体对未来的决策没有起到作用。

任，这将对经济产生重要影响[①]。

与确定性情形下的式（1.13）类似，在不确定条件下消费随时间最优分配的条件为：

$$\frac{1}{C_t}=\beta E_t\left(\frac{1+(1-\tau^r)r_{t+1}}{C_{t+1}}\right)=\beta E_t\left(\frac{1+(1-\tau^r)\left(\alpha\left(\frac{Y_{t+1}}{K_{t+1}}\right)-\delta\right)}{C_{t+1}}\right),$$

其中，我们加入了式（1.16）。这个条件描述了现在的最优化决策是如何依赖未来的期望，依据可以获得的信息做出当前消费的决策。与目前消费决策相关的未来信息在上述表达式的括号内显示。假设效用最大化导出消费函数，其中当前的消费决策依赖于当前的收入和未来利率的期望值。因此这具有更丰富的含义，可以使用实际数据进行检验。

这一提议可以纳入任何宏观经济模型，但它是在微观经济基础上运用更为恰当的模型。如我们在例子中所看到的那样，对每个个体来说，具体的动态随机优化模型的形成自然地产生了决策规则，其中包含了未来变量函数的期望和期望在宏观经济模型中的作用。微观基础有其自身的局限性，例如如何去处理个体的异质性等[②]，但是其解决了动态模型不能解决的问题。

其他技术性的困难，例如，如何控制非线性随机模型或者如何处理解的稳定性是很重要的，因为这样才会使我们对政策的分析更加准确，这将贯穿本书始终。如下文所述，这个方法甚至改变了我们对政策的看法。我们可以在模型假设和任何政策评估结果之间建立映射关系。于是，我们可以确定什么时候政策干预是合适的，或者经济结构的哪些方面与给定的政策问题相关，哪些问题不相关。

1.3.3 增长理论发展的简述

我们简要总结经济增长理论发展的重要阶段，分别描述这些问题，同时说明本书的结构[③]。增长理论起始于卢卡斯关于政策评估的批判之前，最初的设想是了解一些实际经济增长率的决定因素。经济增长理论最初仅限于单纯的理论层面，仅有一些实证研究吸引研究者的注意。这主要与外生增长模型有关，其通过回归分析进行一系列国家人均收入的收敛性等检验。新古典的外生增长模型假定储蓄率不变，在 Solow［37］和 Swan［39］的重要论文中引入了最终产品生产规模报酬不变的假定，这揭示了人均变量在长期中增长率为0。这个模型仅通过生产率的外生增长就可以解释人均变量的长期增长。只有这样，模型才能与实际数据中观察到的某些规律相一致[④]。外生增长满足这样一个事实，即经济增长不会通过经济个人决策产生，也不会通过任何政策干预产生。这个模型在第2章中进行分析，其中主要内容为长期均衡（稳态）的主要性质和转移路径的特

---

① 另一个对有限理性的设定为，假设主体基于部分理性形成期望，这已被证明有助于解释实际时间序列数据中的一些规律。

② 尽管具有代表性个体的框架仍是主流，但在处理个体异质性方面［11,30］已经取得了很大的进展。

③ 这个总结的目的在于给不熟悉增长理论的读者一个框架。

④ 如上所述，该模型还对人均收入方面的经济趋同产生了影响，已有大量文献旨在检验这种影响，至今仍非常活跃，目前发展了更为复杂的增长模型。增长理论与其他经济理论领域的差别不大，这意味着变量的联合行为之间有或多或少的严格限制，这可以简化为相对简单的计量经济学模型参数检验。

征描述。

进一步的发展使得经济增长理论依据明显不同的研究兴趣分成很多不同的流派，部分也是因为对传统政策评估方法的批判。目前，主流的动态随机一般均衡模型（DSGE模型）包含了更多的微观基础模型。这是很重要的模型，其中人均变量长期增长率为0，在改变外生技术增长后，一旦从实际的时间序列数据中提取增长数据，模型更加关注观测到的变量的联动性。一般均衡的概念仅在若干年前提出，当时强调满足市场出清和市场无摩擦假设的重要性。但是在宏观经济主流研究中随后加入了大量新的特征以解释一些数据规律，这使得模型从一般均衡范式中分离出来。这就是一些外生增长模型可以被认为是DSGE模型、新凯恩斯·菲利普斯曲线模型、经济周期模型的原因，并且外生增长模型试图清楚地说明它们的特征和意义①。另外一个极端是，很多的内生增长模型保持原始增长模型的设定动机，并且在解释经济增长如何依赖个体决策和政策选择上有了很大提高。增长理论逐渐保留了内生增长模型，如下文所述，使得内生变量具有与外生增长模型截然不同的统计特征，进而政策干预和结构化冲击在两种类型的模型中有显著的差异。

更进一步地，Ramsey［28］，Cass［10］和Koopmans［22］在模型中引进了部分代表性消费者的效用最大化行为。这是非常重要的一步，有以下两个原因：第一，Solow和Swan对新古典增长模型的假设，即储蓄率不随时间变化，在外生水平下排除了对任何最优政策分析的可能性。而基于这个新的模型方法，消费者最大化各期效用总和，同时对每一期消费和储蓄做出决策，这些决策反过来为厂商的资本积累提供资源，并且这些决策在跨期最优化条件下执行。第二，明确个体的目标函数，为模型中加入新的个体提供可能性，例如关心消费者福利，并为之分配资源的中央计划者，并不需要市场。直接的目标函数和个体（消费者和厂商）行为的最优化假定允许我们提出一些重要的问题。一方面，由于我们可以从分散的市场机制中描述资源分配和中央计划者行为，它们之间的对比允许我们在不同的背景下讨论帕累托效用；另一方面，在不同的财政或者货币政策下我们可以评估消费者的总效用。这可以依据所获得的效用水平对其进行分级。例如，分析对比不同经济环境下的税收冲击扭曲。更为一般的是，我们试着去描述最优的消费与税收组合，或者是描述最优的财政税收和债务组合。这些问题将在本书的不同章节里进行讨论，其中最优增长理论在第3章阐述，其中我们讨论了不同背景下竞争性均衡的效率，以及如何建立不同政策作用下的福利比较机制。这些问题在后续章节的不同模型中重复出现。

DSGE模型的理论最初源于著名学者Ramsey，Cass和Koopmans等的研究，他们利用了标准增长模型的方法论基础。DSGE模型在强调模型的微观基础方面有巨大的影响，并解释了宏观经济总体的行为。除非给予这个模型外生技术改进，否则不能产生持续的增长。因此其通常包含了规模报酬不变的生产函数，以解释去趋势后实际时间序列

① Kydland和Prescott［23］指出："换句话说，现代经济周期模型是新古典增长理论的随机版本，事实上，经济周期模型确实产生了正常的波动，这大大增加了我们对新古典增长理论模型的信心，包括它对增长核算和公共财政问题的解答。"

中的经济行为。事实上，在实际数据中有多种去除非平稳性质的滤波方法，例如Hodrick-Prescott滤波已经变成了标准的方法，并且被包含在基本的计量经济软件中。我们最终希望拥有同时解释长期增长和围绕趋势波动的模型，但毫无疑问，目前的标准化做法侧重于过滤数据，这促进了宏观经济学、公共财政学、货币理论、劳动经济学和国际经济学等许多领域的巨大发展。

所谓的实际经济周期理论假设生产率冲击是周期性波动形成的主要原因。另外，为了在这些领域扩充传统理论以及使不同的经验规律表现得更加合理，很多模型提出了关于经济中随机性来源或市场是如何运行的假设。目前，Calvo［8］，Gali和Gertler［18］有关菲利普斯曲线的新凯恩斯理论在很多政策问题的分析中被广泛使用，是这类模型中另外一个重要的例子。微观经济基础是精心制定的，而个体考虑到他们面临的限制约束后作出最优决策。有些生产者享有垄断权，有些价格受制于某些摩擦，偏离了传统的一般均衡方法。我们在第3章和第4章将会介绍DSGE模型，货币DSGE模型将会在第8章和第9章介绍。第5章中的解法在本书中可用于求解不同的模型，也可以应用于DSGE模型的分析。

另一方面，在内生增长模型的流派中，有一类经济体，其增长率依赖于个体决策和政策选择。这使得我们可以提出很多有意思的问题：关于增长的决定因素和不同经济政策对增长的影响等。特定的税率和货币供给增长率的改变对长期经济增长率的影响也可以在这些模型中进行分析。由于它们自身的性质，这些问题不容易在外生增长模型中解决。如本书相应章节的解释所示，内生增长模型的主要特性是它们在人均变量上赋予了内在的非平稳性，即使在消除了确定性的增长成分后，也包含着一个单位根，如我们在实际数据中所观察的那样。因此，这些模型适合去解释非平稳的时间序列数据。从内生增长模型中产生的非平稳性、含单位根的人均时间序列将会与一阶差分形式的动态宏观经济模型一致，除非在标准化检验中发现它们存在协整关系，然而King［21］等很早就发现内生增长模型本身就有协整的含义①。由于隐含的非平稳性，内生增长模型的特别之处在于，暂时性结构变化和政策干预具有长期影响，在差分形式的内生增长模型中，暂时性冲击将会持续很长时间，但并不是永久的。

内生增长可能是由累积投入的规模报酬不变或递增引起的。对私人资本而言，增加公共资本作为生产性投入将会导致规模报酬递增和内生性的增长。由于经济中一系列研发过程导致生产中间产品种类增加，也能够实现上述增长。同样，内生增长可能是因为成功的研究导致了中间产品质量的提高，从而替代了旧产品。内生增长的另一个原因是生产函数中人力资本的积累。②有关内生增长模型在第5章中介绍其主要内容并详细介绍求解方法。

---

① 在任何情况下，像任何其他增长模型一样，模型中出现的人均变量之间的关系一般是非线性的，线性模型很难去近似模拟。

② AK经济的特征为规模报酬不变产生的长期增长，由Rebelo［29］引入。Barro［2］明确定义公共资本为生产性投入。带有中间产品的模型由Spence［38］，Dixit和Stiglitz［15］，Ethier［17］和Romer［31,32］引入。Uzaea［41］、Lucas［25］、Caballe和Santos［6］在最终产品的生产中确定了人类资本的重要性。

1.3.4 增长模型在实际政策制定中的应用

若干年前，Coenen和Wieland［12］描述了越来越多的模型如何尝试评估货币政策和财政政策，作者将现有的模型分为：（a）小规模向后看的模型；（b）大规模向后看的模型；（c）理性预期和名义刚性的小规模模型；（d）如上的大规模模型；以及（e）最优化个体小规模模型。考虑到卢卡斯批判的重要性，进行政策制定的主要国际经济和金融机构在政策评估和预测时使用包含微观经济基础的宏观经济模型。一个例子是欧洲中央银行（ECB）使用Smets-Wouter［36］的DSGE等一系列宏观经济模型进行欧元区的政策制定①。ECB网页上的评论和本书这一章讲的较为吻合，指出DSGE模型构建和模拟方面的最新进展为宏观模型中行为方程严格的微观求导，这符合宏观经济时间序列的主要特征。在指出与更多传统宏观经济模型主要不同点，即结构方程中的参数如何与更深层次的结构化参数，如偏好、技术或系统性的约束相联系时，有三个优势被重点强调：（a）理论依据；（b）处理卢卡斯批判的方式；（c）依据福利来评估政策的能力。Smets-Wouter模型考虑到三种类型的主体：消费者、厂商和政府，并在消费和投资中加入了一些真实的摩擦、价格和工资刚性等，显示出与其他模型相比在预测上的竞争优势。

采用DSGE模型进行政策分析的其他例子如ECB（Coenen，McAdam和Straub［13］）中的New Area-Wide Model（NAWM），其更注重分析财政政策。国际货币基金组织拥有全球经济模型（GEM）［4］，美联储有开放经济模型SIGMA［16］等。它们全部包含在微观基础的最新进展中。

1.4 数值求解方法

这一部分解释了计算增长模型数值解的必要性。我们解决了两个重要问题：解的稳定性和均衡的不确定性。最后，我们描述了数值解如何引致我们提出的政策问题变化，以及我们从宏观经济模型中得到的结论。

在理性的假设下，预期成为内生变量，我们可以分析它们如何受到经济中外生冲击的影响，或被政策变量中的不可预测成分所影响。此外，在特定的理性假设下，我们求解模型中的所有变量以及模型中的条件期望，在这种情况下我们只能获得一次预期偏差数据，预期偏差必须满足明确的设定条件。另外，理性预期误差不能有自相关，或表现出与变量的任何相关性，这些变量来自于t时期经济主体可获得的信息集，这一特征可以作为验证数值解方法有效性的一部分。

1.4.1 为什么我们需要计算增长模型的数值解?

我们在上面描述了如何将微观经济学基础融入整体宏观经济模型中，从而导致由不同类型的经济主体相互作用而产生增长模型，其解决了特定的动态随机优化问题。我们也能看到价格的内生性如何产生未来变量函数期望的非线性决策规则。除极少数情况外，描述增长模型特性的非线性随机系统缺少一个解析解。模型对主要变量行为的描

① 如以下网站所示：http：//www.ecb.int/home/html/researcher.en.html。

述，它们的相关性，对外部冲击或政策干预的反应，只能通过数值解进行特征刻画。因此，我们面临着获得数值解的需要，因为稳定性和不确定性问题，这一过程大大超出了模拟线性动态宏观经济模型的繁琐程度，我们将在下面进行陈述。

随机非线性动态系统可以被看作在第t期内生变量向量（控制或决策）的多元概率分布上施加一系列约束。这样的约束出现在：(a) 系统的分析结构；(b) 模型中参数的数值；(c) 外生冲击向量的多元概率分布。该模型的解可以看作是内生变量向量的限制性多元概率分布。模型的结构排除了分析概率分布的特征，给定数值解方法的蒙特卡洛模拟允许我们在稳态或转移路径上计算感兴趣的统计量的频率分布。那既可以是来自内生变量（例如消费和投资对产出的相对波动性）向量的多元分布数据，也可以是来自时期t状态和控制变量（如消费对生产率暂时性冲击的响应）的联合分布数据。估计的频率分布可以用来测算在实际时间序列中所选择数据值的概率。因此，通过蒙特卡洛方法获得数值解需要使用与标准经济模型中不同方法的检验。数值解也可以用来寻找增长模型中的参数，以拟合所选择的实际时间序列数据的统计特性，这被应用于矩估计的模拟方法中[①,②]。

1.4.2 稳定性

要获得一个非线性随机动态系统的数值解，我们需要模型是完整的，例如每一时点上方程与决策变量的个数一样多。然而，模型的三个方面：(a) 非线性，(b) 随机，(c) 动态，使计算时会出现一些小问题。首先，完整的非线性系统不能保证有解，或者即使有解，也不能保证解是唯一的。其次，随机系统将包括未来变量的期望，这些未来变量基于模型的结构不断地求解，至少在本书中一直假设的理性预期下如此。期望是打破模型完整性的额外内生变量，需要用适当的方法求解[③]。最后，当求解动态系统时，解的稳定性不能保证。

关于线性动态系统，在一阶自回归表示的模型中可通过转移矩阵特征值得知其是否

---

① 新的经济学课本包含这些方法。例如Canova［9］或者De Jong和Dave［14］。

② 通过最新发展的经济模型（一般的矩估计），这些方程可以拟合数据。其想法是，样本矩与模型所隐含的理论矩相似，例如，在前述的随机矩条件下，随时间变化的税收可以写为：

$$E_t[\frac{1}{C_t}-\beta(1+(1-\tau_{t+1})r_{t+1})\frac{1}{C_{t+1}}]=0,$$

其中，所有的Z_t，是以条件期望E_t值形成的，其形式为：

$$E\left[Z_t\left(\frac{1}{C_t}-\beta(1+(1-\tau_{t+1})r_{t+1}\right)\frac{1}{C_{t+1}}\right]=E[h(Z_t,X_t,\theta_t)]=0,$$

通过求解下式可以得到估计：

$$\underset{\beta,\delta}{Min}\sum_{t=0}^{\infty}\left[Z_t\left(\frac{1}{C_t}-\beta(1+(1-\tau_{t+1})r_{t+1}\right)\frac{1}{C_{t+1}}\right]^2,$$

其中，对于每一个Z_t，我们都有这样的条件，且每个方程有零条件期望。

更一般地，最优化问题的解为：

$$\underset{\theta}{Min}\left[H(Z_t,X_t,\theta)AH(Z_t,X_t,\theta)\right]$$

其中，$H(Z_t,X_t,\theta)=\left(h_1(Z_t,X_t,\theta),h_2(Z_t,X_t,\theta),\cdots,h_k(Z_t,X_t,\theta)\right)$，$A$为$k\times k$阶权重矩阵，说明了估计的统计效率。

③ 用于线性理性预期模型的解析解方法的讨论见Whiteman［42］。

满足稳定性。不难看出，在前面章节的简单模型中，这些条件是从内生变量自回归表示的滞后系数的稳定性条件得到的。反过来，可以转换成对于某些结构参数或其组合的容许值的约束。不幸的是，迭代获得的非线性动态系统的数值解，将每一期决策变量表示为状态变量和外生变量的函数，通常将会产生发散性的时间轨迹，而且我们缺乏工具刻画其特点。

通过假定一部分理性主体的优化行为，增长模型隐含了横截性条件，这是随着时期增加施加的限制条件，这个条件从优化问题中得出，在随机模型的条件期望条件下形成。横截条件通常约束状态变量的增长率，相应地，也约束了与稳定性相一致的决策范围。这个条件是动态优化问题解的内在部分，而且没有在清晰的基础优化结构动态模型中进行模拟。在增长模型中，稳定性条件是决策和状态变量的纽带，保证了隐含的数值解满足模型中的横截性条件。

第5章中给出了在求解随机增长模型数值解时处理稳定性的不同方式[①]，对真实解提供不同程度的数值逼近。一些方法直接求解原始模型的线性或者对数线性逼近。其他方法利用近似稳定性条件，计算数值解时保持原始模型的一些非线性结构。

对于没有在一般非线性系统中加入精确的稳定性条件的情况，求解方法借助于将近似性稳定条件加入到非线性、随机或确定性模型中求解得到稳定解，模型是完备的才能求解，因为这些稳定条件必须从完整的非线性系统中求得。求得的解是对真实解的近似，因为在一些模型的原始非线性结构中，其替代了稳定性条件。在内生和外生增长模型中，它们的属性不同，在外生模型中，近似解以消费或生产性资本存量的人均变量形式存在，在内生增长模型中，近似解一般为内生变量的比值（或增长率）。

1.4.3 不确定性

增长模型的解具有两种类型的不确定性。全局不确定性体现了动态一般均衡模型可能有多个稳态值，例如在众所周知的Cagan货币模型中。因为稳态常常是非线性等式的解，多个解是有可能存在的。更一般地，在存在稳态增长的模型中，全局不确定性指的是在均衡路径上可能存在多个均衡增长路径，人均变量的稳态值以不变的速率增长。相反，局部不确定性出现在稳态或者均衡增长的路径中，其中有一系列连续的路径收敛于它。我们将关注局部不确定性是如何出现的。

数值解的算法可以被看作为一系列规则，这一系列规则是选择将每一时期的控制或决策变量的值作为状态变量的函数。大多数规则来自于增长模型，其中，我们加入了合适的稳定性条件。具体地，后者提供给我们初始决策和状态之间必要的关联性以保证横截性条件得到满足。大多数情况是，当我们有与决策变量一样多的稳态条件时，则模型的解是确定的，然而，这种巧合往往难以得到保证。当稳定性条件的数量超过了决策变量的数量时，整个系统就会缺少一个解，除非模型与所设置的稳定性条件是有联系的，否则会使得它们中的一部分冗余。

---

① 我们并不是有意地说这些方法比没有在这章所提到的更加有意义，只是它们相对简单。更加复杂但或许更加精确的解将会在第5章介绍。

最后，当稳定性条件的数量少于决策变量的数量时，我们就有选择决策变量的自由。它们大多数与增长模型状态变量有关，所以甚至在这种情况下，它们依然也是确定的。期望变量与之不同，它们可以被看作经济主体所做的决策，但是并没有被理论模型直接限制①。因此，当稳定性条件数量太小时，作为t期未来变量函数的条件期望可以被任意选择。这就是解是不稳定的情况，因为在给定的条件期望下所做出的任何结构选择与模型的解是一致的。注意到，这并不是数值解方法的性质，而是理论模型自身的性质。有时，解可能在一些方面是不确定的，例如基于期望值和它们的预期偏差相关的值，然而从一些其他决定主要分析目标的变量或者性质的角度来说，该解却被确定得很好。在这个模型中，连续的解存在，如果按照某种标准存在这样的解，政策制定者首先应该考虑私人部门在一系列解中选择一个。由于解的路径可能有多条，不确定性使得政策效应模棱两可，严重质疑了任何正确的政策，除非某些特定模型可以证明连续的潜在解较为合理。

在均衡的不确定下，这需要在每个时间点上选择一些控制变量的值。问题在于，t时期的选择并不影响在任何其他时间点上的选择，因此经济可以表现出显著的跳跃，有时被解释为周期。本质上来说，每一个控制变量的子集从给定的概率分布中得出。不确定性可以给出一个自我实现的预言：例如，消费者相信未来税率将会提高，就会试着减少税基，这将会使得政府为了维持收入而提高税率。其中一种可能的均衡是在消费者纯粹投机行为的基础上选择的②。这种情况不会在均衡得到充分确定的情况下出现，因为个体利用过去的期望误差信息来更新他们对未来经济的看法，不会对期望中任何不合理的、突然的变化发挥任何作用。

1.4.4 我们提出的问题类型与研究的结果

我们在这些章节中所描述的经济建模方法对我们分析经济中不同外生冲击的影响具有重大作用。我们可以分析在什么样的冲击下容易产生给定统计特性的解，在刻画观察的实际时间序列数据统计特征的模型中哪一个更加有效。类似地，我们可以描述经济政策如何影响相关变量的值，以及它们之间的联动性。所以，在规范化的经济政策分析中，含有微观基础的随机动态模型已经成为标准范式。

如前所述，任何动态模型不仅可以提供包含稳态的信息，还可以提供包含稳态路径的信息，这使得我们可以分别表示结构改变或政策干预的长期和短期影响。这是优化政策设计的中心问题，十分有必要非常详细地说明与所研究问题相关的变量之间的动态结构。

更重要的是，增长模型的特殊性质和它们的数值解允许我们提出无法在标准动态模型中表述的问题。这是因为增长模型中关于不同经济个体的目标函数的直接假设使得整个问题得到了规范化分析。具体地，任何政策干预和结构化改变的福利效应③可以通过选择内生或者外生增长模型进行合理表述。由给定的政策或者市场摩擦导致的无效率同

① 除非我们在理性预期的假设下，否则模型对个体期望和状态变量的影响通常很难得到。

② 这被称作泡沫均衡。

③ 福利可以理解为对当期和未来总效用值的贴现。我们考虑同质消费者的集合，这是增长模型中一个常见假设。

样需要消费者偏好设定，或者在资源有效分配的情况下进行个体补偿的数值估计。

通过蒙特卡洛模拟获得的数值解可以评估模型，这比我们过去以解析解为基础的维度更广。因为我们使用获得的时间序列作为模型的解去计算任何一元或者多元的统计量（如相对波动率、两个变量的相关系数、回归估计或者VAR表达式、脉冲响应函数等），我们可以比较从蒙特卡洛分析中获得的统计量的频率分布和从实际数据中获得的估计，并看到模型如何模拟这些数据。不用说，这就打开了比较模型的大门，它们可以根据实际数据估计出的一组统计数据进行复制。[①]求解具有不同结构特征的增长模型，数值解也可以指出模型的不同特征的相关性来解释实际数据中所观察到的规律性。

所有这些使得我们针对这个模型所提出的问题有了显著变化，因为它们可以涉及各种理论模型的统计特征，这些特征可以从数值解的实现中估计出来，但不能用解析的方法来分析。

假设模型支出与产出比在预先公布的目标值的范围波动。此时，它们与外生供给冲击就是相关的吗？[②]这个问题可以通过对相关性和隐含福利水平的计算来分析。这将对制定政策的最佳方式产生明显影响。在与供给冲击保持相关性的情况下，为了适应供给冲击，支出与产出比率的变化必须与给定税率（例如，消费、劳动收入或资本收入）的变化结合起来，以平衡预算。[③]原则上，我们期望最优关联问题的答案取决于所选择的税收调整类型，因此答案是双面的：从最优化个体福利出发，最好保持支出产出率和供给冲击的相关性，通过调整税率，调节各个时期的支出以平衡预算。

即使我们认为，在支出与产出比率中，偏离指定目标的随机偏差超出了经济当局的控制，这种分析还是有道理的，因为这些波动和供给冲击之间仍然存在福利最大化的相关性。在之前章节里描述了最优的支出政策，然后我们可以通过结构化VAR分析，分别确定实际数据的供给和财政冲击。供给冲击和支出与产出率误差的相关系数估计值以及经常调整的税收观测值将会提供给我们实际政策制定中与模型最优预测值相偏离的程度。

除此以外，使用内生增长模型可以分析结构化改变和政策干预对经济增长率的长期影响，这也是一个不能在标准动态宏观模型中分析的问题。

实际上，正的稳态增长使内生增长模型解决了在长期增长率为0的经济中所不能解决的一系列实际问题。例如，在政府减税的同时，维持在税率降低之前的政府支出序列，在跨期的意义下我们仍旧有着同样的政府预算平衡，就产生了动态拉弗效应。为什么会这样？在内生增长模型中，增长率依赖于政策变量，如税率。当发生上述情形时，税率降低将导致经济增长从而可能增加收入，在若干期后，高增长对所得税的税基产生足够的影响时，降低税收最初可能会产生负债，但是税收的增加最终会返还那些债务，

---

① 然而，使用替代模型的经验分布在概率方面评估拟合数据的能力仍讨论得较为普遍。所以，应该考虑通过理论模型来复制实际数据的统计值。

② 本书认为生产率的冲击为外生冲击。

③ 另一方面，我们可以保持税率以及由债务管理或货币引起的金融波动不变。合理的条件保证了长期解的存在，如我们在本书不同部分所提及的。

因此政府预算约束是平衡的。

另外，我们在增长模型中所讨论的政策问题类型的变化，包括传统的问题，现在也不同了。如上所述，我们看到一个例子：最优化动态支出政策的性质联系了供给冲击和支出波动，或许还依赖于我们建立的补贴机制。政策分析的结果往往是："标准的经济周期模型与货币冲击主导的利率期限结构的预期假设一致，但当生产冲击是经济中随机性主要来源时[①]，模型含义与假设相冲突，或者如果跨期替代弹性值高于临界值，最好去调整周期中的劳动收入税，同时保持资本税不变，但是如果消费的跨期替代弹性低于临界值，则相反。"外生或内生增长模型所使用的经济结构很可能导致这样的或然性结论。

一些研究者认为这是经济分析的缺陷，认为应该在更加简单的模型中讨论政策，即使失去了某些有兴趣的经济特征，因为这样可以产生更加有条理的结论。与之相对，结论可能更加真实。我们可能过于雄心勃勃，试图以绝对有效的方式发表声明，而不管所研究的经济类型是什么。在描述最优政策作为经济结构的函数时，我们的目的在于提供给读者适合每种经济结构的最优政策说明。我们真的相信类似的政策会适用于广泛不同的经济和任何可能的政策环境吗？

最后要说的是，来自于内生和外生增长模型的不同变量的数据性质。由于外生增长，用时间序列求解模型会显示确定性的趋势，例如生产率的增长为常数。确定性的部分很容易被合适的统计方法处理。我们可以认为实际数据中观测到的人均变量趋势可以被这样的机制所解释，并且应用于理论模型中的增长率。这个确定性的趋势可以从模拟数据和实际数据中去除，并且可以对比去趋势后实际和人工数据的统计性质。

一个更加有趣的方法是通过内生增长模型来解释人均变量的增长，这些增长有时是从实际数据中观察到的。这个模型的优势是随着政策的改变，增长率也可以改变。内生增长的中心意义是，即使在纠正了模型的增长率之后，人均变量也有一个单位根。如果这个趋势认为不应该存在，这导致我们有时会使用滤波方法去除从这个模型中产生的数据的随机性趋势。但是，相反的情况经常发生，当处理不含有技术进步的内生增长模型时，在与由理论模型的解产生的人工时间序列进行对比之前，实际数据就被除去随机趋势（例如，单位根）[②]。如果将理论与实际数据相匹配，那么内生增长模型将非常恰当。

1.5 本书概要

第2章给出了索洛和斯旺的不变储蓄率的新古典增长模型，第2.2节检验了累积投入的规模报酬结构和稳定增长率之间的关系，指出了在累积投入规模递减下长期经济增长的不可能性。2.3节给出了模型的主要性质，经济的动态机制、稳态、转移动态和人均变量增长率特点，并介绍了一种特殊的稳态：黄金法则。2.4节求解了连续时间下的

① 当然，这类型的解由Poole［27］在静态模型背景下提出，在当前的供给冲击下，最好执行货币政策来维持给定的货币增长率，同时利率由市场决定。反之，如本节所述，随机性主要发生在需求方面，将会得到另一个特征解。

② 因此，人均量增长率为0。

确定性模型，这是一个特殊的情况，因为存在解析解，并且分析了结构参数变化的影响，给出了动态无效率的概念。2.5节描述和求解了确定性的离散时间模型，并且针对结构参数变化和动态无效率进行了数值实验。2.6节考虑了随机离散时间模型，并解释了如何得到数值解。

在第3章和第4章，我们考虑了最优增长问题。这两部分首先引入了连续时间下的中央计划者问题，与第2章不同的是明确了消费者偏好，改变了储蓄率不变的假定，将其作为每一个时间点上最优决策的结果，详尽地给出了优化条件（Keynes-Ramsey）和横截性条件的特点和解释，说明了唯一最优路径的存在性和稳定性，并给出了一个结构参数变化长期效应的数值实验。3.2节给出了一个在之前的小结中所讨论的关于稳态值和收敛性问题的数值实验，并描述不同稳态间转移路径特征，对于连续时间优化模型转化为离散时间优化模型的正确路径给出了一个提示。3.3节表明了中央计划者和竞争性均衡机制解决问题所产生的资源配置之间的等价性，后者表现出帕累托效率。3.4节描述了包含政府在内的竞争均衡问题，并且介绍了政府跨期预算约束以及所谓的代表性个体问题。3.5节讨论了政府调控下竞争均衡的潜在非效率问题，以及低效率如何取决于所采用的税种及其结构。3.6节着重讨论了李嘉图理论，指出政府使用的融资工具的无关性，表明它可能不适用于某些扭曲性税收。第4章考虑了政府是否干预下的确定性离散时间模型，描述了如何在关注稳定性条件的情况下求解模型，提出了一些财政政策问题，描述了政策变化导致的福利效应评价方法，介绍了一些关于表征政策变化的短期和长期影响的数值练习。

第5章中给出了数值求解方法。该章的第一部分考虑了先前的章节所提到的不含税收情形下的随机增长模型。在描述了存在解析解的几个特殊案例后，我们回顾了几种求解方法。我们解释了线性近似和对数线性近似的构造，并引入了几种不同的方法：Blanchard和Kahn法、Uhlig待定系数法，由Sims提出的基于特征值-特征向量分解法，以及根据数值练习，解释如何实现这些求解方法，并对结果进行了讨论。我们也解释了在每一个情况下处理稳定性的方法。本章第二部分描述了采用相同的方法求得具有不同税收设定的随机最优增长模型。我们给出了练习实验来解释各种方法并讨论了一些政策问题。最后，本章讨论了非线性求解办法，如Marcet的参数化期望法和投影法。这些方法的分析细节在一些标准化增长模型的应用中得到了详细的讨论，并且给出了应用这些方法的程序。

在第6章中，我们引入了内生增长模型。AK模型得到了详尽的说明，第一次在6.1节的连续时间模型中，之后在6.2节的离散时间模型中。因为不存在转移动态，所有人均变量都以一个恒定的速率增长，平衡增长路径的存在和平衡机制的非效率性得到了解释。6.3节中分析了处理内生增长模型稳定性的具体特征。6.4节中给出了在内生增长模型中暂时性政策的干预或者是结构改变的长期效应。6.5节致力于分析动态拉弗曲线，这出现在特定的内生增长模型中，并给出了一个证明它们存在的数值模拟。6.6节介绍了如何获得AK模型的随机离散时间模型的数值解，其中数值练习说明了求解方法的实现。6.7节考虑了包括政府支出的AK模型的Barro观点，并讨论了政府支出对经济增长率的长期影响。6.8节介绍了由Jones和Manuelli改进后的AK模型，分析了产生的转移动态，并对得到该模型数值解的方法给出了描述。6.9节重点介绍了Jones和Manuelli模型的随机版本，描述了转移动态，并通过一个数值实验解释了如何得到数值解。

第7章评论了一些扩展的内生增长模型。我们在7.2节中介绍了不存在资本积累的经济情况，技术进步体现在生产者产品的种类上，当然质量也可能不同［15，17，31，32，38］。这些模型中的技术革新可能导致中间品数量上的增加或者是质量上的提高，因此，创新是经济中的关键。这些模型可以看作是合适参数选择下的与AK模型等价的模型。尤其需要注意的是，除了这些模型中一些特定的状况外，不再存在任何的转移动态，在结构冲击或者是政策干预后的任何时间点上人均变量具有固定的增长率。此后，我们在7.3节中给出了一个由Barro和Sara-i-Martin提出的基于两个国家之间技术扩散的内生增长模型。这两个国家中，一个是技术领导者，另外一个是追随者，其吸收来自于领导者的技术。追随者国家的经济呈现出一种向稳态的转移。在前一节中提供了一个数值练习来求解这个模型和各种中间产品的模型。在7.4节中给出了一个由Howitt和Aghion［1］、Aghion和Howitt［19］在Schumpeter［33］基础上扩展的创造性破坏模型，在这个模型中，我们通过研发活动得到中间品质量的改善从而实现内生增长。这个模型包含了物质资本的积累，并且表现出了转移动态。在7.5节中给出了一个由Uzawa和Lucas提出的重要模型，该模型包含人力资本和物质资本积累的两部门经济，在这个模型中，投入教育的时间扮演着一个非常重要的角色，因此，投入生产最终的产品、教育和闲暇的时间分配非常重要。我们包含了不同税收类型，并再一次证明了经济中存在转移动态，这是一个关于财政政策的研究框架。详细描述竞争均衡，并给出表征稳定状态的条件，这个稳态表现出平衡增长路径。我们给出了一个税率变化时计算稳态影响的数值实验。描述了稳定性条件，给出了一个计算随机模型的数值解的方法，并且通过数值实验进行了应用。此外，还说明了模型存在一种潜在的不确定性以及该情况下的一种求解方法。

第8章介绍了货币外生增长模型，本章的第一部分进行了一个货币政策的稳态或长期分析。8.2节描述了Sidrauski［34］的最优货币增长模型，对稳态特征进行了分析，以及对货币政策实现的可能性进行了分析，特别关注了从长期均衡中出现的财政和货币政策之间的必要协调。8.3节刻画了最优稳态通货膨胀率与通货膨胀的福利损失。8.4节分析了两个建模问题，在模型中包括名义或实际债务两者之间的区别，以及两种实际余额进入代表性消费者效用函数的时点问题，并给出了一个数值实验来解释这两个问题。第8.5节考虑了存在消费税和所得税时的货币政策，描述了稳态的特征，给出了在不同的政策下计算主要变量稳态值的数值实验。财政政策是非中性的，财政政策和货币政策之间的协调性问题得到进一步的讨论。8.6节考虑了内生劳动力供给下的货币政策。讨论了不同设置下货币政策的非中性。本节给出了一个数值实验，用来计算最优的通货膨胀率，分析弗里德曼关于零名义利率最优性规则的有效性。8.7节考虑了内生劳动力和扭曲性税收下的货币政策，定义了拉姆齐问题并且求得了一阶条件。

第9章进行了在货币增长模型中转移动态的分析。9.1节对转移动态特征、可行货币政策的分类、货币政策的短期中性和长期中性进行了描述。9.2节分析了公众债务的潜在不稳定性，并且描述了使其稳定的标准化方法，即在每一时期平衡对消费者的转移支付水平和公共债务。9.3节考虑了货币当局使用名义利率或货币供给增长率作为控制变量时，Sidrauski的两种确定性离散时间的货币模型，对价格水平潜在的不确定性进行了讨论。9.4节和9.5节详细分析了两种不同的政策，给出了每一种情况下的数值解。第9.6节讨论了关于货币政策干预的转移效应的数值模拟结果，通过使用一个包含货币和债务问题以及不同税收类型的完整模型来分析不同政策干预的影响，即货币供给增长率突然改变或逐渐改变具有差异化的影响。9.7节介绍了一个随机货币增长模型。9.8节和9.9节考虑了两种不同的政策，即货币当局使用名义利率或货币供应量作为货币政策控制变量。在控制名义利率的政策下，价格水平不确定性问题被再一次提出。当控制名义利率时，货币当局应遵循泰勒规则，对产出、通货膨胀率和往期的利率赋予不同的权重，来制定可实施的政策。此外，本书给出了在两种情况下各种求解方法的数值实验。本章以介绍新凯恩斯主义货币模型作为结尾。新凯恩斯主义货币模型已经成为全世界大多数中央银行参考的模型，这些模型的特征是加入了具有垄断力量的企业以及价格摩擦。我们详尽地描述了理论基础和均衡条件的特征。在此之后，我们给出了书中介绍的数值求解方法在这个模型求解中的应用，分析了不同政策干预的效果。

参考文献

1. Aghion, P., and P. Howitt. 1992. A model of growth through creative *destruction. Econometrica* 80 (2): 323–351.
2. Barro, R.J. 1990. Government spending in a simple model of endogenous growth. *Journal of Political Economy* 98(5): S103–S126.
3. Barro, R.J., and X. Sala-i-Martin. 1997. Technological diffusion, convergence, and growth. *Journal of Economic Growth* 2(1): 1–26.
4. Bayoumi, T., D. Laxton, and P. Pesenti. 2004. *Benefits and spillovers of greater competition in Europe: A macroeconomic assessment.* ECBWorking Paper, No.341, European Central Bank.
5. Blanchard, O., and C.M. Kahn. 1980. The solution of linear difference models under rational expectations. *Econometrica* 48(5): 1305–1311.
6. Caballe, J., and M. Santos. 1993. On endogenous growth with physical and human capital. *Journal of Political Economy* 101: 1042–1067.
7. Cagan, P. 1956. The monetary dynamics of hyperinflation. In *Studies in the quantity theory of money*, ed. M. Friedman, 25–117. Chicago: University of Chicago Press.
8. Calvo, G. 1983. Staggered prices in a utility maximizing framework. *Journal of Monetary Economics* 12: 383–398.
9. Canova, F. 2007. *Methods for applied macroeconomic research.* Princeton: Princeton University Press.
10. Cass, D. 1965. Optimum growth in an aggregative model of capital accumulation. *Review of Economic Studies* 32: 233–240.
11. Castañeda, A., J. Diaz-Gimenez, and J.V. Rios-Rull. 1998. Exploring the income distribution business cycle dynamics. *Journal of Monetary Economics* 42: 93–130.
12. Coenen, G., and V. Wieland. 2000. A small estimated euro area model with rational expectations and nominal rigidities. *European Economic Review* 49: 1081–1104.
13. Coenen, G., P. McAdam, and R. Straub. 2008. Tax reform and labor-market performance in the Euro area: a simulation-based analysis using the new area-wide model. *Journal of Economic Dynamics and Control* 32(8): 2543–2583.
14. De Jong, D. N., and C. Dave. 2007. *Structural macroeconometrics.* Princeton: Princeton University Press.
15. Dixit, A. K., and J. Stiglitz. 1977. Monopolistic competition and optimum product diversity. *American Economic Review* 67: 297–308.
16. Erceg, C.J., L. Guerrieri, and C. Gust. 2005. SIGMA: *A new open economy model for policy analysis.* International Finance Discussion Papers No.835. Board of Governors of the Federal Reserve System, July.
17. Ethier, W. J. 1982. National and international returns to scale in the modern theory of international trade. *American Economic Review* 72: 389–405.
18. Gali, J., and M. Gertler. 1999. Inflation dynamics: A structural econometric analysis. *Journal of Monetary Economics* 44(2): 195–222.
19. Howitt, P., and P. Aghion. 1998. Capital accumulation and innovation as complementary factors in long-run growth. *Journal of Economic Growth* 3: 111–130.
20. Jones, L.E., and R. Manuelli. 1990. A convex model of economic growth. *Journal of Political Economy* 98(5): 1008–1038.
21. King, R.G., C.I. Plosser, and S. Rebelo. 1988. Production, growth, and business cycles: II. New directions. *Journal of Monetary Economics* 21: 309–341.
22. Koopmans, T.C. 1965. On the concept of optimal economic growth. *In The economic approach to development planning.* North-Holland, Amsterdam.
23. Kydland, F.E., and E.C. Prescott. 1996. The computational experiment: An econometric tool. *Journal*

of *Economic Perspectives* 10(1):69–85.

24. Lucas, R.E. 1976. *Econometric policy evaluation: A critique*. Carnegie-Rochester Conference Series on Public Policy.
25. Lucas, R.E. 1988. On the mechanism of economic development. *Journal of Monetary Economics* 122:3–42.
26. Marcet, A., and W.J.den Haan. 1990. Solving nonlinear stochastic models by parameterizing expectations. *Journal of Business and Economic Statistics* 8:31–34.
27. Poole, W. 1970. Optimal choice of monetary policy instruments in a simple stochastic macro model. *Quarterly Journal of Economics* 84(2):197–216.
28. Ramsey, F. 1928. A mathematical theory of saving. *Economic Journal* 38:543–559.
29. Rebelo, S. 1991. Long-run policy analysis and long–run growth. *Journal of Political Economy* 99(3):500–521.
30. Rios-Rull, J.V. 1996. Life-cycle economies and aggregate fluctuations. *Review of Economic Studies* 63:465–490.
31. Romer, P.M. 1987. Growth based on increasing returns due to specialization. *American Economic Review* 77(2):56–62.
32. Romer, P.M. 1990. Endogenous technological change. *Journal of Political Economy Part II* 98(5):S71–S102.
33. Schumpeter, J.A. 1934. *The theory of economic development*. Cambridge: Harvard University Press.
34. Sidrauski, M. 1967. Rational choice and patterns of growth in a monetary economy. *American Economic Revenue* 57(2):534–544.
35. Sims, C.A. 2001. Solving linear rational expectations models. *Journal of Computational Economics* 20:1–20.
36. Smets, F., and R.Wouters. 2003. An estimated dynamic stochastic general equilibrium model of the Euro area. Journal of the European Economic Association 1(5):1123–1175.
37. Solow, R.M. 1956. A contribution to the theory of economic growth. *Quarterly Journal of Economics* 70(1):65–94.
38. Spence, M. 1976. Product selection, fixed costs, and monopolistic competition. *Review of Economic Studies* 43(2):217–235.
39. Swan, T.W. 1956. Economic growth and capital accumulation. *Economic Record* 32:334–361.
40. Uhlig, H. 1999. A toolkit for analyzing nonlinear dynamic stochastic models easily. *In Computational methods for the study of dynamic economics*, ed. R. Marimon and A. Scott, 30 61. Oxford: Oxford University Press.
41. Uzawa, H. 1964. Optimal growth in a two sector model of capital accumulation. *Review of Economic Studies* 31(1):1–24.
42. Whiteman, C.H. 1983. *Linear rational expectations models: A user's guide*. Minneapolis: University of Minnesota Press.

第2章

恒定储蓄率的新古典增长模型

2.1 引言

本章介绍的第一个增长模型，是由索洛和斯旺于1956年在两篇不同的论文中同时提出的。事实上，我们将会看到，该模型所包含的假设意味着长期内若没有技术增长，经济在人均水平上不会增长。经济总量的增长只出现于人口增长或要素生产率增长时，因为这两个因素都不取决于经济主体的决策，这种模型就被称为外生增长模型。还有一些经济模型，稳态中有恒定的增长率，这些增长率由经济主体决定，如受教育水平；或者由某些政策所决定，如税率，这些模型被称为内生增长模型，我们将在之后的章节中进行介绍。

人均收入是一个给定经济体中最明显的经济状态指示器，在大多数发达国家中，它表现出两个特征：（a）随时间的推移而增长；（b）在相对较短的时期内，围绕其长期趋势经历周期性的波动。索洛-斯旺模型重点解释了第一条长期增长特征，虽然我们曾提到，除非满足某些特定条件，否则长期均衡的增长率均为0。即使在长期零增长的索洛-斯旺模型中，经济仍将在较短的时期内具有非零的人均资本存量变化率，或是非零的人均收入水平变化率，这段时期被称为过渡时期。描述经济能够实现长期增长的一般条件，则是下一章的学习目标。

如果我们希望模型可以体现实际经济周期性波动的统计特征，就需要构造一个随机增长模型。我们会考虑随机的索洛-斯旺增长模型，尽管它可能过于简单，以至于并不能解释许多有趣的现象。

2.2 规模报酬和持续增长

在本章开始，我们首先给出一个重要的事实：可加总技术中的生产要素获得的收益，决定着经济长期持续增长。尽管这是在索洛-斯旺模型的一系列假定下得出的，但此结论具有一般性，索洛-斯旺模型反而是其一个特例。

假定1：在经济总水平上，总产出 Y_t 与两种生产投入：实物资本存量 K_t 和劳动 L_t 的关系可以用柯布-道格拉斯技术解释：

$Y_t = AK_t^{\beta} L_t^{\alpha}$，$\alpha,\beta \geqslant 0$，

其中，生产要素的弹性非负。A代表生产规模要素，影响着两种投入要素的生产率。A的变化会改变生产前沿。随着时间推移，实物资本往往会通过投资而进行积累。总投资I_t由两部分组成：（a）净投资，即资本存量的变化$\dot{K}_t$；（b）折旧损失D_t：

$$\text{总投资} = I_t = \dot{K}_t + D_t \tag{2.1}$$

当忽略折旧时，资本的变动就等于投资。当折旧为正时，净投资可能为正；若投资不足以补偿折旧损失，净投资为负。

假定2：实物资本的折旧率恒定为δ，即有$D_t = \delta K_t$。

假定3：每一时期中，劳动力市场上的每个人都拥有供给无弹性的单位可用时间。这使得我们可以确定每一时期的劳动力数量和供给。

假定4：假设充分就业，那么就业N_t和劳动供给L_t就是一致的。前两条假定意味着，在下述的生产函数中，我们可以使用总人口N_t作为投入，从而写出人均变量形式的生产技术为：

$$\frac{Y_t}{N_t} = A\left(\frac{K_t}{N_t}\right)^{\beta} N_t^{\alpha+\beta-1}, \alpha,\beta \geqslant 0 \Rightarrow y_t = Ak_t^{\beta} N_t^{\alpha+\beta-1}, \tag{2.2}$$

其中，$y_t = \frac{Y_t}{N_t}$，$k_t = \frac{K_t}{N_t}$分别表示人均收入和人均资本。我们将会学到，资本-劳动比是决定经济发展的关键变量。

假定5：经济中不存在政府，并假定与其他国家没有金融或商品交易。这意味着总储蓄和总投资在每一时期都相同，即每时期$S_t = I_t, \forall_t$。

假定6：此外，这是一个很有意义的约束：随着时间推移，储蓄随着产出发生变化，为产出的恒定比例s：

储蓄$\equiv S_t = sY_t$。

将假定5和假定6代入式（2.1），并除以N_t，再代入式（2.2），得到：

$$sy_t = \frac{\dot{K}_t}{N_t} + \delta k_t = sAk_t^{\beta} N_t^{\alpha+\beta-1}. \tag{2.3}$$

假定7：假设劳动力和就业（由假定3，两者每一时期都相等）以恒定速率n增长，则：

$N_t = N_0 e^{nt}$.

现在，我们可以运用上述假定得到增长模型的一些性质。在k_t的定义式中，对时间求导，得到：

$$\dot{k}_t = \frac{\dot{K}_t}{N_t} - \frac{\dot{N}_t K_t}{N_t^2} = \frac{\dot{K}_t}{N_t} - nk_t. \tag{2.4}$$

由式（2.3）和（2.4），可得：

$\dot{k}_t = sAk_t^{\beta} N_t^{\alpha+\beta-1} - (n+\delta)k_t$,

除以k_t，就得到了人均资本存量的增长率γ_{k_t}：

$$\gamma_{k_t} \equiv \frac{\dot{k}_t}{k_t} = sAk_t^{\beta-1} N_t^{\alpha+\beta-1} - (n+\delta), \tag{2.5}$$

随着时间推移，γ_{k_t}将随人口和资本-劳动比水平的改变而变化。我们也得到：

$$\frac{\gamma_{k_t}+(n+\delta)}{sA}=k_t^{\beta-1}N_t^{\alpha+\beta-1}.$$

取对数，我们得到：

$$\ln\left(\frac{\gamma_{k_t}+(n+\delta)}{sA}\right)=(\beta-1)\ln k_t+(\alpha+\beta-1)\ln N_t, \tag{2.6}$$

关于时间t求导，则：

$$\frac{\dot{\gamma}_{k_t}}{\gamma_{k_t}+(n+\delta)}=(\beta-1)\frac{\dot{k}_t}{k_t}+(\alpha+\beta-1)n, \tag{2.7}$$

其中，我们运用了假定7，$\frac{\dot{N}_t}{N_t}=n$。

我们尤其对这样一种经济状态的特征描述很感兴趣，在该状态下，人均变量的增长率[①]是保持不变的。之后，我们会将这种状态更详细地定义为稳态。这种状态下，式（2.6）的等号左边是恒定的。我们要注意，稳态中保持不变的是变量，如k_t和y_t的增长率，而不是变量的水平值，我们将用γ_{kss}和γ_{yss}表示两者的增长率。

在稳定状态下，对式（2.7）求解，得到：

$$0=(\beta-1)\gamma_{k_{ss}}+(\alpha+\beta-1)n, \tag{2.8}$$

这是所有稳态都必须满足的条件。需要注意的是，至今我们还未证明这种状态的存在性和唯一性。式（2.8）只是稳态存在的必要条件。

式（2.3）是一个在任何一点都有效的表达式，对其取对数，得到：

$$\ln s+\ln y_t=\ln(sA)+\beta\ln k_t+(\alpha+\beta-1)\ln N_t,$$

其中，$\ln s$是恒定的。对时间求导，则：

$$\frac{\dot{y}_t}{y_t}=\beta\frac{\dot{k}_t}{k_t}+(\alpha+\beta-1)n\Rightarrow\gamma_{y_t}=\beta\gamma_{k_t}+(\alpha+\beta-1)n,$$

因此，在稳态有：

$$\gamma_{y_{ss}}=\beta\gamma_{k_{ss}}+(\alpha+\beta-1)n, \tag{2.9}$$

此关系式描述了稳态中人均收入增长率和资本增长率的关系。

为得到与消费增长率的关系式，我们使用经济资源总约束条件来说明人均消费和人均产出之间的比例关系：

$$C_t+S_t=Y_t\Rightarrow C_t+sY_t=Y_t\Rightarrow C_t/N_t=(1-s)Y_t/N_t\Rightarrow c_t=(1-s)y_t,$$

上式说明，人均消费和产出都以相同的比率增长：$\gamma_{c_{ss}}=\gamma_{y_{ss}}$。

下面，我们考虑一些可能的情况：

例1：经济中，每一种生产要素都规模报酬递减，但总规模报酬不变：

$$Y_t=AK_t^{\beta}L_t^{\alpha},0<\alpha,\beta<1,\alpha+\beta=1,$$

这种情况下，式（2.8）中的第二项为0，因此：

$$0=(\beta-1)\gamma_{k_{ss}},$$

---

① 实际上，稳态是由变量的适当选择的恒定增长率定义的。在此引言的讨论中，将稳态根据人均变量定义较为方便，而在本章之后的学习中，我们会对稳态进行不同于此的定义。

且由于$\beta < 1$，所以必然得出：

$\gamma_{k_{ss}} = 0.$

因此，稳态中人均资本存量的增长率一定为0。由于上述增长率间的关系，此经济中的所有人均变量都会在稳态中保持不变。规模报酬不变假设和$\gamma_{k_{ss}} = 0$表明，在式（2.9）中，稳态中的人均收入不会增加，即$\gamma_{y_{ss}} = 0$。因此，$\gamma_{c_{ss}} = 0$。即使稳态条件只允许稳态增长率为0，经济体仍可以因不同的人均变量水平（k_{ss}, c_{ss}, y_{ss}）而各异，从而使得稳态呈现多样性。

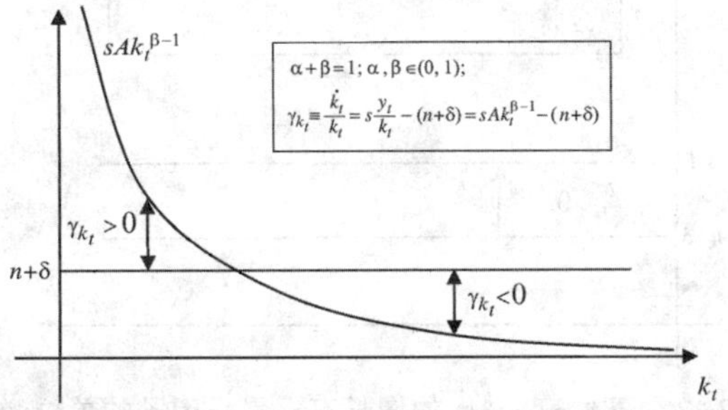

图2-1　资本-劳动比的增长率：规模报酬不变的柯布-道格拉斯技术

图2-1通过图解式（2.5）中包含的两个方程，展示了资本-劳动比的增长率。两条曲线间的间隔即为资本-劳动比率的增长率。在其交点k_{ss}的左边增长率为正，右边则为负。该交点描述了资本-劳动比的稳态水平。资本的边际生产率单调递减，这说明了稳态比率的唯一性。在k_{ss}左边，k_t的比率增加，并且距离交点越远，增加得越多。反之，在k_{ss}的右边，k_t的减少也如此。

事实上，此图说明了在上述假设条件下，经济中零增长稳态的存在性和唯一性。生产技术的规模报酬不变假设，以及累积投入、资本存量的报酬递减假设尤其重要。另外，此图也说明了稳态的稳定性。因为无论在任何位置上，高于稳态资本-劳动比还是低于稳态资本-劳动比，经济最终都会收敛于稳态。

上述分析表明，若技术是规模报酬不变的，那么在稳态下，经济就不可能获得正的增长。接下来的例子将会说明，对于相反的情况来说，此结论也是正确的。

例2：现在，考虑总规模报酬不变的情况，即$\alpha + \beta = 1$，同时在累积要素中，即实物资本也满足规模报酬不变，即$\beta = 1$。所以$\alpha = 0$，且线性技术为：

$Y_t = AK_t,$

上式常被称为AK技术，在第5章中我们将会对其进行详细的介绍。由于$\beta = 1$，式（2.8）中的第二项为0。如图2-2所示，当$\gamma_{k_{ss}} > 0$时（实际上，当$\gamma_{k_{ss}} \neq 0$时），我们可以找到一个稳态。再次需要注意的是，我们仍旧没有证明零增长稳态的存在性，而只说明了存在的可能性。

在之后的章节中我们会学到，类似上面所说的线性技术会形成内生增长。对这种结构特征的一个可能的解释是，我们要考虑到第二个累积生产要素：人力资本，即：

$Y_t = AK_t^{\beta} H_t^{1-\beta},$

其中，H_t 是包含劳动数量和质量的变量，即 H_t 不仅说明了劳动者的数量，而且说明了劳动者的受教育水平、工作经验等。如果假设资本的两种形式可以很好地相互替代，我们就可以得到 AK 技术①。

例 2：并没有将劳动作为不同于实物资本的第二投入。在下一情况中，我们将说明实物资本和劳动均存在的前提下，存在正稳态增长的可能性。

$$\alpha + \beta = 1; \alpha = 0; \frac{\dot{k}_t}{k_t} = s\frac{y_t}{k_t} - (n+\delta) = sA - (n+\delta);$$
$$sA > n + \delta$$

$$\gamma_{k_t} = \gamma_k > 0$$

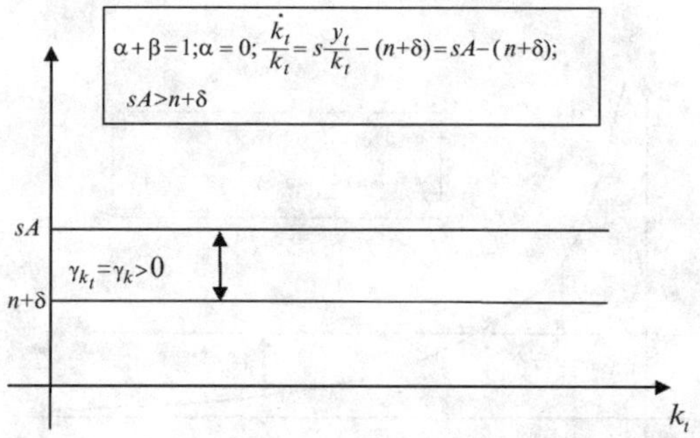

图 2-2 资本-劳动比的增长率：累积因子的单位弹性

例 3：考虑累积要素规模报酬不变，即 $\beta = 1$，以及劳动要素的产出弹性非 0，即 $\alpha > 0$ 的情况。这样，总规模报酬递增。由式（2.7）可得，在这些假设下，只有当经济中没有人口增长时，即 $n = 0$，稳态才有可能存在。式（2.8）中的第二项再次消失了，且由于 $\beta = 1$，所以我们有可能得到非零增长的稳态，即使我们并不能证明其存在性。

虽然并没有被证明，但本部分表明，如果想让经济在长期中增长，累积投入就需要是规模报酬不变或是规模报酬递增的。尽管在本部分，我们只考虑了一种类型的资本，还有其他诸如实物资本和人力资本形式的资本都会随着时间的推移而增加。此处的条件是，两种资本投入的弹性相加至少为 1，就如同对例 2 中的 AK 技术的解释一样。

|2.3| 索洛–斯旺的新古典增长模型

该模型由索洛［2］和斯旺［3］提出，描述了一个经济体的时间演化过程。在经济中，我们已知增长的初始条件。模型包含了上一部分说明的假设条件，且实物资本报酬递减，而总规模报酬不变。在例 1 中已经说过，经济中存在单一且稳定的零增长稳态。

因此，本章考虑没有政府的封闭经济，那么储蓄和投资在各期都是相同的，即 $S_t = I_t$。企业使用实物资本和劳动生产单一的消费商品，该商品可以被消费或以实物资本形式积累。产出只能用于消费或投资，因为经济中既没有公共消费，也没有与国外部门的交换。实物资本以恒定的比率 δ 进行折旧。在劳动市场中，消费者拥有一单位时间，且供给完全

---

① 参见 Barro 和 Sala-i-Martin［1］，第 4 章。

无弹性[①]。人口 N_t 以恒定的比率 n 增长，初始人口为 N_0，因此，我们就可以得到 $N_t = N_0 e^{nt}$。价格和工资具有弹性，也就是说，经济总处于充分就业状态。充分就业以及忽略人口的年龄结构[②]，使得劳动力和就业在各期都相等，则我们也可以得到关系式 $L_t = L_0 e^{nt}$。这也意味着 $\dot{L}_t = nL_t$。当加入劳动力要素时，每个消费者或劳动力都会得到一定量的实物资本，而这些实物资本等于那些已经在劳动力市场中每个人所拥有的资本量。

各期中总储蓄为收入的固定比例，$S_t = sY_t$，人均形式为 $s_t = sy_t$。我们并没有理由去相信，就消费者而言这将是最优的行为。事实上，在索洛-斯旺模型中，我们没有考虑过任何消费者、经济主体和政府的最优行为。在下一章，我们将在模型中分析消费或储蓄最优决策。

2.3.1 模型的描述

2.3.1.1 技术

假设在总水平上，可用技术由一次齐次生产函数表示：$Y = F(K_t, N_t)$。如前所述，总人口即为就业。对资本和劳动力分别求导为：F_{K_t}，F_{N_t}，且满足条件 $F_{K_tN_t} > 0$，$F_{N_tN_t}, F_{K_tK_t} < 0$。海赛矩阵负定，因此 F 为凹函数。我们进一步假定 $F(K_t, 0) = F(0, N_t) = 0$，所以如果两种投入数量不都是正的，那么我们就不能生产任何商品，且 $\lim\limits_{K_t \to 0} F_{K_t} = \lim\limits_{N_t \to 0} F_{N_t} = \infty$，$\lim\limits_{K_t \to \infty} F_{K_t} = \lim\limits_{N_t \to \infty} F_{N_t} = 0$。这就是我们通常所说的稻田条件。

该技术更多的限制在于，每种投入规模报酬都是递减的，这与上一部分的例1是一致的，但这妨碍了稳态增长的可能性。总规模报酬不变假设使得：

$$Y_t = F(K_t, N_t) = N_t F(K_t/N_t, 1) = N_t f(k_t), \tag{2.10}$$

其中，$k_t = K_t/N_t$ 表示人均生产资本存量或资本-劳动比，且 $f(k_t) = F(K_t/N_t, 1)$。关于 F 的假设意味着：$f'(k_t) > 0, f''(k_t) < 0, f(0) = 0, \lim\limits_{k_t \to 0} f' = \infty, \lim\limits_{k_t \to \infty} f' = 0$。

资本-劳动比决定人均产出 Y_t/N_t，也因此决定着人均收入，所以我们有理由相信，经济中的主要变量——消费也会被资本-劳动比决定。

各种投入的边际生产率与 $f(k_t)$ 的导数相关。首先，关于 K_t 求导：

$$F_{K_t} = N_t f'(k_t) \frac{\partial k_t}{\partial K_t} = N_t f'(k_t) \frac{1}{N_t} = f'(k_t) > 0, \tag{2.11}$$

其中，下标代表偏导数。另一方面，对式（2.10）关于 N_t 求导，得到：

$$F_{N_t} = f(k_t) + N_t f'(k_t) \left(\frac{-K_t}{N_t^2} \right) = f(k_t) - k_t f_t'(k_t). \tag{2.12}$$

即使 $f(k_t)$ 的性质没有明确说明，劳动的边际产出也一定为正：$f(k_t) - k_t f'_t(k_t) > 0$，因为若其值为负，企业的就业则会减少。最后，我们很容易知道，$f(k_t)$ 的凹度由 F 的凹度决定。

一个可以满足上述假定的特殊技术就是柯布-道格拉斯生产函数：

$F(K_t, N_t) = AK_t^{\alpha} N_t^{1-\alpha}$，其中 $0 < \alpha < 1$，

---

① 例如，若效用函数中没有闲暇，那么这就是正确的。本章中我们不做详细讨论。

② 消费者从出生开始就能够工作。

其中，$A>0$为技术水平。总产出可以写为：

$$Y_t = AK_t^{\alpha}N_t^{1-\alpha} = AN_t k_t^{\alpha}, \tag{2.13}$$

这样，根据上述的设定，$f\left(k_t\right) = Ak_t^{\alpha}$。人均产出为：

$$y_t = \frac{Y_t}{N_t} = Ak_t^{\alpha}, 0<\alpha<1.$$

在此技术下，两种要素的边际生产率都是正的，

$$F_{K_t} = f'(k_t) = A\alpha k_t^{\alpha-1} > 0,$$

$$F_{N_t} = f(k_t) - k_t f_t'(k_t) = Ak_t^{\alpha} - k_t A\alpha k_t^{\alpha-1} = (1-\alpha)Ak_t^{\alpha} > 0.$$

2.3.2 经济的动态分析

在一个简单经济体中，产出（或收入）常被用于消费或总投资。在某种程度上，后者由补偿资本折旧和资本存量净增加额组成，

$$净投资 = \dot{K}_t = \frac{dK_t}{dt} = 总投资 - 折旧$$

$$= I_t - D_t = I_t - \delta K_t$$

其中，假设实物资本折旧率为恒定的δ，且独立于资本存量，$D_t = \delta K_t$。

由此，我们可以得到资源总约束：

$$Y_t = C_t + I_t = C_t + \dot{K}_t + \delta K_t,$$

即

$$\dot{K}_t = F\left(K_t, N_t\right) - C_t - \delta K_t.$$

除以劳动力，

$$\frac{\dot{K}_t}{N_t} = \frac{F\left(K_t, N_t\right)}{N_t} - \frac{C_t}{N_t} - \delta\frac{K_t}{N_t} = f\left(k_t\right) - c_t - \delta k_t,$$

同时考虑，

$$\dot{k}_t = \frac{\dot{K}_t}{N_t} - \frac{\dot{N}_t}{N_t}k_t = \frac{\dot{K}_t}{N_t} - nk_t,$$

可以得到：

$$f\left(k_t\right) = c_t + \dot{k}_t + (n+\delta)k_t, \tag{2.14}$$

此式说明了人均收入的用途：人均产出部分被视作消费和资本存量的净增加，其中资本存量的净增加值可能为正，也可能为负；余下的部分则用于弥补资本折旧和为每个新工人提供与原有工人相同单位的资本。劳动以速率n增长，人口增长被视为某种折旧。事实上，在此模型中，想要消除δ和n的影响是不可能的。

由于$C_t = (1-s)Y_t$，除以N_t就可以得到人均项，

$$c_t = (1-s)f(k_t),$$

最终得到：

$$\dot{k}_t = sf\left(k_t\right) - (n+\delta)k_t, \tag{2.15}$$

该式为经济的运行规律，说明了在储蓄$sf\left(k_t\right)$高于资本折旧$(n+\delta)k_t$时，人均资本存量是如何增加的。

2.3.2.1 技术增长

在上述关于储蓄、资本结构、人口增长和充分就业的假设基础上，考虑存在外生技

术增长的情况，其形式为可变生产率因子Γ_t以恒定比率γ增长：

$$\frac{\dot{\Gamma}_t}{\Gamma_t}=\gamma,\forall t$$

假设可用技术采用复合生产函数$Y_t=F(K_t,\Gamma_t N_t)$表示，其中$F_{K_t},F_{\Gamma_t N_t}>0$，二阶导数：$F_{K_t,\Gamma_t N_t}>0,F_{\Gamma_t N_t,\Gamma_t N}<0,F_{K_t,K_t}<0$，且海赛矩阵负定。那么，$F$即为凹函数。此外，$F(K_t,0)=F(0,\Gamma_t N_t)=0$，即如果两种投入不都为正，就生产不出任何产品，且$\lim_{K_t\to 0}F_{K_t}=\lim_{\Gamma_t N_t\to 0}F_{\Gamma_t N_t}=\infty$，$\lim_{K_t\to\infty}F_{K_t}=\lim_{\Gamma_t N_t\to\infty}F_{\Gamma_t N_t}=0$。

以该种方式引入的技术进步Γ_t被认为是劳动节约型的，因为当Γ_t增长时，我们可以用更少的劳动投入生产出给定的产出①。生产函数中的第二项投入$\Gamma_t N_t$为有效劳动。这类技术更多的约束同样在于各投入都满足规模报酬递减，这不利于正的稳态增长。

总规模报酬不变假设使得：

$$Y_t=F(K_t,\Gamma_t N_t)=\Gamma_t N_t F\left(\frac{K_t}{\Gamma_t N_t},1\right)=\Gamma_t N_t f(k_t),\tag{2.16}$$

其中，$k_t=\dfrac{K_t}{\Gamma_t N_t}$表示当前单位有效劳动的资本存量，且$f(k_t)=F\left(\dfrac{K_t}{\Gamma_t N_t},1\right)$。经济中的主要变量均可用该比率表达。例如，从上述方程中，可以得到单位有效劳动产出②：

$$y_t=\frac{Y_t}{\Gamma_t N_t}=f(k_t).$$

此生产函数的一个例子为$F(K_t,\Gamma_t N_t)=AK_t^{\alpha}(\Gamma_t N_t)^{1-\alpha}$，产出为：

$$Y_t=AK_t^{\alpha}(\Gamma_t N_t)^{1-\alpha}=A\Gamma_t N_t k_t^{\alpha}=\Gamma_t N_t f(k_t),\text{其中}0<\alpha<1,f(k_t)=Ak_t^{\alpha},$$

因此，单位有效劳动的产出为：

$$y_t=\frac{Y_t}{\Gamma_t N_t}=Ak_t^{\alpha},0<\alpha<1.$$

各投入的边际生产率与$f(k_t)$的导数有关。首先，在式（2.16）中对K_t求导，

$$F_{K_t}=\Gamma_t N_t f'(k_t)\frac{\partial k_t}{\partial K_t}=\Gamma_t N_t f'(k_t)\frac{1}{\Gamma_t N_t}=f'(k_t)>0.$$

另一方面，在式（2.16）中对N_t求导，得到，

$$F_{N_t}=\Gamma_t f(k_t)+\Gamma_t N_t f'(k_t)\left(\frac{-\Gamma_t K_t}{(\Gamma_t N_t)^2}\right)=\Gamma_t\left[f(k_t)-k_t f'(k_t)\right].$$

产出同样被用于消费或总投资，我们得到了与之前相同的资源总约束，

$$Y_t=C_t+I_t=C_t+\dot{K}_t+\delta K_t,$$

即，

$$\dot{K}_t=F(K_t,\Gamma_t N_t)-C_t-\delta K_t.$$

上式除以单位有效劳动，得到：

---

① Harrod的定义有时也被称为中性。

② 2.2节中的论证说明，在规模报酬递减假设下，稳态中的单位有效劳动的实物资本和产出增长率将为0。反过来，这也意味着如$\frac{K_t}{N_t}$或$\frac{Y_t}{N_t}=\Gamma_t f(k_t)$的人均变量将在稳态中以$\gamma_A$的速率增长。这些结论在下一章中将会介绍。

$$\frac{\dot{K}_t}{\Gamma_t N_t}=\frac{F(K_t,\Gamma_t N_t)}{\Gamma_t N_t}-\frac{C_t}{\Gamma_t N_t}-\delta\frac{K_t}{\Gamma_t N_t}=f(k_t)-c_t-\delta k_t,$$

其中，$F(.,.)$的一阶齐次性使得$\frac{F(K_t,\Gamma_t N_t)}{\Gamma_t N_t}=F\left(\frac{K_t}{\Gamma_t N_t},\frac{\Gamma_t N_t}{\Gamma_t N_t}\right)=F\left(\frac{K_t}{\Gamma_t N_t},1\right)=f(k_t)$成立，以$c_t=\frac{C_t}{\Gamma_t N_t}$表示单位有效劳动消费。考虑，

$$\dot{k}_t=\frac{\dot{K}_t}{\Gamma_t N_t}-\frac{\Gamma_t \dot{N}_t}{\Gamma_t N_t}k_t-\frac{\dot{\Gamma}_t N_t}{\Gamma_t N_t}k_t=\frac{\dot{K}_t}{\Gamma_t N_t}-(n+\gamma)k_t,$$

得到，

$$f(k_t)=c_t+\dot{k}_t+(n+\delta+\gamma)k_t, \tag{2.17}$$

该式说明了人均收入的用途：人均产出一部分被用于消费和资本存量的净增加，另一部分则用于弥补资本折旧和为每个新工人提供与原有工人相同单位的资本。劳动者数量以速率n增长，生产率水平以速率γ增长。与之前一样，人口增长再次被视为一种折旧。

最后，

$$Y_t=C_t+I_t=C_t+S_t=C_t+sY_t,$$

因此$C_t=(1-s)Y_t$，除以$\Gamma_t N_t$，在单位有效劳动水平上，得到，

$$c_t=(1-s)f(k_t), \tag{2.18}$$

以及

$$\dot{k}_t=sf(k_t)-(n+\delta+\gamma)k_t, \tag{2.19}$$

上式为经济的运行规律，表明当人均储蓄$sf(k_t)$超过总资本折旧$(n+\delta+\gamma)k_t$时，单位有效劳动的资本存量是如何增加的。

2.3.3 稳态

定义1：在外生增长经济中，稳态是单位有效劳动水平上的主要变量（实物资本、产出和消费）的增长率向量，若一旦达到稳态，那么此状态就可以一直保持下去。

稳态通常也被认为是长期均衡，其特征是定义变量有恒定的增长率。

再次考虑经济的运行规律式（2.19），资本增长率可被写为：

$$\gamma_{k_t}=\frac{\dot{k}_t}{k_t}=s\frac{f(k_t)}{k_t}-(n+\delta+\gamma). \tag{2.20}$$

在稳定状态中，γ_{k_t}一定是不变的，所以$\frac{f(k_t)}{k_t}$也一定是不变的，其对时间的导数为：

$$\frac{d\left[\frac{f(k_t)}{k_t}\right]}{dt}=\frac{k_t f'(k_t)-f(k_t)}{k_t}\frac{\dot{k}_t}{k_t}\underset{\text{稳态}}{=}0.$$

由于$k_t f'(k_t)-f(k_t)$是负的劳动边际产出，而我们假设劳动的边际产出值为正，因此我们在稳态中将会得到关系式$\frac{\dot{k}_t}{k_t}=0$，这说明$\dot{k}_t=0$，稳态中单位有效劳动的资本存量将保持不变。相应地，这也说明了人均资本存量会以速率γ增长。为得到收入和资本增长率的关系，应注意到：

$$\frac{Y_t}{N_t}=F\left(\frac{K_t}{N_t},\Gamma_t\right)=\frac{K_t}{N_t}F\left(1,\frac{\Gamma_t}{K_t/N_t}\right),$$

且因为在稳态中$k_t=\dfrac{K_t}{N_t\Gamma_t}$是不变的，所以产出和资本会以相同的速率增长。在有效劳动水平上，这些变量都是零增长，在人均单位水平上则以速率γ增长，而在总水平上，是以速率$n+\gamma$增长。因为消费与收入成比例，所以人均消费也会以速率γ增长。在稳态单位有效劳动水平上，消费保持不变。即使人均变量在稳态中有增长，但它们共同的增长率γ对于模型来说是外生的，所以我们称其为外生增长模型。

总之，经济中稳态的典型特征是$\dot{k}_t=0$，因此由式（2.19），k_t的稳态水平也是下式的解：

$$sf(k_{ss})-(n+\delta+\gamma)k_{ss}=0, \tag{2.21}$$

该式定义了稳态中单位有效劳动的资本存量k_{ss}。方程解的性质，如存在性、唯一性以及结构参数对其的影响等，取决于具体的方程形式。图2-3a说明了多个稳态存在的可能性。上方的图以曲线$sf(k_{ss})$和直线$(n+\delta+\gamma)k_{ss}$的交点表示稳态，下方的图则展示了相关的单位有效劳动资本存量的时间导数，如式（2.19）所示。然而，对于满足稻田条件的标准生产函数来说，式（2.21）只会得到一个非零解，这样稳态就被唯一确定了（图2-3b）。在稳态的左边资本存量增加，在稳态的右边资本存量则减少。

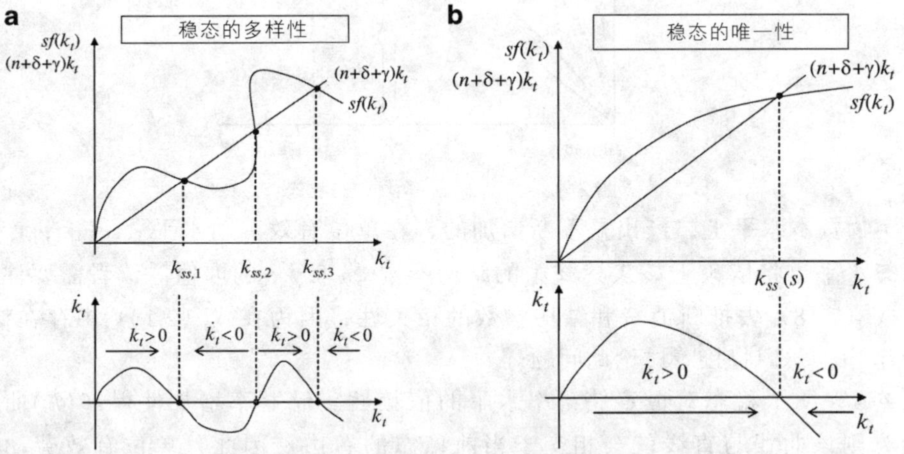

图2-3　索洛-斯旺模型的稳定状态

图2-3b说明了$k_{ss}=0$的另一种稳态。它是式（2.21）的解，因为$f(0)=0$。在该点，没有实物资本，因此生产和消费均为0。同时，该点也没有投资，所以无论储蓄率是多少，储蓄都将为0，因为该点并没有资源。尽管没有经济收益，但经济却无法脱离这种状态。

例如，柯布-道格拉斯生产技术$Y_t=F(K_t,\Gamma_tN_t)=AK_t^{\alpha}(\Gamma_tN_t)^{1-\alpha},0<\alpha<1$，也可写作$y_t=Ak_t^{\alpha},0<\alpha<1$。稳态就可由下式描述：

$$sAk_{ss}^{\alpha}=(n+\delta+\gamma)k_{ss}.$$

此方程的唯一解[①]为：

$$k_{ss}=\left(\frac{sA}{n+\delta+\gamma}\right)^{\frac{1}{1-\alpha}},\tag{2.22}$$

因此在单位有效劳动水平上，恒定的储蓄率越高，实物资本水平就越高；人口增长率、实物资本折旧率以及生产率增长率越高，实物资本水平也就越低；而当代表总技术的生产函数中实物资本弹性值越高时，实物资本水平也越高。

高储蓄率实现了更多、更重要的资本积累，使得实物资本存量更高。另一方面，折旧率越高，从净资本积累中减去的资源就越多。人口数量越多，需要给新消费者提供的与现有消费者相同的实物资本存量所消耗的资源就越多。因为我们研究单位有效劳动水平上的变量，技术增长与人口增长对称地进入模型，所以稳态水平关于此变量的相关性仍然是负的。最后，实物资本的弹性越大，对资本积累产生的激励就越大，实物资本水平也就越高。

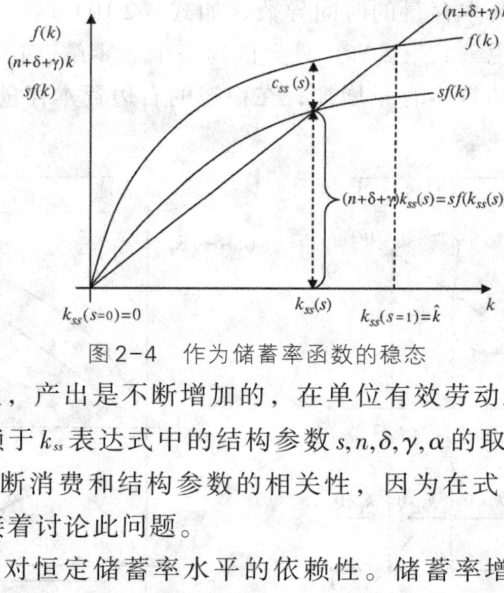

图2-4　作为储蓄率函数的稳态

在实物资本水平上，产出是不断增加的，在单位有效劳动水平y_{ss},c_{ss}上，产出和消费的稳态水平也将依赖于k_{ss}表达式中的结构参数s,n,δ,γ,α的取值。读者需要注意，不能运用式（2.18）去推断消费和结构参数的相关性，因为在式（2.18）中存在储蓄率。在2.3.8节中，我们将接着讨论此问题。

图2-4说明了稳态对恒定储蓄率水平的依赖性。储蓄率增加使得$sf(k_t)$曲线的斜率变大，则该曲线与直线就会相交于当前稳态的右边。因此，单位有效劳动的资本存量、收入、投资和消费也会提高。图2-4也告诉我们此过程存在极限。当$s=1$时，$sf(k_t)$曲线与生产函数$f(k_t)$一致，我们得到生存稳态（subsistence steady-state）$\hat{k}$，满足：

$$f(\hat{k})=(n+\delta+\gamma)\hat{k}.$$

在生存稳态上，实物资本已经积累得足够多了，以至于所有的产出都用来代替资本折旧的损失以及给新劳动者提供与原来劳动者相同的实物资本存量，没有余下的资源以供消费，即消费为0。所有在0和1之间的储蓄率值均与0到$\hat{k}$之间单位劳动资本的稳态

① 方程的另一个根为$k_{ss}=0$。此稳态中，资本、产出和消费均为0。

水平有关。$k_{ss} > \hat{k}$的情况并不可持续，因为这意味着消费为负。

2.3.4　向稳态过渡

稳态之外的经济增长率并不是常数，而是根据式（2.20）所显示的那样，随着k_t的变化而改变。过渡是从资本存量为k_0的初始状态向稳态水平趋近的过程。

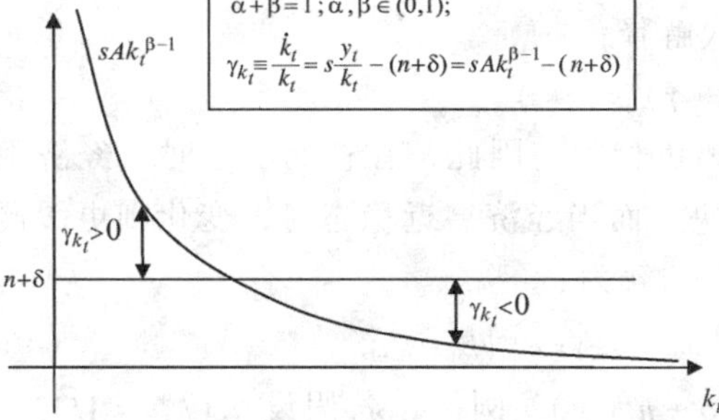

图2-5　柯布-道格拉斯技术下的稳态决定

表达式中的第一项$sf(k_t)/k_t$是k_t的连续递减函数，对此式取极限，很容易就可以得到：$k_t=0$时为无限大，而$k_t=\infty$时收敛于0。第二项是恒定不变的，由图2-5中的水平直线表示。因此，当$sf(k_{ss})/k_{ss}=\delta+n+\gamma$，即$\gamma_{k_t}=0$时，存在某些资本存量的单一值。单位有效劳动的资本增长率为0的点即为经济的单一稳态k_{ss}。由于增长率γ_{k_t}在资本存量低于稳态水平时为正，而在资本存量高于稳态水平时为负，所以模型单调收敛于稳态水平，即稳态表现为全局稳定。

图2-5中两条曲线间的差距即为增长率γ_{k_t}。可以看到，无论经济从哪一边趋于稳态，增长率均下降。正如Barro和Sala-i-Martin［1］指出的，根据收益递减规律，当k_t相对较低时，平均资本产出$f(k_t)/k_t$就会相对较大。由于消费者的储蓄是产出的恒定比例，因此单位资本的总投资$sf\left(k_t\right)/k_t$为平均资本产出的一定比例，也会较大。当资本折旧率恒定时，这将会使$\dot{k}_t/k_t$相对较高，而k_t较高时则相反。随资本存量变化，γ_{k_t}的变动由下式给出：

$$\frac{\partial\gamma_{k_t}}{\partial k_t}=s\frac{k_t f'(k_t)-f(k_t)}{k_t^2}<0,$$

此式为负，因为分子等于负的劳动边际产出。

2.3.5　向稳态过渡的持续

为了解经济经过多久到达稳态，我们需要集中分析$\dot{k}_t$而不是γ_{k_t}。如果对稳态附近的资本的运行规律构造一个线性近似，将得到：

$$\begin{aligned}\dot{k}_t &\simeq \left[sf(k_{ss})-(\delta+n+\gamma)k_{ss}\right]+\left[sf'(k_{ss})-(\delta+n+\gamma)\right](k_t-k_{ss})\\ &=\left[\frac{(\delta+n+\gamma)k_{ss}sf'(k_{ss})}{sf(k_{ss})}-(\delta+n+\gamma)\right](k_t-k_{ss})\\ &=\left(\alpha_k(k_{ss})-1\right)(\delta+n+\gamma)(k_t-k_{ss}),\end{aligned}$$

其中，为得到第一个等式，我们运用已知条件：在稳态中，$sf(k_{ss})=(\delta+n+\gamma)k_{ss}$，同时定义资本存量的产出弹性：

$$\alpha_k(k_t)=\frac{k_t f'(k_t)}{f(k_t)}\in(0,1).$$

当规模报酬不变时，$\alpha_k(k_t)$也是收入分配中的实物资本份额。在柯布-道格拉斯生产函数中，$\alpha_k(k_t)=\alpha$是不变的。运用竞争均衡的思想，资本能够被企业以等于其边际产出的价格而租用，$\alpha_k(k_t)$是产出的一定比例，并返还给资本所有者。

k_t的变化可以由下式解释：

$$\dot{k}_t=-(1-\alpha_k(k_{ss}))(\delta+n+\gamma)(k_t-k_{ss}) \tag{2.23}$$

$\dot{k}_t$与到稳态k_{ss}的距离负相关。因此，在初始状态时，经济距离稳态较远，单位有效劳动的资本存量变化较快，而当经济靠近稳态时，变化则更缓慢①。

微分方程式（2.23）的解为：

$$k_t-k_{ss}=e^{-(1-\alpha_k(k_{ss}))(\delta+n+\gamma)t}(k_0-k_{ss})=e^{-\mu t}(k_0-k_{ss}), \tag{2.24}$$

其中，$\mu=(1-\alpha_k(k_{ss}))(\delta+n+\gamma)$。例如，若假设$\alpha_k(k_{ss})=1/3$，$n+\delta+\gamma=6\%$，那么$\mu=4\%$，所以每一期$k_t$和$k_{ss}$间的差异缩小4%。在17个时期后，初始状态到稳态的距离将会减少一半。

2.3.6 产出和消费的增长率

由于索洛-斯旺模型的全局稳定性，因此该模型表明，任何经济要么是在稳态中，要么是在收敛于稳态的过程中。本节将学习稳态之外的经济状态，模型的全局稳定性使得稳态之外的经济处于向稳态过渡的阶段。在过渡过程中，产出行为可由下式表达：

$$\gamma_{y_t}=\frac{\dot{y}_t}{y_t}=\frac{f'(k_t)}{f(k_t)}\dot{k}_t=k_t\frac{f'(k_t)}{f(k_t)}\gamma_{k_t}=\alpha_k(k_t)\gamma_{k_t}. \tag{2.25}$$

例如，若总技术是柯布-道格拉斯形式的，那么资本份额就是$\alpha_k(k_t)=\alpha$，则在过渡时，有：

$$\gamma_{y_t}=\alpha\gamma_{k_t},$$

收入和资本增长率的行为相似，都在经济靠近稳态时下降幅度更大。

更一般地，将式（2.20）中的γ_{k_t}应用于式（2.25），得到：

$$\gamma_{y_t}=sf'(k_t)-(n+\delta+\gamma)\alpha_k(k_t),$$

因此，

$$\frac{\partial\gamma_{y_t}}{\partial k_t}=\frac{f''(k_t)k_t}{f(k_t)}\gamma_{k_t}-\frac{(n+\delta+\gamma)f'(k_t)}{f(k_t)}(1-\alpha_k(k_t)),$$

由于$0\leqslant\alpha_k(k_t)\leqslant 1$，因此在$\gamma_{k_t}\geqslant 0$的点上，$\frac{\partial\gamma_{y_t}}{\partial k_t}<0$；相反，在$\gamma_{k_t}<0$时，$\frac{\partial\gamma_{y_t}}{\partial k_t}$的符号无法确定。然而，在临近稳态时，$\gamma_{k_t}$会减小且$\frac{\partial\gamma_{y_t}}{\partial k_t}<0$。这说明若经济的初始资本存量低于$k_{ss}$，$k_t$和$y_t$都会增加，而当靠近稳态时，单位有效劳动的收入增长率γ_{y_t}却会减少，这与γ_{k_t}的情形是一致的。反过来，若初始资本存量高于k_{ss}，那么k_t和y_t都会减少，

---

① 要注意到，这个结论是关于单位有效劳动资本存量的绝对变化，而上述的结论则与增长率有关。

但是关于γ_{y_t}的运行却无法确定。然而，当我们足够接近稳态时，γ_{y_t}将随资本存量向k_{ss}下降而逐渐上升。有趣的是，尽管资本存量向k_{ss}下降，y_t的增长率仍是上升的，但却是负的。所以，我们可以知道，当资本存量向稳态下降时，单位有效劳动的收入是以递减的速率向新的稳态下降的。对于一个相对较高的k_t来说，折旧如此之高，以至于储蓄和投资不足以替代折旧，因此资本存量减少且产出下降。随着资本存量从初始的高水平下降，被用于弥补折旧的资源就越来越少，单位有效劳动的收入就下降得更少，直到达到新的稳态。

另一方面，由于此模型假设的成立：

$c_t = (1 - s)\,y_t$,

那么在稳态外任意一点，都有，

$\gamma_{c_t} = \gamma_{y_t}, \forall t$,

人均变量的增长率等于本部分中计算的增长率加上γ，而经济总量的增长率需要再加上n的增长率。

2.3.7 新古典模型中的收敛

到目前为止，我们已经分析了新古典增长模型对给定经济体发展的含义，也描述了单一稳态的存在性和长期均衡及其与结构参数的关系。只要假定其可以满足索洛-斯旺模型的假设，之前的论述对不同国家发展的比较也具有意义。随着时间的推移，两个不同的经济是趋于相似还是差异更大，我们对此问题尤其感兴趣。

若两个经济在单位有效劳动水平上的实物资本禀赋初始状态k_0、k_0'不同，在单位有效劳动水平上的收入水平随时间推移差异变小，我们则称其为绝对收敛。考虑两个拥有同样结构参数值s, n, δ, γ，但初始资本存量不同的经济。在单位有效劳动水平上，两个经济体的实物资本、消费和收入的长期均衡（稳态）水平将会是相同的。假设其中之一为贫穷的经济，拥有较少的资本存量k_0^p；另一个为富有的经济，拥有较多的资本存量k_0^r。图2-6为两个经济的增长率决定图，可以看到贫穷经济的增长率比富有经济的增长率高，所以两者各自的单位有效劳动的资本存量、产出（或收入）水平随时间推移也将更加接近，因为两个经济都收敛于相同的稳态水平。因此，新古典模型意味着国家间的绝对收敛。

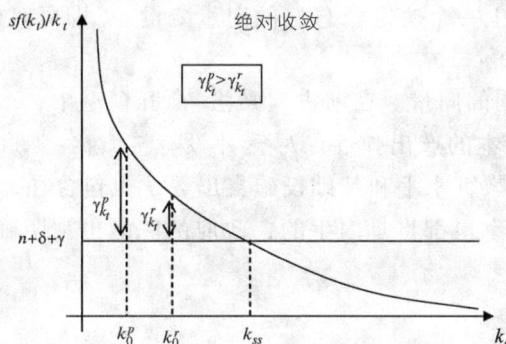

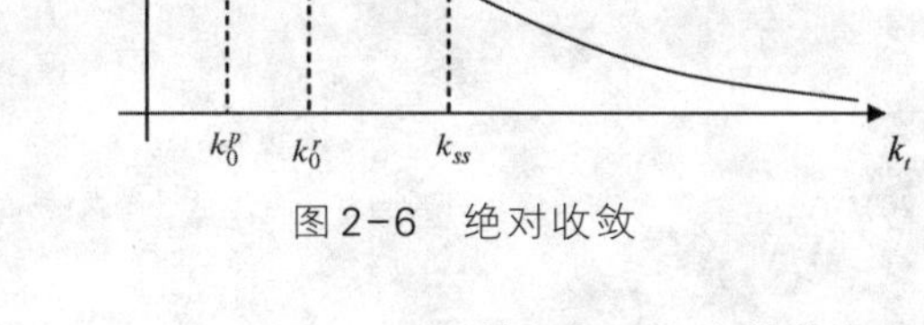

图2-6　绝对收敛

这意味着，如下回归方程成立：

$$\gamma_{k_t}=\beta_0+\beta_1\ln k_t+u_t,\beta_1<0,$$

增长率作为当前状态的函数，无论是使用时间序列数据还是横截面数据，都将是对新古典模型产生时间序列的一个适当表述。事实上，我们所了解的索洛-斯旺模型的一个含义是增长率取决于收入或生产资本到各自稳态值的相对距离。因此，一个更为合适的表达式为，

$$\gamma_{k_t}=\beta_0+\beta_1(\ln k_t-\ln k_{ss})+u_t, \tag{2.26}$$

其中，在确定结构参数值的估计值后，k_{ss}可由其表达式估计得出[①]。

除非限制经济是同质的（如美国的州、OECD国家、给定国家的省份经济等），否则经验分析并不能给出绝对收敛的证明。一个可能的原因是大多数的经济体的储蓄率是存在很多差异的。在图2-7中，我们将低储蓄率的经济称为贫穷经济，在稳态中有着低资本存量和低人均收入。从图中也可以看到，当经济结构不同时，如果富有经济距离其稳态相对较远，那么富有经济完全有可能比贫穷经济增长得更快。

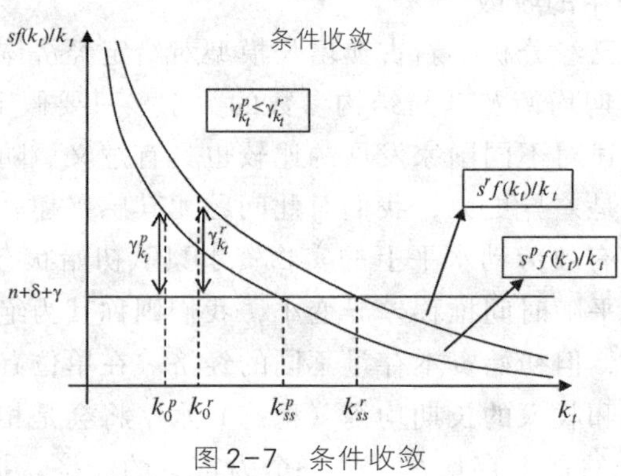

图2-7　条件收敛

以上分析说明，经验分析应该考虑到不同国家有着不同的稳态，这通过调节γ_{k_t}对稳态决定因素的时间演化来实现，这就是条件收敛。只要我们对此进行修正：两个经济有不同的长期均衡，贫穷经济应该比富有经济增长得更快，我们已经讨论过的新古典增长模型将表明，拥有不同结构特征的国家都将会经历条件收敛。

通过给计量模型加上一个决定稳态k_{ss}的向量变量z_t，即可对模型进行修正，

$$\gamma_{k_t}=\beta_0+\beta_1\ln k_t+\phi\ln z_t+u_t,$$

其中，ϕ是与z_t维度相同的向量。在新古典索洛-斯旺模型中，z_t可以包括储蓄率、折旧率、人口增长或实物资本的产出弹性。尽管并没有被索洛-斯旺模型所证明，但有时，其他指标，如人们的受教育水平和基础设施支出等，也包含在z_t中。在更为复杂的模型中，储蓄率和技术进步率也都将是内生的，政府的职能也被明确地考虑在模型内，z_t中

① 我们知道，即使式（2.26）的估计有更直接解释，只要当解释截距估计结果时足够仔细，则在估计回归中并不需要对实物资本数据进行修正。

包含的变量将更为丰富。

若给定一个γ的取值，利用相似的回归可以对单位有效劳动产出或人均产出进行估计。

2.3.8 特殊的稳态：资本积累的黄金法则

我们记得，稳态由下式所定义：

$$sf(k_{ss})=(n+\delta+\gamma)k_{ss},$$

$$c_{ss}=f(k_{ss})-(n+\delta+\gamma)k_{ss},$$

在前面的章节中，我们已运用这个等式去说明稳态的生产性资本存量随储蓄率水平s增加而增加，即对于给定的结构参数值n,δ,γ,α，资本存量、产出和消费的稳态水平将取决于选择的恒定储蓄率。由于储蓄率影响着资本存量和消费［见式（2.18）］，因此储蓄率的取值就非常重要，可以使稳态的消费水平最大化。此时的储蓄水平和稳态就被称为资本积累的黄金法则。

从上述方程中可以得出，当$\partial c_{ss}/\partial k_{ss}=0,\partial^2 c_{ss}/\partial k_{ss}{}^2<0$时，稳态消费最大。这一情况发生于，

$$f'(k_{ss}^{GR})=n+\delta+\gamma, \tag{2.27}$$

即$f(k)$的斜率与直线$(n+\delta+\gamma)k$斜率相等的那一点，这决定了黄金法则的单位有效劳动资本存量水平k_{ss}^{GR}。黄金法则的储蓄率s_{GR}是函数$sf(k)$与直线$(n+\delta+\gamma)k$在k_{ss}^{GR}相交的s值（如图2-8所示）。

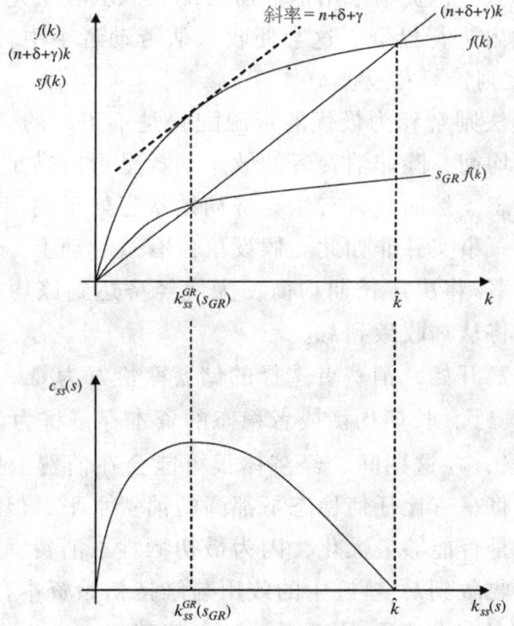

图2-8 黄金法则的确定

在柯布-道格拉斯的例子中，$y_t=Ak_t^{\alpha}$，黄金法则的条件形式为：

$$A\alpha k^{\alpha-1}=n+\delta+\gamma,$$

使得，

$$k_{ss}^{GR}=\left(\frac{\alpha A}{n+\delta+\gamma}\right)^{\frac{1}{1-\alpha}},$$

与式（2.22）相对照可得，在此技术下，黄金法则是恒定的储蓄率与资本的产出弹性相等对应的稳态。由于规模报酬不变导致了竞争性均衡分配，产出根据各要素的产出弹性进行分配，因此黄金法则也可被解释为下述任意一条法则：“储蓄所有的资本收入”或“消费所有的劳动收入”。

事实上，我们所呈现的是一般的结果，并不取决于可用技术，这也处于索洛-斯旺经济假设条件之外。首先要注意到，上述两条法则在该经济中是等价的，因为：（a）作为没有政府部门的封闭经济，没有被消费的部分即被储蓄；（b）由于规模报酬不变假设意味着所有产出（收入）被分配于生产要素，因此没有剩余利润。实际上，如果储蓄等于资本收入，那么就有：

$$sY_t=F_{K_t}K_t\Rightarrow sf(k_t)=F_{K_t}\frac{K_t}{\Gamma_t N_t}=f'(k_t)k_t,$$

且由于所有稳态都满足：$sf(k_{ss})=(n+\delta+\gamma)k_{ss}$，所以上述条件就意味着：

$$f'(k_{ss}^{GR})=n+\delta+\gamma,$$

因此，唯一满足条件的稳态就是黄金法则。这说明，在黄金法则上，没有资本与劳动要素间的收入转移。为使资本维持高于k_{ss}^{GR}的稳态，我们需要高水平的投资以弥补资本折旧的损失。在该情形下，资本家用他们所有的收入去投资也是不够的，所以劳动者也将贡献出部分劳动收入进行投资。这会使收入从劳动者手中转移到资本所有者手中。当稳态低于k_{ss}^{GR}时，情况则恰好相反。

将资本积累的黄金法则解释为最优的资源配置是不正确的[①]。因为黄金法则是提供最大消费的稳态或长期均衡，除非消费者的效用函数呈现出满足点，否则黄金法则更偏向于任何其他可能的稳态。然而，只有当经济初始状态处于我们选择的稳态时，这种情况才能成立。不幸的是，事实并非如此。假设单位有效劳动上，经济的初始资本存量为k_0，其结构特征和储蓄率s将决定长期均衡，为使经济达到该均衡，经济将会经历一段转变过程，其实物资本将从k_0收敛到k_{ss}。

因此试想一下，从k_0开始，消费者选择的储蓄率恰好为s_{GR}，此状态下曲线$sf(k)$和直线$(n+\delta+\gamma)k$相交于k_{ss}^{GR}，长期均衡或者稳态的资本存量将为k_{ss}^{GR}。但实际上经济会进入向k_{ss}^{GR}转变的过渡阶段，在这期间，经济体很可能会在消费上做出牺牲。只要经济到达黄金法则点，消费者将享有比任何稳态下都高的消费水平，但是我们并不清楚整个路径上时间的总效用水平是否能够最大化，因为最初牺牲了消费。

例如，可以将从k_0收敛到k_{ss}^{GR}轨迹中的效用与维持初始资本存量s_0不变储蓄率s可获得的效用相比较。比较的结果并不是很明显，它依赖于：（a）短期为保持储蓄率s_{GR}牺

① 接下来讨论效用比较，且本章中没有规定消费者偏好，然而后续章节中对规范分析的介绍非常有趣。实际上，在第3章中，我们会再次提出黄金法则的次优性。

性的大小；（b）由黄金法则的消费水平所提供的效用水平和对应于维持稳态 k_0 效用水平之间的差异；（c）未来效用的贴现率；（d）当储蓄率为 s_{GR} 时，经济到达黄金法则附近所花费的时间长短。

这些影响非常重要。为分析消费者是在当前的稳态下更加富有，还是开始转变到黄金法则状态下状况更好，我们需要计算能够表示每种情形下主要变量变化路径的时间序列，求出具体的效用函数，这在之后的章节中会继续讨论。

2.4 求解连续时间的索洛-斯旺模型

2.4.1 模型的解

在之后将要学习的许多模型中，人均资本存量的时间演化遵循非线性一阶微分方程，通常不存在封闭式的解析解。然而，在索洛-斯旺模型中存在这种解，且可以找到关于时间的连续函数：$k_t \equiv \mathrm{k}(t), y_t \equiv \mathrm{y}(t), c_t \equiv \mathrm{c}(t), s_t \equiv i_t \equiv \mathrm{s}(t) = sy_t$。该函数描述了资本存量、产出、消费、储蓄或投资的精确的时间路径。

在柯布-道格拉斯技术下，从运行法则开始，

$$\dot{k}_t = sAk_t^{\alpha} - (n + \delta + \gamma)k_t, \tag{2.28}$$

稳态由 $\dot{k}_t = 0$ 确定，这使得，

$$k_{ss} = \left(\frac{sA}{n + \delta + \gamma}\right)^{\frac{1}{1-\alpha}}。 \tag{2.29}$$

若提出一个新变量 $z_t = k_t^{1-\alpha}$，则 $\dot{z}_t = (1-\alpha)k_t^{-\alpha}\dot{k}_t$。将 $(1-\alpha)k_t^{-\alpha}$ 与式（2.28）相乘，可得到线性微分方程：

$$\dot{z}_t = (1-\alpha)sA - (1-\alpha)(n + \delta + \gamma)z_t,$$

解为 $z_t = Me^{\mu t} + J$。为求 M, μ, J 的值，首先写出关于时间的导数 $\dot{z}_t = M\mu e^{\mu t}$，代入方程，得 $\mu = -(1-\alpha)(n+\delta+\gamma)$，$J = \dfrac{sA}{n+\delta+\gamma}$，则 $z_t = Me^{-(1-\alpha)(n+\delta+\gamma)t} + \dfrac{sA}{n+\delta+\gamma} = k_t^{1-\alpha}$。剩余的常数将由边界条件确定。在这种情况下，由于初始的资本存量 k_0 已经给定，即在 $t = 0$ 时，$k_0^{1-\alpha} = M + \dfrac{sA}{n+\delta+\gamma}$，所以 $M = k_0^{1-\alpha} - \dfrac{sA}{n+\delta+\gamma}$，且最终原始运行规律的解满足：

$$k_t^{1-\alpha} = \left(k_0^{1-\alpha} - \frac{sA}{n+\delta+\gamma}\right)e^{-(1-\alpha)(n+\delta+\gamma)t} + \frac{sA}{n+\delta+\gamma}, \tag{2.30}$$

其中，产出、消费、投资或储蓄可由 $y_t = k_t^{\alpha}, c_t = (1-s)y_t, i_t = s_t = sy_t$ 得到。需要注意到，随时间推移，$\lim\limits_{t\to\infty} k_t = \left(\dfrac{sA}{n+\delta+\gamma}\right)^{\frac{1}{1-\alpha}}$，经济向稳态收敛，反映了系统的全局稳定性。

2.4.2 索洛-斯旺模型的线性逼近

即使更简单的增长模型也有足够复杂的结构，使得我们不能得到精确的解析解。正如我们在上面学到的，连续时间的索洛-斯旺模型却是个例外。由于我们总是碰到与之

相反的情况，因此现在我们要让读者熟悉找到模型近似的标准方法，采用该方法往往能求得精确解。

我们可以通过泰勒展开求得式（2.19）在稳态k_{ss}附近的线性逼近。为得到逼近，我们需要将方程$\dot{k}_t=\Psi(k_t;\theta)$视为函数，其中$\theta=(s,A,n,\delta,\alpha)$为结构参数的向量，由于常数项为零，因此线性逼近为：

$$\dot{k}_t \simeq \Psi(k_{ss};\theta)+\left(\frac{\partial\Psi(k_t;\theta)}{\partial k_t}\right)_{ss}(k_t-k_{ss})\Rightarrow$$

$$\begin{aligned}\dot{k}_t &\simeq \left[sf(k_{ss})-(n+\delta+\gamma)k_{ss}\right]+\left[sf'(k_{ss})-(n+\delta+\gamma)\right](k_t-k_{ss})\\ &=\left[sf'(k_{ss})-(n+\delta+\gamma)\right](k_t-k_{ss}),\end{aligned} \tag{2.31}$$

k_t-k_{ss}和$sf'(k_{ss})-(n+\delta+\gamma)$的系数为负，因为$sf(k_t)$曲线从上面与$(n+\delta+\gamma)k_t$相交。若初始时刻低于稳态，$k_t-k_{ss}$的差将为负，且$\dot{k}_t$为正，这预示着实物资本将会累积，经济将收敛于稳态。若初始时刻高于稳态，k_t-k_{ss}的差大于0，所以$\dot{k}_t$小于0，这预示着实物资本将逐渐减少，而经济将逐渐收敛于稳态。所以：

$$k_t<k_{ss}\Rightarrow\dot{k}_t>0,$$

$$k_t>k_{ss}\Rightarrow\dot{k}_t<0,$$

且线性模型也是全局稳定的，无论实物资本的初始禀赋k_0在稳态上还是在稳态下，资本存量都会收敛于稳态水平k_{ss}。

2.4.2.1 柯布–道格拉斯情形的解析解

现在，我们考察柯布–道格拉斯技术的特例。资本存量的运行规律为：

$$\begin{aligned}\dot{k}_t &= sAk_t^{\alpha}-(n+\delta+\gamma)k_t\\ &\simeq\left[sAk_{ss}^{\alpha}-(n+\delta+\gamma)k_{ss}\right]+\left[s\alpha Ak_{ss}^{\alpha-1}-(n+\delta+\gamma)\right](k_t-k_{ss}),\end{aligned}$$

运用式（2.22）中资本–劳动比的稳态水平k_{ss}，得到：

$$\dot{k}_t\simeq\left[s\alpha Ak_{ss}^{\alpha-1}-(n+\delta+\gamma)\right](k_t-k_{ss})=D(k_t-k_{ss}), \tag{2.32}$$

其中，$D=s\alpha Ak_{ss}^{\alpha-1}-(n+\delta+\gamma)=-(1-\alpha)(n+\delta+\gamma)<0$，因此在经济运行规律的线性逼近中，$k_t-k_{ss}$的系数为负，保证了其解的稳定性，与之前所学的一般情况一致。

柯布–道格拉斯情形中的线性逼近式（2.23）是可以求得解析解的。设其线性解为$k_t=a+be^{\mu t}$，且给定初始条件$k(t=0)=k_0$，带入式（2.32），得到：[1]

$$k_t=k_{ss}+e^{Dt}(k_0-k_{ss})=(1-e^{Dt})k_{ss}+e^{Dt}k_0, \tag{2.33}$$

在方程中对时间求导，可以得到$\dot{k}_t/k_t=\dfrac{d(k_t-k_{ss})/dt}{k_t-k_{ss}}=D$，这说明资本存量是以速率$D$向稳态收敛的。

2.4.3 结构参数的变化

本部分主要分析长期影响，即结构参数数值的永久变化对主要变量稳态水平的影响。我们从储蓄率的改变开始讨论，因为在本模型中，储蓄率更容易与政策干预相联

---

[1] 只有当$\mu=D,a=k_{ss}$时，$b\mu e^{\mu t}=Da+Dbe^{\mu t}-Dk_{ss}$才能维持。因此，我们有：$k_t=k_{ss}+be^{Dt}$。为确定常数$b$的值，我们运用初始条件：$k_0=k_{ss}+b$，因此$b=k_0-k_{ss}$。

系。之后，我们会将讨论剩余的结构参数值。

2.4.3.1 储蓄率的变化

假设经济初始状态处于稳态，单位有效劳动的主要变量水平不变，实物资本率为k_{ss}^1。增加恒定储蓄率s，那么实物资本的稳态水平将增长到新的水平k_{ss}^2，因为其水平与储蓄率的值是正相关的。更高的储蓄率使得$sf(k_t)$曲线向上移动，而函数$(n+\delta+\gamma)k_t$不变。因此，在k_{ss}^1水平上，经济不再处于稳态，而是处于稳态的左边。所以，在储蓄率增长后，资本存量逐渐上升。紧随其后的一个相似的过程是$y_t=f(k_t)$，在储蓄率增加后，其增长率立即成为正数，当资本和收入收敛于新的稳态水平时，增长率逐渐减少到0。当到达k_{ss}^2时，单位有效劳动收入将再次恒定。消费$c_t=(1-s)f(k_t)$也经历了不连续的过程，因为s的增加使得消费在初始时刻突然降低。这些影响都存在于图2-9中。

关于稳态对消费的影响，可从式（2.17）中得到：

$$c_{ss}=f(k_{ss})-(\delta+n+\gamma)k_{ss},$$

因此，

$$\frac{\partial c_{ss}}{\partial s}=\left[f'(k_{ss})-(\delta+n+\gamma)\right]\frac{\partial k_{ss}}{\partial s},$$

只要满足，

$$f'(k_{ss})>\delta+n+\gamma,$$

那么此式为正，因为如式（2.29）所示，$\frac{\partial k_{ss}}{\partial s}$总是正的。若进一步增加储蓄率，那么初始消费总是会经历下落断层，但稳态消费既可能在原来储蓄率的稳态水平之上，也可能在其下，这在2.5.4节将会给出数值练习。事实上，对式（2.27）的分析表明，如果初始稳态的资本存量在黄金法则的资本存量之下，则稳态消费将在储蓄率增加后上升，否则稳态消费就会下降。

储蓄率下降的影响与上述讨论恰恰相反。

2.4.3.2 结构变化

现在，我们要对上面的部分进行扩展，考虑储蓄率s、人口增长率n、实物资本折旧率δ、技术增长率γ和资本产出弹性α的改变产生的影响。这些影响可由下式描述：

$$\begin{pmatrix} & k_{ss} & c_{ss} & y_{ss} & \omega_{ss} & r_{ss} & Y/K & Y/N & \dot{Y}/Y \\ s & + & ? & + & + & - & - & + & 0 \\ n & - & - & - & - & + & + & - & + \\ \delta & - & - & - & - & + & + & - & 0 \\ \gamma & - & - & - & - & + & + & - & + \\ \alpha & + & + & + & + & - & - & + & 0 \end{pmatrix}$$

其中，ω_{ss}, r_{ss}代表稳态中的实际工资和实际利率。读者可能对标准的结果感到十分熟悉，即当企业将要素价格作为其不可控因素时，利润最大化条件下厂商要素需求量满足要素的边际产出等于要素价格。即使我们在该处不再对要素市场结构附加任何假设，只使用已知的性质也可以去证明，实际工资和实际利率由下式定义①：

① 该假设对索洛-斯旺模型而言并不恰当，这并没有对经济中生产单一商品的生产商利润最大化行为产生任何影响。

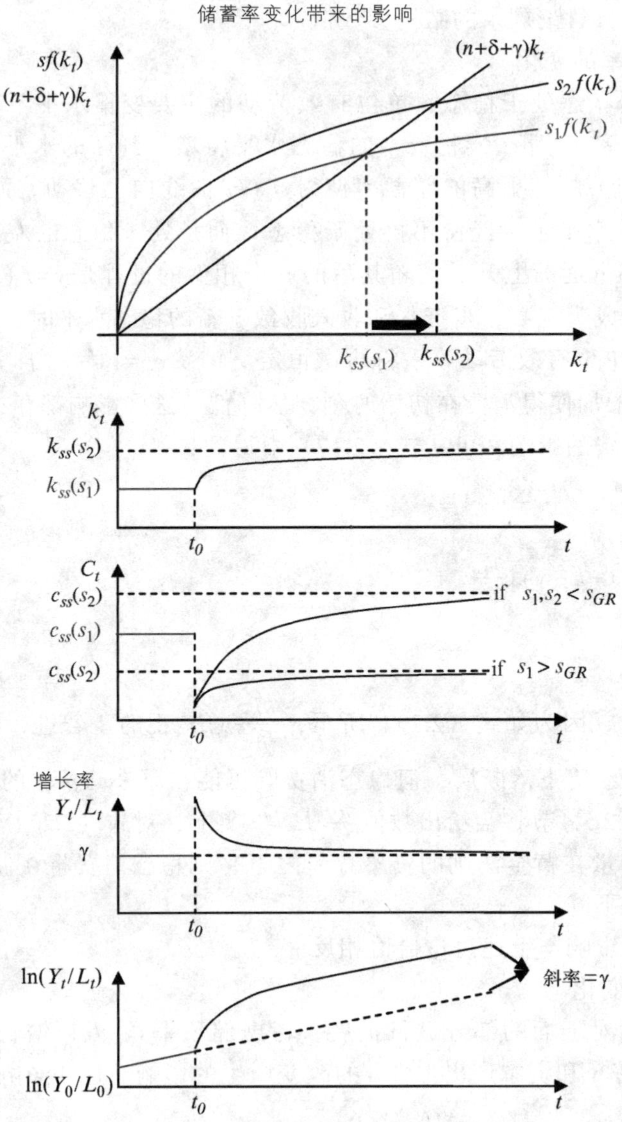

图2-9　储蓄率变化带来的影响

$$\omega_t = f(k_t) - k_t f'(k_t),$$

$$r_t = f'(k_t),$$

实际利率与稳态的资本存量是负相关的，而实际工资与其正相关，

$$\frac{\partial r_{ss}}{\partial \eta} = \frac{\partial r_{ss}}{\partial k_{ss}} \frac{\partial k_{ss}}{\partial \eta} = f''(k_{ss}) \frac{\partial k_{ss}}{\partial \eta}$$

$$\Rightarrow sign\left(\frac{\partial r_{ss}}{\partial \eta}\right) = -sign\left(\frac{\partial k_{ss}}{\partial \eta}\right), \eta = n, \delta, \gamma, s, \alpha$$

$$\frac{\partial \omega_{ss}}{\partial \eta} = \frac{\partial \omega_{ss}}{\partial k_{ss}} \frac{\partial k_{ss}}{\partial \eta} = -k_{ss} f''(k_{ss}) \frac{\partial k_{ss}}{\partial \eta}$$

$$\Rightarrow sign\left(\frac{\partial \omega_{ss}}{\partial \eta}\right)=sign\left(\frac{\partial k_{ss}}{\partial \eta}\right), \eta=n,\delta,\gamma,s,\alpha.$$

为分析参数改变对消费和产出的影响，我们运用下述关系式：

$$\frac{\partial c_{ss}}{\partial \xi}=(1-s)f'(k_{ss})\frac{\partial k_{ss}}{\partial \xi}\Rightarrow sign\left(\frac{\partial c_{ss}}{\partial \xi}\right)=sign\left(\frac{\partial k_{ss}}{\partial \xi}\right); \xi=n,\delta,\gamma,\alpha$$

$$\frac{\partial c_{ss}}{\partial s}=(1-s)f'(k_{ss})\frac{\partial k_{ss}}{\partial s}-f(k_{ss}),$$

$$\frac{\partial y_{ss}}{\partial \eta}=f'(k_{ss})\frac{\partial k_{ss}}{\partial \eta}; \eta=n,\delta,\gamma,s,\alpha\Rightarrow sign\left(\frac{\partial y_{ss}}{\partial \eta}\right)=sign\left(\frac{\partial k_{ss}}{\partial \eta}\right)$$

资本平均产出 $Y_t/K_t=\frac{f(k_t)}{k_t}$ 满足：$\frac{\partial(Y_t/K_t)}{\partial k_t}=-\frac{f(k_t)-k_tf'(k_t)}{k_t^2}$。此式小于0，因为分子等于实际工资。因此，平均资本生产率与资本–劳动比成反向运行。另一方面，劳动平均产出 $\frac{Y_t}{\Gamma_tN_t}=f(k_t)$ 与资本–劳动比同向运行。最后，产出（或收入）的增长率可以被写为：$\dot{Y}_t/Y_t=\dot{y}_t/y_t+n+\gamma$，其稳态值受人口增长和技术进步影响，因为单位有效劳动的收入增长率在稳态中为0。

例如，我们已经学过，储蓄率的增长提高了稳态的资本存量和产出，而对稳态消费水平的影响则取决于初始资本存量处于黄金法则水平的上方还是下方。另外，实际利率和平均资本生产率将会减少，而实际工资和劳动边际产出却会增加。

储蓄率的增加可以被看作经济政策干预，因为更高的增长率使得经济以更高的人均收入到达稳态。然而，就像黄金法则章节中讨论过的，我们并不清楚，对整个时期总福利而言，将经济带入收敛到更高的收入稳态的路径所做出的牺牲是否值得。在索洛–斯旺的设置中，并没有更多的空间去进行政策分析，因为我们很难相信实物资本折旧率或人口增长率可以由政府去控制①。

2.4.4 动态无效率

考虑一个给定储蓄率的稳态经济，我们希望该经济能够收敛到黄金法则。我们需要做的就是使储蓄率等于 s_{GR}，因为索洛–斯旺模型的全局稳定性保证了此经济将收敛到与之相关的稳态。在储蓄率改变后，经济开始转换，每一期的消费水平都将有所变化，并最终收敛到黄金法则水平。然而，转变过程中，单期消费可能并不只是低于黄金法则水平，还可能低于初始稳态的消费水平。因为我们不清楚消费者是否更愿意进入转移路径使经济到达黄金法则水平，而不是停留在初始稳态②，这是很重要的。

在2.3.8节，我们曾指出，影响两者比较的因素包括：转移过程中效用损失多少，黄金法则和初始稳态间效用水平的差距，到达黄金法则所要经历的时期数，以及未来效用的时间贴现因子。现在，让我们分析这些因素如何影响整体经济。在 k_{ss}^{GR} 右边且处于 k_{ss}^{GR} 和 $\hat{k}$ 之间的稳态是动态无效率的，因为从两者任何一边出发，降低储蓄率都会使经济进入一个轨迹，在此轨迹中的任何一个时期，人均消费都比初始状态高。从这些稳态中

① 尽管在一些欧洲国家，为了提高出生率，最近出台了税收优惠政策。

② 我们先不考虑初始条件在稳态外储蓄率变为 s_{GR} 的情况。

的任何一个出发，消费者都会很高兴去改变现行的储蓄率，使其达到 s_{GR}。

在图 2-10 中，试想从储蓄率 s 开始，稳态资本存量等于 $k_{ss}(s)$。若将储蓄率减少到 s_{GR}，那么人均消费将立即从 $c_{ss}(s)$ 跳到比 c_{ss}^{GR} 更高的 c_{t_0}。这种动态意味着资本存量从 $k_{ss}(s)$ 向 k_{ss}^{GR} 过渡时逐渐递减，而这种递减又意味着人均消费将从 c_{t_0} 逐渐递减到 c_{ss}^{GR}。但是 c_{ss}^{GR} 仍旧比 $c_{ss}(s)$ 高，因为黄金法则是拥有最高消费的稳态。所以，储蓄率的下降将产生一条路径，路径上每期的人均消费都高于初始未改变储蓄率前的消费水平。这对黄金法则右边的稳态而言都是成立的，这也是其称为动态无效率的原因。

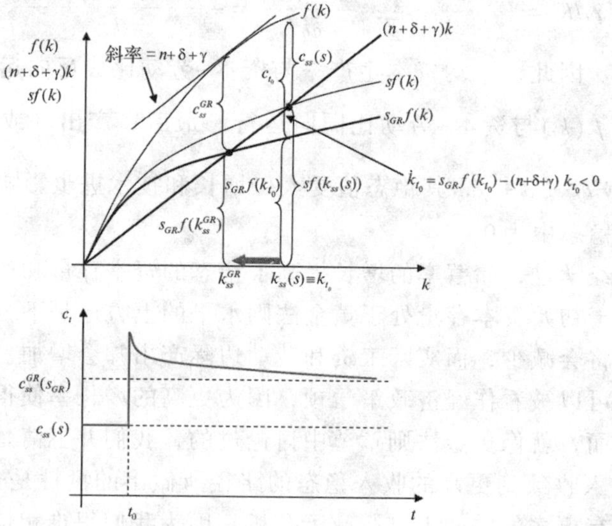

图 2-10　动态无效率的稳态

相反，对 k_{ss}^{GR} 左边的稳态而言，在图 2-11 中，从 $k_{ss}(s)$ 开始，储蓄率从 s 永久增加到 s_{GR} 会使消费从 $c_{ss}(s)$ 突然下降到 c_{t_0}，这比初始消费 $c_{ss}(s)$ 还低，同时也低于黄金法则的消费水平。新的稳态由 k_{ss}^{GR} 给定，模型的稳定性说明经济开始进入轨迹，且资本存量从 $k_{ss}(s)$ 逐渐增加到 k_{ss}^{GR}。该图表明在此路径中，给定储蓄率，消费水平是如何逐渐地上升到 c_{ss}^{GR} 的。我们知道，c_{ss}^{GR} 将高于 $c_{ss}(s)$，因为这是在所有可行的稳态中定义的黄金法则性质。然而，在转移的轨迹中，消费将会经历一些低于初始稳态水平的时期。因此，我们并不清楚，当计算相关的各期效用和根据时间贴现值计算总效用时，我们得到的是高于还是低于初始稳态水平的数值，因此无法判定这些稳态是无效的还是有效的。一个非正式的观点认为，拥有低储蓄率的稳态可能导致无效率，因为与之相关的消费水平有可能非常低。因此，即使储蓄率的增加会在短期内牺牲消费，累积资本的机会以及到达更高的产出和消费水平会弥补这种短期牺牲。在 2.3.8 节提到的原理将帮助我们决定储蓄率的范围，在这个范围内，储蓄率的提高意味着福利改善的永久性提升。这个问题的数值练习将出现在离散时间索洛-斯旺模型之后。

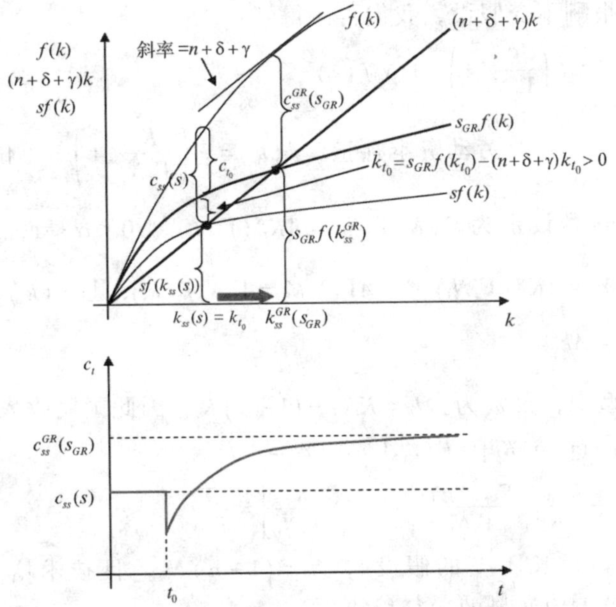

图2-11　动态有效率的稳态

2.5 确定性离散时间索洛-斯旺模型

2.5.1 精确解

构建理论模型不仅为了分析各种各样的确定性和规范性问题，还为了对照实际数据以验证数据含义。从式（2.30）获得的连续时间过程和其余变量的表达式中，通过在离散时间点取样，连续时间的索洛-斯旺模型可用于生成实物资本、产出、消费和投资的时间序列。离散取样相当于在表达式中，给定时间的离散值：$t=1,2,3,...$。显然，这似乎是一个合理的过程，然而却存在潜在的缺陷。在下一章中我们会用数值去证明这些问题。

另一种方法是直接对离散的索洛-斯旺模型进行分析。那么，我们要考虑，通过用时间差 $k_{t+1}-k_t$ 来代替时间导数 $\dot{k}_t$，直接将运行规律转换成离散时间，如：

$$k_{t+1}-k_t=sf(k_t)-(n+\delta+\gamma)k_t. \tag{2.34}$$

不幸的是，我们会看到这个过程也具有缺陷。若基于离散时间模型，我们将会得到与式（2.34）稍有不同但完全合理的方程。

与连续时间模型一样，在储蓄、资本形成、人口增长和充分就业的假设均不变的基础上，考虑存在外生技术增长的可能性，设其形式为可变生产率因子 Γ_t，且以恒定比率 γ 增长：

$$\Gamma_t=(1+\gamma)\Gamma_{t-1},$$

其中，初始效率水平为 Γ_0。总生产函数的形式为 $Y_t=F(K_t,\Gamma_tN_t)$，且与连续时间模型具有相同的一阶和二阶导数条件，假设稻田条件成立，有效劳动定义为 Γ_tN_t。

基于总体规模报酬不变假设，我们再次得到：

$$Y_t = F(K_t, \Gamma_t N_t) = \Gamma_t N_t F\left(\frac{K_t}{\Gamma_t N_t}, 1\right) = \Gamma_t N_t f(k_t),$$

其中，$k_t = \frac{K_t}{\Gamma_t N_t}$为单位有效劳动资本存量，$f(k_t) = F\left(\frac{K_t}{\Gamma_t N_t}, 1\right)$，单位有效劳动产出$y_t = \frac{Y_t}{\Gamma_t N_t} = f(k_t)$。生产函数设定为$F(K_t, \Gamma_t N_t) = AK_t^{\alpha}(\Gamma_t N_t)^{1-\alpha}, 0 < \alpha < 1$，则得到与连续时间模型相同的表达式$Y_t = AK_t^{\alpha}(\Gamma_t N_t)^{1-\alpha} = A\Gamma_t N_t k_t^{\alpha} = \Gamma_t N_t f(k_t)$，且$f(k_t) = Ak_t^{\alpha}$，单位有效劳动产出为$y_t = \frac{Y_t}{\Gamma_t N_t} = Ak_t^{\alpha}$。

在离散时间模型中，投资为：$I_t = K_{t+1} - (1-\delta)K_t$，因此国民收入恒等式为：

$$C_t + I_t = C_t + \left[K_{t+1} - (1-\delta)K_t\right] = F(K_t, \Gamma_t N_t) = Y_t \Rightarrow$$

$$\Rightarrow \frac{C_t}{\Gamma_t N_t} + \left[\frac{K_{t+1}}{\Gamma_{t+1}N_{t+1}}\frac{\Gamma_{t+1}N_{t+1}}{\Gamma_t N_t} - (1-\delta)\frac{K_t}{\Gamma_t N_t}\right] = \frac{Y_t}{\Gamma_t N_t},$$

此式维持了人口增长不变的假设①，$N_t = (1+n)^t N_0$，且技术增长也不变，为$\Gamma_t = (1+\gamma)^t \Gamma_0$，这就使得人均变量的运行规律为：

$$c_t + \left[(1+n)(1+\gamma)k_{t+1} - (1-\delta)k_t\right] = f(k_t). \tag{2.35}$$

若考虑封闭经济，没有政府和对外部门去资助私人投资，我们就能得到各期的储蓄和投资之间的等式$S_t = I_t$，且若增加索洛-斯旺模型的重要假设，即储蓄率恒定$S_t = sY_t$，可得到：

$$C_t + sY_t = Y_t \Rightarrow C_t = (1-s)Y_t,$$

这与人均变量的关系$c_t = (1-s)y_t = (1-s)f(k_t)$是相似的，使得我们可以将式（2.35）写为：

$$k_{t+1} = \frac{1}{(1+n)(1+\gamma)}sf(k_t) + \frac{1-\delta}{(1+n)(1+\gamma)}k_t. \tag{2.36}$$

现在，我们可以得到资本积累规律的方程式，写为：

$$k_{t+1} - k_t = sf(k_t) - \left[n + (1+n)\gamma\right]k_{t+1} - \delta k_t, \tag{2.37}$$

与式（2.34）有些许不同，式（2.34）只是连续时间模型的粗略近似，而式（2.37）是精确的离散时间模型。

对于经济中给定了单一状态变量初始条件的模型，即初始资本存量k_0，设定了可用技术的具体函数形式$f(k_t)$且给定参数，这个差分方程可以使我们获得数值解。实际上，例如，若假设$f(k_t) = Ak_t^{\alpha}$，那么我们就可以用初始条件的数值k_0来代替式（2.37）中的k_t，得到k_1的值。之后，将k_1作为k_t代入方程，得到k_2，以此类推。这样就可以从$y_t = f(k_t) = Ak_t^{\alpha}$中获得产出的时间序列；而在没有政府的封闭经济中，投资等于储蓄，可以写为$i_t = s_t = sy_t$；消费的时间序列则可以由$c_t = (1-s)y_t = y_t - i_t$获得。这就是确定性离散时间的索洛-斯旺模型的精确解。

---

① 需要注意离散模型相对于连续时间模型中的指数函数，增长率解析表达式是不同的。

与之前连续时间模型中的观点类似，人均资本存量的稳态增长率的唯一可能值是0。令 $k_{t+1}=k_t=k_{ss}$，就可以找到经济的稳态，

$$k_{ss}=\frac{1}{(1+n)(1+\gamma)}sf(k_{ss})+\frac{1-\delta}{(1+n)(1+\gamma)}k_{ss}\Rightarrow \tag{2.38}$$

$$\Rightarrow[n+\delta+(1+n)\gamma]k_{ss}=sf(k_{ss}).$$

对每个可能的、会产生不同稳态的恒定储蓄率，我们再次得到这样一个表达式。例如，在柯布-道格拉斯技术 $y_t=Ak_t^{\alpha}$ 下，我们得到，

$$k_{ss}=\left(\frac{sA}{n+\delta+(1+n)\gamma}\right)^{\frac{1}{1-\alpha}}, \tag{2.39}$$

其与连续时间模型中的表达式有些许不同。通常情况下，$n\gamma$ 乘积比较小，所以两个表达式会得到相似的稳态。由于幂为正，因此式（2.39）表明，当储蓄率、技术水平较高时，或折旧率、人口增长率较低时，资本存量的稳态水平较高，与连续时间模型中一样。

2.5.2 离散模型的近似解

如连续时间模型一样，运用式（2.36），可以精确求解离散时间的索洛-斯旺经济模型，其过程我们将在下面的叙述中详细介绍。但是也有例外，因为增长模型中的非线性通常会妨碍精确解的存在。为使读者对此有所了解，本部分会对模型的线性二阶逼近求解。

将式（2.36）中的非线性差分方程看作函数 $k_{t+1}=\Psi(k_t;\theta)$，并运用泰勒展开和式（2.38），则该方程在稳态附近的线性逼近为：

$$k_{t+1}-k_{ss}=\Psi(k_{ss})+\left(\frac{\partial\Psi(k_t;\theta)}{\partial k_t}\right)_{ss}(k_t-k_{ss})$$

$$\Rightarrow k_{t+1}\simeq\left(\frac{1}{(1+n)(1+\gamma)}sf(k_{ss})+\frac{1-\delta}{(1+n)(1+\gamma)}k_{ss}\right)$$

$$+\left(\frac{1}{(1+n)(1+\gamma)}sf'(k_{ss})+\frac{1-\delta}{(1+n)(1+\gamma)}\right)(k_t-k_{ss})$$

$$=k_{ss}+\frac{sf'(k_{ss})+(1-\delta)}{(1+n)(1+\gamma)}(k_t-k_{ss}),$$

在柯布-道格拉斯技术的特殊情况 $f(k_t)=Ak_t^{\alpha},0<\alpha<1$ 下，线性逼近变为，

$$k_{t+1}\simeq k_{ss}+\frac{s\alpha A(k_{ss})^{\alpha-1}+(1-\delta)}{(1+n)(1+\gamma)}(k_t-k_{ss})=k_{ss}+D(k_t-k_{ss}), \tag{2.40}$$

其中，

$$D=\frac{s\alpha A(k_{ss})^{\alpha-1}+(1-\delta)}{(1+n)(1+\gamma)}$$

$$=\alpha\frac{n+\delta+(1+n)\gamma}{(1+n)(1+\gamma)}+\frac{1-\delta}{(1+n)(1+\gamma)}, \tag{2.41}$$

这里，我们运用了式（2.39）获得表达式，且最终线性逼近为：

$$k_{t+1}-k_{ss}\cong \mathrm{D}(k_t-k_{ss})$$

$$= \left[\frac{(1+\alpha n)-(1-\alpha)\delta}{(1+n)(1+\gamma)} + \alpha \frac{\gamma}{1+\gamma} \right] (k_t - k_{ss}). \tag{2.42}$$

从初始条件k_0开始进行迭代，可以得到：

$$k_t = k_{ss} + D^t (k_0 - k_{ss}), \tag{2.43}$$

只要$|D| < 1$，上式就会收敛于稳态，因为$0 < \alpha < 1$，那么：

$$(1-\alpha)(n+\delta+(1+n)\gamma) > 0,$$

因此，在此条件下，线性化的系统是稳定的。随着时间的推移，资本存量收敛于其稳态水平k_{ss}，且独立于初始资本存量，而这正是我们在连续时间模型中已经学过的。

为得到一个更好的逼近，我们也可以将线性逼近加上一个二阶项，从而对式（2.36）进行二阶泰勒展开，

$$\frac{1}{2}\left(\frac{\partial^2 \Psi(k_t;\theta)}{\partial (k_t)^2}\right)_{ss} (k_t - k_{ss})^2 = \frac{1}{2}\frac{1}{(1+n)(1+\gamma)} sf''(k_{ss})(k_t - k_{ss})^2,$$

在柯布-道格拉斯技术中，得到下述逼近：

$$k_{t+1} \simeq k_{ss} + \left[\frac{(1+\alpha n)-(1-\alpha)\delta}{(1+n)(1+\gamma)} + \alpha \frac{\gamma}{1+\gamma} \right] (k_t - k_{ss}) + \frac{1}{2}\frac{\alpha(\alpha-1)}{(1+n)(1+\gamma)} sAk_{ss}^{\alpha-2}(k_t - k_{ss})^2. \tag{2.44}$$

在下一节的数值练习中，这个逼近将与上述线性逼近进行对比。

2.5.3 数值练习：求解确定性索洛-斯旺模型

在*Solow_deterministic.xls*文件中的*Discrete*表格上，确定性离散时间索洛-斯旺经济模型的时间序列的初始资本存量为$k_0 = 20$。总技术设定为柯布-道格拉斯形式，资本份额$\alpha = 0.36$，技术常数$A = 5.0$。实物资本折旧率$\delta = 7.5\%$，各期的储蓄等于产出的36%，且假设人口零增长$n = 0$。由于储蓄率等于资本的产出弹性，则这个经济中稳态满足黄金法则[①]。参数确定后，稳态值为：$k_{ss} = 117.94$，$y_{ss} = 27.85$，$c_{ss} = 17.82$，$s_{ss} = i_{ss} = 10.02$。由于其低于稳态水平的资本存量，经济从稳态的左边开始运行。恒定储蓄率相对较高，且因为初始储蓄水平超过了总的折旧支出[②]，所以资本积累较快。在16期后，经济已经向稳态走过超过一半的路程，资本存量超过了70。*Discrete*表格展现了260个时期的时间序列，且运用精确解式（2.36）以及离散时间模型的线性二次逼近式（2.43）和式（2.44），就可以求解该离散时间模型。运用不同方法得到的资本存量的时间序列写于表1中；在精确解下得到的产出、储蓄和消费的时间序列写于表2中；而表3和表4则是模型的线性二次逼近下获得的相似的时间序列。需要注意到，根据模型，各期的产出从前一期结束时所积累的资本存量中得到。与后续的练习类似，通过在表格中令产出为前一行资本存量的函数来实现。即在对应于时间t的那一行中，我们有k_{t+1}以及如y_t, c_t的变量（相似的练习可由*Matlab*文件*Solow_stochastic.m*再次生成，只要令方差参数为$\sigma = 0$

① 改变储蓄或产出的资本份额，对本练习来说没有必要。

② 折旧损失加上给每个新工人提供的与原有工人相同的资本存量，得到总的折旧支出。

即可)。在此练习中，消费者偏好并没有发挥任何作用。不过，为使读者能够了解之后章节中经常用到的福利评价形式，设定消费者有常相对风险厌恶效用函数 $U(c_t)=\frac{c_t^{1-\sigma}-1}{1-\sigma}$，其中风险厌恶系数 $\sigma=3.0$，时间贴现因子 $\beta=0.95$，这样我们就能够计算单期和总时间贴现效用了。

我们还给出了线性二次逼近中资本存量和消费的误差百分比。资本存量的逼近误差在初始时期大约是17%，此时经济距离稳态很远，第1时期经济增长到实际值的40%，之后迅速回落到0。这些较大的误差是由于初始状态距离稳态很远造成的，我们通过经济运行规律逼近稳态点。消费的逼近误差开始为6%左右，且在向稳态过渡的初期增加，之后逐渐降为0。在得到的时间序列和图表（*Comparing solution* 表）中，我们可以看到，线性和二次逼近的误差很相似，所以二次项对线性逼近的贡献并没有那么重要。

为相互比较，在表1中我们还计算了通过定期的时间间隔观测连续过程所获得的时间序列。其为从连续时间模型式（2.30）的精确解，以及式（2.32）的线性逼近中所获得的时间序列。不幸的是，我们曾提到过，在下一章中也会接着讨论，后一种从连续过程中提取离散观测值的方法会有潜在而重大的缺陷。然而在本例中，连续和离散的精确解彼此很相似，且连续线性逼近与离散线性逼近也非常接近。

Increasing time path 和 *Decreasing time path* 表格呈现的是两个过渡经济。两者拥有相同的参数值：$\alpha=0.36$，$A=3.0$，$\delta=7.5\%$，$s=0.30$，$n=0.01$，$\gamma=0.01$。这意味着稳态为：$k_{ss}=33.504$，$y_{ss}=10.621$，$c_{ss}=7.435$，$s_{ss}=i_{ss}=3.186$。因为储蓄率低于资本的产出弹性，所以稳态降到了黄金法则的下方，在此例中 $k_{GR}=44.547$。第一个经济中，初始资本为 $k_0=30.0$，从下方收敛于稳态，这与 *Discrete* 表格中的经济一样。第二个经济从 $k_0=45.0$ 开始，从上方收敛于稳态。在这两个练习中，表1中给出了资本存量、投资、消费、产出及其增长的时间序列，同时还有单期效用及其运用精确解的贴现值。最后一列是资本存量的时间序列，可以通过观察在离散时间间隔的连续解来获得。在表2中，从离散时间问题的线性逼近式（2.42），我们得到了全部解。而表3则是从离散的二次逼近式（2.44）中获得的解。两个经济中的逼近误差都非常小，因为它们相对接近稳态。

2.5.4 数值练习：储蓄率的永久改变

在 *Change_savings.xls* 文件中，我们对离散时间的索洛-斯旺经济模型进行了数值求解，去模拟恒定储蓄率的永久改变对经济的影响。第2.4.3节也描述了这种结构改变的分析细节［*Matlab* 文件：*Change_savings.m* 也是同样的练习］。我们分析两种不同参数结构，且在两种结构中的任意一种结构中，令储蓄率获得永久的增加。此练习进行两次，以便分析储蓄率不同程度的改变有何影响。对于储蓄率下降的影响，也会如此讨论。

消费总是在储蓄率上升后立即下降。在两种经济中，一种经济在储蓄率升高前的长期均衡总是在其稳态水平之上实现，而在另一种经济中，储蓄率上升后的稳态消费是在初始较低储蓄率的稳态消费之下。在2.4.3节中，储蓄率改变对稳态消费的长期影响取决于初始稳态处于黄金法则的上方还是下方。在更高的储蓄率下，稳态消费可能会更高，因为更高的储蓄率保证了较大的资本存量水平，导致产出增加，即使在弥补了资本存量的折旧损失之后，仍旧为消费留下了更多可用的资源。

假设在柯布-道格拉斯技术下，第一个经济的参数值为$\delta=0.075$，$n=0.01$，$A=3.0$，$\alpha=0.36$，$\gamma=0.0$。$t=0$期，初始人口为100。在*C-increases*（*large*）表格中，初始储蓄率$s=0.20$，直到$t=11$期前都是不变的，在$t=11$期，储蓄率增加到$s=0.35$。初始储蓄率下的稳态资本存量为$k_{ss}=21.19$，这使得稳态产出为：$y_{ss}=Ak_{ss}^{\alpha}=9.006$。其中，20%的稳态产出，即1.801单位的商品被用于投资，余下的7.205单位的商品用于消费。用于投资的1.801单位的商品除了给每期1%的新消费者或劳动者提供资本外（稳态资本为21.19单位），还弥补了k_{ss}7.5%的折旧损失。也就是说，1.081恰恰等于8.5%的稳态资本（$n+\delta+\gamma=0.085$），事实也是如此。在新的储蓄率$s=0.35$下，实物资本的稳态水平为50.80，产出$y_{ss}=Ak_{ss}^{\alpha}=12.338$。投资是产出的35%，即4.318单位的商品，新稳态的各期消费等于8.020单位商品。所以，新的高储蓄率允许资本存量增加：在弥补了资本折旧损失后，剩下用于消费的资源要高于那些在旧的低储蓄率$s=20\%$下被消费的资源。假设经济中代表性的消费者对现期消费，有常相对风险厌恶效用函数$U(c_t)=\frac{c_t^{1-\sigma}-1}{1-\sigma}$，其中$\sigma=3.0$，且未来效用折旧因子$\beta=0.95$。

我们有三种求解经济的方法：第一，从差分方程式（2.36）求得精确解；第二，采用稳态的线性逼近式（2.43）求得的资本存量作为前期资本存量和稳态水平两者之间差距的函数；第三，运用稳态附近的二阶逼近式（2.44）。

假定储蓄率在$t=11$期改变。对这个练习来说，主要研究该期中实物资本存量如何计算。在那一时间点，经济不再处于稳态。当计算精确解或模型的线性或二次逼近的解时，必须将新的储蓄率值分别代入方程式（2.36）、式（2.43）和式（2.44）中。此外，在式（2.43）和式（2.44）中，新的高储蓄率下资本的稳态水平一定会取代原来储蓄率下的稳态水平。此例中，我们并不需要更新线性逼近中常数D值，因为其并没有被储蓄率的改变所影响。只有折旧率、资本的产出弹性或人口增长才会对D值有所影响。

在*Comparing solutions*和*Approximation error*表格中的图表说明，若储蓄率的改变相当大，那么不同求解方法得到的数值差异也会很大。特别是，二次项对线性逼近没有任何意义，两者会变得非常相似。这是第一个模拟，即储蓄率从20%跳跃到35%时的结果，且在储蓄率改变后的一段时间内，逼近误差百分比达到了4%，之后又逐渐降为0。

在所有的例子中，产出运用柯布-道格拉斯生产函数的解析表达式求得；储蓄是作为收入的一部分而求得；投资等于储蓄；消费是产出中未被储蓄的那一部分。人均产出的增长也是在三种求解方法下计算出来的，且被记录在第一个实验的*Output growth*表格中。单期的效用值也被记录在此，这些效用值也经过了贴现求和处理。在线性逼近下得到的福利水平为9.804，精确解下为9.802。

在模拟数据右边的图表显示了储蓄率从20%增加到35%后主要变量的时间特征。单位有效劳动的产出增长在储蓄率增加的那一期从0增加到2.2%，之后平稳地趋于0。

C-increases（*small*）表格展示的是，上述经济结构不变但储蓄率的增加很小：在$t=11$期时，储蓄率从30%增加到35%。为了能够相互比较，我们在图表中显示了两次模拟主要变量的响应。第二个实验中5%增长的影响明显小于第一个实验中10%增长的影响。

C-decreases（*small*）表格呈现的是在储蓄率从30%增加到35%后，稳态消费减少的情况。余下的参数分别为$\delta = 2.5\%$，$n = 1.0\%$，$A = 5.0$，$\alpha = 0.25$。初始储蓄率下的稳态资本存量为$k_{ss} = 149.98$，则稳态产出为$y_{ss} = Ak_{ss}^{\alpha} = 17.50$。产出中的30%，即5.249单位的商品用于投资，剩下的12.248单位商品被消费。储蓄的资源除了为每期1%的新消费者或劳动者提供资本（稳态资本为149.98）外，还可用于弥补k_{ss}2.5%的折旧损失。也就是说，5.249等于稳态资本的3.5%（$n + \delta + \gamma = 0.035$）。在新的储蓄率$s = 35\%$下，实物资本的稳态水平为184.20单位，产出为$y_{ss} = Ak_{ss}^{\alpha} = 18.42$。投资是产出的35%，即6.447单位的商品，且新稳态下各期消费等于11.973单位商品。所以，在此例中，高的储蓄率导致了资本积累的增加，但是当考虑资本折旧时，人均收入的增加并不足以让稳态消费上升。我们维持相同的偏好，但是令贴现因子$\beta = 0.90$。

C-decreases（*large*）表格显示了与上述相同的练习，唯一改变的是储蓄率从$s = 30\%$增加到$s = 40\%$。

2.5.5 数值练习：动态无效率

文件*Dynamic_inefficiency.xls*［*Matlab*文件：*Dynamic_inefficiency.m*是相同的练习］显示了许多不同储蓄率水平下经济的转换轨迹。本练习中，我们并没有考虑技术增长，所以$\gamma = 0$。每个经济初始时刻都在稳态上。在某些点上，储蓄率发生永久改变，跳跃到黄金法则水平并保持不变。我们知道，黄金法则水平等于实物资本的产出弹性，本例中为0.36。储蓄率改变后，资本存量迅速向黄金法则对应的资本存量靠近。若储蓄率初始时刻高于0.36，则在储蓄率下降后，资本存量将呈指数下降；若储蓄率初始时刻低于0.36，则情况相反。

在*Simulations*表格中给出了参数值后，我们提供不同的储蓄率水平，以及与之相关的实物资本和消费的稳态水平，储蓄率改变前的单期效用，和通过处于该稳态而得到的时间总效用，即储蓄率不变条件下的总时间效用水平。$s = 0.0$或$s = 1.0$时，稳态消费为0，所以本例中某些效用函数无法计算效用水平。

在此基础上，我们展示了超过250个时期的资本存量收敛轨迹的时间序列。在储蓄向黄金法则永久转变之后，我们运用了资本的运行规律，在储蓄率改变前，从等于稳态水平的资本存量开始以计算它们的值。资本存量轨迹的表格下面显示的是向其黄金法则稳态收敛的消费轨迹：$c_t = (1 - s_{GR})y_t = (1 - \alpha)Ak_t^{\alpha}$。在它们下面，我们给出的是在常相对风险厌恶（CRRA）偏好$U(c_t) = \dfrac{c_t^{1-\sigma} - 1}{1 - \sigma}, \sigma > 0$下转移过程中的效用贴现水平，我们默认$\sigma = 1.00$以近似对数差分。最后，我们加总所有的贴现效用序列，与消费者停留在储蓄率不变的初始稳态下获得的效用相比较。可以在图2-12中看到，前者（储蓄率高于黄金规则水平）对所有经济体来说都比较高。对于这些经济来说，从原来的储蓄率改变到黄金法则的储蓄率，它们的情况将会更好。而对于初始时刻储蓄率较低的经济，本例中为0.0到0.1之间，情况也是一样的。所有这些都是动态无效率稳态，而拥有0.1到0.36间的恒定储蓄率的经济则是动态有效率的。

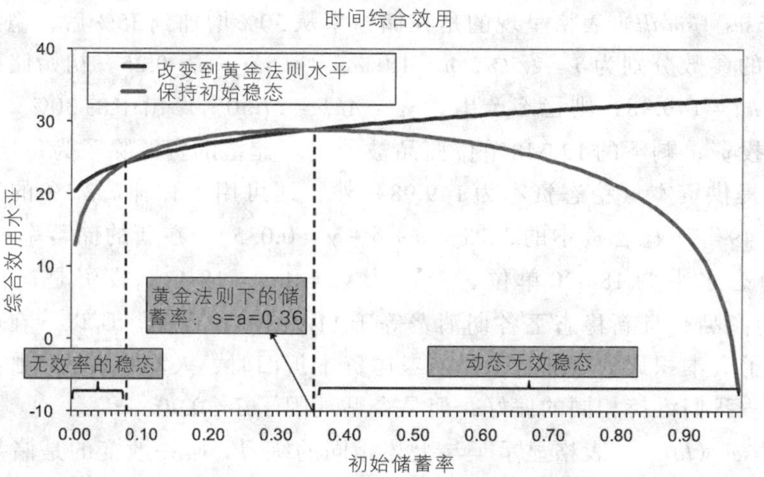

图2-12　无效率的稳态

需要记住的是，本部分我们所论述的是，就福利而言，当储蓄率进行一次永久改变时，其由初始水平转变到黄金法则水平的轨迹。在任何意义上，我们都没有提到这一能够到达黄金法则的轨迹是最优的，即收敛于黄金法则并不是经济达到最优的必要条件，尽管我们曾说过某些时候，经济更愿意停留在现在的稳态。为得到最优性，我们需要另外进行具体分析，而这是下一章的目标。到时，我们将从给定的初始状态来描述最优轨迹的特征。我们也会说明，从一开始进行了太多资本积累的意义上说，收敛于黄金法则是次优决策，这可能与第一印象相反。而最优轨迹会使经济收敛于资本水平，低于黄金法则水平的稳态。

2.6　随机离散时间的索洛-斯旺模型

为结束关于恒定储蓄率增长模型的陈述，我们考虑随机离散时间的索洛-斯旺经济，其中含有一个随机的生产率要素。这只是使模型随机化的众多可能性中的一种。考虑一种技术，$f(k_t)=\theta_t A k_t^{\alpha}, 0<\alpha<1$，其中，$\theta_t$为已知分布的随机过程。与确定性经济中讨论的一样，我们找出运行规律：

$$k_{t+1}=\frac{1}{(1+n)(1+\gamma)}s\theta_t A k_t^{\alpha}+\frac{1-\delta}{(1+n)(1+\gamma)}k_t. \tag{2.45}$$

虽然更一般的情况是θ_t会随时间而改变，但我们假设$E(\theta_t)=1$，$Var(\theta_t)=\sigma^2$。θ_t过程的随机属性决定经济中的主要变量：产出、消费和投资的性质。特别地，如果θ_t遵循含有复根的二阶自回归特征方程，那么θ_t就有可能是周期性的，而若θ_t是周期性的，那么产出和消费也将呈现出周期性。

与确定性离散时间模型相同的分析也适用于随机模型。因此，我们只需要将相同的资本运行规律（即式（2.36））与技术的新随机函数形式相结合即可。

通过假设随机过程在每一时期都取平均值，我们就可以得到随机经济的稳态。在我们的例子中，每一期的随机生产率冲击都取均值1，产生了与确定性情况中描述稳态特征一样的条件式（2.39）。因此，单位有效劳动的资本存量、产出和消费的稳态水平将与确定性的情况相同。

那么，随机经济式（2.45）的运行规律可以在稳态附近进行逼近，得到：

$$\begin{aligned} k_{t+1} &= k_{ss} + \left(\frac{1}{(1+n)(1+\gamma)} s\theta_{ss} A\alpha k_{ss}^{\alpha-1} + \frac{1-\delta}{(1+n)(1+\gamma)} \right)(k_t - k_{ss}) \\ &\quad + \frac{1}{(1+n)(1+\gamma)} s\theta_{ss} A k_{ss}^{\alpha} (\theta_t - \theta_{ss}) \\ &= k_{ss} + \left(\frac{n+\delta+\gamma}{(1+n)(1+\gamma)} \alpha + \frac{1-\delta}{(1+n)(1+\gamma)} \right)(k_t - k_{ss}) \\ &\quad + \frac{n+\delta+\gamma}{(1+n)(1+\gamma)} k_{ss} (\theta_t - 1). \end{aligned} \tag{2.46}$$

2.6.1 数值练习：求解随机的索洛-斯旺模型

Excel文件 *Solow_stochastic.xls* 提供了随机的索洛-斯旺模型的数值求解［*Matlab* 文件：*Solow_stochastic.m* 是相同的数值练习］。假设经济中的随机性来自具有一阶自相关结构的生产率冲击，则：

$$\ln\theta_t = \rho\ln\theta_{t-1} + \varepsilon_t, \quad \varepsilon_t \sim \mathrm{N}(0, \sigma_\varepsilon^2), 0 < \rho < 1, \theta_0 = 1,$$

这与 $\theta_{ss} = 1$ 是一致的。ε_t 代表对数生产率冲击中的新息。在此模拟中，我们考虑 $\rho = 0.90$，$\sigma_\varepsilon = 0.10$，这意味着 $E(\ln\theta_t) = 0$，$Var(\ln\theta_t) = (0.229)^2$。参数值为：$s = 0.36$，$\delta = 0.075$，$n = 0.0$，$A = 5.0$，$\alpha = 0.36$，因此稳态即为黄金法则。技术进步并没有被考虑在内[①]。对本练习来说，这并不是必要的，且很容易就可以得到更改。假设经济中的代表性消费者拥有对现期消费的常相对风险厌恶效用函数：$U(c_t) = \dfrac{c_t^{1-\sigma} - 1}{1-\sigma}$，其中，$\sigma = 3.0$，未来效用的贴现因子 $\beta = 0.90$。确定性稳态水平是根据文中的表达式计算得到的。稳态的资本存量为143.41单位，这使得稳态的产出在29.88附近波动。2/3的产出用于消费，这与发达国家的情况大体上相符；余下的1/3则用于投资。新息 ε_t 服从均值为0、$\sigma_\varepsilon = 0.10$ 的正态分布，运用Excel的Tools/Data Analysis选项中的随机数字生成器获得时间序列，用于求解模型。对数生产率冲击的时间序列 $\ln(\theta_t)$ 是通过自回归结构获得的，且初始条件为 $\ln\theta_0 = 0$。

将生产率冲击的时间序列 θ_t 代入式（2.46）或式（2.45）中，就能得到模型中初始条件为 k_0 的实物资本存量的近似解或精确解。将初始条件作为稳态资本存量，则对所有变量（实物资本存量、产出、投资和消费）而言，生成的数值解将在稳态附近波动。进一步地，采用生产函数获得产出的时间序列，由恒定储蓄率假设得出消费和储蓄/投资的时间序列。我们能够生成 θ_t 的所有时间观测值而无须计算 k_t 的单个值，这一事实说明在经济中生产率冲击是外生的。

需要记住，生产率冲击的结构决定了变量的波动性和它们之间的相关性。这是很有

---

① 将技术进步纳入模拟是很简单的，这并不会改变讨论结论的性质。

趣的。在实际数据的时间序列分析中，这种数据模拟可以计算出与产出的比值或偏离估计的周期成分。有时，采用变换的标准差和相关性可用于观察理论模型和实际数据如何匹配。主要统计量显示在模拟时间序列的下方。可以看出，线性近似产生时间序列的统计性质，与精确解产生序列的性质十分相近。消费相对于产出的波动性与大多数经济的实际数据是相近的，而投资的波动性则不然。在实际的时间序列数据中，投资的波动性远远大于产出的波动性。我们还给出了利率、消费和投资分别与产出的相关系数。

不幸的是，此模型过于简单，没有经济主体做出最优决策，以至于消费或投资与产出的线性相关系数为1.0，因为每期的消费和投资都是产出的确定比例，且后者的波动是独立的。为使相关系数偏离1，我们需要在两个变量中考虑不同的随机性来源，而这并不是本模型所考虑的情况。

一些变量间的回归模型，如消费和产出，或投资和产出，可以采用由数值解得到的时间序列集来进行估计，所运用的方法与使用实际数据进行估计的方法是相同的。然而，这个模型随机原理的简易性也会导致某些并不必要的回归。投资和实际利率的关系却是一个例外。两者的关系已经在表格中计算出来，且它由资本的边际产出定义。而定义这两个变量的资本的非线性函数，使得我们能够得到一个重要的回归，即投资利率 $= \alpha + \beta$.真实利率$_t + u_t$，这写于相关系数表格的下方。

重要的是，尽管Excel文件只展示了内生变量的单一时间序列，但是只要我们想计算，就可以计算出更多的时间序列。这是因为对于一个随机经济，只要使用EXCEL的随机数字生成器工具，我们就能够从一个新的、不同的生产率时间序列开始，不断地重复生成过程。事实上，除了生产率冲击的实现不同外，表格*Stochastic*（2）、（3）和（4）与表格*Stochastic*是一样的[①]。通过从生产率的随机过程中重复取样，我们可以得到每一个感兴趣的统计量，如消费相对产出的波动。比如，不同表格中，投资回归中斜率估计的四个数值。对10 000个样本中的每个都计算统计量的数值，即我们可以通过得到的频数分布，很好地任意逼近其可能性分布，这并不值得惊奇。模型中的一切都是随机的，包括每个样本统计。模型可以视为从生产率冲击中新息的可能性结构到任何模型特征的可能性分布的映射。运用实际的时间序列数据，即我们只有单一样本，所以我们能够计算任一给定的统计量的单一数值。而接下来，有趣的是怎样将从实际时间序列数据中得到的单一值与从理论模型中估计的可能性分布进行对比。

2.7 练习

1. 在式（2.29）中，确定A, n, s, α, δ中的三个参数的数值，并讨论当剩余的两个参数发生改变时，稳态值k_{ss}如何改变。画出图形，总结每一种分析。

2. 在确定性离散时间索洛-斯旺经济中，假设柯布-道格拉斯技术参数为：$\delta = 0.10$，$n = 0.02$，$A = 1$，$\alpha = 0.33$，$s = 0.25$，计算资本的稳态值。令资本的初值$k_0 < k_{ss}$，计算向

① 读者可以复制表格并使用随机数字生成器，在原来的序列上面，写出不同的序列。表格中的所有计算都会改变，为经济中的所有变量提供一组不同的时间序列。需要注意Excel不能自动更新回归结果。

稳态收敛的路径。当$k_0 > k_{ss}$时，再计算收敛路径。改变其中一个参数值，重复上述练习，并画出不同参数值下的轨迹。获得每种情况下向稳态收敛率的数值。

3. 对于给定的参数，包括资本存量的初值k_0和柯布-道格拉斯技术，将从线性逼近式（2.40）得到的k_t时间序列和精确的非线性途径获得的k_t时间序列进行比较。

4. 在稳态附近，确定性离散时间的索洛-斯旺模型运行规律的二阶线性逼近为：

$$k_{t+1} = k_{ss} + \left(\frac{1}{1+n} sf'(k_{ss}) + \frac{1-\delta}{1+n}\right)(k_t - k_{ss}) + \frac{1}{1+n} sf''(k_{ss})(k_t - k_{ss})^2$$

假设已知柯布-道格拉斯技术的参数，运用上述逼近求解模型，并将时间序列与一阶逼近得到的时间序列进行比较。确定性模型与随机模型的二阶逼近仍是相同的吗？

参考文献

1. Barro, R., and X.Sala-i-Martin.2003.*Economic growth*, 2nd ed.Cambridge: MIT.
2. Solow, R.M.1956.A contribution to the theory of economic growth.*Quarterly Journal of Economics* 70 (1): 65–94.
3. Swan, T.W.1956.Economic growth and capital accumulation.*Economic Record* 32: 334–361.

第3章

最优增长：连续时间分析

3.1 连续时间 Cass-Koopmans模型

与前一章学到的索洛-斯旺新古典增长模型结构相同，为最大化社会福利，Cass[2]和Koopmans[3]描绘了最优资本积累速率。考虑到储蓄决策为总投资提供资源，每一时期都要考虑消费和储蓄之间的最佳分配，从而在两者之间调节未来生产的可能性和增长。我们仍然假定经济中只生产单一商品，商品既可以被消费，也可以作为对未来生产的投入。用于生产的商品存量即实物资本，不能再用于消费，且受到恒定折旧率δ约束。

除了考虑最优性，我们保持索洛-斯旺模型的其他假设不变，包括生产要素边际报酬递减。如前一章所示，这妨碍了正稳态增长的可能性，因为我们假设在该经济中没有技术进步。Cass-Koopmans模型与索洛-斯旺模型的主要区别是，我们现在认为消费或储蓄决策是内生的，其决定了物质资本积累的过程，因此也决定了人均资本收入的时间演化路径。储蓄率不再恒定不变。

对该模型最简单的解释是相同的个体永久生活在这个经济中。他们都拥有相同单位的实物资本，拥有相同的生产技术和消费偏好。假定存在持续的人口增长，增长速度为n，$n>0$，$N_t=N_0e^{nt}$。现有的消费者不断地放弃一些资源从而向新生主体提供与其拥有相同单位的资本。在这个经济体中，中央计划者感兴趣的是将代表性消费者的总效用最大化，即：

$$\underset{c_t}{Max}\int_0^\infty e^{-\theta t}U(c_t)\,dt,$$

约束为：

$$\dot{k}_t=f(k_t)-(n+\delta)k_t-c_t, \tag{3.1}$$

给定经济的初始状态k_0。与前一章相同，小写变量表示人均变量，$f(k_t)$表示可用技术，下标t表示时间函数。该优化问题的约束是时变储蓄率下，人均实物资本存量的运行定律，这在前面的章节中已经说明。θ是社会时间贴现率，即适用于未来消费效用的贴现率。其反映了社会愿意用未来效用代替当前效用的比率。假设效用函数满足：$U' > 0, U'' < 0, U'(0) = \infty, U'(\infty) = 0$。假设$\theta > 0$，与拉姆齐模型（解释中央计划者解决的最大化问题，且认为没有任何道德上的理由低估未来）不同。

第二个解释对应于一种鲁滨逊类型的经济。该经济中仅有一个有无限寿命的个体，可以使用生产技术。没有任何类型的交易出现，因为在该经济体中没有其他的主体。该单一的经济个体最大化时间总效用，则该问题将与上述问题相同，且$n = 0$。

这个模型也可以被解释为，经济体中存在无限小时间间隔的连续几代人，连续世代的人口规模以速度n增长。在这种解释下，计划者问题的另一种可能合理的规划为Benthamit福利函数，福利函数变为$N_t U(c_t)$，接受给定效用水平的家庭成员数量要被考虑在内。假设$N_t = N_0 e^{nt}$，Benthamit设定相当于将模型中的时间偏好率减小到$\theta - n$。因为后期家庭规模扩大会增加后代中代表性个体效用的权重，该结论与本章所述略微不同。

我们的讨论满足第一个假设，涉及计划者经济及其中的代表性个体。分析的重点在于描绘每期消费和储蓄之间的最优资源配置。储蓄将有助于资本积累和增加未来的资源。求解该模型相当于确定从初始水平k_0开始的资本存量最优路径。所有其他变量的轨迹可以作为实物资本的函数而求得。

3.1.1 Cass-Koopmans模型的最优条件

动态最优计划者问题的汉密尔顿函数为：

$$H(k_t, c_t, \lambda_t) = e^{-\theta t}\left[U(c_t) + \lambda_t\left(f(k_t) - (n+\delta)k_t - c_t\right)\right],$$

其中，消费为控制变量，资本存量为状态变量，现值乘数λ_t为协态变量。该乘数对状态变量k_t的影子价格有标准的解释：计划者愿意支付多少单位效用，使得在时期t增加1单位人均实物资本。

因为第0期的边际效用为无穷大，所以每期消费的最优水平将严格为正，最优条件可以写为（见数学附录）：

$$U'(c_t) - \lambda_t = 0, \tag{3.2}$$

$$f'(k_t) - (n+\delta) - \theta + \frac{\dot{\lambda}_t}{\lambda_t} = 0, \tag{3.3}$$

$$\lim_{t\to\infty} e^{-\theta t}\lambda_t k_t = 0. \tag{3.4}$$

最优轨迹上，第t期额外一单位人均资本的社会价值等于消费的边际效用。这个结果表明λ_t的本质是资本的影子价格，但它并不是我们对模型施加的假设，而是模型解的性质。

由式（3.2）和式（3.3）可得到：

$$\frac{dU'(c_t)/dt}{U'(c_t)} = (n+\delta) + \theta - f'(k_t) \tag{3.5}$$

则：

$$\dot{c}_t = \frac{U'(c_t)}{U''(c_t)}\left[(n+\delta) + \theta - f'(k_t)\right] \tag{3.6}$$

这被称为Keynes-Ramsey规则。

由于中央计划者将代表性消费者福利最大化作为经济政策目标，求解前面最优条件的轨迹也是最优的。在下一节中，我们分析该经济体中是否存在稳态，如果存在，那么将研究最优轨迹是否收敛于这个稳态。即使向稳态转移可能持续很长一段时间，但由于很难描述转移时经济行为特点，因此往往只在稳态下分析经济政策问题。稍后，我们将学习如何使用数值解方法来描述过渡到稳态的路径的主要特性。对初始处于稳态的经济体进行政策干预后，就会出现转移路径，因为在该经济体中发生了结构变化。

3.1.2 消费的瞬时替代弹性（*IES*）

增长模型能够处理跨时期消费和储蓄决策，牺牲一些当期消费产生了更高的资本积累；反过来，未来会有更多的资源可供使用。主要的问题是随着时间的推移，如何最优地分配给定的收入流。就如解释的那样，资源可以转移到未来，但是不可以从未来转移到现在，除非存在发达信贷市场。当代表性消费者在时期t经历了正的收入冲击时，他会面临连续选择，因为当前消费能够在Δy之内增加，储蓄剩下的部分可在未来享受更多的消费。一方面，通过将全部收入增量Δy用于增加当前消费，而未来消费没有增长；另一方面，将部分增加的收入用于当期消费，以增加未来的消费。

相关的概念确定了资源应该随时间推移而转移的最优速率：消费的边际效用弹性（*EMU*），即消费水平变化一个百分点而引起的边际效用变化的百分点：

$$EMU=-\frac{d(\ln(U'(c_t)))}{d(\ln(c_t))}=-\frac{dU'(c_t)}{dc_t}\frac{c_t}{U'(c_t)}=-\frac{c_tU''(c_t)}{U'(c_t)}=\sigma(c_t)>0.$$

在线性效用函数下，*EMU*为0，边际效用不因消费水平的变化而变化，更一般地，消费的边际效用弹性是消费水平的函数。

我们引出另一个相关概念——消费的跨期替代弹性*IES*，指的是随时间推移消费的变化和隐含的边际效用变化之间的关系，与*EMU*标准弹性概念不同，*EMU*旨在比较给定的时间点上，由于消费水平变化而引起的边际效用变化：

$$\begin{aligned}IES=\gamma(c_t)&=-\left(\frac{\partial(U'(c_t)\text{变化率})}{\partial(c_t\text{变化率})}\right)^{-1}\\&=-\left(\frac{\partial(\dot{U}'(c_t)/U'(c_t))}{\partial(\dot{c}_t/c_t)}\right)^{-1}.\end{aligned}$$

如果代表性消费者的无差异曲线接近线性，则边际效用几乎是恒定的。因此，相对于任何可能的消费水平的变化，消费的边际效用变化的百分比很小，而消费的跨时期替代弹性将会很大。在这种情况下，给定时点上的集中消费将不会太多地影响边际效用，因此，除了考虑可能的时间贴现因子效应，消费者几乎不关心何时消费。对于正的收入冲击，消费会因冲击的增强而增加，使得收入中储蓄部分的资本积累并没有随收入增加而显著增长。

当消费的增长导致边际效用急剧下降时，对于低消费*IES*来说，观察到的结果与上述情形相反。因此，通常在这种情况下，正的收入冲击之后都会存在微小的消费增加。大部分的收入增长都被储蓄，使得资本进一步积累，而这又使之后的消费增加。在这种情况下，当消费倾向于重复收入的波动时，消费比在高*IES*下更加平滑。因此，在高的*IES*下，消费的波动接近于收入的波动，但明显小于消费跨时期替代弹性很小时的收入波动。

常相对风险厌恶（CRRA）效用函数是特殊情况：

$$U(c_t)=\frac{c_t^{1-\sigma}-1}{1-\sigma},\sigma>0, \tag{3.7}$$

导出消费边际效用弹性为：

$$EMU=\sigma(c_t)=-\frac{c_tU''(c_t)}{U'(c_t)}=-c_t\frac{-\sigma c_t^{-\sigma-1}}{c_t^{-\sigma}}=\sigma,$$

消费的跨期替代弹性：

$$IES=\gamma(c_t)=-\left(\frac{\partial(\dot{U'}/U')}{\partial(\dot{c}_t/c_t)}\right)^{-1}=-\left(\frac{\partial(-\sigma(\dot{c}_t/c_t))}{\partial(\dot{c}_t/c_t)}\right)^{-1}=1/\sigma=\frac{1}{EMU},$$

所以，这两个弹性都是常数，且互为倒数。

根据我们先前讨论的特例，发现CRRA效用的σ值与消费波动之间的联系十分有趣。如果σ接近于0，则效用是消费水平的线性函数，消费者并没有通过减少当前消费而从未来消费中得到多少补偿。由于边际效用独立于消费水平，消费者不关心何时消费，且贴现因子将会导致迅速消耗意外增加的收入。在这种情况下，随着时间的推移，消费者没有动力通过储蓄和资本积累来转移资源，消费将会与收入一样不稳定。另一种情况，当σ很大时，随着时间的推移，消费的变化会导致边际效用剧烈地变动。但是不稳定的边际效用与最大化时间总效用水平的目标相反，所以消费者希望消费变化达到最小，且更愿意随时间的推移分散由意外的收入增长所带来的好处。意外收入下降时，也会发生类似的行为。消费者有很强的动机来转移消费，消费路径变得更平滑，因为随时间的推移，储蓄可以减少收入波动。

虽然只是近似，消费的瞬时替代弹性与消费边际效用弹性的互逆关系可以扩展到更一般的效用函数中。考虑两个时间点，$t<s,s=t+\Delta t$，消费水平为c_s，$c_t,c_s=c_t+\varepsilon$,且$\varepsilon<0$或$\varepsilon>0$，相对于c_t非常小。

$$\begin{aligned}IES^{-1}&=\frac{1}{\gamma(c_t)}=-\frac{\partial\left\{\ln(U'(c_s)/U'(c_t))\right\}}{\partial\left\{\ln(c_s/c_t)\right\}}\\&=-\frac{\partial\left\{\ln(U'(c_s)/U'(c_t))\right\}}{\partial\varepsilon}\left(\frac{\partial\ln(c_s/c_t)}{\partial\varepsilon}\right)^{-1}.\end{aligned} \tag{3.8}$$

运用消费边际效用的泰勒展开式：

$$U'(c_s)=U'(c_t)+U''(c_t)(c_s-c_t)=U'(c_t)+U''(c_t)\varepsilon,$$

得到：

$$\frac{U'(c_s)}{U'(c_t)}=1+\frac{U''(c_t)}{U'(c_t)}\varepsilon.$$

此外，

$$\ln(c_s/c_t)=\ln(1+\varepsilon/c_t)\simeq\varepsilon/c_t \text{且} \ln(U'(c_s)/U'(c_t))=\ln(1+\frac{U''(c_t)}{U'(c_t)}\varepsilon)\simeq\frac{U''(c_t)}{U'(c_t)}\varepsilon$$

对ε求导，并带入式（3.8），得到：

$$IES^{-1}=\frac{1}{\gamma(c_t)}\simeq-c_t\frac{U''(c_t)}{U'(c_t)}=EMU.$$

3.1.3 风险厌恶和消费的跨期替代

上述效用函数族中的参数σ也被称为风险厌恶参数。的确，在不确定性下的决策理论中，绝对风险厌恶被定义为$ARA(c_t)=-\dfrac{U''(c_t)}{U'(c_t)}$，相对风险厌恶被定义为$RRA(c_t)=-\dfrac{U''(c_t)}{U'(c_t)}c_t$，类似于消费边际效用弹性。一般而言，两者都是消费水平的函数。然而对于上述效用函数族来说，相对风险厌恶是一个常数：

$$RRA=-\frac{U''(c_t)}{U'(c_t)}c_t=\sigma,$$

这就是此函数族被称为效用函数的常相对风险厌恶（CRRA）族的原因。

在给定时间点上，不确定性下的效用最大化决策方式，与其在没有不确定性时的决策方式相似。具有较高参数σ值的风险厌恶者不喜欢面对不确定性的消费水平。当为消费者提供可选择的消费水平，且每一个消费水平的彩票概率已知时，消费者将很乐意用彩票交换低于彩票提供的预期的确定性消费水平。它们之间的差异可以被解释为风险或消费者为避免风险所愿意支付的保险费。正如我们已经看到的，当不存在不确定性时，具有较高σ值的消费者倾向于通过分散或正或负的收入冲击以平滑消费。在这两种情况下，都形成比低σ值消费者更小的消费流。其中，σ为效用函数的CRRA族的相对风险厌恶系数，也就是*IES*的倒数。

3.1.4 Keynes-Ramsey条件

这些概念让我们对Keynes-Ramsey条件有了一个有趣的解释。利用消费的瞬时替代弹性，我们可以把这一条件写为：

$$\frac{\dot{c}_t}{c_t}=\gamma(c_t)\left[f'(k_t)-(n+\delta)-\theta\right], \tag{3.9}$$

这表明在每一个时间点上，最优消费的增加、减少或保持不变都依赖于实物资本边际产出、总折旧的净值，即$f'(k_t)-(n+\delta)$大于、小于或等于社会时间贴现率θ。

我们暂时（我们将会在3.3节看到）接受均衡实际利率应该等于资本边际产出净折旧：$r_t=f'(k_t)-(n+\delta)$。这个结果比较显然，因两者都获得了实际的回报，即单位消费商品对两种不同类型的投资：生产和金融投资的回报。Keynes-Ramsey条件表明，如果实际利率等于贴现率，保持消费恒定是最优的。

另一方面，当由r_t所表示的市场未来估价超过时间主观价值θ时，消费者会发现牺牲一些当前消费，将收入用于享受更高的未来消费会更好。消费路径将会增加，$\dot{c}_t>0$。当市场的未来估价低于主观价值时，情况是相反的。此时，消费者更愿意保持当前消费高于未来消费，$\dot{c}_t<0$。

但是，消费者如何根据市场和未来主观价值的差距来调整消费路径呢？根据Keynes-Ramsey条件，

$$r_t-\theta=\frac{1}{\gamma(c_t)}\frac{\dot{c}_t}{c_t},$$

变为：

$$r_t-\theta=\sigma\frac{\dot{c}_t}{c_t},$$

在常相对风险厌恶CRRA偏好下，给定r_t与θ之间的速率，有较高IES值的消费者的消费会更高，这与前一节的讨论一致。σ值较低的消费者有很高的跨期消费弹性，他们将更多地调整路径使私人和市场估值的差距达到给定数值。相反，对具有较高σ值的消费者，他们很少会去调整路径来改变实际利率与贴现因子的差异。

3.1.5 最优稳态

因为这个模型和索洛-斯旺模型具有相同的结构，我们已经知道这类模型的稳态特征，人均变量增长率都为0：$\dot{c}_t = \dot{k}_t = 0$，人均消费、收入水平以及人均资本存量都是常数。然而，总变量和人口以同样的速度n增长。现在，我们有两个描述经济时间演化的方程：(a) 运行规律式（3.1），为$\dot{k}_t$方程，这也存在于索洛-斯旺模型中，现在则是中央计划者面临的约束条件；(b) Keynes-Ramsey法则式（3.9），为$\dot{c}_t$方程，这是最优经济规划问题所特有的。

两个方程具有不同的性质，一方面，在经济运行规律中，令$\dot{k}_t = 0$，得到：

$$f(k_{ss}) = (n+\delta)k_{ss} + c_{ss},$$

上式描绘了(c,k)平面中的一条曲线：

$$c_{ss} = f(k_{ss}) - (n+\delta)k_{ss}, \tag{3.10}$$

满足：

$$\frac{\partial c_{ss}}{\partial k_{ss}} = f'(k_{ss}) - (n+\delta),$$

$$\frac{\partial^2 c_{ss}}{\partial k^2_{ss}} = f''(k_{ss}) < 0.$$

在这条曲线上的点都符合资本存量增长率为0。然而，式（3.10）只是两个最优条件中的一种长期形式。最优行为给我们提供了另外的Keynes-Ramsey条件，所以，最优稳态以实物资本和消费的人均水平k_{ss}和c_{ss}为特征，除式（3.10）外，k_{ss}和c_{ss}还满足如下方程：

$$f'(k_{ss}) = n + \delta + \theta, \tag{3.11}$$

将$\dot{c}_t = 0$代入Keynes-Ramsey条件中可得到上式。系统的结构为：式（3.11）给出了在最优稳态下的资本存量，式（3.10）给出了相关的消费水平，如果生产函数是凹的，那么解唯一。

前面章节已经定义过黄金法则，k_{GR}是曲线（3.10）上具有最高消费水平的点。黄金法则并不能解决计划者的问题，因为它仅满足长期最优方程，而不满足其他方程。从黄金法则定义中，

$$f'(k_{GR}) = n + \delta, \tag{3.12}$$

我们看到，对任意$\theta > 0$，最优稳态具有低于k_{GR}的资本水平。所以，最优稳态是式（3.10）曲线上的一个点，在黄金法则点的左侧。正如我们在前一章节预期的，黄金法则包含了太多的资本积累。一旦达到稳态，我们将会得到更高的消费水平，但是在此之前，需要牺牲很多消费（见图3-1）。

计划者问题中允许储蓄率随时间而变化，所以代表消费者通常会比在索洛-斯旺经济中境况更好，此经济的资源配置也可以作为计划者经济中的一个特例。

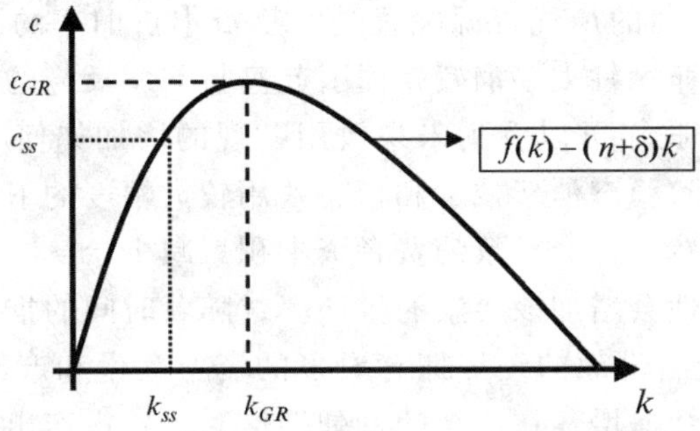

图3-1　消费与实物资本之间的稳态关系

是否存在更多这样的最优稳态，经济是否收敛于任何给定初始条件的任意一个稳态，这些问题可以通过分析 $\dot{c}_t, \dot{k}_t$ 中由两个微分方程定义的两个（c_t, k_t）时间函数来解决，这是我们下一步要做的。

3.1.6　数值练习：稳态水平对结构参数变化的敏感度

CK_c_steady state.xls 文件中的 *Steady-state* 表格显示了在具有不同结构参数的经济中稳态水平的差异。相同的分析也可以在 *CK_c_steady state.m*matlab 文件中完成。我们在所有情形中都考虑具有柯布-道格拉斯技术和如式（3.7）的CRRA效用函数。保持其他参数不变，这个练习的目的是显示在单一结构参数永久变化时主要变量稳态水平的变化。其结果可以被解释为单一结构参数值不同的两个经济的稳态差异，或者解释为结构参数变化时经济的初始与最终稳态水平之间的比较。

在后一种情况下，假设经济处于稳态，其中一个结构参数发生永久性变化。结构发生变化后，稳态也会不同，所以经济不再处于原先的稳态水平，产生了转移路径，这可能使经济沿着收敛路径达到新稳态。这样的转移路径将会在下面的练习中刻画出来。在该点，我们只是专注于因一个结构参数发生永久性变化而产生的稳态变化。

表格中的每个子表格致力于分析一个特定的结构参数变化对稳态的影响。每个子表格的初始稳态都标注了红色的下划线。在每个子表格下，曲线图显示由结构参数变化引起的稳态资本存量和产出变化。第二个图中则是消费和单期效用的变化。在假设的柯布-道格拉斯技术条件下，产出遵循类似于资本存量的运行定律，对消费和单期效用同样适用，但分析每一对变量的敏感度仍有很大意义。第三个图描绘了绝对项中投资及产出份额的行为。后者描绘了该经济中资源分配的特性，消费为没有用于投资的那部分产出。

我们已经考虑了每个参数的合理取值范围。我们的意思是，隐含的稳态资源分配与实际经济中所观察到的情况不太一致。尽管总有人讨论这些值应该怎样，我们采取了保守的立场，考虑了每一种情况下广泛的参数取值。读者会逐渐明白稳态如何受参数值影响。在该练习中，特别有趣的是：（a）用于投资的产出份额是资本产出弹性的线性函数[1]；(b) 消费和投资之间的最优资源配置受实物资本折旧率的影响，特别是受到经济中通过减少资本存量而非牺牲太多消费来而引起高折旧率反应的影响。

进一步分析结果，我们可以看到未来效用贴现的增加如何减少稳态资本存量和产出。较低的生产也会导致稳态消费减少和稳态效用较大幅度的下降。较高的贴现意味着消费者很少注重未来消费，这会导致消费者资本积累减少。

较高的资本产出弹性会增加该要素的生产率，随着时间的推移刺激资本积累。在稳态下，具有较高资本产出份额的经济拥有更多的资本存量和产出，也因此有较高的消费。投资随资本产出弹性递增，在最初的低弹性值时投资占产出的14%，到具有较高弹性值时，投资占产出的20%左右。

较高的人口增长率或较高的实物资本折旧率限制了资本积累。因此，在高折旧率或高人口增长率情况下，稳态产出也较低。在练习中，我们采用折旧率为100%的极限值，即使不现实，但有时仍用于理论模型。我们得到完全的实物资本折旧，且每期的资本存量等于投资。图中较大的折旧很快就会使稳态资本存量到达更低水平，由于需要很多资源弥补折旧损失，所以也没有余下资源用于消费。如第二个图所示，消费稳定在严格为正的水平。对很低折旧率来说，稳态投资也很低，因为不需要太多的实物资本进行替代。投资产出比随折旧率递增，稳定在低于产出的30%处。有趣的是观察投资的稳定性，即使折旧百分之百，投资也是产出的一部分。这直接反映了消费稳定占产出的70%以上。对于更高的折旧率，产出可能会很低，正如表格中给出的，对于年度数据来说，消费和投资也是如此，折旧率在5%~15%之间最为合理。此外，投资介于产出的17%~23%之间，余下的部分用于消费。

最后，消费的跨期替代弹性，或由σ代表的效用函数曲率的程度，不影响资源分配，只影响效用水平的大小。

3.1.7 长期均衡的存在性、唯一性和稳定性：图解说明

很容易理解最优稳态的存在性和唯一性，因为式（3.11）决定了唯一的人均资本存量水平，代入式（3.10）得到了最优稳态消费水平。因此，存在唯一的最优稳态。

为讨论稳定性，需要记住，式（3.1）和式（3.9）描述了经济动态特点。在式(3.9)中，令$\dot{c}_t=0$，得到式（3.11），把(c,k)空间分成两个区域。k_{ss}的左边，边际产出大于$f'(k_{ss})$。所以函数$f'(k)-(n+\delta+\theta)$是正数，如式（3.9）所示，消费将会增加。无论何时，只要资本存量低于最优稳态的水平，上述情况就会发生。此外，资本存量越低于k_{ss}，消费增长率越高。当资本存量高于最优稳态的水平时，相反的情况就会发生，离最

---

① 稳态资本存量$k_{ss}=\left(\frac{\alpha}{n+\delta+\theta}\right)^{\frac{1}{1-\alpha}}$。在假设技术为$y_t=k_t^\alpha$时，稳态产出和消费满足：

$y_{ss}=f(k_{ss})=k_{ss}^\alpha, c_{ss}=y_{ss}-(n+\delta)k_{ss}$.

所以该投资占产出的比例为：

$$1-\frac{c_{ss}}{y_{ss}}=\alpha\frac{n+\delta}{n+\delta+\theta}=\frac{\alpha}{1+\frac{\theta}{n+\delta}},$$

其值小于资本产出份额α。只有时间贴现率相对于总折旧率很小时，才会达到α。

优稳态资本存量越远，消费降低的速率就越大（见图3-2）。

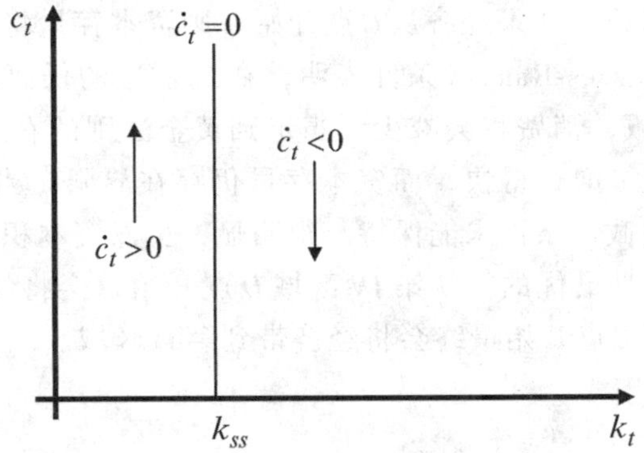

图3-2 消费的变化方向

另一方面，在式（3.1）中令$\dot{k}_t=0$，得到$c=f(k)-(\delta+n)k$也把(c,k)分成两个区域。第一，我们需要描绘曲线的形状。它通过原点，因为在这条线上方，$k=0$意味着$c=0$。正如我们之前看到的，偏导数是$\frac{\partial c}{\partial k}=f'(k)-(\delta+n)$; $\frac{\partial^2 c}{\partial k^2}=f''(k)$，所以曲线上任何一点都是凹的，且在$f'(k)=(\delta+n)$处（即黄金法则）取到最大值。这条线在方程$f(k)-(\delta+n)k=0$的非零点，穿过$c=0$轴。例如，对于柯布-道格拉斯技术，这就发生在$Ak^{\alpha}=(\delta+n)k$，即$k=\left(\frac{A}{n+\delta}\right)^{\frac{1}{1-\alpha}}$。这个资本存量对应于索洛-斯旺经济的生存稳态，此资本存量右边的点显然是不可行的，因为这意味着负的消费。在可行域内直线下方的任意一点，都有$c<f(k)-(\delta+n)k$。所以从式（3.1）得到，$\dot{k}>0$且资本存量增加。当我们距离曲线越远时，实物资本积累的速度就越快。而在曲线上方的点则是相反的，且实物资本会减少，因为投资低于弥补折旧的损失（见图3-3）。

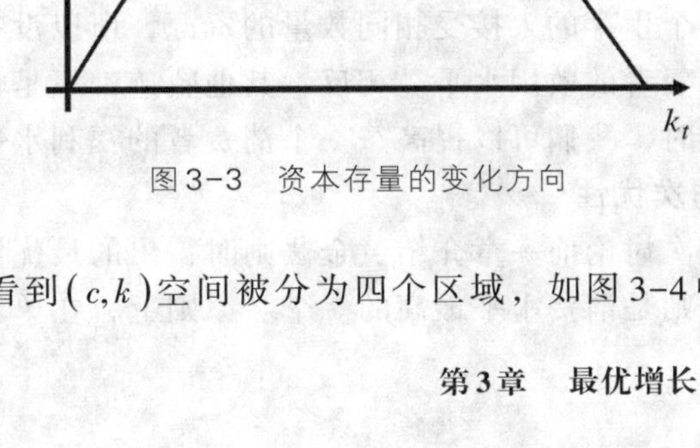

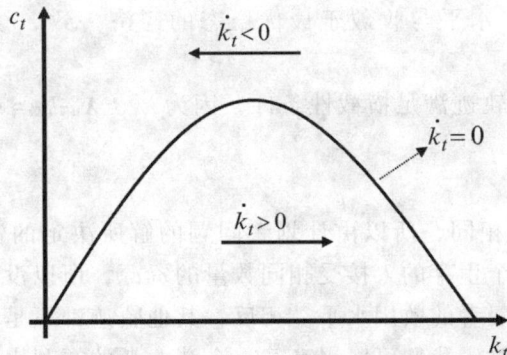

图3-3 资本存量的变化方向

这样，我们可以看到(c,k)空间被分为四个区域，如图3-4中的相位图所示。从区域I的A点开始，向着零资本和高消费的方向，进入第II个区域，很明显是不可行的。因为随着实物资本的减少，产出也减少，且保持不断增加的消费水平是不可能的。从B点开始，也有相同的结论。如果经济从C点开始，则资本存量将会积累，消费将会增加一段时间。事实上，Keynes-Ramsey条件表明，在k_{ss}左边的任何地方消费都会增加。然而，一旦进入第III区域，消费将会减少。当走到黄金法则的右边时，条件式（3.5）显示消费边际效用开始比θ增长得快，而资本存量仍存在界限。当经济收敛于索洛-斯旺经济的生存稳态时，横截性条件未能保持。很明显，虽然资本积累轨迹是可行的，但当消费为0时，它不可能是最优的。从第IV区域D点开始，会将经济带到第III区域，其结果与上文不同，而从E点开始最终会将经济带到第II区域。

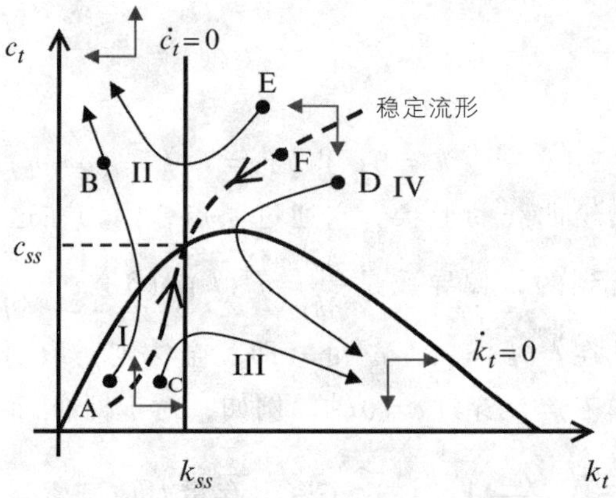

图3-4　相图

只有当我们从F点开始，资本积累和消费增长的速率足以使经济进入最优稳态方向。如果我们从略高或略低于F的点开始，这将是无效的，我们将会得到不可行或次优的结果。沿着所谓的稳定流形这条曲线有一系列像F这样的点，出于类似的原因，稳定流形延伸到最优资本稳态的左边，且处于$\dot{k}=0$曲线的下方。对于每一种可能的资本存量水平，只有一个消费水平与收敛于最优稳态的经济一致，该轨迹就是计划者问题的解。

收敛于最优稳态的轨迹满足横截性条件，因为$\lambda_T=\lambda_{ss}, k_T=k_{ss}$是常数，而且在稳态下有限，所以，

$$\lim_{T\to\infty} e^{-\theta T}\lambda_{ss}k_{ss}=0.$$

因为所有个体偏好相同，所以由计划者问题的解所决定的资源配置也是帕累托最优。因为在经济中，每个生存的人接受相同数量的资源，所以没有办法不减少其他消费者的资源而增加给定消费者的效用水平。相反，其他轨迹都不是帕累托最优的，因为在没有减少单一主体福利时，我们可以提高每一个消费者的福利水平。

3.1.8　黄金法则的次优性

现在，我们可以再次讨论前一章介绍黄金法则时得出的最优性。在所有拥有恒定储蓄率的稳态中，黄金法则是消费水平最高的一个。原则上，在单调偏好下，实现最高的

稳态消费水平似乎是一个合理的目标。强加一个恒定储蓄率s_{GR}产生转移路径，使经济初始实物资本存量k_0到达黄金法则水平k_{GR}，正如我们在前面章节所看到的那样。但关键是为获得黄金法则，需要在此过渡中牺牲比使经济从k_0转移到最优稳态水平k_{ss}的转移路径中更高的消费。由于相对于未来效用，跨期福利函数给予了当前效用更高的权重，因此目前尚不清楚是否收敛于k_{GR}就是最优的。因为长期和短期若干问题间的权衡，如收敛于稳态的速度或贴现率，在描述最优路径中发挥重要的作用。

事实上，通过求解前面章节的计划者问题，我们已经表明收敛于k_{GR}通常不是最优的。此外，由于最优稳态k_{ss}的特征条件和黄金法则k_{GR}的唯一区别取决于贴现率θ，因此我们知道，只有当$\theta = 0$，即当前效用和未来效用等值时，黄金法则才是最优稳态。在黄金法则里，未来效用的权重太大①，即强调未来效用水平，因此黄金法则在前期包含过多的资本积累。

最优性要求从到达最优稳态k_{ss}的收敛轨迹开始。最优轨迹的解析表达式可以通过对两个微分方程（运行定律和Keynes-Kamsey法则）施加两个边界条件得到，

k_0给定，

$$\lim_{T\to\infty} e^{-\theta T}\lambda_T k_T = 0 \text{ （横截性条件），} \tag{3.13}$$

这是一个困难的解析问题。通过适当选择最初消费水平c_0，我们可以将经济置于轨迹上。这将决定每一个时间点上具体的储蓄率，同时也收敛到长期均衡水平。作为计划者问题的解，这个轨迹保证比其他路径，包括收敛于黄金法则的稳态，有着更高的福利水平。这是由于时间贴现这一事实，这条路径上的消费比稳态消费占有更高的权重。一旦达成，黄金法则将比最优稳态拥有更大的效用，但是在时间总目标函数中效用将会大打折扣。

3.2 稳定性和收敛性

具有柯布-道格拉斯技术$y_t = Ak_t^{\alpha}, 0 < \alpha < 1$，以及带有参数$\sigma$的常相对风险厌恶效用函数经济中的Keynes-Ramsey条件，变为：

$$\frac{\dot{c}_t}{c_t} = \frac{1}{\sigma}\left[\alpha A k_t^{-(1-\alpha)} - (n+\delta+\theta)\right].$$

则，在$A = 1$情况下，对数变量可以写为：

$$\frac{d\ln c_t}{dt} = \frac{1}{\sigma}\left[\alpha e^{-(1-\alpha)\ln k_t} - (n+\delta+\theta)\right].$$

另一方面，式（3.1）经济的运行定律也可写作对数形式：

$$\frac{d\ln k_t}{dt} = e^{-(1-\alpha)\ln k_t} - e^{\ln c_t - \ln k_t} - (n+\delta).$$

在附录3.7中，我们给出，由上述两个微分方程组成的动态系统在稳态值附近的对数线性近似可表示为：

① 另外，可以说未来几代人的效用占有太多权重。沿着黄金法则，连续世代的个体在效用函数中拥有同样的权重。无论世代以速率n增长到几代，后代在计划者的目标函数中占有更高的权重。

$$\begin{pmatrix} \dfrac{d\ln c_t}{dt} \\ \dfrac{d\ln k_t}{dt} \end{pmatrix} = \underbrace{\begin{pmatrix} 0 & -\eta \\ -h & \theta \end{pmatrix}}_{D} \begin{pmatrix} \ln c_t - \ln c_{ss} \\ \ln k_t - \ln k_{ss} \end{pmatrix},$$

其中，$h = \dfrac{(1-\alpha)(n+\delta)+\theta}{\alpha} > 0, \eta = \dfrac{1-\alpha}{\sigma}(n+\delta+\theta) > 0$，系数矩阵 $\boldsymbol{D}$ 的行列式 $-\eta h < 0$。因此，系统存在一个向稳态过渡的鞍点路径。转置矩阵的特征值为：

$$\mu_1, \mu_2 = \frac{\theta \pm \sqrt{\theta^2 + 4\eta h}}{2},$$

其中，$\mu_1 > \theta > 0, \mu_2 < 0$。

连续时间动态系统可以写为：

$$\dot{x}_t \cong \mathrm{D} x_t.$$

其中，x 是稳态附近的偏差向量：$x_t = (\ln c_t - \ln c_{ss}, \ln k_t - \ln k_{ss})$，$\boldsymbol{D}$ 为上述矩阵。该系统的解为：

$$x_t \cong e^{Dt} x_0. \tag{3.14}$$

假设 Γ 的每一列都是 $\boldsymbol{D}$ 的右特征向量，则它的逆矩阵 Γ^{-1} 的每一行都是 $\boldsymbol{D}$ 的左特征向量。引用数学附录中的 2×2 阶矩阵的特征向量表达式：

$$\Gamma = \begin{pmatrix} x_1 & y_1 \\ x_2 & y_2 \end{pmatrix} = \begin{pmatrix} 1 & 1 \\ \dfrac{-\mu_1}{\eta} & \dfrac{-\mu_2}{\eta} \end{pmatrix},$$

$$\Gamma^{-1} = \begin{pmatrix} u_1 & v_1 \\ u_2 & v_2 \end{pmatrix} = \frac{\eta}{\mu_1 - \mu_2} \begin{pmatrix} \dfrac{-\mu_2}{\eta} & -1 \\ \dfrac{\mu_1}{\eta} & 1 \end{pmatrix}.$$

因此，引用数学附录中矩阵的谱分解和矩阵指数函数表达式的结果，我们可以写出这个微分方程系统式（3.14）的解：

$$x_t \cong e^{Dt} x_0 = \left(\Gamma e^{\Lambda} \Gamma^{-1}\right)^t x_0 = \Gamma e^{\Lambda t} \Gamma^{-1} x_0,$$

即：

$$\begin{pmatrix} \ln c_t - \ln c_{ss} \\ \ln k_t - \ln k_{ss} \end{pmatrix} = \frac{\eta}{\mu_1 - \mu_2} \begin{pmatrix} 1 & 1 \\ \dfrac{-\mu_1}{\eta} & \dfrac{-\mu_2}{\eta} \end{pmatrix} \begin{pmatrix} e^{\mu_1 t} & 0 \\ 0 & e^{\mu_2 t} \end{pmatrix}$$

$$\times \begin{pmatrix} \dfrac{-\mu_2}{\eta} & -1 \\ \dfrac{\mu_1}{\eta} & 1 \end{pmatrix} \begin{pmatrix} \ln c_0 - \ln c_{ss} \\ \ln k_0 - \ln k_{ss} \end{pmatrix},$$

或者，

$$\ln c_t - \ln c_{ss} = e^{\mu_1 t} b_{11} + e^{\mu_2 t} b_{12},$$

$$\ln k_t - \ln k_{ss} = e^{\mu_1 t} b_{21} + e^{\mu_2 t} b_{22},$$

其中，

$$b_{11} = -\frac{1}{\mu_1 - \mu_2}\left[\mu_2(\ln c_0 - \ln c_{ss}) + \eta(\ln k_0 - \ln k_{ss})\right],$$

$$b_{12} = \frac{1}{\mu_1 - \mu_2}\left[\mu_1(\ln c_0 - \ln c_{ss}) + \eta(\ln k_0 - \ln k_{ss})\right],$$

$$b_{21}=\frac{\mu_1}{(\mu_1-\mu_2)\eta}\left[\mu_2(\ln c_0-\ln c_{ss})+\eta(\ln k_0-\ln k_{ss})\right],$$

$$b_{22}=-\frac{\mu_2}{(\mu_1-\mu_2)\eta}\left[\mu_1(\ln c_0-\ln c_{ss})+\eta(\ln k_0-\ln k_{ss})\right].$$

横截性条件式（3.13）表明：$b_{21}=0$，因为$e^{\mu_1 t}b_{21}$比θ增长的速度快。此零条件相当于：$\mu_2(\ln c_0-\ln c_{ss})+\eta(\ln k_0-\ln k_{ss})=0$，所以稳定性要求选择的初始消费应该为：

$$\ln c_0=\ln c_{ss}-\frac{\eta}{\mu_2}(\ln k_0-\ln k_{ss}). \tag{3.15}$$

此外，注意到这个条件也表明：$b_{11}=0$，则在b_{12}和b_{22}表达式中引用式（3.15），得到：

$$b_{12}=\frac{1}{\mu_1-\mu_2}\left[\mu_1(\ln c_0-\ln c_{ss})-\mu_2(\ln c_0-\ln c_{ss})\right]=\ln c_0-\ln c_{ss},$$

$$b_{22}=-\frac{\mu_2}{(\mu_1-\mu_2)\eta}\left[-\frac{\eta\mu_1}{\mu_2}(\ln k_0-\ln k_{ss})+\eta(\ln k_0-\ln k_{ss})\right]$$
$$=\ln k_0-\ln k_{ss},$$

最后的解为：

$$\ln c_t-\ln c_{ss}=e^{\mu_2 t}(\ln c_0-\ln c_{ss})=-e^{\mu_2 t}\frac{\eta}{\mu_2}(\ln k_0-\ln k_{ss}),$$

$$\ln k_t-\ln k_{ss}=e^{\mu_2 t}(\ln k_0-\ln k_{ss}).$$

根据式（3.15），c_0为初始条件k_0的一个函数。

因此，如果我们施加稳定条件选择初始消费，则线性微分方程组的解为：$\ln c_t-\ln c_{ss}=e^{\mu_2 t}(\ln c_0-\ln c_{ss})$，意味着整个时段中消费和资本存量之间的关系是相同的，

$$\ln c_t=\ln c_{ss}-\frac{\eta}{\mu_2}(\ln k_t-\ln k_{ss})\quad t=0,1,2,3,\cdots$$

所以每期稳定条件都成立。事实的确如此，因为我们正在处理微分方程组的线性近似。

作为讨论稳定的另一种可用于任意维度的系统方法，式（3.14）的解为：

$$x_t=\Gamma e^{\Lambda t}\Gamma^{-1}x_0, \tag{3.16}$$

可以写为：

$$z_t=e^{\Lambda t}z_0, \tag{3.17}$$

令式（3.16）左乘Γ^{-1}并定义$z_t=\Gamma^{-1}x_t, t=0,1,2,\cdots$中的每一个元素都是两个变量对稳态偏差的线性组合，$\ln c_t-\ln c_{ss}, \ln k_t-\ln k_{ss}$，式（3.17）为表示模型的两个方程。只有当$\Lambda$对角线上的元素，也就是矩阵$\boldsymbol{D}$的特征值比$\theta$小时，从满足横截性条件的意义上说该系统将是稳定的，但这只是针对μ_2的情况，我们知道上述每一个方程都有一个发散项。

避免发散路径的唯一方法是令$z_{1t}=0\forall t$，这相当于将每期中矩阵Γ^{-1}的第一行与稳态偏差变量向量的内积设置为0。也就是说，我们需要把每段时期内与不稳定特征值相关的$\boldsymbol{D}$的左特征向量，与偏离稳态的变量向量的内积设置为0。由于此向量为$\left(-\frac{\mu_2}{\eta},-1\right)$，所以我们得到了与前面讨论相同的稳定条件式（3.15）。毋庸置疑，假设μ_1是稳定的特

征值，μ_2是不稳定的，我们会得出Γ^{-1}的第二行（即与不稳定特征值相关的左特征向量）与稳态偏差内积也为0。本书将在以后讨论，通常我们期望稳定条件的数量与控制或决策变量的数量之间是相关的，因为当计算模型的数值解时，稳定条件用于得到决策变量（如消费）的初始条件，其中决策变量为状态变量（如资本存量）的函数（见图3-5）。

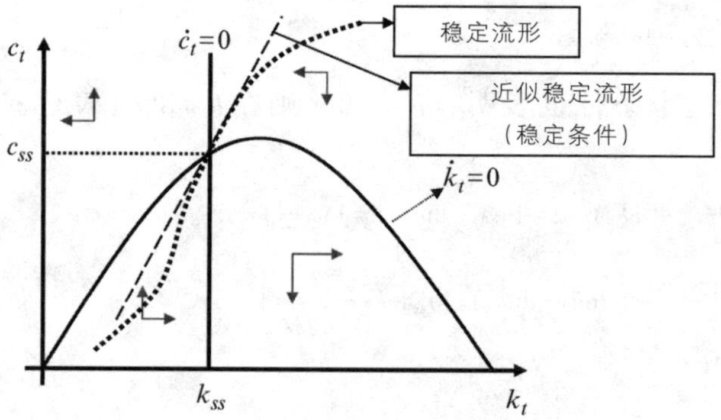

图3-5　Cass-Koopmans模型的稳定性

3.2.1　收入的轨迹

剩余变量的路径可以从资本存量和消费的路径中获得。如产出的路径，依据对技术的假设，得出：

$$y_t = k_t^{\alpha} \Rightarrow \ln k_t = \frac{\ln y_t}{\alpha},$$

因此，实物资本存量和人均收入在每个时间点上都是成比例的，稳态也是如此，则：

$$\ln k_{ss} = \frac{\ln y_{ss}}{\alpha},$$

所以收入与资本存量以相同的速度增长。

随着时间的推移，我们得到：

$$\ln y_t - \ln y_{ss} = e^{\mu_2 t}(\ln y_0 - \ln y_{ss}), \tag{3.18}$$

最终，

$$\ln y_t = (1 - e^{\mu_2 t})\ln y_{ss} + e^{\mu_2 t}\ln y_0,\ \mu_2 < 0,$$

上式表明，收入与稳态的初始距离以μ_2的速度下降，这也是向稳态的收敛速度，其值随ηh增加。

因此，收入增长率是其初始状态的一个逆函数：若假设经济开始低于稳态$k_0 < k_{ss}$，则越远离稳态，其收入增长得越快。初始资本及消费与它们稳态差距缩小的速率随着n,δ,θ的增大而增加，随σ，α的增大而减小，这可以通过μ_2依赖于这些结构参数的方式而观察到。收敛速度对结构参数变化的敏感度分析将在下一节论述。

我们可以计算从初始资本存量到稳态距离的一半[①]所需要的时间：

---

① 当然，其距离的任何一部分都是可以的。

$$\ln y_t - \ln y_{ss} = \frac{1}{2}(\ln y_0 - \ln y_{ss}) \Rightarrow e^{\mu_2 t}(\ln y_0 - \ln y_{ss}) = \frac{1}{2}(\ln y_0 - \ln y_{ss})$$

$$\Rightarrow t = \frac{\ln\frac{1}{2}}{\mu_2}.$$

从之前的表达式中，我们也看到任何一组具有相同结构参数n，δ，β，θ，σ的经济，不仅收敛于相同的稳态，而且其收敛的速度与初始收入负相关。在相同稳态下，一个贫穷的国家比一个发达国家增长得更迅速。原因在于，贫穷国家拥有较少的初始资本而初始投资边际收益较高。因此，根据这一模型，在收入增长率对初始收入的横截面回归中，正如我们看到的，应该得到一个负的系数。

另一方面，如果两种国家收敛于不同的稳态，我们将不能做出关于其相对收敛速度的任何描述。在这种情况下，我们应该考虑条件收敛的概念，正如前面所讨论的那样。

在本章的最后给读者留一个练习，复习对本节一般生产函数的稳定性和收敛性的分析。

3.2.2 数值练习：描述结构参数改变后的过渡

在该练习中，我们计算与计划者经济过渡到最优稳态过程相关的一些数值特征。我们假设偏好和技术与前面的数值练习一样。

3.2.2.1 收敛于稳态的速度

首先，考察经济向稳态的收敛速度如何随结构参数变化而变化。这已经在*CK-continuous-time.xls*文件中的*Speed of convergence*表格中完成了。基准参数值为：$A=1$，$\theta=0.04$，$\alpha=0.30$，$n=0$，$\delta=0.10$，$\sigma=2$，$h=0.367$，$\eta=0.049$，其中h，η和前一节定义的一样，则稳定特征值$\mu_2=-0.1155$，μ_2给定了经济收敛于稳态的速率。缩短初始到稳态的一半距离花费6.0单位时间，而缩短75%的距离则花费12.0单位时间。

我们改变每组中的一个参数值，保持所有其他基准值不变。第一个分析显示了效用的贴现因子变化时向稳态的收敛速度变化情况。初始状态已标明红色下划线，计算每个向量参数值的特征值，这决定了收敛到稳态的速度。最终，得到了缩短初始到达稳态距离的一半或其75%所花费的时期数。当未来效用不贴现时，即与当前效用一样（$\theta=0$）时，收敛速度从90%开始。贴现因素的值越高，收敛到稳态的速度就越快，这两个变量之间的关系本质上是线性的。当将未来效用贴现时，更多的资源被投资于未来。这样，我们可以补偿较高的未来效用贴现。因此，资本存量积累得越快，收敛到稳态的速度也越快。

第二个分析中给出了资本产出弹性的增加，得到相同数量的产出可以使用更少的资源。积累资本的动力更小，经济过渡到稳态更慢。此外，我们还假定资本产出弹性为1单位，我们将会在第6章中考虑这个特例。收敛到稳态的速度达到无穷，这意味着经济立即跳到稳态。换句话说，到达稳态没有过渡过程。

人口增长可以被认为是一种实物资本的折旧，所以我们同时处理接下来的两个情况。随着折旧的增加，为保持资本存量不变，更多的资源被用于投资。这样，需要更集中地积累实物资本，因为折旧的比例变大，损失更多。较高的折旧与更集中的资本积累方向相反，我们的数值练习显示，至少在合理的参数值下，第二个效应是如何占据主导地位的，以及在较高折旧下，经济如何更快地收敛于稳态。

随着消费的跨期替代弹性的增加，CRRA效用函数的凹度减少。经济主体对消费变化的关心相对较少，所以经济更快地收敛于稳态也就不足为奇了。

3.2.2.2 第一条提示

下一个练习是我们计算连续时间Cass-Koopmans经济的内生变量时间序列的第一个实例。读者应该注意这个练习存在潜在的缺陷。从连续时间模型中生成离散时间序列相当于观察等距时间点上内生变量的连续时间过程。通过这样做，我们错过了连续观测点间发生的事情，如果我们的目的是描述内生变量向量的主要特征，如波动性或者变量之间的相关系数，这可能非常重要。更重要的是，如果我们想定义一个连续时间函数积分的福利水平，这种处理是非常有必要的。随着时间的推移，通过加总每个观测期贴现效用水平，很容易计算福利。但是，这可能是一个很差的近似连续时间积分，正如我们在这个数值模拟中所显示的。为使用内生变量的离散时间序列展现一个完全合理的分析，这些数据必须从离散时间的Cass-Koopmans经济中计算出来，在下一章我们会进行介绍。

3.2.2.3 收敛于作为风险厌恶程度函数的稳态

本节分析稳态的收敛路径如何取决于效用函数凹度。我们假设存在Cobb-Douglas生产技术函数和CRRA效用函数，所以凹性的特点由风险厌恶参数表述，3.1.2节已经说明该参数为消费跨期弹性的倒数。*CK_continuous_time.xls*文件中*Covergence.Risk.aversion*表格已计算出了过渡轨迹，向稳态的转移路径也可以在*CK_c_transition.m*文件中计算出来。

考察两个经济体，它们的参数值σ不同，这决定了代表性效用函数的凹性。正如我们在前面章节中看到的，私人个体的偏好不能决定稳态水平，这是两个经济体相同的部分。基准参数值为：$A=1$，$\theta=0.04$，$n=0$，$\delta=0.10$，$\sigma=2$，这意味着资本存量、消费和产出的稳态水平为：$k_{ss}=2.9706$，$c_{ss}=1.0892$，$i_{ss}=0.2971$，$y_{ss}=1.3863$。效用函数凹度通过η值影响稳态线性近似的表达式，并因此影响选择初始消费作为初始资本存量函数的方式。

在表格的左面，计算了稳态水平。在其下方，我们计算了h，η，稳定性和收敛性章节中定义的转移矩阵D。之后，我们计算D的稳定和不稳定特征值，以及右特征向量矩阵。假设两个经济体资本存量的初始条件相同，资本高于稳态值10%，然后两个经济中都描述了收敛到稳态的下降路径。

为计算实际的时间序列，通过运用条件：初始状态到稳态的距离以μ_2的速率缩小：$\ln k_t-\ln k_{ss}=e^{\mu_2 t}(\ln k_0-\ln k_{ss})$，我们就能得到对数形式的资本存量。通过施加稳定条件初始时期的对数消费选定为：$\ln c_0=\ln c_{ss}-\dfrac{\eta}{\mu_2}(\ln k_0-\ln k_{ss})$。之后，将$\ln c_t-\ln c_{ss}=e^{\mu_2 t}(\ln c_0-\ln c_{ss})$用于每段时期。正如我们在前一节中看到的，此条件保证了稳定性。使用规范的生产函数，就能从每段时期的资本中获得产出，投资为产出与消费之差。最后，得到每个离散时期的效用水平以及将其贴现得到的加总值。

可以看到，在两个不同的风险厌恶参数下，投资在其向稳态收敛过程中遵循不同的运行规律。在凹性较小效用下，初始时投资相对较低，随着向稳态水平收敛而逐渐地增长。而在凹性较大效用下，结果相反，初始时投资较高，之后随着收敛路径而下降。在凹性较小的效用中，经济主体消耗了大部分产出，因为产出最初高于稳态，而投资相对较少。因此，资本存量下降到稳态的速度比在凹性较大的效用下更快。具有后向偏好的主体比具有凹性较小效用的消费者更愿意投资较多的产出且保持较少的消费。

这样我们就很清楚，在经济体中，不同的风险厌恶程度如何决定所有变量的不同收敛路径。计算完所有变量的离散时间序列后，我们就已经得到每个主体的单期贴现效用的时间序列，且在每个序列下方加总了生成值。根据此练习，主体A的最大化福利是2.37881，主体B为1.96739。这些值是不可以相互比较的。通过给定每个消费者偏好及初始资本存量可以获得这些值，这是对最高福利水平的一个估计。消费者更喜欢我们已经计算出的最优消费轨迹，而非我们确定的其他类型主体的轨迹。但在此表中似乎不是这样的，有几个原因是值得考虑的。事实上，在图的右边，对于另一个消费者最优消费时间序列，我们已经计算出每个主体的单期和贴现效用。得出A为2.37227，B为1.96852，所以看起来似乎后者更喜欢A的最大化福利消费轨迹，而在我们的解中，这是一个明显的矛盾。这是因为我们给出的多个消费轨迹都是两个风险厌恶参数值各自的最优消费轨迹对数线性近似的结果。初始时离稳态越远，则该近似误差越大。另一方面，如果两个消费者彼此之间没有多少不同，那么近似误差足以解释其中一个消费者可能喜欢我们为另一个消费者计算的近似最优消费轨迹。事实上，因为存在近似误差，没有一个轨迹是其他消费者精确的最优轨迹。最后，将连续时间处理为离散变量是一个不可能避免的误差来源，只能通过增加时间单元内的观测数量来减少误差。只考虑这些条件中的一个不能解决该问题。例如，如果我们初始时非常接近稳态，但消费者之间没有很大的不同，那么仍然存在此悖论。通过细化每单位时间的分割，我们可以减少近似误差，但不能完全消除它。

在下一个 *Risk aversion* 表格中，我们重复该练习，其参数相同，但改变时间间隔长度为0.025。因此，每期我们观测该系统40次。我们考虑风险厌恶程度分别为$\sigma=1.2$和$\sigma=10$的两个消费者，且每种情况的初始资本存量高于稳态资本存量水平5%。对贴现效用函数8 000多个观测值（大约每时期125次）进行积分，并从该点加上稳态效用水平，这样我们就得到了福利的估计值。我们再次计算在另一个消费者的消费轨迹下，每个消费者的福利水平。当计算主体A的消费序列时，B的初始贴现效用较大，因为A的消费较多。然而，如标黄部分表示的那样，在$t=7.9$时，其顺序倒转，并直到无穷。因此，正如所料，当在$t=0$与$t=\infty$间进行估计时，主体B更喜欢自己的最大化福利消费流。

前面分析（*Convergence.Risk aversion*）中明显的矛盾是我们已经提到的三个因素：(a) 单位时间的分割太粗略；(b) 相似的消费者；(c) 初始条件离稳态相对较远。在 *Risk aversion*（*long horizon*）表格里，我们考虑了更相似的消费者，初始时距离稳态更近（高5%），且时间单位已精细划分，则矛盾的结果就会消失。读者可以进行检验，从远离稳态处开始会再次得到矛盾结果。

3.2.2.4 资本产出弹性的变化：稳态间的过渡

CK_continuous_time.xls 文件中的 *Chang in output share of k* 表格中，我们给出了实物资本产出弹性变化的短期和长期影响。初始值从 $\alpha = 0.30$ 到 $\alpha = 0.31$。同样的分析可以在 *CK_c_change structural parameters.m* MATLAB 文件中执行。保持和先前练习相同的偏好和技术假设。我们假设该经济体初始在稳态，当产出弹性发生变化时，描述此时各变量的变化情况。令表格左边的基数参数值为：$A = 1$，$\theta = 0.04$，$n = 0$，$\delta = 0.10$，$\sigma = 2$，我们分别计算 σ 改变前后的资本存量、消费及产出的稳态水平。资本产出弹性的增加意味着增加企业生产能力，这使得稳态水平从 $k_{ss} = 2.9706$，$c_{ss} = 1.0892$，$i_{ss} = 0.2971$，$y_{ss} = 1.3863$ 增加到 $k_{ss} = 3.1647$，$c_{ss} = 1.1128$，$i_{ss} = 0.3165$，$y_{ss} = 1.4292$。

这个练习的目的是，即使经济最初在稳态，改变结构参数如资本的产出弹性，也能改变稳态水平。因此，经济不再处于稳态，且由于系统是稳定的，因此经济开始过渡，这个经济从其最初状态收敛到新的稳态。在表格里，我们令 α 变化的时期为 $t = 0$ 时期。当结构变化仍然未知时，$t = 0$ 的资本存量由前期决定，所以 k_t 仍然处于原来的稳态 $k_{ss} = 2.9706$，则 α 变化，经济体将收敛到新稳态 $k_{ss} = 3.1647$。

现在，我们必须在新的参数值下计算转置矩阵的特征值，这就是表格中的值不同于前面章节的原因。现在得出：$h = 0.3516$，$\eta = 0.0483$，对数线性近似的常数矩阵特征值为：$\mu_1 = 0.1518$，$\mu_2 = -0.1118$。如前面练习中一样，我们不知道将经济引向新稳态的稳定流形的确切表达式，但是我们有其线性近似，其形式可以关联每期消费和资本存量的稳定条件，两者都偏离稳态。当写成一阶向量自回归时，这种关系再次通过模型线性近似的系数矩阵的左特征向量被估计出来。这是表格中的描述，稳定常数的估计值为 0.4319，因此，稳定流形近似为：

$$\ln c_t - \ln c_{ss} = 0.4319(\ln k_t - \ln k_{ss}),$$

给出了 $t = 0$ 时的消费水平。

实物资本产出弹性的增加使得生产要素的边际产品增加，促进了资本积累。经济的初始反应是投资大幅提高，消费下降。由于技术的变化，初始时产出增加。后来，产出增加是因为更大的资本存量。生产的增加使得消费复苏。资本的边际产出随着经济接近它的新稳态而逐渐减少，因此，在新的稳态水平下投资会减少一些。这种投资反应被称为超调：变量的初始反应如此之大以至于超出了其长期水平，必须通过向着与初始变化反方向的移动来进行调整。

3.3 将中央计划者模型解释为竞争均衡经济

前面分析的集权经济中的中央计划者做出的决定被强加于个体，由此实现的资源分配，其也可以在无政府经济的竞争均衡机制中获得。这种理论上的等价意味着给出任意一个经济中消费、资本、产出的时间序列，我们并不能说出哪个经济中生成了它们。与 3.1.8 节中的论述一致，此结果也意味着竞争均衡分配的帕累托效率，这是因为在经济模型中，我们没有引入任何外部性或摩擦。

我们假设存在完全的金融市场，即在当前的利率下，任何主体都可以借贷尽可能多单位的消费商品。有一组相同的消费者，每期他们被赋予一单位的劳动和来自消费的效用。闲暇不作为效用函数中的参数。该经济中唯一的企业拥有实物资本存量k_t，并运用实物资本存量和劳动L_t生产单一消费商品。企业生产一些存量v_t供消费者购买，每一单位的存量给出或赋予每一单位的资本所有权，并生成实际收益r_t。该企业面临着投入与产出的竞争市场，因此它将实际资本回报率r_t、工资w_t和给定的消费商品价格视为给定。经济中不存在不确定性，且总技术显示规模报酬不变。

3.3.1 消费者问题

代表性消费者选择每期消费，以及投资组合中存量的单位数，以最大化总贴现效用，

$$\underset{c_t}{Max}\int_0^{\infty} e^{-\theta t}U(c_t)dt,$$

约束条件为：

$$\dot{v}_t + c_t = \omega_t + (r_t - n)v_t, \tag{3.19}$$

初始财富v_0是给定的，消费者将价格ω_t，r_t视为给定。消费者使用工资及投资组合的实际回报支付消费以及购买或出售投资品。如果投资组合规模减小，消费者将会从出售的存量中获得收益以作为额外的资源来支付消费。从资产的实际回报中还需减去人口增长，因为需要在每期向新消费者提供与其他所有消费者相同的投资组合。

汉密尔顿方程为：

$$H(c_t,v_t,q_t) = e^{-\theta t}\left\{U(c_t) + q_t\left[\omega_t + (r_t - n)v_t - c_t - \tau_t\right]\right\},$$

得出最优条件：

状态方程$C1$：$U'(c_t) = q_t$，

协态方程（欧拉）$C2$：$\dot{q}_t/q_t = n + \theta - r_t$，

横截性条件$C3$：$\lim_{t\to\infty} e^{-\theta t}q_t v_t = 0$.

注意$C1$意味着$\dot{q}_t = U''(c_t)\dot{c}_t$，我们可以把$C2$写为：

$$\frac{\dot{c}_t}{c_t} = \gamma(c_t)\left[r_t - (n+\theta)\right], \tag{3.20}$$

其中，$\gamma(c_t)$为消费的跨期弹性，$\gamma(c_t) = \dfrac{U'(c_t)}{U''(c_t)c_t}$，最优的消费和储蓄选择由式（3.19）、式（3.20）和横截性条件$C3$给出。

3.3.2 企业问题

该经济中唯一的企业会最大化当前和未来利润的现值，

$$\underset{K_t,L_t}{Max}\,V_0 \equiv \int_0^{\infty} e^{-\int_0^t r_s ds}\left[F(K_t,L_t) - \omega_t L_t - (\delta K_t + \dot{K}_t)\right]dt,$$

给定初始资本存量K_0，其中ω_t表示实际工资。产出价格标准化为1，利润为产出收入减去工资支付和总投资之和。总投资是净投资$\dot{K}_t$的总和加上折旧支出。

为求解该企业最优化问题，写出上述企业利润V_0的现值：

$$V_0 = \int_0^{\infty} e^{-\int_0^t r_s ds}\left[F(K_t,L_t) - \omega_t L_t - \delta K_t\right]dt - \int_0^{\infty} e^{-\int_0^t r_s ds}\dot{K}_t dt. \tag{3.21}$$

为计算最后一项，我们需要回顾参数积分函数的表达式：

$$I(t) = \int_{a(t)}^{b(t)} f(x,t)dx,$$

由莱布尼兹法则给出关于参数t的导数为：

$$\frac{dI(t)}{dt}=\int_{a(t)}^{b(t)}\frac{\partial f(x,t)}{\partial t}dx+f(b(t),t)\frac{db(t)}{dt}-f(a(t),t)\frac{da(t)}{dt}.$$

分部积分[①]：$\int_0^\infty e^{-\int_0^t r_s ds}\dot{K}_t dt$，并应用莱布尼兹法则，得到：

$$\int_0^\infty e^{-\int_0^t r_s ds}\dot{K}_t dt=\left[e^{-\int_0^t r_s ds}\cdot K_t\right]_0^\infty+\int_0^\infty e^{-\int_0^t r_s ds}r_t K_t dt$$

$$=-K_0+\int_0^\infty e^{-\int_0^t r_s ds}r_t K_t dt,$$

其中，我们运用了横截性条件，$\lim_{t\to\infty}e^{-\int_0^t r_s ds}K_t=0$。

所以，企业的目标函数式（3.21）可以写为：

$$V_0=K_0+e^{-\int_0^t r_s ds}\left[F(K_t,L_t)-\omega_t L_t-(r_t+\delta)K_t\right]dt, \tag{3.22}$$

上式表明了劳动力和资本存量$\{K_t,L_t\}_{t=0}^{\infty}$的轨迹，最大化式（3.22）和最大化单期利润$F(K_t,L_t)-\omega_t L_t-(r_t+\delta)K_t$是一样的。这是因为在一个时间点的决定不影响在其他任何时间点上任何变量进入目标函数。

为最大化$F(K_t,L_t)-\omega_t L_t-(r_t+\delta)K_t$，企业选择的$K_t,L_t$如下：

$$\frac{\partial F(K_t,L_t)}{\partial K_t}=r_t+\delta;$$

$$\frac{\partial F(K_t,L_t)}{\partial L_t}=\omega_t.$$

现在，我们利用讨论索洛-斯旺模型时获得的关系模型，将上述条件写为：

$$F1:\partial F/\partial K_t\equiv f'(k_t)=\delta+r_t, \tag{3.23}$$

$$F2:\partial F/\partial L_t\equiv \mathrm{f}(k_t)-f'(k_t)k_t=\omega_t, \tag{3.24}$$

这意味着该公司雇佣工人和资本直到边际产出等于相对价格ω_t和r_t。由于规模收益不变的假设，单期利润为0，所以$V_0=K_0$，表明公司所有权的现值，即利润的现值等于初始资本存量。

定义2：给定一个初始条件k_0，竞争均衡是定义在$(0,\infty)\{c_t^*,k_t^*,\omega_t^*,r_t^*,N_t^*,v_t^*\}_{t=0}^{\infty}$上的连续时间函数向量。

- 给定ω_t^*,r_t^*，时间函数c_t^*,v_t^*求解了代表性消费者的问题。
- 给定ω_t^*,r_t^*，资本的时间函数k_t^*最大化每期的公司利润。
- 劳动力市场出清，劳动力供给与需求相等。因为劳动力供给是缺乏弹性的，劳动力市场出清意味着劳动需求等于总人口，$L_t^*=N_t=N_0e^{nt},\forall t$。
- 消费者拥有的资本存量等于公司所拥有的资本存量，$v_t^*=k_t^*,\forall t$。

3.3.3 总资源约束

将式（3.23）、式（3.24）代入式（3.19），使用均衡时$v_t^*=k_t^*,\forall t$这一事实，得到：

$$\dot{k}_t=f(k_t)-(n+\delta)k_t-c_t,$$

① 为分部积分，我们定义：$u=e^{-\int_0^t r_s ds}$且$v=K_t$，所以：$dv=\dot{K}_t dt$，应用莱布尼兹定律：$du=e^{-\int_0^t r_s ds}r_t dt$。

这就是总资源约束，正是我们在3.1节看到的仁慈计划者面临的约束。这实际上是瓦尔拉斯定律的反映。由于均衡条件，即劳动力市场和实物资本市场出清，因此消费商品市场也出清，这意味着均衡时单一商品的总产出与私人消费及总投资的总和相等，后者是净投资和折旧支出的总和：

$$f(k_t)=c_t+\left[\dot{k}_t+(n+\delta)k_t\right].$$

3.3.4 竞争均衡的效率

在前面的章节中，我们已经看到有两种不同的资源配置机制：一方面是计划者机制，使社会福利最大化；另一方面为竞争均衡机制，在给定价格下，消费者效用最大化和企业利润最大化，价格取决于市场出清条件。有趣的是：

- 在计划体制下，竞争均衡是否能够实现相同的资源配置？
- 计划者是否需要实现资源配置效率？或者在竞争均衡机制下，市场自身是否有效率？

下面的定理回答了这两个问题。首先，我们回顾计划者问题的最优条件：

P1) $U'(c_t)-\lambda_t=0,$

P2) $f'(k_t)-(\delta+n)-\theta+\dfrac{\dot{\lambda}}{\lambda_t}=0,$

P3) $\lim\limits_{t\to\infty}\lambda_t e^{-\theta t}k_t=0$。

定理1 福利定理1：假设时间函数的向量$\{c_t^*,k_t^*,N_t^*,r_t^*,\omega_t^*,v_t^*\}$为竞争均衡，则$\{c_t^*,k_t^*\}$为计划者问题的解。因此，竞争均衡下获得的资源配置是帕累托有效的。

证明：定义$\lambda_t=q_t$，$C1$意味着$P1$。如果把$F1$代入$C2$中，则得到$P2$。最后，因为竞争均衡中有$v_t=k_t$，则$C3$意味着$P3$。因此，消费与实物资本的竞争均衡时间函数求解了计划者问题。与上述我们为得到总资源约束相同的讨论表明，每期中经济计划者问题的约束都满足。所以，由$\{c_t^*,k_t^*\}$表述的竞争均衡下的资源配置是计划者问题的解。

定理2 福利定理2：假设$\{c_t^*,k_t^*\}$是计划者问题的解（所以，它是帕累托有效的资源配置）。存在价格函数$\{r_t^*,\omega_t^*\}$和劳动力、存量数量的时间函数$\{N_t^*,v_t^*\}$，则$\{c_t^*,k_t^*,N_t^*,r_t^*,\omega_t^*,v_t^*\}$是一个竞争均衡。

证明：从给定的资本存量序列，定义价格为：

$$\omega_t^*=f(k_t^*)-k_t^*f'(k_t^*),\forall t$$

$$r_t^*=f'(k_t^*)-\delta,\forall t$$

时间函数：

$$L_t^*=N_t=N_0e^{nt},\forall t$$

$$v_t^*=k_t^*,\forall t.$$

我们进一步定义一个影子价格序列：$q_t=U'(c_t^*)$，则构造$C1$成立。$P2$及r_t^*和q_t的定义意味着$C2$成立。v_t^*和q_t的定义及$P3$意味着$C3$成立。最后，r_t^*和ω_t^*的定义意味着$F1$和$F2$成立。

一旦我们将r_t^*的定义引入$P2$，就得到c_t的竞争均衡微分方程。竞争均衡下的k_t运行定律是计划者的总资源约束，所以消费和资本存量的时间函数是与中央计划者问题中相同的微分方程组的解。因为企业使用与计划者中相同的资本存量和相同的劳动力，所以产出也是相同的。两组解中的折旧也是一样的，投资也与没有政府的封闭经济下的储蓄一致。因此，产出水平及其在私人消费与储蓄间的分配也与计划解中相同。

3.4 存在政府的竞争均衡

3.4.1 经济结构

我们再次考虑一个没有不确定性且规模报酬不变的经济中，引入一个简单类型的政府，它不能直接影响消费者效用或生产技术，然而它会带走经济中的一些资源，减少总消费和投资。政府通过发行支付一定的实际收益率r_t的债券，对消费者征收人均一次性税收τ_t来进行融资。我们不考虑经济中的货币，消费者本质上都是相同的，每段时期都被赋予单位劳动力，且闲暇不作为效用函数中的参数。经济中唯一的企业使用实物资本K_t和劳动力L_t来生产唯一消费商品。企业是实物资本存量的所有者，生产存量v_t由消费者购买。每一单位的存量赋予了一单位资本所有权，并产生r_t的实际回报率，这必须等于政府债券收益率。在没有不确定性的情形下，如果债券和资本回报率不相等，两个市场中的一个就会消失。

3.4.1.1 消费者问题

代表性消费者在其投资组合中选择每一时期的消费、资本的数量以及政府债券，其目的是最大化加总时间的贴现效用，

$$\underset{c_t, a_t}{Max} \int_0^\infty e^{-\theta t} U(c_t)\, dt,$$

约束条件为：

$$\dot{a}_t + c_t + \tau_t = \omega_t + (r_t - n) a_t, \tag{3.25}$$

其中，$a_t = v_t + b_t$表示总资产，为企业的总存量v_t与政府债券b_t的总和。初始财富a_0给定，同时消费者实际工资和利率$\{\omega_t, r_t\}_{t=0}^{\infty}$也是给定的。

汉密尔顿方程为：

$$H(c_t, a_t, q_t) = e^{-\theta t}\left\{ U(c_t) + q_t\left[\omega_t + (r_t - n) a_t - c_t - \tau_t\right]\right\},$$

得出最优条件：

状态方程C_g1：$U'(c_t) = q_t$,

协态方程(欧拉)C_g2：$\dot{q}_t / q_t = n + \theta - r_t$,

横截性条件C_g3：$\lim_{t\to\infty} e^{-\theta t} q_t a_t = 0$,

最后的条件是消费者问题的横截性条件。

欧拉方程C_g2是一阶齐次变系数的微分方程（见数学附录）：

$$q_t = q_0 e^{-\int_0^t (r_s - (n+\theta))\, ds},$$

所以横截性条件可以写为：

$$\lim_{t\to\infty} e^{-\theta t} q_t a_t = \lim_{t\to\infty} q_0 \cdot e^{-\int_0^t (r_s - n)\, ds} a_t = 0,$$

或 $\lim_{t\to\infty} e^{-\int_0^t (r_s - n)\, ds} v_t + \lim_{t\to\infty} e^{-\int_0^t (r_s - n)\, ds} b_t = 0$。

除非我们允许政府债券存量为负，即政府向消费者发放贷款，否则两者都将是非负

的，即：

$$\lim_{t\to\infty} e^{-\int_0^t (r_s-n)ds} v_t = \lim_{t\to\infty} e^{-\int_0^t (r_s-n)ds} b_t = 0, \tag{3.26}$$

使得消费者问题的横截性条件成立。

使用消费者预算约束表示其资产组合的时间演化也比较有趣。利用数学附录中非齐次变系数一阶微分方程的结论，得到：

$$a_t = \left[a_0 + \int_0^t e^{-\int_0^z (r_s-n)ds} (\omega_z - c_z - \tau_z)\,dz \right] e^{\int_0^t (r_s-n)ds}$$

$$= a_0 e^{\int_0^t (r_s-n)ds} + \int_0^t e^{\int_z^t (r_s-n)ds} (\omega_z - c_z - \tau_z)\,dz,$$

说明在每个时间点上，资本存量为初始资本存量 a_0，以及工资收入 ω_t 和支出 $c_t+\tau_t$ 过去单期之差的资本化价值。

把指数项从等式的右边移到左边，再取极限，得到：

$$\lim_{t\to\infty} e^{-\int_0^t (r_s-n)ds} a_t = a_0 + \lim_{t\to\infty} \int_0^t e^{-\int_0^z (r_s-n)ds} (\omega_z - c_z - \tau_z)\,dz,$$

因为存在横截性条件，所以左边等于零，最后得到：

$$a_0 = \int_0^\infty e^{-\int_0^z (r_s-n)ds} (c_z + \tau_z - \omega_z)\,dz,$$

说明初始资产存量允许消费者进入未来赤字 $c_t+\tau_t-\omega_t$ 序列，只要其现值仍低于初始资产存量。如果未来赤字的现值低于初始资产，那么通过实行一个更高的赤字，消费者可以在某一个时间点上增加消费，实现更高水平的福利。另一方面，消费者很难进行一系列赤字贴现值高于其当前资产存量的活动，因为他将无法支付其消费和税收支出。

事实上，任何时期都可以作为初始时间，所以可以写出：

$$a_t = -\int_t^\infty e^{-\int_t^z (r_s-n)ds} (\omega_z - c_z - \tau_z)\,dz,$$

这有时被称为消费者预算约束的前向解，对其的解释类似于前一方程。

3.4.1.2 企业问题

该企业选择一系列资本存量及劳动力以使利润现值最大化：

$$\underset{K_t,L_t}{Max} \int_0^\infty e^{-\int_0^t r_s ds} \left[F(K_t,L_t) - \omega_t L_t - \delta K_t - \dot{K}_t \right] dt,$$

给定初始资本存量 K_0。

如前一章所示，此问题的最优化条件为：

F_g1: $\partial F/\partial K_t \equiv f'(k_t) = \delta + r_t$,

F_g2: $\partial F/\partial L_t = \omega_t \Leftrightarrow f(k_t) - f'(k_t)k_t = \omega_t$.

标准参数可以用于规模收益不变的假设中，意味着最大化利润为0，总收入被分配为支付的工资或发行股票的回报。

3.4.1.3 政府

每时期政府支出 G_t 单位的消费商品。然而，这样并不会增加私人个体效用或提高可用生产技术。政府预算约束为：

$$\dot{B}_t + T_t = r_t B_t + G_t,$$

其中，等式的左边描述了收入的来源：发行债券+征收一次性税收。右边为支出：利息支出+公共消费。

人均变量用小写字母表示，在政府预算约束中除以人口并使用关系式：

$$\dot{b}_t = \frac{d\left(\frac{B_t}{N_t}\right)}{dt} = \frac{\dot{B}_t}{N_t} - nb_t,$$

得到人均政府预算约束：

$$\dot{b}_t = (r_t - n)b_t + g_t - \tau_t, \tag{3.27}$$

其中，$\tau_t = T_t/N_t$表示人均一次性税收。

与我们分析消费者时相类似，分析可得：

$$b_t = \left[b_0 + \int_0^t e^{-\int_0^z (r_s - n)ds}(g_z - \tau_z)dz\right]e^{\int_0^t (r_s - n)ds}$$

$$= b_0 e^{\int_0^t (r_s - n)ds} + \int_0^t e^{\int_z^t (r_s - n)ds}(g_z - \tau_z)dz,$$

显示在每一个时间点上，现有债务存量等于初始债务的资本化价值加上过去赤字的现值。

将最后的指数项移到左边再取极限：

$$\lim_{t\to\infty} e^{-\int_0^t (r_s - n)ds} b_t = b_0 + \lim_{t\to\infty}\int_0^t e^{-\int_0^z (r_s - n)ds}(g_z - \tau_z)dz,$$

对左边使用横截性条件：

$$b_0 = -\int_0^\infty e^{-\int_0^z (r_s - n)ds}(g_z - \tau_z)dz,$$

这说明初始未偿债务要求政府单期或正或负的预算结余总和必须有与初始债务存量相等的正现值。

最后，因为任何时期都可以作为初始时间，得到：

$$b_t = -\int_t^\infty e^{-\int_t^z (r_s - n)ds}(g_z - \tau_z)dz, \tag{3.28}$$

这是政府债务微分方程的前向解。

所以，在每个时间点上，政府当前和未来盈余的现值必须等于当前的未偿债务。若当前债务存量低于预算盈余的现值，则通常是无效率的，因为政府会减少税收的空间，可能有助于提高消费者的福利，所以求得的解是次优的。另一方面，若当前债务水平高于政府跨时期融资能力现值，则意味着政府在某种程度上无法履行付款的承诺，因此，投资者将拒绝持有任何债务。

3.4.2 可行的固定公共支出及融资政策

我们假设经济主体在时间t处于稳态，且从该时点起，政府遵循人均支出和一次性税收恒定的政策，$g_t = g, \tau_t = \tau \forall t$。在这种固定的政策下，公共消费和税收为多少在长期中才可持续？

从债务存量的前向解中，有：

$$b_t = -\int_t^\infty e^{-\int_t^z (r_s - n)ds}(g_z - \tau_z)dz = \int_t^\infty e^{-(r-n)(z-t)}(\tau_z - g_z)dz,$$

其中，$t = 0$意味着：

$$b_0 = \int_0^{\infty} e^{-(r-n)z}\ (\tau_z - g_z)\, dz = \frac{\tau - g}{r - n},$$

即如果单期盈余的现值等于初始的债务存量，则财政政策在稳态中是可持续的。初始时，如果政府有未偿债务，只有维持具有盈余的公共融资政策才是可行的，那些维持一个恒定的盈余足以使政府最终偿还它初始债务的政策才是完全可行的。还有其他可行政策，通过发行更多债务和减少税收后再增加税收来维持初始债务，但是我们刚刚描述的可行政策中具有恒定税。

3.4.3 竞争均衡

定义3：具有政府部门的竞争均衡是定义在$(0,\infty)$上的连续时间函数$c_t^*, k_t^*, L_t^*, b_t^*, v_t^*, g_t^*, r_t^*, \tau_t^*, \omega_t^*$的一个向量，所以：

- 给定$r_t^*, \omega_t^*, \tau_t^*$,消费和资产时间函数$c_t^*, v_t^*, b_t^*$为消费者效用最大化问题的解。
- 给定r_t^*, ω_t^*，资本存量和劳动的时间函数K_t^*, L_t^*为企业利润最大化问题的解。
- 每个时间点上的要素市场出清，$v_t^* = k_t^*, L_t^* = N_t = N_0 e^{nt}, \forall t$。
- 每个时期的政府预算约束式（3.27）都成立。

下面的定理将消费者未来效用的贴现与实际利率均衡水平联系起来。这种关系已经应用于3.1.4节。

定理3：如果由竞争均衡蕴含的资源分配与最优稳态存在性一致，则在那一点，我们会有一个由$r^* = \theta + n$给定的不变实际利率，且$r^* = f'(k^*) - \delta$。

证明：在稳态，将$\dot{q}_t = 0$代入C_g2，意味着恒定的利率，$r_{ss} = \theta + n$。稳态估计的条件F_g1直接表明该定理中的第二句话成立。

3.4.4 总资源约束

正如在没有政府的经济中一样，我们可以使用均衡条件，将消费者和政府的预算约束合并为总资源约束，即仁慈的中央计划者在经济中将面临唯一约束，类似于式(3.1)。

从消费者预算约束中减去政府预算约束，并考虑$\dot{a}_t = \dot{v}_t + \dot{b}_t$，得到：

$$g_t + \dot{v}_t + c_t = \omega_t + (r_t - n)\, v_t,$$

使用均衡条件$v_t = k_t$，可以写为：

$$g_t + \dot{k}_t + c_t = \omega_t + (r_t - n)\, k_t. \tag{3.29}$$

另一方面，从利润最大化条件F_g1与F_g2中，我们得到：

$$y_t = f(k_t) = \omega_t + f'(k_t)\, k_t = \omega_t + (r_t + \delta)\, k_t,$$

代入式（3.29），得到：

$$g_t + \dot{k}_t + c_t = y_t - (\delta + n)\, k_t,$$

即：

$$y_t = c_t + g_t + \dot{k}_t + (\delta + n)\, k_t, \tag{3.30}$$

这就是该经济体中的总资源约束，此约束反映了瓦尔拉斯定律，表明对于单一商品市场的出清，产出被分配到私人消费、公共消费和投资中。

3.4.5 代表性个体问题

在前一章节中，我们已经通过求解代表性消费者和单一企业的最优化问题描述了竞争均衡分配的特征。在某些情况下，我们可以通过一个更简单的方法求解单一优化问题，该方法在该经济中可以达到与代表性个体相同的配置。这是一种方便的模拟结构，但并不代表任何特定主体。家庭和生产部门合并为一个单一的工人企业家主体，关注生产，并制定消费或储蓄决策①。在这种方法下，在经济中存在两个主体，分别是政府和代表性个体。后者的预算约束包括税款，但不含政府支出。政府支出出现在政府的预算约束中②。

让我们考虑一个包含政府通过一次性税收融资购买$g_t \geqslant 0$单位商品的经济体。我们将序列g_t视为外生给定的。为简单起见，我们假设这些支出不会影响生产，也不会对消费者产生任何效用。实际上，我们可以认为商品公共购买是“扔到海里”的。政府可以发行一些债券，$b_t \geqslant 0$。在某些时候，这种方式比募集一次性税收花费更多时间。则政府预算约束为：

$$\dot{b}_t = (r_t - n) b_t + g_t - \tau_t. \tag{3.31}$$

代表性主体问题为：

$$\underset{c_t}{Max} \int_0^{\infty} e^{-\theta t} U(c_t)\, dt,$$

约束条件为：

$$\dot{b}_t + \dot{k}_t + (\delta + n) k_t + c_t + \tau_t = f(k_t) + (r_t - n) b_t, \tag{3.32}$$

其中，$\{\tau_t, r_t\}$为路径，k_0，b_0是给定的。

通过使用前面章节中求解的最优控制问题的状态方程与协态方程，很容易得到最优条件：

$$\dot{c}_t = \gamma(c_t) \left[(n + \delta) + \theta - f'(k_t) \right], \tag{3.33}$$

$$\dot{c}_t = \gamma(c_t) \left[\theta + n - r_t \right], \tag{3.34}$$

结合式（3.32）、式（3.33）和横截性条件：

$$\lim_{t \to \infty} e^{-\theta t} U'(c_t) k_t = \lim_{t \to \infty} e^{-\theta t} U'(c_t) b_t = 0. \tag{3.35}$$

消费者和政府的预算约束意味着：

$$c_t + \dot{k}_t + (n + \delta) k_t + g_t = f(k_t). \tag{3.36}$$

代表性个体问题的解是时间函数的一个向量(k_t, b_t, c_t)，满足式（3.33）~（3.35），式(3.32)，式（3.36）。不难证明，这个解所蕴含的资源分配与竞争均衡机制一致：将F_g1代入C_g2得到式（3.33）。将C_g1代入C_g2得到式（3.34）。此外，式（3.25）利润最大化条件F_g1与F_g2、均衡条件$v_t = k_t$和$a_t = b_t + v_t$可以导出式（3.32）。将C_g1代入C_g3并令$a_t = b_t + v_t$得到式（3.35）。最后，描述可行的竞争均衡配置的总资源约束与代表性个体问题式(3.36）是一样的。因此，竞争均衡配置可以作为代表性个体问题的解。通过边际产出定义要素价格，直接表明作为代表性个体问题的解出现的资源分配可以作为一个经济的竞争均衡分配，在该经济中，相同消费者和单一企业求解了各自效用和利润最大化问题。

---

① Turnovsky [4, p.228].

② 在简单的情况下，政府应该被动地采取行动，只关注支出和收入。或者政府可以考虑进行最优政策模拟，从而优化设计政策，最大化消费者福利，这是所谓的拉姆齐问题，通常存在技术上的困难。

3.5 存在政府的均衡效率

第3.3节解释了拥有同质消费者经济体中计划者问题的解是帕累托有效的。在本节中，通过比较竞争均衡隐含的资源分配与计划问题的资源分配，我们讨论在不同的税收制度下竞争均衡分配的效率。由于决策通过每个主体优化问题的一阶条件中的边际替代率决定，因此我们要做的就是比较代表性个体和计划者的边际替代率。然而，我们将会看到该命题的一些例外情况，竞争均衡分配可以通过求解相关代表性个体问题而获得。

3.5.1 一次性税收和债务下的均衡效率

在具有私人与公共消费的经济中，仁慈的计划者会为这两种消费选择时间路径，以便最大化消费者的时间总效用[①]：

$$\underset{c_t,g_t}{Max}\int_0^{\infty} e^{-\theta t}U(c_t)\,dt,$$

约束为：

$$c_t+\dot{k}_t+(n+\delta)k_t+g_t=f(k_t),c_t\geqslant 0,g_t\geqslant 0.$$

汉密尔顿函数为：

$$H(c_t,k_t,q_t,g_t)=e^{-\theta t}\left\{U(c_t)+q_t\left[f(k_t)-(n+\delta)k_t-g_t-c_t\right]\right\},$$

描述最优解的条件为：

$$c_t:\ U'(c_t)=q_t, \tag{3.37}$$

$$g_t:\ q_t g_t=0, \tag{3.38}$$

$$q_t:\ \dot{q}_t/q_t=n+\delta+\theta-f'(k_t), \tag{3.39}$$

$$\lim_{t\to\infty}e^{-\theta t}U'(c_t)k_t=0.$$

我们采用这一事实：计划者不仅选择c_t，而且也选择g_t。

私人消费一般条件的形式为：$c_t\dfrac{\partial H(.)}{\partial c_t}=0$，但是对效用函数的假设保证了每一期的消费水平必须严格为正。因此，条件式（3.37）在假设$c_t>0,\forall t$下得出。另一方面，模型中无法阻止零公共消费的产生，所以相关的最优条件是式（3.38），$g_t\dfrac{\partial H(.)}{\partial g_t}=0$。因为对任何有限的消费水平，有$U'(c_t)>0$，则式（3.37）和式（3.38）意味着$g_t=0$。

前面章节中已经表明，若经济中政府通过一次性税收和发行债券融资购买公共消费商品，则竞争均衡分配可以通过求解相关的代表性个体问题来描述。尽管它们具有相似性，但如果式（3.36）中公共消费水平严格为正，则竞争性资源分配将不同于计划分配。因此，如果$g_t=0,\forall t$竞争均衡分配都是无效率的。这是因为如果消费者可以选择，他们将会选择零公共消费。

如果政府购买g_t消费商品，并以一次性转移的形式返还给消费者，而非“扔向大海”，政府通过一次性税收和发行债务融资，Cass-Koopmans经济的竞争均衡分配将是有

---

① 注意，计划者不仅会选择私人消费，而且会选择公共消费，另一方面，与政府不同的是计划者与税收或债务没有任何关系，只能在经济中分配资源。

效率的。政府的预算约束仍旧为：

$$\dot{b}_t=(r_t-n)b_t+g_t-\tau_t,$$

而代表性个体的预算约束将变为：

$$\dot{b}_t+\dot{k}_t+c_t+(n+\delta)k_t+\tau_t=f(k_t)+(r_t-n)b_t+g_t,$$

其中，政府购买的消费作为私人主体可利用资源的一部分。这两个预算约束意味着该经济体中的总资源约束，以及代表性主体问题变化为具有零公共消费的计划者问题，说明了竞争均衡分配的效率。我们需要做的是确保政府融资是可行的，即：（a）每一期的政府预算约束都成立；（b）债务存量满足横截性条件。

3.5.2 扭曲税收下竞争均衡配置的效率

在消费或所得税下低效竞争均衡分配的可能性更大。在一次性税收下，边际替代率与没有政府情况下是相同的，低效率仅来自正的、不返还到消费者的政府支出。收入税或消费税的存在通常会扭曲边际替代率，使得竞争均衡的资源分配不能解决计划者问题。总之，在收入和消费税收下，竞争均衡的低效通常有两个原因：正的政府消费水平“扔向大海”以及扭曲税收的存在。

为研究比例税产生的低效率，我们将假设政府支出以一次性税收的方式在每一期返还给消费者。为了简化起见，我们假设政府不发行债券。

3.5.2.1 消费税下竞争均衡配置的低效率

我们假设政府通过消费税为公共支出筹资：

$$\tau_t^c c_t=g_t, \tag{3.40}$$

代表性个体求解下述问题：

$$\underset{c_t}{Max}\int_0^\infty e^{-\theta t}U(c_t)dt,$$

约束为：

$$\dot{k}_t+(1+\tau_t^c)c_t=f(k_t)-(n+\delta)k_t+g_t, \tag{3.41}$$

其中，g_t是来自政府的转移支付，在数量上等于消费税。汉密尔顿函数为：

$$H(c_t,k_t,q_t)=e^{-\theta t}\left\{U(c_t)+q_t\left[f(k_t)-(n+\delta)k_t+g_t-(1+\tau_t^c)c_t\right]\right\},$$

得到最优条件：

$$U'(c_t)=(1+\tau_t^c)q_t, \tag{3.42}$$

$$\dot{q}_t/q_t=n+\delta+\theta-f'(k_t), \tag{3.43}$$

$$\lim_{t\to\infty}e^{-\theta t}\frac{U'(c_t)}{(1+\tau_t^c)}k_t=0. \tag{3.44}$$

从式（3.42）与式（3.43）中得到：

$$-\frac{\tau_t^c}{1+\tau_t^c}\frac{\dot{\tau}_t^c}{\tau_t^c}+\frac{U''(c_t)c_t}{U'(c_t)}\frac{\dot{c}_t}{c_t}=n+\delta+\theta-f'(k_t). \tag{3.45}$$

其中，$\frac{U''(c_t)c_t}{U'(c_t)}$为边际效用的弹性。这个方程将不同于计划者问题，除非$\dot{\tau}_t=0,\forall t$，这意味着竞争均衡资源分配不再是帕累托有效的。当且仅当税率随时间变化时，消费税才是扭曲的，这会影响消费商品在各个时间点上的相对价格，然而恒定的消费税率不会产生扭曲。应该明确，最优条件没有改变时，添加一次性征税会相应地改变消费者的预算约束。预算约束中有政府债务时，最优条件也不会改变。经济中有政府债务时，我们只添加一个确定最优债务轨迹的最优条件和横截条件。

或者，我们可以假设一个恒定的消费税率。我们假设税收以一次性转移完全返回给消费者，这对于从式（3.40）和式（3.41）中获得仁慈计划者面临的总资源约束至关重要。这两个假设使得竞争均衡分配具有效率。因此，我们只需要表明，它可以作为代表性个体问题的解决方案，因为我们刚刚看到此解与计划者问题之间的等价性。

现在消费者问题是：

$$\underset{c_t}{Max}\int_0^{\infty} e^{-\theta t}U(c_t)dt,$$

约束为：

$$\dot{v}_t+(1+\tau_t^c)c_t=\omega_t+(r_t-n)v_t+g_t, \tag{3.46}$$

其中，企业总的存量v_t是我们考虑的唯一资产。初始财富v_0是给定的，消费者的实际工资和利率$\{\omega_t,r_t\}_{t=0}^{\infty}$也是给定的，汉密尔顿函数为：

$$H(c_t,v_t,q_t)=e^{-\theta t}\left\{U(c_t)+q_t\left[\omega_t+(r_t-n)v_t-(1+\tau_t^c)c_t\right]\right\},$$

则最优条件为：

状态方程$C_{g\tau}1$：$U'(c_t)=(1+\tau_t^c)q_t$，

协态方程（欧拉）$C_{g\tau}2$：$\dot{q}_t/q_t=n+\theta-r_t$，

横截性条件$C_{g\tau}3$：$\lim\limits_{t\to\infty}e^{-\theta t}q_tv_t=0.$

从这些方程中，我们得到：

$$-\frac{\tau_t^c}{1+\tau_t^c}\frac{\dot{\tau}_t^c}{\tau_t^c}+\frac{U''(c_t)c_t}{U'(c_t)}\frac{\dot{c}_t}{c_t}=n+\theta-r_t.$$

现在，由于消费税不作为企业的优化问题，不含税收的相同条件F_g1和F_g2再次成立。将其与均衡条件$v_t=k_t$一起代入消费者的预算约束中，我们得到代表性个体问题的预算约束式（3.41）。式（3.45）可以通过$C_{g\tau}2$、F_g1和$C_{g\tau}1$获得。最后，还有两个描述竞争均衡的条件：政府预算约束及总资源约束，其与在代表性个体问题中是一样的。所以，竞争均衡配置可以作为代表性个体问题的解，其在不变的消费税下，会产生与计划者问题相同的解，则竞争均衡配置满足帕累托有效。

3.5.2.2 效用函数中的闲暇

另一方面，如果我们在效用函数中将闲暇作为一个参数，则在每一个时间点t上，即使消费税恒定，消费与闲暇之间的边际替代率也将会因消费税的存在而扭曲。可以表明，与前面的情况一样，竞争均衡机制下获得的资源配置与代表性个体问题中的配置类似。因此，在本节中，我们使用后者说明消费税产生的扭曲。

我们考虑一个每期都有一单位时间禀赋的代表性个体，并求解此问题：

$$\underset{c_t,l_t}{Max}\int_0^{\infty} e^{-\theta t}U(c_t,h_t)dt,$$

约束为：

$$\dot{k}_t+(1+\tau_t^c)c_t=f(k_t,l_t)-(n+\delta)k_t+g_t,$$

其中，$h_t+l_t=1$，h_t是享受闲暇占总时间的比例，l_t表示生产时间占总时间的比例①。我们假设效用函数满足凹性的假设。

汉密尔顿函数为：

$$H(c_t,k_t,q_t,l_t,h_t)=e^{-\theta t}\left\{U(c_t,h_t)+q_t\begin{bmatrix}f(k_t,l_t)-(n+\delta)k_t+g_t\\-(1+\tau_t^c)c_t\end{bmatrix}\right\},$$

则最优条件为：

$$U_c(c_t,h_t)=(1+\tau_t^c)q_t, \tag{3.47}$$

$$\dot{q}_t/q_t=n+\delta+\theta-\frac{\partial f(k_t,l_t)}{\partial k_t}, \tag{3.48}$$

$$U_h(c_t,h_t)=q_t\frac{\partial f(k_t,l_t)}{\partial l_t}, \tag{3.49}$$

其中，$U_x(\cdot)=\dfrac{\partial U(\cdot)}{\partial x},x=c,h$，和式（3.44）。

从式（3.47）和式（3.48）得到式（3.50），把式（3.47）代入式（3.49）得到式（3.51）：

$$-\frac{\tau_t^c}{1+\tau_t^c}\frac{\dot{\tau}_t^c}{\tau_t^c}+\frac{U_{cc}(c_t,h_t)c_t}{U_c(c_t,h_t)}\frac{\dot{c}_t}{c_t}+\frac{U_{ch}(c_t,h_t)h_t}{U_c(c_t,h_t)}\frac{\dot{h}_t}{h_t}=n+\delta+\theta-\frac{\partial f(k_t,l_t)}{\partial k_t}, \tag{3.50}$$

$$\frac{U_h(c_t,h_t)}{U_c(c_t,h_t)}=\frac{1}{1+\tau_t^c}\frac{\partial f(k_t,l_t)}{\partial l_t}, \tag{3.51}$$

其中，$U_{cc}(c_t,h_t)=\dfrac{\partial U_C(c_t,h_t)}{\partial c_t},U_{ch}(c_t,h_t)=\dfrac{\partial U_h(c_t,h_t)}{\partial c_t}$。

正如在没有闲暇的模型中一样，我们看到，如果消费税率不随时间变化，它不会对资本积累产生扭曲。然而，最后的方程表明，即使消费税率恒定，它也会影响每个时间点上消费和闲暇之间的边际替代率。所以，代表性个体问题与计划者问题的解不同。结果是，即使竞争均衡资源配置可以作为前者的解，它也将不再是帕累托有效的。

3.5.2.3 所得税下竞争均衡配置的低效率

假设政府以τ_t^w的税率征收劳动收入税，并以τ_t^r的税率征收资本收入税为其支出进行融资。政府的预算约束为：

$$g_t=\tau_t^\omega\omega_t+\tau_t^r r_t v_t. \tag{3.52}$$

为了简化起见，我们不将闲暇作为效用函数的参数，也不考虑债务发行，我们假设税收收入被政府用来购买g_t单位的消费商品，然后以一次性转移返还给消费者。

现在，消费者问题为：

$$\underset{c_t}{Max}\int_0^\infty e^{-\theta t}U(c_t)dt,$$

约束为：

$$\dot{v}_t+c_t=(1-\tau_t^\omega)\omega_t+\big((1-\tau_t^r)r_t-n\big)v_t+g_t, \tag{3.53}$$

---

① 生产函数的形式为：$Y_t=F(K_t,L_tl_t)$，其中L_tl_t是工作的总时间数。生产函数的齐次性使我们可以进行标准化：
$\dfrac{Y_t}{N_t}=F(\dfrac{K_t}{N_t},\dfrac{L_t}{N_t}l_t)$.
在均衡中，$N_t=L_t$，生产函数可以写成人均形式，$y_t=F(k_t,l_t)$，其中，k_t通常表示资本–劳动比。

其中，企业的总存量v_t是经济中唯一的资产。初始财富v_0是给定的，消费者的实际工资和利率$\{w_t, r_t\}_{t=0}^{\infty}$也是给定的。汉密尔顿函数的最大化为：

$$H(c_t, v_t, q_t) = e^{-\theta t}\left\{U(c_t) + q_t\begin{bmatrix}(1-\tau_t^{\omega})\omega_t + \\ ((1-\tau_t^r)r_t - n)v_t + g_t - c_t\end{bmatrix}\right\},$$

导出最优条件为：

状态方程：$C_{g\tau^y}1$：$U'(c_t) = q_t$，

协态方程（欧拉）：$C_{g\tau^y}2$：$\dot{q}_t/q_t = n + \theta - (1-\tau_t^r)r_t$，

横截性条件：$C_{g\tau^y}3$：$\lim\limits_{t\to\infty} e^{-\theta t}q_t v_t = 0.$

从这些方程中得出：

$$\frac{U''(c_t)c_t}{U'(c_t)}\frac{\dot{c}_t}{c_t} = n + \theta - (1-\tau_t^r)r_t. \tag{3.54}$$

上式表明对资本收入征税会引起扭曲。即使税率是恒定的，扭曲仍将存在。因此，竞争均衡资源配置与计划者问题的配置不同，它是帕累托低效率的。

在这种情况下，我们不能考虑解与竞争均衡机制相同的代表性个体问题，除非劳动和资本收入的税率相同。需要注意的是，税率不影响企业决策，所以条件F_g1和F_g2仍成立。将它们和均衡条件$k_t = v_t$代入消费者的预算约束，得到：

$$c_t + \dot{k}_t = (1-\tau^{\omega})(f(k_t) - k_t f'(k_t)) + (1-\tau^r)(f'(k_t) - \delta)k_t - nk_t + g_t, \tag{3.55}$$

这有别于存在所得税率τ^y的代表性个体[①]面对的预算约束：

$$c_t + \dot{k}_t = (1-\tau^y)(f(k_t) - \delta k_t) - nk_t + g_t. \tag{3.56}$$

然而，在特殊情况$\tau^{\omega} = \tau^r = \tau^y$下，两个预算约束，即式（3.55）和式（3.56）是一致的。正如我们已经看到的，此问题的解与计划者问题不同，所以导致了低效率的资源配置。

在式（3.55）中，利用式（3.52）F_g1和F_g2以及均衡条件$k_t = v_t$，得到：

$$c_t + \dot{k}_t + (n+\delta)k_t = f(k_t),$$

即计划者问题的总资源约束，这是因为政府将通过收入税筹集收入并返还给消费者。低效率的唯一来源是所得税。如果税收收入不完全返回给消费者，则最后的论点不可能成立，我们将达到总约束，$c_t + \dot{k}_t + (n+\delta)k_t + (g_t - d_t) = f(k_t)$，比计划者问题多了一个差分项，这是竞争均衡资源配置低效率的第二个原因。

总之，消费税和要素收入税的存在，会改变零利率情形下的边际替代率，且竞争均衡资源配置是低效率的，消费税产生的扭曲会在恒定的消费税率下消失。允许政府用一次性税收和发行债务补充其融资策略不会改变这个基本的结果。如果政府以一次性转移的方式将其收益返回给消费者，则竞争均衡也不会是有效的，因为描述竞争均衡资源分配的边际替代率被随时间改变的消费税以及收入税扭曲。如果政府使用税收收入来购买g_t单位的消费商品，且其中一部分不以一次性转移归还给消费者，则我们将得到竞争均

---

① 我们通过从生产中扣除折旧，考虑税基的折旧免税额。另一种构想是：

$$c_t + \dot{k}_t = (1-\tau^y)f(k_t) - (n+\delta)k_t + g_t.$$

衡资源分配低效率的第二个原因。不存在资本所得税时，代表性个体问题和计划者问题实现了相同的资源分配。除了要素收入受到不同税率的影响外，竞争均衡资源分配可以作为代表性个体问题的解。

3.6 李嘉图学说

3.6.1 非扭曲税下的李嘉图学说

让我们再考虑这种情况：政府通过一次性税收和发行债务的组合为公共消费融资。我们将要说明在该模型中，只要债券发行政策可行，那么政府在税收和债务之间分配其收入的方式就是不相关的，且横截性条件成立，即：

$$\lim_{t\to\infty} e^{-\int_0^t (r_s - n)\,ds} b_t = 0.$$

这个中立命题应该在下述情形中进行理解，即消费和投资（或储蓄）之间分配资源的竞争过程与储蓄在债券和股票之间分配的方式无关。这种来自实际公共融资政策的无关性被称为李嘉图学说：消费者不关心今天支付较高税收还是在他们投资组合中持有较低债务，或者说以今天支付较低税收替代购买更大数量公共债务。原因是今天发行更多的债券需要未来更多的税收，所以政府可以在成熟时偿还未偿还的债务。由李嘉图学说，根据可支配收入的现值，消费者对两种选择都不关心。

为了简便起见，在本节中我们假设人口零增长($n=0$)。与我们在上一章的分析相似，对由代表性消费者预算约束得到金融资产变动规律：

$$\dot{a}_t = \omega_t - c_t - \tau_t + r_t a_t,$$

进行积分得到：

$$a_t + \int_t^{\infty} e^{-\int_t^z r_s ds} \omega_z dz = \int_t^{\infty} e^{-\int_t^z r_s ds} (c_z + \tau_z)\, dz,$$

表明每一时期消费者资产投资组合加上当期和未来劳动收入的现值，等于当期和未来消费的现值加上税收的现值。

运用式（3.28），得到：

$$v_t + \int_t^{\infty} e^{-\int_t^z r_s ds} \omega_z dz = \int_t^{\infty} e^{-\int_t^z r_s ds} (c_z + g_z)\, dz,$$

表明该企业发行的股票加上一系列当前和未来工资收入的现值，等于一系列私人和公共消费的现值。同时：

$$\int_t^{\infty} e^{-\int_t^z r_s ds} c_z dz = v_t + \int_t^{\infty} e^{-\int_t^z r_s ds} \omega_z dz - \int_t^{\infty} e^{-\int_t^z r_s ds} g_z dz, \tag{3.57}$$

表明可行的消费序列是其现值不超过当前持有股票的价值加上劳动收入的现值，再减去公共消费的现值。

这些条件都是消费者跨时期预算约束的形式，可以相互替代。在当前的市场利率下，完全资本市场的存在，即消费者可以借贷任何他希望的数量，使我们将单期预算约束变为上述单一的跨期约束，而且不会丢失任何相关信息。完全资本市场允许消费者以任何他希望的方式分配当前和未来收入的现值。

最重要的是，债券和税收都没有出现在跨期的预算约束中，在单个时间点或现值上都是如此。消费者决策受到当前和未来公共支出水平影响，如式（3.57）一样，这会使消费和投资中的资源减少，但政府不是利用这种方式融资，而是通过一次性税收或发行国债融资。这就是李嘉图学说，其被认为是新古典主义学说的一部分，表明消费者不会被税收困扰，因为公共赤字同样可以通过发行债务进行融资。在李嘉图学说下，没有一种为政府支出融资的方式优于其他方式。这个结果可能在有限生存主体的经济体中不成立。正如我们即将看到的那样，在某些货币经济或存在扭曲税收时也不成立。

3.6.2 扭曲税收下李嘉图学说的失效

在3.5.2节我们已经看到，除了在某些特殊的情况下，扭曲税收（消费税、劳动收入税和资本收入税）改变了边际替代率。如果税率是恒定的，则消费税不是扭曲的，且当劳动力供给的工资刚性时，劳动收入税也不是扭曲的。在第一种情况下，消费税不影响当前和未来消费之间的边际替代率，所以总是存在一种随时间变动的一次性税收，其能产生与恒定消费税率下相同的消费路径。第二种情况中，因为劳动力供给缺乏弹性，所以劳动所得税也为一次性税收。因此，我们总能找到一种与劳动所得税下消费路径相同的一次性税收。

由于消费税和劳动所得税可以由一次性税收替代，两种情况中李嘉图等价都成立。在其他情况下，不存在与扭曲税收导致相同消费轨迹的一次性税收。这是因为在不同的一次性税收下，随着时间的推移，扭曲税收改变了跨时期的消费边际替代率，或在给定时间点上，改变消费与闲暇之间的边际替代率。我们将说明在这种情况下，李嘉图等价确实不成立。

假设消费者面临消费所得税、资本所得税和劳动所得税，税率分别为：$\tau_t^c,\tau_t^r,\tau_t^\omega$。假定$\{c_t',a_t',l_t'\}$是扭曲税收$\tau=(\tau_t^c,\tau_t^w,\tau_t^r)$下的消费路径、总资产路径以及私人个体选择的生产时间占比，所以，它们满足代表性消费者预算约束：

$$\dot{a}_t'+(1+\tau_t^c)c_t'=(1-\tau_t^\omega)\omega_t l_t'+(1-\tau_t^r)r_t a_t',$$

其中，金融资产总额为：

$$a_t'=b_t+v_t',$$

其中，v_t'是企业发行的股票。我们允许公共债务b_t的路径与一次性税收体系下的路径一致。扭曲性税收和债务存量必须满足政府预算约束，

$$\dot{b}_t=r_t b_t+g_t-(\tau_t^c c_t'+\tau_t^\omega\omega_t l_t'+\tau_t^r r_t a_t'),$$

此预算约束可以写为：

$$\dot{b}_t=(1-\tau_t^r)r_t b_t+g_t-I_t,$$

其中，$I_t=\tau_t^c c_t'+\tau_t^\omega\omega_t l_t'+\tau_t^r r_t v_t'$表示总收入。

求解该一阶微分方程（见数学附录），得到：

$$b_t=-\int_t^\infty e^{-\int_t^z(1-\tau_s^r)r_s ds}(g_z-I_z)dz, \tag{3.58}$$

如果我们对消费者预算约束求微分，得到：

$$a_t'=-\int_t^\infty e^{-\int_t^z(1-\tau_s^r)r_s ds}\left[(1-\tau_z^\omega)\omega_z l_z'-(1+\tau_z^c)c_z'\right]dz.$$

用b_t+v_t'替代a_t'并利用式（3.58）：

$$v_t' = -\int_t^{\infty} e^{-\int_t^z (1-\tau_s^r) r_s ds} \left[(1-\tau_z^{\omega}) \omega_z l_z' - (1+\tau_z^c) c_z' - g_z + I_z \right] dz,$$

利用I_t的定义，

$$v_t' + \int_t^{\infty} e^{-\int_t^z (1-\tau_s^r) r_s ds} \omega_z l_z' dz = \int_t^{\infty} e^{-\int_t^z (1-\tau_s^r) r_s ds} (g_z + c_z' - \tau_z^r r_z v_z') dz,$$

可以写为：

$$\int_t^{\infty} e^{-\int_t^z (1-\tau_s^r) r_s ds} c_z' dz = v_t' + \int_t^{\infty} e^{-\int_t^z (1-\tau_s^r) r_s ds} w_z l_z' dz - \int_t^{\infty} e^{-\int_t^z (1-\tau_s^r) r_s ds} (g_z - \tau_z^r r_z v_z') dz.$$

此方程非常清楚地说明，当$\tau_t^r \neq 0$时，由于存在方程右边最后一项，所以李嘉图等价命题不成立。更重要的是，即使$\tau_t^r = 0$，李嘉图命题也不成立，因为相对于一次性税收情况，消费者对消费、闲暇和私人资产的决策将会被扭曲。关键是，除了τ_t^r，扭曲税收通过消费、劳动力和持有的资产决策隐含地出现在前面方程中，这就是李嘉图等价命题失效背后的原因。

3.7 附录

3.7.1 附录1：连续时间Cass-Koopmans模型的对数线性近似

通过对数线性近似，我们理解了经济体的一个近似表达在对数变量中是线性的。在本附录中，我们得到了描述Cass-Koopmans模型两个微分方程的对数线性表达式，针对柯布–道格拉斯技术的情况，$y_t = k_t^{\alpha}$，

$$\frac{d\ln c_t}{dt} = \frac{1}{\sigma}\left[\alpha e^{-(1-\alpha)\ln k_t} - (n+\delta+\theta) \right], \tag{3.59}$$

$$\frac{d\ln k_t}{dt} = e^{-(1-\alpha)\ln k_t} - e^{\ln c_t - \ln k_t} - (n+\delta), \tag{3.60}$$

因为在稳态，$\frac{d\ln c_t}{dt} = \frac{d\ln k_t}{dt} = 0$，消费和实物资本的稳态水平满足：

$$e^{-(1-\alpha)\ln k_{ss}} = \frac{n+\delta+\theta}{\alpha} \Rightarrow k_{ss} = \left(\frac{\alpha}{n+\delta+\theta} \right)^{\frac{1}{1-\alpha}},$$

$$e^{\ln c_{ss} - \ln k_{ss}} = e^{-(1-\alpha)\ln k_{ss}} - (n+\delta) = \frac{n+\delta+\theta}{\alpha} - (n+\delta)$$
$$= \frac{(1-\alpha)(n+\delta)+\theta}{\alpha} \equiv \mathrm{h} > 0,$$

我们可以利用泰勒公式建立稳态附近这两个方程的线性近似，并利用这一事实：

$$\frac{d}{d\ln k_t}\left(e^{-(1-\alpha)\ln k_t} \right) = -(1-\alpha) e^{-(1-\alpha)\ln k_t},$$

$$\frac{d}{d\ln k_t}\left(e^{\ln c_t - \ln k_t} \right) = -e^{\ln c_t - \ln k_t},$$

$$\frac{d}{d\ln c_t}\left(e^{\ln c_t - \ln k_t} \right) = e^{\ln c_t - \ln k_t},$$

所以对式（3.59），我们有：

$$\frac{d\ln c_t}{dt} \simeq -\frac{1}{\sigma}\alpha(1-\alpha) e^{-(1-\alpha)\ln k_{ss}} (\ln k_t - \ln k_{ss}),$$

其中，

$$-\frac{1}{\sigma}\alpha(1-\alpha) e^{-(1-\alpha)\ln k_{ss}} = -\frac{1-\alpha}{\sigma}(n+\delta+\theta) \equiv -\eta < 0,$$

所以最后得到：

$$\frac{d\ln c_t}{dt}=-\eta(\ln k_t-\ln k_{ss}),$$

而对式（3.60）有：

$$\begin{aligned}\frac{d\ln k_t}{dt}&\cong -e^{\ln c_{ss}-\ln k_{ss}}(\ln c_t-\ln c_{ss})-\left[(1-\alpha)e^{-(1-\alpha)\ln k_{ss}}-e^{\ln c_{ss}-\ln k_{ss}}\right](\ln k_t-\ln k_{ss})\\&=-h(\ln c_t-\ln c_{ss})-\left[(1-\alpha)\frac{n+\delta+\theta}{\alpha}-h\right](\ln k_t-\ln k_{ss})\\&=-h(\ln c_t-\ln c_{ss})+\theta(\ln k_t-\ln k_{ss})\end{aligned}$$

用矩阵表示，为：

$$\begin{pmatrix}\dfrac{d\ln c_t}{dt}\\ \dfrac{d\ln k_t}{dt}\end{pmatrix}\cong\begin{pmatrix}0 & -\eta\\ -h & \theta\end{pmatrix}\begin{pmatrix}\ln c_t-\ln c_{ss}\\ \ln k_t-\ln k_{ss}\end{pmatrix}$$

3.7.2 附录2：无政府经济体系中计划者与竞争均衡机制之间等价性的另一种表达

在3.3节中，我们说明了在没有政府的经济中，竞争均衡与计划者机制下资源配置的平衡。这里，我们假设企业是资本存量的所有者，雇佣劳动生产商品。在本附录中的另一种表达中，我们假设消费者是实物资本的所有者，所以企业必须向其雇用生产力要素，且实际利率是租赁价格。

我们假设经济中有完全市场。存在一组相同的消费者，每一个消费者被赋予单位劳动且具有消费偏好。闲暇不作为效用函数的参数。该单一企业使用实物资本K_t和劳动力N_t生产本经济中唯一的消费商品。企业发行股票v_t，并由消费者购买。每一单位的股票代表一单位的资本所有权并产生r_t的实际收益。该企业面临投入和产出的竞争市场，将实际资本回报率r_t、实际工资ω_t与消费商品的价格视为给定的。假定经济中不存在不确定性，且总技术规模报酬不变。

每个消费者使用他所有的积蓄购买生产性资本。消费者的总预算约束为：

$$C_t+S_t=\omega_tN_t+r_tK_t.$$

由于这是一个没有政府的封闭经济，因此总投资等于储蓄，即：

$$S_t=I_t=\dot{K}_t+\delta K_t,$$

得到：

$$C_t+\dot{K}_t+\delta K_t=\omega_tN_t+r_tK_t,$$

根据类似于前面章节的讨论，上式可以写为人均形式：

$$c_t+\dot{k}_t+(n+\delta)k_t=\omega_t+r_tk_t. \tag{3.61}$$

代表性消费者将价格$\{\omega_t,r_t\}_{t=0}^{\infty}$视为给定，选择消费和投资来求解问题：

$$\underset{c_t,}{Max}\int_0^{\infty}e^{-\theta t}U(c_t)\,dt,$$

约束条件为式（3.61），k_0是给定的。

汉密尔顿函数为：

$$H(c_t,k_t,\lambda_t)=e^{-\theta t}\left[U(c_t)+\lambda_t(\omega_t+r_tk_t-c_t-(n+\delta)k_t)\right],$$

导出最优条件：

$C_a1: e^{-\theta t}U'(c_t) = \lambda_t,$

$C_a2: \dot{\lambda}_t / \lambda_t = \delta + n - r_t + \theta,$

$C_a3: \lim_{t \to \infty} e^{-\theta t} \lambda_t k_t = 0.$

联立C_a1和C_a2，得到：

$$\frac{\dot{c}_t}{c_t} = \gamma(c_t)\left[r_t - (n + \delta + \theta)\right], \tag{3.62}$$

其中，$\gamma(c_t)$是消费的跨期替代弹性，$\gamma(c_t) = \dfrac{U'(c_t)}{U''(c_t)c_t}$。式（3.61）、式（3.62）和横截性条件$C_a3$描绘了最优消费和储蓄选择。

该经济体中的单一企业最大化现金流的现值为：

$$\underset{K_t, L_t}{Max} \int_0^{\infty} e^{-\int_0^t r_s ds}\left[F(K_t, L_t) - \omega_t L_t - r_t K_t\right]dt,$$

初始资本存量K_0是给定的。

注意消费者问题与企业问题在本附录和前面章节中的区别。现在，企业不拥有资本存量，所以其必须以价格r_t来租用。另一方面，由于消费者拥有资本存量，所以其必须支付折旧的成本，这显示在他的预算约束中。在前面章节中，企业是资本存量的所有者，必须承担折旧的费用。然后，当其不拥有资本存量时，企业最大化利润的现值，而不是最大化现金流的现值。

该问题的最优条件为：

$$F_a1: \partial F / \partial K_t \equiv f'(k_t) = r_t, \tag{3.63}$$

$$F_a2: \partial F / \partial N_t = f(k_t) - f'(k_t)k_t = \omega_t, \tag{3.64}$$

这意味着该企业雇佣工人和资本直到边际产出分别等于ω_t, r_t。

定义4：给定一个初始条件k_0，竞争均衡是定义在$(0,\infty)$的连续时间函数的一个向量$\{c_t, k_t, \omega_t, r_t, L_t\}_{t=0}^{\infty}$,则：

- 给定价格函数ω_t, r_t，时间函数c_t, k_t为代表性消费者问题的解。
- 给定价格函数ω_t, r_t，资本的时间函数k_t最大化每一期企业利润。
- 劳动市场出清，劳动供给与劳动需求相等。因为劳动供给是缺乏弹性的，这意味着劳动需求等于总人口，$L_t = N_t$。
- 实物资本市场出清，消费者拥有的资本存量等于企业想要租赁的资本存量。

对竞争均衡配置来说，式（3.61）~式（3.64）都成立。将式（3.63）和式（3.64）代入式（3.61）得到：

$$c_t + \dot{k}_t + (n + \delta)k_t = f(k_t), \tag{3.65}$$

这是消费商品市场的均衡条件，表明生产产出等于消费加上总投资。所以，瓦尔拉斯定律成立，劳动和实物资本市场出清意味着消费商品市场出清。

定理4：竞争机制与计划者机制下的资源分配相同。

证明：我们假设时间函数的向量$\{c_t, k_t, \omega_t, r_t, L_t\}$是一个竞争均衡。正如我们刚刚看到的，式（3.65）成立。此外，在式（3.62）中用式（3.64）进行替代得到：

$$\frac{\dot{c}_t}{c_t} = \gamma(c_t)\left[f'(k_t) - (n + \delta + \theta)\right]. \tag{3.66}$$

式（3.65）和式（3.66）恰好是计划者分配中描述时间路径$\{c_t, k_t\}$的微分方程，所以在相同的初始条件k_0下，竞争机制下资源分配与计划资源分配机制下资源分配相一致。

现在，我们考虑资本存量k_0和计划者问题的解$\{c_t, k_t\}$。所以，两个时间函数满足式（3.65）和式（3.66），且函数λ_t由式（3.2）定义，所以式（3.3）和式（3.4）也成立。依据上述内容，通过式（3.63）和式（3.64），我们定义实际工资和利率的时间函数$\{\omega_t, r_t\}$，并引入一个辅助变量q_t，其中$q_t = \lambda_t$，则定义中一阶和二阶竞争均衡条件成立。最后，由于求解了计划问题的$\{c_t, k_t\}$函数，其包括该经济体的总资本存量和总人口，则其也定义了价格，我们保证劳动力市场和生产性资本市场两者都出清。因此，只要价格和上面定义的一样，解决计划者问题的资源配置也可以为竞争均衡的解。

3.8 练习

练习1：在*CK_continuous_time.xls*文件中的*Steady-State*表格里，改变基准参数值并检查图表如何显示稳态水平对结构参数变化的敏感性。你得到你期望的结果了吗？

练习2：包含在*CK_continuous_time.xls*文件中的*Speed of covergence*表格内，改变基准参数值并检查图表如何显示稳态水平对结构参数变化的敏感性。你得到你期望的结果了吗？

练习3：在连续时间Cass-Koopmans模型中，假设存在一个政府，其通过对消费进行税率为τ^c的征税及对收入进行税率为τ^y的征税，利用融资所得收入购买经济中的部分产出。该政府不发行债务。消费者效用函数为CRRA族，实物资本及劳动的可用技术为规模报酬不变。说明模型对数线性近似的转移矩阵独立于任何一个税收参数，因此其稳定条件与3.2节中一样。注意，只要政府决定了消费和收入的税率值，那么公共支出是内生决定的。

练习4：将实物资本和劳动作为投入，且规模报酬不变的生产技术假定下，运用稳态附近模型的线性近似，讨论Cass-Koopmans模型的稳定性。为达到此目的，在Keynes-Ramsey法则及预算约束中运用泰勒展开，得到表示$\dot{c}_t$和$\dot{k}_t$的线性近似，其中，$\dot{c}_t$和$\dot{k}_t$为$c_t - c_{ss}$和$k_t - k_{ss}$函数，并检验线性表达式的特征值。

参考文献

1. Blanchard, O., and S. Fischer. 1989. *Lectures on macroeconomics*. Cambridge: MIT.
2. Cass, D. 1965. Optimum growth in an aggregative model of capital accumulation. *Review of Economic Studies* 32: 233–240.
3. Koopmans, T.C. 1965. On the concept of optimal economic growth. In *The economic approach to development planning*. Amsterdam: North-Holland.
4. Turnovsky, S. 2000. *Methods of macroeconomic dynamics*. Cambridge: MIT.

第4章

最优增长：离散时间分析

4.1 离散时间确定性Cass-Koopmans模型

本章我们介绍之前章节所讨论问题的离散形式。我们在经济中引进了政府，并且定义和描述了竞争均衡。我们将对政府跨期预算约束、竞争性均衡资源配置和中央计划者机制之间的关系以及李嘉图原理的离散形式进行与连续模型中类似的分析。在构建其他更加复杂的增长模型和政策分析方面，处理离散的Cass-Koopmans经济的所有细节都十分有帮助，如我们在本章末所做的一样。熟悉机制及横截性条件的使用、稳定性条件的特征是很重要的。我们在之后会学到，稳定性条件对生成这个模型内生变量时间序列数值解极为重要。

我们将在下一章说明，我们将在离散时间规划中考虑随机冲击。这很重要，因为描述外生冲击对内生变量、波动性、与其他变量相关性的轨迹或其他统计特征的影响都需要用到经济的随机表示形式。

4.1.1 总资源约束

与模型的连续形式一致，离散模型中总人口增长率为n，资本折旧率为δ。

经济中总资源约束为：

$$C_t + K_{t+1} - (1-\delta)K_t = F(K_t, N_t),$$

上式说明了每一期消费加投资等于产出，这是因为我们考虑的是没有政府的封闭经济。t期末的资本存量用K_{t+1}表示，并且将会用于t+1期的产出。将其除以总人口（由于充分就业的假设，也等于劳动力），我们得到：

$$\frac{C_t}{N_t} + \frac{K_{t+1}}{N_{t+1}}\frac{N_{t+1}}{N_t} - (1-\delta)\frac{K_t}{N_t} = \frac{F(K_t, N_t)}{N_t} = F\left(\frac{K_t}{N_t}, 1\right) = f(k_t),$$

其中，$k_t = \frac{K_t}{N_t}$，如在索洛-斯旺模型中一样，假设总生产技术规模报酬不变。于是，我们得到人均总资源约束：

$$c_t + (1+n)k_{t+1} - (1-\delta)k_t = f(k_t),$$

其可以表示为每个工人人均资本存量的运动规律：

$$k_{t+1}=\frac{1}{1+n}\left[f\left(k_t\right)+(1-\delta)k_t-c_t\right]=h\left(k_t,c_t\right), \tag{4.1}$$

每期末的资本存量是上一期资本和当期消费水平的非线性函数。

与连续时间一样，消费的跨期替代弹性考虑了两个不同时间点之间边际效用的变化，而不是同一时间点上两个不同消费水平之间边际效用的变化。给定时期t和$s,s>t,s=t+\Delta t$，离散的消费跨期替代弹性IES定义为t和s期无差异曲线斜率变化的百分比与消费变化的百分比的倒数。

$$\begin{aligned}IES=\gamma\left(c_t\right)&=-\left(\frac{\partial \ln\left(U'\text{变化率}\right)}{\partial\, ln\left(c\text{变化率}\right)}\right)^{-1}\\&=-\left[\frac{\partial\left\{ln\left(U'\left(c_s\right)/U'\left(c_t\right)\right)\right\}}{\partial\left\{\ln\left(c_s/c_t\right)\right\}}\right]^{-1}\\&\simeq-\left[\frac{\Delta\left(U'\left(c_s\right)/U'\left(c_t\right)\right)}{\Delta\left(c_s/c_t\right)}\cdot\frac{\left(c_s/c_t\right)}{U'\left(c_s\right)/U'\left(c_t\right)}\right]^{-1}.\end{aligned}$$

在离散时间内，对数变化率常常用于近似时间导数。对于CRRA效用的EMU，与连续时间定义相同，等于σ。而对于IES，则有：

$$\begin{aligned}IES=\gamma\left(c_t\right)&=-\left[\frac{\partial\left\{ln\left(U'\left(c_s\right)/U'\left(c_t\right)\right)\right\}}{\partial\left\{\ln\left(c_s/c_t\right)\right\}}\right]^{-1}\\&=-\left[\frac{\partial\left\{ln\left(c_s^{-\sigma}/c_t^{-\sigma}\right)\right\}}{\partial\left\{\ln\left(c_s/c_t\right)\right\}}\right]^{-1}=-\left[\frac{\partial\left\{-\sigma\left[ln\left(c_s\right)-\ln\left(c_t\right)\right]\right\}}{\partial\left\{\ln\left(c_s\right)-\ln\left(c_t\right)\right\}}\right]^{-1}\\&=1/\sigma=\frac{1}{EMU},\end{aligned}$$

这与我们在连续时间模型得出的倒数关系相同。

4.1.2 计划者问题的离散时间规划

中央计划者会选择消费和资本以求解效用最大化问题：

$$\underset{\{c_t,k_{t+1}\}_{t=0}^{\infty}}{Max}\sum_{t=0}^{\infty}\beta^t U\left(c_t\right),$$

约束条件为式（4.1），且给定初始资本存量为k_0。

该问题的拉格朗日函数为：

$$L\left(\left\{c_t,k_{t+1},\lambda_t\right\}\right)=\sum_{t=0}^{\infty}\beta^t\left[U\left(c_t\right)+\lambda_t\left[f\left(k_t\right)-c_t-(1+n)k_{t+1}+(1-\delta)k_t\right]\right],$$

其中，包含k_{t+1}项的式子为：

$$\begin{aligned}&\cdots+\beta^t\left\{U\left(c_t\right)+\lambda_t\left[f\left(k_t\right)-c_t-(1+n)k_{t+1}+(1-\delta)k_t\right]\right\}\\&+\beta^{t+1}\left\{U\left(c_{t+1}\right)+\lambda_{t+1}\left[f\left(k_{t+1}\right)-c_{t+1}-(1+n)k_{t+2}+(1-\delta)k_{t+1}\right]\right\}+\cdots\end{aligned}$$

通过对拉格朗日函数关于c_t与k_{t+1}求导，可得最优化的必要条件：

$$\beta^t\left(U'\left(c_t\right)-\lambda_t\right)=0,\ t=0,1,2,3,\cdots \tag{4.2}$$

$$-\beta^t\lambda_t(1+n)+\beta^{t+1}\lambda_{t+1}\left(f'\left(k_{t+1}\right)+1-\delta\right)=0,\ t=0,1,2,3,\cdots \tag{4.3}$$

其中，假设有内解，即$c_t,k_{t+1}>0,\forall t$。在最优解条件中排除零消费的可能性，我们得到每一期资本的边际效用等于资本的影子价格。

将式（4.2）代入式（4.3）中，我们可以获得离散计划经济的Keynes-Ramsey条件，也称作欧拉方程：

$$U'(c_t)(1+n)=\beta U'(c_{t+1})[f'(k_{t+1})+1-\delta]. \tag{4.4}$$

在CRRA效用函数下，上述条件变为：

$$\frac{c_{t+1}^{\sigma}}{\beta c_t^{\sigma}}=\frac{f'(k_{t+1})+1-\delta}{1+n},$$

左边是第t期与第t+1期消费边际替代率。对于对数偏好($\sigma=1$)，上式可进一步简化为：

$$\frac{c_{t+1}}{\beta c_t}=\frac{f'(k_{t+1})+1-\delta}{1+n}.$$

基于连续时期的第二个最优化条件，可以得到：

$$\frac{\lambda_{t+1}}{\lambda_t}=\frac{1+n}{\beta\left(f'(k_{t+1})+1-\delta\right)},$$

上式是离散时间的协态方程[①]。

4.1.3 最优稳态值

在稳态中，有$\lambda_t=\lambda_{t+1}$，并且：

$$f'(k_{ss})=\frac{1+n}{\beta}-1+\delta. \tag{4.5}$$

重新定义贴现因子$\beta=\dfrac{1}{1+\theta}$，式（4.5）可以写为：

$$f'(k_{ss})=n+\theta+\delta+n\theta,$$

与连续时间模型的条件十分类似，尤其考虑$n\theta$通常是一个很小的值。我们又可以看到最优稳态值落到左边，这时资本低于黄金律法则，这说明黄金法则的次优性来自过多的早期资本积累，换句话说，来自一个高的储蓄率。

在稳态，消费的运动规律是：

$$c_{ss}=f(k_{ss})-(n+\delta)k_{ss},$$

这是与连续时间模型一样的函数关系。因此，这个关系同样可以由(c,k)空间的凹曲线描述，当$f'(k)=n+\delta$时，c取最大值并且在资本的生存水平$f(k_{ss})=(n+\delta)k_{ss}$时为0。唯一与连续时间分析中不同的是，式（4.5）会使得资本存量比连续模型情形下偏左。但是，$\theta\delta$乘积应该是很小的，所以两个稳态的差别也应该很小。

4.1.4 动态模型：相位图

为了分析模型的动态特征，让我们再次考虑Keynes-Ramsey条件，以CRRA偏好为例：

$$c_{t+1}=c_t\left[\frac{\beta}{1+n}\left(f'(k_{t+1})+1-\delta\right)\right]^{1/\sigma}=g(k_t,c_t), \tag{4.6}$$

---

① 通过重新定义贴现因子$\beta=\dfrac{1}{1+\theta}$，此式可以根据拉格朗日乘数的变化率写为：

$$\frac{\lambda_{t+1}-\lambda_t}{\lambda_t}=\frac{n+\theta+\delta+n\theta-f'(k_{t+1})}{f'(k_{t+1})+1-\delta},$$

因此，可以与连续时间模型中相似的条件进行比较。

预算约束为：

$$k_{t+1}=\frac{1}{1+n}\left[f\left(k_t\right)+(1-\delta)k_t-c_t\right]=h\left(k_t,c_t\right), \tag{4.7}$$

上述两方程的系统，给出了资本和消费的运动规律，$k_{t+1}=h(k_t,c_t),c_{t+1}=g(k_t,c_t)$。[①]

如连续时间一样，所谓的相位图是建立在将k_t与c_t联系起来的两条曲线的基础上，每条曲线都相当于两个变量变化为0的情形：$k_{t+1}=k_t$（预算约束），$c_{t+1}=c_t$（Keynes-Ramsey条件）。

首先，我们在式（4.6）中，令$c_{t+1}=c_t$，得到由下式描述的曲线：

$$f'\left(k_{t+1}\right)=\frac{1+n}{\beta}-(1-\delta), \tag{4.8}$$

实际上，如预算约束中那样，由于k_{t+1}依赖于这两个变量，此式展示了k_t与c_t之间的隐含关系。注意到，因为对于任何正的资本存量，资本的边际产出总是正的，所以$\frac{1+n}{\beta}-(1-\delta)>0$。为了在$(c,k)$空间描绘出此关系的曲线，我们使式（4.8）的全微分等于0：

$$f''\left(k_{t+1}\right)\frac{\partial k_{t+1}}{\partial k_t}dk_t+f''\left(k_{t+1}\right)\frac{\partial k_{t+1}}{\partial c_t}dc_t=0, \tag{4.9}$$

我们得到曲线斜率：

$$\frac{\partial c_t}{\partial k_t}=-\frac{\partial k_{t+1}/\partial k_t}{\partial k_{t+1}/\partial c_t},$$

其中，式（4.8）中可以计算出偏导数，即：

$$\frac{\partial c_t}{\partial k_t}=-\frac{\partial k_{t+1}/\partial k_t}{\partial k_{t+1}/\partial c_t}=-\frac{\frac{1}{1+n}\left(f'\left(k_t\right)+1-\delta\right)}{-1/(1+n)}=f'\left(k_t\right)+1-\delta, \tag{4.10}$$

由于$f'\left(k_t\right)+1-\delta>0$，$\forall k_t$目，因此在$(c,k)$空间两者为正向关系。

从式（4.7）和式（4.8）可知，$g\left(k_t,c_t\right)$曲线的方程是：

$$k_{t+1}=\frac{1}{1+n}\left[f\left(k_t\right)+(1-\delta)k_t-c_t\right]=\left(f'\right)^{-1}\left(\frac{1+n}{\beta}-(1-\delta)\right).$$

在$k_t=0$时，此曲线在纵轴存在负截距，因为在该点有：$f'\left(-\frac{c_t}{1+n}\right)=\frac{1+n}{\beta}-(1-\delta)>0$，并且边际生产函数仅定义在正实轴上。如式（4.10）所示，曲线有正的斜率，且在曲线上当$k_t\to\infty$时，$c_t\to\infty$。所以，它将穿过横轴，且由于f严格为凸，曲线仅穿过横轴一次。

对于式（4.8）描述的曲线右边任何一点，曲线上存在一点k_t值相同但c_t值更高，且$f'\left(k_{t+1}\right)=\frac{1+n}{\beta}-(1-\delta)$。所以，若在这条曲线右侧$k_t$值相同，$c_t$值降低，则$\frac{1}{1+n}\left[f(k_t)+(1-\delta)k_t-c_t\right]$的值将会变大，并且边际产出低于曲线，其边际产出为

① 使用预算约束消除k_{t+1}之后，可以获得函数$g(k_t,c_t)$。

$\frac{1+n}{\beta}-(1-\delta)$。所以在曲线右侧，该点$f'(k_{t+1})<\frac{1+n}{\beta}-(1-\delta)$，依据*Keynes-Ramsey*条件，有$c_{t+1}<c_t$，对于式（4.8）左侧的曲线结论相反。

另一方面，当$k_{t+1}=k_t$时，预算约束为：

$$c_t=f(k_t)-(\delta+n)k_t,$$

为递增凸函数。曲线上方任何一点的消费大于曲线上的消费水平，所以$c_t>f(k_t)-(\delta+n)k_t$，考虑到预算约束，此式意味着$k_{t+1}<k_t$。在低于曲线的任何一点，情况是相反的。因此，我们得到了图中的相位图，描述了唯一可以将经济带入最优稳态的稳定流形的存在性。正如我们在连续时间经济中看到的那样（见图4-1）。

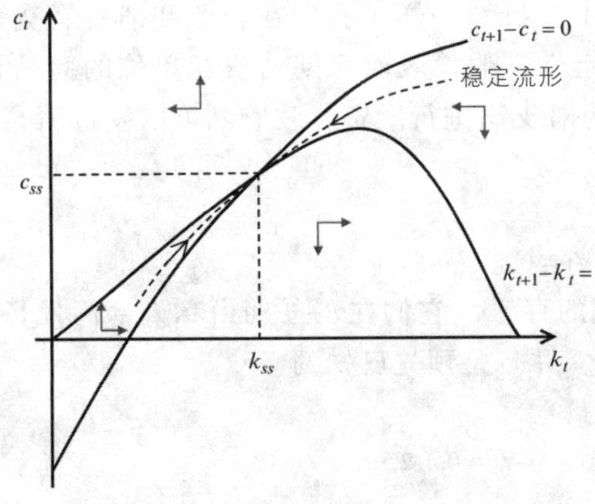

图4-1　离散Cass-koopmans模型的稳态

本章的最后部分描述了存在税收的经济中，从给定的初始条件收敛到稳态路径的数值计算。

4.1.5　离散时间的横截性条件

无穷域问题的横截性条件可以在有限域问题的相同条件下，通过取极限获得。有限域问题是：

$$\underset{\{c_t,k_{t+1}\}_{t=0}^{T}}{Max}\sum_{t=0}^{T}\beta^t U(c_t),$$

直到T时期，各期服从相同的预算约束序列：

$$k_{t+1}=\frac{1}{1+n}\left[f(k_t)+(1-\delta)k_t-c_t\right],$$

拉格朗日乘子：

$$L(\{c_t,k_{t+1},\lambda_t\})=\sum_{t=0}^{T}\beta^t\left\{U(c_t)+\lambda_t\left[f(k_t)-c_t-(1+n)k_{t+1}+(1-\delta)k_t\right]\right\},$$

一阶条件是：

$$\beta^t\left(U'(c_t)-\lambda_t\right)=0, t=0,1,2,3,\cdots$$

$$-\beta^t\lambda_t(1+n)+\beta^{t+1}\lambda_{t+1}\left[f'(k_{t+1})+1-\delta\right]=0, t=0,1,2,3,\cdots$$

对拉格朗日乘子关于资本存量K_{T+1}求导，可得横截性条件：

$-\beta^T \lambda_T (1+n) \leqslant 0$，且$\beta^T \lambda_T k_{T+1} (1+n) = 0$.

这个条件意味着在最大化时期结束时，消费者不会保留任何资本存量，或者其以影子价格表示的价值将等于0（通常情况下，$k_{T+1}=0$）。

通过对有限域问题取极限可以获得无限域问题的横截性条件：

$\lim_{T\to\infty}\left[-\beta^T \lambda_T (1+n)\right] \leqslant 0$，且$\lim_{T\to\infty} \beta^T \lambda_T k_{T+1} = 0$.

考虑到连续和离散时间问题贴现因子的关系：$\beta \approx e^{-\theta}$，则两个问题的横截性条件是等价的。

4.1.6 存在政府的竞争性均衡

4.1.6.1 政府

如我们在连续时间中分析的一样，我们在企业和消费者竞争性均衡模型中引入政府，仍然假定没有不确定性。假设政府每期消费G_t单位的商品且G_t是与经济中总收入水平无关的外生序列。为对支出进行融资，政府既可以发行债券，也可以征收非扭曲的总额税。

政府预算约束为：

$$G_t + r_t B_t = T_t + B_{t+1} - B_t, \forall t = 0,1,2,\cdots$$

其中，B_t是t期未尝公债的存量，它们在$t-1$期由私人部门发行和购买。r_t是$t-1$期发行的债券在t期的回报率，并且是预先已知的。

人均政府预算约束为：

$$g_t + r_t b_t = \tau_t + (1+n) b_{t+1} - b_t, \forall t = 0,1,2,\cdots \tag{4.11}$$

其中，$\tau_t = \dfrac{T_t}{N_t}$。

我们的目标是在这个经济体中描述竞争均衡机制下的资源配置，以及这种资源分配方式如何取决于公共消费水平。

4.1.6.2 家庭问题

消费者在每期都拥有一单位时间，假设消费是效用函数的唯一变量且在劳动力市场上劳动力供给无弹性。

用v_t表示代表性消费者拥有的企业股票，同时a_t表示总资产（公债加企业股票）：

$$a_t = b_t + v_t. \tag{4.12}$$

第t期消费者预算约束为：

$$c_t + (1+n) a_{t+1} - a_t + \tau_t = \omega_t + r_t a_t, \tag{4.13}$$

所以每期最优化问题的解为：

$$\underset{\{c_t, b_t, v_t\}_{t=0}^{\infty}}{Max} \sum_{t=0}^{\infty} \beta^t U(c_t),$$

约束为式（4.12）和式（4.13），并且给定a_0。

该问题贴现的拉格朗日函数是：

$$
\begin{aligned}
&L\left(\left\{c_t, a_{t+1}, b_t, v_t, \lambda_t, \mu_t\right\}\right)\\
&=\sum_{t=0}^{\infty}\beta^t U\left(c_t\right)\\
&\quad+\sum_{t=0}^{\infty}\beta^t\lambda_{1t}\left[\omega_t+\left(1+r_t\right)a_t-c_t-\left(1+n\right)a_{t+1}-\tau_t\right]\\
&\quad+\sum_{t=0}^{\infty}\beta^t\lambda_{2t}\left[a_t-b_t-v_t\right].
\end{aligned}
$$

一阶条件是：

$$c_t:\ U'\left(c_t\right)=\lambda_{1t}, \tag{4.14}$$

$$b_t:\ \beta^t\lambda_{2t}\leqslant 0, \beta^t\lambda_{2t}b_t=0, \tag{4.15}$$

$$v_t:\ \beta^t\lambda_{2t}\leqslant 0, \beta^t\lambda_{2t}v_t=0, \tag{4.16}$$

$$a_{t+1}:\ \left(1+n\right)\lambda_{1t}=\beta\lambda_{1t+1}\left(1+r_{t+1}\right)-\lambda_{2t}. \tag{4.17}$$

如果消费者的债券和股票数量为正$\left(b_{t+1}, v_{t+1}>0\right)$，那么$\lambda_{2t}=0$。将此条件与式（4.14）代入式（4.17）中，有：

$$\left(1+n\right)U'\left(c_t\right)=\beta U'\left(c_{t+1}\right)\left(1+r_{t+1}\right). \tag{4.18}$$

横截性条件是：

$$\lim_{t\to\infty}\beta^t\lambda_{1t}a_{t+1}=0\Leftrightarrow\lim_{t\to\infty}\beta^t\lambda_{1t}\left(b_{t+1}+v_{t+1}\right)=0, \tag{4.19}$$

当且仅当：

$$\lim_{t\to\infty}\beta^t\lambda_{1t}b_{t+1}=0, \tag{4.20}$$

$$\lim_{t\to\infty}\beta^t\lambda_{1t}v_{t+1}=0, \tag{4.21}$$

因为$b_{t+1}>0$，且$v_{t+1}>0$。

通过最优化条件$\left(1+n\right)\lambda_{1t}=\beta\lambda_{1t+1}\left(1+r_{t+1}\right)$，一阶差分方程变为：$\lambda_{1t+1}=\frac{(1+n)\lambda_{1t}}{\beta\left(1+r_{t+1}\right)}$，我们可以获得更直观的横截性条件表达式。对上一方程向后迭代，有：

$$\lambda_{1t}=\frac{\left(1+n\right)^t}{\beta^t\prod_{s=1}^{t}\left(1+r_s\right)}\lambda_{10}$$

代入式（4.20）与式（4.21）中，获得最终的条件：

$$\lim_{t\to\infty}\frac{\left(1+n\right)^t}{\prod_{s=1}^{t}\left(1+r_s\right)}b_{t+1}=0, \tag{4.22}$$

$$\lim_{t\to\infty}\frac{\left(1+n\right)^t}{\prod_{s=1}^{t}\left(1+r_s\right)}v_{t+1}=0. \tag{4.23}$$

4.1.6.3 企业问题

单一厂商在经济中使用劳动和资本去生产单一产品。厂商拥有资本存量，并且在t期支付给L_t工人ω_t的工资。厂商每期在生产中选择实物资本和工人数量以最大化利润的贴现值：

$$
\begin{aligned}
\underset{\left\{K_t, L_t\right\}}{Max}\ V_0=&F\left(K_0, L_0\right)-\omega_0 L_0-\delta K_0-\left(K_1-K_0\right)\\
&+\sum_{t=1}^{\infty}\frac{1}{\prod_{s=1}^{t}\left(1+r_s\right)}\left[F\left(K_t, L_t\right)-\omega_t L_t-\delta K_t-\left(K_{t+1}-K_t\right)\right],
\end{aligned}
$$

其中，单期利润被定义为产出收益与总工资支付和总投资之差。作为资本的所有者，厂商关心折旧支出。

利润现值为：

$$\underset{\{K_t,L_t\}}{Max}\, V_0 = F(K_0,L_0) - \omega_0 L_0 - \delta K_0$$
$$+\sum_{t=1}^{\infty}\frac{1}{\prod_{s=1}^{t}(1+r_s)}\left[F(K_t,L_t) - \omega_t L_t - \delta K_t\right]$$
$$-(K_1 - K_0) - \sum_{t=1}^{\infty}\frac{1}{\prod_{s=1}^{t}(1+r_s)}\left[K_{t+1} - K_t\right].$$

但是，

$$(K_1 - K_0) + \sum_{t=1}^{\infty}\frac{1}{\prod_{s=1}^{t}(1+r_s)}\left[K_{t+1} - K_t\right]$$
$$=\left[K_1 + \frac{K_2}{1+r_1} + \frac{K_3}{(1+r_1)(1+r_2)} + \cdots\right] - \left[K_0 + \frac{K_1}{1+r_1} + \frac{K_2}{(1+r_1)(1+r_2)} + \cdots\right]$$
$$= -K_0 + K_1\frac{r_1}{1+r_1} + K_2\frac{r_2}{(1+r_1)(1+r_2)} + \cdots$$
$$= -K_0 + \sum_{t=1}^{\infty}\frac{r_t K_t}{\prod_{s=1}^{t}(1+r_s)}.$$

因此，厂商的目标函数为：

$$V_0 = F(K_0,L_0) - \omega_0 L_0 + (1-\delta)K_0 + \sum_{t=1}^{\infty}\frac{1}{\prod_{s=1}^{t}(1+r_s)}\left[F(K_t,L_t) - \omega_t L_t - (r_t+\delta)K_t\right]$$

注意在 $t=0$ 期，厂商可以选择总工人数，但不能选择外生给定的资本存量 K_0。由于每一项仅依赖于第 t 期变量，V_0 不再是动态函数，第 t 期决策与未来利润没有联系。因此，利润最大化的一阶条件与单期利润最大化的静态问题一致：

$$r_t + \delta = \frac{\partial F(K_t,L_t)}{\partial K_t} = f'(k_t), t = 1,2,3\cdots \tag{4.24}$$

$$\omega_t = \frac{\partial F(K_t,L_t)}{\partial L_t} = f(k_t) - k_t f'(k_t), t = 0,1,2,3\cdots \tag{4.25}$$

其中，小写字母代表人均变量。

4.1.6.4 竞争性均衡

竞争性均衡是时间序列向量 $\{c_t,k_t,g_t,b_t,v_t,a_t,L_t,N_t,\omega_t,r_t,\tau_t\}_{t=0}^{\infty}$，因此：

1. 给定价格和税收 $\{\omega_t,r_t,\tau_t\}_{t=0}^{\infty}$，则 $\{c_t,b_t,v_t,a_t\}_{t=0}^{\infty}$ 求解代表性消费者问题。

2. 给定价格 $\{\omega_t,r_t\}_{t=0}^{\infty}$，则 $\{k_t,L_t\}_{t=0}^{\infty}$ 求解厂商问题。

3. 要素市场均衡，$v_t = k_t, N_t = L_t, \forall t$。

4. 每一期，时间序列 $\{g_t,b_t,r_t,\tau_t\}_{t=0}^{\infty}$ 满足政府预算约束。

5. 横截性条件式（4.22）与式（4.23）成立。

竞争性均衡配置满足政府和消费者预算约束，意味着经济中单一产品市场是均衡的：

$$c_t + (1+n)k_{t+1} - (1-\delta)k_t + g_t = f(k_t). \tag{4.26}$$

总产出在私人与公共消费以及投资之间进行分配，这代表了经济中的总资源约束。

4.1.6.5 最优稳态

最优稳态为动态竞争性均衡，在这个均衡中，人均变量随着时间的推移保持不变：$c_{t+1}=c_t=c_{ss},k_{t+1}=k_t=k_{ss}$。为使稳态存在，由政府外生给定的人均公共消费也必须保持不变。

由式（4.18）所决定的利率在稳态为：

$$r_{ss}=\frac{1}{\beta}-1.$$

代入式（4.24），可得稳态的资本存量满足：

$$f'(k_{ss})=\frac{1}{\beta}-1+\delta,$$

这说明稳态时的资本存量独立于公共消费，但却受时间贴现因子和资本折旧率的影响。除此之外，其值与无政府经济相同，所以当期政府支出不影响资本积累的过程，至少在长期有此结论①。

基于式（4.26），得到稳态消费为：

$$c_{ss}=f(k_{ss})-(n+\delta)k_{ss}-g_{ss},$$

其中，可以看出公共消费挤出了私人消费。

从式（4.25）中，得出稳态的实际工资：

$$\omega_{ss}=f(k_{ss})-k_{ss}f'(k_{ss}).$$

最后，如果政府外生选择公共债务路径 $b_{ss},\forall t$，为了对政府支出和债券利息进行融资，总税收必须由政府预算约束决定：

$$\tau_{ss}=g_{ss}+r_{ss}b_{ss}.$$

4.1.6.6 代表性个体问题

如连续时间中一样，消费者和厂商求解的最优化问题的竞争性均衡配置可以描述为代表性消费者和企业的最优配置②：

$$\underset{\{c_t,b_{t+1},k_{t+1}\}_{t=0}^{\infty}}{Max}\sum_{t=0}^{\infty}\beta^tU(c_t),$$

约束条件为③：

$$c_t+(1+n)k_{t+1}-(1-\delta)k_t+(1+n)b_{t+1}-\tau_t=f(k_t)+(1+r_t)b_t. \tag{4.27}$$

该问题的优化条件是：

$$(1+n)U'(c_t)=\beta U'(c_{t+1})(1+r_{t+1}),$$

$$(1+n)U'(c_t)=\beta U'(c_{t+1})\big(1-\delta+f'(k_{t+1})\big),$$

$$\lim_{t\to\infty}\frac{(1+n)^t}{\prod_{s=1}^{t}(1+r_s)}(b_{t+1}+k_{t+1})=0.$$

---

① 等式 $\beta=\frac{1}{1+\theta}$。

② 类似的证明在3.4节。

③ 其中我们可以看出，与计划者问题不同，不包含政府支出。

以及式（4.27）。

竞争性均衡资源配置由这些相同的条件以及政府预算约束式（4.11）和消费产品市场出清条件式（4.26）表示。

类似3.5节的证明表明，除非将支出作为一次性转移返还给消费者，否则当政府有正的支出，即$g_t > 0$时，经济中的竞争性均衡配置将不是有效率的。

4.2 Cass-Koopmans模型中的财政政策

4.2.1 确定性的例子

让我们考虑一个经济体，其中私人部门（消费者和厂商）设定为工人-企业的代表性组合。换句话说，我们考虑将整个私人部门描述为追求效用最大化的单一代表性个体，其偏好为常相对风险厌恶函数参数$\sigma > 0$。该主体将劳动和资本作为投入，并可以使用技术去生产消费产品。经济中唯一的产品可以被消费或者以资本的形式储存。生产函数满足规模报酬不变的假设，但两种要素边际收益递减。

政府支出的时间序列并不影响生产技术或者代表性主体的效用。使用我们之前引入的表达式，即公共消费被“扔向大海”[①]。政府支出以消费税τ_t^c和从量税τ_t^y进行融资。为了保持预算平衡，我们假定每期的政府支出依据税收决定，是其收入的唯一来源，政府不增发货币，并且没有发行债券。单期政府预算约束为：

$$g_t = \tau_t^y y_t + \tau_t^c c_t, t = 0, 1, 2, 3, \cdots \tag{4.28}$$

注意到在此模型中，政府支出并不是外生给定的。政府支出由税收决定，且随消费和产出而改变。

在3.5.2节中，我们讨论了当劳动收入税率与资本收入税率都是τ^y时，连续时间中竞争性均衡配置可以作为代表性个体问题的解。通过求解简单的代表性个体优化问题，我们使用该结果去描述包含消费税和收入税的竞争性均衡配置。

人口增长率为n，线性资本折旧率为δ，代表性个体的约束为：

$$(1+\tau_t^c)c_t + (1+n)k_{t+1} - (1-\delta)k_t = (1-\tau_t^y)f(k_t), \tag{4.29}$$

其中，我们使用了规模报酬不变的总生产技术$Y_t = F(K_t, N_t)$，人均项为$y_t = f(k_t)$。

代表性个体求解问题如下：

$$\underset{\{c_t, k_{t+1}\}_{t=0}^{\infty}}{Max} \sum_{t=0}^{\infty} \beta^t \frac{c_t^{1-\sigma} - 1}{1-\sigma},$$

约束为式（4.29），并且给定初始资本存量k_0。

该问题的拉格朗日函数是：

$$L(\{c_t, k_{t+1}, \lambda_t\}) = \sum_{t=0}^{\infty} \beta^t \left[\frac{c_t^{1-\sigma} - 1}{1-\sigma} + \lambda_t [(1-\tau_t^y)f(k_t) - (1+\tau_t^c)c_t - (1+n)k_{t+1} + (1-\delta)k_t] \right]$$

我们假设规模报酬不变的生产函数为C-D函数形式，人均产出可以写为：

$$y_t = f(k_t) = Ak_t^{\alpha}, 0 < \alpha < 1.$$

① 因此，竞争性均衡配置是无效率的。

在拉格朗日函数中对 c_t 和 k_{t+1} 求导获得最优化问题的必要条件，假设存在内部解 $(c_t, k_{t+1}>0, \forall t)$，得到：

$$\beta^t\left[c_t^{-\sigma}-\lambda_t\left(1+\tau_t^c\right)\right]=0, \tag{4.30}$$

$$-\beta^t\lambda_t(1+n)+\beta^{t+1}\lambda_{t+1}\left[\left(1-\tau_{t+1}^y\right)A\alpha k_{t+1}^{\alpha-1}+1-\delta\right]=0. \tag{4.31}$$

横截性条件为：

$$\lim_{t\to\infty}\beta^t\lambda_t k_{t+1}=0.$$

条件式（4.30）可以写为：

$$\frac{c_t^{-\sigma}}{1+\tau_t^c}=\lambda_t,$$

带入式（4.31）得到：

$$c_{t+1}=\left[\frac{\beta}{1+n}\frac{1+\tau_t^c}{1+\tau_{t+1}^c}\left[\left(1-\tau_{t+1}^y\right)A\alpha k_{t+1}^{\alpha-1}+1-\delta\right]\right]^{\frac{1}{\sigma}}c_t, \tag{4.32}$$

上式为包含收入税和消费税的 *Keynes-Ramsey* 条件。此条件是每期消费的边际替代率、剔除税收和折旧的资本边际产出之间标准方程的延伸，且其会根据消费税变化而变化。

4.2.1.1 求解代表性个体问题

对于初始条件，及给定$\{\tau_t^c,\tau_t^y\}$的时间序列，竞争性的均衡是定义在（0，∞）上的$\{c_t,\ k_{t+1}\}$的函数集，因此：（1）给定τ_t^c,τ_t^y，函数向量$\{c_t,k_{t+1}\}$可求解代表性主体的效用最大化问题；（2）货币市场出清；（3）每一期政府的预算约束式（4.28）均成立。因为公共消费被“扔向大海”且存在税收扭曲，所以竞争性均衡配置是无效率的。该论证与3.5节类似。

满足等式和 *Keynes-Ramsey* 条件式（4.32）的预算约束式（4.29）与横截性条件，共同形成了从初始条件 k_0 开始的物质资本和消费的最优时间路径的非线性差分方程。我们可以考虑直接求解方程组。尽管它是一个由两个非线性方程组组成的系统，每期都不存在解析解，但可以用任何数值来求出每期的消费和资本存量。在给定的 k_t 下，预算约束是 c_t 与 k_{t+1} 之间的关系，而在给定的 c_t 下，*Keynes-Ramsey* 条件是 c_t 与 k_{t+1} 之间的关系。这意味着从初始条件 k_0 开始，给定初始消费 c_0，我们可以从预算约束中计算 k_1，然后从 *Keynes-Ramsey* 条件中获得 c_1，并且进一步迭代这个过程，我们将获得这两个变量的全部时间序列。问题是在任何可能的情况下，我们得到的解都不会收敛到稳态，因为我们没有施加任何稳定性条件，该条件对于保证横截性条件成立是必要的。如之前章节所描述的，如果初始消费可以被任意选择，我们可以获得连续的解，因为选择的初始消费位于收敛于稳态的轨迹上。这是全局稳定系统的特征。描述连续和离散时间模型的相位图说明了计划者问题存在鞍点路径，当且仅当选择的初始消费恰当时，经济才会在稳定路径上并收敛到稳态，有一个选择可以保证稳定。初始消费的具体选择取决于我们接下来讨论的稳定性条件。

4.2.1.2 稳定性

稳定性条件保证了作为代表性个体问题解的相关变量的时间序列，将会收敛到稳态水平。为了描述该条件，我们首先构建稳态附近的线性估计。如我们在第2章所见，在累积要素（实物资本）生产技术规模报酬递减时，长期增长率为0。因此，在稳态，人均变量将为常数 $c=c_{ss},k_t=k_{ss},y_t=y_{ss},\forall t$。

为简便起见，我们假设政府使用固定的收入税税率和消费税税率，即：

$$\tau_t^y=\tau^y,\tau_t^c=\tau^c,\forall t.$$

此假设比我们所需要的条件更加严格，但我们应该清楚，零增长率的稳态需要税率充分稳定。

把这个假设代入式（4.32），我们获得资本的稳态水平：

$$k_{ss}=\left[\frac{(1-\tau^y)A\alpha}{\frac{1+n}{\beta}-(1-\delta)}\right]^{\frac{1}{1-\alpha}},$$

上式与所得税税率相关，与消费税税率无关。因此，消费税并不影响长期资本积累的过程。将此表达式代入预算约束中，有：

$$c_{ss}=\frac{1}{1+\tau^c}\left[(1-\tau^y)Ak_{ss}^{\alpha}-(n+\delta)k_{ss}\right].$$

现在，我们可以在稳态附近，对一阶条件进行近似。我们首先写出预算约束：

$$k_{t+1}-\frac{1-\tau^y}{1+n}Ak_t^{\alpha}-\frac{1-\delta}{1+n}k_t+\frac{1+\tau^c}{1+n}c_t=0, \tag{4.33}$$

将此式看作函数 $G(k_{t+1},c_{t+1},k_t,c_t)=0$，其线性近似是：

$$(k_{t+1}-k_{ss})-\left[\frac{1}{1+n}\left((1-\tau^y)A\alpha k_{ss}^{\alpha-1}+1-\delta\right)\right](k_t-k_{ss})$$
$$+\frac{1+\tau^c}{1+n}(c_t-c_{ss})=0.$$

从 k_{ss} 的表达式中，可知第一个括号等于 $\frac{1}{\beta}$，所以有：

$$k_{t+1}-k_{ss}=\frac{1}{\beta}(k_t-k_{ss})-\frac{1+\tau^c}{1+n}(c_t-c_{ss}). \tag{4.34}$$

另一方面，将代表性个体问题的最优化条件式（4.32），看作函数 $F(k_{t+1},c_{t+1},k_t,c_t)=0$，它可以近似为：

$$c_{t+1}-c_{ss}=\frac{1}{\sigma}\Omega_{ss}^{\frac{1}{\sigma}-1}\left[\frac{\beta}{1+n}(1-\tau^y)A\alpha(\alpha-1)k_{ss}^{\alpha-2}\right]c_{ss}(k_{t+1}-k_{ss})+\Omega_{ss}^{\frac{1}{\sigma}}(c_t-c_{ss}),$$

其中，Ω_{ss} 代表式（4.32）中括号里的表达式 $\Omega_{ss}=\frac{\beta}{1+n}((1-\tau^y)A\alpha k_{ss}^{\alpha-1}+1-\delta)$。将式（4.32）在稳态特殊化，有 $\Omega_{ss}=1$。

因此，我们得到：

$$(c_{t+1}-c_{ss})-\frac{1}{\sigma}\frac{\beta}{1+n}(1-\tau^y)A\alpha(\alpha-1)k_{ss}^{\alpha-2}c_{ss}(k_{t+1}-k_{ss})=c_t-c_{ss}. \tag{4.35}$$

这两个近似估计可以写为矩阵形式：

$$\begin{pmatrix} 1 & 0 \\ -\frac{1}{\sigma}\frac{\beta}{1+n}(1-\tau^y)A\alpha(\alpha-1)k_{ss}^{\alpha-2}c_{ss} & 1 \end{pmatrix}\begin{pmatrix} k_{t+1}-k_{ss} \\ c_{t+1}-c_{ss} \end{pmatrix}$$

$$=\begin{pmatrix} \frac{1}{\beta} & -\frac{1+\tau^c}{1+n} \\ 0 & 1 \end{pmatrix}\begin{pmatrix} k_t-k_{ss} \\ c_t-c_{ss} \end{pmatrix}, \tag{4.36}$$

可以缩写为：

$$B_0 z_{t+1} = B_1 z_t,$$

其中，$z_t = (k_t - k_{ss}, c_t - c_{ss})$，且 B_0, B_1 是式（4.36）中 2×2 的系数矩阵。因为 B_0 可逆，即：

$$B_0 = \begin{pmatrix} 1 & 0 \\ M & 1 \end{pmatrix} \Rightarrow B_0^{-1} = \begin{pmatrix} 1 & 0 \\ -M & 1 \end{pmatrix},$$

且

$$M = -\frac{1}{\sigma}\frac{\beta}{1+n}(1-\tau^y)A\alpha(\alpha-1)k_{ss}^{\alpha-2}c_{ss} > 0.$$

我们也可以将带有税收模型的最优化条件的线性近似写为：

$$\begin{pmatrix} k_{t+1}-k_{ss} \\ c_{t+1}-c_{ss} \end{pmatrix} = \begin{pmatrix} \frac{1}{\beta} & -\frac{1+\tau^c}{1+n} \\ -\frac{1}{\beta}M & 1+M\frac{1+\tau^c}{1+n} \end{pmatrix}\begin{pmatrix} k_t-k_{ss} \\ c_t-c_{ss} \end{pmatrix}$$

$$= \begin{pmatrix} d_{11} & d_{12} \\ d_{21} & d_{22} \end{pmatrix}\begin{pmatrix} k_{t-1}-k_{ss} \\ c_{t-1}-c_{ss} \end{pmatrix}. \tag{4.37}$$

其中，2×2 阶的系数矩阵 $D = \begin{pmatrix} d_{11} & d_{12} \\ d_{21} & d_{22} \end{pmatrix}$，有特征方程：

$$\mu^2 - (d_{11}+d_{22})\mu + (d_{11}d_{22} - d_{12}d_{21}) = 0,$$

特征方程的根为：

$$\mu = \frac{(d_{11}+d_{22}) \pm \sqrt{(d_{11}+d_{22})^2 - 4(d_{11}d_{22} - d_{12}d_{21})}}{2}.$$

使用数学附录及3.2节中类似的讨论，我们运用 D 的谱分解 $D = \Gamma\Lambda\Gamma^{-1}$，右特征向量矩阵表达式 $\Gamma = \begin{pmatrix} x_1 & y_1 \\ x_2 & y_2 \end{pmatrix}$ 及其逆 $\Gamma^{-1} = \begin{pmatrix} u_1 & v_1 \\ u_2 & v_2 \end{pmatrix}$ 表示的动态解为：

$$\begin{pmatrix} k_t-k_{ss} \\ c_t-k_{ss} \end{pmatrix} = \Gamma\Lambda\Gamma^{-1}\begin{pmatrix} k_{t-1}-k_{ss} \\ c_{t-1}-k_{ss} \end{pmatrix}$$

$$= \begin{pmatrix} x_1 & y_1 \\ x_2 & y_2 \end{pmatrix}\begin{pmatrix} \mu_1 & 0 \\ 0 & \mu_2 \end{pmatrix}\begin{pmatrix} u_1 & v_1 \\ u_2 & v_2 \end{pmatrix}\begin{pmatrix} k_{t-1}-k_{ss} \\ c_{t-1}-k_{ss} \end{pmatrix}, \tag{4.38}$$

参数值 $x_1 = 1, x_2 = \frac{\mu_1 - d_{11}}{d_{12}}$；$y_1 = 1, y_2 = \frac{\mu_2 - d_{11}}{d_{12}}$；$u_1 = \frac{\mu_2 - d_{11}}{\mu_2 - \mu_1}, v_1 = -\frac{d_{12}}{\mu_2 - \mu_1}$，

$$u_2 = -\frac{\mu_1 - d_{11}}{\mu_2 - \mu_1},\ v_2 = \frac{d_{12}}{\mu_2 - \mu_1},$$

对此进行重复迭代，我们可以获得从初始值 k_0, c_0 开始的全部轨迹：

$$\begin{pmatrix} k_t-k_{ss} \\ c_t-k_{ss} \end{pmatrix} = \Gamma\Lambda^t\Gamma^{-1}\begin{pmatrix} k_{t-1}-k_{ss} \\ c_{t-1}-k_{ss} \end{pmatrix}$$

$$= \begin{pmatrix} x_1 & y_1 \\ x_2 & y_2 \end{pmatrix}\begin{pmatrix} \mu_1^t & 0 \\ 0 & \mu_2^t \end{pmatrix}\begin{pmatrix} u_1 & v_1 \\ u_2 & v_2 \end{pmatrix}\begin{pmatrix} k_0-k_{ss} \\ c_0-k_{ss} \end{pmatrix}.$$

此系统的特征方程满足在附录里描述的带有鞍点结构模型的条件，所以，两个根满足：$|\mu_1| > 1/\sqrt{\beta}$，$|\mu_2| < 1$。我们称μ_2为稳定的特征值，μ_1为不稳定的特征值①。

先前表达式中的矩阵乘积为：

$$k_t - k_{ss} = x_1\mu_1^t[u_1(k_0 - k_{ss}) + v_1(c_0 - c_{ss})] + y_1\mu_2^t[u_2(k_0 - k_{ss}) + v_2(c_0 - c_{ss})],$$

$$c_t - c_{ss} = x_2\mu_1^t[u_1(k_0 - k_{ss}) + v_1(c_0 - c_{ss})] + y_2\mu_2^t[u_2(k_0 - k_{ss}) + v_2(c_0 - c_{ss})].$$

资本存量的横截性条件是：

$$\lim_{t\to\infty}\beta^t\frac{1}{1+\tau^c}k_{t+1}c_t^{-\sigma} = 0 \Rightarrow \lim_{t\to\infty}\beta^t k_t = 0,$$

其中，我们已知，在最优路径上消费将不会趋向于0。因为$|\beta\mu_1| > 1$且$|\beta\mu_2| < \beta$，当且仅当在$K_t - K_{ss}$方程中不稳定的特征值μ_1的系数设为0时，横截性条件才会成立。但是，如上所示，$x_1 = 1$，所以括号里的项以及μ_1^t必须为0。在消费方程中，也有同样的条件，因为x_2依赖于结构参数值，并且不能为0。

$$u_1(k_0 - k_{ss}) + v_1(c_0 - c_{ss}) = 0, \tag{4.39}$$

因此，稳定性条件要求初始消费c_0满足：

$$c_0 - c_{ss} = -\frac{u_1}{v_1}(k_0 - k_{ss}) = \frac{\mu_2 - d_{11}}{d_{12}}(k_0 - k_{ss}).$$

如果依据此稳定性条件选择初始消费，那么动态系统将是：

$$k_t - k_{ss} = y_1\mu_2^t[u_2(k_0 - k_{ss}) + v_2(c_0 - c_{ss})], \tag{4.40}$$

$$c_t - c_{ss} = y_2\mu_2^t[u_2(k_0 - k_{ss}) + v_2(c_0 - c_{ss})], \tag{4.41}$$

所以，

$$c_t - c_{ss} = \frac{y_2}{y_1}(k_t - k_{ss}) = \frac{\mu_2 - d_{11}}{d_{12}}(k_t - k_{ss}), \tag{4.42}$$

其中，我们可以注意到稳定性要求每一时间点上资本存量和消费在偏离稳态的水平上必须满足同样的条件，如在第0期一样，这就是我们寻找的稳定性条件。此外，可以看出，尽管我们没有直接施加条件，但条件式（4.40）和式（4.41）在$t = 0$期也成立。

因此，动态系统可以被简化为：

$$k_t - k_{ss} = \mu_2^t[y_1(u_2(k_0 - k_{ss}) + v_2(c_0 - c_{ss}))] = \mu_2^t(k_0 - k_{ss}),$$

$$c_t - c_{ss} = \frac{\mu_2 - d_{11}}{d_{12}}\mu_2^t(k_0 - k_{ss}) = \mu_2^t(c_0 - c_{ss}),$$

上式表明，消费和资本存量都沿此线性近似，从它们的初始值平滑地收敛到它们的稳态值。

使用稳定性条件去计算初始消费C_0，模型的数值解可以从线性近似中求得。这是

---

① 解的增长率显然与μ_1,μ_2的绝对值有关。低于稳定解的临界增长率因模型而异。对存在定义良好的解的要求是目标函数仍然有界，即要求参数变量有上界。这个有界性将依赖于目标函数的形式。有时，例如在卡斯-库普曼模型中，横截性条件与其相关。其他情况下，即使当目标函数有界时，可行性或最优性也需要横截性条件，所以需要增加增长率上界以保证横截性条件成立。注意到代表性个体一阶条件的线性近似等于该问题的二次线性近似。因此，给定目标函数的二次近似（即$\sum_{t=0}^{\infty}\beta^t U(c_t) \simeq \sum_{t=0}^{\infty}\beta^t(a\tilde{c}_t^2 + b\tilde{c}_t + d)$），其中$\tilde{c}_t = c_t - c_{ss}$），显然，当且仅当$|\mu| < 1/\sqrt{\beta}$时，其和将会收敛到$\tilde{c}_t = \mu^t\tilde{c}_0$。

由于，如果在t=0期施加稳定性条件，那么任何时期内线性近似都会满足稳定性条件。然而，线性近似或许对非线性经济来说是一个粗略的近似，所以此过程是不明智的。作为另一种替代方法，在任何时期内，我们可以使用线性近似中任何一个方程以及稳定性条件进行求解。更好的方法是在每期使用稳定性条件和非线性总资源约束式（4.29），这样我们就保留了一些原始模型的非线性特征。实际上，以此方式获得的解，可以收敛到稳态。没有使用的条件将在每一期都不成立。另一方面，如果从非线性条件直接获得解而没有施加稳定性，则得到的时间序列最终会偏离稳态，这是因为我们没有合理地处理横截性条件。潜在的不稳定性与随机性无关，认识到这一点很重要，类似本章中讨论的确定性经济也验证了此观点。

在更加复杂的确定性模型中，稳定性条件被认为将决策变量的稳定初始值作为状态变量初始值的函数。如果在系统中决策变量多于稳定性条件①，我们求出模型的解仅仅是一个或多个决策变量给定的任意初始值的函数②，并且它们全部稳定。由于任意的选择都会使得稳定路径收敛到稳态，则解具有不确定性，如Benhabib和Perli[1]以及Xie[3]所示，这个系统被称作全局稳态。另一方面，当独立的稳定性条件多于控制变量时，这个系统将会没有解。稳定子空间如果存在的话，它会变为稳定状态，并且当它经历了偏离稳态的轻微偏差时，经济将是全局不稳定的，进入发散路径。最后，当稳定性条件可以将所有的控制变量表示为状态和外生变量的函数时，方程组将有唯一解。之前模型中，我们只有一个状态变量和一个决策变量，所以一个稳定性条件产生唯一解。

为获得模型的解，且形式为相关变量的时间序列，我们进行如下步骤：

1.给定结构参数的值$\beta,\delta,A,\alpha,n,\sigma$，以及初始条件$k_0$和政策参数$\tau^y,\tau^c$。

2.获得实物资本和消费的稳态水平k_{ss},c_{ss}。

3.估计式（4.37）的转移矩阵，并计算它的特征值和特征向量。

4.从k_0开始，使用稳定性条件去获得初始消费c_0，使经济收敛于稳态的轨迹。

5.从预算约束中获得K_1，从稳定性条件中获得C_1，对每一期t重复这个过程。

如我们已经提到的，由两个非线性方程即预算约束和*Keynes-Ramsey*法则计算得出的数值解将会发散。如上所述，这需要对初始消费进行任意选择，而不需要解是稳定的。应用每一期的稳定性条件和预算约束可以求解模型。因为*Keynes-Ramsey*条件并没有在求解中使用，则该条件不成立，这反映了由稳定性条件的线性近似而产生的数值近似误差。通过在每期都施加稳定性条件及运用模型的线性近似中任一方程可对模型进行求解。尽管我们已经说明了线性近似向未来拓展了稳定性条件，但是如果我们仅在初期施加稳定性条件并运用线性近似的方程进行求解，则它将会收敛到稳态，然而最终会舍弃该解。

4.2.2 数值练习：求解带税的确定性竞争均衡

在*CK_Taxes_deterministic.xls*文件中，我们求解了确定性的离散时间代表性消费者问

① 通过使用包含同期的决策变量（如一些因素）消除决策变量。

② 在本章考虑的卡斯-库普曼经济中的初始消费，我们将会在数学附录里讨论这个问题。

题，在经济中，政府每一期有非零消费，这些消费通过征收消费税和所得税获得。类似的分析可以在MATLAB程序*CK_d_transition.m*中执行。当计算确定性和随机性优化问题的数值解时，这个练习对于理解稳定性条件的重要性是极其关键的，就像在计划者问题或者竞争性均衡中描述的资源配置那样。

结构参数的基准值为$A = 1, \beta = 0.9, \alpha = 0.33, n = 0.0, \delta = 0.07, \sigma = 0.50$，并且税率$\tau_c = 20.0\%, \tau_y = 12.478\%$。在这些参数下，稳态水平$k_{ss} = 2.007, c_{ss} = 0.801, y_{ss} = 1.258$，并且政府收入$g_{ss} = 0.3172$，稳态投资等于可支配收入和消费的差，$i_{ss} = \left(y_{ss} - \tau_y y_{ss} - \tau_c c_{ss}\right) - c_{ss}$ =0.1405。这个数值等于$(n + \delta) k_{ss}$，即总的资本折旧损失加上每一期必须给新消费者的用以维持不变的人均资本部分nk_{ss}，它使得稳态得以维持。

在基准参数值和税率的下方，主要内生变量的稳态值在数据表的第一列。在它们下方，读者可以发现模型线性近似的转移矩阵中元素的数值和在所选的参数下用于估计竞争均衡稳态路径线性近似的特征向量以及特征值。此表中的M常数与之前的一节相同。用上述基准参数值估计近似稳定条件：

$$c_t - c_{ss} = 0.2868\left(k_t - k_{ss}\right), \forall \mathrm{t}.$$

第一组中所考虑的第一种情况显示了一个初始资本存量等于稳态水平的经济，$k_0 = k_{ss}$。然后，我们从稳定性条件中选取人均消费，这使得经济处于稳定路径。但由于资本存量处于稳态值，所以整个经济处于稳态$k_0 = k_{ss}, c_0 = c_{ss}$。初始阶段后，我们使用预算约束去计算下一期资本存量，并且使用*Keynes-Ramsey*条件去求得相应的消费水平。因为经济从稳态的右边开始，所以数值解并不重要，经济不会脱离稳态。由于方程中对前一期消费的依赖，因此我们应该注意除*Keynes-Ramsey*之外用来计算初始消费c_0的条件。

第一组中第二种情况考虑了从最优稳态左边开始的经济，即资本存量低于稳态值。如之前的例子一样，稳定性条件用来计算c_0，并且从t=0期开始，全部的非线性经济结构被用作传导机制。我们依次使用预算约束，形如$k_{t+1} = f(k_t, c_t)$方程来寻找期末的资本，以及形式为$c_{t+1} = f(k_{t+1}, c_t)$的*Keynes-Ramsey*条件去寻找下一期的消费。因此，从k_0开始，稳定性条件给出c_0，预算约束给出k_1，*Keynes-Ramsey*给出c_1，且可以不断迭代下去。由于我们从稳态值左边开始，那么稳定性条件的线性近似会低于稳态值的消费水平。从该点起，为收敛到稳态，资本存量和消费水平都应增加。然而，在表中显示为红色的时期过后，经济转变方向，资本存量开始下降而消费水平高于稳态水平。依据稳定性图，我们从左边较低的区域移动到较高的区域，如图中所示，随着资本的降低和消费的增加，经济向纵轴移动，显然这种情况不合理，并在数值解中反映得很清楚。这是由于除了在t=0期外，我们并没有将经济置于稳定流形中，其余时期经济都在稳定流形之外。

你或许会想到之前的情况是由于初始状态远离稳态很远。第一组的第三种情况也是从稳态右边，低于稳态开始的，但初始时距稳态很近。使用稳定性条件获得初始消费，并且从此刻开始，将全部非线性的经济结构作为传导机制。经济再一次从右边靠近稳态，但是此时资本存量很快降为0。与之前的情况唯一不同的是，远离收敛路径所需的时间更长。事实上，读者可以任意选择初始消费水平，例如M24或者P24，检验的结果相同。

第二组利用了模型的线性近似，忽略了经济在非线性性质方面的信息。资本存量和消费都可从模型的线性近似式（4.34）中获得。然而，初始消费并不能以此方式获得，所以稳定性条件仅用于$t=0$期以获得c_0。第一种情况下，初始资本处于稳态水平，所以我们将整个经济置于稳态水平，且不会偏离。第二种情况下，经济从低于稳态的资本存量开始。从此刻起，式（4.37）将系统向未来推进。只要我们使用稳定性条件计算初始消费，那么线性系统就会将经济带入稳态。附图显示了资本和消费存量平稳、渐进的转移路径。如第三种情况所示，初始时距离稳态越远，收敛所需的时期就越多，但稳定性是存在的。此组中唯一的问题是经过多个时期，经济任意接近稳态后EXCEL中数值近似误差使得轨迹偏离了稳态，误差大小显然取决于初始条件与稳态值的距离。

在第三组中，我们再次使用模型的线性近似来计算数值解，这与我们在第二组中所做的一样。不同的是，不仅在$t=0$期，在每一期我们都使用稳定性条件获得消费的时间序列。在第三组中，对于同样的初始条件，我们获得了与仅在$t=0$期使用稳定性条件的第二组一样的资本和消费的时间序列。第三列又一次计算了消费的时间序列，但没有使用稳定性条件而使用了线性近似中的其他方程，关键是线性近似不能用来计算初始消费，所以使用稳定性条件来获得c_0。但之后，如我们在之前的章节所见，稳定性条件将永久成立，所以在这一组中两种线性方法计算的消费产生同样的稳态解就不足为奇了。在消费的时间序列之后，我们给出了使用模型的线性近似而不是非线性结构得到的消费和资本的百分比近似误差，正如*Keynes-Ramsey*条件与预算约束所反映的那样，在有限期后，近似误差可以忽略。

在第四组中，每一期都使用稳定性条件去获得人均消费，而预算约束用来获得期末的资本存量，如$k_{t+1}=f(k_t,c_t)$。如我们在第一种情形下考虑的那样，若从此处开始，则该机制会将经济留在稳态。在第二个例子中，经济从低于稳态的资本存量开始。无论初始资本存量如何，稳定性条件保证了经济可以收敛到稳态。实际上，由于我们使用线性近似系统作为稳定性条件，则存在不可避免的数值近似误差。然而，当从同样的资本存量开始时，该情况下的解与第二组相比，是对真实解更好的线性近似，因为在第二组中我们没有使用任何真实非线性结构模型，正如在此组中所做的那样。

在最右边，我们给出了第一幅图将第三组中线性近似下获得的轨迹与第四组中非线性的解进行了比较。第二幅图显示了消费和资本存量平滑的收敛路径，如果我们远离稳态，变量将跟随资本存量的变动轨迹。使用稳定性条件或者*Keynes-Ramsey*条件计算出来的消费轨迹和由此产生的效用水平看起来十分相似。在“C列中的%-偏离”中，我们呈现了由*Keynes-Ramsey*条件精确计算的人均消费水平和在线性近似模型的稳态条件下获得的人均消费水平的百分比差异。最后的图形中显示了所有可相互替代的消费轨迹。当初始的经济距离稳态较近时，近似误差是很小的，为0.5%，并在6期之后可以忽视。第四组中的最后一种情况考虑了初始时远离稳态的经济。除了需要更长的时间才能达到稳态，这对收敛没有任何实质性的影响，在消费中的数值逼近误差最初相当大，但在几期后又变得可以忽略不计。

4.2.3 数值练习：财政政策评价

在 Excel 文件 *CK_solution_changes_in_tax.xls* 中，我们使用之前章节引入的模型分析改变政府财政政策所产生的影响。*Steady State* 表格显示了长期效应，而 *Transition* 表格则包含了短期和长期的效应。在所有的情况中，我们都计算了政策改变的福利影响。在本节中，我们首先给出用来评估福利影响的方法，如 Lucas[2]所用的那样。

4.2.3.1 测量福利效应

我们将财政政策改变而产生的福利影响 ΔW 定义为每一期沿原始路径返还给消费者，从而使其福利在原有政策与新政策间没有差异的那一部分额外消费量。负的 ΔW 表示与财政政策改变相关的福利损失。我们把消费补偿作为财政改革前产出水平的百分比来衡量，且进一步假设税收改变发生在稳态经济中。

令 c_{ss}^I, y_{ss}^I 表示在初始税收政策下稳态的消费和产出，同时 c_t^N 表示在新的财政政策下的 t 期消费。在 t=0 期，实行税率改革，此时经济处于稳态。但是经济并不是永久停留在 c_{ss} 上，它开始向新的稳态过渡，且消费轨迹为 $c_t, t = 0, 1, 2, 3, \cdots$。福利的影响可以计算为 $\Delta W = 100 \dfrac{\Delta c}{y_{ss}^I}$。

消费补偿 Δc 必须满足：

$$\sum_{t=0}^{\infty} \beta^t \frac{\left(c_{ss}^I + \Delta c\right)^{1-\sigma} - 1}{1-\sigma} = \sum_{t=0}^{\infty} \beta^t \frac{\left(c_t^N\right)^{1-\sigma} - 1}{1-\sigma}.$$

定义 $\eta = \dfrac{\Delta c}{c_{ss}}$，我们可以写出 $\Delta W = 100 \dfrac{\eta c_{ss}^I}{y_{ss}^I}$，并且之前的方程变为：

$$\sum_{t=0}^{\infty} \beta^t \frac{\left((1+\eta) c_{ss}^I\right)^{1-\sigma} - 1}{1-\sigma} = \sum_{t=0}^{\infty} \beta^t \frac{\left(c_t^N\right)^{1-\sigma} - 1}{1-\sigma},$$

这意味着 η 值为：

$$\eta = \frac{\left[(1-\beta)(1-\sigma)\left(\sum_{t=0}^{\infty} \beta^t \dfrac{\left(c_t^N\right)^{1-\sigma} - 1}{1-\sigma}\right) + 1\right]^{\frac{1}{1-\sigma}}}{c_{ss}^I} - 1,$$

并且，

$$\Delta W = 100.\left(\frac{\left[(1-\beta)(1-\sigma)\left(\sum_{t=0}^{\infty} \beta^t \dfrac{\left(c_t^N\right)^{1-\sigma} - 1}{1-\sigma}\right) + 1\right]^{\frac{1}{1-\sigma}}}{c_{ss}^I} - 1\right) \frac{c_{ss}^I}{y_{ss}^I}. \tag{4.43}$$

如果仅分析长期影响，那么 $c_t^N = c_{ss}^N$，并且 η 变为：

$$\eta = \frac{c_{ss}^N}{c_{ss}^I} - 1,$$

所以，

$$\Delta W_{ss} = \frac{\eta c_{ss}^I}{y_{ss}^I} \cdot 100 = \left(\frac{c_{ss}^N}{c_{ss}^I} - 1\right) \frac{c_{ss}^I}{y_{ss}^I} \cdot 100. \tag{4.44}$$

结构参数值在 *steady-state* 表格的左端给出：$A = 1, \beta = 0.90, \alpha = 0.33, n = 0.0, \delta =$

$0.07, \sigma = 0.50$。此表内分析了三个问题：（a）保持消费税税率不变（事实上，我们假设 $\tau^c = 0$），收入税改变的长期影响；（b）保持所得税税率不变（特别的，我们假设 $\tau^y = 0$），消费税改变的长期影响。在这两种情况中，我们可以看到税收和公共消费都会改变。最后，我们分析当保持税收收入不变时两个税率同时变化的长期影响。

4.2.3.2 税率变化的长期影响

在第一组 *steady-state* 表格中，初始消费税为0，当所得税固定为0时，随着消费税的逐步提高，我们计算资本存量、私人与公共消费、产出、税后收入和公共消费占总产出的权重等变化，我们同样也计算了税率上升的福利成本。在第二组中有类似的研究，收入税从0开始并逐步提高，而消费税固定在0。在所有情况中，我们使用之前章节描述的资本存量和消费的表达式。在 *CK_d_long run tax changes.m* MATLAB程序中，我们进行了同样的分析。产出为 $y_{ss} = f\left(k_{ss}\right) = Ak_{ss}^{\alpha}$，投资为：$i_{ss} = \left(n + \delta\right)k_{ss}$，税收为 $\tau_c c_{ss} + \tau_y y_{ss}$，效用为 $U_{ss} = \dfrac{c_{ss}^{1-\sigma} - 1}{1 - \sigma}$，且可支配收入为：$y_{ss}^d = (1 - \tau_y)\, y_{ss}$。福利损失可以从式（4.44）中获得。

在数值解下方，我们给出了一些图形来描述这两个分析结果。蓝线显示了不同变量对所得税率变化的稳态反应，而红线显示其对消费税率变化的反应。消费税的增加对资本积累没有长期影响，因此也不影响长期资本存量，所以稳态的产出和投资也不会改变。将折旧率和人口增长应用于稳态资本存量就可以得到稳态投资。税收增加使得公共消费增加，因为产出和投资不改变，而后者一对一地挤出了私人消费。这种替代降低了消费者的效用水平，消费税的福利成本随税率的变化而单调增加。

两种税率增加的主要不同在于它们影响生产率的方式，生产率并不受消费税的影响，所得税率增加导致税后的劳动边际产出降低，这将会降低资本积累，并且导致资本存量和产出的稳态值降低，可支配收入减少使得私人消费和效用降低。对于同样的税率，所得税对经济增长和福利的负影响大于消费税。有趣的是，税收收入并不随收入税的增加而单调上升，在税率达到67%时，税收额最大，随后税率升高，税收反而降低，这称为拉弗曲线。尽管税率升高后税收减少，但是在总产出中公共消费份额总是上升。随着所得税税率的增加，福利成本也单调增加。

与第一组和第二组不同的是，在第三组和第四组中我们考虑当税收不变时，两个税率同时改变所产生的实际影响。我们考虑两个税收水平：0.317和0.550，在数值计算下方，给出了两种情况的结果图集。为描述两个税率的关系，我们写出了在稳态水平下含税经济的预算约束：

$$(1 + \tau^c)\, c_{ss} + (n + \delta)\, k_{ss} = (1 - \tau^y)\, Ak_{ss}^{\alpha},$$

那么，

$$c_{ss} = y_{ss} - (\tau^y y_{ss} + \tau^c c_{ss}) - (n + \delta)\, k_{ss} = y_{ss} - g_{ss} - (n + \delta)\, k_{ss},$$

在式（4.28）中求解 τ^c：

$$\tau^c = \frac{g_{ss} - \tau^y y_{ss}}{y_{ss} - g_{ss} - (n + \delta)\, k_{ss}}.$$

为了获得第一个税收组合，我们假设不存在所得税，并计算为了维持之前确定的支出水平的消费税税率水平。例如，当支出是0.317且所得税税率为0时，消费税税率必须为37.1%。为了计算另外的税收组合，我们以5%的间隔连续提高收入税税率，并且计算维持支出水平所必需的消费税。我们看到通过提高所得税而增加的税收会导致消费税税率降低。当所得税提高时，从该税率中所获得的税收甚至高于公共支出，这导致了负的消费税，即政府随后会对消费商品购买进行补贴。事实确实如此，例如，公共支出是0.317时，所得税税率是30%或更高。

当政府引进一种税收改革，即通过增加所得税降低消费税来维持税收不变时，资本存量会减少，因为税后的资本边际产出会降低。由于厂商拥有更少的生产要素存量，所以产出会下降。尽管消费税现在降低了，但由于所得税增加导致私人消费减少，所以税后收入也减少了，效用水平降低，所以消费者偏向于零收入税的混合税。通过消费税完全替代收入税所带来的福利成本是递增且凸的。换句话说，初始时公共支出完全由消费税所提供，收入税从0增加到10%所产生的福利成本为税率从0增加到5%的福利成本的两倍多。注意到，相对于消费税，当政府更加集中使用所得税时，尽管税收保持不变，但是它们占产出的比重在下降。

当政府支出水平为0.55时，重复该分析，我们会看到为了保持税收不变，所得税的增加或许也需要消费税增加。例如，当$\tau^y = 0.65$时，$\tau^c = 0.135$，而当$\tau^y = 0.70$时，$\tau^c = 0.183$。这是因为从收入税的角度而言，我们处于拉弗曲线的下降区域。除了收入与资本存量，税收改变的影响与之前的分析类似，随着所得税税率单调递减。我们通常认为在给定的税收下，以所得税替代消费税而产生的福利成本相同，且与公共支出（税收）相互独立，但上述分析是对这一事实的一个冲击。

读者可以使用正的消费税（其在数据表的第一组和第二组中均被设置为0）来检验图形中的结果是否会像我们预期的那样变化。

4.2.3.3 税收变化的短期和长期影响

在*Transition*标签页中，我们首先描述了当一种税率保持不变时，另一种税率永久增加产生的短期和长期的影响，以及稳态税收的变化。在*CK_d_long-short run tax changes.m* MATLAB文件中也进行了同样的分析。在第一组中，消费税税率从20.0%上升到22.0%，而所得税税率维持在12.48%，政府税收从0.317上升到0.330。在第二组中，所得税税率从12.48%提高到14.48%，消费税税率停留在20.0%，政府收入从0.317上升到0.335。最后，我们在第三组中描述了提高收入税的短期和长期影响，同时消费税税率从20.0%降低到17.32%，因此稳态政府税收和支出仍保持在0.317。然而，政府税收沿着转移路径改变，最初随着税收的提高而增加，随后逐渐收敛到稳态水平。税率在t=10期变化。结构参数值与之前进行稳态分析时一致。为了衡量短期影响，在改变税率之后，当其从初始稳态收敛到新的稳态时，我们需要获得内生变量的转移路径。为获取该路径，我们要运用之前章节介绍的数值求解方法。

在每一期政策实验描述的下方，如之前章节一样，我们给出了税率改变前后内生变量的稳态水平、线性近似的转移矩阵以及将消费与资本存量联系起来的稳定常数。我们在税改前与税改后做了两次实验，直到税改之前我们运用初始稳态获得稳定性条件，此后我们运用新的稳态获得稳定性条件。

第一次改变税率包括将消费税税率从20%调到22%，而所得税税率固定在12.48%，资本存量水平、产出水平和税后收入水平在短期和长期都保持不变。当税收改变时，消费降低到新税率下的稳态，这使得效用从t=10开始出现永久的下降。如我们在数值计算下方图形中所看到的，消费税改变后的影响发生在单一时期。消费对消费税变化的弹性小于1，这意味着在t=10期消费税收增加，并从此保持在新的水平。由消费税的上升产生的福利成本以每期额外消费的形式占初始产出的1.04%。

在第二次税收实验中，所得税税率从12.48%上升到14.48%，同时使消费税税率保持在20%。其产生的影响均呈现在数值计算下方的图中，标题为τ_c-*constant*。由于税率上升，税后的资本边际生产率和资本积累量下降。这导致从t=11期开始，产出降低，因为在t=10期引进税改的产出水平是由在初始税率下t=9期的资本存量所决定的。随后产出收敛到新的稳态水平，比税收增加之前更低。从t=10期开始，税后收入降低，这使得私人消费和效用也减少。尽管从消费税中获得的收益下降了，但当税率提高时，税收很快就会上升。在接下来的时期内，税收在某种程度上会下降并收敛到新的稳态水平，且高于初始税收水平。公共支出占产出的份额也会出现类似的变动特征，我们发现该税改的福利成本等价于占每一期初始产出1.66%的额外消费。我们再次得出这样的结论：所得税的改变对福利有更大的负面影响，消费税的变化对收入有同样的影响。

在最后一个实验中，令消费税税率降低到17.425%，当所得税税率从12.48%上升到14.48%时，政府税收在长期内保持不变。该政策的效果展示在第二组下的图形中，标题为τ_c-*adjusting*。消费先随着税改上升，随后下降并收敛到新的稳态水平。稳态消费低于初始稳态水平，但是如预期的一样，高于没有调整消费税以保持收入不变的稳态水平。这种改革对消费有两个影响：一个是积极影响，即消费税减少；一个是消极影响，即因为所得税的增加使得可支配收入减少。我们注意到第一条主要是短期影响，所以开始时消费是增加的，而第二条长期的影响更加强烈，因为税改之后稳态消费水平更低了。消费的这种变化使得短期内单期效用增加，随后降低并低于稳态水平。随着时间推移，我们注意到这种税改的福利成本损失等于占初始产出0.24%的额外消费，低于维持消费税不变时的福利成本。请注意，即使税收收入在长期内保持不变，但短期内仍会增加，并在若干时期保持在其初始稳态水平之上。

为了保持税收在长期和短期内均不变，我们需要令消费税在稳态间沿着经济转移路径改变。我们随后重新定义模型中的变量向量，以使该向量包含t期的资本存量、消费以及消费税。转移矩阵为3×3阶。计算这类模型的数值解等于刻画其近似稳定条件，并利用它们与模型的一部分非线性结构来计算经济中内生变量的时间序列。在下一节，我们将对稳定性进行一般性讨论。

4.3 附录

4.3.1 附录1：重新构造确定性模型的稳定性条件

条件式（4.42）是该问题稳态路径的近似线性表达式，我们在之前章节中已对此进行系统的描述，并将其称为系统的稳定性条件[①]。此条件令与不稳定特征值相关联的Γ^{-1}的行与稳态的偏差向量(k_0-k_{ss},c_0-c_{ss})初始水平正交。事实上，与矩阵D的不稳定特征值μ_1相关的Γ^{-1}的行是$(u_1,v_1)=\frac{d_{12}}{\mu_2-\mu_1}\left(\frac{\mu_2-d_{11}}{d_{12}};-1\right)$。其中，当正交性条件$(u_1,v_1)'(k_0-k_{ss},c_0-c_{ss})=0$时，我们忽略了比例常数。

满足横截性条件的稳定性条件可以写作这种形式并不是偶然的，确定性动态系统的线性近似式（4.36）可以写为：

$$B_0\tilde{x}_{t+1}=B_1\tilde{x}_t,$$

其中，$\tilde{x}_t$是稳态附近的偏差向量。在之前一节改变税率的分析中，

$$\tilde{x}_t=(k_t-k_{ss},c_0-c_{ss}).$$

假定B_0是可逆的，我们有：

$$\tilde{x}_{t+1}=B_0^{-1}B_1\tilde{x}_t=D\tilde{x}_t,$$

并且运用D的谱分解：

$$\tilde{x}_{t+1}=D\tilde{x}_t=\Gamma\Lambda\Gamma^{-1}\tilde{x}_t, \tag{4.45}$$

或者

$$\tilde{z}_{t+1}=\Lambda\tilde{z}_t,$$

即式（4.45）左乘Γ^{-1}，并定义$\tilde{z}_t=\Gamma^{-1}\tilde{x}_t$，$\tilde{z}_t$中的每个元素都是$\tilde{x}_t$中所有变量对稳态偏差的线性组合。通过重复替代，并考虑到Λ的对角线结构，我们有：

$$\tilde{z}_t=\Lambda^t\tilde{z}_0,$$

上式是一个线性方程组，当且仅当对角线元素，即D的特征值小于$1/\sqrt{\beta}$时，该方程组才能稳定且满足横截性条件。

在税改分析中，系统是2×2阶的，并且$\tilde{z}_t$中的每个元素都是稳态偏差k_t-k_{ss},c_t-c_{ss}的线性组合。我们已经知道在该系统中，呈现出特征值的绝对值大于1，因此系统是发散的。

避免发散路径的唯一方法就是令$\tilde{z}_{1t}=0\forall t$，这相当于在每一期内都令$\Gamma^{-1}$的第一行（发散特征值的左特征向量）与稳态偏差的变量向量的内积为0。当然，我们仍然假设μ_1是稳定的特征值，μ_2是不稳定的，且我们已经推出Γ^{-1}的第二行与稳态偏差向量内积为0。

一些观察是有价值的：

• 存在无数条穿过最优稳态的线性轨迹，所有轨迹的形式都为：$c_t-c_{ss}=b(k_t-k_{ss})$，斜率b有一定的取值范围。考虑到前一期末选择的资本存量k_t，如果我们选择每一期的C_t去满足这些条件中的某一个，经济将收敛到最优稳态。之前章节描述的求解过程可以看作在所有线性轨迹中，选择一个至少在最优稳态附近能更好地对真实模型进行近似的轨迹，因为我们不能清晰地描述稳定路径。实际上在EXCEL文件的数值练习中，我们对此进行了检验，发现数值解不能满足在生成数值时没有使用

① 即使我们没有按这种方式进行计算，我们也获得了模型的线性近似解，并得到了该近似模型的精确稳定性条件。

Keynes-Ramsey的条件。稳定的根关注于资本存量的运动规律使得k_t从正确的方向趋近于k_{ss}，所以我们可以得到资本和消费稳定的时间序列。然而，这些时间序列仅满足部分模型及预算约束，但并不满足Keynes-Ramsey条件。

• 本节的讨论推广到了更一般的模型，我们在之后的章节里将会看到。一般而言，我们有一个包含q个稳态偏差变量的向量$\tilde{x}_t$，其中r个是控制变量或决策变量，其余的$q-r$个是状态变量。在Cass-Koopmans模型中，$r=1$，$q=1$，其中消费是唯一的控制或决策变量，资本存量是状态变量。为了使模型存在唯一稳定解，稳定性条件应该与控制变量r一样多，所以一阶向量自回归式（4.45）的系数矩阵需要$q-r$个稳定的特征值，即应使绝对值小于$1/\sqrt{\beta}$，以及r个不稳定特征值。并且，与不稳定特征值相关的矩阵Γ^{-1}的行将给出稳定性条件，就如在Cass-Koopmans模型中那样。

• 我们在下一章将会看到，在随机模型中，稳定性条件会产生一系列随机冲击与模型误差之间的关系，这可以解释为理性预期误差依赖于外生随机过程的新息。此外，一旦求解了模型，这些关系就允许研究者从外生过程的时间序列中生成期望误差的时间序列。反之，这些时间序列可以用来对期望误差进行合理性检验：零均值、无序列相关且与形成期望时包含在主体可用信息集中的变量无关。如果数值解是真实解的良好近似，那么预期数据将会通过合理性检验。不幸的是，这种数值解的验证在实践中并不经常应用。

4.3.2 附录2：跨期政府预算约束

在描述了连续时间模型之后，本节我们给出跨期政府预算约束分析。读者会意识到，我们得到的等式结果和表达式与3.4节中得到的类似。对于讨论离散模型中与政府融资有关的更为一般的问题来说，熟悉具体分析细节较为必要。简便起见，假设人口增长率为0（$n=0$）。

4.3.2.1 政府预算约束

可以将式（4.11）写为：

$$b_{t+1}=g_t+(1+r_t)b_t-\tau_t, \tag{4.46}$$

接下来的时期为：

$$b_{t+2}=g_{t+1}+(1+r_{t+1})b_{t+1}-\tau_{t+1},$$

两个表达式结合，有：

$$b_{t+2}=g_{t+1}+(1+r_{t+1})[g_t+(1+r_t)b_t-\tau_t)-\tau_{t+1},$$

因此，在$t+2$期未偿债务水平的现值为：

$$\frac{b_{t+2}}{(1+r_{t+1})(1+r_t)}=\frac{g_{t+1}-\tau_{t+1}}{(1+r_{t+1})(1+r_t)}+\frac{g_t-\tau_t}{(1+r_t)}+b_t.$$

重复这个过程，$t+3$期未偿债务水平为：

$$\begin{aligned}b_{t+3}&=g_{t+2}+(1+r_{t+2})b_{t+2}-\tau_{t+2}\\&=g_{t+2}+(1+r_{t+2})[g_{t+1}+(1+r_{t+1})[g_t+(1+r_t)b_t-\tau_t]-\tau_{t-1}]-\tau_{t+2},\end{aligned}$$

因此，$t+3$期未偿债务现值为：

$$\frac{b_{t+3}}{(1+r_{t+2})(1+r_{t+1})(1+r_t)}=\frac{g_{t+2}-\tau_{t+2}}{(1+r_{t+2})(1+r_{t+1})(1+r_t)}+\frac{g_{t+1}-\tau_{t+1}}{(1+r_{t+1})(1+r_t)}+\frac{g_t-\tau_t}{(1+r_t)}+b_t.$$

重复此过程T次，我们获得$t+T+1$期未偿债务的现值：

$$\frac{b_{t+T+1}}{\prod_{s=0}^{T}(1+r_{t+s})}=\sum_{j=0}^{T}\frac{g_{t+j}-\tau_{t+j}}{\prod_{s=0}^{j}(1+r_{t+s})}+b_t.$$

对T取极限：

$$\lim_{T\to\infty}\frac{b_{t+T+1}}{\prod_{s=0}^{T}(1+r_{t+s})}=\sum_{j=0}^{\infty}\frac{g_{t+j}-\tau_{t+j}}{\prod_{s=0}^{j}(1+r_{t+s})}+b_t=0, \tag{4.47}$$

使用横截性条件：$\lim_{T\to\infty}\frac{b_{t+T+1}}{\prod_{s=0}^{T}(1+r_{t+s})}=0$，有：

$$b_t=\sum_{j=0}^{\infty}\frac{\tau_{t+j}-g_{t+j}}{\prod_{s=0}^{j}(1+r_{t+s})},$$

因此，每一期当期与未来政府预算盈余的现值必须等于未偿债务存量。

同样地，可以将式（4.47）写为：

$$\sum_{j=0}^{\infty}\frac{g_{t+j}}{\prod_{s=0}^{j}(1+r_{t+s})}+b_t=\sum_{j=0}^{\infty}\frac{\tau_{t+j}}{\prod_{s=0}^{j}(1+r_{t+s})}, \tag{4.48}$$

说明每一期当前与未来政府支出流的现值加上当期未偿债务存量必须等于当前和未来税收的现值。

此外，我们还可以对政府预算约束向前加总。t期公共债务存量可以写为：

$$b_t=g_{t-1}+(1+r_{t-1})b_{t-1}-\tau_{t-1},$$

代入式（4.46），可以获得t+1期未偿债务水平，

$$b_{t+1}=g_t+(1+r_t)[g_{t-1}+(1+r_{t-1})b_{t-1}-\tau_{t-1}]-\tau_t.$$

重复这个过程若干次后，有：

$$b_{t+1}=(g_t-\tau_t)+\sum_{j=1}^{t}\left[\prod_{s=0}^{j-1}(1+r_{t-s})(g_{t-j}-\tau_{t-j})\right]+\prod_{s=0}^{t}(1+r_{t-s})b_0, \tag{4.49}$$

说明期末未偿债务存量是初始债务存量、前期积累的政府预算盈余或赤字所进行的资本化的结果。后一项在t期可以为正，也可以为负，因此，每一期债务存量可以高于也可以低于初始债务b_0。

4.3.2.2 持续的稳态支出与融资政策

稳态为动态的竞争性均衡，其人均变量保持不变。具体而言，$r_t=r_{ss},g_t=g_{ss},\tau_t=\tau_{ss}$必须为常数。我们想去描述稳态时可行的财政政策。基于式（4.49）向前加总的现期政府预算约束的稳态形式为：

$$\begin{aligned}b_{t+1}&=(1+r)^{t+1}b_0+\sum_{j=0}^{t}(1+r)^j(g-\tau)\\&=(1+r)^{t+1}b_0+(g-\tau)\left[\frac{(1+r)-(1+r)^{t+1}}{1-(1+r)}\right]\\&=(1+r)^{t+1}b_0+\frac{g-\tau}{r}\left[(1+r)^{t+1}-(1+r)\right].\end{aligned}$$

b_{t+1}必须满足横截性条件，即式（4.22）：

$$\lim_{t\to\infty}\frac{1}{(1+r)^t}b_{t+1}=0,$$

相当于：

$$\lim_{t\to\infty}\frac{1}{(1+r)^t}\left[(1+r)^{t+1}b_0+\frac{g-\tau}{r}\left[(1+r)^{t+1}-(1+r)\right]\right]=0\Leftrightarrow$$

$$(1+r)\lim_{t\to\infty}\left[b_0+\frac{g-\tau}{r}\left[1-(1+r)^{-t}\right]\right]=0\Leftrightarrow$$

$$b_0+\frac{g-\tau}{r}\left[1-\lim_{t\to\infty}(1+r)^{-t}\right]=0\Leftrightarrow b_0=\frac{\tau-g}{r}.$$

当且仅当 $b_0=\frac{\tau-g}{r}$ 时，横截性条件才成立。实际上，任何包含每期预算盈余为 $\tau-g\geqslant rb_0$ 的稳态政策都是可行的。当不存在初始未偿债务时，唯一可行的政策是维持政府预算永久平衡。在严格不等式下，横截性条件将失效，且 $\lim_{t\to\infty}\frac{1}{(1+r)^t}b_{t+1}<0$，政府本可以在某些时间点上实施更多的赤字，这可能会增加消费者福利，所以该政策虽然是次优的，但仍为可行的稳态财政政策。

4.3.3 附录3：离散时间非扭曲税中的李嘉图命题

我们现在使用离散时间表达式呈现在Cass-Koopmans经济中非扭曲税下的李嘉图命题。该命题指出，为搞清楚政府是如何筹措资金的，要先明确与每一种备选筹资战略相关的债券发行政策是可行的，即横截性条件式（4.19）成立。这意味着在竞争性均衡机制下，消费和储蓄的配置，与储蓄在政府债券与公司股票之间的分配方式相独立。

政府融资的无差异性被称为李嘉图学说：消费者在当前支付较高的税并在其投资组合中持有一个较低的债务存量，与在当前支付较低的税但在投资组合中持有更高债务无差异。如我们在之前一节中学到的那样，在没有不确定性和完备的资本市场下，单期预算约束序列可加总为总预算约束的现值，这是消费者面临的唯一约束。在单期政府预算约束序列中也是类似的。将两个跨期约束联合起来考虑，就得到了李嘉图命题。

我们现在向后加总消费者预算约束。为简化起见，我们假设人口增长率为0（$n=0$），从式（4.13）中，可以得到：

$$a_{t+1}=(1+r_t)a_t+(\omega_t-\tau_t-c_t).\tag{4.50}$$

类似地，

$$a_{t+2}=(1+r_{t+1})a_{t+1}+(\omega_{t+1}-\tau_{t+1}-c_{t+1}).\tag{4.51}$$

将式（4.51）代入式（4.50）中，有：

$$\frac{a_{t+2}}{(1+r_{t+1})(1+r_t)}=\frac{\omega_{t+1}-\tau_{t+1}-c_{t+1}}{(1+r_{t+1})(1+r_t)}+\frac{\omega_t-\tau_t-c_t}{(1+r_t)}+a_t.$$

经过T次替换，我们得到：

$$\frac{a_{t+T+1}}{\prod_{s=0}^{T}(1+r_{t+s})}=\sum_{j=0}^{T}\frac{\omega_{t+j}-\tau_{t+j}-c_{t+j}}{\prod_{s=0}^{j}(1+r_{t+s})}+a_t,$$

并且，由于横截性条件成立，通过连续替代得到：

$$\lim_{t\to\infty}\frac{a_{t+T+1}}{\prod_{s=0}^{T}(1+r_{t+s})}=\sum_{j=0}^{\infty}\frac{\omega_{t+j}-\tau_{t+j}-c_{t+j}}{\prod_{s=0}^{j}(1+r_{t+s})}+a_t=0,$$

从上述表达式中，可以得到：

$$\sum_{j=0}^{\infty}\frac{\omega_{t+j}}{\prod_{s=0}^{j}(1+r_{t+s})}+a_t=\sum_{j=0}^{\infty}\frac{\tau_{t+j}+c_{t+j}}{\prod_{s=0}^{j}(1+r_{t+s})}, \tag{4.52}$$

上式说明了每一期消费者持有的资产存量，加上当前和未来劳动收入的现值一定等于当前和未来消费的现值加上税收的现值。

将政府预算约束式（4.48）和消费者预算约束式（4.52）结合起来，且都向后扩展，有：

$$\sum_{j=0}^{\infty}\frac{g_{t+j}-\omega_{t+j}}{\prod_{s=0}^{j}(1+r_{t+s})}+b_t-a_t=-\sum_{j=0}^{\infty}\frac{c_{t+j}}{\prod_{s=0}^{j}(1+r_{t+s})}\Leftrightarrow$$

$$\sum_{j=0}^{\infty}\frac{\omega_{t+j}}{\prod_{s=0}^{j}(1+r_{t+s})}+v_t=\sum_{j=0}^{\infty}\frac{c_{t+j}+g_{t+j}}{\prod_{s=0}^{j}(1+r_{t+s})},$$

因此，企业发行的股票现值加上当前和未来劳动收入序列的现值，一定等于公共和私人消费的现值：

$$\sum_{j=0}^{\infty}\frac{c_{t+j}}{\prod_{s=0}^{j}(1+r_{t+s})}=\sum_{j=0}^{\infty}\frac{\omega_{t+j}}{\prod_{s=0}^{j}(1+r_{t+s})}+v_t-\sum_{j=0}^{\infty}\frac{g_{t+j}}{\prod_{s=0}^{j}(1+r_{t+s})},$$

这说明可行的消费序列是那些现值低于持有企业股票现值、劳动收入现值和公共消费净现值的总和序列。在后一表达式中，不存在债券或税收，也没有当期形式，这意味着消费者决策受当期和未来政府支出的影响，但不受其融资方式发行债券或征收一次性税收的影响。

4.4 练习

练习 1：在离散形式的Cass-Koopmans经济中，当政府以一次性税收和发行债券方式筹资购买g_t单位“投向大海”的消费商品时，所获得的计划者问题的资源配置与此经济中竞争均衡的资源配置是不一致的，进而说明竞争性均衡机制无效率。首先说明竞争性均衡配置是代表性个体问题的解，在消费税为τ^c且收入税为τ^y的经济中重复该练习，说明此经济中竞争性均衡无效率的原因。

练习 2：在离散形式的Cass-Koopmans经济中，当政府购买g_t单位的消费商品并以一次性转移支付返还给消费者，同时运用消费税、资本收入税及发行债券等方式筹资时所获得的资源配置与此经济中竞争均衡的配置不一致，从而说明竞争性均衡配置是无效率的。说明无效率的原因，解释为什么不能通过此经济中的代表性个体问题来描述资源配置的特征。

练习 3：在确定性Cass-Koopmans经济中，假设生产函数规模报酬不变，效用函数为$U(c_t)=ln\,c_t$。存在一个政府，其给予消费者一次性的总转移支付，并以消费税来筹资。假设政府在转移路径上转移支付保持不变，因此税率必须随时间进行调整。

• 在竞争均衡机制下设定一系列资源配置的方程。

• 注意到，由于瓦尔拉斯定理成立，因此并不需要施加消费者预算约束，并且竞争性均衡配置也满足该方程。注意到由欧拉方程生成的系统及描述消费商品市场均衡的方程也描述了消费和资本的时间路径。因此，两个变量的时间路径与货币政策相独立。一旦确定了消费和资本，消费税税率就可以从政府消费预算约束中求解出来。

• 选择参数值并计算消费、资本和产出的稳态值。

• 选择资本存量和消费的任意初始条件，并使用两个非线性条件，即总资源约束与Keynes-Ramsey条件获得这些变量的时间序列。由于没有施加任何稳定性条件，因此得到的时间序列将发散。

• 在同样的初始条件下使用线性近似去求解模型解也具有不稳定性。

• 在选择的参数下描述模型的稳定性条件。使用稳定性条件或线性近似中的任一方程生成相关变量的时间序列。不论使用线性近似中的哪一个方程，经济都会收敛。线性近似中的另一个方程也成立。

• 使用稳定性条件和总资源约束或Keynes-Ramsey条件来求解模型，检验在两种情况中所获得的时间序列都是稳定的，而我们获得的时间序列并不能满足未使用的条件。

• 使用两个非线性条件：总资源约束和Keynes-Ramsey条件求解模型，在t=0期施加稳定性条件之后，计算c_0，$c_0=\phi k_0$。检验解是不稳定的。

• 在t=0期施加稳定性条件计算c_0之后，使用条件$k_t-k_{ss}=(k_0-k_{ss})\mu_2^t, c_t-c_{ss}=(c_0-c_{ss})\mu_2^t$去求解模型，检验时间序列是稳定的。检验$t$=0期即使没有施加稳定性条件，但稳定性依然存在。

在接下来的两个例子中，政府支出与产出的比率（G/Y）保持不变。

练习4：在离散时间的Cass-koopmans经济中，考虑规模报酬不变C-D生产函数，消费跨期替代弹性为常数的效用函数。政府的消费税与收入税来自代表性个体，并使用税收购买经济中唯一的产品。

1. 描述消费、资本存量、产出和政府支出的稳态解析表达式，用图形表示这些值是如何取决于这两类税收的。我们假设消费税税率初值是0.2，而所得税税率是0.15。依据消费，从两种税收的永久改变中，计算福利的长期收益与损失。

2. 描述不同的消费税与所得税组合，其用于维持与$\tau^c=0.2, \tau^y=0.15$相同稳态下的政府支出与产出比率。计算每个财政政策下经济中每个变量的稳态值。当保持支出与产出的比率不变时（次优政策），这些值中哪个是使得效用最大化的税收政策?

3. 现在假设初始的税率为$\tau^c=0.2$和$\tau^y=0.15$。描述两个税率变化的短期和长期影响。

4. 假设初始税率为$\tau^c=0.2$和$\tau^y=0.15$。政府在维持政府支出与产出比不变的情况下，改变税收政策。描述每个税率上升的短期和长期影响。在过渡到新的稳态时，政府支出与产出比保持不变吗？税率应该如何改变，才能使得在稳态中政府支出与产出比保持不变的情况下，总效用贴现值最大?

练习5：在离散形式的Cass-Koopmans经济中，考虑规模报酬不变的C-D生产函数，以及消费跨期替代弹性为常数的效用函数。考虑时间贴现因子$\beta=0.99$，折旧率$\delta=0.025$，人口增长率n=0，资本产出弹性为0.33，以及消费的跨期替代弹性$1/\sigma=1/3$。政府的消费税与收入税来自代表性个体，且使用税收去购买经济中的唯一产品。

1. 假设消费税$\tau^c=0.2$，收入税$\tau^y=0.3$，描述私人及公共消费、资本存量、产出和效用的稳态水平，经济中总需求的构成是怎样的？

2. 在上一情形下，假设政府将收入税降低到 $\tau^y=0.25$，同时调整消费税使得稳态的税收与产出比不变。描述并解释财政政策对私人消费、产出、投资、公共支出、资本存量和效用水平的短期和长期影响。当：（a）仅考虑长期影响；（b）同时也考虑短期影响时，所计算出的福利为多少？

3. 到目前为止，我们已经假设从劳动与资本租赁中征收相同比例的税收。现在，我们假设两种税分别征收，且在模型中消费税不变，描述此经济的稳态并讨论政府支出减少的影响（提示：写出并求解分散竞争的一般性均衡问题）。

参考文献

1. Benhabib, J., and R. Perli. 1994. Uniqueness and indeterminacy: Transitional dynamics with multiple equilibria. *Journal of Economic Theory* 63: 113–142.
2. Lucas, R.E. 1987. *Models of business cycles.* Oxford: Blackwell.
3. Xie, D. 1994. Divergence in economic performance: Transitional dynamics with multiple equilibria. *Journal of Economic Theory* 63: 97–112.

第5章

数值求解方法

5.1 数值解与模拟分析

了解经济波动的原因是宏观经济学的基本目标之一。总体波动的一个主要特征是，经济周期既不是有规律的，也不是可预测的。因此，多数经济学家认为存在许多形式和强度不同的冲击影响经济。这些冲击并没有遵循已知的模式。实际经济中观察到的波动是这些冲击及其相关的传导机制作用的结果。因而，目前存在很多不同的宏观经济学思想学派，其主要不同在于解释经济波动具体冲击的类型以及对传导机制的描述不同。

最简单的用于解释总体波动的模型为随机Cass-Koopmans模型。在前面的章节中，我们学习过确定性的Cass-Koopmans模型。我们假设经济中存在生产率冲击，当然也可以存在其他类型的冲击。生产率冲击为供给冲击，尽管它不是经济中随机性的唯一来源。需求冲击的一个例子是效用函数中给定变量，该变量服从给定的随机过程。本章中只考虑供给冲击，因为它们在文献中较为普遍。

我们将会看到，经济主体基于状态变量和决策变量未来值的期望，在不确定的情况下做出决策。理性预期意味着上述期望不能遵循任意过程。它们为内生变量，在计算一个数值解时，需要与模型中其他内生变量共同决定。

动态随机一般均衡模型（DSGE模型）通常不存在解析解，除非在某些特殊的情况中，如在本章开始时描述的McCallum模型[15]中。一般地，DSGE模型必须通过运用模拟分析得到的数值解来分析。

本章的目标是使读者熟悉本书讨论的随机增长模型数值解的主要求解方法，这种方法能够得到任何随机非线性差分方程的稳定解。描述竞争均衡中不同经济主体行为的最优化问题，或由仁慈的计划者所做的资源配置决策，都会得出这样一个方程组，因此我们可以运用将要介绍的方法求解数值解。当求解这些模型时，除非施加合适的稳定性条件，否则我们不能求出稳定解，即在此解下人均变量不会发散得太快。由于经济的稳态周围存在大量的波动，因此不会出现不稳定性。事实上，如果施加正确的稳定性条件，则无论稳态周围的波动范围多大，其都是稳定的。有了这一点，我们将强调如何在每个求解方法下处理稳定性。前面章节中描述确定性Cass-Koopmans经济中动态演化特征的方法只是本章中介绍的众多方法的一个特例。

计算描述经济特征模型的方程组的数值解，只是模型模拟的第一步。数值解是模型经济中每个相关变量的一组时间序列，在每一期都满足模型的所有条件。模拟是一个过程，为每一个具体的时间序列找到一个数值解，来说明影响经济的外生冲击的向量随机过程。通过生成大量的样本，我们可以任意近似地估计内生变量向量随机过程的概率分布。

只要获取了状态变量及决策变量向量的样本，我们就能用统计形式总结出其联合分布的特性，即如下标准统计量：样本均值、标准差、变异系数、简单的偏自相关方程、双变量间的相关系数、回归系数、互相关函数、向量自回归模型（VAR）、一系列变量的脉冲响应、方差分解和谱密度矩阵等。对于上述点统计法，我们会获取与模型中得到的数值解一样多的样本，即与从外生随机冲击的概率分布中获取的样本一样多。

为模拟模型，首先需要对其结构参数进行赋值。然后，模拟才能够描述模型的特征，研究者们希望这些特征能够与从实际数据中得到的、与其类似的特征进行比较。在这之前，需要选择一些特征作为分析问题的参照，根据均值或概率进行对比。因此，我们有理由对模拟的经济进行估计和检验，因为在进行上述对比之后，我们会推断该模型是否适于解释我们研究的问题。

模型中内生变量的随机特征依赖于三个假设：（a）模型结构；（b）结构参数值；（c）外生冲击的运行规律。本章主要关注（b）和（c）。

为开始本章讨论，我们先复习两个简单的存在封闭形式解析解的增长模型。这种情况并不常见，由于某些特定的假设，模型的简化使得封闭形式的解析解得以存在。我们将其作为对照组，同时使读者熟悉数值解的运用。本章的第二部分考虑了简单的随机计划者问题，这在前几章中已经学过。模型的唯一随机成分来自于技术冲击。我们将运用该模型解释数值解方法的多样性，尽管在本书其他地方，我们并不会使用其中的某些方法。然而，在这个简单的模型设定中，理解它们实现的具体细节会使读者了解如何在更为复杂的经济环境中设计他们想要的程序。本章的第三部分考虑了带有消费税和所得税的代表性个体的随机形式，我们运用之前讨论过的两种方法对其进行求解。我们通常会采用模型的数值解进行最优财政政策设计分析。在本章中，我们不讨论校准或参数估计。感兴趣的读者可以阅读DeJong和Dave[5]或Canova[4]的著作。

5.2 简单增长模型的解析解

本节介绍两个具有解析解的中央计划者模型，在这一节中，资本每期完全折旧假设消除了模型的动态性，且每期的投资都等于资本存量。

5.2.1 完全折旧模型

McCallum[15]考虑了一个存在解析解的简单增长模型。我们假设经济仅生产单一商品，该商品既可用于消费，也可以生产性实物资本的形式储存。在封闭经济中，私人投资和储蓄是一致的，总投资等于净投资与折旧的总和。因此，我们有：

$$C_t + S_t = Y_t.$$

$$S_t = I_t,$$

$$K_{t+1} = (1-\delta) K_t + I_t.$$

经济中代表性消费者的偏好可以通过常相对风险厌恶效用函数表达，

$$U(C_t) = \frac{C_t^{1-\sigma}-1}{1-\sigma},\ \sigma > 0.$$

我们假设经济中单一商品的生产技术 $Y_t = \theta_t K_t^{\alpha}$ 是随机的，因为存在外生的随机生产率因子 θ_t，其为独立同分布的随机变量，且 $E(\theta_t) = 1$。根据运行规律，技术的状态随时间变化而演变，

$$\ln(\theta_t) = \rho \ln(\theta_{t-1}) + \varepsilon_t,\ \varepsilon_t \underset{iid}{\sim} N(0, \sigma_\varepsilon^2),$$

由于对 $E(\theta_t)$ 假设的原因，模型中不需要常数项。在假设的自回归过程中，$\ln(\theta_t)$ 服从无条件的概率分布，其期望为0，方差为 $\frac{\sigma_\varepsilon^2}{1-\rho^2}$。对前 $t-1$ 期施加条件，令其服从正态分布（只要 ε_t 是正态的），且 $E_{t-1}(\ln(\theta_t)) = \rho \ln(\theta_{t-1})$，$Var_{t-1}(\ln(\theta_t)) = \sigma_\varepsilon^2$，与无条件的概率分布相比，其方差变小。

投资需要在一期以后才能成为生产性资源：在时期 t，代表性消费者根据 c_t 和 k_{t+1} 制定决策。因此，第 t 时期的产出取决于由前期决定的实物资本 k_t。

假设人口不增长，并将总人口标准化为1，因此人均变量与总变量相同。从现在开始，所有的变量都以人均形式表示。

在下面的叙述中，我们会考虑由两个条件描述的特例，这两个条件对于模型是否具有解析解至关重要：（a）每期的资本完全折旧，即 $\delta = 1$，因此在 $t+1$ 期，可用于生产的资本存量就等于第 t 期的投资：$K_{t+1} = I_t$，$k_{t+1} = I_t/N$（$N = 1$ 为人口规模）；（b）效用为对数形式，$\sigma = 1$。

经济中的代表性个体通过对消费和每期末的资本存量进行选择，从而最大化其加总的效用函数，该函数受到技术可行性和初始资本存量的约束，

$$\underset{\{c_t, k_{t+1}\}_{t=0}^{\infty}}{Max}\ E_0 \sum_{t=0}^{\infty} \beta^t \ln(c_t)$$

约束为：

$$c_t + k_{t+1} = \theta_t k_t^{\alpha}, \tag{5.1}$$

$$\ln(\theta_t) = \rho \ln(\theta_{t-1}) + \varepsilon_t,\ \varepsilon_t \underset{iid}{\sim} N(0, \sigma_\varepsilon^2),$$

$c_t, k_t > 0$，k_0, θ_0 已知。

此效用最大化问题的拉格朗日函数为（$\sigma = 1$ 的情况）：

$$L\left(\{c_t, k_t, \lambda_t\}_{t=0}^{\infty}\right) = E_0 \sum_{t=0}^{\infty} \beta^t \left[\ln(c_t) + \lambda_t\left(\theta_t k_t^{\alpha} - c_t - k_{t+1}\right)\right],$$

一阶条件为：

$$\frac{1}{c_t} = \lambda_t,\ t = 0, 1, 2, \cdots \tag{5.2}$$

$$\lambda_t = \beta\alpha E_t\left(\theta_{t+1}\lambda_{t+1}k_{t+1}^{\alpha-1}\right),\ t = 0, 1, 2, \cdots \tag{5.3}$$

且预算约束为 $c_t + k_{t+1} = \theta_t k_t^{\alpha}$，$t = 0, 1, 2, \cdots$ 对每一个时间 t 来说，上述两个方程以及预算

约束形成了一个可以求出c_t, k_{t+1}, λ_t最优值的系统，作为经济中两个状态θ_t, k_t的函数。

从式（5.2）和式（5.3）中，可以得出：

$$\frac{1}{c_t} = \alpha\beta E_t\left(\frac{\theta_{t+1}k_{t+1}^{\alpha-1}}{c_{t+1}}\right),\ t = 0,1,2,\cdots \tag{5.4}$$

最优决策规划的线性形式为：

$$c_t = a\theta_t k_t^{\alpha},$$

$$k_{t+1} = b\theta_t k_t^{\alpha},$$

代入式（5.4）中，得到：

$$\frac{1}{a\theta_t k_t^{\alpha}} = \alpha E_t\left(\frac{\beta\theta_{t+1}k_{t+1}^{\alpha-1}}{a\theta_{t+1}k_{t+1}^{\alpha}}\right) = \frac{\alpha\beta}{ab\theta_t k_t^{\alpha}},\ t = 0,1,2,\cdots$$

这意味着$b = \alpha\beta$。

将最优决策规划代入代表性个体预算约束中，得到：

$$a\theta_t k_t^{\alpha} + b\theta_t k_t^{\alpha} = \theta_t k_t^{\alpha},$$

这意味着$a = 1 - \alpha\beta > 0$。

因此，在该特例中，我们得到了一个封闭解：

$$c_t = (1-\alpha\beta)\theta_t k_t^{\alpha} = (1-\alpha\beta)y_t,\ t = 0,1,2,\cdots \tag{5.5}$$

$$k_{t+1} = \alpha\beta\theta_t k_t^{\alpha} = \alpha\beta y_t,\ t = 0,1,2,\cdots$$

假设c_t, k_t, λ_t为常数$c_{ss}, k_{ss}, \lambda_{ss}$，且随机生产率冲击取其均值1，我们就能求得此模型的稳态。通过这种方法，我们得到：

$$\theta_{ss} = 1,\ k_{ss} = (\alpha\beta)^{\frac{1}{1-\alpha}},\ y_{ss} = (\alpha\beta)^{\frac{\alpha}{1-\alpha}},\ c_{ss} = (1-\alpha\beta)y_{ss}.$$

5.2.2 效用函数中带有闲暇的模型

以l_t表示劳动，并将可用时间标准化为1。若我们将闲暇$1-l_t$包含进对数效用函数中，

$$U(c_t, l_t) = \upsilon\ln c_t + (1-\upsilon)\ln(1-l_t),\ 0 < \upsilon < 1,$$

且经济中包含劳动的生产单一商品的生产技术为：

$$y_t = \theta_t k_t^{\alpha} l_t^{1-\alpha},$$

则代表性个体问题变为：

$$\underset{\{c_t, k_{t+1}, l_t\}_{t=0}^{\infty}}{Max}\ E_0\sum_{t=0}^{\infty}\beta^t[\upsilon\ln c_t + (1-\upsilon)\ln(1-l_t)]$$

其约束为：

$$c_t + k_{t+1} = \theta_t k_t^{\alpha} l_t^{1-\alpha},\ c_t, k_t > 0, \tag{5.6}$$

给定K_0，拉格朗日函数为：

$$L\left(\{c_t, k_t, l_t, \lambda_t\}_{t=0}^{\infty}\right) = E_0\sum_{t=0}^{\infty}\beta^t\left[\left(\upsilon\ln c_t + (1-\upsilon)\ln(1-l_t)\right) + \lambda_t\left(\theta_t k_t^{\alpha} l_t^{1-\alpha} - c_t - k_{t+1}\right)\right],$$

一阶条件为：

$$\frac{\upsilon}{c_t} = \lambda_t, \tag{5.7}$$

$$\frac{1-\upsilon}{1-l_t} = (1-\alpha)\lambda_t\theta_t k_t^{\alpha} l_t^{1-\alpha}, \tag{5.8}$$

$$\lambda_t = \alpha\beta E_t\left(\lambda_{t+1}\theta_{t+1}k_{t+1}^{-(1-\alpha)}l_{t+1}^{1-\alpha}\right), \tag{5.9}$$

$$c_t + k_{t+1} = \theta_t k_t^{\alpha} l_t^{1-\alpha}. \tag{5.10}$$

存在对数效用函数和完全折旧假设，工资率变动的收入效应和替代效应相互抵消，使闲暇的选择不受影响[10，15]。因此，劳动在最优轨迹 $l_t = l$ 上是常数，且对总资源约束式（5.10）的检验意味着 c_t 和 k_{t+1} 与产出 $\theta_t k_t^{\alpha}$ 成比例，即：

$$c_t = a\theta_t k_t^{\alpha},\ k_{t+1} = b\theta_t k_t^{\alpha} \tag{5.11}$$

首先，运用式（5.7）改写式（5.9），

$$\frac{v}{c_t} = \alpha\beta E_t\left(\frac{v}{c_{t+1}}\theta_{t+1}k_{t+1}^{-(1-\alpha)}l_{t+1}^{1-\alpha}\right),$$

运用式（5.11），

$$\frac{v}{a\theta_t k_t^{\alpha}} = \alpha\beta E_t\left(\frac{v\theta_{t+1}k_{t+1}^{-(1-\alpha)}l_{t+1}^{1-\alpha}}{a\theta_{t+1}k_{t+1}^{\alpha}}\right) = \alpha\beta\frac{vl^{1-\alpha}}{ab\theta_t k_t^{\alpha}},$$

其中，我们运用了下述猜想事实，即劳动不随时间变化。上述方程意味着：

$$b = \alpha\beta l^{1-\alpha}.$$

在式（5.10）中，得到：

$$a = (1-\alpha\beta)l^{1-\alpha}.$$

最后，将这些 a 和 b 的表达式带入式（5.7）~式（5.8）中，得到了劳动的恒定均衡水平：

$$l = \frac{(1-\alpha)v}{(1-\alpha)v + (1-v)(1-\alpha\beta)}.$$

因此，我们说明了劳动力为常数是正确的。在此特例中，消费和实物资本根据下述表达式而进行波动：

$$c_t = (1-\alpha\beta)l^{1-\alpha}\theta_t k_t^{\alpha} = (1-\alpha\beta)y_t,$$

$$k_{t+1} = \alpha\beta l^{1-\alpha}\theta_t k_t^{\alpha},$$

这是因为在两种决策法则中都存在着技术冲击。

由于就业的最优水平是不变的，因此稳态就业也等于该常数。其余变量的稳态水平是：

$$\theta_{ss} = 1, k_{ss} = l(\alpha\beta)^{\frac{1}{1-\alpha}}, y_{ss} = l(\alpha\beta)^{\frac{\alpha}{1-\alpha}}, c_{ss} = (1-\alpha\beta)y_{ss}.$$

资本存量、消费和产出的稳态水平在我们分析的两个经济体中是不同的，因为第二个模型生产函数中存在劳动。由于主要变量的时间序列会在稳态周围进行波动，因此一个给定变量的单期值在两个模型中也是不同的。然而，相对波动，即相对于稳态波动的百分比是相同的。所以，变异系数、与产出的互相关以及产出在消费和投资（本模型中，投资等于资本存量）间的分配在两个经济中相同。这反映出，在对数偏好和完全折旧下，将闲暇作为一种投入可独立地加入到效用函数中，不会对模型解释经济周期波动的能力产生影响。我们已经了解，在这样的模型中，劳动供给最终会无弹性，这是在效用函数中不包含闲暇时所隐含的假设。实际上，后一个模型可以作为效用函数中包含闲暇的一般模型的特例，即 $v = 1$。读者运用 *Simple-model.xls* 文件可以很容易地进行验证。

5.2.3 完全折旧下增长模型的数值解

在*Simple_model.xls*文件中，我们给出了本章中两个经济的样本。*McCallum*表格包含了效用函数中没有闲暇的模型，而*McCallum with leisure*表格则包含了效用函数中存在闲暇的模型。我们考虑生产函数：$y_t = \theta_t A k_t^{\alpha}$，且 $A = 1$，对数效用函数：$U(c_t) = \frac{c_t^{1-\sigma} - 1}{1-\sigma}$，$\sigma = 1.0$，完全折旧 $\delta = 1$ 以及人口零增长 $n = 0.0$。基准参数值为：$\rho = 0.90$，$\alpha = 0.33$，$\beta = 0.90$，$\sigma_{\varepsilon} = 0.01$。稳态水平通过本节中的表达式进行计算。首先，运用Excel中的随机数生成器来生成一个有538个观测值的样本，其中，新息为对数生产率冲击的一阶自回归。因而，我们模拟一个服从 $N(0,1)$ 的随机变量，使其与 σ_{ε} 相乘。那么，我们很容易就能得到生产率冲击。然后，资本存量、产出以及消费的时间序列就可以运用两个模型中的解析解表达式获得。最后，相对波动就为每个变量的时间序列与其稳态水平之差，以百分比的形式表示。表格中的图形显示了消费、资本和产出的时间序列。很明显，图形显示模型中产出和消费以及资本存量的相关性很强。我们还得到了某些变量在其稳态水平周围的相对偏差图。*McCallum with leisure*表格中也有相似的图表，其中有时序图以及资本存量和产出的相对偏差散点图。

在时间序列下方，我们给出了每个变量的样本均值、标准差、相对于产出的波动和变异系数。同时，我们计算了产出在消费（70.3%）和投资（29.7%）间的分配。注意，在完全折旧下，每期的投资和资本存量是相等的。最后，我们也计算出了每个变量与产出的互相关函数。很明显，产出与自身的互相关函数是对称的。如果我们使用不同的生产率冲击样本，那么这些图表都应该发生变化，读者可以将此作为一个练习进行检验。

5.3 求解简单随机计划者问题

为论证不同方法的相似性与差异，我们运用由计划者问题表示的随机标准Brock-Mirman增长模型[3][①]，

$$\underset{\{c_t, k_{t+1}\}_{t=0}^{\infty}}{Max} E_0 \sum_{t=0}^{\infty} \beta^t U(c_t) = E_0 \sum_{t=0}^{\infty} \beta^t \frac{c_t^{1-\sigma} - 1}{1-\sigma},$$

其中，$\sigma > 0$，离散时间常相对风险厌恶效用函数形式已假定。贴现加总的效用函数最大化约束条件为总资源约束，

$$c_t + k_{t+1} - (1-\delta) k_t = \theta_t k_t^{\alpha},\ 0 < \alpha < 1, \tag{5.12}$$

k_0 为给定的。

随机生产率的运行规律应为：

$$\ln\theta_t = \rho \ln\theta_{t-1} + \varepsilon_t,\ 0 < \rho < 1,\ \varepsilon_t \underset{iid}{\sim} N(0, \sigma_{\varepsilon}^2),\ \theta_0 \text{给定}, \tag{5.13}$$

最优化问题的拉格朗日函数为：

$$L\left(\{c_t, k_{t+1}; \theta_t\}_{t=0}^{\infty}\right) = E_0 \sum_{t=0}^{\infty} \beta^t \left[\frac{c_t^{1-\sigma} - 1}{1-\sigma} + \lambda_t\left(\theta_t k_t^{\alpha} - c_t - k_{t+1} + (1-\delta) k_t\right)\right]$$

---

① 这个模型中不存在任何外部性，所以福利定理适用，计划者问题的解得到了与竞争均衡相同的资源配置。反过来，这又可以作为代表性个体问题的解。

在 $c_t>0$ 的假设下，由于初始时无限的边际效用意味着每期的消费严格为正，且 $k_{t+1}>0$，则最优化条件为：

$$c_t^{-\sigma}=\lambda_t,$$

$$\lambda_t=\beta E_t\left[\lambda_{t+1}\left(\alpha\theta_{t+1}k_{t+1}^{\alpha-1}+1-\delta\right)\right],$$

以及式（5.12）。

消除拉格朗日乘子，我们得到：

$$c_t^{-\sigma}=\beta E_t\left[c_{t+1}^{-\sigma}\left(\alpha\theta_{t+1}k_{t+1}^{\alpha-1}+1-\delta\right)\right], \tag{5.14}$$

横截性条件为：

$$\lim_{t\to\infty}E_0\left(\beta^t\lambda_t k_{t+1}\right)=\lim_{t\to\infty}E_0\left(\beta^t c_t^{-\sigma}k_{t+1}\right)=0.$$

人均变量的稳态水平为：

$$k_{ss}=\left(\frac{\alpha\beta}{1-\beta(1-\delta)}\right)^{\frac{1}{1-\alpha}}, \tag{5.15}$$

$$c_{ss}=\left(\frac{\alpha\beta}{1-\beta(1-\delta)}\right)^{\frac{\alpha}{1-\alpha}}-\delta\left(\frac{\alpha\beta}{1-\beta(1-\delta)}\right)^{\frac{1}{1-\alpha}}, \tag{5.16}$$

其中，$\theta_{ss}=1$。

在下一节中，我们将讨论采用不同的方法来寻找最优化问题的数值解，如本节中所考虑的问题。第一种方法是构造我们需要求解的最优化问题的最优线性二次近似。线性二次近似包含有一个二次目标函数和线性约束。因此，决策法则是线性的，这对数据生成来说十分简单。其缺点是我们求解的问题与初始问题不同。H.Uhlig的待定系数法、Blanchard和Kahn的方法以及C.A.Sims提出的特征值-特征向量分解法都利用了初始最优化问题最优条件的对数线性近似。所以，尽管他们对一阶条件进行了近似，但他们运用的却是真实的非线性结构模型。正如前一章所讨论的那样，我们需要稳定性条件去得到内生变量的非发散性路径，且不同的求解方法的不同之处在于对数值解施加的稳定性条件不同。与对数线性近似不同的是，对最优化条件的线性近似也可以用于求得问题的解。通常情况下，这种方法更简单，即使近似误差会变大。

之前学习的方法都是线性的，因为它们都运用线性系统将控制变量和状态变量联系起来。在引入带有税收的计划者问题后，我们将给出两个非线性求解方法：（a）参数化期望方法，即再次对初始问题运用一阶条件，但通过指数多项式对一阶条件中的条件期望求近似；（b）投影法，即将决策法则或控制方程参数化来作为状态变量的多项式函数。

5.3.1 求解计划者问题的线性二次近似

为实现此简单求解方法[7, 11]，我们首先将式（5.12）带入效用函数中，得到：

$$U\left(k_{t+1},k_t,\ln\theta_t\right)=\frac{\left(\theta_t k_t^{\alpha}+(1-\delta)k_t-k_{t+1}\right)^{1-\sigma}-1}{1-\sigma}.$$

上述效用函数在稳态附近的二次近似可以写为：

$$U(k_{t+1},k_t,\ln\theta_t)\simeq \mathrm{U}(z_{ss})+\frac{\partial U}{\partial z_t}|_{z_t=z_{ss}}(z_t-z_{ss})+\frac{1}{2}(z_t-z_{ss})'\left(\frac{\partial^2 U}{\partial z_t\partial z'_t}|_{z_t=z_{ss}}\right)(z_t-z_{ss}),$$

其中，$z_t=(k_{t+1},k_t,\ln\theta_t)$意味着：

$$\begin{aligned}U(c_t)&=U(k_{t+1},k_t,\ln\theta_t)\cong \mathrm{U}(k_{ss},k_{ss},\ln\theta_{ss})\\&\quad+\frac{\partial U}{\partial k_{t+1}}\Big|_{(k_{ss},k_{ss},\ln\theta_{ss})}(k_{t+1}-k_{ss})+\frac{\partial U}{\partial k_t}\Big|_{(k_{ss},k_{ss},\ln\theta_{ss})}(k_t-k_{ss})\\&\quad\frac{\partial U}{\partial \ln\theta_t}\Big|_{(k_{ss},k_{ss},\ln\theta_{ss})}(\ln\theta_t-\ln\theta_{ss})+\frac{1}{2}(z_t-z_{ss})'\left(\frac{\partial^2 U}{\partial z_t\partial z'_t}\Big|_{(k_{ss},k_{ss},\ln\theta_{ss})}\right)(z_t-z_{ss})\\&=B_1(k_{t+1}-k_{ss})+B_2(k_t-k_{ss})+B_3(\ln\theta_t-\ln\theta_{ss})\\&\quad+\frac{1}{2}(z_t-z_{ss})'\left(\frac{\partial^2 U}{\partial z_t\partial z'_t}\Big|_{(k_{ss},k_{ss},\ln\theta_{ss})}\right)(z_t-z_{ss})\end{aligned}$$

其中，

$$U(k_{ss},k_{ss},\ln\theta_{ss})=\frac{(k_{ss}^{\alpha}-\delta k_{ss})^{1-\sigma}-1}{1-\sigma},$$

在令人乏味的代数之后，我们得到了梯度向量：

$$\frac{\partial U}{\partial k_{t+1}}=(\theta_t k_t^{\alpha}+(1-\delta)k_t-k_{t+1})^{-\sigma}(-1)$$

$$\Rightarrow B_1\equiv\frac{\partial U}{\partial k_{t+1}}\Big|_{(k_{ss},k_{ss},\ln\theta_{ss})}=-(k_{ss}^{\alpha}-\delta k_{ss})^{-\sigma},$$

$$\frac{\partial U}{\partial k_t}=(\theta_t k_t^{\alpha}+(1-\delta)k_t-k_{t+1})^{-\sigma}(\alpha\theta_t k_t^{\alpha-1}+1-\delta)$$

$$\Rightarrow B_2\equiv\frac{\partial U}{\partial k_t}\Big|_{(k_{ss},k_{ss},\ln\theta_{ss})}=\frac{1}{\beta}(k_{ss}^{\alpha}-\delta k_{ss})^{-\sigma}=-B_1\frac{1}{\beta},$$

$$\frac{\partial U}{\partial \ln\theta_t}=(\theta_t k_t^{\alpha}+(1-\delta)k_t-k_{t+1})^{-\sigma}(e^{\ln\theta_t}k_t^{\alpha})$$

$$\Rightarrow B_3\equiv\frac{\partial U}{\partial \ln\theta_t}\Big|_{(k_{ss},k_{ss},\ln\theta_{ss})}=(k_{ss}^{\alpha}-\delta k_{ss})^{-\sigma}k_{ss}^{\alpha}=-B_1k_{ss}^{\alpha},$$

其中，我们利用等式 $e^{\ln\theta_t}=\theta_t$ 得到 $\frac{\partial U}{\partial\ln\theta_t}=\frac{\partial U}{\partial\theta_t}\frac{\partial\theta_t}{\partial\ln\theta_t}=\frac{\partial U}{\partial\theta_t}\theta_t$，以及 $[\theta_t k_t^{\alpha}+(1-\delta)k_t-k_{t+1}]\Big|_{(k_{ss},k_{ss},\ln\theta_{ss})}=k_{ss}^{\alpha}-\delta k_{ss}$和$(\alpha\theta_t k_t^{\alpha-1}+1-\delta)\Big|_{(k_{ss},k_{ss},\ln\theta_{ss})}=1/\beta$。

Hessian矩阵$\left(\frac{\partial^2 U}{\partial z_t\partial z'_t}\Big|_{(k_{ss},k_{ss},\ln\theta_{ss})}\right)$的元素为：

$$\frac{\partial^2 U}{\partial k_{t+1}^2}=-\sigma(\theta_t k_t^{\alpha}+(1-\delta)k_t-k_{t+1})^{-\sigma-1}$$

$$\begin{aligned}\Rightarrow A_{11}&\equiv\frac{\partial^2 U}{\partial k_{t+1}^2}\Big|_{(k_{ss},k_{ss},\ln\theta_{ss})}=-\sigma(k_{ss}^{\alpha}-\delta k_{ss})^{-\sigma-1}\\&=\sigma B_1\frac{1}{k_{ss}^{\alpha}-\delta k_{ss}}.\end{aligned}$$

$$\frac{\partial^2 U}{\partial k_{t+1}\partial k_t}=\sigma(\theta_t k_t^{\alpha}+(1-\delta)k_t-k_{t+1})^{-\sigma-1}(\alpha\theta_t k_t^{\alpha-1}+1-\delta)$$

$$\begin{aligned}\Rightarrow A_{12}&\equiv\frac{\partial^2 U}{\partial k_{t+1}\partial k_t}\Big|_{(k_{ss},k_{ss},\ln\theta_{ss})}=\frac{\sigma}{\beta}(k_{ss}^{\alpha}-\delta k_{ss})^{-\sigma-1}\\&=-\frac{A_{11}}{\beta}.\end{aligned}$$

$$\frac{\partial^2 U}{\partial k_{t+1}\partial \ln\theta_t} = \sigma\left(\theta_t k_t^{\alpha} + (1-\delta)k_t - k_{t+1}\right)^{-\sigma-1} e^{\ln\theta_t} k_t^{\alpha}$$

$$\Rightarrow A_{13} \equiv \frac{\partial^2 U}{\partial k_{t+1}\partial \ln\theta_t}\Big|_{(k_{ss},k_{ss},\ln\theta_{ss})}$$

$$= \sigma\left(k_{ss}^{\alpha} - \delta k_{ss}\right)^{-\sigma-1} k_{ss}^{\alpha} = -A_{11} k_{ss}^{\alpha}.$$

$$\frac{\partial^2 U}{\partial k_t^2} = -\sigma\left(\theta_t k_t^{\alpha} + (1-\delta)k_t - k_{t+1}\right)^{-\sigma-1}\left(\alpha\theta_t k_t^{\alpha-1} + 1 - \delta\right)^2$$

$$+\left(\theta_t k_t^{\alpha} + (1-\delta)k_t - k_{t+1}\right)^{-\sigma}\alpha(\alpha-1)e^{\ln\theta_t} k_t^{\alpha-2}$$

$$\Rightarrow A_{22} \equiv \frac{\partial^2 U}{\partial k_t^2}\Big|_{(k_{ss},k_{ss},\ln\theta_{ss})} = -\frac{\sigma}{\beta^2}\left(k_{ss}^{\alpha} - \delta k_{ss}\right)^{-\sigma-1}$$

$$+\left(k_{ss}^{\alpha} - \delta k_{ss}\right)^{-\sigma-1}\alpha(\alpha-1)k_{ss}^{\alpha-2}$$

$$= A_{11}\left(\frac{1}{\beta^2} - \frac{\alpha(\alpha-1)k_{ss}^{\alpha-2}}{\sigma}\right).$$

$$\frac{\partial^2 U}{\partial k_t \partial \ln\theta_t} = -\sigma\left(\theta_t k_t^{\alpha} + (1-\delta)k_t - k_{t+1}\right)^{-\sigma-1} e^{\ln\theta_t} k_t^{\alpha} \times \left(\alpha\theta_t k_t^{\alpha-1} + 1 - \delta\right)$$

$$+\left(\theta_t k_t^{\alpha} + (1-\delta)k_t - k_{t+1}\right)^{-\sigma}\alpha e^{\ln\theta_t} k_t^{\alpha-1}$$

$$\Rightarrow A_{23} \equiv \frac{\partial^2 U}{\partial k_t \partial \ln\theta_t}\Big|_{(k_{ss},k_{ss},\ln\theta_{ss})} = A_{11}\frac{k_{ss}^{\alpha}}{\beta} - B_1 \alpha k_{ss}^{\alpha-1}.$$

$$\frac{\partial^2 U}{\partial \ln\theta_t^2} = -\sigma\left(\theta_t k_t^{\alpha} + (1-\delta)k_t - k_{t+1}\right)^{-\sigma-1}\left(e^{\ln\theta_t} k_t^{\alpha}\right)^2$$

$$+\left(\theta_t k_t^{\alpha} + (1-\delta)k_t - k_{t+1}\right)^{-\sigma} e^{\ln\theta_t} k_t^{\alpha}$$

$$\Rightarrow A_{33} \equiv \frac{\partial^2 U}{\partial \ln\theta_t^2}\Big|_{(k_{ss},k_{ss},\ln\theta_{ss})} = -\sigma\left(k_{ss}^{\alpha} - \delta k_{ss}\right)^{-\sigma-1} k_{ss}^{2\alpha}$$

$$+\left(k_{ss}^{\alpha} - \delta k_{ss}\right)^{-\sigma} k_{ss}^{\alpha} = k_{ss}^{\alpha}\left(A_{11}k_{ss}^{\alpha} - B_1\right),$$

且效用函数的二次近似，

$$U(k_{t+1}, k_t, \ln\theta_t) \cong 常数 + (B_1, B_2, B_3)\begin{pmatrix} k_{t+1} - k_{ss} \\ k_t - k_{ss} \\ \ln\theta_t - \ln\theta_{ss} \end{pmatrix}$$

$$+\frac{1}{2}\left(k_{t+1} - k_{ss}, k_t - k_{ss}, \ln\theta_t - \ln\theta_{ss}\right)$$

$$\times\begin{pmatrix} A_{11} & A_{12} & A_{13} \\ A_{12} & A_{22} & A_{23} \\ A_{13} & A_{23} & A_{33} \end{pmatrix}\begin{pmatrix} k_{t+1} - k_{ss} \\ k_t - k_{ss} \\ \ln\theta_t - \ln\theta_{ss} \end{pmatrix},$$

其中，上式为二次的，所以我们可以施加确定性等价原理①。因此，我们在初始时忽略了问题的随机性，而施加一阶条件，

$$\frac{\partial U}{\partial k_{t+1}} = 0,$$

这意味着：

$$0 = \beta^t\left[B_1 + A_{11}\tilde{k}_{t+1} + A_{12}\tilde{k}_t + A_{13}\ln\theta_t\right]$$

---

① 确定性等价原理，也称为分离原理，描述了在线性二次问题（具有线性约束的二次目标函数的优化问题）中，我们可以将控制问题从估计问题中分离出来。这意味着我们只需求解确定性稳态，然后在任何包含未来决策变量或控制变量之前的决策法则中加上条件期望即可。

$$+\beta^{t+1}\left[B_2 + A_{22}\tilde{k}_{t+1} + A_{12}\tilde{k}_{t+2} + A_{23}\ln\theta_{t+1}\right]$$

其中，波浪符代表与稳态值的偏差，且$\ln\theta_{ss} = 0$，或，

$$\beta A_{12}\tilde{k}_{t+2} + \left(A_{11} + \beta A_{22}\right)\tilde{k}_{t+1} + A_{12}\tilde{k}_t = -A_{13}\ln\theta_t - \beta A_{23}\ln\theta_{t+1}$$

$$\Rightarrow \tilde{k}_{t+1} + \frac{A_{11} + \beta A_{22}}{\beta A_{12}}\tilde{k}_t + \frac{1}{\beta}\tilde{k}_{t-1} = -\frac{A_{13}}{\beta A_{12}}\ln\theta_{t-1} - \frac{A_{23}}{A_{12}}\ln\theta_t,$$

其中，$B_1 + \beta B_2 = 0$。

利用滞后算子B可将方程左边的多项式写为：$\left(1 + \frac{A_{11} + \beta A_{22}}{\beta A_{12}}B + \frac{1}{\beta}B^2\right)\tilde{k}_{t+1}$。这个多项式可分解为$\left(1 - \mu_1 B\right)\left(1 - \mu_2 B\right)$，两个根$\mu_1$，$\mu_2$的关系为：$\mu_1 + \mu_2 = -\frac{A_{11} + \beta A_{22}}{\beta A_{12}}$，$\mu_2 = \frac{1}{\mu_1\beta}$。定义为：

$$\mu_1,\mu_2 = \frac{-\frac{A_{11} + \beta A_{22}}{\beta A_{12}} \pm \sqrt{\left(\frac{A_{11} + \beta A_{22}}{\beta A_{12}}\right)^2 - 4\frac{1}{\beta}}}{2\frac{1}{\beta}}$$

由于$-\frac{A_{11} + \beta A_{22}}{\beta A_{12}} = 1 + \frac{1}{\beta} - \frac{\beta}{\sigma}\alpha\left(\alpha - 1\right)k_{ss}^{\alpha-2} > 0$，所以我们可运用数学附录中带有鞍点路径性质的系统部分的讨论，来说明其中一个根在单位区间内，即$0 < \mu_1 < 1$，而另一个根$\mu_2 > 1/\beta$，因此方程为：

$$\left(1 - \mu_1 B\right)\left(1 - \mu_2 B\right)\tilde{k}_{t+1} = -\frac{A_{13}}{\beta A_{12}}\ln\theta_{t-1} - \frac{A_{23}}{A_{12}}\ln\theta_t,$$

其解为①：

$$\left(1 - \mu_1 B\right)\tilde{k}_{t+1} = -\frac{A_{13}}{\beta A_{12}}\frac{1}{1 - \mu_2 B}\ln\theta_{t-1} - \frac{A_{23}}{A_{12}}\frac{1}{1 - \mu_2 B}\ln\theta_t$$

$$\equiv \frac{A_{13}}{\beta A_{12}}\sum_{i=1}^{\infty}\frac{1}{\mu_2^i}\ln\theta_{t-1+i} + \frac{A_{23}}{A_{12}}\sum_{i=1}^{\infty}\frac{1}{\mu_2^i}\ln\theta_{t+i}.$$

到目前为止，我们求解了最优的确定性控制问题。确定性等价原则的使用相当于在上述最优决策规划中取条件期望。在时期t，我们依据所有可得信息以及对$\tilde{k}_{t+1}$的决策，从而对其取条件期望，得到：

$$\begin{aligned}\left(1 - \mu_1 B\right)\tilde{k}_{t+1} &= \frac{A_{13}}{\beta A_{12}}\sum_{i=1}^{\infty}\frac{1}{\mu_2^i}E_t\left(\ln\theta_{t-1+i}\right) + \frac{A_{23}}{A_{12}}\sum_{i=1}^{\infty}\frac{1}{\mu_2^i}E_t\left(\ln\theta_{t+i}\right)\\ &= \frac{A_{13}}{\beta A_{12}}\sum_{i=1}^{\infty}\frac{1}{\mu_2^i}\rho^{i-1}\ln\theta_t + \frac{A_{23}}{A_{12}}\sum_{i=1}^{\infty}\frac{1}{\mu_2^i}\rho^i\ln\theta_t\\ &= \left(\frac{A_{13}}{\beta A_{12}}\frac{1}{1 - \frac{\rho}{\mu_2}} + \frac{A_{23}}{A_{12}}\frac{\rho}{1 - \frac{\rho}{\mu_2}}\right)\frac{1}{\mu_2}\ln\theta_t,\end{aligned}$$

最终，

$$\tilde{k}_{t+1} = \mu_1\tilde{k}_t + \frac{1}{\mu_2 - \rho}\frac{A_{13} + \beta\rho A_{23}}{\beta A_{12}}\ln\theta_t,$$

此方程使得我们可以生成$\tilde{k}_t$的数据，从而生成k_t。

可以看到，我们对资本存量的决策规划是线性的，这与通过预算约束从资本存量中

---

① 我们已知，对于$\mu_2 > 1$，有：

$\frac{1}{1-\mu_2 B} = -\frac{1}{\mu_2 B - 1} = -\frac{B^{-1}}{\mu_2 - B^{-1}} = -\frac{B^{-1}}{\mu_2}\frac{1}{1 - \frac{1}{\mu_2}B^{-1}} = -\frac{B^{-1}}{\mu_2}\sum_{s=0}^{\infty}\frac{1}{\mu_2^s}B^{-s} = -\sum_{s=1}^{\infty}\frac{1}{\mu_2^s}B^{-s}$，因此$\frac{1}{1-\mu_2 B}X_t = -\sum_{s=1}^{\infty}\frac{1}{\mu_2^s}X_{t+s}$。

生成消费数据的方法相反，该方法中包含非线性技术。同样重要的是，我们可以获取资本存量的全部时间序列，而不需要计算任何消费数据，也不用说明问题的时序性质，以及相对于消费决策而言，资本存量是外生的这一事实。

Simple_planner_problem.xls 文件计算了无税收计划者问题的单一样本，运用了本章中描述的线性二次近似和基准参数，我们也会在其他求解方法的证明中使用该基准参数。考虑生产函数：$y_t=\theta_t A k_t^{\alpha}$，$A=1$；风险厌恶参数：$\sigma=0.5$；折旧率：$\delta=0.1$；人口零增长：$n=0.0$；基准参数值：$\rho=0.90$，$\alpha=0.33$，$\beta=0.90$，$\sigma_{\varepsilon}=0.01$。资本存量、消费、产出和投资的时间序列可以通过上述表达式获得。在时间序列样本下方，我们给出了标准统计量：均值、标准差、变异系数、产出的相对波动、产出的相关系数以及在[-2，2]区间内与产出的互相关函数，同时也给出了内生变量样本的图形。

lq.m MATLAB程序运用了本章介绍的存在消费税和所得税情况下的拓展方法，也计算了计划者模型解的单一实现值。我们在本章第二部分讨论最优增长模型或计划者模型。感兴趣的读者可以在程序中将两个税收的参数值设为零，以达到我们分析过的无税收模型解的数值实现。*methods.m* 程序可以采用本章所描述的解决方法，将消费税和所得税设置为零，用多种不同的线性二次近似计算任意数量的样本。如果读者对MATLAB编程不感兴趣，那么只需一次实现就足够了。MATLAB程序的每一次运行都将改变生产率冲击的样本实现，产生与以前样本不同的主要变量的统计值。

在这一节中，我们解决了近似于原问题的线性二次问题。在下一节中描述的备选方法中，我们考虑了对原优化问题的最优性条件的不同逼近。

5.3.2 模型的对数线性近似

现在，我们继续讨论如何计算上述简单增长模型的对数线性近似，这种近似将在下一部分使用。在这种方法中，我们从代表性个体问题的最优化条件式（5.12）、式（5.14）和式（5.13）出发：

$$c_t+k_{t+1}-(1-\delta)k_t=\theta_t k_t^{\alpha},\ 0<\alpha<1,$$

$$c_t^{-\sigma}=\beta E_t\left[c_{t+1}^{-\sigma}\left(\alpha\theta_{t+1}k_{t+1}^{\alpha-1}+(1-\delta)\right)\right],$$

$$\ln\theta_t=\rho\ln\theta_{t-1}+\varepsilon_t,\ 0<\rho<1,\ \varepsilon_t \underset{iid}{\sim} N(0,\sigma_{\varepsilon}^2),\ \theta_0\text{已知。}$$

为构造模型的对数线性近似，我们首先运用等式，如：$x_t=e^{\ln x_t}$，$c_t^{-\sigma}=e^{-\sigma\ln c_t}$；以及辅助变量：$\tilde{x}_t\equiv\ln\left(x_t/x_{ss}\right)$表示原始变量对数值与其稳态水平对数值之差。另一个有用的等式为：$x_t=x_{ss}e^{\tilde{x}_t}$，由$x_t=x_{ss}e^{\tilde{x}_t}\simeq x_{ss}\left(1+\tilde{x}_t\right)$近似得到。另外的近似形式为：

(a) $x_t^{-\sigma}=x_{ss}^{-\sigma}e^{-\sigma\tilde{x}_t}\simeq x_{ss}\left(1-\sigma\tilde{x}_t\right)$,

(b) $x_{t+1}z_{t+1}\simeq x_{ss}\left(1+\tilde{x}_{t+1}\right)z_{ss}\left(1+\tilde{z}_{t+1}\right)\simeq x_{ss}z_{ss}\left(1+\tilde{x}_{t+1}+\tilde{z}_{t+1}\right)$.

这使得我们可以将式（5.12）写为：

$$0=c_{ss}e^{\tilde{c}_t}+k_{ss}e^{\tilde{k}_{t+1}}-\theta_{ss}e^{\tilde{\theta}_t}k_{ss}^{\alpha}e^{\alpha\tilde{k}_t}-(1-\delta)k_{ss}e^{\tilde{k}_t},$$

$$\cong c_{ss}\left(1+\tilde{c}_t\right)+k_{ss}\left(1+\tilde{k}_{t+1}\right)-\theta_{ss}k_{ss}^{\alpha}\left(1+\alpha\tilde{k}_t+\tilde{\theta}_t\right)-(1-\delta)k_{ss}\left(1+\tilde{k}_t\right),$$

$$\cong\left[c_{ss}+k_{ss}-\theta_{ss}k_{ss}^{\alpha}-(1-\delta)k_{ss}\right]+c_{ss}\tilde{c}_t+k_{ss}\tilde{k}_{t+1}-\theta_{ss}k_{ss}^{\alpha}\alpha\tilde{k}_t-(1-\delta)k_{ss}\tilde{k}_t-\theta_{ss}k_{ss}^{\alpha}\tilde{\theta}_t,$$

其中，第一个括号内为零，因为每期的预算约束都成立，所以在稳态时预算约束也成立。同时运用$\theta_{ss}=1$，且除以k_{ss}，得到：

$$0 \cong \frac{c_{ss}}{k_{ss}}\tilde{c}_t + \tilde{k}_{t+1} - \left(\alpha k_{ss}^{\alpha-1} + 1 - \delta\right)\tilde{k}_t - k_{ss}^{\alpha-1}\tilde{\theta}_t,$$

运用稳态关系式$\alpha k_{ss}^{\alpha-1} + 1 - \delta = \frac{1}{\beta}$，得到：

$$0 \cong \frac{c_{ss}}{k_{ss}}\tilde{c}_t + \tilde{k}_{t+1} - \frac{1}{\beta}\tilde{k}_t - \frac{1}{\alpha}\left(\frac{1}{\beta} - 1 + \delta\right)\tilde{\theta}_t. \tag{5.17}$$

条件式（5.14）可以写为：

$$\begin{aligned}
c_{ss}^{-\sigma}e^{-\sigma\tilde{c}_t} &= \beta E_t\left[c_{ss}^{-\sigma}e^{-\sigma\tilde{c}_{t+1}}\left(\alpha\theta_{ss}e^{\tilde{\theta}_{t+1}}k_{ss}^{\alpha-1}e^{(\alpha-1)\tilde{k}_{t+1}} + (1-\delta)\right)\right] \\
&= \beta\left(c_{ss}^{-\sigma}\alpha\theta_{ss}k_{ss}^{\alpha-1}\right)E_t\left(e^{-\sigma\tilde{c}_{t+1}}e^{\tilde{\theta}_{t+1}}e^{(\alpha-1)\tilde{k}_{t+1}}\right) + \beta c_{ss}^{-\sigma}(1-\delta)E_t\left(e^{-\sigma\tilde{c}_{t+1}}\right) \\
&\Rightarrow c_{ss}^{-\sigma}(1-\sigma\tilde{c}_t) = \beta\left(c_{ss}^{-\sigma}\alpha\theta_{ss}k_{ss}^{\alpha-1}\right)E_t\left[\begin{pmatrix}1-\sigma\tilde{c}_{t+1}+\tilde{\theta}_{t+1}+\\(\alpha-1)\tilde{k}_{t+1}\end{pmatrix}\right] + \beta c_{ss}^{-\sigma}(1-\delta)E_t(1-\sigma\tilde{c}_{t+1}) \\
&\Rightarrow 0 \simeq \left[c_{ss}^{-\sigma} - \beta\left(c_{ss}^{-\sigma}\alpha\theta_{ss}k_{ss}^{\alpha-1}\right) - \beta(1-\delta)c_{ss}^{-\sigma}\right] - c_{ss}^{-\sigma}\sigma\tilde{c}_t \\
&\quad + \beta\left(c_{ss}^{-\sigma}\alpha\theta_{ss}k_{ss}^{\alpha-1}\right)E_t\left(\sigma\tilde{c}_{t+1} - \tilde{\theta}_{t+1} + (1-\alpha)\tilde{k}_{t+1}\right) + \beta c_{ss}^{-\sigma}(1-\delta)\sigma E_t\tilde{c}_{t+1},
\end{aligned}$$

其中，根据欧拉方程的稳态表达式，常数设为零，所以，

$$-\sigma\tilde{c}_t + \beta\left(\alpha\theta_{ss}k_{ss}^{\alpha-1}\right)E_t\left(\sigma\tilde{c}_{t+1} - \tilde{\theta}_{t+1} + (1-\alpha)\tilde{k}_{t+1}\right) + \beta(1-\delta)\sigma E_t\tilde{c}_{t+1} \simeq 0 \tag{5.18}$$

最后，由于$\ln\theta_{ss} = 0$，$\varepsilon_{ss} = 0$，技术冲击的运行规律可以写为：

$$\begin{aligned}
\tilde{\theta}_{t+1} + \ln\theta_{ss} &\cong \rho\tilde{\theta}_t + \rho\ln\theta_{ss} + \varepsilon_{ss}e^{\tilde{\varepsilon}_{t+1}} \\
&\Rightarrow E_t\tilde{\theta}_{t+1} \cong \rho\tilde{\theta}_t,
\end{aligned} \tag{5.19}$$

将式（5.19）代入式（5.18）中，由于$\alpha k_{ss}^{\alpha-1} + 1 - \delta = \frac{1}{\beta}$，得到：

$$0 \simeq \sigma\tilde{c}_t - \sigma E_t(\tilde{c}_{t+1}) + \left[1-(1-\delta)\beta\right]\rho\tilde{\theta}_t - \left[1-(1-\delta)\beta\right](1-\alpha)\tilde{k}_{t+1} \simeq 0, \tag{5.20}$$

5.3.3 随机计划者问题的Blanchard-Kahn求解法：对数线性近似

该方法[2]运用了上一部分中的对数线性近似。式（5.17）和式（5.20）可以写为矩阵形式：

$$\underbrace{\begin{bmatrix}\left(\frac{1}{\beta}-(1-\delta)\right) & (1-\alpha)\frac{1}{\beta}\sigma \\ 1 & 0\end{bmatrix}}_{A}\underbrace{\begin{bmatrix}\tilde{k}_{t+1} \\ E_t\tilde{c}_{t+1}\end{bmatrix}}_{E_ts_{t+1}^0}$$

$$= \underbrace{\begin{bmatrix}0 & \frac{1}{\beta}\sigma \\ \frac{1}{\beta} & -\frac{c_{ss}}{k_{ss}}\end{bmatrix}}_{B}\underbrace{\begin{bmatrix}\tilde{k}_t \\ \tilde{c}_t\end{bmatrix}}_{s_t^0} + \underbrace{\begin{bmatrix}\left(\frac{1}{\beta}-(1-\delta)\right)\rho \\ \left(\frac{1}{\beta}-(1-\delta)\right)\frac{1}{\alpha}\end{bmatrix}}_{C}\tilde{\theta}_t$$

即：

$$E_ts_{t+1}^0 = Ds_t^0 + F\tilde{\theta}_t, \tag{5.21}$$

其中，$D = A^{-1}B$，$F = A^{-1}C$。

此求解方法的依据为：矩阵D有一个稳定的特征值，而另一个特征值是不稳定的，这使得最优化问题的解是唯一的，由稳定流形确定。我们的策略是在稳态附近找到该流形的一个解析近似，运用该近似生成经济中相关变量的时间序列。不失一般性，我们将其表示为$|\mu_1| < 1$，$|\mu_2| > 1/\beta$。D正交分解为$D = \Gamma\Lambda\Gamma^{-1}$。将式（5.21）左乘$\Gamma^{-1} = \begin{bmatrix}u_1 & v_1 \\ u_2 & v_2\end{bmatrix}$，得到：

$$\Gamma^{-1}E_ts_{t+1}^0 = \Lambda\Gamma^{-1}s_t^0 + \Gamma^{-1}F\tilde{\theta}_t,$$

即：

$$\begin{bmatrix} u_1 & v_1 \\ u_2 & v_2 \end{bmatrix}\begin{bmatrix} \tilde{k}_{t+1} \\ E_t\tilde{c}_{t+1} \end{bmatrix}$$

$$= \begin{bmatrix} \mu_1 & 0 \\ 0 & \mu_2 \end{bmatrix}\begin{bmatrix} u_1 & v_1 \\ u_2 & v_2 \end{bmatrix}\begin{bmatrix} \tilde{k}_t \\ \tilde{c}_t \end{bmatrix} + \underbrace{\begin{bmatrix} u_1 & v_1 \\ u_2 & v_2 \end{bmatrix}\begin{bmatrix} F_1 \\ F_2 \end{bmatrix}}_{Q}\tilde{\theta}$$

$$\Rightarrow \begin{cases} \underbrace{u_1\tilde{k}_{t+1} + v_1 E_t\tilde{c}_{t+1}}_{E_t s^1_{1,t+1}} = \mu_1\underbrace{\left(u_1\tilde{k}_t + v_1\tilde{c}_t\right)}_{s^1_{1,t}} + Q_1\tilde{\theta}_t & [A] \\ \underbrace{u_2\tilde{k}_{t+1} + v_2 E_t\tilde{c}_{t+1}}_{E_t s^1_{2,t+1}} = \mu_2\underbrace{\left(u_2\tilde{k}_t + v_2\tilde{c}_t\right)}_{s^1_{2,t}} + Q_2\tilde{\theta}_t & [B] \end{cases}$$

其中，$Q_1 = u_1F_1 + v_1F_2$，$Q_2 = u_2F_1 + v_2F_2$。

方程[A]为我们提供了条件期望$E_t s^1_{1,t+1}$的稳定解，方程[B]则生成了条件期望$E_t s^1_{2,t+1}$的不稳定解，因为其自回归系数的绝对值大于1。为得到方程[B]的稳定解，需要对其向前求解。方程可以写为$E_t s^1_{2,t+1} = \mu_2 s^1_{2,t} + Q_2\tilde{\theta}_t$，对$s^1_{2,t}$求解，得到：

$$s^1_{2,t} = \frac{1}{\mu_2}E_t s^1_{2,t+1} - \frac{Q_2}{\mu_2}\tilde{\theta}_t, \tag{5.22}$$

其中，$-1 < \frac{1}{\mu_2} < 1$。

第$t+1$期的式（5.22）为：

$$s^1_{2,t+1} = \frac{1}{\mu_2}E_{t+1} s^1_{2,t+2} - \frac{Q_2}{\mu_2}\tilde{\theta}_{t+1}. \tag{5.23}$$

将式（5.23）带入式（5.22），运用迭代期望法则及$E_t\tilde{\theta}_{t+j} = \rho^j\tilde{\theta}_t$，得到：

$$s^1_{2,t} = \frac{1}{\mu_2^2}E_t s^1_{2,t+2} - \left(1 + \frac{\rho}{\mu_2}\right)\frac{Q_2}{\mu_2}\tilde{\theta}_t. \tag{5.24}$$

第$t+2$期式（5.22）为：

$$s^1_{2,t+2} = \frac{1}{\mu_2}E_{t+2} s^1_{2,t+3} - \frac{Q_2}{\mu_2}\tilde{\theta}_{t+2}, \tag{5.25}$$

将式（5.25）带入式（5.24），再次运用迭代期望法则及$E_t\tilde{\theta}_{t+j} = \rho^j\tilde{\theta}_t$，得到：

$$s^1_{2,t} = \frac{1}{\mu_2^3}E_t s^1_{2,t+3} - \left(1 + \frac{\rho}{\mu_2} + \left(\frac{\rho}{\mu_2}\right)^2\right)\frac{Q_2}{\mu_2}\tilde{\theta}_t. \tag{5.26}$$

重复代入过程无限次，然后对其取极限，最终我们将得到方程[B]的前向解：

$$s^1_{2,t} = \underbrace{\lim_{j\to\infty}\frac{1}{\mu_2^j}E_t s^1_{2,t+j}}_{=0} - \frac{Q_2}{\mu_2}\tilde{\theta}_t\underbrace{\sum_{j=0}^{\infty}\left(\frac{\rho}{\mu_2}\right)^j}_{\frac{\mu_2}{\mu_2-\rho}} = \frac{Q_2}{\rho-\mu_2}\tilde{\theta}_t, \tag{5.27}$$

这给我们提供了代表性个体最优化问题的稳定性条件：

$$s^1_{2,t} = \frac{Q_2}{\rho-\mu_2}\tilde{\theta}_t.$$

稳定性条件将$s^1_{2,t}$、状态变量和控制变量的线性组合与生产率冲击$\tilde{\theta}_t$联系起来。我们也可用定义$s^1_{2,t} = u_2\tilde{k}_t + v_2\tilde{c}_t$表示上述稳定性条件：

$$\tilde{c}_t = -\frac{u_2}{v_2}\tilde{k}_t + \frac{Q_2/v_2}{\rho-\mu_2}\tilde{\theta}_t, \tag{5.28}$$

此等式将每一时间点上的决策变量$\tilde{c}_t$与两个状态变量$\tilde{k}_t$、$\tilde{\theta}_t$联系起来，且其形式均为对数形式和变量与稳态水平的偏差。

现在，在方程[A]中运用稳定性条件：

$$u_1\tilde{k}_{t+1}+v_1E_t\left[-\frac{u_2}{v_2}\tilde{k}_{t+1}+\frac{Q_2/v_2}{\rho-\mu_2}\tilde{\theta}_{t+1}\right]$$
$$=\mu_1\left[u_1\tilde{k}_t+v_1\left(-\frac{u_2}{v_2}\tilde{k}_t+\frac{Q_2/v_2}{\rho-\mu_2}\tilde{\theta}_t\right)\right]+Q_1\tilde{\theta}_t.$$

由于 $\tilde{k}_{t+1}$ 是 t 期决策，因此我们有：$E_t\tilde{k}_{t+1}=\tilde{k}_{t+1}$。求解 $\tilde{k}_{t+1}$ 并运用 $\tilde{\theta}_{t+1}$ 的期望算子，得到：

$$\tilde{k}_{t+1}=\mu_1\tilde{k}_t+\underbrace{\left(\frac{Q_1-\dfrac{\rho-\mu_1}{\rho-\mu_2}\dfrac{Q_2v_1}{v_2}}{u_1-v_1u_2/v_2}\right)}_{G}\tilde{\theta}_t, \tag{5.29}$$

只要给定生产率冲击，此式就给出了时期 t 内每一点的对数资本存量。运用式（5.13）、式（5.29）和式（5.28），我们可以将该解表示成矩阵形式的对数线性系统：

$$\begin{cases}\begin{bmatrix}\tilde{k}_{t+1}\\ \tilde{\theta}_{t+1}\end{bmatrix}=\begin{bmatrix}\mu_1 & G\\ 0 & \rho\end{bmatrix}\begin{bmatrix}\tilde{k}_t\\ \tilde{\theta}_t\end{bmatrix}+\begin{bmatrix}0\\ 1\end{bmatrix}\varepsilon_{t+1} & [\text{E1}]\\ \tilde{c}_t=\begin{bmatrix}-\dfrac{u_2}{v_2} & \dfrac{Q_2/v_2}{\rho-\mu_2}\end{bmatrix}\begin{bmatrix}\tilde{k}_t\\ \tilde{\theta}_t\end{bmatrix} & [\text{E2}]\end{cases}$$

其中，$G=\dfrac{Q_1-\dfrac{\rho-\mu_1}{\rho-\mu_2}\dfrac{Q_2v_1}{v_2}}{u_1-v_1u_2/v_2}$ 为状态空间表达式，[E1]为状态方程，[E2]为观测方程。

给定 $\tilde{k}_0$、结构参数的具体数值及生产率新息的样本 $\{\varepsilon_t\}_{t=0}^{T}$，我们就能从方程[E1]中很容易地获得时间序列 $\{\tilde{k}_{t+1},\tilde{\theta}_t\}_{t=0}^{T}$，从而就可以从方程[E2]中得到消费的时间序列 $\{\tilde{c}_t\}_{t=0}^{T}$。我们也可以运用技术冲击运行规律，以及非线性总资源约束和稳定性条件[E2]，从而得到 $\{\tilde{k}_{t+1},\tilde{\theta}_t,\tilde{c}_t\}_{t=0}^{T}$，其中 $\tilde{k}_0$ 和 $\{\varepsilon_t\}_{t=0}^{T}$ 已知。

CK_solution_BK.xls 文件运用本节介绍方法的拓展，计算了含有税收的计划者问题的单一样本实现，这种拓展方法将在本章的第二部分详细介绍。这里，我们分析某些在本章一直沿用的基准参数下得到的数值结果。感兴趣的读者可以在该点通过将 *Stochastic-BK* 表格中左边的第二格中设置两个税收都为零（$\tau_c=\tau_y=0.0$），去获得资本存量、消费、产出和投资的时间序列。当然，每个时期的 *Revenues* 序列等于零。文件中运用了7组可替换的参数值，以便于分析参数变化对变量波动和互相关的影响，我们将在本章的第二部分讨论。*Stochastic-BK*（2）表格对不同的生产率冲击进行了相同的分析，所以读者可以鉴别主要统计量随生产率冲击是如何改变的。

程序中的表达式比本节中的表达式更为复杂，因为表达式含有消费税和所得税，之后我们将会讨论。*Blanchard Kahn.m* MATLAB 程序也是同样的，其运用本节介绍的 Blanchard-Kahn 方法进行拓展，基于带有税收的计划者模型计算了单一数值实现。感兴趣的读者可以在程序初始的参数设置部分令两个税收均为零，以获得该模型不含税时的解。*methods.m* MATLAB 文件可在多个求解方法中利用 Blanchard-Kahn 方法，计算任意大的样本。

更有效的求解计算方法是Uhlig方法，这个方法会得到与Blanchard-Kahn方法相同的数值时间序列，我们将在下一节介绍。

5.3.4 Uhlig待定系数法：对数线性近似

Uhlig待定系数法[20]从描述解[从式（5.17）和式（5.20）中得到]的对数线性近似出发：

$$0 \cong \alpha_1 \tilde{c}_t + \alpha_2 \tilde{k}_{t+1} + \alpha_3 \tilde{k}_t + \alpha_4 \tilde{\theta}_t, \tag{5.30}$$

$$0 \simeq \beta_1 \tilde{c}_t + \beta_2 E_t \tilde{c}_{t+1} + \beta_3 \tilde{\theta}_t + \beta_4 \tilde{k}_{t+1}, \tag{5.31}$$

其中，$\alpha_1 = \frac{c_{ss}}{k_{ss}}$，$\alpha_2 = 1$，$\alpha_3 = -\frac{1}{\beta}$，$\alpha_4 = -\frac{1}{\alpha}\left(\frac{1}{\beta} - 1 + \delta\right)$，$\beta_1 = \sigma$，$\beta_2 = -\sigma$，$\beta_3 = \left[1-(1-\delta)\beta\right]\rho$，$\beta_4 = -\left[1-(1-\delta)\beta\right](1-\alpha)$。

经济中存在两个状态变量$\tilde{\theta}_t$，$\tilde{k}_t$，意味着每期的两个决策变量$\tilde{c}_t$，$\tilde{k}_{t+1}$应该是这两个状态变量的函数：

$$\tilde{k}_{t+1} = \eta_{kk} \tilde{k}_t + \eta_{k\theta} \tilde{\theta}_t, \tag{5.32}$$

$$\tilde{c}_t = \eta_{ck} \tilde{k}_t + \eta_{c\theta} \tilde{\theta}_t,$$

并且，在时期t对其取条件期望，

$$E_t \tilde{k}_{t+1} = \eta_{kk} \tilde{k}_t + \eta_{k\theta} \tilde{\theta}_t,$$

$$\begin{aligned} E_t \tilde{c}_{t+1} &= \eta_{ck} E_t \tilde{k}_{t+1} + \eta_{c\theta} E_t \tilde{\theta}_{t+1} = \eta_{ck}\left(\eta_{kk} \tilde{k}_t + \eta_{k\theta} \tilde{\theta}_t\right) + \eta_{c\theta} \rho \tilde{\theta}_t \\ &= \eta_{ck} \eta_{kk} \tilde{k}_t + \left(\eta_{ck} \eta_{k\theta} + \eta_{c\theta} \rho\right) \tilde{\theta}_t, \end{aligned}$$

将其带入对数线性近似式（5.30）~式（5.31）得到：

$$0 = \alpha_1\left(\eta_{ck} \tilde{k}_t + \eta_{c\theta} \tilde{\theta}_t\right) + \alpha_2\left(\eta_{kk} \tilde{k}_t + \eta_{k\theta} \tilde{\theta}_t\right) + \alpha_3 \tilde{k}_t + \alpha_4 \tilde{\theta}_t,$$

$$0 = \beta_1\left(\eta_{ck} \tilde{k}_t + \eta_{c\theta} \tilde{\theta}_t\right) + \beta_2\left[\eta_{ck} \eta_{kk} \tilde{k}_t + \left(\eta_{ck} \eta_{k\theta} + \eta_{c\theta} \rho\right) \tilde{\theta}_t\right] + \beta_3 \tilde{\theta}_t + \beta_4\left(\eta_{kk} \tilde{k}_t + \eta_{k\theta} \tilde{\theta}_t\right),$$

为使上述方程成立，我们需要，

$$0 = \alpha_1 \eta_{ck} + \alpha_2 \eta_{kk} + \alpha_3, \tag{5.33}$$

$$0 = \alpha_1 \eta_{c\theta} + \alpha_2 \eta_{k\theta} + \alpha_4, \tag{5.34}$$

$$0 = \beta_1 \eta_{ck} + \beta_2 \eta_{ck} \eta_{kk} + \beta_4 \eta_{kk}, \tag{5.35}$$

$$0 = \beta_1 \eta_{c\theta} + \beta_2\left(\eta_{ck} \eta_{k\theta} + \eta_{c\theta} \rho\right) + \beta_3 + \beta_4 \eta_{k\theta}, \tag{5.36}$$

从式（5.33）中，得到：

$$\eta_{ck} = -\frac{\alpha_2 \eta_{kk} + \alpha_3}{\alpha_1}, \tag{5.37}$$

代入式（5.35）得到：

$$0 = -\beta_1 \frac{\alpha_2}{\alpha_1} \eta_{kk} - \frac{\beta_1}{\alpha_1} \alpha_3 - \beta_2\left(\frac{\alpha_2 \eta_{kk} + \alpha_3}{\alpha_1}\right) \eta_{kk} + \beta_4 \eta_{kk}$$

$$\Rightarrow 0 = \beta_1 \alpha_3 + \left(\beta_1 \alpha_2 + \beta_2 \alpha_3 - \beta_4 \alpha_1\right) \eta_{kk} + \beta_2 \alpha_2 \eta_{kk}^2,$$

这是一个关于η_{kk}的二次方程，必须对其求解以获得参数值。式（5.37）将给出η_{ck}的值，然后将得出的值代入式（5.34）和式（5.36），就得到$\eta_{c\theta}$和$\eta_{k\theta}$。该二次方程的根只有一个小于1[①]，这就是方程的稳定根，因为η_{kk}是式（5.32）中$\tilde{k}_t$的系数，给出了$\tilde{k}_{t+1}$的时间路径。另一个根显然会产生$\tilde{k}_t$的发散路径，而这是我们不需要的。这就是在求解方法中施加稳定性的方式。在枯燥的代数之后，求得技术冲击弹性的解为：

$$\eta_{k\theta} = -\frac{(\beta_1 + \rho\beta_2)\alpha_4 - \alpha_1\beta_3}{\beta_1\alpha_2 - \beta_2(\alpha_1\eta_{ck} - \alpha_2\rho) - \beta_4\alpha_1},$$

$$\eta_{c\theta} = -\frac{\alpha_2\eta_{k\theta} + \alpha_4}{\alpha_1}.$$

一旦我们找到了4个η参数值，就很容易生成资本存量、消费和产出的时间序列。

*Simple_planner_problem.xls*文件计算了无税收计划者问题的单一样本实现，在待定系数法后，运用了与其他求解方法相同的基准参数。资本存量、消费和产出的时间序列可通过本节中的表达式获得。MATLAB程序*uhlig.m*同样从计划者模型中计算了单一的数值实现，其运用了本节中介绍的求解带有消费税和所得税经济体的拓展方法。感兴趣的读者可以将在程序初始参数设置的部分设置这两个税收均为零，从而得到我们分析过的无税收模型的解。正如Blanchard-Kahn方法一样，MATLAB程序*methods.m*在许多可选择的求解方法中，选择运用待定系数法，计算任意大的样本。

5.3.5 Sims的特征值-特征向量分解法：运用模型的线性近似

前两种数值求解方法（Uhlig的待定系数法和Blanchard-Kahn方法）可用于最优化条件，为随机计划者问题的线性近似。线性近似更容易获得，但相比对数线性近似，线性近似会导致更大的近似误差。其原因是后者会产生稳定性条件，而该稳定性条件关于经济体中主要变量的对数形式是线性的，因此对于原始变量来说就是非线性的。允许控制变量和状态变量间存在非线性会在一定程度上减少线性近似的数值误差。

为使读者对计划者问题的两种近似都有所了解，尽管对数线性近似会更好，我们在本节中仍采用线性近似描述此方法，这与之前的原因相同。事实上，我们在本节结尾处会说明该方法如何运用于对数线性近似。在之前的章节中，我们用线性近似求解确定性含税计划者问题，因此，此处的线性近似可视为其在随机形式上的扩展。

模型的动态性可总结为由欧拉（Euler）条件形成的系统：

$$\frac{1}{c_t^{\sigma}} = \beta E_t\left[\frac{1}{c_{t+1}^{\sigma}}\left(\alpha\theta_{t+1}k_{t+1}^{\alpha-1} + 1 - \delta\right)\right] \tag{5.38}$$

总资源约束为：

$$c_t + k_{t+1} - (1-\delta)k_t \leqslant f(\theta_t, k_t) = \theta_t k_t^{\alpha},\ 0 < \alpha < 1 \tag{5.39}$$

其中，θ_t为生产率的随机冲击，服从对数正态分布，其分布特征为：

$$\ln(\theta_t) = \rho\ln(\theta_{t-1}) + \varepsilon_t,\ \varepsilon_t \underset{iid}{\sim} N(0, \sigma_{\varepsilon}^2),$$

---

① 运用α和β系数的定义，关于η_{kk}的二次方程可以写为：$\sigma\left[\eta_{kk}^2 - \left(1 + \frac{1}{\beta} + \frac{[1-(1-\delta)\beta](1-\alpha)}{\sigma}\frac{c_{ss}}{k_{ss}}\right)\eta_{kk} + \frac{1}{\beta}\right] = 0$，类似于在数学附录具有鞍点路径性质的系统一节使用的参数可以用来说明方程的根一个大于$1/\beta$，另一个则小于1。

初值 θ_0 和初始资本存量 k_0 给定。

我们有横截性条件：

$$\lim_{t\to\infty}\beta^t E_0\left(\lambda_t k_{t+1}\right)=0, \tag{5.40}$$

上式清楚地说明了随机模型面临的其他困难：上述最优化条件包含了状态变量和决策变量的非线性函数的条件期望，因此不能得到封闭的解析表达式。

总资源约束的线性近似为[①]：

$$0=\left(k_{t+1}-k_{ss}\right)-\left[\alpha\theta_{ss}k_{ss}^{\alpha-1}+1-\delta\right]\left(k_t-k_{ss}\right)+\left(c_t-c_{ss}\right)-k_{ss}^{\alpha}\theta_{ss}\left(\ln\theta_t-\ln\theta_{ss}\right),$$

因为稳态的等式为：$1=\beta\left(\alpha\theta_{ss}k_{ss}^{\alpha-1}+1-\delta\right)$，其简化后为：

$$0=\left(k_{t+1}-k_{ss}\right)-\frac{1}{\beta}\left(k_t-k_{ss}\right)+\left(c_t-c_{ss}\right)-k_{ss}^{\alpha}\theta_{ss}\left(\ln\theta_t-\ln\theta_{ss}\right),$$

另一方面，我们考虑一个给定的函数，其条件期望可以写为：$E_t g_{t+1}=g_{t+1}-\xi_{t+1}$，$E_t\xi_{t+1}=0$，这个等式定义期望误差 ξ_{t+1} 为第 $t+1$ 期函数值与第 t 期期望值之间的差[②]。期望误差的稳态值为零：$\xi_{ss}=0$。在此模型中，若我们设函数为 $g_{t+1}=\frac{1}{c_{t+1}^{\sigma}}\left(\alpha\theta_{t+1}k_{t+1}^{\alpha-1}+1-\delta\right)$，进行与上一章节相同的讨论，从而得到式（5.38）在确定性稳态附近的线性近似：

$$\begin{aligned}0=&\left(c_{t+1}-c_{ss}\right)-\frac{1}{\sigma}\left(\Omega_{ss}\right)^{\frac{1}{\sigma}-1}c_{ss}\beta\alpha\left(\alpha-1\right)\theta_{ss}k_{ss}^{\alpha-2}\left(k_{t+1}-k_{ss}\right)\\&-\left(\Omega_{ss}\right)^{\frac{1}{\sigma}}\left(c_t-c_{ss}\right)-\frac{1}{\sigma}\left(\Omega_{ss}\right)^{\frac{1}{\sigma}-1}c_{ss}\beta\alpha\theta_{ss}k_{ss}^{\alpha-1}\left(\ln\theta_{t+1}-\ln\theta_{ss}\right)+\beta\frac{c_{ss}}{\sigma}\Omega_{ss}^{1/\sigma}\xi_{t+1},\end{aligned}$$

其中，$\Omega_{ss}=\beta\left[\alpha\theta_{ss}k_{ss}^{\alpha-1}+1-\delta-\xi_{ss}\right]=1$，因此线性近似可简化为：

$$\begin{aligned}&\left(c_{t+1}-c_{ss}\right)-\frac{1}{\sigma}c_{ss}\beta\alpha\left(\alpha-1\right)\theta_{ss}k_{ss}^{\alpha-2}\left(k_{t+1}-k_{ss}\right)\\&-\left(c_t-c_{ss}\right)-\frac{1}{\sigma}c_{ss}\beta\alpha\theta_{ss}k_{ss}^{\alpha-1}\left(\ln\theta_{t+1}-\ln\theta_{ss}\right)+\beta\frac{c_{ss}}{\sigma}\xi_{t+1}=0.\end{aligned}$$

最终，由于我们将 $\ln\theta_t$ 而非 θ_t 选为相对变量，所以技术冲击的运行规律不需要线性近似。因此，再次运用 $\theta_{ss}=1$，$\ln\theta_{ss}=0$，有：

$$\ln\theta_{t+1}-\ln\theta_{ss}=\rho\left(\ln\theta_t-\ln\theta_{ss}\right)+\varepsilon_t,$$

且可以将全部系统呈现在矩阵中，

$$A\begin{pmatrix}k_{t+1}-k_{ss}\\c_{t+1}-c_{ss}\\\ln\theta_{t+1}-\ln\theta_{ss}\end{pmatrix}=B\begin{pmatrix}k_t-k_{ss}\\c_t-c_{ss}\\\ln\theta_t-\ln\theta_{ss}\end{pmatrix}+\Phi\begin{pmatrix}\varepsilon_{t+1}\\\xi_{t+1}\end{pmatrix},$$

其中，$A=\begin{pmatrix}1&0&0\\M&1&M\frac{k_{ss}}{\alpha-1}\\0&0&1\end{pmatrix}$；

$$B=\begin{pmatrix}\frac{1}{\beta}&-1&Ak_{ss}^{\alpha}\\0&1&0\\0&0&\rho\end{pmatrix};\quad\Phi=\begin{pmatrix}0&0\\0&-\beta\frac{c_{ss}}{\sigma}\\1&0\end{pmatrix},$$

且 $M=-\frac{1}{\sigma}c_{ss}\beta\alpha\left(\alpha-1\right)\theta_{ss}k_{ss}^{\alpha-2}$。

---

① 注意，$\theta_{t+1}=e^{\ln\theta_{t+1}}$，因此 $\frac{\partial\theta_{t+1}}{\partial\ln\theta_{t+1}}=e^{\ln\theta_{t+1}}=\theta_{t+1}$。

② 存在与其相似的表达式，该表达式适用于任何未来期望，在函数的定义式中可以看到更大的时期下标：$g(.)$：$E_t g_{t+k}=g_{t+k}-\xi_{t+k}$，且 $E_t\xi_{t+k}=0$。

有：

$$A^{-1}=\begin{pmatrix}1 & 0 & 0\\ -M & 1 & -M\frac{k_{ss}}{\alpha-1}\\ 0 & 0 & 1\end{pmatrix};$$

$$A^{-1}B=\begin{pmatrix}\frac{1}{\beta} & -1 & k_{ss}^{\alpha}\\ -M\frac{1}{\beta} & M+1 & -M\left(k_{ss}^{\alpha}+\rho\frac{k_{ss}}{\alpha-1}\right)\\ 0 & 0 & \rho\end{pmatrix};$$

$$A^{-1}\Phi=\begin{pmatrix}0 & 0\\ -M\frac{k_{ss}}{\alpha-1} & -\beta\frac{c_{ss}}{\sigma}\\ 1 & 0\end{pmatrix},$$

因此系统的动态性可以表示为：

$$\begin{pmatrix}k_{t+1}-k_{ss}\\ c_{t+1}-c_{ss}\\ \ln\theta_{t+1}-\ln\theta_{ss}\end{pmatrix}=\begin{pmatrix}\frac{1}{\beta} & -1 & k_{ss}^{\alpha}\\ -M\frac{1}{\beta} & M+1 & -M\bar{\kappa}\\ 0 & 0 & \rho\end{pmatrix}\begin{pmatrix}k_t-k_{ss}\\ c_t-c_{ss}\\ \ln\theta_t-\ln\theta_{ss}\end{pmatrix}$$
$$+\begin{pmatrix}0 & 0\\ -M\frac{k_{ss}}{\alpha-1} & -\beta\frac{c_{ss}}{\sigma}\\ 1 & 0\end{pmatrix}\begin{pmatrix}\varepsilon_{t+1}\\ \xi_{t+1}\end{pmatrix},$$

其中，$\bar{\kappa}=\left(k_{ss}^{\alpha}\right)+\rho\frac{k_{ss}}{\alpha-1}$，且转移矩阵即自相关系数矩阵有一个根等于$\rho$，$\rho$小于1。另外两个根是系数矩阵的二阶顺序主子式的根，其特征方程为：$\mu^2-\left[\frac{1}{\beta}+(M+1)\right]\mu+\frac{1}{\beta}=0$，且在数学附录中带有鞍点路径的系统一节中，讨论了一个根大于$1/\beta$，而另一个根小于1。大于$1/\beta$的根是不稳定的，而另外两个根是稳定的。不稳定根的特征向量定义了系统中单一的稳定性条件，其形式为消费、资本和技术冲击与各自稳态偏差之间的关系。

自回归系数矩阵的谱分解表示为：

$$\begin{pmatrix}\frac{1}{\beta} & -1 & k_{ss}^{\alpha}\\ -M\frac{1}{\beta} & M+1 & -M\left(k_{ss}^{\alpha}+\rho\frac{k_{ss}}{\alpha-1}\right)\\ 0 & 0 & \rho\end{pmatrix}=\Gamma\Lambda\Gamma^{-1},$$

利用上式模型可以转换为：

$$\Gamma^{-1}\begin{pmatrix}k_{t+1}-k_{ss}\\ c_{t+1}-c_{ss}\\ \ln\theta_{t+1}-\ln\theta_{ss}\end{pmatrix}=\Lambda\Gamma^{-1}\begin{pmatrix}k_t-k_{ss}\\ c_t-c_{ss}\\ \ln\theta_t-\ln\theta_{ss}\end{pmatrix}+\Gamma^{-1}\begin{pmatrix}0 & 0\\ -M\frac{k_{ss}}{\alpha-1} & -\beta\frac{c_{ss}}{\sigma}\\ 1 & 0\end{pmatrix}\begin{pmatrix}\varepsilon_{t+1}\\ \xi_{t+1}\end{pmatrix}.$$

定义向量$\tilde{z}_t=\Gamma^{-1}\begin{pmatrix}k_t-k_{ss}\\ c_t-c_{ss}\\ \ln\theta_t-\ln\theta_{ss}\end{pmatrix}$，我们得到：

$$\tilde{z}_{t+1}=\Lambda\tilde{z}_t+Q\begin{pmatrix}\varepsilon_{t+1}\\ \xi_{t+1}\end{pmatrix},\tag{5.41}$$

其中，$Q=\begin{pmatrix}q_{11} & q_{12}\\ q_{21} & q_{22}\\ q_{31} & q_{32}\end{pmatrix}=\Gamma^{-1}\begin{pmatrix}0 & 0\\ -M\frac{k_{ss}}{\alpha-1} & -\beta\frac{c_{ss}}{\sigma}\\ 1 & 0\end{pmatrix}$。

为使$\tilde{z}_t$中的自回归系统稳定，我们需要在式（5.41）中消除与系数矩阵中不稳定特征值相关的Λ的行所符合的方程。不失一般性地，我们假设Λ的对角线为递减的有序特征值，因此不稳定的特征值就是Λ中的$(1,1)$元素。若用γ^{ij}表示Γ^{-1}中的(i,j)元素，我们施加稳定性条件：

$$\tilde{z}_{1t}=\gamma^{11}\left(k_t-k_{ss}\right)+\gamma^{12}\left(c_t-c_{ss}\right)+\gamma^{13}\ln\theta_t=0,\ \forall t, \tag{5.42}$$

这个约束条件将资本存量、消费与其稳态的偏差以及对数生产率冲击变为线性关系。在这个意义上，它与从Blanchard-Kahn方法中得到的稳定性条件式（5.28）相似。

之前的条件意味着：

$$q_{11}\varepsilon_{t+1}+q_{12}\xi_{t+1}=0,\ \forall t. \tag{5.43}$$

上式描述了期望误差ξ_{t+1}与模型唯一的外生冲击ε_{t+1}之间的近似线性关系。

实际上，为计算数值解，我们首先要生成技术冲击的时间序列。之后，类似于确定性形式的方法，提供求解模型的稳定时间序列，该方法通常是施加稳定性条件作为求解的一部分。然而，该稳定性条件包含了生产率冲击，这与之前是不同的，因此我们应该遵循下述条件：

1.参数化模型，找到线性近似转移矩阵的特征值与特征向量，写为一阶向量自回归的形式。

2.从假设的随机过程中生成技术冲击的时间序列。假设新息ε_t服从正态分布，则技术冲击就是对数正态的。

3.运用稳定性条件，从初始资本存量k_0中得到初始消费c_0，并从总资源约束中得到k_1。依次类推，从而生成资本存量和消费的全部时间序列。

4.运用欧拉方程计算理性预期误差。在此模型中，由于存在唯一的欧拉条件，期望误差ξ_{t+1}为$\frac{1}{c_{t+1}^{\sigma}}\left(\alpha\theta_{t+1}k_{t+1}^{\alpha-1}+1-\delta\right)$与$\frac{1}{\beta c_t^{\sigma}}$的差。合理性检验可以基于$\xi_t$的时间序列进行。

最后一步是随机模型所特有的性质，且该性质非常重要。我们假设主体的预期是理性的，这意味着他们会有效地利用可得的信息。因此，理性预期误差必须满足三个条件：（a）零均值；（b）无序列相关；（c）在给定条件期望时，与个体信息集中的任何变量都不相关。后一种情况有时可能很棘手，因为时间下标可能会产生误导，例如资本存量k_{t+1}，我们在t期决定资本存量，所以其满足$E_tk_{t+1}=k_{t+1}$。与之前的求解方法一样，MATLAB程序*methods.m*运用Sims的特征值-特征向量方法，可以从计划者问题的解中计算任意大的样本。

5.3.5.1 数值练习：运用特征值-特征向量分解法求解随机代表性个体模型

*CK_stochastic.xls*文件中包含了运用特征值-特征向量分解法求解无税收计划者问题的数值解。4个模拟的不同点在于风险厌恶参数值和生产率冲击的自回归系数。在表格的左边，我们给出了估计稳定性条件所必需的计算，其可用于生成每期的消费值（决策变量或控制变量），作为每期初始生产率冲击和资本存量两个状态变量的函数。

首先，资本存量位于确定性稳态水平，给定生产率冲击的一个样本，(k_0,θ_0)数对可用于获得c_0，总资源约束可用于计算k_1，重复迭代这个过程。每期的产出可从每期初始可用的资本存量和生产率冲击中获得，投资为产出和消费的差额。当我们拥有所有变量的时间序列数据时，就可以计算期望误差，该误差为函数的实际值$\frac{1}{c_{t+1}^{\sigma}}\left(A\alpha\theta_{t+1}k_{t+1}^{\alpha-1}+1-\delta\right)$与其第$t$期的期望$\frac{1}{\beta c_t^{\sigma}}$之差。

基准参数为：$\beta=0.90$，$\alpha=0.33$，$\delta=0.07$，$\sigma_{\varepsilon}=0.001$。模拟1.1中$\sigma=1.50$，

$\rho = 0.90$，模拟 2.1 中 $\sigma = 1.50$，$\rho = 0.99$，其余两个模拟中 $\sigma = 5.0$，各自 $\rho = 0.90$ 和 $\rho = 0.99$。该表格还包括除之前章节中使用过的 $A = 1$，$n = 0.0$ 外的其他数值。

与往常一样，在时间序列的下方，我们计算了稳态值、标准差、主要变量的变异系数及其与产出的同期关系和互相关关系，以及消费和投资占产出的百分比。我们同时也在表格中给出了对于期望误差的合理性检验，即 Keynes-Ramsey 条件中状态变量和决策变量非线性函数期望相关的预测误差。尽管在理性预期的线性和非线性模型中，数值求解方法被广泛应用，然而却很少有人对理性预期假设进行检验。这是不幸的，因为若不能满足理性预期，我们将不能对经济政策分析或其他任何分析使用特定的样本解。因此，即使理性预期并不是充分条件，但对于数值近似的可接受性来说，理性预期十分必要。

我们进行两种检验：一方面，若个体合理地运用可用信息，期望误差不应与期望形成时已知的变量有共同的信息。这意味着在第 t 期时，期望误差与信息集中的变量没有相关性。假设样本容量为 $T = 538$，则所有相关性的标准差都可以通过 $1/\sqrt{T} = 0.043$ 得到近似，所以，表格中的所有相关性都在统计上不显著。

信息集中变量与理性预期误差的当期相关性

	c_t	y_t	i_t	k_t
S1.1	0.003	0.007	0.017	0.000
S2.1	−0.057	−0.057	−0.048	−0.057
S3.1	0.015	0.016	0.017	0.013
S4.1	0.040	0.040	0.039	0.041

第二个检验则对期望误差的自回归进行了检验，其结果应该是任何滞后项都不显著，因为滞后意味着某种程度上的系统误差，违背了信息的有效利用。样本容量为 $T = 538$，期望误差自相关函数的标准差也可以由 $1/\sqrt{T} = 0.043$ 进行估计，因此所有的自相关都满足此条件。

理性预期误差的样本自相关函数

Lag	0	1	2	3	4	5	6
S1.1	1.0	−0.024	−0.014	0.027	0.017	−0.050	0.037
S2.1	1.0	−0.007	0.008	0.053	0.038	−0.031	0.056
S3.1	1.0	−0.027	−0.016	0.026	0.016	−0.051	0.036
S4.1	1.0	−0.028	−0.012	0.033	0.020	−0.051	0.038

即使在 EXCEL 文件中，生产率新息样本期望误差的自相关函数，及其与第 t 期变量的相关性是不显著的，但是对于不同的样本实现来说却不一定如此，读者可以通过生成其他服从 N(0,1) 的时间序列以检验该论述是否正确。最后，当获得大样本，比如说 5

000个样本时，应该对统计量值进行描述。我们会得到与前一表格中相同数量的统计量估计，且分析者会对其个体和总体的显著性进行总结。用本书提供的MATLAB程序生成了模型中各变量的大量实现，从中可以得到任意统计量的频率分布。这与EXCEL中的数值练习是不同的，在数值练习中，对于给定的参数，大多数的情况都是只提供一个样本。在这种情况下，我们只希望读者能够充分理解模型中所有变量的时间序列实现的过程。

5.3.5.2　在对数线性近似下运用特征值-特征向量分解求解计划者问题

就像在其他方法中一样，特征值-特征向量分解法也可用于对数线性近似。在本章末的一个练习中，读者可以对如下形式的近似进行检验：

$$A\begin{pmatrix} \ln k_{t+1}-\ln k_{ss} \\ \ln c_{t+1}-\ln c_{ss} \\ \ln\theta_{t+1}-\ln\theta_{ss} \end{pmatrix} = B\begin{pmatrix} \ln k_t-\ln k_{ss} \\ \ln c_t-\ln c_{ss} \\ \ln\theta_t-\ln\theta_{ss} \end{pmatrix} + \Phi\begin{pmatrix} \varepsilon_{t+1} \\ \xi_{t+1} \end{pmatrix}, \tag{5.44}$$

$$A=\begin{pmatrix} 1 & 0 & 0 \\ \left(\frac{1}{\beta}-(1-\delta)\right)(1-\alpha) & \frac{\sigma}{\beta} & -\left(\frac{1}{\beta}-(1-\delta)\right) \\ 0 & 0 & 1 \end{pmatrix};$$

$$B=\begin{pmatrix} \frac{1}{\beta} & -\frac{c_{ss}}{k_{ss}} & \left(\frac{1}{\beta}-(1-\delta)\right)\frac{1}{\alpha} \\ 0 & \frac{\sigma}{\beta} & 0 \\ 0 & 0 & \rho \end{pmatrix};\ \Phi=\begin{pmatrix} 0 & 0 \\ 0 & -\beta \\ 1 & 0 \end{pmatrix}.$$

将对数线性近似式（5.44）左乘矩阵A的逆矩阵，得到变量相对于稳态离差形式向量的一阶自回归表达式。运用线性近似获得解的步骤也可用于上述近似去得到数值解。即使用于技术冲击的样本是相同的，两种近似得到的时间序列也是不同的。

*methods.m*文件中包含了一个MATLAB主程序，该程序运用了不同的方法，求解带有消费税和所得税的计划者问题：线性二次近似、Uhlig的待定系数法、Blanchard-Kahn法、对模型线性近似或对数线性近似的特征值-特征向量分解法以及接下来将要介绍的参数化期望法。

5.4　求解含税的随机代表性个体问题

在本节中，我们考虑一个更为复杂的包含消费税和所得税的经济体，这使得我们可以进行某些最优财政政策设计的练习。为便于说明，我们还假定人口增长率非零，且技术水平A不为1。如果我们令税收和人口增长为零，那么本节中大部分的表达式都被弱化为本章第一节中的近似。我们仍旧假设生产率是随机的，生产函数形式为：$y_t=\theta_t A k_t^\alpha$，其中$\theta_t$服从一个平稳的随机过程。还存在另一种方法使得代表性个体问题变为随机，但是我们可以通过前面章节中概述的方法，以更为简单的过程来求得该问题的解。

在消费税和所得税不变时，政府预算约束为：

$$\tau^c c_t+\tau^y y_t=g_t$$

而前面所考虑的随机代表性个体问题变为：

$$\underset{\{c_t,k_{t+1}\}_{t=0}^{\infty}}{Max}\ E_0\left[\sum_{t=0}^{\infty}\beta^t\frac{c_t^{1-\sigma}-1}{1-\sigma}\right] \tag{5.45}$$

约束条件为：

$$(1+\tau^c)c_t+(1+n)k_{t+1}-(1-\delta)k_t\leq(1-\tau^y)\theta_t Ak_t{}^{\alpha},$$

其中，k_0已知，且$\ln\theta_t=\rho\ln\theta_{t-1}+\varepsilon_t$，$\varepsilon_t\underset{iid}{\sim}N(0,\sigma_\varepsilon^2)$。人口增长率为$n$。

最优化问题的拉格朗日函数为：

$$L\left(\{c_t,k_{t+1},\theta_t\}_{t=0}^{\infty}\right)=\sum_{t=0}^{\infty}\beta^t\left\{\frac{c_t^{1-\sigma}-1}{1-\sigma}+\lambda_t\left[(1-\tau^y)\theta_t Ak_t^{\alpha}\right.\right.$$
$$\left.\left.-(1+\tau^c)c_t-(1+n)k_{t+1}+(1-\delta)k_t\right]\right\},$$

一阶条件为：

$$c_t^{-\sigma}=(1+\tau^c)\lambda_t \tag{5.46}$$

$$(1+n)\lambda_t=\beta E_t\left\{\lambda_{t+1}\left[(1-\tau^y)\theta_{t+1}A\alpha k_{t+1}^{\alpha-1}+(1-\delta)\right]\right\}, \tag{5.47}$$

$$\lim_{t\to\infty}E_0\beta^t\lambda_t k_{t+1}=0,$$

其中，条件期望运算符写在所有涉及未来状态值或决策变量的前面。

因此，给定税率τ^c和τ^y，以及生产率冲击$\{\theta_t\}_{t=0}^{\infty}$，那么最优化问题的解为时间序列集$\{c_t,k_{t+1},y_t,g_t\}_{t=0}^{\infty}$，且满足：

(a) 预算约束，

$$(1+\tau^c)c_t+(1+n)k_{t+1}-(1-\delta)k_t=(1-\tau^y)\theta_t Ak_t^{\alpha}, \tag{5.48}$$

(b) 生产率冲击的运行规律，

$$\ln\theta_t=\rho\ln\theta_{t-1}+\varepsilon_t,\ \varepsilon_t\underset{iid}{\sim}N(0,\sigma_\varepsilon^2),$$

(c) 政府预算约束，$\tau^c c_t+\tau^y y_t=g_t$，

(d) 在式（5.47）中，运用式（5.46）消除拉格朗日乘子，得到欧拉方程：

$$(1+n)\frac{c_t^{-\sigma}}{1+\tau^c}=\beta E_t\left[\frac{c_{t+1}^{-\sigma}}{1+\tau^c}\left((1-\tau^y)\alpha\theta_{t+1}Ak_{t+1}^{\alpha-1}+(1-\delta)\right)\right], \tag{5.49}$$

其中，消费税率是常数，且可以消除。因此，它并不会扭曲资源配置。这种随机动态方程较好地解释了人均经济的时间演化。

当$c_t=c_{t+1}=c_{ss}$，$k_t=k_{t+1}=k_{ss}$，$y_t=y_{t+1}=y_{ss}$，$\theta_t=\theta_{t+1}=1$，$\varepsilon_t=\varepsilon_{t+1}=0$时，就能得到确定性稳态，因此从式（5.49）中，我们能够得到：

$$1+n=\beta\left[(1-\tau^y)\alpha Ak_{ss}^{\alpha-1}+1-\delta\right], \tag{5.50}$$

从而得到：

$$k_{ss}=\left[\frac{(1-\tau^y)\alpha A}{\frac{1+n}{\beta}-(1-\delta)}\right]^{\frac{1}{1-\alpha}}, \tag{5.51}$$

人均资本与τ^y负相关，与τ^c不相关。稳态资本存量随资本的产出弹性α、时间贴现因子β及技术水平A递增，随n和δ递减。对于产出而言，相同的参数依赖关系也是成立的，因为：

$$y_{ss}=Ak_{ss}^{\alpha}.$$

最后，从式（5.48）中能够得到消费的稳态水平：

$$c_{ss}=\frac{k_{ss}}{1+\tau^c}\left[(1-\tau^y)Ak_{ss}^{\alpha-1}-(n+\delta)\right]. \tag{5.52}$$

其与消费税税率负相关。

5.4.1 对数线性近似

与无税收模型步骤相同，我们为读者预留了练习说明欧拉方程的对数线性近似，为：

$$0=\frac{1+n}{\beta}\sigma\tilde{c}_t-\frac{1+n}{\beta}\sigma E_t\tilde{c}_{t+1}+\left(\frac{1+n}{\beta}-(1-\delta)\right)\left(\rho\tilde{\theta}_t-(1-\alpha)\tilde{k}_{t+1}\right),\tag{5.53}$$

而预算约束式（5.48）的对数线性近似为：

$$(1+\tau^c)\frac{c_{ss}}{k_{ss}}\tilde{c}_t+(1+n)\tilde{k}_{t+1}=\frac{1+n}{\beta}\tilde{k}_t+\left(\frac{1+n}{\beta}-(1-\delta)\right)\frac{1}{\alpha}\tilde{\theta}_t\tag{5.54}$$

其中，波浪符代表对数变量与稳态值的偏差。

式（5.53）与式（5.54）也可写为矩阵形式：

$$\underbrace{\begin{bmatrix}\left(\frac{1+n}{\beta}-(1-\delta)\right)(1-\alpha) & \frac{1+n}{\beta}\sigma\\ 1+n & 0\end{bmatrix}}_{A}\underbrace{\begin{bmatrix}\tilde{k}_{t+1}\\ E_t\tilde{c}_{t+1}\end{bmatrix}}_{E_ts^0_{t+1}}$$

$$=\underbrace{\begin{bmatrix}0 & \frac{1+n}{\beta}\sigma\\ \frac{1+n}{\beta} & -(1+\tau^c)\frac{c_{ss}}{k_{ss}}\end{bmatrix}}_{B}\underbrace{\begin{bmatrix}\tilde{k}_t\\ \tilde{c}_t\end{bmatrix}}_{s^0_t}+\underbrace{\begin{bmatrix}\left(\frac{1+n}{\beta}-(1-\delta)\right)\rho\\ \left(\frac{1+n}{\beta}-(1-\delta)\right)\frac{1}{\alpha}\end{bmatrix}}_{C}\tilde{\theta}_t$$

Blanchard-Kahn法和待定系数法都适用于这个近似过程。MATLAB程序*Blanchard Kahn.m*以及*uhlig.m*计算了上述模型的单一样本实现，与本章第一部分所描述的相同。现在，我们描绘的仅是Blanchard-Kahn法的具体实现细节。

5.4.2 数值练习：通过Blanchard-Kahn法求解含税的随机代表性个体问题（对数线性近似）

我们可以运用与5.3节相同的讨论来说明，此模型存在一个大于$1/\beta$的不稳定的特征值，和一个小于1的稳定的特征值。首先，我们计算$D=A^{-1}B$，$F=A^{-1}C$。之后，我们可以求出D的特征值，并且求出将D的右特征向量作为列的矩阵Γ的转置。向量Q的定义为$Q=\Gamma^{-1}F$，且我们得到了与稳定性条件相同的表达式：

$$\hat{c}_t=-\frac{u_2}{v_2}\tilde{k}_t+\frac{Q_2/v_2}{\rho-\mu_2}\tilde{\theta}_t,\tag{5.55}$$

与不含税时一样，(u_2,v_2)是与不稳定特征值相关的Γ^{-1}的行。我们将再次得到状态空间表达式：

$$\begin{cases}\begin{bmatrix}\tilde{k}_{t+1}\\ \hat{\theta}_{t+1}\end{bmatrix}=\begin{bmatrix}\mu_1 & G\\ 0 & \rho\end{bmatrix}\begin{bmatrix}\tilde{k}_t\\ \hat{\theta}_t\end{bmatrix}+\begin{bmatrix}0\\ 1\end{bmatrix}\varepsilon_{t+1} & [\text{E1}]\\ \hat{c}_t=\begin{bmatrix}-\frac{u_2}{v_2} & \frac{Q_2/v_2}{\rho-\mu_2}\end{bmatrix}\begin{bmatrix}\tilde{k}_t\\ \hat{\theta}_t\end{bmatrix} & [\text{E2}]\end{cases},$$

其中，$G=\frac{Q_1-\frac{\rho-\mu_1}{\rho-\mu_2}\frac{Q_2v_1}{v_2}}{u_1-v_1u_2/v_2}$，[E1]是状态方程，[E2]是观测方程，尽管$\mu_1$，$\mu_2$，$Q_1$，$Q_2$，$u_1$，$v_1$，$u_2$，$v_2$，$G$的数值通常来说取决于人口增长率、技术水平以及消费税和所得税。

*CK_solution_BK.xls*中的*Stochastic-BK*表格运用Blanchard-Kahn法，给出了代表性个体问题解的数值模拟。模拟#1中运用的基准参数为：$A=1$，$\beta=0.90$，$\alpha=0.33$，$n=0.0$，$\delta=0.07$，$\sigma=1.50$，$\rho=0.90$，$\sigma_\varepsilon=0.01$，税率$\tau_c=20.0\%$，$\tau_y=12.478\%$。此

参数下的稳态水平为：$k_{ss}=2.007$，$c_{ss}=0.801$，$y_{ss}=1.258$。稳态投资为可支配收入与消费的差，$i_{ss}=\left(y_{ss}-\tau_y y_{ss}-\tau_c c_{ss}\right)-c_{ss}=0.1405$，且由于$n=0$，所以稳态投资等于资本折旧损失$\delta k_{ss}$，这使得稳态可持续。与前面章节中的符号表达一致，$A$，$B$，$C$，$D$是由计算得到的，且$D=A^{-1}B$，$F=A^{-1}C$，则得到$D$的特征值以及将右特征向量是其列的$\Gamma$的转置。我们运用数学附录中矩阵代数那一节的表达式，计算特征值和特征向量。向量Q等于$\Gamma^{-1}F$，并能得到稳定性条件式（5.55）的系数和稳态空间表达式中的常数G。

第一列数据给出了随机数生成器生成的样本，该样本服从$N(0,1)$分布；第二列将得到的数据作为技术过程中的新息，并由标准差进行修正。运用假设的一阶自回归随机过程和新息的样本，我们就能得到技术冲击的时间序列。式（5.54）用于获得资本存量的时间序列，而稳定性条件则给出了消费序列。为生成这些时间序列，需要记住的是，在之前的章节中，波浪符代表对数人均变量与其稳态水平的偏差。

选择初始条件的方式及生成时间序列的时间设定，对于维持正确模型的动态性而言极为重要。在$t=0$期第一次进入模型的资本存量，在$t=1$期时可用于产出。用标准的符号进行表示则是$\tilde{k}_1$，但是表格中运用的惯例是在做出决策时写出数据。因此在$t=1$行，我们计算的是决策变量$\tilde{k}_2$和$\hat{c}_1$的值，根据式（5.55）和式（5.54），两者都是状态$\tilde{k}_1$（在$t=0$行）和$\hat{\theta}_1$的函数，且由此我们可以计算得到y_1和i_1的数据。运用总技术表达式，我们能够得到产出，而投资为可支配收入和消费的差值。最后，我们计算了每期的税收。读者应该理解这些时间关系是如何进入表格的。在时间序列数据的上方，给出了资本存量、消费和投资的图，每一个都与产出进行比较。我们画出了时间图和散点图，生成不同参数下的模拟结果，并将某些结果总结在下方表格中。

在时间序列的下方，给出了经济中变量的样本统计量。由于该样本统计量都是由单一样本计算出来的，所以必须将这些数值理解为服从与人口统计量一样的概率分布的随机变量。对于技术过程中的新息、技术冲击、消费、资本存量、产出、投资和税收，我们计算其样本均值、标准差、变异系数、与产出的同期相关性以及与产出滞后-3到3期的跨期相关性。我们所遵循的做法是，若时滞为负，则变量是滞后的；若时滞为正，则产出是滞后的。作为对统计量性质的进一步总结，我们估计人均消费对可支配收入的最小二乘回归。

由于我们从$t=0$时的资本存量稳态开始研究，且其解是稳定的，所以所有变量的时间序列都在各自稳态附近波动，因此样本均值给出了对稳态值的估计，且所有的模拟都类似。模拟中的估计误差通常较大，并产生更大的波动，这是估计样本均值时存在的统计问题导致的。

波动是经济周期模型的主要特征。资本存量是拥有最大样本标准差的变量，但是这并不意味着其波动剧烈，因为每个变量围绕着不同的样本均值而波动。实际上，变异系数说明，与大多数说明经济波动的模型一样，投资才是更为不稳定的变量，而其余的变量具有可比较的变异系数。在某种程度上，产出比消费更不稳定，大多数发达国家都是这样的。在与产出的同期相关性下方，我们给出了产出在消费、投资和公共支出（或税收）的分解。消费相当于产出的2/3，大多数发达经济体都是这样的。

不同参数的变异系数

σ	ρ	σ_ε	θ_t	c_t	y_t	i_t	k_t	g_t
S1：1.5	0.90	0.01	2.3%	2.8%	3.3%	8.7%	3.5%	3.0%
S2：**0.5**	0.90	0.01	2.3%	3.1%	3.9%	13.4%	5.4%	3.4%
S3：**5.0**	0.90	0.01	2.3%	2.7%	3.1%	7.0%	2.8%	2.9%
S4：1.5	0.90	**0.05**	12.0%	14.7%	17.2%	44.3%	18.4%	15.8%
S5：1.5	**0.99**	0.01	3.7%	4.9%	5.2%	8.5%	5.0%	5.1%
S6：1.5	0.90	**0.002**	0.5%	0.6%	0.7%	1.7%	0.7%	0.6%
S7：1.5	**0.50**	**0.10**	11.6%	9.7%	15.2%	69.7%	15.8%	11.9%

相对于第一个模拟**S1**，模拟**S2**考虑的效用函数凹性更小，但保持其他参数值不变。如之前章节对消费的跨期替代弹性讨论中所期望的那样，效用函数的线性越强，变量的波动性也就越大，产出也是这样的。投资和资本存量的波动性更大。而**S3**是相反的情况，增大效用函数的凹度，变量的波动减少。然而，相对于第一个模拟来说，波动的减少是次要的。波动性的减弱会降低与产出的相关性，而当效用函数凹度更大时（除了资本存量外），相关性会增强。下一表格给出的是经济中主要变量和产出的相关性。

与产出的同期相关性

σ	ρ	σ_ε	c_t	y_t	i_t	k_t	g_t
S1：1.5	0.90	0.01	0.969	1.00	0.834	0.886	0.993
S2：**0.5**	0.90	0.01	0.924	1.00	0.791	0.918	0.984
S3：**5.0**	0.90	0.01	0.981	1.00	0.851	0.870	0.996
S4：1.5	0.90	**0.05**	0.969	1.00	0.840	0.888	0.993
S5：1.5	**0.99**	0.01	0.991	1.00	0.849	0.934	0.998
S6：1.5	0.90	**0.002**	0.968	1.00	0.833	0.885	0.993
S7：1.5	**0.50**	**0.10**	0.838	1.00	0.870	0.770	0.975

存在两种使技术冲击波动幅度更大的方式：其中较明显的方式是增加新息的方差，在模拟S4我们就是这样做的。另一种方式是增大自回归过程的系数，即使该过程新息的方差保持不变，这种方法也增加了技术冲击的持续时间及方差，我们在S5中演示此方法。它们的影响是不同的，可以从样本统计量数值中鉴别出来，也可以从*Consumption*图中看出，该图给出了所有的消费时间序列。在表格上方给出的主要变量的图形也体现了明显的区别。增加新息的方差会以一种更明显的方式增加波动性，而通过更为持久的过程增加波动性并不会产生较不稳定的消费过程。因为增加的持续性会使得消费过

程不能经常达到其样本均值，而只能长期停留于样本均值的一边，这种情况下的样本方差增加。模拟S4给出了相对于实际数据来说非常高的产出变异系数，因为数据一直处于给定的样本均值的一边，没有穿过均值。同样的观测结果也适用于模拟S7，因为在S7中存在过大的新息方差。

相反地，在模拟S6中，减少新息的方差会使得所有序列都变得稳定，不仅是因为更小的样本方差，也是因为样本观测范围的问题。当样本方差更小时，样本均值就是对稳态值更为精确的估计。此模拟中，表格中数据上方的消费、投资和产出序列的图表，清楚地呈现了变量围绕其中心值平稳地波动。读者会注意到这个模拟中的图与之前模拟的图明显不同。最后，在模拟S7中，我们提高方差的同时减少持久性。这与模拟S4中所做的正好相反。我们使用参数（新息的标准差和持续性参数）的组合及随机生产率过程本身的方差（表格中为θ）在两种情况中是相同的。尽管两者新息的方差相同，由变异系数测量的消费和产出的波动来看，却是模拟S4中更大一些，而模拟S7中投资的波动更强。然而，模拟S7中的高波动性与实际的时间序列数据所观察到的情况是有明显差异的，因此，这个模拟中技术冲击的随机过程参数似乎是不合适的。

对具有相应样本方差的*consumption*图的检查也将向读者显示产生相对较大方差的非常不同的形状，并且识别波动率的方差并不总是合理的。模拟S4和S5的方差都很大，例如消费变异系数也很大，变量的时间路径在这两种情况下是明显不同的。

σ_ε^2的变化对与产出同期相关性的影响比ρ的变化要小。

表格*Stochastic-BK*（2）包含了在模拟S1到模拟S7相同的参数下所得到的结果，但是其生产率过程中新息的样本实现却是不同的。在两个表格中对比估计的统计量，读者会发现某些数值上的不同，这是因为我们运用了生产率新息的不同样本，但参数数值是相同的。重要的是，我们给出的EXCEL文件中的数值解，在大多数情况下仅仅是每组参数的一个样本实现。事实上，对于每组参数来说，我们应该生成许多个样本，比如说5 000个。这样，我们就能够计算每一个统计量5 000次，从而可以计算该统计量的频率分布，这将是对该统计量未知概率分布的一个相当精确的估计，且能够获得我们期望的概率描述。特别是，可以得到对于每个单一统计量重要性的概率描述。本书中的MATLAB程序methods.m及其相关的文件，能够精确地生成模型中每个变量的众多样本，从而我们可以得到任一统计量的频率分布。

5.4.3 数值练习：计算技术冲击的脉冲响应（对数线性近似）

*CK-solution_BK.xls*文件中的*BK-impulse*表格给出了在之前Blanchard-Kahn方法数值练习的基准参数下，对于暂时的单期技术冲击的脉冲响应。注意，我们计算的是随机过程对于一个技术冲击ε_t的脉冲响应，而不是技术冲击θ_t本身。因为随机过程$\ln\theta_t = \rho\ln\theta_{t-1} + \varepsilon_t$的持续性，所以单期新息$\varepsilon_t$将转为技术的一系列冲击。恰恰是这种自回归结构对于考察θ_t的单期冲击来说是很困难的，我们在此不做讨论。

我们要做的是假设生产率过程的新息ε_t每一期都为零，所有的变量都等于其确定性的稳态值，直到某些时间点中，ε_t变为正。为标准化分析，根据我们设置的参数，假设该值为一单位标准差0.01。此后，新息又一次永远为零。这种单期脉冲在技术冲击θ_t内产生了扩展到多期的时间效应，直到其逐渐回到零为止。在之前练习中，用来求解模型的相同方程也可用于生成消费、投资和产出的时间序列，并将生成的时间序列用于技术冲击。第一种计算脉冲响应的方法是取冲击后任意时间点上的给定变量值，与其冲击前的值做差。[①]产出给出了最大的即时响应，消费次之。消费的响应在几期之后变得更大。资本存量的响应是随时间推移而逐渐建立起来的，是单期投资响应的累积。税收是产出和消费的线性组合，因此其结合了产出和消费两个变量的时间特征。

所有的响应都会收敛于零，这是系统稳定性的体现：纯粹的暂时性冲击可能会在一些时期内产生影响，取决于外生随机过程冲击经济的持久性，但它们一定是暂时的。响应收敛于零意味着稳态不会因为一期技术新息而改变，我们也如此认为。然而，这些响应是非标准化的，且对于讨论哪一个变量对技术冲击响应最大而言是不合适的。例如0.05的响应，对于产出来说可能很小，但对于投资就很大。为标准化响应，通常将其以各自的标准差为单位表示。这非常合理，因为标准差度量了变量的平均波动。然而，标准差不应该在冲击的响应过程中进行计算，该过程是一个向新稳态收敛的过渡过程。我们应该从相同参数下得到的数值解中对其进行估计。这是*CK_solution_BK.xls*文件中的*Stochastic_BK*表格模拟S1中所用到的，我们借用了其中的样本标准差值，即使我们承认这些值是用数值解的单一样本进行估计的[②]。在进行标准化后，我们可以看到，在图的右边，投资的最大响应约为0.50个标准差，而消费和产出的最大响应为0.20和0.30个标准差，不同的是，最大的产出响应表现出即时性，而消费则不然。

在第二组中，右边我们计算了阶跃响应，即每个变量对新息技术永久增加一单位标准差而产生的反应。非标准化的响应现在变得有趣了，因为它们给出了永久影响的大小。技术新息中标准差为0.01的永久冲击改变了稳态水平，在图表中可以看出：长期产出增加了0.23单位（增加了18.6%），消费增加了0.14单位（17.8%），投资增加了0.03单位（23.7%），税收（政府支出）增加了0.06单位（18.2%），后三个变量的长期增量的总和为产出的长期增量。稳态资本存量增加了0.48单位（23.8%）。标准化响应告诉我们，对于资本存量、产出、消费和税收而言，6单位的标准差增量是比较大的；而对投资而言，3单位的标准差就足够大了。这些响应看上去可能很大，但0.01单位ε_t的永久增加相当于对$\ln\theta_t$过程加上一个常数项。假设柯布-道格拉斯技术$y_t = A\theta_t k_t^{\alpha}$可以写为对数形式：$\ln y_t = \ln A + \ln\theta_t + \alpha\ln k_t$，因此生产率冲击的永久增加相当于增加1%的生产率，A从1.0变为1.01。*BK impulse response.m*是与本节中相同练习的程序。

5.4.4 数值练习：通过特征值-特征向量分解法求解含税的随机代表性个体模型（线性近似）

本节中，我们运用特征值-特征向量分解求解含税的代表性个体问题，其最优化条件为式（5.49）和式（5.48）。关于式（5.49）的线性近似的推导，我们留给读者当作练习，其分析过程与5.3.5节是类似的。式（5.49）的线性近似为：

---

① 之后，我们将介绍一种不同的计算脉冲响应的方法。

② 注意，如果我们改变任意一个结构参数值，应该再次估计这些标准差。

$$0=(c_{t+1}-c_{ss})-\frac{1}{\sigma}c_{ss}\frac{\beta}{1+n}(1-\tau^{y})A\alpha(\alpha-1)\theta_{ss}k_{ss}^{\alpha-2}(k_{t+1}-k_{ss})$$
$$-(c_t-c_{ss})-\frac{1}{\sigma}c_{ss}\frac{\beta}{1+n}(1-\tau^{y})A\alpha\theta_{ss}k_{ss}^{\alpha-1}(\ln\theta_{t+1}-\ln\theta_{ss})+\frac{\beta}{1+n}\frac{c_{ss}}{\sigma}\xi_{t+1},$$

而式（5.48）的线性近似为：

$$0=(k_{t+1}-k_{ss})-\frac{1}{\beta}(k_t-k_{ss})+\frac{1+\tau^{c}}{1+n}(c_t-c_{ss})-\frac{1-\tau^{y}}{1+n}Ak_{ss}^{\alpha}\theta_{ss}(\ln\theta_t-\ln\theta_{ss}).$$

可以将系统表示为矩阵形式：

$$A\begin{pmatrix}k_{t+1}-k_{ss}\\c_{t+1}-c_{ss}\\\ln\theta_{t+1}-\ln\theta_{ss}\end{pmatrix}=B\begin{pmatrix}k_t-k_{ss}\\c_t-c_{ss}\\\ln\theta_t-\ln\theta_{ss}\end{pmatrix}+\Phi\begin{pmatrix}\varepsilon_{t+1}\\\xi_{t+1}\end{pmatrix},$$

且：

$$A=\begin{pmatrix}1&0&0\\M&1&M\frac{k_{ss}}{\alpha-1}\\0&0&1\end{pmatrix};\quad B=\begin{pmatrix}\frac{1}{\beta}&-\frac{1+\tau^{c}}{1+n}&\frac{1-\tau^{y}}{1+n}Ak_{ss}^{\alpha}\\0&1&0\\0&0&\rho\end{pmatrix};$$

$$\Phi=\begin{pmatrix}0&0\\0&-\frac{\beta}{1+n}\frac{c_{ss}}{\sigma}\\1&0\end{pmatrix},$$

其中，$M=-\frac{1}{\sigma}c_{ss}\frac{\beta}{1+n}(1-\tau^{y})A\alpha(\alpha-1)\theta_{ss}k_{ss}^{\alpha-2}$。

有：

$$A^{-1}=\begin{pmatrix}1&0&0\\-M&1&-M\frac{k_{ss}}{\alpha-1}\\0&0&1\end{pmatrix};$$

$$A^{-1}B=\begin{pmatrix}\frac{1}{\beta}&-\frac{1+\tau^{c}}{1+n}&\frac{1-\tau^{y}}{1+n}Ak_{ss}^{\alpha}\\-M\frac{1}{\beta}&\frac{1+\tau^{c}}{1+n}M+1&-M\left(\frac{1-\tau^{y}}{1+n}Ak_{ss}^{\alpha}+\rho\frac{k_{ss}}{\alpha-1}\right)\\0&0&\rho\end{pmatrix};$$

$$A^{-1}\Phi=\begin{pmatrix}0&0\\-M\frac{k_{ss}}{\alpha-1}&-\frac{\beta}{1+n}\frac{c_{ss}}{\sigma}\\1&0\end{pmatrix},$$

转移矩阵为：

$$\begin{pmatrix}\tilde{k}_{t+1}\\\tilde{c}_{t+1}\\\ln\tilde{\theta}_{t+1}\end{pmatrix}=\begin{pmatrix}\frac{1}{\beta}&-\frac{1+\tau^{c}}{1+n}&\frac{1-\tau^{y}}{1+n}Ak_{ss}^{\alpha}\\-M\frac{1}{\beta}&\frac{1+\tau^{c}}{1+n}M+1&-M\hat{\kappa}\\0&0&\rho\end{pmatrix}\begin{pmatrix}\tilde{k}_t\\\tilde{c}_t\\\ln\tilde{\theta}_t\end{pmatrix}$$
$$+\begin{pmatrix}0&0\\-M\frac{k_{ss}}{\alpha-1}&-\frac{\beta}{1+n}\frac{c_{ss}}{\sigma}\\1&0\end{pmatrix}\begin{pmatrix}\varepsilon_{t+1}\\\xi_{t+1}\end{pmatrix},$$

其中，$\tilde{k}_t\equiv k_t-k_{ss}$，$\tilde{c}_t\equiv c_t-c_{ss}$，$\ln\tilde{\theta}_t\equiv\ln\theta_t-\ln\theta_{ss}$，$\hat{\kappa}\equiv\left(\frac{1-\tau^{y}}{1+n}Ak_{ss}^{\alpha}+\rho\frac{k_{ss}}{\alpha-1}\right)$。

自回归系数矩阵的谱表示为：

$$\begin{pmatrix}\frac{1}{\beta}&-\frac{1+\tau^{c}}{1+n}&\frac{1-\tau^{y}}{1+n}Ak_{ss}^{\alpha}\\-M\frac{1}{\beta}&\frac{1+\tau^{c}}{1+n}M+1&-M\left(\frac{1-\tau^{y}}{1+n}Ak_{ss}^{\alpha}+\rho\frac{k_{ss}}{\alpha-1}\right)\\0&0&\rho\end{pmatrix}=\Gamma\Lambda\Gamma^{-1},$$

且我们遵循5.3.5节中的步骤，对稳定性条件进行估计，因而能够获得与预定的资本存量和生产率冲击一致的每期消费水平。

我们在*CK_stochastic_taxes.xls*中描述了遵循上述步骤而得到的这个模型的数值解。

基准参数为：$A=1$，$\beta=0.90$，$\alpha=0.33$，$n=0$，$\delta=0.07$，$\sigma=1.50$，$\rho=0.90$，$\sigma_\varepsilon=0.001$，税率 $\tau_c=20.0\%$，$\tau_y=15.0\%$。此参数下的稳态水平为：$k_{ss}=1.921$，$c_{ss}=0.767$，$i_{ss}=0.134$，$y_{ss}=1.240$。基准参数下，稳定性条件的估计为 $c_t=c_{ss}+0.2868(k_t-k_{ss})+0.3087\ln\theta_t$，但此条件中的系数值会随参数变化。这个条件中的消费和资本存量一定为正相关，这在之前章节中讨论的稳定性图形中就可以得到。当消费和资本存量到达其稳态时，两者是同时增加或减少的。稳定流形位于第一象限和第三象限。如果经济处于第一象限，那么 k_t-k_{ss} 和 c_t-c_{ss} 都是正的，且通过同时将其减少至零，就可以将经济带入稳态。如果经济处于第三象限，那么两个差值都是负的，需要将差值的绝对值同时减少，从而将经济带入稳态。

首先，我们生成技术冲击的时间序列，这个过程不需要任何其他的信息，反映了其外生性。之后，从我们设定的稳态资本存量初始条件 $k_0=k_{ss}$ 开始，稳定性条件用于选择初始消费，从而使经济处于稳定路径，或至少处于线性近似。这意味着我们也选择了投资（产出减消费减公共支出），因此，我们也得到了从单期预算约束中获得的每期末资本存量。通过预算约束，我们保留了原模型的某些非线性结构，从而获得了更好的数值近似。

在时间序列的下方，我们给出了经济中变量的样本统计量。因为这些统计量都是用单一样本得到的，所以它们可以被理解为服从相应总体统计量概率分布的随机变量。我们考虑的变量是技术过程中的新息、技术冲击本身、消费、资本存量、产出、投资和税收，我们计算上述变量的样本均值、标准差、变异系数、与产出的同期相关性以及与产出滞后-2到2期的跨期相关性。我们遵循的惯例是，对于负的滞后，我们考虑的变量是滞后的；而对于产出而言，滞后为正时，产出才是滞后的。

我们还计算了两组其他的参数，一种考虑了高消费税税率 $\tau_c=30\%$，而所得税税率保持不变为 $\tau_y=15\%$；另一种则是高所得税税率 $\tau_y=20\%$ 和初始消费税税率 $\tau_c=20\%$。模拟S1和S3的消费税相同，模拟S1和S2的资本存量、产出及所得税是相同的。在S2中，消费成比例地减少，这是因为消费税税率过高。然而，消费支出，例如实际消费和消费税的总和，在S1和S2中是相同的，因此投资在两个模拟中也是相同的。另外，在S3中提高的所得税产生了扭曲。*Output* 图、*Consumption* 图和 *Investment* 图中给出了三个模拟中变量的时间序列。

消费税的改变不影响变异系数、与产出的互相关性和私人消费、投资及公共投资占产出的比重。另一方面，除了投资的微小波动之外，所得税的增加降低了资本存量、产出和投资的稳态水平。现在，更多的产出被用于投资和公共支出，而更少的产出被用于消费。与产出的互相关性有略微增加。

我们也在表格中给出了期望误差的合理性检验，这与通过此方法求解不含税模型所描述的相同。取样本容量 $T=538$，第 t 时期每个信息集中的变量与期望误差间的相关性的标准差，或其自相关性近似为 $1/\sqrt{T}=0.043$，因此表格中所有的相关性都是严格显著的。

信息集中的变量与理性期望误差的同期相关性

c_t	y_t	i_t	k_t	g_t	g_t/y_t
0.012	0.013	0.019	0.006	0.014	−0.018

第二个检验考察的是期望误差的自相关函数，其在任何滞后中都应该是不显著的，因为自相关函数显著意味着存在某种程度上的系统误差，这与可得信息的有效利用假设相违背。由于生产率冲击中新息的样本在三个模拟中相同，因此任意两个模拟中期望误差相关性为1。因此，我们给出一个模拟的样本自相关即可。表格中样本自相关函数的第四期滞后是唯一违背此条件的项。我们很难去解释为什么会出现这种情况，但是其他滞后项都没有任何显著性，所以并不将此作为违背合理性的证据。

理性预期误差的样本自相关函数

Lag	0	1	2	3	4	5	6
S1	1.0	0.009	−0.031	−0.052	0.114	−0.029	−0.022

在 *CK_stochastic_taxes_structural_parameters.xls* 文件中所进行的分析，其基准参数为：$A=1$，$\beta=0.90$，$\alpha=0.33$，$n=0$，$\delta=0.07$，$\sigma_\varepsilon=0.001$，模拟1.1中$\sigma=1.50$，$\rho=0.90$；模拟2.1中$\sigma=1.50$，$\rho=0.99$；而后两个模拟为$\sigma=5.0$，ρ分别为$\rho=0.90$和$\rho=0.99$。生产率冲击中新息的样本与之前分析中所用的一样，这使得生成期望误差的自相关函数与上一表格中非常相似。

理性预期误差的样本自相关函数

	c_t	y_t	i_t	k_t	g_t	g_t/y_t
S1.1	0.012	0.014	0.015	0.010	0.014	−0.012
S2.1	−0.019	−0.019	−0.017	−0.019	−0.019	0.005
S3.1	0.009	0.012	0.017	0.001	0.011	−0.019
S4.1	0.042	0.042	0.040	0.045	0.042	−0.027

在这个样本中，t期已知变量与期望误差的同期相关性是不显著的，尽管我们应该使用许多个样本进行更为完整的分析。

5.5 非线性数值求解方法

在经济学动态分析中，泛函方程是一个非常好的工具。贝尔曼方程就是泛函定点方程的一个例子，作为控制问题中最优化条件的欧拉方程为泛函方程的另一个例子。我们很难求解泛函方程，因为我们不知道的并不是$\mathbb{R}^n$中的一个向量，而是一个包含了无数个点的函数。通常来说，泛函方程缺乏封闭解，不能精确求解。

到目前为止，我们已经讨论了如何通过线性方法求解函数方程。在本节中，我们描述并简略分析了两种非线性求解方法：（a）由 den Haan 和 Marcet[6]，Marcet 和 Lorenzani[13]提出的参数化期望法；（b）加权残差法，也称为投影法，我们可用这种方法找到精确的近似解。我们可以在 Judd[9]中更加详细地了解这些方法，讨论非线性方法和其他方法的文献还有 Marimon 和 Scott[14]，Miranda 和 Fackler[17]，Adda 和 Cooper[1]，Ljunqvist 和 Sargent[12]，Heer 和 Maussner[8]，Canova[4]，或 DeJong 和 Dave[5]。

5.5.1 参数化期望

参数化期望法由 Haan 和 Marcet[6]提出。在这种求解方法中，最优化条件中的每个条件期望都由状态变量的指数多项式函数所表示，运用初始参数选择中生成的时间序列数据估计得到这些指数多项式中的参数，下面我们对其进行解释。

在基本的增长模型中，包含条件期望的最优化条件为：

$$c_t^{-\sigma}=\beta E_t\left[c_{t+1}^{-\sigma}\left(\alpha\theta_{t+1}k_{t+1}^{\alpha-1}+1-\delta\right)\right] \tag{5.56}$$

我们将条件期望参数化为经济中两个状态的多项式函数：

$$E_t\left[c_{t+1}^{-\sigma}\left(\alpha\theta_{t+1}k_{t+1}^{\alpha-1}+1-\delta\right)\right]=\Psi\left(k_t,\theta_t,a\right)=a_1k_t^{a_2}\theta_t^{a_3} \tag{5.57}$$

其中，a代表参数向量$a=\left(a_1,a_2,a_3\right)$。我们之前已经计算了这个模型的稳态，如式（5.15）和式（5.16）所示。

该求解方法首先给出σ_ε和ρ的值，并得到生产率随机过程中新息的时间序列。我们还需要选择初始值a_1^0，a_2^0，a_3^0。这个求解方法需要一个数值收敛程序，其并不总是表现良好，因此初始值的选择显得尤为重要。

我们在完全折旧$\delta=1$及对数效用$\sigma=1$下运用这些参数初始值a_1^0，a_2^0，a_3^0。正如在 5.2.1 节中给出的，由式（5.5）可知随机模型拥有封闭形式的解析解。在这些假定下，在式（5.57）和式（5.56）中得到：

$$\beta^{-1}c_t^{-1}=a_1k_t^{a_2}\theta_t^{a_3},$$

运用式（5.5），

$$\frac{1}{\beta\left(1-\alpha\beta\right)\theta_tk_t^{\alpha}}=a_1k_t^{a_2}\theta_t^{a_3},$$

其中，我们可以得到：

$$a_1=\frac{1}{\beta\left(1-\alpha\beta\right)},$$

$$a_2=-\alpha,$$

$$a_3=-1.$$

为在不完全折旧或非对数效用下估计$\Psi(.)$中的参数，需要执行一个渐进的过程。首先，只将假设$\delta=1$稍微放宽，比如说到$\delta=0.9$，并将上述值作为初始条件：$a_1^0=\frac{1}{\beta(1-\alpha\beta)}$，$a_2^0=-\alpha$，$a_3^0=-1$。然后，求解非线性估计问题①，

$$S\left(a^0\right)=Arg\min_{a^0}E\left[\begin{array}{c}\left(c_{t+1}\left(a^0\right)\right)^{-\sigma}\left(\alpha\theta_{t+1}\left(k_{t+1}\left(a^0\right)\right)^{\alpha-1}+1-\delta\right)-\\ a_1k_t\left(a^0\right)^{a_2}\theta_t^{a_3}\end{array}\right]^2, \tag{5.58}$$

① 初始时，参数σ设为 1，但在随后的迭代中其值会改变，我们将在之后对其进行解释。

以找到最小化调整误差均方差的 a^0 向量。在这个表达式中，我们可以看到资本存量和消费序列对期望多项式内的参数具有明显的依赖性。只要我们得到了 a^0 向量，条件期望就会从模型中消失，且利用 k_t 的运行规律（总资源约束）、θ_t 的运行规律以及式（5.59），变量就可以随时间进行演化。

$$c_t^{-\sigma} = \beta\Psi\left(k_t,\theta_t,a\right) = \beta a_1 k_t \left(a^0\right)^{a_2}\theta_t^{a_3}。 \tag{5.59}$$

其运行规律为：初始时存在 $\{k_0,\theta_0\}$，从式（5.59）中我们得到 c_0；资本的运行规律，即总资源约束给出了 k_1，将其与 θ_1 带入式（5.59）中，我们就得到了 c_1 和 k_2，以此类推。从而，初始参数值 a^0 生成了消费和实物资本的时间序列。这些时间序列并不会精确地满足式（5.56），迭代向量 a 使样本平均误差最小化，正如式（5.58）中所预测的那样。作为式（5.56）中条件期望的非线性函数值与表示条件期望本身的多项式数值之差，我们可以将其解释为期望误差。然而，实际上，其差值包括期望误差加上设定条件期望表达式产生的误差。

非线性估计过程也可以通过 Gauss-Newton 算法实现。为达到该目的，我们需要从拟合函数的梯度分量的初始残差估计一个线性回归 $\Psi\left(k_t,\theta_t,a\right)$。这个回归中所估计的系数是对初始估计 $a=\left(a_1,a_2,a_3\right)$ 的修正，从而得到新的取值，且迭代该过程直到收敛。

在我们的模型中，$\Psi\left(k_t,\theta_t,a\right)$ 的梯度为：

$$\frac{\partial\Psi}{\partial a} = \begin{pmatrix} \dfrac{\partial\Psi}{\partial a_1} \\ \dfrac{\partial\Psi}{\partial a_2} \\ \dfrac{\partial\Psi}{\partial a_3} \end{pmatrix}_{a^0=\left(a_1^0\quad a_2^0\quad a_3^0\right)} = \begin{pmatrix} k_t^{a_2^0}\theta_t^{a_3^0} \\ a_1^0 k_t^{a_2^0}\theta_t^{a_3^0}\ln k_t \\ a_1^0 k_t^{a_2^0}\theta_t^{a_3^0}\ln\theta_t \end{pmatrix}.$$

每一个元素都是可以被估计的时间序列，为初始估计的函数。初始残差被定义为：

$$\begin{aligned}\hat{u}_t^0 &= c_{t+1}^{-\sigma}\left(\alpha\theta_{t+1}k_{t+1}^{\alpha-1}+1-\delta\right)-c_t^{-\sigma} \\ &= c_t^{-\sigma}\left(\theta_t\alpha k_t^{\alpha-1}+1-\delta\right)-\Psi\left(k_{t-1},\theta_{t-1},a^0\right),\end{aligned}$$

我们估计回归，

$$\hat{u}_t^0 = \left(\frac{\partial\Psi}{\partial a}|_{a^0}\right)' b + v_t,$$

其中，b 是 3×1 阶向量，引入修正，

$$a^{i+1} = a^i + \hat{b}, \tag{5.60}$$

重复该过程，直到满足收敛条件。Den Haan 和 Marcet[6]提出处理不同的序列 $\tilde{a}$ 方法，该序列可利用修正策略获得：

$$\tilde{a}^{i+1} = \lambda a^i + \left(1-\lambda\right)a^{i+1},$$

其中，$0<\lambda<1$，a^{i+1} 首先从式（5.56）中获得。

只要找到向量 a^0，就能使 σ 从其初始值 $\sigma=1$ 向着我们预期的 σ 值方向进行变动，且在每一步中将其用作从前期的 σ 值中获取的初始条件 a^0 向量。该过程需要重复几次，直至到达与预期的 σ 值相关的向量 a^0。

为估计此模型，另一种方法由 Den Haan 和 Marcet[6]提出，其以初始条件数值向量 a^0 作为几种折旧率，并每次改变一个所需的结构参数值。本书给出的 MATLAB 程序是估

计期望多项式并求解由Den Haan和Marcet提出的违背风险厌恶参数$\sigma=1$的模型，本节对此也不做讨论。该模型也能够含有消费税和所得税，但论文中并没有考虑。在MATLAB程序*macret.m*，*marcet1.m*和*marcet2.m*中，*Marcet.m*这个方法用于估计指数多项式中近似条件期望的参数，*marcet1.m*运用MATLAB程序*fminunc.m*求解计划者模型，而*marcet2.m*利用的是Gauss-Newton算法。

最后，我们要提醒读者，*methods.m*是一个MATLAB主程序，求解了含有消费税和所得税的计划者问题，且该程序运用了不同的方法：线性二次近似、Uhlig待定系数法、Blanchard-Kahn法、模型线性近似及非线性近似下的特征值-特征向量分解法以及参数期望法。

5.5.2 投影法

在本节中，我们介绍基于插值技术的投影求解方法，关于该方法的一个文献参见McGrattan[16]。对求解方法进行描述后，我们将详细介绍其对于确定性和随机性最优Cass-Koopmans增长模型的求解过程。

具体方法为找到一个函数C：$\mathbb{R}^m\to\mathbb{R}^n$，满足函数方程$F(C)=0$，其中，$F:D_1\to D_2$，且$D_1$和$D_2$是函数空间。在我们的例子中，$C$是决策变量或控制变量的向量，决策变量或控制变量是状态变量的函数，且这个向量一定满足最优化问题的一阶条件。在Cass-Koopmans模型中，C包括作为经济中两个状态变量函数的消费决策，以及资本存量K和结构冲击θ。因此解为函数：$C(K,\theta)'$：$\mathbb{R}^2\to\mathbb{R}$，满足理性预期假设下的欧拉方程。

由于找到函数C通常是不可能的，所以我们的目标就是找到函数的近似$C^d(x;\mu)$，$x\in\Omega$，x是取决于有限空间参数向量$\mu=(\mu_1,\mu_2,\cdots,\mu_d)'$的状态变量向量。加权残差法假设$C^d$是之前选定的基础函数$\Psi_i(x)$的有限线性组合：

$$C^d(x;\mu)=\Psi_0(x)+\sum_{i=1}^{d}\mu_i\Psi_i(x) \tag{5.61}$$

基函数族通常非常简单：

- 单项式：$\Psi_0(x)=1$，$\Psi_i(x)=x^i$，$i=1,2,\cdots,d$
- 正交多项式族[①]。例如，切比雪夫多项式族为：

$\Psi_0(x)=1$，$\Psi_1(x)=x$，$\Psi_i(x)=2x\Psi_{i-1}(x)-\Psi_{i-2}(x)$，$i=2,3,\cdots,d$

这些多项式定义在区间$[-1,1]$上。如果状态变量x的取值范围为$[a,b]$，那么转换变量$z=2\frac{x-a}{b-a}-1$在计算切比雪夫多项式时就是适用的。[②]

对于大量可供选择的基础函数d来说，多项式比单项式更有用。其原因是，对于较

① $\Psi_i(x)$，$\Psi_j(x)$是两个从同一基函数族中取出的多项式。如果存在权重函数$W(x)$，满足：$\int_a^b W(x)\Psi_i(x)\Psi_j(x)dx=0$，$\forall i\neq j$。

我们称两个多项式彼此正交。如果该族中任意两个多项式彼此都正交，那么我们称这一族多项式正交，使得切比雪夫多项式彼此正交的权重函数为$W(x)=\frac{1}{\sqrt{1-x^2}}$。

② 稳定解总是包含有界空间移动的控制变量和状态变量，可以选择区间$[a,b]$以便在稳态附近有相对较宽的波动。违背数值解假设的取值范围会产生潜在的不稳定性问题。否则，范围可以扩大，并再次执行求解算法。

大的 d，我们很难区别 x^d 和 x^{d+1}，而这意味着由 $C^d(x;\mu)$ 函数给出的近似将仅仅随着形如 x^{d+1} 的一个额外基函数而变动。然而，对于正交多项式来说，并不是这样的，正是因为正交性，所以我们很容易将其区别开。

• 使用分段线性函数的有限元法，也称为多项式样条函数：

$$\begin{aligned}\Psi_i(x) &= \frac{x - x_{i-1}}{x_i - x_{i-1}},\ \mathrm{x} \in [x_{i-1}, x_i] \\ &= \frac{x_{i+1} - x}{x_{i+1} - x_i},\ \mathrm{x} \in [x_i, x_{i+1}] \\ &= 0\end{aligned} \tag{5.62}$$

其他在变量x的样本值范围中，事先确定 x_i 点网格。

现在，由近似解中估计的函数方程 $C^d(x;\mu)$ 来定义残差方程 $R(x;\mu)$：

$$R(x;\mu) = F(C^d(x;\mu)) \tag{5.63}$$

问题是选择向量 μ 使得残差方程 $R(x;\mu)$ 尽可能接近零，从加权积分的角度来说是：

$$\int_\Omega \phi_i(x) R(x;\mu) dx = 0,\ i = 1,2,\cdots,d \tag{5.64}$$

$\phi_i(x)$ 是权重函数。这些方程可以取不同的形式，且得到系数 $\mu_1,\cdots,\mu_d$ 的步骤在每种情况中都是不同的。根据权重函数的选择，我们采用以下三种方法：

1. 最小二乘法，定义为 $\phi_i(x) = \frac{\partial R(x;\mu)}{\partial \mu_i}$。这组权重可以解释为问题的一阶条件：

$$\min_\mu \int_\Omega [R(x;\mu)]^2 dx$$

2. 配点法，定义为 $\phi_i(x) = \delta(x - x_i)$，$\delta$ 是 *Dirac delta* 函数。这组加权函数使残差函数在 d 个点 $x_1,x_2,\cdots,x_d$ 上为零，这些点也被称为配点：

$$R(x_i;\mu) = 0,\ i = 1,2,\cdots,d$$

3. 加勒金法，定义为 $\phi_i(x) = \Psi_i(x)$。这个方法令残差函数与每个基函数都正交。

5.5.2.1　求解确定性Cass-Koopmans最优增长模型

我们在第2章中已经学过了Ramsey-Cass-Koopmans最优增长模型，我们知道该模型可以被总结为：

$$\underset{\{c_t,k_{t+1}\}}{Max} \sum_{t=0}^{\infty} \beta^t \frac{c_t^{1-\sigma} - 1}{1-\sigma},\ \sigma > 0$$

约束条件为：

$$(1+n)k_{t+1} - (1-\delta)k_t + c_t = Ak_t^\alpha,\ \alpha,\delta \in (0,1),\ A > 0,\ \mathrm{n} \geq 0,$$

k_0 是给定的。

此问题的欧拉方程为：

$$\beta \frac{[c(k_t)]^\sigma \left\{\alpha A\left[\frac{1}{1+n}\left(Ak_t^\alpha - (1-\delta)k_t - c(k_t)\right)\right]^{\alpha-1} + (1-\delta)\right\}}{\left[c\left(\frac{1}{1+n}\left(Ak_t^\alpha - (1-\delta)k_t - c(k_t)\right)\right)\right]^\sigma} - 1 = 0. \tag{5.65}$$

我们的目标是找到满足式（5.65）的函数 $c(k_t)$。由于这是一个不可能的任务，所以我们要找到系数向量 μ，使函数 $C^d(k_t;\mu)$ 近似满足该函数方程。

为实现该目标，我们运用配点法。

•第一步：首先计算状态变量x_i的值，运用该取值定义Dirac delta函数。在这些点上，配点法会使得残差函数为零，从而确定了系数μ的值。选择状态变量k的相关取值范围，在此范围内，对函数$C^d(k_t;\mu)$进行近似。设定区间$k\in[k_{min},k_{max}]$，其中$k_{min}=k_{ss}(1-\lambda)$，$k_{max}=k_{ss}(1+\lambda)$，$k_{ss}$是$k$的稳态水平，且$\lambda\in(0,1)$。$\lambda$的取值决定了我们对决策法则近似的范围。我们希望覆盖一个较宽的范围，但是算法是基于稳态附近的近似，这意味着要选择合适的λ值。之后，我们在区间内选择x_i点作为切比雪夫节点，其定义为：

$$k_i=\frac{k_{max}+k_{min}}{2}+\frac{k_{max}-k_{min}}{2}\cos\left(\frac{d-i+0.5}{d}\pi\right),\ i=1,2,\cdots,d$$

其中，我们计算了d个节点，是我们准备在近似$C^d(k_t;\mu)$中运用的多项式函数的最高阶。切比雪夫节点不是等距的：它们在区间的两端更为密集，在区间的中间部分[①]更加分散[②]。

•第二步：选择切比雪夫[③]多项式$\Psi_{i-1}(\cdot)$作为基函数，因此：

$$C^d(k;\mu)=\sum_{i=1}^{d}\mu_i\Psi_{i-1}(\hat{k}) \tag{5.66}$$

其中，初始状态变量k转换为$\hat{k}=2\frac{k-k_{min}}{k_{max}-k_{min}}-1$，取值范围为$[-1,1]$。

•第三步：在切比雪夫节点估计残差函数式（5.65）：

$$R(k_i;\mu)=\frac{\beta\left[C^d(k_i;\mu)\right]^{\sigma}\left[\alpha A(k_i')^{\alpha-1}+(1-\delta)\right]}{\left[C^d(k_i';\mu)\right]^{\sigma}}-1$$

$$i=1,2,\cdots,d$$

其中，$k_i'=\frac{1}{1+n}\left(Ak_i^{\alpha}-(1-\delta)k_i-C^d(k_i;\mu)\right)$。

以这种方式，我们得到了d个未知数$\mu_1,\mu_2,\cdots,\mu_d$和d个方程。我们已经将问题简化为寻找一个函数$C^d(k_t;\mu)$来解决d个未知数和d个方程的非线性系统的零点问题。

•第四步：当得到系数μ的取值时，我们就可以计算策略函数$c=C^d(k;\mu)$的近似，以及在状态变量k的全部取值范围内的残差函数值。通过构造，在切比雪夫节点上函数值可以为零，但在其他点上不为零。如果我们选择的容忍度，比如说10^{-5}，在k的取值范围内的某些点上没有满足，且在此情况下仍旧执行该算法，那么用于构造$C^d(k_t;\mu)$的基函数个数（切比雪夫多项式）将会增加。为演示该练习，我们运用相对较好的K等距取值。当函数$C^d(k_t;\mu)$给出了对于某些阶数d而言足够好的近似时，我们就能将决策法则描述为(c,k)上的曲线。

从第4章我们知道，当$n=0$，$\delta=1$，$\sigma=1$时，存在形如$c=(1-\alpha\beta)Ak^{\alpha}$的最优化

① 根据Rivlin定理，切比雪夫节点多项式近似于最优多项式。

② 假设$k_{min}=0$，$k_{max}=100$，我们选择$d=10$。切比雪夫节点为：0.62，5.45，14.65，27.30，42.18，57.82，72.70，85.35，94.55和99.38。

③ 运用切比雪夫节点和切比雪夫多项式只是众多方法中的一种。相比其他方法，如等距节点，切比雪夫节点给出的近似值更精确。类似地，为运用近似决策法则，我们会使用单项式样条函数或者正交多项式族，而不是切比雪夫多项式。

问题的解析解。因此我们可以通过近似解的精确度比较 C^d 函数的拟合优度。通常来说，最优化问题是没有精确解的，但是近似的拟合优度仍旧可以通过计算区间 $[k_{max},k_{min}]$ 上残差方程的大小进行估计。在配点法下，插值节点的残差方程一定为零，但通常在上述区间的其他点上并不为零。

• 第五步：模拟：（a）给定资本存量初始值 k_0，我们计算 $c_0 = C^d\left(k_0;\mu\right)$；（b）给定 $\left\{c_0,k_0\right\}$，利用资源约束，我们得到 $k_1 = \frac{1}{1+n}\left[Ak_0^{\alpha} + (1-\delta)k_0 - c_0\right]$；（c）给定 k_1，我们得出 $c_1 = C^d\left(k_1;\mu\right)$，重复此步骤。

5.5.2.2 随机Cass-Koopmans最优增长模型

本节介绍投影法在随机最优增长模型中的应用。作为近似确定性模型决策法则的配点法的一个替代，我们将利用Galerkin法近似随机模型的决策函数。

随机最优增长模型可被总结为最优化问题：

$$\underset{\{c_t,k_{t+1}\}}{Max}\ E_0\sum_{t=0}^{\infty}\beta^t\frac{c_t^{1-\sigma}-1}{1-\sigma},\ \sigma>0$$

约束条件为：

$$(1+n)k_{t+1}-(1-\delta)k_t+c_t=A\theta_t k_t^{\alpha},\ \alpha\in(0,1),\ \delta\in[0,1],\ A>0,\ \mathrm{n}\geqslant 0$$

$$\ln\theta_t=\rho\ln\theta_{t-1}+\varepsilon_t,\ |\rho|<1,\ \varepsilon_t\underset{iid}{\sim}N(0,\sigma_\varepsilon^2)$$

k_0 是给定的。

上述问题的欧拉条件为：

$$\beta E_t\left\{\frac{\left[c\left(k_t,\theta_t\right)\right]^{\sigma}\left\{\alpha A\left(k_{t+1}\right)^{\alpha-1}\theta_{t+1}+(1-\delta)\right\}}{\left[c\left(k_{t+1},\theta_{t+1}\right)\right]^{\sigma}}\right\}-1=0 \tag{5.67}$$

其中，$k_{t+1}=\frac{1}{1+n}\left(\theta_t Ak_t^{\alpha}-(1-\delta)k_t-c\left(k_t,\theta_t\right)\right)$，$\theta_{t+1}=\exp\left(\rho\ln\theta_t+\varepsilon_{t+1}\right)$，我们需要找到满足函数方程式（5.67）的函数 $c\left(k_t,\theta_t\right)$。换言之，我们必须找到系数向量 μ，从而通过近似函数 $C^d\left(k_t,\theta_t;\mu\right)$ 使得式（5.67）尽可能接近零。

由于 ε 服从正态分布，θ 可以在0到∞上取值，所以不存在紧集。如果将 θ 转换为 $z=\tanh(\ln\theta)$，那么这个新的变量 z 将在区间 $[-1,1]$ 上取值。注意，双曲正切函数（tanh）可表示为：

$$z=\tanh(\ln\theta)=\frac{e^{\ln\theta}-e^{-\ln\theta}}{e^{\ln\theta}+e^{-\ln\theta}}=\frac{\theta^2-1}{\theta^2+1}$$

这意味着 $\theta=\sqrt{\frac{1+z}{1-z}}$。所以我们可以将近似函数写为：

$$C^d\left(k,z;\mu\right)=\sum_{i=1}^{d}\mu_i\Psi_i\left(k,z\right).$$

另一方面，结构冲击的自相关过程可写为：

$$z_t=\tanh\left(\rho\tanh^{-1}\left(z_{t-1}\right)+\sqrt{2}\,\sigma_\varepsilon v_t\right)$$

其中，$v_t=\frac{\varepsilon_t}{\sqrt{2}\sigma_\varepsilon}$，$E\left(v_t\right)=0$，$Var\left(v_t\right)=1/2$，$\tanh^{-1}(.)$ 是双曲反正切函数。如果我们用 J 表示由 ε_t 转化为 v_t 的雅可比矩阵，则 v 的密度函数为：$g(v)=\frac{1}{|J|}f(\varepsilon)=\frac{1}{1/\sqrt{2}\sigma_\varepsilon}\frac{1}{\sqrt{2}\sqrt{\pi}\sigma_\varepsilon}e^{-\frac{\varepsilon^2}{2\sigma_\varepsilon^2}}=\frac{1}{\sqrt{\pi}}e^{-v^2}$。该转化的好处在以下的分析中会变得很明显。

为求解该随机问题，与确定性问题相比，我们要面对两个额外的困难：

1. 有额外的外生随机变量，原则上基函数集由 k 的基函数中每个元素 $\left[\Psi_0(k),\Psi_1(k),\ldots,\Psi_{d_k}(k)\right]$ 及 z 的基函数中每个元素 $\left[\Psi_0(z),\Psi_1(z),\ldots,\Psi_{d_z}(z)\right]$ 构成。但是元素的个数随着阶数 d_k 和 d_z 变大而迅速增加，且该数值是求解系数 μ 所需方程的个数。

为解决这一问题，我们利用完备的多项式集，而不是所有的 k 和 z 基函数的内积。例如，如果我们选择单项式 $\{k^i\}_{i=0}^{d_k}$ 和 $\{z^j\}_{j=0}^{d_z}$ 作为基函数，则在 $d_k=d_z=2$ 时，我们所用的多项式完备集为 $\{1,k,z,k^2,z^2,zk\}$，而不是 $\{1,k,z,k^2,z^2,zk,z^2k,zk^2,z^2k^2\}$，只有6个系数，比通过所有项交叉乘积得到的9个多项式少。如果 $d_k=d_z=3$，则我们需要计算10个系数，而不是16个，以此类推。其他的基函数选择也可以得到类似的降维。

2. 第二个困难来自于估计条件期望。给定 v 的分布 $N(0,1/2^2)$，条件期望可以写为：

$$\frac{1}{\sqrt{\pi}}\int_{-\infty}^{\infty}\frac{\left[C^d(k,z;\mu)\right]^{\sigma}}{\left[C^d(k',z';\mu)\right]^{\sigma}}\left(\alpha A(k')^{\alpha-1}\sqrt{\frac{1+z'}{1-z'}}+(1-\delta)\right)e^{-v^2}dv$$

其中，

$$k'=\frac{1}{1+n}\left[Ak^{a}\sqrt{\frac{1+z}{1-z}}+(1-\delta)-C^d(k,z;\mu)\right],$$

且 $z'=\tanh\left(\rho\tanh^{-1}(z)+\sqrt{2}\,\sigma_{\epsilon}v\right)$。

我们运用 m 点二次法则对此积分的值进行近似。通过这个法则，横坐标和权重可用于获得某些积分方程的数值近似，e^{-v^2} 就是其中的一种（见 Press 等[18]）。通过对上述被积函数取一个具体的函数形式，我们就能说明由 ε 向 v 的转换是合理的。横坐标为 $[-\infty,\infty]$ 区间上的 v_M，我们在此区间上估计积分，而 ω_M，$M=1,2,\cdots,m$ 是通过下述表达式以近似积分取值的权重：

$$R(k,z;\mu)\simeq\frac{\beta}{\sqrt{\pi}}\sum_{M=1}^{m}\frac{\left[C^d(k,z;\mu)\right]^{\sigma}}{\left[C^d(k',z_M';\mu)\right]^{\sigma}}\times\left(\alpha A(k')^{\alpha-1}\sqrt{\frac{1+z_M'}{1-z_M'}}+(1-\delta)\right)\omega_M-1$$

其中，$z_M'=\tanh\left(\rho\tanh^{-1}(z)+\sqrt{2}\,\sigma_{\epsilon}v_M\right)$。

Press 等[18]建议使用 *Gauss-Hermite* 二次法则，基于 Hermite 多项式①：$\Phi_0(x)=1$，$\Phi_1(x)=x$，$\Phi_i(x)=2x\Phi_{i-1}(x)-i\Phi_{i-2}(x)$，$i=2,3,\ldots$。这些是关于权重 e^{-v^2} 的正交多项式：$\int_{-\infty}^{\infty}e^{-x^2}\Phi_i(x)\Phi_j(x)=0$，$i\neq j$。横坐标为 m-th Hermite 多项式的根：$x_1,x_2,\cdots,x_m$ 而权重为下述系统的解：

$$\begin{pmatrix}\Phi_0(x_1) & \ldots & \Phi_0(x_m)\\ \Phi_1(x_1) & \ldots & \Phi_1(x_m)\\ \ldots & \ldots & \ldots\\ \Phi_{m-1}(x_1) & \ldots & \Phi_{m-1}(x_m)\end{pmatrix}\begin{pmatrix}\omega_1\\ \omega_2\\ \ldots\\ \omega_m\end{pmatrix}=\begin{pmatrix}\int_{-\infty}^{\infty}e^{-x^2}\Phi_0(x)dx\\ 0\\ \ldots\\ 0\end{pmatrix},$$

---

① 注意该多项式与切比雪夫多项式的相似与差别之处。

其中，$\int_{-\infty}^{\infty} e^{-x^2}\Phi_0(x)dx = \sqrt{\pi}$。

5.5.2.3 Galerkin法的应用

在我们决定求解上述两种难题之后，为执行Galerkin法，我们还需做出至少最后两个选择：(a) 用于计算多项式完备集的状态变量基函数的个数与形式；(b) 状态变量空间中的网格点，本例中为(k,z)空间，在这个空间中我们计算残差函数。我们首先需要决定网格点的数量，然后在状态变量值的乘积空间中确定选择的方式。

• **步骤1**：选择切比雪夫多项式作为状态变量的基函数，计算多项式完备集。例如，

(a) 若$d_k = d_z = 2$，我们选择$C^{d=6}(k,z;\mu) = \sum_{i=1}^{6}\mu_i\Psi_i(\hat{k},z)$，且$\Psi_1(\hat{k},z) = 1$，$\Psi_2(\hat{k},z) = \Psi_1(\hat{k})$，$\Psi_3(\hat{k},z) = \Psi_1(z)$，$\Psi_4(\hat{k},z) = \Psi_2(\hat{k})$，$\Psi_5(\hat{k},z) = \Psi_2(z)$，$\Psi_6(\hat{k},z) = \Psi_1(\hat{k})\Psi_1(z)$，其中，$\Psi_i(\hat{k})$，$\Psi_i(z)$为$\hat{k}$及$z$的切比雪夫多项式，$\hat{k} = 2\frac{k - k_{\max}}{k_{\max} - k_{\max}} - 1$。

(b) 若$d_k = d_z = 3$，我们选择$C^{d=10}(k,z;\mu) = \sum_{i=1}^{10}\mu_i\Psi_i(\hat{k},z)$，其中，$\Psi_1(\hat{k},z)$到$\Psi_6(\hat{k},z)$与前一例中相同，$\Psi_7(\hat{k},z) = \Psi_3(\hat{k})$，$\Psi_8(\hat{k},z) = \Psi_3(z)$，$\Psi_9(\hat{k},z) = \Psi_2(\hat{k})\Psi_1(z)$，$\Psi_{10}(\hat{k},z) = \Psi_1(\hat{k})\Psi_2(z)$，以此类推。

• **步骤2**：我们考虑以下区间：$k \in [k_{\min}, k_{\max}]$，其中，$k_{\min} = k_{ss}(1-\lambda)$，$k_{\max} = k_{ss}(1+\lambda)$，$\lambda \in (0,1)$；$\ln(\theta) \in \left[-\frac{2}{1-\rho}\sigma_\varepsilon, \frac{2}{1-\rho}\sigma_\varepsilon\right]$，即在零数学期望附近的两个标准差的区间，并在这些区间内选择某些点作为切比雪夫节点，其阶数为$\tilde{d}_k$和$\tilde{d}_z$：

$$k_i = \frac{k_{\max} + k_{\min}}{2} + \frac{k_{\max} - k_{\min}}{2}\cos\left(\frac{\tilde{d}_k - i + 0.5}{\tilde{d}_k}\pi\right),$$

$$i = 1, 2, \cdots, \tilde{d}_k$$

$$\ln\theta_j = \frac{2}{1-\rho}\sigma_\varepsilon\cos\left(\frac{\tilde{d}_z - i + 0.5}{\tilde{d}_z}\pi\right),\ j = 1, 2, ..., \tilde{d}_z$$

$$z_j = \tanh(\ln\theta_j),\ j = 1, 2, \cdots, \tilde{d}_z$$

• **步骤3**：计算上述m点*Gauss-Hermite*正交的横坐标和权重（υ_M，ω_M，$M = 1, 2, ..., m$），并对期望积分求近似：

$$\frac{\beta}{\sqrt{\pi}}\sum_{M=1}^{m}\frac{\left[C^d(k_i, z_j;\mu)\right]^\sigma}{\left[C^d(k', z'_M;\mu)\right]^\sigma}\left(\alpha A(k')^{\alpha-1}\sqrt{\frac{1+z'_M}{1-z'_M}} + (1-\delta)\right)\omega_M^{-1},$$

其中$k' = \frac{1}{1+n}\times\left[Ak^a\sqrt{\frac{1+z}{1-z}} + (1-\delta) - C^d(k,z;\mu)\right]$，且$z' = \tanh(\rho\tanh^{-1}(z) + \sqrt{2}\sigma_\epsilon\upsilon_M)$。事实上，同时求解$d$残差函数方程组，得到：

$$0 = \sum_{i=1}^{d_k}\sum_{j=1}^{d_z}\left\{\Psi_D(k_i, z_j;\mu)\left[\frac{\beta}{\sqrt{\pi}}\sum_{M=1}^{m}\frac{\left[C^d(k_i, z_j;\mu)\right]^\sigma}{\left[C^d(k', z'_M;\mu)\right]^\sigma}\right.\right.$$
$$\left.\left.\times\left(\alpha A(k')^{\alpha-1}\sqrt{\frac{1+z'_M}{1-z'_M}} + (1-\delta)\right)\omega_M - 1\right]\right\}, \tag{5.68}$$

$D=1,2,\cdots,d$

其中[①]，$\Psi_D=\left(k_i,z_j;\mu\right)$，$D=1,2,\cdots,d$是在之前已经选择的基函数完备集中的$d$多项式。$d$方程组会计算出系数$\mu$:$\mu_1,\mu_2,\cdots,\mu_d$，且我们会得到决策法则的近似：

$$C^d\left(k,z;\mu\right)=\sum_{D=1}^{d}\mu_D\Psi_D\left(k,z;\mu\right)$$

正如在确定性模型中那样，我们可以通过分析相对较好的(k,z)数对的残差方程，从而评估此函数给出的近似的拟合优度。

最后，我们进行如下模拟求解：（a）给定k_0和θ_0，可以得到：$z_0=\tanh\left(\ln\theta_0\right)$，以及$c_0$：$c_0=C^d\left(k_0,z_0;\mu\right)$，从总资源约束中得到$k_1$：

$$k_1=\frac{1}{1+n}\left[\theta_0Ak_0^{\alpha}+(1-\delta)k_0-c_0\right],$$

（b）从正态分布中获得的期望为零、方差为σ_ε^2的样本为我们提供了ε_1的值。我们可以计算θ_1：$\theta_1=\exp\left(\rho\ln\theta_0+\varepsilon_1\right)$，且$z_1=\tanh\left(\ln\theta_1\right)$，$c_1=C^d\left(k_1,z_1;\mu\right)$，$k_2$可以从总资源约束中求出。不断迭代这个过程。

5.5.2.4 数值练习：通过投影法求解确定性及随机最优增长模型

确定性最优增长模型

MATLAB程序*coll_cheb.m*运用配点法和切比雪夫多项式，计算了最优增长模型的数值解。参数值为：$\alpha=0.36$，$\beta=0.96$，$\sigma=1.5$，$\delta=0.1$，$n=0$，$A=1$，这些参数可以进行修改。这个程序初始时有3个基函数（$d=3$），但要一直迭代到基函数可以提供一个令人满意的近似值为止。根据DeJong和Dave[5]，参数μ的初始值为：$\mu_0=0$，$\mu_1=c_{ss}$，$\mu_2=0.1\frac{k_{ss}}{c_{ss}}$。给定$C^d\left(k;\mu\right)$的定义，这种选择会得出初始近似：$c=C^d\left(k;\mu\right)=c_{ss}+0.1\frac{k_{ss}}{c_{ss}}$。求解每个切比雪夫节点的非线性方程组，以得到系数$\mu$的值。

通过构造可知，残差函数在每一切比雪夫节点都等于零。但是，为得到定义明确的决策法则，我们希望在状态变量k的整个取值范围内残差函数都尽可能为零。下述程序中的方程在k的取值范围内选择了等距的100个格点，计算系数向量μ的残差函数值。当在某些点上违背了界值范围时，基函数的数量就会增加，我们再次用增加d值执行算法。该程序运用的默认界值范围是10^{-7}。[②]

当我们得到了决策法则的近似函数$C^d\left(k;\mu\right)$时，我们就能运用此函数来获得每期消费值，计算出时间序列。为体现经济的转移过程，我们设资本存量的初始条件为其稳态水平的10%。最后的图给出了：（a）近似的政策函数$c(k)\equiv C^d\left(k;\mu\right)$；（b）在状态变量$k$值格点上的残差函数值；（c）在确定性模型中，消费和资本的时间序列从初始条件平稳地收敛到稳态水平。参数取值为：$\sigma=1.0$，$\delta=1.0$，$n=0$下，模型存在解析解。我们将散点图中精确解和近似解进行了比较，它们之间显示出了相似性。

---

① 通常来说，我们通过求解如下形式的方程组计算μ：$\int_\Omega W_i(x)R(x;\mu)dx=0$，$i=1,2,\ldots,d$。特别的，Galerkin法将基础多项式选作权重：$W(x)\equiv\Psi(x)$，在这种情况下，其为(k,z)多项式的完备集。

② 在程序中很容易就能改变。

随机最优增长模型

程序*g_cheb_s_3.m*，*g_cheb_s_4.m*和*g_cheb_s_5.m*计算了随机增长模型的数值解，每个状态变量k和z分别运用了3、4、5个基函数。与确定性模型不同，现在我们不用迭代来提高多项式函数的拟合优度。结构参数值与确定性模型相同，增加了一个生产率冲击的自回归系数，为0.90，以及新息的标准差为0.001。

上述程序遵循了随机最优增长模型的步骤，参数μ由Galerkin法求出，且将切比雪夫多项式作为基函数，运用m点Hermite正交计算期望积分的数值近似。切比雪夫节点在状态变量的取值范围内，用来估计期望积分中的决策法则。构造网格的状态变量值的数量是任意的，且不必与两个状态变量相同。程序显示了数目的默认选项可以更改。选择构造网格的点数量越多，决策法则的多项式近似就越好，虽然计算会更加繁琐。程序*herm.m*计算了用于测算m点Gauss-Hermite正交的横坐标和权重的Hermite多项式的数值。对参数μ初始值的选择非常重要，特别是第一个值。[①]程序中的取值是通过进行多次迭代而得到的，该迭代过程使用的参数μ与确定性模型相同。给定参数μ值，MATLAB函数*Cds_3.m*，*Cds_4.m*，*Cds_5.m*通过对函数C^d近似，从而计算了决策变量c的值。与确定性模型一样，程序*res.m*用于计算选定格点的残差值，且此程序调用了MATLAB的*fsolve.m*以求解参数μ值。当我们得到参数值时，MATLAB函数*Cds_3*，*Cds_4.m*，*Cds_5.m*又可以在样本空间中相对较好的格点上，计算近似的决策规则值。

当我们得到参数值时，近似函数C^d就可以在状态变量空间(k,z)中，比计算m点Gauss-Hermite正交所用的更好的格点上，估计最优决策法则。最后的图说明了近似的决策法则、在(k,z)空间中的残差函数值以及消费和资本存量的时间序列实现。我们很容易就能改变程序，使其生成任意大的系数μ样本。

5.6 附录：求解完全折旧的计划者问题

在McCallum模型中，描述随机动态均衡的条件可以表示为：

$$\frac{\beta^t}{c_t} = \alpha E_t\left(\frac{\beta^{t+1}\theta_{t+1}k_{t+1}^{\alpha-1}}{c_{t+1}}\right), \tag{5.69}$$

$$c_t + k_{t+1} = \theta_t k_t^{\alpha}. \tag{5.70}$$

由式（5.70）可以得到：

$$\frac{\theta_{t+1}}{c_{t+1}} = \frac{1}{k_{t+1}^{\alpha}} + \frac{k_{t+2}}{c_{t+1}k_{t+1}^{\alpha}}.$$

在式（5.69）中替代此表达式，得到：

$$\frac{1}{c_t} = \alpha\beta\frac{1}{k_{t+1}}E_t\left(1 + \frac{k_{t+2}}{c_{t+1}}\right).$$

则上式可写为：

$$X_t = \alpha\beta + \alpha\beta E_t(X_{t+1}), \tag{5.71}$$

---

① 这或许是投影法数值算法中最敏感的部分，有时，寻找初始值是有技巧的。明智的做法是求解简化模型，获取系数μ合适的初始值。

其中，$X_t = \frac{k_{t+1}}{c_t}$。

将式（5.71）向前推进一期，变为：

$$X_{t+1} = \alpha\beta + \alpha\beta E_{t+1}(X_{t+2}). \tag{5.72}$$

如果在t期取条件期望，并运用迭代期望法则：

$$E_t(X_{t+1}) = \alpha\beta + \alpha\beta E_t(X_{t+2}).$$

若向前移动一期，并在得到的表达式中取条件期望，则得到：

$$E_t(X_{t+1}) = \alpha\beta + (\alpha\beta)^2 + (\alpha\beta)^2 E_t(X_{t+3}).$$

无限次重复此过程，可以得到：

$$E_t(X_{t+1}) = \alpha\beta\sum_{i=0}^{\infty}(\alpha\beta)^i + \lim_{T\to\infty}(\alpha\beta)^T E_t(X_{t+T}).$$

其中，由于$\alpha\beta < 1$，所以$\lim_{T\to\infty}(\alpha\beta)^T E_t(X_{t+T}) = 0$。因此，

$$E_t(X_{t+1}) = \frac{\alpha\beta}{1-\alpha\beta}. \tag{5.73}$$

在式（5.71）中运用式（5.73），得到：

$$X_t = \frac{\alpha\beta}{1-\alpha\beta}.$$

由于$X_t = \frac{k_{t+1}}{c_t}$，可以从上述表达式中得到：

$$c_t = \frac{1-\alpha\beta}{\alpha\beta}k_{t+1}. \tag{5.74}$$

在式（5.71）中运用式（5.74），得到：

$$k_{t+1} = \theta_t\alpha\beta k_t^{\alpha}, \tag{5.75}$$

且在式（5.74）中替换该式：

$$c_t = \theta_t(1-\alpha\beta)k_t^{\alpha}. \tag{5.76}$$

式（5.75）和式（5.76）与本章之前出现的表达式是一致的。

5.7 练习

练习 1. 求解5.2节中，考虑效用函数中带有闲暇或不带闲暇的、完全折旧的简单模型，且$A = 3$，$n = 0.01$，保持其他参数值不变。生成一个$\rho = 0.9$的生产率冲击样本，以及$\sigma_\varepsilon = 0.01$的正态新息。从等于稳态水平的初始资本存量开始，计算资本存量、消费、产出的时间序列。求得描述经济周期性质的主要统计量：均值、标准差、各个序列的变异系数及与产出±2期的互相关性。运用相同的生产率冲击的样本，在含有闲暇的效用函数的模型中重复此练习。

练习 2. 分析不含税计划者问题的对数线性二次模型的具体过程。

练习 3. 在A ≠ 1，且$n > 0$时，分析不含税计划者问题的线性近似模型的特征值-特征向量分解的具体过程。

练习 4. 分析不含税时代表性个体问题的对数线性近似模型的特征值-特征向量分解的具体过程。运用线性和对数线性模型获取主要变量的样本，并比较得到的时间序列（注意：为使此练习有意义，我们需要使用相同的生产率冲击的样本，该过程在EXCEL

中很容易就能实现。利用MATLAB，我们首先需要保存一个近似的生产率冲击的样本实现，之后将其加载到程序中，以计算模型的其他近似）。

练习5. 说明含有消费税和所得税的代表性个体问题的对数线性近似与5.3.5节中所描述的是相同的。

练习6. 说明含有税收经济的线性近似与5.4.4节中所描述的是相同的。

练习7. 在经济中引入消费税和所得税，并重复练习4。

练习8. 分析含有收入税和消费税的计划者问题的线性二次近似的具体过程。使用与CK_solution_BK.xls文件中相同的参数值，求得该模型的数值解。

练习9. 在离散的Cass-Koopmans经济中，考虑一个规模报酬不变的柯布-道格拉斯生产函数以及消费的跨期替代弹性为常数的效用函数。设时间贴现率参数$\beta = 0.99$，折旧率$\delta = 0.025$，人口增长率$n = 0$，资本的产出弹性为0.33，消费的跨期弹性$1/\sigma = 1/3$。政府从代表性个体中征收20%的消费税和15%的所得税，并将此税收用于购买经济中的唯一商品。

1.假设生产率服从本章假设的随机游走过程，从而使经济处于不确定性中。描述生产率的暂时变化，如大小为一个标准差时不同变量的响应。假设生产率冲击的一阶自回归系数是0.95，新息标准差为0.01，并解释得到的结果。

2.做5个101期的模拟。描述下述经济周期特性：产出波动、总需求中每个成分的波动以及各个变量与产出的相关性。

3.假设财政政策由25%的所得税和消费税组成，稳态的税收与税率改变前是相同的。使用与1相同的新息样本，重复1的分析过程。你发现了什么？

练习10. 考虑与前一个练习相同的模型，假定政府实施一个恒定的公共支出政策。所得税税率改变，预算约束等式在每个时期内都成立。假设在稳态时，所得税税率为15%、消费税税率为20%，计算生产率冲击及模型中主要变量的样本实现，并估计各自的周期性质。对于相同的生产率冲击样本，假设消费税税率为25%，而对每期的所得税率进行调整，从而使得税收收入保持在其稳态水平不变。将主要变量的时间路径及主要统计量的估计值与第1个例子中所得的结果进行比较。

练习11. 在含有消费税和所得税的Cass Koopmans模型中，考虑政府对某一种税率及公共支出水平进行选择，这与前面的练习是相同的。存在两种不确定性：生产率冲击和公共支出水平冲击（两种冲击不相关）。为了使福利最大化，公共支出应为顺周期还是逆周期？

练习12. 对于一个给定的生产率冲击的样本实现而言，说明Blanchard Khan和Uligh方法所给出的数值解是相同的。

参考文献

1. Adda, J., and R.W. Cooper. 2003. *Dynamic economics: Quantitative methods and applications.* Cambridge: MIT.
2. Blanchard, O., and C.M. Kahn. 1980. The solution of linear difference models under rational expectations. *Econometrica* 48(5): 1305–1311.266 5 Numerical Solution Methods.
3. Brock, W.A., and L.J. Mirman. 1972. Optimal economic growth and uncertainty: The discounted case. *Journal of Economic Theory* 4: 479 513.
4. Canova, F. 2007. *Methods for applied macroeconomic research.* Princeton: Princeton University Press.
5. De Jong, D.N., and C. Dave. 2007. *Structural macroeconometrics.* Princeton: Princeton University Press.
6. Den Haan, W., and A. Marcet. 1990. Solving the stochastic growth model by parameterized expectations. *Journal of Business and Economic Statistics* 8: 31–34.
7. Díaz-Giménez, J. 1999. Linear quadratic approximations. In *Computational methods for the study of dynamic economics*, ed. Ramon Marimon and Andrew Scott, Chap. 1, 13–29. New York: Oxford University Press.
8. Heer, B., and A. Maussner. 2005. *Dynamic general equilibrium modelling: Computational methods and applications.* Berlin: Springer.
9. Judd, K.L. 1998. *Numerical methods in economics.* Cambridge: MIT.
10. King, R.G., C.I. Plosser, and S. Rebelo. 1988. Production, growth, and business cycles: II. New directions. *Journal of Monetary Economics* 21: 309–341.
11. Kydland, F.E., and E.C. Prescott. 1982. Time to build and aggregate fluctuations. *Econometrica* 50: 1345–1370.
12. Ljunqvist, L., and T. Sargent. 2004. *Recursive macroeconomic theory*, 2nd ed. Cambridge: MIT.
13. Marcet, A., and Lorenzoni, G. 1999. Parameterized expectations approach: Some practical issues. In *Computational methods for the study of dynamic economics*, ed. R. Marimon and A. Scott, 143–171. Oxford: Oxford University Press.
14. Marimon, R., and A. Scott (eds.). 1999. *Computational methods for the study of dynamic economics.* Oxford: Oxford University Press.
15. Mc Callum, B.T. 1989. Real business cycle models. In *Modern business cycle theory*, ed. R. J. Barro. Cambridge: Harvard University Press.
16. Mc Grattan, E.R. 1999. Application of weighted residual methods to dynamic economic models. In *Computational methods for the study of dynamic economies*, ed. R. Marimon and A. Scott. Oxford: Oxford University Press.
17. Miranda, M.J., and P.L. Fackler. 2002. *Applied computational economics and finance.* Cambridge: MIT.
18. Press, W.H., B.P. Flannery, S.A. Teukolsky, and W.T. Vetterling. 1986. *Numerical recipes: The art of scientific computing.* Cambridge: Cambridge University Press.
19. Sims, C.A. 2001. Solving linear rational expectations models. *Journal of Computational Economics* 20: 1–20.
20. Uhlig, H. 1999. A toolkit for analyzing nonlinear dynamic stochastic models easily. In *Computational methods for the study of dynamic economics*, ed. R. Marimon and A. Scott, 30–61. Oxford: Oxford University Press.

第6章

内生增长模型

6.1 AK模型

假定规模报酬不变的线性AK模型为（Rebelo [6]）：

$$Y_t = AK_t,$$

其中，A表示不变的资本平均产出和边际产出，K_t表示总的资本存量。正如我们在第2章所看到的，累积投入的总规模报酬不变是内生增长的一个必要条件。该假设违背了Inada条件 $\lim_{K_t\to\infty}F'(K_t)=0$，假设该条件在规模报酬递减的新古典主义增长模型中成立。

假设消费者都处于完全相同的经济中，消费者是生产投入的拥有者，且具有无限的寿命。个体的总数为N_t，随着时间以外生速率n增长，$N_t = e^{nt}N_0$。他们具有相同的偏好、相同的生产能力，偏好只取决于单一商品的消费数量。由于闲暇不影响效用水平，因此劳动的供给缺乏弹性。假设每一时期的劳动市场处于均衡，由于我们不考虑人口与劳动供给之间的任何差异，所以雇佣人数等于总人口数：$L_t = N_t$。

使用人均形式，该技术可以写为：

$$Y_t/L_t = AK_t/L_t \Rightarrow \tilde{y}_t = A\tilde{k}_t.$$

因此，$\tilde{k}_t$表示该经济在时间t的人均技术拥有量，等于人均实物资本存量。我们将会在下面看到，本章与此前模型之间的重要差异是：稳态中人均变量为恒定的非零增长①。我们用$\tilde{c}_t,\tilde{k}_t,\tilde{y}_t$表示稳态下增长的人均变量，而用$c_t,k_t,y_t$表示前者去掉趋势的变量②。

在常相对风险厌恶偏好下，计划者的问题是依据该经济中的资源总约束，以最大化

① 存在技术进步时，人均变量在内生增长模型稳态上增长，但当变量被考虑为单位有效劳动时，就不存在增长。在AK模型中引入技术进步，则单位有效劳动中的变量仍会在稳态水平上增长。

② 不失一般性，我们不会利用具有汉密尔顿或拉格朗日乘数的条件。

代表性消费者的总时间贴现效用，

$$\max \quad U_0 = \int_0^{\infty} e^{-\theta t} \frac{\tilde{c}_t^{\ 1-\sigma} - 1}{1-\sigma}, \sigma > 0$$

约束条件为：

$$d\tilde{k}_t / dt = A\tilde{k}_t - (n+\delta)\tilde{k}_t - \tilde{c}_t, \tilde{k}_0 \text{给定。} \tag{6.1}$$

汉密尔顿函数：

$$H = e^{-\theta t}\left(\frac{\tilde{c}_t^{1-\sigma} - 1}{1-\sigma} + \lambda_t\left[A\tilde{k}_t - (n+\delta)\tilde{k}_t - \tilde{c}_t\right]\right),$$

一阶条件：

$$\text{阶条件：} \frac{\partial H}{\partial \tilde{c}_t} = 0 \Rightarrow \tilde{c}_t^{-\sigma} = \lambda_t \Rightarrow \tilde{c}_t = \lambda_t^{\ -1/\sigma}, \tag{6.2}$$

$$\text{协态方程：} \dot{\lambda}_t = \theta\lambda_t - e^{\theta t}\frac{\partial H}{\partial \tilde{k}_t} \Rightarrow$$

$$\dot{\lambda}_t = \lambda_t\left[\theta - A + (n+\delta)\right], \tag{6.3}$$

横截性条件：$\lim\limits_{T \to \infty} e^{-\theta T}\lambda_T \tilde{k}_T = 0$,

消费的增长率：

$$\gamma_{\tilde{c}_t} = \frac{d\tilde{c}_t / dt}{\tilde{c}_t} = -\frac{1}{\sigma}\frac{\dot{\lambda}_t}{\lambda_t} = -\frac{1}{\sigma}(\theta + \delta + n - A) = \gamma_{\tilde{c}}, \quad \forall t \tag{6.4}$$

消费增长率 $\gamma_{\tilde{c}}$ 是恒定的。如果 $A > \theta + \delta + n$，那么消费实际上是增长的，反之则是减少的。

消费增长率对结构参数的依赖性可以写为：

$$\gamma_{\tilde{c}}\sigma + \theta = A - (\delta + n),$$

对上式的标准解释为第 t 期减少一单位消费的代价等于储蓄一单位实物资本所获得的收益。特别地，θ 与 σ 值越小（储蓄意愿越强），生产率 A 越大，则增长率越大。

根据式（6.4），消费的最优时间路径为：

$$\tilde{c}_t = \tilde{c}_0 e^{\gamma_{\tilde{c}} t} = \tilde{c}_0 e^{-\frac{1}{\sigma}(\theta + \delta + n - A)t},$$

式（6.1）给出了实物资本增长率，

$$\gamma_{\tilde{k}_t} = \frac{d\tilde{k}_t / dt}{\tilde{k}_t} = A - (n+\delta) - \frac{\tilde{c}_t}{\tilde{k}_t}, \forall \text{t}. \tag{6.5}$$

6.1.1 平衡增长路径

现在，我们回顾一下稳态的概念：

定义：稳态是一个所有人均变量保持不变或以恒定速率增长的路径。

因此，稳态中 $\gamma_{\tilde{k}_t}$ 是恒定的，但只有 $\tilde{k}_t$ 与 $\tilde{c}_t$ 以相同的恒定速率增长，即 $\gamma_{\tilde{k}} = \gamma_{\tilde{c}} = -\frac{1}{\sigma}(\theta + \delta + n - A)$时，这个结论才在式（6.5）中成立。此外，由于技术是线性的，所以稳态下 $\tilde{y}_t$ 的增长率将与人均消费和实物资本的增长速度相同：$\gamma_{\tilde{y}} = \gamma_{\tilde{k}} = \gamma_{\tilde{c}}$。所以，稳态呈现平衡增长路径的形式，所有的人均变量以相同的速率增长，$\gamma = -\frac{1}{\sigma}(\theta + \delta + n - A)$。

另一方面，从式（6.3）中我们得到消费与资本存量的最优轨迹：

$$\lambda_t = \lambda_0 e^{-(A - (\delta + n) - \theta)t}$$

横截性条件变为：

$$\lim_{T\to\infty} e^{-\theta T}\lambda_0 e^{-(A-(\delta+n)-\theta)T}\tilde{k}_T = \lim_{T\to\infty}\lambda_0 e^{-(A-\delta-n)T}\tilde{k}_T = 0, \tag{6.6}$$

上式给人均实物资本存量增长率施加了一个上界$A-\delta-n$。

6.1.2 转移动态

本节说明的是AK模型不具有转移动态。到目前为止，我们给出了采取平衡路径形式的经济稳态，其中所有的人均变量均以相同的恒定速率增长。现在，我们说明在任意时间点上实物资本和产出的增长速率与消费的增长速率相同。模型包括总资源约束条件，以及使用横截性条件为边界条件。这会导致每期的人均消费与实物资本之间存在线性关系，该关系中，两者增长率等价是十分明显的。

我们已经表明了每期的消费以相同速率增长，之后我们会得到所有时期的全部人均变量都以恒定的速率增长，所以，该经济总是处于稳态。而且，从之前的论述中可知，稳态形式为平衡增长路径，同样地，所有时期的人均变量都以恒定的速率增长。

无论经济是否处于稳态，从式（6.4）中我们已经知道消费以恒定的速率$\gamma_{\tilde{c}}=(A-\delta-n-\theta)/\sigma$增长。将微分方程（6.1）乘以$e^{-(A-\delta-n)t}$，然后再对从0到任意时刻$T$进行积分，得到：

$$\int_0^T\left[\frac{d\tilde{k}_t}{dt}-(A-\delta-n)\tilde{k}_t\right]e^{-(A-\delta-n)t}dt=-\tilde{c}_0\int_0^T e^{\left[\gamma_{\tilde{c}}-(A-\delta-n)\right]t}dt.$$

对等式左边的第一项分部积分，

$$\int_0^T\frac{d\tilde{k}_t}{dt}e^{-(A-\delta-n)t}dt=\left[e^{-(A-\delta-n)t}\tilde{k}_t\right]_0^T+\int_0^T(A-\delta-n)\tilde{k}_t e^{-(A-\delta-n)t}dt,$$

所以，

$$e^{-(A-\delta-n)T}\tilde{k}_T-\tilde{k}_0=-\tilde{c}_0\frac{1}{\gamma_{\tilde{c}}-(A-\delta-n)}\left(e^{\left[\gamma_{\tilde{c}}-(A-\delta-n)\right]T}-1\right).$$

上式两边乘以$e^{(A-\delta-n)T}$，考虑$\gamma_{\tilde{c}}-(A-\delta-n)=(A-\delta-n)\dfrac{1-\sigma}{\sigma}-\dfrac{\theta}{\sigma}$，在任意时间点上存在：

$$\begin{aligned}\tilde{k}_T&=Me^{(A-\delta-n)T}-\frac{\tilde{c}_0}{\gamma_{\tilde{c}}-(A-\delta-n)}e^{\gamma_{\tilde{c}}T}\\&=Me^{(A-\delta-n)T}+\frac{\tilde{c}_0}{\phi}e^{(A-\delta-n-\theta)\frac{T}{\sigma}},\end{aligned}\tag{6.7}$$

其中，$M=\tilde{k}_0+\dfrac{\tilde{c}_0}{\gamma_{\tilde{c}}-(A-\delta-n)},\phi=(A-\delta-n)-\gamma_{\tilde{c}}$。

如果把式（6.7）代入横截性条件式（6.6）中，得到：

$$\lim_{T\to\infty}\lambda_0 e^{-(A-\delta-n)T}\tilde{k}_T=\lim_{T\to\infty}\left(\lambda_0 M+\frac{\tilde{c}_0}{\phi}\lambda_0 e^{\left[\frac{A-\delta-n-\theta}{\sigma}-(A-\delta-n)\right]T}\right)=0,$$

则下面的两个条件一定成立：（1）$M=0$；（2）$(A-\delta-n)\times(1-\sigma)<\theta$。

反过来，第一个条件意味着：

$$\gamma_{\tilde{c}}=(A+\delta+n)-\frac{\tilde{c}_0}{\tilde{k}_0}\Rightarrow\tilde{c}_0=\tilde{k}_0\left[(A-\delta-n)-\gamma_{\tilde{c}}\right]=\phi\tilde{k}_0,$$

上式定义了初始的人均消费水平与人均实物资本水平之间的关系，但把$M=0$代入式

(6.7)，适用于任意时间点，得到：

$$\tilde{k}_t=\frac{\tilde{c}_0}{\phi}e^{(A-\delta-n-\theta)\frac{t}{\sigma}}=\frac{1}{\phi}\tilde{c}_t,\forall t.,$$

表明初始时，实物资本与消费之间的关系在任意时间点上都成立。这是一个保证资本存量不至于过快增长的重要关系式，此关系式也意味着，每期实物资本与消费以相同的速率 $\tilde{k}_t=\tilde{k}_0e^{\gamma_{\tilde{c}}t}$ 增长。因此，产出也是如此，

$$\gamma_{\tilde{c}}=\gamma_{\tilde{k}}=\gamma_{\tilde{y}}=\gamma.$$

较低的消费增长会使得资本积累更多，但总时间效用却变少。较快的消费增长会导致资本积累较为平缓，反过来这并不能提供足够的资源来保持较高的消费增长率。

由于任意时期所有人均变量都以恒定的速率增长，所以该经济总是处于稳态。从初始条件 $\tilde{k}_0$ 开始，经济立即跳跃到稳态，人均变量总是以速率 γ 增长。改变经济结构或执行改变 γ 的政策干预条件[①]，经济就会立即从旧的稳态跳到新的稳态，因为稳态之间不存在过渡。

在本节的最后，我们对具有 AK 生产技术经济的收敛性做两个注释。第一，由于任意时期产出增长率是恒定的，因此任意具有不同参数 A,δ,θ,n,σ 的两个国家将永久地以不同的速率增长。

另外，经济增长独立于收入，所以一个相对贫穷的经济并不会比较富有的经济增长得更快。因此，在 AK 经济中既不存在绝对收敛，也没有条件收敛。

6.1.3 时间总效用的有界性

有限时间区间 $(0,T)$ 上的总效用为：

$$U_0=\int_0^T e^{-\theta t}\frac{\tilde{c}_t^{1-\sigma}-1}{1-\sigma}dt.$$

如果被积函数增长得太快，那么 U_0 将会随着 T 无限地增长，福利最大化问题将会变得没有意义。为了避免这种情况，我们需要对结构参数施加约束。

由于 $\tilde{c}_t$ 以速率 γ 增长，我们有：

$$U_0=\int_0^T e^{-\theta t}\frac{(c_0e^{\gamma t})^{1-\sigma}-1}{1-\sigma}dt.$$

对效用函数中的常数项积分，

$$-\int_0^T e^{-\theta t}\frac{1}{1-\sigma}dt=\frac{1}{\theta}\frac{1}{1-\sigma}e^{-\theta t}\Big|_0^T=\frac{1}{\theta}\frac{1}{1-\sigma}\ (e^{-\theta T}-1).$$

对任意的结构参数值，当 $T\to\infty$ 时，上式都是有界的。

另一方面，消费项的积分为：

$$\frac{1}{\gamma(1-\sigma)-\theta}\frac{c_0^{1-\sigma}}{1-\sigma}\ (e^{[\gamma(1-\sigma)-\theta]T}-1),$$

当 T 增加时，上式也满足有界性[②]，即：

$$\theta>\gamma(1-\sigma),$$

① 在简单的 AK 经济形式中，政策干预不会直接影响增长率，增长率只取决于 A,n,δ,θ,σ 的值。随后，我们会看到政策决策也会影响增长。

② 一个相当自然的条件，要求单期效用函数中消费增长率小于时间贴现率 θ。

使用增长率的表达式：$\gamma=(A-\delta-n-\theta)/\sigma$，当且仅当满足下式时，上式才成立：

$$\theta>(1-\sigma)(A-\delta-n), \tag{6.8}$$

意味着，如果$\sigma<1$，贴现率对福利来说必须相对较大，才能保证其有界①。另一方面，如果$\sigma>1$，则只要增长是正的，例如$A>\theta+\delta+n$，任意贴现率值都会导致有界的时间总效用。

在该内生增长经济中，当$\sigma<1$时，对于足够高的生产率水平来说，福利可以变成无界的，在该情况下，就不需要计划者了。随着时间的推移，经济能够生产足够的资源使得消费增长，那么总时间效用就变为无限。

6.2 离散模型

与前面章节相同，现在我们把模型拓展到离散时间形式。模型结果与连续时间形式一样，但正如第3章所讨论的，离散时间模型可用于数值模拟。

整个经济离散形式的资源约束为：

$$C_t+(K_{t+1}-(1-\delta)K_t)\leqslant Y_t \Rightarrow K_{t+1}=AK_t-C_t+(1-\delta)K_t,$$

人均形式为：

$$\tilde{k}_{t+1}=\frac{1}{1+n}(A\tilde{k}_t-\tilde{c}_t+(1-\delta)\tilde{k}_t). \tag{6.9}$$

假设代表性消费者的偏好可以由常相对风险厌恶效用函数来表示，即：

$$U(\tilde{c}_t)=\frac{\tilde{c}_t^{1-\sigma}-1}{1-\sigma},\sigma>0,$$

代表性个体求解的问题为②：

$$\max \quad U_0=\sum_{t=0}^{\infty}\beta^t\frac{\tilde{c}_t^{1-\sigma}-1}{1-\sigma}, \tag{6.10}$$

约束为资源约束式（6.9）和生产技术结构：$\tilde{y}_t=A\tilde{k}_t$。

代表性消费者的最优问题为式（6.10），约束为式（6.9）和$\tilde{c}_t,\tilde{k}_{t+1}\geqslant 0$，给定$\tilde{k}_0$。这个问题的拉格朗日函数为：

$$L=\sum_{t=0}^{\infty}\beta^t\left(\frac{\tilde{c}_t^{1-\sigma}-1}{1-\sigma}-\lambda_t\left[(1+n)\tilde{k}_{t+1}-A\tilde{k}_t+\tilde{c}_t-(1-\delta)\tilde{k}_t\right]\right),$$

最优条件为③：

$$\frac{\partial L}{\partial \tilde{c}_t}=0\Rightarrow \tilde{c}_t^{-\sigma}=\lambda_t,\ t=0,1,2,\cdots,$$

$$\frac{\partial L}{\partial \tilde{k}_{t+1}}=0\Rightarrow -(1+n)\lambda_t+\beta(A+1-\delta)\lambda_{t+1}=0,t=0,1,2,\cdots,$$

横截条件：$\lim\limits_{t\to\infty}(1+n)\beta^t\lambda_t\tilde{k}_{t+1}=0$

① 但是这实际上与之前保证横截性条件成立的条件（2）相同，即使后者也要求我们的消费与资本之间有线性关系。

② 由于在简单的AK经济中不存在税收、货币和任何的公共支出，所以计划者问题与代表性个体问题是一致的。

③ 一般地，横截性条件来自于有限的拉格朗日函数对$\tilde{k}_{T+1}$求导及施加条件，

$\lim\limits_{T\to\infty}\beta^T\tilde{k}_{T+1}\frac{\partial L}{\partial \tilde{k}_{T+1}}=0$，拉格朗日函数对最后一期资本存量的偏导数等于$\lambda_T$。

由条件导出：

$$\lambda_t=\frac{1}{\beta}\frac{1+n}{A+1-\delta}\lambda_{t-1}=\left(\frac{1+n}{\beta(A+1-\delta)}\right)^t\lambda_0,$$

$$\tilde{c}_t=\left(\beta\frac{A+1-\delta}{1+n}\right)^{1/\sigma}\tilde{c}_{t-1}=\left(\beta\frac{A+1-\delta}{1+n}\right)^{t/\sigma}\tilde{c}_0, \tag{6.11}$$

其中，人均消费$\tilde{c}_t$可以视为每期都以恒定的速率增长，

$$1+\gamma_{\tilde{c}_t}=1+\gamma_{\tilde{c}}=\left(\beta\frac{A+1-\delta}{1+n}\right)^{1/\sigma},$$

如果$A+1-\delta>\dfrac{1+n}{\beta}$，上式为正，反之为负。

式（6.11）表明在最优解下，当前消费与未来消费之间的边际替代率等于资本的边际产出及净折旧[①]，即$\dfrac{\tilde{c}_t^{\sigma}}{\beta\tilde{c}_{t-1}^{\sigma}}=\dfrac{A+1-\delta}{1+n}$。换言之，资本会积累到某种程度，使得当前消费与未来消费的相对偏好等于生产中使用额外一单位实物资本的净回报。

从资源的总约束中，得到给定时期的实物资本增长率为：

$$1+\gamma_{\tilde{k}_t}=\frac{\tilde{k}_{t+1}}{\tilde{k}_t}=\frac{1}{1+n}\left(A+(1-\delta)-\frac{\tilde{c}_t}{\tilde{k}_t}\right),$$

当且仅当$\tilde{c}_t$与$\tilde{k}_t$以相同的速率增长时，上式才是恒定的。因此，恒定的实物资本增长要求其增长率与人均消费增长率相同，

$$\gamma_{\tilde{k}}=\gamma_{\tilde{c}}.$$

此外，AK技术意味着人均收入满足一个类似的性质：

$$1+\gamma_{\tilde{y}}=\frac{\tilde{y}_t}{\tilde{y}_{t-1}}=\frac{\tilde{k}_t}{\tilde{k}_{t-1}}=1+\gamma_{\tilde{k}}=1+\gamma_{\tilde{c}}=\left(\beta\frac{A+1-\delta}{1+n}\right)^{1/\sigma},$$

所以消费、实物资本和产出从初始时处于平衡的增长路径，并在所有时期都以相同的速率增长，我们假设这个共同增长率为γ。因此，该经济一直处于稳态，并没有向稳态过渡，正如我们在连续时间模型中看到的。任何政策干预或结构改变都有可能改变稳态的增长率，经济将会在政策干预后第一时期以新的速率增长。在6.1.2节，我们讨论AK模型意味着既没有绝对收敛，也没有条件收敛。

6.2.1 横截性条件和有界效用

在稳态，横截性条件与之前的最优问题一致：

$$\lim_{t\to\infty}(1+n)\beta^t\lambda_t\tilde{k}_{t+1}=0$$

$$\Rightarrow\lim_{t\to\infty}\beta^t\left(\frac{1+n}{\beta(A+1-\delta)}\right)^t\left(\beta\frac{A+1-\delta}{1+n}\right)^{(t+1)/\sigma}\lambda_0\tilde{k}_0=0,$$

只要，

$$\lim_{t\to\infty}\left(\frac{1+n}{A+1-\delta}\right)^t\left(\beta\frac{A+1-\delta}{1+n}\right)^{t/\sigma}=\lim_{t\to\infty}\beta^{t/\sigma}\left(\frac{A+1-\delta}{1+n}\right)^{\frac{1-\sigma}{\sigma}t}=0,$$

---

① 要给新生个体提供与现有工作者相同的资本存量，而这就是实物折旧以及资源损失。

上式就存在。[①]

$$\left(\frac{A+1-\delta}{1+n}\right)^{1-\sigma}<\frac{1}{\beta}, \tag{6.12}$$

式（6.12）给出了增长率的上限：当 $\sigma<1$ 时，$1+\gamma<1/\beta^{1-\sigma}$，或下限：当 $\sigma>1$ 时，$1+\gamma>1/\beta^{\frac{1}{1-\sigma}}$。

有趣的是，我们注意到，正如在连续时间形式模型中保证横截性条件成立的条件一样，式（6.12）也是保证最大化福利有界的相同条件。确实，一旦我们知道消费的增长率，福利就可以写为：

$$\sum_{t=0}^{\infty}\beta^t\frac{\tilde{c}_t^{1-\sigma}-1}{1-\sigma}=\sum_{t=0}^{\infty}\beta^t\frac{\left(\beta\frac{A+1-\delta}{1+n}\right)^{\frac{1-\sigma}{\sigma}t}c_0^{1-\sigma}-1}{1-\sigma}$$

$$=\frac{c_0^{1-\sigma}}{1-\sigma}\sum_{t=0}^{\infty}\left[\beta\left(\frac{A+1-\delta}{1+n}\right)^{1-\sigma}\right]^{\frac{t}{\sigma}}-\frac{1}{1-\sigma}\sum_{t=0}^{\infty}\beta^t,$$

只要式（6.12）成立，上式就是有界的。当福利有界时，正的增长率要满足：当 $\sigma<1$ 时，$\frac{1+n}{\beta}<A+1-\delta<\frac{1+n}{\beta^{1/(1-\sigma)}}$，或者 $\sigma>1$ 时，仅满足左边的不等式。

6.2.2 不存在转移动态：实物资本存量与消费之间的关系

与连续时间形式一样，不难证明该经济始终处于稳态，所以任意结构变化或政策干预后，稳态之间都没有转移动态。对受横截性条件约束的资源总约束进行积分，也与连续模型一致。

首先，式（6.11）表明每期人均消费以恒定的速率增长。关于资本存量，从式（6.9）中得到：

$$\tilde{k}_{t+1}=\frac{A+1-\delta}{1+n}\tilde{k}_t-\frac{1}{1+n}c_0\left(\beta\frac{A+1-\delta}{1+n}\right)^{t/\sigma}, \tag{6.13}$$

上式是一个非齐次微分方程，特征根为：$\mu=\frac{A+1-\delta}{1+n}$，所以方程齐次部分的解为：$\tilde{k}_t=M\left(\frac{A+1-\delta}{1+n}\right)^t$，常数 M 由边界条件确定。整个方程的特解形式可为：$\bar{\tilde{k}}_t=H\left(\beta\frac{A+1-\delta}{1+n}\right)^{t/\sigma}$，$H$ 为一个特定的常数。

把该解析表达式带入式（6.13），得到：

$$H=\frac{c_0}{(A+1-\delta)-(1+n)\left(\beta\frac{A+1-\delta}{1+n}\right)^{1/\sigma}},$$

所以非齐次方程的通解为：

$$\tilde{k}_t=M\left(\frac{A+1-\delta}{1+n}\right)^t+H\left(\beta\frac{A+1-\delta}{1+n}\right)^{t/\sigma}.$$

---

① 约束式（6.12）与我们在连续模型中建立的类似约束之间的相似之处是显而易见的。

为确定常数M，把该表达式代入横截性条件[①]，

$$\lim_{t} \beta^t \lambda_t \tilde{k}_{t+1} = \lim_{t\to\infty} \beta^t c_0^{-\sigma}\left(\beta\frac{A+1-\delta}{1+n}\right)^{-t}\left[M\left(\frac{A+1-\delta}{1+n}\right)^{t+1} + H\left(\beta\frac{A+1-\delta}{1+n}\right)^{(t+1)/\sigma}\right]$$

$$= c_0^{-\sigma}\lim_{t\to\infty}\left[M\frac{A+1-\delta}{1+n} + H\beta^{\frac{t+1}{\sigma}}\left(\frac{A+1-\delta}{1+n}\right)^{t\frac{t-\sigma}{\sigma}+\frac{1}{\sigma}}\right]$$

$$= c_0^{-\sigma}\left[\lim_{t\to\infty}\left(M\frac{A+1-\delta}{1+n}\right) + H\left(\beta\frac{A+1-\delta}{1+n}\right)^{\frac{1}{\sigma}} \times \lim_{t\to\infty}\left[\beta\left(\frac{A+1-\delta}{1+n}\right)^{1-\sigma}\right]^{\frac{t}{\sigma}}\right].$$

这个条件保证了福利水平的有界性，也意味着该表达式中最后一项收敛到0，所以，如果除了该条件，还有$M=0$，则横截性条件成立，这意味着实物资本的均衡路径为：

$$\tilde{k}_t = \frac{1}{(A+1-\delta)-(1+n)\left(\beta\frac{A+1-\delta}{1+n}\right)^{1/\sigma}}\left(\beta\frac{A+1-\delta}{1+n}\right)^{t/\sigma} c_0,$$

利用式（6.11），上式可以写为：

$$\tilde{k}_t = \frac{1}{(A+1-\delta)-(1+n)\left(\beta\frac{A+1-\delta}{1+n}\right)^{1/\sigma}}\tilde{c}_t = \left(\frac{1}{\phi}\right)\tilde{c}_t,$$

或者$\tilde{c}_t = \left[(A+1-\delta)-(1+n)(1+\gamma)\right]\tilde{k}_t, t=0,1,2,\cdots$。

因此，正如模型的连续时间形式一样，为使横截性条件成立，有如下两个必要的条件：第一，保证时间总效用函数的有界性；第二，对每一时间点的人均消费和实物资本施加一个线性条件，因此两个变量以相同的速率增长。由于消费总是以恒定的速率增长，实物资本也是如此，稳态采取平衡增长路径的形式。

6.3 AK模型的稳定性

本节我们应用与前面章节相同的假设来刻画AK经济的稳定条件。正如前面章节所述，施加适当的稳定条件对得到合意的解至关重要。由于AK经济中人均变量的增长特性，这就变得尤其重要。AK模型的线性条件使得计算讨论稳定性的近似没有必要。因此，我们得到了此模型唯一的稳定性条件，与上述使横截性条件成立的人均消费与人均资本的关系完全相同。这只是下述事实的反映：稳定条件限制了主要变量时间路径，所以横截性条件成立。

根据去趋势变量c_t, k_t：

$$\tilde{c}_t = (1+\gamma)^t c_t, \tilde{k}_t = (1+\gamma)^t k_t,$$

在前面章节建立的代表性个体最优化问题的最优条件可以写为：

$$c_{t+1} = c_t, \tag{6.14}$$

$$k_{t+1} = \frac{A+1-\delta}{(1+n)(1+\gamma)}k_t - \frac{1}{(1+n)(1+\gamma)}c_t, \tag{6.15}$$

① 当不需要时，我们从横截性条件中省略$1+n$这一项。

或者，矩阵形式为：

$$\begin{pmatrix} c_{t+1} \\ k_{t+1} \end{pmatrix} = \begin{pmatrix} 1 & 0 \\ -\dfrac{1}{(1+n)(1+\gamma)} & \dfrac{A+1-\delta}{(1+n)(1+\gamma)} \end{pmatrix} \begin{pmatrix} c_t \\ k_t \end{pmatrix} = B \begin{pmatrix} c_t \\ k_t \end{pmatrix}. \tag{6.16}$$

正如我们看到的，在该确定性模型中，最优去趋势消费保持不变，因此就能得到消费平滑性质的一个极端形式，而根据式（6.15），实物资本存量会进一步积累。

由于转移矩阵 B 是一个下三角阵，所以其特征值恰巧是对角线元素、1和 $\dfrac{A+1-\delta}{(1+n)(1+\gamma)}$。如式（6.12）所示，如果满足横截性条件，后者就大于1。单位特征值是内生增长模型的特性，人均变量沿着平衡增长路径非零增长。单位特征值以单位根形式出现在上述最优消费的决策中。第二个特征值比1大，为我们提供了稳定条件。由于 k_0 是给定的，而 c_0 是任意的，正如我们在Cass-Koopmans模型中看到的，若我们从稳态路径上选择初始消费，那么该结构保证了一个较好的解。其各自相关的特征向量为 $\begin{pmatrix} \phi \\ 1 \end{pmatrix}$ 和 $\begin{pmatrix} 0 \\ 1 \end{pmatrix}$，其中，$\phi$ 是与前面章节相同的常数，且 $\phi = A + 1 - \delta - (1+n)(1+\gamma)$，我们可以通过求解下述系统得到 ϕ：

$$\begin{pmatrix} 1 & 0 \\ -\dfrac{1}{(1+n)(1+\gamma)} & \dfrac{A+1-\delta}{(1+n)(1+\gamma)} \end{pmatrix} \begin{pmatrix} x \\ 1 \end{pmatrix} = 1 \begin{pmatrix} x \\ 1 \end{pmatrix},$$

其定义了第一个特征值和特征向量，而

$$\begin{pmatrix} 1 & 0 \\ -\dfrac{1}{(1+n)(1+\gamma)} & \dfrac{A+1-\delta}{(1+n)(1+\gamma)} \end{pmatrix} \begin{pmatrix} y \\ 1 \end{pmatrix} = \frac{A+1-\delta}{(1+n)(1+\gamma)} \begin{pmatrix} y \\ 1 \end{pmatrix},$$

定义了第二个特征值和特征向量，将特征向量标准化使得第二个分量为1。[①]

转移矩阵 B 的谱分解为：$B = \Gamma\Lambda\Gamma^{-1}$，其中 Λ 为由两个特征值1和 $\dfrac{A+1-\delta}{(1+n)(1+\gamma)}$ 组成的对角矩阵，且矩阵 Γ 的每一列为右特征向量：$\begin{pmatrix} \phi & 0 \\ 1 & 1 \end{pmatrix}$，其逆矩阵为 $\begin{pmatrix} \dfrac{1}{\phi} & 0 \\ -\dfrac{1}{\phi} & 1 \end{pmatrix}$。运

① 我们运用的标准化没有任何特殊性。事实上，如果标准化特征向量，则特征向量为 $\begin{pmatrix} \dfrac{\phi}{\sqrt{1+\phi^2}} \\ \dfrac{1}{\sqrt{1+\phi^2}} \end{pmatrix}$ 和 $\begin{pmatrix} 0 \\ 1 \end{pmatrix}$，该系统可以写为：

$$\begin{pmatrix} c_t \\ k_t \end{pmatrix} = \begin{pmatrix} \dfrac{\phi}{\sqrt{1+\phi^2}} & 0 \\ \dfrac{1}{\sqrt{1+\phi^2}} & 1 \end{pmatrix} \begin{pmatrix} 1 & 0 \\ 0 & \left[\dfrac{A+1-\delta}{(1+n)(1+\gamma)}\right]^t \end{pmatrix} \begin{pmatrix} \dfrac{1}{\phi}\sqrt{(1+\phi^2)} & 0 \\ -\dfrac{1}{\phi} & 1 \end{pmatrix} \begin{pmatrix} c_0 \\ k_0 \end{pmatrix}$$

$$= \left(\frac{1}{\phi} c_0 + \left(k_0 - \frac{c_0}{\phi} \right)^{c_0} \left[\frac{A+1-\delta}{(1+n)(1+\gamma)} \right]^t \right),$$

与我们之前得到的表达式相同，所以可以用相同的内容描绘单一的稳定路径。标准化特征向量使第二个分量等于1，同样能够提高模型稳定性。

用这个分解形式，自回归表达式可迭代为：

$$\begin{pmatrix} c_t \\ k_t \end{pmatrix} = B^t \begin{pmatrix} c_0 \\ k_0 \end{pmatrix} = (\Gamma\Lambda\Gamma^{-1})^t \begin{pmatrix} c_0 \\ k_0 \end{pmatrix} = \Gamma\Lambda^t\Gamma^{-1}\begin{pmatrix} c_0 \\ k_0 \end{pmatrix}$$

$$= \begin{pmatrix} \phi & 0 \\ 1 & 1 \end{pmatrix} \begin{pmatrix} 1 & 0 \\ 0 & \left(\dfrac{A+1-\delta}{(1+n)(1+\gamma)}\right)^t \end{pmatrix} \begin{pmatrix} \dfrac{1}{\phi} & 0 \\ -\dfrac{1}{\phi} & 1 \end{pmatrix} \begin{pmatrix} c_0 \\ k_0 \end{pmatrix}$$

$$= \begin{pmatrix} c_0 \\ \dfrac{c_0}{\phi} - \left(\dfrac{A+1-\delta}{(1+n)(1+\gamma)}\right)^t \left(\dfrac{c_0}{\phi} - k_0\right) \end{pmatrix}, \tag{6.17}$$

原则上该式可以用于生成消费与资本的时间序列。然而，消费的初始最优水平 c_0 未知，因为消费是一个决策变量，且 c_0 必定为经济初始状态的函数。

运用式（6.17）中的人均实物资本存量的表达式，可以看到当且仅当下式成立时，横截性条件才会成立：

$$\begin{aligned}
&\lim_{t\to\infty} \beta^t \lambda_t \tilde{k}_{t+1} \\
&= \lim_{t\to\infty} \beta^t \tilde{c}_t^{-\sigma} \tilde{k}_{t+1} \\
&= \lim_{t\to\infty} \left((\beta(1+\gamma)^{-\sigma})^t c_0^{-\sigma} (1+\gamma)^{t+1} k_{t+1} \right) \\
&= \frac{c_0^{1-\sigma}(1+\gamma)}{\phi} \lim_{t\to\infty} (\beta(1+\gamma)^{1-\sigma})^t \\
&\quad + \left(k_0 - \frac{c_0}{\phi}\right) c_0^{-\sigma} \lim_{t\to\infty} \left\{ [\beta(1+\gamma)^{-\sigma}]^t (1+\gamma)^{t+1} \times \left(\frac{A+1-\delta}{(1+n)(1+\gamma)}\right)^{t+1} \right\} \\
&= \frac{c_0^{1-\sigma}(1+\gamma)}{\phi} \lim_{t\to\infty} (\beta(1+\gamma)^{1-\sigma})^t + \left(k_0 - \frac{c_0}{\phi}\right) \frac{A+1-\delta}{1+n} c_0^{-\sigma} \\
&\quad \times \lim_{t\to\infty} (\beta(1+\gamma)^{-\sigma})^t \left(\frac{A+1-\delta}{1+n}\right)^t \\
&= 0,
\end{aligned} \tag{6.18}$$

其中，用到了：$\tilde{c}_t = (1+\gamma)^t c_t, \tilde{c}_0 = c_0, \tilde{k}_{t+1} = (1+\gamma)^{t+1} k_0$ 和式（6.17）。由于 $\beta(1+\gamma)^{1-\sigma}$ 在条件式（6.12）下小于1，因此前面表达式的第一个极限等于0。另一方面，对第二个极限有：

$$\lim_{t\to\infty} (\beta(1+\gamma)^{-\sigma})^t \left(\frac{A+1-\delta}{1+n}\right)^t = \lim_{t\to\infty} \left((1+\gamma)^{-\sigma} \beta \frac{A+1-\delta}{1+n}\right)^t = 1,$$

其中，我们利用了稳态增长率的表达式：$1+\gamma = \left(\beta \dfrac{A+1-\delta}{1+n}\right)^{\frac{1}{\sigma}}$。因此，当且仅当 $c_0 = \phi k_0$ 时，式（6.18）中的第二个极限等于0。该条件描绘了横截性条件成立的唯一均衡路径的特性。该关系及式（6.15）意味着：$k_t = k_0, \forall t$，所以，去趋势消费与资本之间的比例关系 $c_t = \phi k_t$ 在任意时间点上都成立。

正如在Cass-Koopmans模型中，为消除违背横截性条件的不稳定轨迹，我们选择消费初始水平为 $c_0 = \phi k_0$ 就可以了。我们称之为稳定条件，只选择满足平衡条件的唯一稳定路径。我们证实了，与第3章外生增长模型中的一般讨论相同，该条件相当于在任意时期与不稳定特征值相关的左特征向量内积[①]为0，即第二个特征值为$\begin{pmatrix}-\frac{1}{\phi} & 1\end{pmatrix}$，变量的列向量为$\begin{pmatrix}c_t\\k_t\end{pmatrix}$。

总之，因为存在绝对值比1大的特征值，相关的特征向量决定了不稳定方向，所以我们已经能够找到该系统的一个稳定解。消除所有时期的不稳定方向，我们发现初始消费值保证了该解的稳定性。在这种情形下，稳定条件对于横截性条件的成立而言是必要条件，而非充分条件。

6.4 政策参数暂时变化的影响

本节介绍政策干预，即使该干预是暂时的，在AK经济中也会产生永久的影响。这与外生增长模型相反，例如标准Cass-Koopmans模型，暂时性干预仅产生短暂的影响。在Cass-Koopmans模型中，政策干预的效应可能比其自身更为持久，但无论如何都不是永久性的。

保持相同的偏好和技术假设，但现在我们假设政府征收收入税，税率为τ_t。政府利用税收为消费者的一次性转移支付进行融资$\tilde{g}_t$。因此政府支出内生，为产出的函数，而不是给定的。调节每期的税率，从而使得任意时间点上的税收收入都等于政府支出。代表性个体的预算约束现在变为：

$$(1+n)\tilde{k}_{t+1}=(1-\tau_t)A\tilde{k}_t-\tilde{c}_t+(1-\delta)\tilde{k}_t+\tilde{g}_t, \tag{6.19}$$

效用最大化问题的拉格朗日函数为：

$$L=\sum_{t=0}^{\infty}\beta^t\left\{\frac{\tilde{c}_t^{1-\sigma}-1}{1-\sigma}-\lambda_t\left[(1+n)\tilde{k}_{t+1}-(1-\tau_t)A\tilde{k}_t+\tilde{c}_t-(1-\delta)\tilde{k}_t-\tilde{g}_t\right]\right\},$$

最优条件为：

$$\frac{\partial L}{\partial \tilde{c}_t}=0\Rightarrow \tilde{c}_t^{-\sigma}-\lambda_t=0, t=0,1,2,\cdots,$$

$$\frac{\partial L}{\partial \tilde{k}_{t+1}}=0\Rightarrow -(1+n)\lambda_t+\beta\left((1-\tau_{t+1})A+1-\delta\right)\lambda_t=0,\ \ t=0,1,2,\cdots,$$

横截性条件为：

$$\lim_{T\to\infty}\beta^T\lambda_T\tilde{k}_{T+1}=0,$$

导出最优条件：

$$\frac{\tilde{c}_{t+1}}{\tilde{c}_t}=\left[\beta\frac{(1-\tau_{t+1})A+1-\delta}{1+n}\right]^{1/\sigma},$$

以及资源的总约束：

$$(1+n)\tilde{k}_{t+1}=A\tilde{k}_t-\tilde{c}_t+(1-\delta)\tilde{k}_t,$$

为我们提供了$\tilde{c}_t,\tilde{k}_t$的两个非线性微分方程组。

第一个方程表明消费的增长率是时变的：

---

① 记住，左特征向量为逆矩阵的行，而右特征向量为逆矩阵的列。

$$1+\gamma_{\tilde{c}_t+1}=\frac{\tilde{c}_{t+1}}{\tilde{c}_t}=\left[\beta\frac{(1-\tau_{t+1})A+1-\delta}{1+n}\right]^{1/\sigma}$$

从初始时期开始。增长率与收入税税率负相关，因为政策决策影响增长。

6.4.1 政策干预

现在，我们考虑AK经济暂时政策干预的影响。为简化起见，我们假设税收政策为：

$$\tau=\tau_0, t\neq t^*, \tag{6.20}$$
$$\tau=\tau_1, t=t^*, \tau_0<\tau_1,$$

其中，收入税率只在t^*时期增加，在其他时期都是常数。一个相似的分析可以用于讨论维持在有限时期内税率变化的影响，但为简化起见，我们只考虑单期政策干预。

在一个恒定税率的财政政策下，考虑一个可能的稳态，其所有人均变量以相同的速率增长。而且，与没有税收的情形相同，该经济没有转移动态，所以增长率的任意变化都是瞬时的，没有逐渐调整的过程。因此，较高的税收会降低t^*时人均变量的增长率，只要税率在t^*+1时回到初始值τ_0，那么该增长率就回到政策干预前的值。

保持常相对风险厌恶效用函数的假设。当不存在政策干预时，得到增长率$1+\gamma^0=\left[\beta\frac{(1-\tau_0)A+1-\delta}{1+n}\right]^{1/\sigma}$，如果由$\left\{\tilde{k}_t^0,\tilde{c}_t^0\right\}$和$\left\{\tilde{k}_t^1,\tilde{c}_t^1\right\}$分别表示没有政策干预时及在政策干预下，消费与实物资本的最优路径，可得到：

$$\tilde{k}_t^0=(1+\gamma^0)^t k_0,$$
$$\tilde{c}_t^0=(1+\gamma^0)^t c_0=(1+\gamma^0)^t((1-\tau_0)A+1-\delta-(1+n)(1+\gamma^0))k_0.$$

在政策干涉下，得到：

$$\tilde{k}_t^1=(1+\gamma^0)^t k_0, t<t^*,$$
$$\tilde{k}_t^1=(1+\gamma^0)^{t-1}(1+\gamma^1)k_0, t\geqslant t^*,$$

其中，税率仅在一个时期变化，政策干涉持续一段时间，在此表达式中，$1+\gamma^1=\left[\beta\frac{(1-\tau_1)A+1-\delta}{1+n}\right]^{1/\sigma}$小于$1+\gamma^0$，这是提高税率的结果，所以提高税收之后，实物资本将永久地降低。

消费路径为：

$$\tilde{c}_t^1=\tilde{c}_t^0=(1+\gamma^0)^t\left[(1-\tau_0)A+1-\delta-(1+n)(1+\gamma^0)\right]k_0, t<t^*,$$
$$\tilde{c}_t^1=\frac{1+\gamma^1}{1+\gamma^0}\tilde{c}_t^0$$
$$=(1-\gamma^0)^{t-1}(1+\gamma^1)\left[(1-\tau_0)A+1-\delta-(1+n)(1+\gamma^0)\right]k_0, t\geqslant t^*.$$

提高税收前后的轨迹差异为：

$$\frac{\tilde{k}_t^1}{\tilde{k}_t^0}=\frac{\tilde{c}_t^1}{\tilde{c}_t^0}=1, t<t^*;$$
$$\frac{\tilde{k}_t^1}{\tilde{k}_t^0}=\frac{\tilde{c}_t^1}{\tilde{c}_t^0}=\frac{1+\gamma^1}{1+\gamma^0}<1, t\geqslant t^*.$$

实际上，上式表明单期政策干预对人均变量水平会产生永久的影响。

6.4.2 与Cass-Koopmans经济的比较

现在，我们比较在Cass-Koopmans经济中一个相似的政策干预所产生的影响。我们也考虑单一时期税率的变化。代表性消费者的预算约束为：

$$(1+n)k_{t+1}=(1-\tau_t)f\left(k_t\right)-c_t+\left(1-\delta\right)k_t+g_t, \tag{6.21}$$

其中，$f\left(k_t\right)$满足标准Inada性质及相对风险厌恶偏好，一阶条件为：

$$\frac{c_{t+1}}{c_t}=\left[\frac{\beta}{1+n}\left((1-\tau_{t+1})f'\left(k_{t+1}\right)+1-\delta\right)\right]^{1/\sigma}, \tag{6.22}$$

以及式（6.21）和横截性条件$\lim_{t\to\infty}\beta^t c_t^{-\sigma}k_{t+1}=0$。

从式（6.22）中可知，恒定税率τ下，该经济稳态为：

$$f'(k_{ss}(\tau))=\frac{\frac{1+n}{\beta}-(1-\delta)}{1-\tau},$$

$$c_{ss}(\tau)=(1-\tau)f\left(k_{ss}(\tau)\right)-(n+\delta)k_{ss}(\tau),$$

其中，$k_{ss}(\tau)$和$c_{ss}(\tau)$均与税率τ负相关①。

假设政府一直实行税率为τ_0的收入税政策。那么，经济将会平滑地收敛到$k_{ss}(\tau_0)$的轨迹上，或者增加到$k_{ss}(\tau_0)$（如果k_0恰巧小于$k_{ss}(\tau_0)$），反之，则减少到$k_{ss}(\tau_0)$。正如我们在前面章节看到的，给定k_0，计划者将在收敛路径上选择初始消费水平，且c_t，k_t的轨迹将从初始值收敛到$c_{ss}(\tau_0),k_{ss}(\tau_0)$。

现在，如式（6.20）中一样，假设t^*时的τ有暂时性变化。给定前期值k_{t^*}，c_{t^*-1}，当前值k_{t^*+1}，c_{t^*}将由第4章介绍的稳定条件$\tau=\tau_1$及式（6.21）给出：

$$k_{t^*+1}(\tau_1)=\frac{(1-\tau_1)f(k_{t^*})-c_{t^*}(\tau_1)+(1-\delta)k_{t^*}}{1+n}. \tag{6.23}$$

如果该经济积累资本走向稳态，资本存量k_{t^*+1}要么大于，要么小于k_{t^*}，这取决于税率变化的大小。稳定性条件中的c_{t^*}值会保证（k_{t^*+1}，c_{t^*}）位于新的稳定流形上，这与t^*-1时期是不同的。消费c_{t^*}也可能会降低到大于或小于c_{t^*-1}的值。在t^*+1时，k_{t^*+2}和c_{t^*+1}的运行规律式（6.22）、式（6.23）将再次包含τ_0而非τ_1。稳态值仍是$c_{ss}(\tau_0)$和$k_{ss}(\tau_0)$，c_{t^*+1}位于稳态流形上，且从当前位置收敛到政策干预之前的稳态。每一时间点上的消费和资本水平将与无政策干预的水平不同，但是它们的轨迹都收敛到相同的稳态。因此，这些差异将会随着时间而减小②。

6.5 动态拉弗曲线

税收水平较低时，提高税率会导致税收收入增加。然而在静态中，拉弗曲线说明提高已经很高的税率水平可能会降低税收收入。这是因为资本收益税率减少可能削弱资本

---

① 为证明该结论，首先注意的是税率会直接改变资本的边际产出。而且，

$$\frac{\partial c_{ss}(\tau)}{\partial\tau}=\frac{\partial k_{ss}(\tau)}{\partial\tau}\left((1-\tau)f'(k_{ss}(\tau))-\delta\right)-f(k_{ss}(\tau))<0$$

该表达式的符号来自$\frac{\partial k_{ss}(\tau)}{\partial\tau}<0$和$(1-\tau)f'(k_{ss}(\tau))-\delta>0$，由于后者为税后的资本边际产出与折旧，这与经济均衡中的实际利率一致，且一定为正。

② 对任意的$\epsilon>0$，总存在一个时期t_ϵ，使得$t>t_\epsilon\Rightarrow\left|(k_t^0/k_t^1)-1\right|<\epsilon$。

的部分积累，所以受到较高税收约束的收入水平较低，可能会降低税收收入。因此，拉弗曲线显示出典型的倒U形特征，税收随着税率增加到给定值，如果税率继续增加，则税收就会降低。

在动态的框架中，Ireland [3]运用AK模型分析了当政府为给定公共支出融资时，收入税率下降的可能性。在该假设中，拉弗曲线将税率水平与税收收入的现值联系起来，且政府支出的现值是恒定的。很明显，为达到目的，我们必须降低与扭曲税相关的税率，因为这时的经济增长率可能对税收的减少产生积极的影响。短期内降低税率有可能产生预算赤字，这需要发行一段时间的债券。如果经济因为税率降低而增长得更快，那么长期中生产的额外资源将使得政府能够收回为融资短期预算不平衡而发行的债券。这是因为减税后，税收收入的现值实际上却增加了。在跨期框架中，这种可能性与拉弗曲线下降部分是类似的①。

考虑一个线性的AK技术，$Y_t = AK_t$，$A>0$，资本积累的标准规则为：$K_{t+1}=(1-\delta)K_t+I_t$，以及存在带有参数$\sigma>0$与贴现因子$\beta\in(0,1)$的$CRRA$效用函数。在每一时期$t$上，政府征收收入税的税率为$\tau_t$，并一次性转移支付给每一个消费者$\tilde{g}_t = G_t/N_t$单位商品。政府可以通过发行数量为$B_{t+1}$的贴现单期债券为每一时期给定的赤字融资。就第$t$期的消费商品而言，每一债券售价为$1/R_t$，因此$t+1$时，给其所有者一单位商品的补偿。则$R_t$是时间$t$与时间$t+1$之间的实际回报率，其在时期$t$时是已知的。

定义人均政府债务$b_t = B_t/N_t$，代表性个体的预算约束为：

$$(1-\tau_t)A\tilde{k}_t+(1-\delta)\tilde{k}_t+b_t+\tilde{g}_t \geqslant \tilde{c}_t+(1+n)\tilde{k}_{t+1}+(1+n)\ b_{t+1}/R_t. \tag{6.24}$$

当总效用最大化受制于预算约束条件（6.24）时，消费者将初始实物资本存量及债券$k_0, b_0>0$及序列$\{\tau_t,\tilde{g}_t,R_t\}_{t=0}^{\infty}$视作是给定的。

代表性个体问题的一阶条件为：

$$\tilde{c}_t: \tilde{c}_t^{-\sigma} = \lambda_t,$$

$$\tilde{k}_{t+1}: \beta^t(1+n)\lambda_t = \beta^{t+1}\lambda_{t+1}\left[(1-\tau_{t+1})A+(1-\delta)\right],$$

$$b_{t+1}: \beta^t(1+n)\lambda_t\frac{1}{R_t} = \beta^{t+1}\lambda_{t+1},$$

以及横截性条件②为：

$$\lim_{T\to\infty}\ (1+n)^{T+1}\frac{\tilde{k}_{T+1}+b_{T+1}/R_T}{\prod_{s=0}^{T-1}R_s}=0,$$

可以写为：

$$\tilde{c}_t^{-\sigma} = \frac{\beta}{1+n}\tilde{c}_{t+1}^{-\sigma}R_t,$$

$$R_t = (1-\tau_{t+1})A+1-\delta,$$

增长率可以写为：

---

① 读者可以参考Norales和Ruiz[5]在人力资本积累的内生增长模型中分析动态拉弗效应。

② 该项分母中存在实际利率乘积是为了求解出现在横截性条件中向后一阶的拉格朗日乘子问题。

$$1+\gamma_t=\left(\frac{\beta R_t}{1+n}\right)^{1/\sigma}.$$

正如我们已经知道的，只要税率不随时间变化，资本存量和产出就与消费以相同的速率增长。可以看到，增长率通过收入税税率依赖于政策决策，再次反映出模型的内生增长本质。我们可以将上述债务的实际回报率描述为结构参数与政策参数的函数。

政府返还给消费者的转移支付序列为$\{g_t\}_{t=0}^{\infty}$。政府约束为：

$$\tau_t A\tilde{k}_t+(1+n)\ b_{t+1}/R_t\geqslant\tilde{g}_t+b_t, \tag{6.25}$$

最终条件为[①]：

$$\lim_{T\to\infty}(1+n)^{T+1}\frac{b_{T+1}/R_T}{\prod_{s=0}^{T-1}R_s}\leqslant 0. \tag{6.26}$$

考虑如下税收：经济从单位实物资本存量开始：$k_0=1$，约束为给定时间的恒定所得税税税率：$\tau_t=\tau^0,\forall t$。为简化起见，我们还假设初始时没有债务，也不发行债券：$b_t=0,\forall t$。这些假设意味着：

$$1+\gamma^0=\left(\beta\frac{(1-\tau^0)A+1-\delta}{1+n}\right)^{1/\sigma},$$

$$\tilde{k}_t^0=(1+\gamma^0)^t, \tag{6.27}$$

所以政府转移支付的平衡增长路径为：

$$\tilde{g}_t=\tau^0 A\tilde{k}_t=\tau^0 A(1+\gamma^0)^t. \tag{6.28}$$

问题是政府是否能够使用一个较低的恒定税率$\tau^1<\tau^0$，为由式（6.28）描述的政府支出的相同路径$\{\tilde{g}_t\}_{t=0}^{\infty}$进行融资。我们可以考虑发生在一些时间点上变化的税收，不失一般性，取$t=0$。由 Ireland [3]描绘的从τ^0到τ^1的边际税率减少对政府预算约束有三个影响：(a)直接影响是减少总税收；(b)较低的税率增加了资本积累率，可以通过比较式（6.27）与式（6.29）得出，这个影响增加了税基，因此增加了总收入；(c)较低税率增加了实际利率,即式（6.30），因此减少了政府未来收益与支出的现值。

上述内容表明，在可选择的税率下，我们会得到资本与利率的路径：

$$1+\gamma^1=\left(\beta\frac{(1-\tau^1)A+1-\delta}{1+n}\right)^{1/\sigma},$$

$$\tilde{k}_t^1=(1+\gamma^1)^t, \tag{6.29}$$

$$R_t^1=R^1=(1-\tau^1)A+1-\delta. \tag{6.30}$$

只有当下式成立时，政府债务的最终条件才会满足：

$$\sum_{t=0}^{\infty}(1+n)^t\frac{1}{\prod_{s=0}^{t-1}R_s^1}(\tau^1 A\tilde{k}_t^1-\tilde{g}_t)\geqslant 0, \tag{6.31}$$

式（6.31）定义了一系列可行的财政政策，即当税率变化时，税率与政府支出的组合可

---

① 消除庞氏骗局的可能性。

以偿还未偿债务。这是一个跨时期预算约束，在终端条件式（6.26）下，可以通过对单期约束序列式（6.25）积分得到。此条件只表明若财政政策可行，我们所需的仅仅是当税率变化时，税收序列的现值大于政府支出序列的现值。这个条件只适用于简单的形式，因为我们假设初始债务为零；否则，此条件应该表明当前与未来政府盈余的现值至少要等于初始债务存量b_0。

运用由式（6.29）与式（6.30）给定的水平k_t^1和R_t^1以及指定的$\left\{\tilde{g}_t\right\}_{t=0}^{\infty}$路径，很容易看出跨期政府预算约束在所得税税率$\tau^1$下成立，当且仅当：

$$\sum_{t=0}^{\infty}\frac{\tau^1 A(1+\gamma^1)^t-\tau^0 A(1+\gamma^0)^t}{(R^1)^t(1+n)^{-t}}\geqslant 0. \tag{6.32}$$

沿着平衡增长路径$1+\gamma^1<R^1/(1+n)$[①]，得到：

$\sum_{t=0}^{\infty}\frac{\tau^1 A(1+\gamma^1)^t}{(R^1)^t(1+n)^{-t}}=\tau^1 A\sum_{t=0}^{\infty}\left(\frac{1+\gamma^1}{R^1/(1+n)}\right)^t=\frac{\tau^1 AR^1}{R^1-(1+n)(1+\gamma^1)}$，且 $1+\gamma^0<1+\gamma^1<R^1/1+n$，$\sum_{t=0}^{\infty}\frac{\tau^0 A(1+\gamma^0)^t}{\left(R^1/(1+n)\right)^t}=\tau^0 A\sum_{t=0}^{\infty}\left(\frac{1+\gamma^0}{R^1/(1+n)}\right)^t=\frac{\tau^0 AR^1}{R^1-(1+n)(1+\gamma^0)}$。

因此，当且仅当：

$$\frac{\tau^1 AR^1}{R^1-(1+n)(1+\gamma^1)}-\frac{\tau^0 AR^1}{R^1-(1+n)(1+\gamma^0)}\geqslant 0. \tag{6.33}$$

条件式（6.32）成立。我们提出的减税问题的答案可以从式（6.33）中得到。任何满足该不等式的τ^1值都是可选择的所得税税率，小于初始τ^0，这与跨期政府预算约束一致。

6.5.1 动态拉弗曲线的数值练习

*DynamicLaffer.xls*文件包含前一节财政政策实验的结果。参数值为：$A=0.165,\beta=0.988,\delta=0.10,\sigma=1.0001,n=0$。初始所得税税率$\tau=20.0\%$，对应年度增长2.0%和实际利率3.2%。第一列考虑不同程度的永久减税。第一项对应完全消除所得税的情况，所以它是程度最大的减税，最后一项对应没有变化的情形。接下来的两列显示了最终实际利率和增长率。*sum*1,*sum*2两列包含了式（6.33）中的两项数值。

对预算L的影响为两项的差，正值对应可行的减税。此种减税促进增长，所以增加的未来税收可以收回初始时为弥补减税引起的预算赤字而发行的债券。显然，税收减少程度较小，对预算约束现值的影响也较小，且会导致负的预算影响。所以，这些减税都是不可行的。正如该图所示，在选定的参数下，所得税税率始终可以减到7.6%，但不

---

① 的确，从横截性条件中得到：

$$\lim_{t\to\infty}\beta^t\lambda_t\tilde{k}_{t+1}=0\Leftrightarrow\lim_{t\to\infty}\beta^t\tilde{c}_t^{-\sigma}\tilde{k}_{t+1}=0\Leftrightarrow\lim_{t\to\infty}\left(\beta(1+\gamma^1)^{1-\sigma}\right)^t=0$$

$$\Leftrightarrow\beta(1+\gamma^1)^{1-\sigma}<1\Leftrightarrow 1+\gamma^1<R^1/(1+n),$$

因为$1+\gamma^1=\left(\frac{\beta R^1}{1+n}\right)^{1/\sigma}$。

可能低于政府预算约束现值。

下一列表示的是相对于初始年增长率对稳态增长的影响，它们都随着税收减少而增加。税收减少到13.8%会增加1.0%的年增长，且最大的减税政策可以增加2.0%的年增长。不同的减税政策对增长和政府预算赤字现值的影响在预算和增长图中进行了详细说明，图中我们可以看到税率低于7.6%将会对预算现值有负影响，因此是不可行的。另一方面，当不征收所得税时，增长效应最大。

在描述减税的稳态分析之后，我们在下方给出了税率从20.0%永久减少到17.0%的转移动态分析。第一组（左侧，变化之前）包含实物资本存量的时间序列，以及在不存在税收变化的前提下一次性转移支付的时间序列。第二组（右侧，变化之后）给出了税收变化后的时间序列，假设发生在$t=0$时。正如前面章节解释的那样，一次性转移支付的大小与没有税收变化时相同，因为练习的重点恰恰是以较低税收为相同支出融资。运用AK技术，可以从资本存量中获得产出，运用稳态条件计算消费。

税收可以从收入数据中获得，赤字是政府支出（一次性转移支付）与税收之差。减税后，预算赤字立即变为最大，之后逐渐减少。一段时间后（该练习中为34期），政府获得预算盈余，这是税基较快增长的结果。由于需偿还本期赤字和支付未偿还赤字利息，债务从初始的零存量开始积累。人均债务是债务除以人口增长率。表中显示赤字和债务都与产出成比例。减税后45期，债务几乎增长为产出的72%，之后逐渐减少。实际上，减税后84期，政府可以给私人部门提供资源。最后一列提供了单期效用及总贴现效用的信息。

赤字与债务图显示了减税后赤字与债务的时间演化，两者都是产出的比例。在上文提到的时期后，显然两个变量符号会发生变化。

鼓励读者考虑在不同参数下减税可能引起的变化，使用相同的EXCEL文件很容易进行分析。

6.6 求解随机离散AK模型

随机生产率下的离散AK模型为：

$$\tilde{y}_t=\theta_t A\tilde{k}_t,$$

生产率冲击的运行规律为：

$$\ln\theta_t=\rho\ln\theta_{t-1}+\varepsilon_t, \tag{6.34}$$

其中，$\varepsilon_t \underset{iid}{\sim} N(0,\sigma_\varepsilon^2)$，正如我们在随机Cass-Koopmans经济中假设的那样。每一个可能的随机生产率冲击都会得到该经济中主要变量的向量随机过程。与前面的模型一样，该模型将生产率冲击的概率分布转化为该向量随机过程的概率分布。然而，我们必须记住，隐含随机性的维数不能大于经济中随机冲击的数量，本例中为1。

保持代表性消费者的常相对风险厌恶偏好假设不变，我们在之前章节运用的随机拉格朗日乘数可以得到给定初始实物资本水平的最优条件[①]：

$$\tilde{c}_t^{-\sigma} = \frac{\beta}{1+n} E_t\left[\tilde{c}_{t+1}^{-\sigma}(A\theta_{t+1} + 1 - \delta)\right], \tag{6.35}$$

资源总约束：

$$\tilde{c}_t + (1+n)\tilde{k}_{t+1} - (1-\delta)\tilde{k}_t = A\theta_t \tilde{k}_t, \tag{6.36}$$

横截性条件：

$$\lim_{t\to\infty}(1+n)\beta^t \tilde{c}_t^{-\sigma}\tilde{k}_{t+1} = 0.$$

为得到该模型的数值解，即一段时期内该经济主要变量的一组时间序列，我们首先选择结构参数$\{n,\rho,\sigma_\varepsilon^2,\sigma,\delta,A,\beta\}$以及初始资本存量。选定的时间序列长度可以在生成其他变量数据之前，从式（6.34）的生产率冲击中获得，其反映了生产率冲击是外生的这一事实。当选择结构参数值时，我们要记住为得到有界的福利水平及横截性条件成立而对生产率水平施加的条件。

我们已经看到，在确定性AK模型经济的稳态中，人均变量以恒定的速率增长。而且，由于所有变量的增长率都相同，所以稳态中任意两个变量的比率是恒定的。在随机经济中，这种比率会在确定性稳态的恒定值附近波动。大多数内生增长模型都可以用相关变量的比率写成，这样就可以定义一个标准的稳态，其特征是人均变量不变。

特别是，在AK经济中，我们定义辅助变量：

$$1+\gamma_{t+1} = \frac{\tilde{k}_{t+1}}{\tilde{k}_t}, x_t = \frac{\tilde{c}_t}{\tilde{k}_t},$$

使式（6.35）变化为：

$$\begin{aligned}\frac{1}{\beta} &= E_t\left[\left(\frac{\tilde{k}_{t+1}}{\tilde{k}_{t+1}}\frac{\tilde{k}_t}{\tilde{k}_t}\frac{\tilde{c}_{t+1}}{\tilde{c}_t}\right)^{-\sigma}\frac{1}{1+n}(A\theta_{t+1}+1-\delta)\right]\\ &= E_t\left[\left(\frac{x_{t+1}}{x_t}(1+\gamma_{t+1})\right)^{-\sigma}\frac{1}{1+n}(A\theta_{t+1}+1-\delta)\right].\end{aligned} \tag{6.37}$$

另一方面，从资源总约束中得到增长率的一个表达式，

$$\begin{aligned}1+\gamma_{t+1} = \frac{\tilde{k}_{t+1}}{\tilde{k}_t} &= \frac{1}{1+n}\left(A\theta_t - \frac{\tilde{c}_t}{\tilde{k}_t} + 1 - \delta\right)\\ &= \frac{1}{1+n}(A\theta_t - x_t + 1 - \delta),\end{aligned} \tag{6.38}$$

其中，我们运用式（6.37）中的事实，$\tilde{c}_t$在t时已知，且可以被带入或带出t期条件期望算子。

在没有不确定性的情况下，$\theta_t = 1, \forall t$，我们可以忽略条件期望算子E_t。稳态中，$\gamma_{t+1} = \gamma_t = \gamma, x_{t+1} = x_t = x_{ss}$，从这两个方程可以得到：

$$1+\gamma = \left(\beta\frac{A+1-\delta}{1+n}\right)^{1/\sigma},$$

$$x_{ss} = A + 1 - \delta - (1+n)(1+\gamma),$$

---

① 正如在第5章解释的那样，随机拉格朗日乘数可导出包含条件期望的一阶条件公式。

当然，上式与确定性模型相同。在随机经济中，消费与资本的比率实际上会经历技术冲击时变化所引起的波动，而人均变量的实际增长率也会随时间波动。下一节会介绍如何通过一阶条件的线性近似得到该模型的数值解。

6.6.1 随机AK模型的线性近似

本节给出了求解随机离散AK经济的分析细节，运用了模型线性近似的特征值-特征向量分解法。然而，本章讨论的任何数值求解方法既可用一阶条件的线性近似，也可用其对数近似。本章末有相应的练习。

给定$\ln\theta_t$的时间序列，式（6.35）和式（6.36）组成了γ_{t+1}, x_t两个差分方程，可用于获得两个变量的时间序列。然而，由于这两个方程是非线性的，所以我们需要得到线性近似。第一，将式（6.37）重新写为：

$$\frac{1}{\beta}=\left(\frac{x_{t+1}}{x_t}\frac{A\theta_t-x_t+1-\delta}{1+n}\right)^{-\sigma}\frac{1}{1+n}\left(A\theta_{t+1}+1-\delta\right)-v_{t+1}, \tag{6.39}$$

其中，v_{t+1}表示期望误差，定义为：

$$\begin{aligned}v_{t+1}=&\left(\frac{x_{t+1}}{x_t}\left(1+\gamma_{t+1}\right)\right)^{-\sigma}\frac{1}{1+n}\left(A\theta_{t+1}+1-\delta\right)\\&-E_t\left[\left(\frac{x_{t+1}}{x_t}\left(1+\gamma_{t+1}\right)\right)^{-\sigma}\frac{1}{1+n}\left(A\theta_{t+1}+1-\delta\right)\right].\end{aligned}$$

为构造该方程的线性近似，我们定义一个辅助函数：

$$F=\left(\frac{1}{1+n}\frac{x_{t+1}}{x_t}\left(A\theta_t-x_t+1-\delta\right)\right)^{-\sigma}\frac{1}{1+n}\left(A\theta_{t+1}+1-\delta\right),$$

得到[①]：

$$\begin{aligned}\frac{\partial F}{\partial x_{t+1}}=&-\sigma\frac{1}{x_t}\frac{A\theta_t-x_t+1-\delta}{1+n}\left(\frac{x_{t+1}}{x_t}\frac{A\theta_t-x_t+1-\delta}{1+n}\right)^{-\sigma-1}\\&\times\frac{\left(A\theta_{t+1}+1-\delta\right)}{1+n},\end{aligned}$$

$$\begin{aligned}\frac{\partial F}{\partial x_t}=&\sigma\frac{1}{1+n}\frac{x_{t+1}}{x_t}\left[1+\frac{A\theta_t-x_t+1-\delta}{x_t}\right]\\&\times\frac{1}{1+n}\left(\frac{x_{t+1}}{x_t}\frac{A\theta_t-x_t+1-\delta}{1+n}\right)^{-\sigma-1}\left(A\theta_{t+1}+1-\delta\right),\end{aligned}$$

$$\frac{\partial F}{\partial\ln\theta_{t+1}}=\left(\frac{x_{t+1}}{x_t}\frac{A\theta_t-x_t+1-\delta}{1+n}\right)^{-\sigma}\frac{1}{1+n}A\theta_{t+1},$$

$$\begin{aligned}\frac{\partial F}{\partial\ln\theta_t}=&-\sigma\left(\frac{1}{1+n}\right)^2\frac{x_{t+1}}{x_t}A\theta_t\\&\times\left(\frac{x_{t+1}}{x_t}\frac{A\theta_t-x_t+1-\delta}{1+n}\right)^{-\sigma-1}\left(A\theta_{t+1}+1-\delta\right),\end{aligned}$$

运用稳态关系，

$$F_{ss}=\frac{1}{\beta},\ \frac{A\theta_{ss}-x_{ss}+1-\delta}{1+n}=1+\gamma,$$

$$\frac{A\theta_{ss}+1-\delta}{1+n}=\frac{1}{\beta}\left(1+\gamma\right)^{\sigma},$$

---

① 因为$\frac{\partial F}{\partial\ln\theta_{t+1}}=\frac{\partial F}{\partial\theta_{t+1}}\theta_{t+1}$，另外$\theta_{ss}=1$，所以$\ln\theta_{ss}=0$。

可以改写式（6.39）为：

$$\frac{1}{\beta}\simeq\frac{1}{\beta}-\frac{\sigma}{\beta x_{ss}}(x_{t+1}-x_{ss})+\frac{\sigma}{\beta(1+\gamma)}\left(\frac{1}{1+n}+\frac{1+\gamma}{x_{ss}}\right)(x_t-x_{ss})$$
$$+\frac{A}{1+n}(1+\gamma)^{-\sigma}\ln\theta_{t+1}-\frac{A}{1+n}\frac{\sigma}{\beta(1+\gamma)}\ln\theta_t-v_{t+1},\tag{6.40}$$

所以，从式（6.40）与式（6.34）中，得到矩阵形式：

$$\begin{pmatrix}\frac{\sigma}{\beta x_{ss}} & -\frac{A}{1+n}(1+\gamma)^{-\sigma}\\ 0 & 1\end{pmatrix}\begin{pmatrix}x_{t+1}-x_{ss}\\ \ln\theta_{t+1}\end{pmatrix}$$
$$=\begin{pmatrix}\frac{\sigma}{\beta(1+\gamma)}\left(\frac{1}{1+n}+\frac{1+\gamma}{x_{ss}}\right) & -\frac{A}{1+n}\frac{\sigma}{\beta(1+\gamma)}\\ 0 & \rho\end{pmatrix}\begin{pmatrix}x_t-x_{ss}\\ \ln\theta_t\end{pmatrix}+\begin{pmatrix}-v_{t+1}\\ \varepsilon_{t+1}\end{pmatrix},$$

其形式为：

$$\Gamma_0 z_{t+1}=\Gamma_1 z_t+\xi_{t+1}\Rightarrow z_{t+1}=(\Gamma_0^{-1}\Gamma_1)z_t+\Gamma_0^{-1}\xi_{t+1},\tag{6.41}$$

其中，z_t是变量向量$z_t=\left(x_t-x_{ss},\ln\theta_t\right)'$，矩阵$\Gamma_0,\Gamma_1$的元素是结构参数值的函数。一般地，我们运用特征向量矩阵$\Gamma_0^{-1}\Gamma_1$逆矩阵的行定义稳定性条件，对$\Gamma_0^{-1}\Gamma_1$特征向量对应的不稳定特征值①和变量向量z_t应该施加正交条件。在这种情形下，x_t为“决策”变量，θ_t为状态变量，我们期望只有一个不稳定特征值，例如，单一的稳定条件，形式为②：

$$m_1(x_t-x_{ss})+m_2\ln\theta_t=m_1\left(\frac{\tilde{c}_t}{\tilde{k}_t}-x_{ss}\right)+m_2\ln\theta_t=0,\forall \mathrm{t}.$$

我们将使用与不稳定特征值相关的特征向量的行。

但该系统的结构过于简单，所以通过分析单一稳定条件就可以通过解析解描述出来。*AK*经济线性近似式（6.41）的矩阵结构为：

$$\Gamma_0=\begin{pmatrix}a & b\\ 0 & 1\end{pmatrix},\Gamma_1=\begin{pmatrix}m & n\\ 0 & \rho\end{pmatrix},$$

所以，求解特征方程得到$\left(\Gamma_0^{-1}\Gamma_1\right)'$的特征值，

$$\begin{vmatrix}\frac{m}{a}-\lambda & \frac{n-\rho b}{a}\\ 0 & \rho-\lambda\end{vmatrix}=0,$$

上式一个根为$\lambda_1=\rho$，大于0小于1。如果该特征方程另一个根的绝对值大于1，则该经济具有鞍点结构。另一个根为：

$$\lambda_2=\frac{m}{a}=\frac{x_{ss}}{1+\gamma}\left(\frac{1}{1+n}+\frac{1+\gamma}{x_{ss}}\right)=\frac{1}{1+n}\frac{x_{ss}}{1+\gamma}+1,$$

其值的确大于1。因此，标准化变量中的系统具有鞍点结构，且只有一个路径使经济达到稳态。如果使第一个元素标准化为1，则相关向量的矩阵为：

$$\Phi=\begin{pmatrix}1 & 1\\ 0 & -\frac{m-\rho a}{n-\rho b}\end{pmatrix}\Rightarrow\Phi^{-1}=\begin{pmatrix}1 & \frac{n-\rho b}{m-\rho a}\\ 0 & -\frac{n-\rho b}{m-\rho a}\end{pmatrix},$$

---

① 其绝对值大于$\frac{1}{\sqrt{\beta}}$。

② 注意，比率$\frac{c_t}{k_t}$可以写为带有增长趋势$\frac{\tilde{c}_t}{\tilde{k}_t}$或不含有增长趋势的形式，因为两个变量的增长率相同。

因此稳定条件可以添加到该模型，通过施加，

$$\left(\frac{\tilde{c}_t}{\tilde{k}_t}-x_{ss}\right)+\frac{n-\rho b}{m-\rho a}\ln\theta_t=0,\forall t \Leftrightarrow \left(\frac{\tilde{c}_t}{\tilde{k}_t}-x_{ss}\right)+\frac{n-\rho b}{m-\rho a}\ln\theta_t=0,$$

其中，$\tilde{c}_t=(1+\gamma)^t c_t,\tilde{k}_t=(1+\gamma)^t k_t$，可以与式（6.36）一起用于求解该模型。

给定$\ln\theta_t$的时间序列和初始条件k_0，可以使用上述稳定条件得到c_0，从资源总约束中得到k_1，$k_1=\frac{1}{(1+n)(1+\gamma)}\left[A\theta_0 k_0+(1-\delta)k_0-c_0\right]$，每期都重复该过程①。一旦得到了所有变量的时间序列，式（6.39）就可用于计算期望误差υ_{t+1}。该过程获得的时间序列应该满足理性期望误差的统计性质：零均值，无自相关，取条件期望时与信息集中的变量不相关。它们都可以由den Haan和Marcet [2]提出的方法进行检验。

通过将稳态增长率应用到刚得到的增长变量中，可以得到原始水平变量，即：

$\tilde{q}_t=(1+\gamma)^t q_t$，

其中，$q_t=c_t,k_t,y_t$。它们明显遵循指数增长，所以其长期的时间演化就不是非常有趣了。

6.6.2 数值练习：求解随机*AK*模型

AKModel.xls EXCEL文件可以实现我们刚刚讨论的求解方法，可以获得主要去趋势变量的单一实现，例如去除恒定的内生增长率等。随着时间的推移，消费与资本的比率及这些变量各期的比率保持稳定。另一方面，正如之前章节解释的，即使去除了内生增长率，人均变量也遵循单位根过程，这在人均变量、消费、资本及产出的图中表达得很明显。

右边表格中求解了后面章节介绍的更为复杂模型的一个特例。此方法使用了模型的对数线性近似，产生了非常相似的数值结果。MATLAB文件*AKStochastic.m*也计算了带有随机生产率的*AK*经济的单一实现，运用了上文中的线性近似。文件的开始部分可以选择观测值数量。在贴现了确定性内生增长成分后，该程序给出了经济中主要变量的图形。*mAKStochastic.m*程序计算了多个样本，使用者可在程序初始部分对其进行选择，同时也呈现了某些有趣统计量的样本分布特征，如变量间的相关性及波动性。

6.7 具有生产性公共支出的内生增长模型：Barro模型

Barro [1]引用了一个*AK*模型，该模型包含政府提供的生产性支出，

$\tilde{y}_t=A\tilde{k}_t^{\alpha}\tilde{g}_t^{1-\alpha},0<\alpha<1.$

在公共资本完全折旧下，存在由公共支出提供的服务是合理的。那么，公共支出就等于公共投资，其将替代公共资本作为总技术的第二种投入。之后我们会得到一种技术：两个投入私人与公共资本规模报酬递减，但总规模报酬不变。

---

① 无论总资源约束有没有增长，模型都可用于获得资本存量。或者，该约束可以用于获得资本增长率的时间序列，

$$1+\gamma_{k_t}=\frac{1}{(1+n)(1+\gamma)}\left[A\theta_t+(1-\delta)k_t-\frac{c_t}{k_t}\right],$$

从而获得资本本身的时间序列，后一期：$k_{t+1}=\frac{1+\gamma_{k_t}}{1+\gamma}k_t$。

政府每期都遵循平衡预算政策，所得税税率为τ，决定了公共支出水平[①]，

$$\tilde{g}_t = \tau\tilde{y}_t = \tau A\tilde{k}_t^{\alpha}\tilde{g}_t^{1-\alpha} \Rightarrow \tilde{g}_t = (\tau A)^{1/\alpha}\tilde{k}_t. \tag{6.42}$$

随着时间的推移，公共支出不断积累，因为它们与私人资本成比例，而私人资本是逐渐积累的。

从式（6.42）中可知，生产函数可以写为标准的AK模型形式：

$$\tilde{y}_t = A\tilde{k}_t^{\alpha}(\tau A)^{\frac{1-\alpha}{\alpha}}\tilde{k}_t^{1-\alpha} = (\tau^{1-\alpha}A)^{\frac{1}{\alpha}}\tilde{k}_t,$$

因此，如下文所述，该模型也没有转移动态。

保持$CRRA$效用函数的假设，代表性个体问题的拉格朗日函数为：

$$L = \sum_{t=0}^{\infty}\beta^t\left\{\frac{\tilde{c}_t^{1-\sigma}}{1-\sigma} - \lambda_t\left[(1+n)\tilde{k}_{t+1} - (1-\tau)A\tilde{k}_t^{\alpha}\tilde{g}_t^{1-\alpha} + \tilde{c}_t - (1-\delta)\tilde{k}_t\right]\right\},$$

最优条件为：

$$\tilde{c}_t^{-\sigma} = \lambda_t,$$

$$(1+n)\lambda_t = \beta\lambda_{t+1}\left[(1-\tau)A\alpha\tilde{k}_{t+1}^{\alpha-1}\tilde{g}_{t+1}^{\alpha-1} - (1-\delta)\right],$$

运用式（6.42）导出欧拉方程：

$$1+\gamma_{\tilde{c}_{t+1}} \equiv \frac{\tilde{c}_{t+1}}{\tilde{c}_t} = \left(\beta\frac{(1-\tau)\alpha A^{\frac{1}{\alpha}}\tau^{\frac{1-\alpha}{\alpha}} + (1-\delta)}{1+n}\right)^{\frac{1}{\sigma}}.$$

运用该条件及总资源约束，

$$(1+n)\tilde{k}_{t+1} = (1-\tau)A\tilde{k}_t^{\alpha}\tilde{g}_t^{1-\alpha} - \tilde{c}_t + (1-\delta)\tilde{k}_t, \tag{6.43}$$

横截性条件$\lim\limits_{t\to\infty}(1+n)\beta^t\lambda_t\tilde{k}_{t+1} = 0$，其中，$\lambda_t$是与总资源约束相关的拉格朗日乘数。

欧拉条件表明，消费增长率$\tilde{c}_t$是恒定的。因为每一期公共支出都与私人资本成比例，因此在所有时间点上，两种投入具有相同的增长率。另外，从式（6.43）中，得到：

$$\frac{\tilde{c}_t}{\tilde{k}_t} = (1-\tau)A\left(\frac{\tilde{k}_t}{\tilde{g}_t}\right)^{\alpha-1} + (1-\delta) - (1+n)(1+\gamma_{k_{t+1}}).$$

由于$\dfrac{\tilde{k}_t}{\tilde{g}_t} = \dfrac{1}{(\tau A)^{\frac{1}{\alpha}}}$是恒定的，存在平衡增长路径，消费与实物资本以相同的速率均衡增长，使得比率$\dfrac{\tilde{c}_t}{\tilde{k}_t}$恒定不变。所以，得到$\gamma_c = \gamma_k = \gamma_g = \gamma$且稳态是平衡增长路径类，所有时期内，人均变量都以相同的速率增长。

对于去趋势非增长变量c_t, k_t，定义为$\tilde{c}_t = (1+\gamma)^t c_t, \tilde{k}_t = (1+\gamma)^t k_t$，得到：$c_{t+1} = c_t$，上述系统可以写为：

$$\begin{pmatrix} c_{t+1} \\ k_{t+1} \end{pmatrix} = \begin{pmatrix} 1 & 0 \\ -\dfrac{1}{(1+n)(1+\gamma)} & \dfrac{(1-\tau)A^{\frac{1}{\alpha}}\tau^{\frac{1-\alpha}{\alpha}} + (1-\delta)}{(1+n)(1+\gamma)} \end{pmatrix}\begin{pmatrix} c_t \\ k_t \end{pmatrix} = B\begin{pmatrix} c_t \\ k_t \end{pmatrix},$$

转移矩阵B的特征值为1和$\eta = \dfrac{(1-\tau)A^{\frac{1}{\alpha}}\tau^{\frac{1-\alpha}{\alpha}} + (1-\delta)}{(1+n)(1+\gamma)}$，后者大于1。为证明该结论，

---

① 因为融资政策，政府支出又一次变为内生的。

我们考虑一下横截性条件：

$$\lim_{t\to\infty}(1+n)\beta^t\tilde{\lambda}_t\tilde{k}_{t+1}=\lim_{t\to\infty}(1+n)\beta^t\tilde{c}_t^{-\sigma}\tilde{k}_{t+1}$$

$$=\lim_{t\to\infty}(1+n)\beta^t(1+\gamma)^{-\sigma t}\tilde{c}_0^{-\sigma}(1+\gamma)^t(1+\gamma)\tilde{k}_0$$

$$=(1+n)(1+\gamma)\tilde{c}_0^{-\sigma}\tilde{k}_0\lim_{t\to\infty}\left[\beta(1+\gamma)^{1-\sigma}\right]^t=0,$$

只有当$\beta(1+\gamma)^{1-\sigma}<1$时，上式才成立，这相当于：

$$1+\gamma<\frac{(1+\gamma)^\sigma}{\beta}=\frac{(1-\tau)\alpha A^{\frac{1}{\alpha}}\tau^{\frac{1-\alpha}{\alpha}}+(1-\delta)}{1+n}<\eta,$$

因为$\gamma>0$，所以表明上述转移矩阵的第二个特征值的确大于1。

依据6.2.2节相同的论述，动态系统的解为：

$$k_t=\left[\frac{1}{(1+n)(1+\gamma)(\eta-1)}\right]c_0+\left(k_0-\frac{1}{(1+n)(1+\gamma)(\eta-1)}c_0\right)\eta^t.$$

由于$\eta>1$，所以除非$c_0=(1+n)(1+\gamma)(\eta-1)k_0$，此条件消除了不稳定路径，否则$k_t$的解将是发散的。沿着此解，对任意的$t$，非增长消费与私人资本将在所有时期保持不变，等于其初始值。公共支出也是如此，其与私人资本成比例，所以该经济也不存在转移动态。

正如我们看到的，一旦我们去除由恒定增长率引起的趋势，为了具有鞍点结构①，生成的内生增长的模型通常有一个等于1的特征值以及许多作为控制变量的绝对值大于1的特征值。在只有一个状态变量及一个控制变量内生增长模型的特例中，正如至今还在讨论的那样，不稳定特征值确定均衡，而单位特征值使其不存在转移动态。

6.8 内生增长的转移动态：Jones和Manuelli模型

前面章节描述的模型缺少含恒定增长率的转移动态。Jones 和 Manuelli [4]给出了内生增长的转移动态经济。他们认为，经济中的技术结合了以劳动与资本作为投入的规模报酬不变技术和AK技术，

$$\tilde{Y}_t=A\tilde{K}_t+G(\tilde{K}_t,\tilde{N}_t)=A\tilde{K}_t+B\tilde{K}_t^\alpha\tilde{N}_t^{1-\alpha}.$$

另外，$G(\tilde{K}_t,\tilde{N}_t)$是具有标准新古典生产函数（满足每种投入的边际生产率递减，总规模报酬不变及Inada条件）性质的任意技术。然而，前面的生产函数违背了Inada条件，因为当实物资本存量增长不受约束时，资本的边际产出收敛到非零的正数A。生产函数中的AK部分产生内生增长，另一部分将生成较之前章节分析的模型更丰富的动态特征。

计划者求解总效用最大化问题，面临人均形式的资源总约束，

$$(1+n)\tilde{k}_{t+1}=A\tilde{k}_t+B\tilde{k}_t^\alpha-\tilde{c}_t+(1-\delta)\tilde{k}_t.\tag{6.44}$$

假设常相对风险厌恶效用函数，拉格朗日函数最大化的一阶条件为：

① 如果存在其余的特征值，其绝对值小于1。在考虑的两个模型中，存在一个控制变量及一个状态变量，所以一个特征值等于1，另一个特征值绝对值大于1。

$$\tilde{c}_t^{-\sigma} = \lambda_t,$$

$$(1+n)\lambda_t = \beta\left(A + B\alpha\tilde{k}_{t+1}^{\alpha-1} + (1-\delta)\right)\lambda_{t+1}.$$

从中得到欧拉公式：

$$1+\gamma_{c_{t+1}} \equiv \frac{\tilde{c}_{t+1}}{\tilde{c}_t} = \left(\beta\frac{A + \alpha B\tilde{k}_{t+1}^{\alpha-1} + (1-\delta)}{1+n}\right)^{\frac{1}{\sigma}}, \tag{6.45}$$

上式表明随时间 c_{t+1} 变化的人均消费增长率取决于资本存量。

给定 $\tilde{k}_0$，最优条件由式（6.44）、式（6.45）及横截性条件得出：

$$\lim_{t\to\infty}(1+n)\beta^t\tilde{c}_t^{-\sigma}\tilde{k}_{t+1} = 0.$$

为分析该模型的动态特征，定义辅助变量 $z_t = \tilde{y}_t/\tilde{k}_t, x_t = \tilde{c}_t/\tilde{k}_t$，其沿着平衡增长路径零增长。得到：

$$z_t = A + B\tilde{k}_t^{\alpha-1} \Rightarrow B\tilde{k}_t^{\alpha-1} = z_t - A, \tag{6.46}$$

其中，人均实物资本增长率可由总资源约束除以 $\tilde{k}_t$ 获得，即：

$$(1+n)(1+\gamma_{k_{t+1}}) = A + B\tilde{k}_t^{\alpha-1} - x_t + (1-\delta)$$

$$\Rightarrow 1+\gamma_{k_{t+1}} = \frac{z_t - x_t + (1-\delta)}{1+n}. \tag{6.47}$$

现在，我们可以写出以稳态零增长变量表示的动态系统。首先，我们在等式 $\tilde{k}_{t+1}^{\alpha-1} = \tilde{k}_t^{\alpha-1}(1+\gamma_{k_{t+1}})^{\alpha-1}$ 中，运用式（6.46）得到：

$$z_{t+1} = A + (z_t - A)\left(\frac{1+n}{z_t - x_t + (1-\delta)}\right)^{1-\alpha}, \tag{6.48}$$

其中，我们运用了资本增长率表达式（6.47）。然后，将式（6.45）除以 $\tilde{k}_{t+1}$，并运用 $\frac{\tilde{c}_t}{\tilde{k}_{t+1}} = \frac{\tilde{c}_t}{\tilde{k}_t}\frac{\tilde{k}_t}{\tilde{k}_{t+1}} = \frac{\tilde{c}_t}{\tilde{k}_t}\frac{1}{1+\gamma_{k_{t+1}}}$ 及式（6.46）和式（6.47），得到：

$$x_{t+1} = x_t\frac{1+n}{z_t - x_t + (1-\delta)}\left(\beta\frac{A + \alpha(z_{t+1} - A) + 1 - \delta}{1+n}\right)^{1/\sigma}. \tag{6.49}$$

这个经济模型的数值解将从由式（6.48）及式（6.49）组成的系统中获得。

6.8.1 稳态

当 $\tilde{C}_t$ 及 $\tilde{k}_t$ 以恒定速率增长时，将会达到稳态均衡。但是，如前面章节所述，总资源约束意味着在稳态消费与资本必须以相同的速率增长。此外，从 $1+\gamma c_{t+1}$ 的表达式（6.45）中，我们得出这样一个受限增长率：

$$1+\gamma = \left(\beta\frac{A + (1-\delta)}{1+n}\right)^{\frac{1}{\sigma}}, \tag{6.50}$$

因为当 $t\to\infty$，正的增长 $\tilde{k}_{t+1}^{\alpha-1}\to 0$。对于充分高的生产水平来说，稳态增长确实是正的：$A + (1-\delta) > \frac{1+n}{\beta}$。首先估计稳态中的式（6.48）和式（6.49），得到 z_t, x_t 的稳态值：

$$z_{ss} = A,$$

$$x_{ss} = x_{ss}\frac{1+n}{z_{ss} - x_{ss} + (1-\delta)}\left(\beta\frac{A + \alpha(z_{ss} - A) + 1 - \delta}{1+n}\right)^{1/\sigma},$$

所以，

$$A - x_{ss} + (1-\delta) = (1+n)\left(\beta \frac{A+1-\delta}{1+n}\right)^{1/\sigma}$$

$$\Rightarrow A - x_{ss} + (1-\delta) = (1+n)(1+\gamma)$$

$$\Rightarrow x_{ss} = A + (1-\delta) - (1+n)(1+\gamma).$$

现在把稳态值x_{ss}, z_{ss}带入式（6.47）中，得到与式（6.50）相同的稳态增长率。

此外，为保证增长确实是正的，横截性条件意味着参数必须满足条件，

$$\lim_{t\to\infty} (1+n)\beta^t \tilde{\lambda}_t \tilde{k}_{t+1} = 0 \Rightarrow \text{（在稳态）} \beta(1+\gamma)^{1-\sigma} < 1.$$

6.8.2 通过线性近似求解确定性Jones和Manuelli模型

为求得数值解，在稳态附近线性化式（6.48）及式（6.49），将其表示为：

$$f(z_{t+1}, x_{t+1}, z_t, x_t) = (z_{t+1} - A) - (z_t - A)\left(\frac{1+n}{z_t - x_t + (1-\delta)}\right)^{1-\alpha},$$

$$g(z_{t+1}, x_{t+1}, z_t, x_t) = x_{t+1} - x_t \frac{1+n}{z_t - x_t + (1-\delta)}$$

$$\times \left(\beta \frac{A + \alpha(z_{t+1} - A) + 1 - \delta}{1+n}\right)^{1/\sigma},$$

所以，

$$\frac{\partial f}{\partial z_{t+1}} = 1$$

$$\frac{\partial f}{\partial z_t} = -\left(\frac{1+n}{z_t - x_t + (1-\delta)}\right)^{1-\alpha} + (z_t - A)(1-\alpha)$$

$$\times \frac{1+n}{[z_t - x_t + (1-\delta)]^2}\left(\frac{1+n}{z_t - x_t + (1-\delta)}\right)^{-\alpha};$$

$$\frac{\partial f}{\partial x_{t+1}} = 0$$

$$\frac{\partial f}{\partial x_t} = -(z_t - A)(1-\alpha)\left(\frac{1+n}{z_t - x_t + (1-\delta)}\right)^{-\alpha}$$

$$\times \frac{1+n}{[z_t - x_t + (1-\delta)]^2};$$

$$\frac{\partial g}{\partial z_{t+1}} = -x_t \frac{1+n}{z_t - x_t + (1-\delta)} \frac{1}{\sigma} \frac{\beta\alpha}{1+n}$$

$$\times \left(\beta \frac{A + \alpha(z_{t+1} - A) + 1 - \sigma}{1+n}\right)^{\frac{1}{\sigma}-1};$$

$$\frac{\partial g}{\partial z_t} = x_t \frac{1+n}{[z_t - x_t + (1-\delta)]^2}\left(\beta \frac{A + \alpha(z_{t+1} - A) + 1 - \delta}{1+n}\right)^{1/\sigma};$$

$$\frac{\partial g}{\partial x_{t+1}} = 1;$$

$$\frac{\partial g}{\partial x_t} = -\left(\frac{1+n}{z_t - x_t + (1-\delta)} + x_t \frac{1+n}{[z_t - x_t + (1-\delta)]^2}\right)$$

$$\times \left(\beta \frac{A + \alpha(z_{t+1} - A) + 1 - \delta}{1+n}\right)^{1/\sigma};$$

但是在稳态：$z_{ss} = A, \dfrac{1+n}{z_t - x_t + (1-\delta)} = \dfrac{1}{1+\gamma}$，所以偏导数变为：

$$\left.\frac{\partial f}{\partial z_{t+1}}\right|_{ss}=1;\ \left.\frac{\partial f}{\partial z_t}\right|_{ss}=-\frac{1}{(1+\gamma)^{1-\alpha}};$$

$$\left.\frac{\partial f}{\partial x_{t+1}}\right|_{ss}=0;\ \left.\frac{\partial f}{\partial x_t}\right|_{ss}=0;$$

$$\begin{aligned}\left.\frac{\partial g}{\partial z_{t+1}}\right|_{ss}&=-\frac{x_{ss}}{(1+\gamma)}(1+\gamma)\frac{1+n}{A+(1-\delta)}\frac{1}{\beta\sigma}\frac{\beta\alpha}{1+n}\\&=-\left[A+(1-\delta)-(1+n)(1+\gamma)\right]\frac{1}{A+(1-\delta)}\frac{\alpha}{\sigma}\\&=-\frac{\alpha}{\sigma}\left(1-\frac{(1+n)(1+\gamma)}{A+(1-\delta)}\right);\end{aligned}$$

$$\left.\frac{\partial g}{\partial z_t}\right|_{ss}=-\frac{x_{ss}}{(1+n)(1+\gamma)}=-\frac{A+(1-\delta)}{(1+n)(1+\gamma)}+1;$$

$$\left.\frac{\partial g}{\partial x_{t+1}}\right|_{ss}=1;$$

$$\begin{aligned}\left.\frac{\partial g}{\partial x_t}\right|_{ss}&=-\frac{1}{1+\gamma}\left(1+\frac{x_{ss}}{(1+n)(1+\gamma)}\right)(1+\gamma)\\&=-\frac{A+(1-\delta)}{(1+n)(1+\gamma)};\end{aligned}$$

得到线性系统：

$$\begin{pmatrix}1&0\\\kappa_1&1\end{pmatrix}\begin{pmatrix}\hat{z}_{t+1}\\\hat{x}_{t+1}\end{pmatrix}=\begin{pmatrix}\frac{1}{(1+\gamma)^{1-\alpha}}&0\\\frac{x_{ss}}{(1+n)(1+\gamma)}&\frac{A+(1-\delta)}{(1+n)(1+\gamma)}\end{pmatrix}\begin{pmatrix}\hat{z}_t\\\hat{x}_t\end{pmatrix},$$

等价于，

$$\begin{pmatrix}\hat{z}_{t+1}\\\hat{x}_{t+1}\end{pmatrix}=\begin{pmatrix}\frac{1}{(1+\gamma)^{1-\alpha}}&0\\\kappa_2&1+\frac{x_{ss}}{(1+n)(1+\gamma)}\end{pmatrix}\begin{pmatrix}\hat{z}_t\\\hat{x}_t\end{pmatrix},$$

其中，$\hat{z}_t=z_t-A,\hat{x}_t=x_t-x_{ss},x_{ss}=(A+1-\delta)-(1+n)(1+\gamma)$

$$\kappa_1=\frac{\alpha}{\sigma}\left(1-\frac{(1+n)(1+\gamma)}{A+(1-\delta)}\right),$$

$$\kappa_2=\frac{\alpha}{\sigma}\left(\frac{x_{ss}}{A+1-\delta}\right)\frac{1}{(1+\gamma)^{1-\alpha}}+\frac{x_{ss}}{(1+n)(1+\gamma)}$$

上述系统的特征值是$\frac{1}{(1+\gamma)^{1-\alpha}}$和$1+\frac{x_{ss}}{(1+n)(1+\gamma)}$。无论稳态增长何时为正，第一个特征值都小于1，即$A+(1-\delta)>\frac{1+n}{\beta}$。另一方面，不难看出第二个特征值大于1。修改后的模型没有显示出内生增长，因为我们没有得到等于1的特征值。相反，它拥有我们需要求解的鞍点结构，因为z_0是内生状态变量①，而x_t是控制变量，其初值x_0需要通过优化选择得到。

① 因为k_0是给定的，y_0也是给定的，且y_0是k_0的函数。

该系统的解是：

$$z_t - A = \left[(1+\gamma)^{\alpha-1}\right]^t (z_0 - A), \tag{6.51}$$

$$x_{t+1} - x_{ss} = \kappa_2 \left[(1+\gamma)^{\alpha-1}\right]^t (z_0 - A) + \Omega(x_t - x_{ss}), \tag{6.52}$$

其中，

$$\Omega = 1 + \frac{x_{ss}}{(1+n)(1+\gamma)}.$$

动态方程式（6.52）的解为：

$$x_t - x_{ss} = \frac{\kappa_2(z_0 - A)}{(1+\gamma)^{\alpha-1} - \Omega}\left[(1+\gamma)^{\alpha-1}\right]^t + \Omega^t\left[(x_0 - x_{ss}) - \frac{\kappa_2(z_0 - A)}{(1+\gamma)^{\alpha-1} - \Omega}\right].$$

由于$\Omega > 1$，为保证稳态，我们必须施加条件：

$$x_0 = x_{ss} + \frac{\kappa_2}{(1+\gamma)^{\alpha-1} - \Omega}(z_0 - A).$$

因此，给定k_0，就能计算z_0的值。当且仅当控制变量x_t的初始条件满足前面的条件时，该系统才会在其稳定流形上演化，从稳态值开始，由$\frac{\kappa_2}{(1+\gamma)^{\alpha-1} - \Omega}(z_0 - A)$矫正。对任意的初始$k_0$，$z_0$的值总是与其稳态水平$A$不同，因为$z_0 = A + Bk_0^{1-\alpha}$，只要经济沿着稳态路径运行，最终会收敛到它。

6.9 随机的Jones和Manuelli模型

为得到Jones和Manuelli增长模型的随机形式，我们考虑生产技术：

$$\tilde{Y}_t = \theta_t(A\tilde{K}_t + B\tilde{K}_t^{\alpha}\tilde{N}_t^{1-\alpha}),$$

或者，人均形式为：

$$\tilde{y}_t = \theta_t(A\tilde{k}_t + B\tilde{k}_t^{\alpha}),$$

其中，θ_t是生产率冲击，遵循随机过程：

$$\ln\theta_t = \rho\ln\theta_{t-1} + \varepsilon_t, |\rho| < 1, \varepsilon_t \underset{iid}{\sim} N(0, \sigma_{\varepsilon}^2).$$

代表性个体问题是：

$$\max_{\{\tilde{c}_t, \tilde{k}_{t+1}\}} E_0 \sum_{t=0}^{\infty} \beta^t \frac{\tilde{c}_t^{1-\sigma} - 1}{1-\sigma}$$

约束条件为：

$$(1+n)\tilde{k}_{t+1} - (1-\delta)\tilde{k}_t + (1+\tau^c)\tilde{c}_t = (1-\tau^y)\theta_t(A\tilde{k}_t + B\tilde{k}_t^{\alpha}), \tag{6.53}$$

$\tilde{k}_0$是给定的。相对于之前的章节，除了生产率冲击外，我们还引入了比例消费税和所得税，政府应利用税收为公共消费融资。

该问题的拉格朗日函数为：

$$L = E_0 \sum_{t=0}^{\infty} \beta^t \frac{\tilde{c}_t^{1-\sigma} - 1}{1-\sigma} + \beta^t \lambda_t \left[(1-\tau^y)\theta_t(A\tilde{k}_t + B\tilde{k}_t^{\alpha}) - (1+n)\tilde{k}_{t+1} + (1-\delta)\tilde{k}_t - (1+\tau^c)\tilde{c}_t\right].$$

一阶条件为：

$$\tilde{c}_t^{-\sigma} = \lambda_t(1+\tau^c), \tag{6.54}$$

$$(1+n)\lambda_t = \beta E_t\left[\lambda_{t+1}\left((1-\tau^y)\theta_{t+1}(A+\alpha B\tilde{k}_{t+1}^{\alpha-1})+1-\delta\right)\right], \tag{6.55}$$

以及横截性条件 $\lim\limits_{T\to\infty}(1+n)\beta^{T+t}E_t\tilde{c}_{t+T}^{-\sigma}\tilde{k}_{t+T+1}=0$。

从条件式（6.54）和式（6.55）中，我们得到随机的Euler或Keynes-Ramsey条件：

$$(1+n)\tilde{c}_t^{-\sigma} = \beta E_t\left[\tilde{c}_{t+1}^{-\sigma}\left((1-\tau^y)\theta_{t+1}(A+\alpha B\tilde{k}_{t+1}^{\alpha-1})+1-\delta\right)\right]. \tag{6.56}$$

6.9.1 确定的平衡增长路径

沿着确定的平衡增长路径（下文中称为BGP），得到：

$$\theta_t=\theta_{ss}=1, \forall \mathrm{t}, \tilde{c}_{t+1}/\tilde{c}_t = 1+\gamma_c, \tilde{k}_{t+1}/\tilde{k}_t = 1+\gamma_k, \tilde{y}_{t+1}/\tilde{y}_t = 1+\gamma_y.$$

其中，$\gamma_c,\gamma_k,\gamma_y$ 是恒定的。沿着BGP，从式（6.53）中得到：

$$\left(\frac{\tilde{c}_t}{\tilde{k}_t}\right) = -\frac{\left[(1+\gamma_k)(1+n)-(1-\delta)-(1-\tau^y)(A+B\tilde{k}_t^{\alpha-1})\right]}{1+\tau^c}. \tag{6.57}$$

考虑资本存量沿着BGP以恒定的正速度增长，得到 $\lim\limits_{t\to\infty}\tilde{k}_t^{\alpha-1}=0$，且式（6.57）意味着比率 $\dfrac{\tilde{c}_t}{\tilde{k}_t}$ 最终变为恒定，因为式（6.57）的左边恒定；反过来，这意味着消费与实物资本的长期增长率相同。所以，

$$\left(\frac{\tilde{c}_t}{\tilde{k}_t}\right)_{ss} = \frac{1}{1+\tau^c}\left[(1-\tau^y)A+(1-\delta)-(1+\gamma_k)(1+n)\right], \tag{6.58}$$

而线性技术意味着 $\left(\dfrac{\tilde{y}_t}{\tilde{k}_t}\right)_{ss}=A$，从长期来看，产出与资本的增长率也相同。

将6.8节的条件扩展到含有税收的经济，由式（6.56）得到：

$$1+\gamma = \left[\frac{\beta}{1+n}\left((1-\tau^y)A+1-\delta\right)\right]^{1/\sigma}, \tag{6.59}$$

6.9.2 固定比率模型的变形

考虑变形：

$$z_t = \frac{\tilde{y}_t}{\tilde{k}_t} = \theta_t(A+B\tilde{k}_t^{\alpha-1}), \tag{6.60}$$

$$x_t = \frac{\tilde{c}_t}{\tilde{k}_t}, \tag{6.61}$$

所以，我们在确定情形下看到：

$$z_{ss}=A,\ x_{ss}=\frac{1}{1+\tau^c}\left[(1-\tau^y)A+(1-\delta)-(1+\gamma)(1+n)\right].$$

从定义式（6.60）中，得到 $\tilde{k}_t=\left(\dfrac{z_t/\theta_t-A}{B}\right)^{1/(\alpha-1)}$。因此，

$$\frac{\tilde{k}_{t+1}}{\tilde{k}_t} = \left(\frac{\dfrac{z_t}{\theta_t}-A}{\dfrac{z_{t+1}}{\theta_{t+1}}-A}\right)^{1/(1-\alpha)}. \tag{6.62}$$

利用代表性个体的预算约束以及式（6.60）~式（6.62），得到：

$$(1+n)\left(\frac{\frac{z_t}{\theta_t}-A}{\frac{z_{t+1}}{\theta_{t+1}}-A}\right)^{1/(1-\alpha)}=(1-\tau^y)z_t+(1-\delta)-x_t(1+\tau^c), \tag{6.63}$$

或者，

$$z_{t+1}=\theta_{t+1}\left\{A+\left(\frac{z_t}{\theta_t}-A\right)\times\left[\frac{1+n}{(1-\tau^y)z_t+(1-\delta)-x_t(1+\tau^c)}\right]^{(1-\alpha)}\right\}. \tag{6.64}$$

利用Keynes-Ramsey条件以及式（6.60）~式（6.62），得到：

$$x_t^{-\sigma}=\frac{\beta}{1+n}E_t\left[\left(\frac{z_t/\theta_t-A}{z_{t+1}/\theta_{t+1}-A}\right)^{-\sigma/(1-\alpha)}x_{t+1}^{-\sigma}\right.$$
$$\left.\times\left[(1-\tau^y)\left((1-\alpha)A\theta_{t+1}+\alpha z_{t+1}\right)+1-\delta\right]\right],$$

最后，运用式（6.63）

$$\left(\frac{x_t(1+n)}{(1-\tau^y)z_t+(1-\delta)-x_t(1+\tau^c)}\right)^{-\sigma}$$
$$=\frac{\beta}{1+n}E_t\left[x_{t+1}^{-\sigma}((1-\tau^y)((1-\alpha)A\theta_{t+1}+\alpha z_{t+1})+1-\delta)\right] \tag{6.65}$$

表达式（6.64）和式（6.65）完全地刻画了该模型的动态特性。注意在代表性的AK模型中，$B=0$，可以得到该经济随机形式中$z_t=\theta_t A$，或确定性形式中$z_t=A,\forall t$，式（6.65）自定义了消费与资本比率的动态特征。

6.9.3 确定性Jones-Manuelli模型的相位图：转移动态

我们可以用确定形式更简单地写出表达式（6.64）：

$$z_{t+1}-z_t=(z_t-A)$$
$$\times\left\{\left[\frac{1+n}{(1-\tau^y)z_t+(1-\delta)-x_t(1+\tau^c)}\right]^{(1-\alpha)}-1\right\}. \tag{6.66}$$

可以得到一对z和x的值，变量z保持不变，$z_{t+1}=z_t$。只要下式成立，上述结论都是正确的：

$$z_t=A \tag{6.67}$$

或$\left[\frac{1+n}{(1-\tau^y)z_t+(1-\delta)-x_t(1+\tau^c)}\right]^{(1-\alpha)}=1$，即：

$$x_t=\frac{1}{1+\tau^c}\left[(1-\tau^y)z_t-n-\delta\right]. \tag{6.68}$$

我们可以更方便地写出确定性的式（6.65）：

$$\left(\frac{x_{t+1}}{x_t}\right)^{\sigma}=\left(\frac{1+n}{(1-\tau^y)z_t+(1-\delta)-x_t(1+\tau^c)}\right)^{\sigma}$$
$$\times\frac{\beta}{1+n}\left[(1-\tau^y)\left(A+\alpha(z_{t+1}-A)\right)+1-\delta\right]. \tag{6.69}$$

当满足下式时，从该表达式中我们可以得到一对z和x的值，变量x保持不变，$x_{t+1}=x_t$，即：

$$1=\left(\frac{1+n}{(1-\tau^{y})z_t+(1-\delta)-x_t(1+\tau^{c})}\right)^{\sigma}\frac{\beta}{1+n}$$

$$\times\left[(1-\tau^{y})\left(A+\alpha(z_t-A)\times\left(\frac{1+n}{(1-\tau^{y})z_t+(1-\delta)-x_t(1+\tau^{c})}\right)^{(1-\alpha)}\right)+1-\delta\right]. \tag{6.70}$$

其中，利用了式（6.64）的确定形式。

曲线（6.67）或（6.68）及曲线（6.70）的交点即为稳态。MATLAB程序*dfase.m*计算了(z,x)平面内三条曲线的表达式。注意到式（6.68）与式（6.70）的交点为负，不是z_t的可行解，而式（6.67）与式（6.70）的交点为我们提供了一个定义良好的稳态。

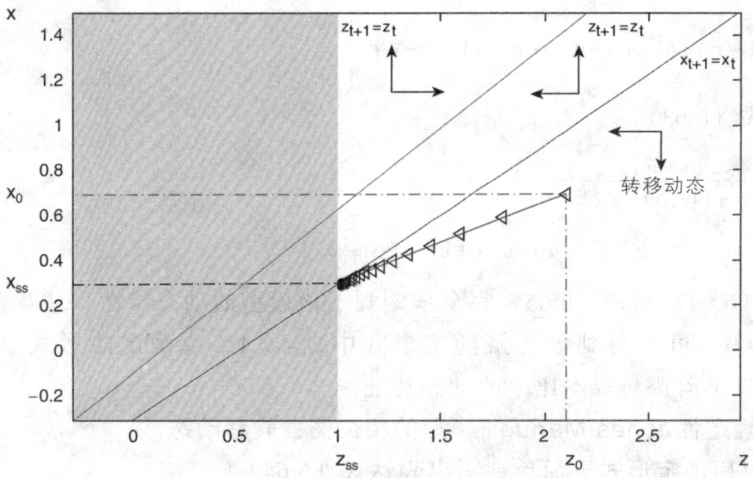

图6-1 Jones和Manuelli模型的相位图

只要根据下述步骤获得近似解，那么对于给定的参数及状态变量z的初始值，该图形表示了z和x的转移动态。图6-1表示，箭头表示当不处在稳态时，z和x转移的方向。如果经济处在式（6.68）的线上，x边际递增且保持恒定的z，随着时间的推移会引起z的增加，因为式（6.66）右边取得一个较高的值。x边际递减，则会导致相反的结果。因此，在式（6.68）线上方，z是增加的，而低于该线，z是减少的，如果经济位于式（6.70）的线上，则z呈边际增长且保持恒定的x，随着时间的推移会导致x减少，因为式（6.69）右边取得一个较低的值。当z边际减少时，情况则相反。因此，在式（6.67）线上方，随着时间的推移x增加，在式（6.67）线下方，随着时间的推移x减少。注意z不可能低于其稳态水平。

6.9.4 计算动态：对数线性近似

定义比率$\hat{z}_t=\ln\left(z_t/A\right)$，$\hat{x}_t=\ln\left(x_t/x_{ss}\right)$。将式（6.64）写成一个更简洁的形式：

$$0=-e^{\ln z_{t+1}}+e^{\ln\theta_{t+1}}$$

$$\left\{A+(e^{\ln z_t-\ln\theta_t}-A)\times\left[\frac{1+n}{(1-\tau^{y})e^{\ln z_t}+(1-\delta)-e^{\ln x_t}(1+\tau^{c})}\right]^{1/1-\alpha}\right\}. \tag{6.71}$$

从中可得到对数线性近似：

$$\hat{z}_{t+1}=(1+\gamma)^{\alpha-1}\hat{z}_t+\hat{\theta}_{t+1}, \tag{6.72}$$

其中，$\hat{\theta}_{t+1}=\ln\theta_{t+1}$，表明在该近似中，$\hat{z}_t$遵循自回归过程，如果$\theta_t$是白噪声，则$\hat{z}_t$是一阶的，如果$\theta_t$遵循一阶自回归过程，则$\hat{z}_t$是两阶的。

现在可以把式（6.65）写为：

$$0=E_t\left\{-\left(\frac{e^{\ln x_t}(1+n)}{(1-\tau^y)e^{\ln z_t}+(1-\delta)-e^{\ln x_t}(1+\tau^c)}\right)^{-\sigma}\right.$$
$$\left.+\frac{\beta}{1+n}e^{-\sigma\ln x_{t+1}}\left[(1-\tau^y)\left((1-\alpha)Ae^{\ln\theta_{t+1}}+\alpha e^{\ln z_{t+1}}\right)+1-\delta\right]\right\}, \tag{6.73}$$

从上式得到其对数线性近似：

$$0=E_t\begin{bmatrix}\sigma\left(\dfrac{x_{ss}(1+n)}{(1-\tau^y)A+(1-\delta)-x_{ss}(1+\tau^c)}\right)^{-\sigma-1}\\ \times\left(\dfrac{x_{ss}(1+n)\left((1-\tau^y)A+(1-\delta)-x_{ss}(1+\tau^c)\right)+x_{ss}(1+n)x_{ss}(1+\tau^c)}{\left((1-\tau^y)A+(1-\delta)-x_{ss}(1+\tau^c)\right)^2}\right)\hat{x}_t\\ -\sigma\left(\dfrac{x_{ss}(1+n)}{(1-\tau^y)A+(1-\delta)-x_{ss}(1+\tau^c)}\right)^{-\sigma-1}\\ \times\left(\dfrac{x_{ss}(1+n)(1-\tau^y)A}{\left((1-\tau^y)A+(1-\delta)-x_{ss}(1+\tau^c)\right)^2}\right)\hat{z}_t\\ -\sigma\dfrac{\beta}{1+n}x_{ss}^{-\sigma}\left((1-\tau^y)A+1-\delta\right)\hat{x}_{t+1}\\ +\dfrac{\beta}{1+n}x_{ss}^{-\sigma}(1-\tau^y)A(1-\alpha)\hat{\theta}_{t+1}\\ +\dfrac{\beta}{1+n}x_{ss}^{-\sigma}(1-\tau^y)A\alpha\hat{z}_{t+1}\end{bmatrix}.$$

考虑稳态表达式，利用式（6.72），上一表达式可以写为：

$$0=\frac{\sigma}{\beta}(1+\gamma)^{2\sigma-1}\hat{x}_t-\left(\sigma(1+\gamma)^{\sigma-1}-\beta\alpha(1+\gamma)^{\alpha-1}\right)$$
$$\times\frac{(1-\tau^y)A}{1+n}\hat{z}_t+\beta\frac{(1-\tau^y)A}{1+n}\rho\hat{\theta}_t-\sigma(1+\gamma)^{\sigma}E_t\hat{x}_{t+1},$$

求解$\hat{x}_t$：

$$\hat{x}_t=\beta(1+\gamma)^{1-\sigma}E_t\hat{x}_{t+1}$$
$$+\left(\sigma(1+\gamma)^{\sigma-1}-\beta\alpha(1+\gamma)^{\alpha-1}\right)$$
$$\times\frac{(1-\tau^y)A}{(1+n)\sigma}\beta(1+\gamma)^{1-2\sigma}\hat{z}_t \tag{6.74}$$
$$-\beta^2\frac{(1-\tau^y)A}{(1+n)\sigma}(1+\gamma)^{1-2\sigma}\rho\hat{\theta}_t.$$

现在定义：

$$\varphi_1=\beta(1+\gamma)^{1-\sigma},$$

$$\varphi_2=\left(\sigma(1+\gamma)^{\sigma-1}-\beta\alpha(1+\gamma)^{\alpha-1}\right)\frac{(1-\tau^y)A}{(1+n)\sigma}\beta(1+\gamma)^{1-2\sigma},$$

$$\varphi_3=-\beta\frac{(1-\tau^y)A}{(1+n)\sigma}\beta(1+\gamma)^{1-2\sigma}\rho.$$

注意如果$\sigma>1$，则$\varphi_1\in(0,1)$，因此，我们可以向前求解含有条件期望式（6.74）

的动态方程。另外，φ_1 的条件必须成立以保证效用函数是有界的，通过在稳态中应用横截性条件即可验证。

在上述定义下，式（6.74）可以写为更简洁的形式：

$$\hat{x}_t = \varphi_1 E_t \hat{x}_{t+1} + \varphi_2 \hat{z}_t + \varphi_3 \hat{\theta}_t . \tag{6.75}$$

所以，应用迭代期望法则及向前求解式（6.74），得到：

$$\hat{x}_t = \varphi_2 \sum_{j=0}^{\infty} \varphi_1^j E_t \hat{z}_{t+j} + \frac{\varphi_3}{1-\varphi_1 \rho} \hat{\theta}_t . \tag{6.76}$$

现在给定式（6.72），计算 $\sum_{j=0}^{\infty} \varphi_1^j E_t \hat{z}_{t+j}$：

第一步：计算 $E_t \hat{z}_{t+j}$：

$j=0$:$E_t \hat{z}_t = \hat{z}_t$;

$j=1$:$E_t \hat{z}_{t+1} = E_t\left[(1+\gamma)^{\alpha-1}\hat{z}_t + \hat{\theta}_{t+1}\right] = (1+\gamma)^{\alpha-1}\hat{z}_t + \rho\hat{\theta}_t$;

$j=2$:$E_t \hat{z}_{t+2} = E_t\left[(1+\gamma)^{\alpha-1}\hat{z}_{t+1} + \hat{\theta}_{t+2}\right] \Rightarrow$

$E_t \hat{z}_{t+2} = \left[(1+\gamma)^{\alpha-1}\right]^2 \hat{z}_t + \rho\hat{\theta}_t\left[(1+\gamma)^{\alpha-1} + \rho\right]$

$j=3$:$E_t \hat{z}_{t+3} = E_t\left[(1+\gamma)^{\alpha-1}\hat{z}_{t+2} + \hat{\theta}_{t+3}\right] \Rightarrow$

$E_t \hat{z}_{t+3} = \left[(1+\gamma)^{\alpha-1}\right]^3 \hat{z}_t + \rho\hat{\theta}_t\left[((1+\gamma)^{\alpha-1})^2 + (1+\gamma)^{\alpha-1} + \rho + \rho^2\right]$

所以，对一般的 j，有：

$$\begin{aligned}
E_t \hat{z}_{t+j} &= E_t\left[(1+\gamma)^{\alpha-1}\hat{z}_{t+j-1} + \hat{\theta}_{t+j}\right] \\
&= \left[(1+\gamma)^{\alpha-1}\right]^j \hat{z}_t + \rho\hat{\theta}_t \begin{bmatrix} ((1+\gamma)^{\alpha-1})^{j-1} + \left((1+\gamma)^{\alpha-1}\right)^{j-2}\rho \\ + \cdots + \left((1+\gamma)^{\alpha-1}\right)\rho^{j-2} + \rho^{j-1} \end{bmatrix} \\
&= \left[(1+\gamma)^{\alpha-1}\right]^j \hat{z}_t + \frac{1}{(1+\gamma)^{\alpha-1}-\rho} \\
&\quad \times \left(\left((1+\gamma)^{\alpha-1}\right)^j - \rho^j\right)\hat{\theta}_t .
\end{aligned}$$

第二步：计算 $\sum_{j=0}^{\infty} \varphi_1^j E_t \hat{z}_{t+j}$：

$$\begin{aligned}
\sum_{j=0}^{\infty} \varphi_1^j E_t \hat{z}_{t+j} &= \sum_{j=0}^{\infty} \varphi_1^j \begin{Bmatrix} \left[(1+\gamma)^{\alpha-1}\right]^j \hat{z}_t + \dfrac{1}{(1+\gamma)^{\alpha-1}-\rho} \\ \times(((1+\gamma)^{\alpha-1})^j - \rho^j)\hat{\theta}_t \end{Bmatrix} \\
&= \hat{z}_t \left\{\sum_{j=0}^{\infty}\left[\varphi_1(1+\gamma)^{\alpha-1}\right]^j\right\} + \hat{\theta}_t \frac{1}{(1+\gamma)^{\alpha-1}-\rho} \\
&\quad \times \left\{\sum_{j=0}^{\infty}\left[\varphi_1(1+\gamma)^{\alpha-1}\right]^j - \sum_{j=0}^{\infty}\left[\varphi_1\rho\right]^j\right\} \\
&= \frac{\hat{z}_t}{1-\varphi_1(1+\gamma)^{\alpha-1}} + \frac{\hat{\theta}_t}{(1+\gamma)^{\alpha-1}-\rho} \\
&\quad \times \left[\frac{1}{1-\varphi_1(1+\gamma)^{\alpha-1}} - \frac{1}{1-\varphi_1\rho}\right].
\end{aligned}$$

所以消费与实物资本的比率为：

$$\hat{x}_t = \frac{\varphi_2 \hat{z}_t}{1-\varphi_1(1+\gamma)^{\alpha-1}} + \hat{\theta}_t\left[\frac{\varphi_2}{(1+\gamma)^{\alpha-1}-\rho} \times \left(\frac{1}{1-\varphi_1(1+\gamma)^{\alpha-1}} - \frac{1}{1-\varphi_1\rho}\right) + \frac{\varphi_3}{1-\varphi_1\rho}\right], \tag{6.77}$$

式（6.72）和式（6.77）完全刻画了该经济的动态演化特征。

6.9.5 数值练习：求解Jones和Manuelli模型

随机Jones和Manuelli经济的单一实现可以运用*AK_JMs.m*获得，且该程序也给出了该经济中主要变量的时间序列。程序*mAK_JMs.m*可用于得到任意数量的该经济解。一系列主要变量平均统计数据被记录在一个表中。*AK*模型的单个或多个实现可以通过令$B=0$从而在两个程序中获得。

6.9.6 随机*AK*模型特例

如果$B=0$，则$z_t=\theta_t A, \hat{z}_t=\hat{\theta}_t$，所以为求解带有税收*AK*模型的随机形式，我们只需要刻画$\hat{x}_t$的时间演化特征。则式（6.65）变为：

$$\left(\frac{x_t(1+n)}{(1-\tau^y)A\theta_t+(1-\delta)-x_t(1+\tau^c)}\right)^{-\sigma}$$
$$=\frac{\beta}{1+n}E_t\left[x_{t+1}^{-\sigma}\left((1-\tau^y)A\theta_{t+1}+1-\delta\right)\right],$$

对数线性近似：

$$0=E_t\begin{bmatrix}\sigma(1+\gamma)^{2\sigma-1}\frac{1}{\beta}\hat{x}_t-\sigma(1+\gamma)^{\sigma-1}\frac{(1-\tau^y)A}{1+n}\hat{\theta}_t\\ -\sigma(1+\gamma)^{\sigma}\hat{x}_{t+1}+\frac{\beta}{1+n}(1-\tau^y)A\hat{\theta}_{t+1}\end{bmatrix},$$

求解$\hat{x}_t$：

$$\hat{x}_t=\beta(1+\gamma)^{1-\sigma}E_t\hat{x}_{t+1}+(\sigma(1+\gamma)^{\sigma-1}-\beta\rho)$$
$$\times\frac{(1-\tau^y)A}{(1+n)\sigma}\beta(1+\gamma)^{1-2\sigma}\hat{\theta}_t.$$

如果我们向前求解此方程，通过应用迭代期望法则，可获得消费与资本比率的时间演化：

$$\hat{x}_t=\frac{\varphi_2'}{1-\varphi_1\rho}\hat{\theta}_t, \tag{6.78}$$

其中，由于$\varphi_1=\beta(1+\gamma)^{1-\sigma}\in(0,1)$，$\varphi_2'=(\sigma(1+\gamma)^{\sigma-1}-\beta\rho)\dfrac{(1-\tau^y)A}{(1+n)\sigma}\beta(1+\gamma)^{1-2\sigma}$。

当得到$\hat{z}_t$和$\hat{x}_t$的时间路径时，我们可以计算z_t与x_t的路径：

$$z_t=Ae^{\hat{z}_t},$$
$$x_t=x_{ss}e^{\hat{x}_t}$$

从预算约束中，可以递归地获得$\tilde{k}_t$的时间路径，

$$\tilde{k}_{t+1}=\frac{(1-\tau^y)z_t+(1-\delta)-x_t(1+\tau^c)}{1+n}\tilde{k}_t，给定\tilde{k}_0。$$

得到没有增长的资本存量k_t的时间路径：

$$k_t=(1+\gamma)^{-t}\tilde{k}_t,$$

而$\tilde{c}_t$和c_t的时间路径为：

$$\tilde{c}_t=x_t\tilde{k}_t,$$
$$c_t=x_tk_t.$$

6.10 练习

练习1：在离散*AK*经济中，消费者面临所得税，证明稳态中所有的人均变量都以相同的速率增长且没有转移动态。

通过相位图描述所得税对消费与资本的稳态值有何影响。如果政府通过征收消费税为支出融资，相位图中又有什么不同？

证明Cass-Koopmans经济的政策干预有永久的影响，因为它通常对稳态有影响。

证明任何违背边界条件式（6.12）参数值的数值解都会生成发散的路径。

当我们计算了所有相关变量的时间序列时，一个有趣的练习是计算主要变量对技术新息的脉冲响应。通过给ε_0一单位值而以后各期为零，计算上述脉冲响应。检验这些响应如何表现出暂时性冲击产生永久影响。

练习2：运用对数线性近似：（a）Uhlig的待定系数法；（b）参数化的预期；（c）特征值-特征向量分解法，求解随机离散*AK*模型。

参考文献

1. Barro, R.J. 1990. Government spending in a simple model of endogenous growth. *Journal of Political Economy* 98(5): S103–S126.
2. Den Haan, W., and A. Marcet. 1990. Solving the stochastic growth model by parameterized expectations. *Journal of Business and Economic Statistics* 8: 31–34.
3. Ireland, P.N. 1994. Supply-side economics and endogenous growth. *Journal of Monetary Economics* 33: 559–572.
4. Jones, L.E., and R. Manuelli. 1990. A convex model of economic growth. *Journal of Political Economy* 98(5): 1008–1038.
5. Novales, A., and J. Ruiz. 2002. Dynamic Laffer effects. *Journal of Economic Dynamics and Control* 27: 181–206.
6. Rebelo, S. 1991. Long-run policy analysis and long-run growth. *Journal of Political Economy* 99(3): 500–521.

第7章

扩展的内生增长模型

7.1 引言

在这一节，我们学习一些扩展的内生增长模型。从不含有资本积累的经济开始，技术进步，且以生产者产品多样性的形式出现，但在质量上有所差别［6,7,11,13,16］。[①]该类模型的技术创新可能导致产出数量增多，或质量提升，因此创新是经济的关键因素。在特定的参数选择下，这类模型可以等同于AK模型。尤其是，除了在不存在转移动态的特殊模型中，在给定结构冲击或政策干预的所有时点，人均资本变量均以不变的增长率增长。之后，我们提出了两个国家间的技术扩散模型：一个是技术创新的领导者模型，例如之前提到的模型中的生产者产品多样性；第二个是跟随者模型，吸收领导国的技术创新。跟随者国家经济显示了明显的向稳态转移过程。然后，我们提出了含有熊彼特创造性破坏的模型［14］，即通过尝试创新来提高现存产品的质量以驱动经济内生增长。此模型中包含资本积累并呈现了趋向稳态的转移路径。我们构建了一个重要的模型，即在两部门经济中人力与物质资本随时间积累并且教育投入起到重要作用，所以生产最终产品、教育（人力资本积累）和闲暇的时间划分是一个关键性决策。这个模型再一次体现出明显的转移路径，并且我们用一个较为合理的框架解决了有关财政政策等问题。而且，该模型产生了不确定性的均衡，我们在随后单独的一节中进行讨论。

① 其他模型认为内生增长在经济中存在消费产品的多样性。因为产品多样性模型处理方式类似，此处，我们不包含这类模型。

7.2 生产者产品的多样性

7.2.1 经济

7.2.1.1 最终产品部门

与之前章节所考虑的经济不同，现在根据Romer［12,13］[①]的假设，在经济体中存在一组不同的厂商，每一个厂商都擅长生产中间产品，并且存在一个厂商生产唯一的最终商品[②]。后者在投入产出市场上表现出竞争性。新中间产品均是通过研究发明出来的，可将其成本看作是与一单位最终产品有关的固定成本。一个厂商一旦在某个时刻决定开始进行研发活动，它将会发明一个新的中间产品，随后将会永久地成为唯一的垄断者。垄断租金是企业进行研发活动的动力，这个是确定的。与本书中所考虑的其他模型不同，该模型中不存在资本积累，中间产品的成本被归到最终产品，并且最终产品由劳动和中间商品生产。该模型中，唯一的状态变量是每一时期中间产品的数量。

最终产品的生产函数是：

$$\tilde{Y}_t = AL_t^{1-\alpha}\int_o^{\tilde{N}_t} x_{jt}^{\alpha}\, dj,$$

其中，$0<\alpha<1$，$\tilde{Y}_t$表示t期最终产品的产出，同时L_t和x_{jt}分别表示劳动投入和使用第j个中间产品的数量$j\in\left(0,\tilde{N}_t\right)$[③]。产出$\tilde{Y}_t$即可以用来消费，也可用于生产中间产品或用于研发新的中间产品。从现在开始，为了简化分析，假设劳动供给不变，$L_t = L, \forall \mathrm{t}$。

加总与可分性使得每个中间产品的边际产出与其他投入数量无关。随后，新类型产品既不是现存产品的替代品，也不是其互补品。在$x_{jt}=0$时，边际产出趋于无穷大，厂商有动机在生产过程中使用它们所有的生产要素。x_{jt}作为用来购买非耐用品和服务的数量，所以唯一的状态变量是每一期不同产品的数量$\tilde{N}_t$[④]。

生产最终产品的厂商利润最大化问题是：

$$\max_{x_{jt}} \tilde{Y}_t - w_t L - \int_0^{\tilde{N}_t} P_{jt} x_{jt}\, dj,$$

其中，w_t是工资率，P_{jt}是第j个中间产品的价格。我们假设生产最终产品的厂商是完全竞争的，将给定的要素价格带入，可得利润最大化条件如下：

$$x_{jt} = L\left(\frac{A\alpha}{P_{jt}}\right)^{\frac{1}{1-\alpha}}, \qquad \mathrm{j}\in[0,\tilde{N}_t], t=0,1,2,\cdots \tag{7.1}$$

$$\tilde{w}_t = (1-\alpha)\frac{\tilde{Y}_t}{L},\ t=0,1,2,\cdots \tag{7.2}$$

---

① Spence［16］,Dixit和Stiglitz［6］以及Ethier［7］之前的研究全部考虑到产品多样性的优点。Spence［16］，Dixit和Stiglitz［6］考虑了定义在消费商品集上的效用函数，同时，Ethier［7］使用与Romer［12,13］类似的设定形式。后者在技术改变和经济增长的情形下包含多样化的生产性投入。

② 这是简化的假设，等同于存在同质化的企业生产最终产品。

③ 其值将会从初始值N_0以γ_{N_t}的增长率增长。这意味着我们考虑N_t是取正值的连续变量。其中有一个例外，我们使用N标记人口为L不变的经济中的中间产品的数量。

④ 另一方面，x_{jt}可以被认为是存在折旧的耐用中间产品部门所提供的服务，但是随后，我们必须了解每一期厂商所获得中间产品的数量，这使得我们的分析复杂化。

上式决定了中间产品和劳动数量的需求法则。

7.2.1.2 中间产品部门

我们假设第j个产品的发明者即它的生产者，对生产和销售该产品保持永久的垄断权。[①]我们发现第j个中间产品的收益现值是：

$$V_t = \sum_{s=t}^{\infty} \frac{1}{\prod_{l=0}^{s-t}(1+r_{t+l})} [P_{js}(x_{js}) - 1] x_{js},$$

其中，x_{jt}是t期的生产数量，并且我们已经清楚垄断价格和生产数量的相关性。当且仅当销售价格大于生产的边际成本时，新产品发明的固定成本才能收回，其中，假设边际成本为1。

由于中间产品的非耐用性质，其不存在存量的积累。进一步地，中间产品的需求函数缺乏跨期性质，所以垄断者生产每一个中间产品的利润最大化问题变成了一系列静态问题，给定中间产品的总需求，求解单期利润的最大化：

$$\max_{P_{jt}} \ (P_{jt} - 1) x_{jt},$$

其中，x_{jt}是厂商生产最终产品时对第j个中间产品的需求。

所以第j个垄断者求解

$$\max_{P_{jt}} \ (P_{jt} - 1) L \left(\frac{A\alpha}{P_{jt}} \right)^{\frac{1}{1-\alpha}},$$

解为：

$$P_{jt} = P = \frac{1}{\alpha} > 1.$$

垄断价格加成$\dfrac{1-\alpha}{\alpha} > 0$大于边际成本1。中间产品的垄断价格均相同，因为我们假设它们对称地进入最终消费商品的生产函数中，并且它们不随时间发生变化。

垄断利润为：

$$\pi_t = L\alpha^{\frac{2}{1-\alpha}} \frac{1-\alpha}{\alpha} A^{\frac{1}{1-\alpha}},$$

其不随时间发生变化。

将要素价格代入最终产品生产者的利润最大化条件中，我们得到最终生产者对每一种中间产品的需求数量：

$$x_{jt} = L\left(\frac{A\alpha}{1/\alpha} \right)^{\frac{1}{1-\alpha}} = LA^{\frac{1}{1-\alpha}} \alpha^{\frac{2}{1-\alpha}} = x, \quad j \in [0, \tilde{N}_t], t = 0, 1, 2, \cdots, \tag{7.3}$$

其中，由于假设劳动供给不变，上述条件适用于全部中间产品且不随时间变化。X_{jt}是第t期第j个中间产品的数量。

生产最终产品厂商的产出为：

$$\tilde{Y}_t = AL^{1-\alpha} \int_o^{\tilde{N}_t} x_{jt}^{\alpha} dj = AL^{1-\alpha} \tilde{N}_t x^{\alpha} = A^{\frac{1}{1-\alpha}} \alpha^{\frac{2\alpha}{1-\alpha}} L\tilde{N}_t = \frac{1}{\alpha^2} \tilde{N}_t x, \tag{7.4}$$

---

① 参考第6章Barro和Sala-i-Martin［3］的垄断模型。

这是与AK模型类似的结构，此处中间产品的多样性与资本存量的作用类似。

这个表达式表示对于固定的L，产出与$\tilde{N}_t$均以相同的增长率增长。因此，由于不同产品的种类$\tilde{N}_t$增加，产出会出现内生增长。这个观点表明通过增加生产者产品的多样性，而不是提高现有中间产品的产量，可以避免中间产品收益的降低。换言之，因为收益的降低，使得新的资源应该用在增加中间产品种类的数量$\tilde{N}_t$上，而不是用于增加数量x_{jt}。

7.2.1.3 利率决定

现在，考虑将垄断价格和每一个中间产品的数量代入收入现值的表达式中，有：

$$V_t = LA^{\frac{1}{1-\alpha}}\alpha^{\frac{2}{1-\alpha}}\frac{1-\alpha}{\alpha}\sum_{s=t}^{\infty}\frac{1}{\prod_{l=0}^{s-t}(1+r_{t+l})},$$

根据上式可以得到均衡利率。

我们假设发明新中间产品的固定成本是不变的，为η单位的最终产品。如果在现存商品的基础上较为容易开发新产品，我们可以通过减少产品种类$\tilde{N}_t$作为研发新产品的成本，生产新产品的成本将会随着商品类型的数量$\tilde{N}_t$减少。另一方面，一旦开发了大量产品，新的突破很难产生，成本也会随着$\tilde{N}_t$而上升。固定成本与$\tilde{N}_t$值独立的假设似乎在平均意义上是可以接受的。正如我们接下来所见，它也与不变的产出增长率一致。

为了使研发支出的动机更加理性化，假设进入研发领域没有任何障碍，这意味着任何人都可以支付η成本进行研发活动获得V_t。随后，当且仅当$V_t=\eta$时，得到均衡解[①]，所以

$$\eta = LA^{\frac{1}{1-\alpha}}\alpha^{\frac{2}{1-\alpha}}\frac{1-\alpha}{\alpha}\sum_{s=t}^{\infty}\frac{1}{\prod_{l=0}^{s-t}(1+r_{t+l})}$$

并且，研发收益的现值恰好不随时间发生变化，即$V_t = V_{t+1} = \eta$。

两个不同时期，比如$t+1$和t期，收益现值的关系可以写为：

$$V_{t+1} = \left(V_t - LA^{\frac{1}{1-\alpha}}\alpha^{\frac{2}{1-\alpha}}\frac{1-\alpha}{\alpha}\frac{1}{1+r_t}\right)(1+r_t),$$

根据$\eta = V_t = V_{t+1}$，可得：

$$\eta = \eta(1+r_t) - LA^{\frac{1}{1-\alpha}}\alpha^{\frac{2}{1-\alpha}}\frac{1-\alpha}{\alpha},$$

最终，

$$r_t = \frac{1}{\eta}LA^{\frac{1}{1-\alpha}}\alpha^{\frac{2}{1-\alpha}}\frac{1-\alpha}{\alpha} = \frac{1-\alpha}{\alpha}\frac{1}{\eta}x = r, \tag{7.5}$$

即在固定劳动供给假设下，r_t为不随时间变化的常数。

7.2.1.4 代表性家庭问题

假设存在不变数量且具有单位时间的L个家庭主体，由于闲暇没有进入效用函数，

① 如果$V_t < \eta$，将没有资源用于下一期研发，并且产品的数量将随着时间保持不变，另一方面，如果$V_t > \eta$，投资于R&D将会产生正的收益，所以将会有更多的资源用于研发活动，我们将不可能获得均衡。

从而对厂商供给表现出无弹性。这与之前关于生产最终产品的劳动投入量L固定的假设一致。在无穷期上代表性家庭最大化总贴现效用函数为：

$$\max_{\{\tilde{c}_t,\tilde{a}_{t+1}\}} U_0 = \sum_{t=0}^{\infty}\beta^t \frac{\tilde{c}_t^{\ 1-\sigma}-1}{1-\sigma},$$

假设每一期以不变的收益率r进行储蓄，并且每一期提供1单位的劳动。为了简化起见，假设人口增长率n=0，单期预算约束是：

$$\tilde{c}_t + \tilde{a}_{t+1} = \tilde{w}_t + (1+r)\tilde{a}_t$$

拉格朗日函数为：

$$L(\tilde{c}_t,\tilde{a}_{t+1},\lambda_t) = \sum_{t=0}^{\infty}\beta^t\left(\frac{\tilde{c}_t^{\ 1-\sigma}-1}{1-\sigma} - \lambda_t[\tilde{c}_t + \tilde{a}_{t+1} - \tilde{w}_t - (1+r)\tilde{a}_t]\right),$$

使得效用最大化的条件为：

$$\frac{\partial L}{\partial \tilde{c}_t} = 0 \Rightarrow \tilde{c}_t^{\ -\sigma} = \lambda_t, t = 0,1,2,\cdots,$$

$$\frac{\partial L}{\partial \tilde{a}_{t+1}} = 0 \Rightarrow -\beta^t\lambda_t + \beta^{t+1}(1+r)\lambda_{t+1} = 0, t = 0,1,2,\cdots,$$

横截性条件是：

$$\lim_{t\to\infty}\beta^t\tilde{c}_t^{\ -\sigma}\tilde{a}_{t+1} = 0,$$

使得

$$\tilde{c}_{t+1} = [\beta(1+r)]^{1/\sigma}\tilde{c}_t, t = 0,1,2,\ldots$$

上式表明在效用最大化的条件下，人均消费在任何时期以不变的速率增长

$$1+\gamma_{\tilde{c}} = (\beta(1+r))^{1/\sigma} = \beta^{1/\sigma}\left(1+\frac{1}{\eta}LA^{\frac{1}{1-\alpha}}\alpha^{\frac{2}{1-\alpha}}\frac{1-\alpha}{\alpha}\right)^{1/\sigma}, \tag{7.6}$$

如果$1+r>\dfrac{1}{\beta}$，上式为正；反之为负。

7.2.1.5　总资源约束

总消费必须满足整体经济的全局资源约束，即：

$$\tilde{C}_t = \tilde{Y}_t - \eta(\tilde{N}_{t+1} - \tilde{N}_t) - \tilde{N}_t x. \tag{7.7}$$

因为η是新增中间产品数量的单位成本，$\eta\left(\tilde{N}_{t+1}-\tilde{N}_t\right) = \eta\gamma_{\tilde{N}_t}\tilde{N}_t$项是$t$期的研发成本。用来增加产品种类的研发资源将被投入下一阶段的生产。$\tilde{N}_t x$项是花费在第t期中生产中间产品的资源。

从利润最大化条件：$(1-\alpha)\tilde{Y}_t = Lw_t$，并且使用式（7.4）$\tilde{Y}_t = \dfrac{1}{\alpha^2}\tilde{N}_t x$，有：

$$\tilde{C}_t + \eta\tilde{N}_{t+1} = (1-\alpha)\tilde{Y}_t + \alpha\tilde{Y}_t + \eta\tilde{N}_t - \tilde{N}_t x = L\tilde{w}_t + \frac{1}{\alpha}\tilde{N}_t x + \eta\tilde{N}_t - \tilde{N}_t x,$$

所以

$$\tilde{c}_t + \frac{\eta}{L}\tilde{N}_{t+1} = \tilde{w}_t + \frac{\eta}{L}\tilde{N}_t + \frac{1-\alpha}{\alpha}\frac{1}{L}\tilde{N}_t x,$$

通过使用式（7.5），得到：

$$\tilde{c}_t + \frac{\eta}{L}\tilde{N}_{t+1} = \tilde{w}_t + \frac{\eta}{L}(1+r)\tilde{N}_t.$$

与家庭预算约束相比较，我们可以看到，均衡时t期的储蓄是：

$$\tilde{a}_{t+1}=\frac{\eta}{L}\tilde{N}_{t+1}.$$

7.2.1.6 平衡增长路径

通过使用类似于在AK模型中使用的方法来分析模型转移动态机制，根据式（7.7）和式（7.4），有：

$$\tilde{C}_t=\frac{1}{\alpha^2}\tilde{N}_t x-\eta\tilde{N}_{t+1}+\eta\tilde{N}_t-\tilde{N}_t x=\frac{1-\alpha^2}{\alpha^2}x\tilde{N}_t-\eta\tilde{N}_{t+1}+\eta\tilde{N}_t,$$

所以中间产品的数量满足差分方程

$$\tilde{N}_{t+1}=\left(1+\frac{1-\alpha^2}{\alpha^2}\frac{x}{\eta}\right)\tilde{N}_t-\frac{(1+\gamma_{\tilde{c}})^t}{\eta}\tilde{c}_0, \tag{7.8}$$

给定具体常数B、D，得到特解形式为：$\tilde{N}_t=B\left(1+\gamma_{\tilde{c}}\right)^t$，齐次方程的通解为：

$$\tilde{N}_t=D\left(1+\frac{1-\alpha^2}{\alpha^2}\frac{x}{\eta}\right)^t.$$

为了得到B，将解代入差分方程中，有：

$$B\left(1+\gamma_{\tilde{c}}\right)^{t+1}=\left(1+\frac{1-\alpha^2}{\alpha^2}\frac{x}{\eta}\right)B\left(1+\gamma_{\tilde{c}}\right)^t-\frac{\left(1+\gamma_{\tilde{c}}\right)^t}{\eta}\tilde{c}_0.$$

所以

$$B=\frac{c_0}{\eta}\frac{1}{\left(1+\frac{1-\alpha^2}{\alpha^2}\frac{x}{\eta}\right)-\left(1+\gamma_{\tilde{c}}\right)},$$

因此，式（7.8）的通解为：

$$\tilde{N}_t=D\left(1+\frac{1-\alpha^2}{\alpha^2}\frac{x}{\eta}\right)^t+\frac{c_0}{\eta}\frac{1}{\left(1+\frac{1-\alpha^2}{\alpha^2}\frac{x}{\eta}\right)-(1+\gamma_{\tilde{c}})}(1+\gamma_{\tilde{c}})^t. \tag{7.9}$$

在第0期，有：

$$\tilde{N}_0=D+\frac{c_0}{\eta}\frac{1}{\left(1+\frac{1-\alpha^2}{\alpha^2}\frac{x}{\eta}\right)-\left(1+\gamma_{\tilde{c}}\right)}.$$

从而得到常数D值为：

$$D=\tilde{N}_0-\frac{c_0}{\eta}\frac{1}{\left(1+\frac{1-\alpha^2}{\alpha^2}\frac{x}{\eta}\right)-\left(1+\gamma_{\tilde{c}}\right)}.$$

因此，$\tilde{N}_t$的性质为：

$$\tilde{N}_t=\left(\tilde{N}_0-\frac{c_0}{\eta}\frac{1}{\left(1+\frac{1-\alpha^2}{\alpha^2}\frac{x}{\eta}\right)-(1+\gamma_{\tilde{c}})}\right)\left(1+\frac{1-\alpha^2}{\alpha^2}\frac{x}{\eta}\right)^t$$
$$+\frac{c_0}{\eta}\frac{1}{\left(1+\frac{1-\alpha^2}{\alpha^2}\frac{x}{\eta}\right)-(1+\gamma_{\tilde{c}})}(1+\gamma_{\tilde{c}})^t.$$

横截性条件：$\lim\limits_{t\to\infty}\beta^t\tilde{c}_t^{-\sigma}\tilde{a}_{t+1}=0$。为了使得条件成立，需要：

$$\lim_{t\to\infty}\beta^t(1+\gamma_{\tilde{c}})^{-t\sigma}\tilde{c}_0^{-\sigma}\frac{\eta}{L}\left(\tilde{N}_0-\frac{c_0}{\eta}\frac{1}{\left(1+\frac{1-\alpha^2}{\alpha^2}\frac{x}{\eta}\right)-(1+\gamma_{\tilde{c}})}\right)$$

$$\times\left(1+\frac{1-\alpha^2}{\alpha^2}\frac{x}{\eta}\right)^{t+1}+\lim_{t\to\infty}\beta^t(1+\gamma_{\tilde{c}})^{-t\sigma}\tilde{c}_0^{-\sigma}\frac{\eta}{L}\frac{(1+\gamma_{\tilde{c}})^{t+1}}{\eta}\tilde{c}_0=0. \tag{7.10}$$

根据增长率表达式（7.6）和研发成果式（7.3），直观得到 $\beta\left(1+\gamma_{\tilde{c}}\right)^{-\sigma}\left(1+\frac{1-\alpha^2}{\alpha^2}\frac{x}{\eta}\right)>1$，因此横截性条件成立需要满足：

$$\lim_{t\to\infty}\left(\tilde{N}_0-\frac{c_0/\eta}{\left(1+\frac{1-\alpha^2}{\alpha^2}\frac{x}{\eta}\right)-(1+\gamma_{\tilde{c}})}\right)\left[\frac{\beta\left(1+\frac{1-\alpha^2}{\alpha^2}\frac{x}{\eta}\right)}{(1+\gamma_{\tilde{c}})^{\sigma}}\right]^t=0,$$

$$\lim_{t\to\infty}\left[\beta(1+\gamma_{\tilde{c}})^{1-\sigma}\right]^t=0,$$

即每个条件保证了式（7.10）两个极限中的一个为0。

当满足下式时

$$\left(1+\frac{1}{\eta}LA^{\frac{1}{1-\alpha}}\alpha^{\frac{2}{1-\alpha}}\frac{1-\alpha}{\alpha}\right)^{1-\sigma}<\frac{1}{\beta},$$

第二个条件成立。结构参数的限制保证了福利的有界性，与我们在AK模型中使用的方法类似。一阶条件需要

$$c_0=\eta\left[\left(1+\frac{1-\alpha^2}{\alpha^2}\frac{x}{\eta}\right)-(1+\gamma_{\tilde{c}})\right]\tilde{N}_0,$$

并且上式说明如何选择初始消费作为状态变量的函数，因此在满足横截性条件下，隐性解是稳定的。稳定性条件又一次将控制变量与状态变量联系起来。

该条件暗示了 $\tilde{N}_t$ 的演化路径：

$$\tilde{N}_t=\frac{1}{\left(1+\frac{1-\alpha^2}{\alpha^2}\frac{x}{\eta}\right)-(1+\gamma_{\tilde{c}})}(1+\gamma_{\tilde{c}})^t\frac{c_0}{\eta}=(1+\gamma_{\tilde{c}})^t\tilde{N}_0,$$

所以中间产品数量的增长率与消费增长率相同，从式（7.4）看出，其也与产出增长率相同，即 $\gamma_{\tilde{Y}}=\gamma_{\tilde{N}}=\gamma_{\tilde{c}}$。①但是从（7.6）式可知，消费在所有时期以 $\gamma_{\tilde{c}}$ 增长，所以经济中主要变量要么保持不变，例如 x_t 及 r_t，要么在每一期以相同增长率增长。因此，经济没有发生转移动态过程，即在任何冲击或政策干预之后，迅速跳到新的稳态。

另一方面，由于所有增长变量的增长率恰好相同，所以稳态采取了平衡增长轨迹，描述为：

$$1+\gamma_{\tilde{Y}_t}=1+\gamma_{\tilde{N}}=1+\gamma_{\tilde{c}}=\beta^{1/\sigma}\left(1+\frac{1}{\eta}LA^{\frac{1}{1-\alpha}}\alpha^{\frac{2}{1-\alpha}}\frac{1-\alpha}{\alpha}\right)^{1/\sigma},$$

① 不变的劳动供给 L，以及假设每单位消费者劳动供给无弹性，隐含了人口为常数。因为 $\tilde{C}_t=L\tilde{c}_t$，所以人均消费和总消费随后按照相同的增长率增长，同理因为 $\tilde{Y}_t=L\tilde{y}_t$，人均产出和总产出也是相同的。

$$x = LA^{\frac{1}{1-\alpha}}\alpha^{\frac{2}{1-\alpha}},$$

$$r = \frac{1}{\eta}LA^{\frac{1}{1-\alpha}}\alpha^{\frac{2}{1-\alpha}}\frac{1-\alpha}{\alpha},$$

$$\tilde{N}_t = \left[\beta^{1/\sigma}\left(1+\frac{1}{\eta}LA^{\frac{1}{1-\alpha}}\alpha^{\frac{2}{1-\alpha}}\frac{1-\alpha}{\alpha}\right)^{1/\sigma}\right]^t\tilde{N}_0,$$

$$\tilde{C}_t = \tilde{N}_t\left\{LA^{\frac{1}{1-\alpha}}\alpha^{\frac{2\alpha}{1-\alpha}}(1-\alpha^2)-\eta\left[\beta\left(1+\frac{1}{\eta}LA^{\frac{1}{1-\alpha}}\alpha^{\frac{2}{1-\alpha}}\frac{1-\alpha}{\alpha}\right)\right]^{1/\sigma}+\eta\right\},$$

$$\tilde{Y}_t = \frac{1}{\alpha^2}x\tilde{N}_t.$$

如上所示，增长率依赖于两个偏好参数：消费的跨期替代弹性和贴现因子。不论是低σ还是高贴现因子β，其均代表了较为强烈的储蓄意愿。对于高水平的总技术是相同的，正如在常数值A上所反映的。通过提高收益率r，降低研发成本η，也将导致经济快速增长。所有厂商在经济中对新产品的使用没有限制，超出了单一厂商使用新产品的范围，所以越大的经济体中研发成本η/L就越低，这反映在增长率γ表达式中存在L上。

7.2.2　均衡配置的无效性

经济中中央计划者最大化代表性家庭效用水平，服从全局资源约束，即式（7.7）。

该问题的拉格朗日函数：

$$\max_{\tilde{c}_t, x_t, \tilde{N}_{t+1}}\sum_{t=0}^{\infty}\beta^t\left\{\begin{array}{l}\dfrac{\tilde{c}_t^{1-\sigma}-1}{1-\sigma}\\ +\lambda_t\left[\tilde{N}_{t+1}-\dfrac{1}{\eta}\left(AL^{1-\alpha}\tilde{N}_t x_t^{\alpha}-L\tilde{c}_t+\eta\tilde{N}_t-\tilde{N}_t x_t\right)\right]\end{array}\right\},$$

一阶条件

$$\tilde{c}_t^{-\sigma} = \frac{1}{\eta}\lambda_t L,$$

$$\alpha AL^{1-\alpha}\tilde{N}_t x_t^{\alpha-1} = \tilde{N}_t,$$

$$\beta^t\lambda_t = \beta^{t+1}\lambda_{t+1}\left(\frac{1}{\eta}AL^{1-\alpha}x_{t+1}^{\alpha}+1-\frac{1}{\eta}x_{t+1}\right),$$

这表示每个中间产品的最优产出是相同的且不随时间变化，[①]

$$x^* = LA^{\frac{1}{1-\alpha}}\alpha^{\frac{1}{1-\alpha}},$$

因为$\alpha<1$，所以其值大于中间产品均衡产出。

产出的最优化水平为：

$$\tilde{Y}_t^* = AL^{1-\alpha}\tilde{N}_t^*(x^*)^{\alpha} = LA^{\frac{1}{1-\alpha}}\alpha^{\frac{\alpha}{1-\alpha}}\tilde{N}_t^*, \tag{7.11}$$

其值将会随着产品多样性而增加。

最优增长率是：

$$1+\gamma_{\tilde{c}}^* = \frac{\tilde{c}_{t+1}^*}{\tilde{c}_t^*} = \beta^{1/\sigma}\left(\frac{1}{\eta}AL^{1-\alpha}(x_t^*)^{\alpha}+1-\frac{1}{\eta}x_t^*\right)^{1/\sigma}$$

$$= \beta^{1/\sigma}\left(1+\frac{1}{\eta}LA^{\frac{1}{1-\alpha}}\alpha^{\frac{\alpha}{1-\alpha}}(1-\alpha)\right)^{1/\sigma},$$

① 我们加星号表示中央计划者问题。

容易看出，其高于均衡时的值。

与我们之前所讨论的方法类似，式（7.11）隐含了总消费和总产出以及中间产品数量增长率相同，即 $1+\gamma_{\tilde{c}}^*=1+\gamma_{\tilde{Y}}^*=1+\gamma_{\tilde{N}}^*$，所以从相同的初始值 $\tilde{N}_0$ 开始，中间产品种类的帕累托效率总是大于均衡时的水平，消费与产出也是一样的。

因此，与中央计划者解相比，分散的竞争性均衡机制对中间商品的生产贡献较少的资源，从而每一期获得较低水平的产出值。并且，均衡解的增长率也低于从中央计划者获得增长率的值，原因在于社会收益率，

$$r^*=\frac{1}{\eta}LA^{\frac{1}{1-\alpha}}\alpha^{\frac{\alpha}{1-\alpha}}(1-\alpha),$$

其值高于私人在R&D上的收益。

在经济中，由于垄断商品的价格高于其边际生产成本，从而无效率来自于垄断权利，这同时使得私人和社会收益率不同。效率可以通过税收补贴政策实现，边际成本定价没有消除创新激励。这一点可以在政府补贴购买的全部中间商品或者最终产品中得到体现。如果政府补贴全部中间商品比例的 $1-\alpha$，尽管存在垄断价格，均衡时中间商品数量仍是最优的。这是由于扣除公共补贴后的 x 的价格等于1。另一方面，补贴最终产品比例的 $\frac{1-\alpha}{\alpha}$，因此生产一单位商品，生产者将收到 $\frac{1}{\alpha}$ 单位的收益。

另一方面，Barro和Sala-i-Martin［3］表明不能通过对R&D支出进行补贴以获得效率。该政策可以使得收益率和增长率等于中央计划者中的值，但是由于垄断价格的存在，产品种类数量仍然小于最优时的值。

7.2.3 中间产品多样性经济的随机问题

7.2.3.1 最终产品的生产者

与之前章节描述的经济结构相同，现在假设技术水平 $A_t=\theta_t A$ 是随机的，并且 $\ln\theta_t$ 服从新息为 ε_t 的自回归过程：

$$\ln\theta_t=\phi\ln\theta_{t-1}+\varepsilon_t,\varepsilon_t\underset{iid}{\sim}N(0,\sigma_\varepsilon^2),$$

最终产品唯一生产者的可用技术服从

$$\tilde{Y}_t=\theta_t AL^{1-\alpha}\int_0^{\tilde{N}_t}x_{jt}^{\alpha}dj,0<\alpha<1,$$

正如确定性模型的解释。仍然保持劳动供给不变，$L_t=L,\forall t$。

厂商的利润最大化问题是：

$$\max_{\{L,x_{jt}\}}E\left[\tilde{Y}_t-w_tL-\int_0^{\tilde{N}_t}P_{jt}x_{jt}dj\right],$$

其中，w_t 是工资率，P_{jt} 是第j个中间产品的价格。最终产品生产者的竞争性质使得利润最大化条件是：

$$x_{jt}=L\left(\frac{\theta_t A\alpha}{P_{jt}}\right)^{\frac{1}{1-\alpha}},\quad j\in[0,\tilde{N}_t],\quad t=0,1,2,\cdots,$$

$$w_t=(1-\alpha)\frac{\tilde{Y}_t}{L},t=0,1,2,\cdots$$

另外，中间产品的非耐用性质以及中间产品需求无跨期性质使得垄断者在中间产品

的总需求给定时，在单期生产中间产品达到利润最大化。

$$\max_{P_{jt}}\ (P_{jt}(x_{jt})-1)\,x_{jt},$$

其中，x_{jt}是厂商生产最终产品所需的第j个中间产品，与确定性模型中的情形相同。

$$P_{jt}=P=\frac{1}{\alpha}>1.$$

类似地，隐含着所有中间商品的垄断价格是相同的，并不随时间变化。在这些垄断价格下，中间产品的需求是：

$$x_{jt}=x_t=L(\theta_t A\alpha^2)^{\frac{1}{1-\alpha}},\ \mathrm{j}\in[0,\tilde{N}_t],\ \ t=0,1,2,\cdots$$

所以最终产品产出是：

$$\begin{aligned}\tilde{Y}_t&=\theta_t AL^{1-\alpha}\int_0^{\tilde{N}_t}\left(L\theta_t^{\frac{1}{1-\alpha}}A^{\frac{1}{1-\alpha}}\alpha^{\frac{2}{1-\alpha}}\right)^{\alpha}dj\\&=\theta_t AL^{1-\alpha}\tilde{N}_t L^{\alpha}\theta_t^{\frac{\alpha}{1-\alpha}}A^{\frac{\alpha}{1-\alpha}}\alpha^{\frac{2\alpha}{1-\alpha}}\\&=L\tilde{N}_t\theta_t^{\frac{1}{1-\alpha}}A^{\frac{1}{1-\alpha}}\alpha^{\frac{2\alpha}{1-\alpha}}=\frac{1}{\alpha^2}\tilde{N}_t x_t\end{aligned}$$

对于固定的L，产出增长率与$\tilde{N}_t$相同。

7.2.3.2　中间产品的生产者

在对生产和销售中间产品持有永久的垄断权以及单位生产成本的假设下，发现第j个中间产品的收益现值是：

$$V_t=\sum_{s=t}^{\infty}\frac{1}{\prod_{l=0}^{s-t}(1+r_{t+l})}(P_{js}-1)\,x_{js},$$

其中，x_{jt}是第t期的生产数量。

求解模型需要考虑个体对风险的态度，解析法并不十分可行。根据Barro和Sala-i-Martin［3］，假设每一期潜在的创新者仅关心未来收益现值的条件期望。[①]

$$E_tV_t=La^{\frac{2}{1-\alpha}}\frac{1-\alpha}{\alpha}A^{\frac{1}{1-\alpha}}E_t\left(\sum_{s=t}^{\infty}\frac{\theta_s^{\frac{1}{1-\alpha}}}{\prod_{l=0}^{s-t}(1+r_{t+l})}\right).$$

当销售价格大于生产的单位边际成本时，新产品的固定成本可以得到弥补。对风险做出的假设与确定性模型中同样，使得$E_tV_t=\eta$。

在t期对t期和$t+1$期取条件期望，有$E_t\left(E_{t+1}V_{t+1}\right)=E_t\eta$，表明了$E_tV_{t+1}=\eta$，所以，

$$La^{\frac{2}{1-\alpha}}\frac{1-\alpha}{\alpha}A^{\frac{1}{1-\alpha}}E_t\left(\sum_{s=0}^{\infty}\frac{\theta_{t+1+s}^{\frac{1}{1-\alpha}}}{\prod_{j=0}^{s}(1+r_{t+1+j})}\right)=\eta,$$

得到如下关系式：

$$E_tV_{t+1}=\left[E_tV_t-La^{\frac{2}{1-\alpha}}\frac{1-\alpha}{\alpha}A^{\frac{1}{1-\alpha}}E_t\left(\frac{\theta_t^{\frac{1}{1-\alpha}}}{1+r_t}\right)\right](1+r_t)$$

---

① 这是一个严格的假设，忽视了关于风险厌恶不确定的合理假设。

并且，再次使用$E_tV_t = E_tV_{t+1} = \eta$，得到：

$$r_t = \frac{1}{\eta} La^{\frac{2}{1-\alpha}} \frac{1-\alpha}{\alpha} A^{\frac{1}{1-\alpha}} \theta_t^{\frac{1}{1-\alpha}} = \frac{\pi_t}{\eta} = \frac{1-\alpha}{\alpha} \frac{x_t}{\eta},$$

其中，π_t表示静态垄断利润。利率随时间变化，θ_t是任意变量。

7.2.3.3 家庭决策

保持之前确定性模型中关于消费者的假设，代表性家庭最大化无穷期的效用贴现期望值为：

$$\max_{\{\tilde{c}_t, \tilde{a}_{t+1}\}} E_0 \sum_{t=0}^{\infty} \beta^t \frac{\tilde{c}_t^{1-\sigma} - 1}{1-\sigma},$$

在变化的收益率r_t下，储蓄为$\tilde{a}_{t+1}$，并且每一期提供1单位劳动。为简化起见，假设人口增长率n=0。单期预算约束为：

$$\tilde{c}_t + \tilde{a}_{t+1} = w_t + (1 + r_t) \tilde{a}_t,$$

给定$\tilde{a}_0$。

拉格朗日函数为：

$$L(\tilde{c}_t, \tilde{a}_{t+1}, \lambda_t) = \sum_{t=0}^{\infty} \beta^t \left(\frac{\tilde{c}_t^{1-\sigma} - 1}{1-\sigma} - \lambda_t \left[\tilde{c}_t + \tilde{a}_{t+1} - w_t - (1 + r_t) \tilde{a}_t \right] \right),$$

效用最大化条件为：

$$\frac{\partial L}{\partial \tilde{c}_t} = 0 \Rightarrow \tilde{c}_t^{-\sigma} = \lambda_t, t = 0, 1, 2, \cdots,$$

$$\frac{\partial L}{\partial \tilde{a}_{t+1}} = 0 \Rightarrow -\beta^t \lambda_t + \beta^{t+1} E_t \left[(1 + r_{t+1}) \lambda_{t+1} \right] = 0,\ t=0,\ 1,\ 2,\ \cdots,$$

横截性条件为：

$$\lim_{T \to \infty} \beta^{t+T} E_t \tilde{c}_{t+T}^{-\sigma} \tilde{a}_{t+T+1} = 0,$$

得到：

$$\begin{aligned}
\tilde{c}_t^{-\sigma} &= \beta E_t \left[(1 + r_{t+1}) \tilde{c}_{t+1}^{-\sigma} \right] \\
&= \beta E_t \left[\left(1 + \frac{1}{\eta} La^{\frac{2}{1-\alpha}} \frac{1-\alpha}{\alpha} A^{\frac{1}{1-\alpha}} \theta_{t+1}^{\frac{1}{1-\alpha}} \right) \tilde{c}_{t+1}^{-\sigma} \right], \qquad t = 0, 1, 2, \cdots,
\end{aligned}$$

在均衡状态下，总储蓄必须等于维持中间产品种类所需的资源：

$$\tilde{a}_{t+1} = \eta \frac{\tilde{N}_{t+1}}{L}.$$

将该条件代入消费者预算约束，考虑$L\tilde{c}_t = \tilde{C}_t$以及劳动需求函数，从而得到人均资本形式的全局资源约束为：

$$\begin{aligned}
\tilde{c}_t + \frac{\eta}{L} \left(\tilde{N}_{t+1} - \tilde{N}_t \right) &= \tilde{y}_t - \tilde{N}_t \frac{x_t}{L_t} \\
&= \theta_t^{\frac{1}{1-\alpha}} A^{\frac{1}{1-\alpha}} a^{\frac{2\alpha}{1-\alpha}} \tilde{N}_t - \theta_t^{\frac{1}{1-\alpha}} A^{\frac{1}{1-\alpha}} a^{\frac{2}{1-\alpha}} \tilde{N}_t \\
&= \theta_t^{\frac{1}{1-\alpha}} A^{\frac{1}{1-\alpha}} a^{\frac{2\alpha}{1-\alpha}} (1 - \alpha^2) \tilde{N}_t.
\end{aligned}$$

7.2.3.4 类比AK模型

AK模型中，$n = 0$，$\delta = 0$，$\tau^c = \tau^y = 0$，并且生产技术$\tilde{Y}_t = A \times \tilde{K}_t$，则全局资源约束为：

$$\tilde{k}_{t+1} = (1 + \theta_t A^*) \tilde{k}_t - \tilde{c}_t,$$

欧拉方程为：

$$\tilde{c}_t^{-\sigma}=\beta E_t\left[(1+\theta_{t+1}A^*)\tilde{c}_{t+1}^{-\sigma}\right],$$

使得利率为：

$$r_t=\theta_t A^*.$$

另一方面，将变量$\mu_t\equiv\theta_t^{\frac{1}{1-\alpha}}$，$A'\equiv\dfrac{A^{\frac{1}{1-\alpha}}\alpha^{\frac{\alpha}{1-\alpha}}(1-\alpha)}{\eta/L}$，$\tilde{q}_t\equiv\dfrac{\eta}{L}\tilde{N}_t$代入中间产品多样性模型的中央计划者的解中，全局资源约束、欧拉条件和收益率可以写为：

$$\tilde{q}_{t+1}=\left[1+\mu_t A'(1+\alpha)\alpha^{\frac{\alpha}{1-\alpha}}\right]\tilde{q}_t-\tilde{c}_t,$$

$$\tilde{c}_t^{-\sigma}=\beta E_t\left[(1+\mu_{t+1}A')\tilde{c}_{t+1}^{-\sigma}\right],$$

$$r_t^*=\mu_t A',$$

与之前在AK模型中得到的类似。

另一方面，带有中间产品多样性模型的均衡解可以描述为：

$$\tilde{q}_{t+1}=\left[1+\mu_t A'(1+\alpha)\alpha^{\frac{\alpha}{1-\alpha}}\right]\tilde{q}_t-\tilde{c}_t,$$

$$\tilde{c}_t^{-\sigma}=\beta E_t\left[(1+\mu_{t+1}A'\alpha^{\frac{1}{1-\alpha}})\tilde{c}_{t+1}^{-\sigma}\right],$$

$$r_t=\mu_t A'\alpha^{\frac{1}{1-\alpha}}.$$

均衡解的欧拉方程与计划者解的欧拉方程的不同之处在于存在$\alpha^{\frac{1}{1-\alpha}}$项。若是没有该项，则两式相同，拥有相同的资源配置。所以$\alpha^{\frac{1}{1-\alpha}}$可以看作带有中间产品多样性模型均衡解的无效率程度。任何情况下，均衡解仍然与AK模型所描述的解类似，且在下一节设计算法产生该模型数值解时可以使用这一均衡解。

7.2.3.5 均衡解的数值特性

为了产生该模型数值解样本，定义辅助变量$z_t=\tilde{c}_t/\tilde{q}_t$。[①]资源的全局约束可以写为：

$$\frac{\tilde{q}_{t+1}}{\tilde{q}_t}=1+\mu_t A'(1+\alpha)\alpha^{\frac{\alpha}{1-\alpha}}-z_t,\tag{7.12}$$

同时，从欧拉方程中得到：

$$\left(\frac{\tilde{c}_t}{\tilde{q}_t}\right)^{-\sigma}\tilde{q}_t^{-\sigma}=\beta E_t\left[\left(\frac{\tilde{c}_{t+1}}{\tilde{q}_{t+1}}\right)^{-\sigma}\tilde{q}_{t+1}^{-\sigma}\left(1+\mu_{t+1}A'\alpha^{\frac{1}{1-\alpha}}\right)\right],\tag{7.13}$$

$\tilde{N}_{t+1}$是第t期对下期生产种类数量的决策，意味着条件期望：$E_t\tilde{q}_{t+1}=\tilde{q}_{t+1}$，代入式（7.13）中，有：

$$\left[1+\mu_t A'(1+\alpha)\alpha^{\frac{\alpha}{1-\alpha}}-z_t\right]^{\sigma}=\beta E_t\left[\frac{z_{t+1}^{-\sigma}}{z_t^{-\sigma}}\left(1+\mu_{t+1}A'\alpha^{\frac{1}{1-\alpha}}\right)\right].\tag{7.14}$$

稳态

稳态描述为$\mu_t=1,\forall t$，以及固定的人均资本增长率和$\tilde{N}_t$增长率，从式（7.12）有：

① 与求解离散的AK模型所使用的辅助变量比率相似。

$$1+\gamma_q \equiv \frac{\tilde{q}_{t+1}}{\tilde{q}_t} = 1 + A'(1+\alpha)\alpha^{\frac{\alpha}{1-\alpha}} - z_t, \tag{7.15}$$

上式表明了z_t在稳态时为常数，即$\tilde{c}_t$与$\tilde{q}_t$增长率相同。因为$\tilde{q}_t = \frac{\eta}{L}\tilde{N}_t$，意味着中间产品种类的数量与这两个变量增长率相同，即$\gamma_{\tilde{N}} = \gamma_{\tilde{c}} = \gamma_{\tilde{q}} = \gamma$。

然后，根据欧拉方程，$z_t = \tilde{c}_t/\tilde{q}_t$不变，$\mu_t = 1, \forall t$，得到增长率为：

$$(1+\gamma)^\sigma = \beta\left(1 + A'\alpha^{\frac{1}{1-\alpha}}\right) \Rightarrow 1+\gamma = \left[\beta\left(1 + A'\alpha^{\frac{1}{1-\alpha}}\right)\right]^{\frac{1}{\sigma}},$$

且z_t稳态值从式（7.15）中得到：

$$z = A'(1+\alpha)\alpha^{\frac{\alpha}{1-\alpha}} - \gamma.$$

接下来，考虑结构参数值：$\gamma > 0, z > 0$。我们将在下面的数值练习中看到参数空间为非空。

对数线性近似

为了获得模型的对数线性近似，将欧拉方程写为：

$$0 = -e^{-\sigma \ln z_t}\left(e^{\ln \mu_t} A'(1+\alpha)\alpha^{\frac{\alpha}{1-\alpha}} + 1 - e^{\ln z_t}\right)^\sigma + \beta E_t\left[e^{-\sigma \ln z_{t+1}}\left(e^{\ln \mu_{t+1}} A'\alpha^{\frac{1}{1-\alpha}} + 1\right)\right],$$

引入关于稳态的对数差分变量：$\hat{z}_t = \ln\left(z_t/z\right), \hat{\mu}_t = \ln\left(\mu_t\right)$，近似为：

$$\begin{aligned}0 \simeq\ & \sigma z^{-\sigma}(1+\gamma)^\sigma \hat{z}_t - \sigma z^{-\sigma}(1+\gamma)^{\sigma-1} A'(1+\alpha)\alpha^{\frac{\alpha}{1-\alpha}}\hat{\mu}_t \\ & + \sigma z^{-\sigma}(1+\gamma)^{\sigma-1} z\hat{z}_t \\ & + \beta E_t\left[-\sigma z^{-\sigma}(1 + A'\alpha^{\frac{1}{1-\alpha}})\hat{z}_{t+1} + z^{-\sigma} A'\alpha^{\frac{1}{1-\alpha}}\hat{\mu}_{t+1}\right].\end{aligned}$$

注意到$\ln\mu_t = \frac{1}{1-\alpha}\ln\theta_t \Rightarrow E_t\hat{\mu}_{t+1} = \frac{1}{1-\alpha}E_t\left(\ln\theta_{t+1}\right) = \frac{1}{1-\alpha}\phi\ln\theta_t = \phi\hat{\mu}_t$。因此，上式可以近似写为：

$$0 \simeq \sigma z^{-\sigma}\frac{(1+\gamma)^\sigma}{\beta}\left(1 + \frac{z}{1+\gamma}\right)\hat{z}_t - \cdots$$

$$-\left[\sigma z^{-\sigma}\frac{(1+\gamma)^{\sigma-1}}{\beta}A'(1+\alpha)\alpha^{\frac{\alpha}{1-\alpha}} - z^{-\sigma}A'\alpha^{\frac{\alpha}{1-\alpha}}\phi\right]\hat{\mu}_t - \sigma z^{-\sigma}\frac{(1+\gamma)^\sigma}{\beta}E_t\hat{z}_{t+1},$$

并且解得$\hat{z}_t$为：[①]

$$\hat{z}_t = \varphi_1 E_t\hat{z}_{t+1} + \varphi_2\hat{\mu}_t,$$

其中，$\varphi_1 = \dfrac{1+\gamma}{1 + A'(1+\alpha)\alpha^{\frac{\alpha}{1-\alpha}}}$，$\varphi_2 = A'\alpha^{\frac{\alpha}{1-\alpha}}\dfrac{\sigma\left(1+\gamma\right)^{\sigma-1}(1+\alpha) - \beta}{\sigma\left(1+\gamma\right)^\sigma}\dfrac{1}{\varphi_1}$，重要的是，式$1+\gamma = A'(1+\alpha)\alpha^{\frac{\alpha}{1-\alpha}} + 1 - z_{ss}$表明了$0 < \varphi_1 < 1$。因此，可以进一步求解自回归过程，正如前面所述，利用迭代期望规律，得到：

$$\hat{z}_t = \frac{\varphi_2}{1 - \varphi_1\phi}\hat{\mu}_t.$$

---

① 利用方程：$1 + \frac{z_{ss}}{1+\gamma_{ss}} = \frac{1+\gamma_{ss}}{1+A'}$。

我们进行如下过程：

1.给定θ_0和样本值$\left\{\varepsilon_t\right\}_{t=1}^{T}$，其中$\varepsilon_t \sim N\left(0,\sigma_\varepsilon^2\right)$，我们可以获得样本值$\left\{\theta_t\right\}_{t=1}^{T}$，随后从$\ln\mu_t = \dfrac{1}{1-\alpha}\ln\theta_t$，得到$\left\{\mu_t\right\}_{t=0}^{T}$值。

2.给定$\left\{\mu_t\right\}_{t=0}^{T}$，计算$\left\{z_t\right\}_{t=0}^{T}$:$z_t = ze^{\hat{z}_t}$，其中$\hat{z}_t = \dfrac{\varphi_2}{1-\varphi_1\phi}\hat{\mu}_t$。

3.$\tilde{q}_t$的初始值$\tilde{q}_0$可以从品种数$\tilde{N}_0$，即计算$\tilde{q}_0 = \dfrac{\eta}{L}\tilde{N}_0$得到。然后，给定$\left\{\mu_t,z_t\right\}_{t=0}^{T}$，通过迭代$\tilde{q}_{t+1} = \left(1+\mu_t A'(1+\alpha)\alpha^{\frac{\alpha}{1-\alpha}} - z_t\right)\tilde{q}_t$，并使用$q_t = \tilde{q}_t(1+\gamma)^{-t}$来计算$\{q_t\}_{t=0}^{T}$和$\{\tilde{q}_t\}_{t=0}^{T}$。

4.使用等式$c_t = z_t q_t, \tilde{c}_t = z_t\tilde{q}_t$，计算$\{\tilde{c}_t\}_{t=0}^{T}$和$\{c_t\}_{t=0}^{T}$。

5.品种数目$\tilde{N}_t$可以从$\tilde{N}_t = \dfrac{L}{\eta}\tilde{q}_t$得到。

6.利率$\{r_t\}_{t=0}^{T}$从$r_t = \mu_t A'\alpha^{\frac{\alpha}{1-\alpha}}$表达式中得到。

7.人均产出$\{\tilde{y}_t\}_{t=0}^{T}$从$\tilde{y}_t = \theta_t^{\frac{1}{1-\alpha}}A^{\frac{1}{1-\alpha}}\alpha^{\frac{2\alpha}{2-\alpha}}\tilde{N}_t$得到，同时总产出为$\tilde{Y}_t = L\tilde{y}_t$。

8.实际工资$\{\tilde{w}_t\}_{t=0}^{T}$从$\tilde{w}_t = (1-\alpha)\tilde{y}_t$中得到。

7.3 技术扩散与增长

Barro和Sala-i-Martin［2］的技术扩散模型考虑了两个国家。领先国，我们标记为国家1，正如之前分析的，假设存在中间产品的多样性。所以，对于领先国，其中间品种类数、产出水平和实际利率分别为：

$$x_{1,j,t} = L_1\alpha^{\frac{2}{1-\alpha}}A_1^{\frac{1}{1-\alpha}}\theta_{1,t}^{\frac{1}{1-\alpha}} = x_{1,t}, \forall j \in \left[0,\tilde{N}_{1,t}\right],$$

$$\tilde{Y}_{1,t} = L_1\alpha^{\frac{2\alpha}{1-\alpha}}A_1^{\frac{1}{1-\alpha}}\theta_{1,t}^{\frac{1}{1-\alpha}}\tilde{N}_{1,t} = \frac{1}{\alpha^2}\tilde{N}_{1,t}x_{1,t},$$

$$r_{1,t} = \frac{1}{\eta_1}\frac{1-\alpha}{\alpha}L_1\alpha^{\frac{2}{1-\alpha}}A_1^{\frac{1}{1-\alpha}}\theta_{1,t}^{\frac{1}{1-\alpha}},$$

$$\gamma_{\tilde{c},1} = \gamma_{\tilde{y},1} = \gamma_{\tilde{N},1} = \left[\beta\left(A_1'\alpha^{\frac{\alpha}{1-\alpha}}+1\right)\right]^{1/\sigma} - 1.$$

追随国，或者国家2，既可以创新和研发它们自己的中间产品，也可以模仿已经在国家1中发明的产品。国家2模仿或吸收领先国的中间产品所需的固定成本为$\upsilon_{2,t}$。模仿不同于创新，原因在于任何时候所模仿的商品数量受到国家1所研发却还没有被国家2模仿的商品数量$\tilde{N}_{1,t}$的制约。随着国家2所模仿的商品占国家1商品比例的上升，模仿成本$\upsilon_{2,t}$上升，即：

$$\upsilon_{2,t} = \upsilon_2(\tilde{N}_{2,t-1}/\tilde{N}_{1,t-1}), \upsilon_2' > 0.$$

特别地，假设模仿成本函数为：

$$\upsilon_{2,t} = \eta_2\left(\frac{\tilde{N}_{2,t-1}}{\tilde{N}_{1,t-1}}\right)^b, \tilde{N}_{2,t} \leqslant \tilde{N}_{1,t}, b>0, \tag{7.16}$$

其中，η_2是创新成本。

其表明了当$\tilde{N}_{2,t-1} < \tilde{N}_{1,t-1}$时，模仿成本将低于创新成本，即$\upsilon_{2,t} < \eta_2$。[①]

假设追随国初始的中间品数量远低于领先国，即$\tilde{N}_{2,0} < \tilde{N}_{1,0}$，表明模仿中间产品的成本最初低于创新成本，即$\upsilon_{2,0} < \eta_2$，因此，国家2将采取前一种选择。

7.3.1 追随国问题

国家2中的主体支付$\upsilon_{2,t}$以模仿国家1的第j种中间产品。假设国家2的该主体将会获得在国家2中生产使用该中间产品的永久垄断权，使得垄断价格为：$P_{j,2} = P_2 = \frac{1}{\alpha}$。类似于国家1，中间产品生产数量为$x_{2,j,t}$，总产出为$\tilde{Y}_{2,t}$，垄断利润的表达式为：

$$x_{2,j,t} = x_{2,t} = L_2 A_2^{\frac{1}{1-\alpha}} \alpha^{\frac{2}{1-\alpha}} \theta_{2,t}^{\frac{1}{1-\alpha}}, j \in \left[0, \tilde{N}_{2,t}\right],$$

$$\tilde{Y}_{2,t} = L_2 A_2^{\frac{1}{1-\alpha}} \alpha^{\frac{2\alpha}{1-\alpha}} \theta_{2,t}^{\frac{1}{1-\alpha}} \tilde{N}_{2,t} = \tilde{N}_{2,t} \frac{x_{2,t}}{\alpha^2},$$

$$\pi_{2,t} = \frac{1-\alpha}{\alpha} L_2 A_2^{\frac{1}{1-\alpha}} \alpha^{\frac{2}{1-\alpha}} \theta_{2,t}^{\frac{1}{1-\alpha}},$$

因而，两国人均产出比为：

$$\frac{\tilde{Y}_{2,t}/L_2}{\tilde{Y}_{1,t}/L_1} = \frac{\tilde{y}_{2,t}}{\tilde{y}_{1,t}} = \left(\frac{A_2}{A_1}\right)^{\frac{1}{1-\alpha}} \left(\frac{\theta_{2,t}}{\theta_{1,t}}\right)^{\frac{1}{1-\alpha}} \frac{\tilde{N}_{2,t}}{\tilde{N}_{1,t}}.$$

7.3.1.1 中间产品的生产者

国家2模仿第j个中间产品的现值是：[②]

$$E_t V_{2,t} = L_2 \alpha^{\frac{2}{1-\alpha}} \frac{1-\alpha}{\alpha} A^{\frac{1}{1-\alpha}} E_t \left(\sum_{s=t}^{\infty} \frac{\theta_{2,s}^{\frac{1}{1-\alpha}}}{\prod_{l=0}^{s-t} (1 + r_{2,t+l})} \right).$$

如果可以自由进入国家2的模仿行业，厂商将会达到一点使$E_t V_{2,t} = \upsilon_{2,t}$。这表明$E_{t+1} V_{2,t+1} = \upsilon_{2,t+1}$，并且$t$期取条件期望，有$E_t V_{2,t+1} = E_t(E_{t+1} V_{2,t+1}) = E_t \upsilon_{2,t+1} = \upsilon_{2,t+1}$，由于$\tilde{N}_{2,t+1}$和$\tilde{N}_{1,t+1}$在$t$期决策，可求得后一个等式。

因此，

$$E_t V_{2,t} - E_t V_{2,t+1} = \nu_{2,t} - \nu_{2,t+1}.$$

由于$E_t V_{2,t+1}$可以写为：

$$E_t V_{2,t+1} = E_t(E_{t+1} V_{2,t+1}) = L_2 \alpha^{\frac{2}{1-\alpha}} \frac{1-\alpha}{\alpha} A^{\frac{1}{1-\alpha}} E_t \left(\sum_{s=t}^{\infty} \frac{\theta_{2,s}^{\frac{1}{1-\alpha}}}{\prod_{l=0}^{s-t-1} (1 + r_{2,t+l+1})} \right),$$

有$E_t V_{2,t+1} = (1 + r_{2,t}) E_t V_{2,t} - \theta_{2,t}^{\frac{1}{1-\alpha}} L_2 \alpha^{\frac{2}{1-\alpha}} \frac{1-\alpha}{\alpha} A^{\frac{1}{1-\alpha}}$。

所以，经过简单的处理，有

---

① 创新的成本$\upsilon_{2,t}$可能超过η_2，即使当$N_{2,t-1} < N_{1,t-1}$时，国家1未复制的商品很难在国家2中使用，但这个函数不包含该情况。

② 由于没有考虑国际借贷，两个国家的利率不同。

$$r_{2,t}=L_2\alpha^{\frac{2}{1-\alpha}}\frac{1-\alpha}{\alpha}A^{\frac{1}{1-\alpha}}\frac{\theta_{2,t}^{\frac{1}{1-\alpha}}}{\upsilon_{2,t}}+\frac{\upsilon_{2,t+1}-\upsilon_{2,t}}{\upsilon_{2,t}} \tag{7.17}$$

$$=\frac{1-\alpha}{\alpha}\frac{x_{2,t}}{\upsilon_{2,t}}+\frac{\upsilon_{2,t+1}-\upsilon_{2,t}}{\upsilon_{2,t}}.$$

7.3.1.2 家庭

与国家1的参数相同，国家2代表性消费者的最优化问题为：

$$\max_{\{\tilde{c}_{2,t},\tilde{\alpha}_{2,t+1}\}} E_0\sum_{t=0}^{\infty}\beta^t\frac{\tilde{c}_{2,t}^{1-\sigma}-1}{1-\sigma},$$

服从单期预算约束

$$\tilde{c}_{2,t}+\tilde{\alpha}_{2,t+1}=\tilde{w}_{2,t}+(1+r_{2,t})\tilde{\alpha}_{2,t},$$

给定$\tilde{\alpha}_{2,0}$，最优化条件为：

$$\tilde{c}_{2,t}^{-\sigma}=\beta E_t\left[(1+r_{2,t+1})\tilde{c}_{2,t+1}^{-\sigma}\right],t=0,1,2\cdots$$

$$\lim_{T\to\infty}\beta^{t+T}E_t\tilde{c}_{2,t+T}^{-\sigma}\tilde{\alpha}_{2,t+T+1}=0.$$

在均衡时，总储蓄必须等于实现国家1中间产品品种所使用的资源，类似于国家1得到：

$$\tilde{\alpha}_{2,t}=\nu_{2,t}\frac{\tilde{N}_{2,t}}{L_2},$$

全局资源约束为：

$$\begin{aligned}\tilde{c}_{2,t}+\upsilon_{2,t+1}\frac{\tilde{N}_{2,t+1}}{L_2}&=\tilde{w}_{2,t}+(1+r_{2,t})\upsilon_{2,t}\frac{\tilde{N}_{2,t}}{L_2}\\&=(1-\alpha)\tilde{y}_t+\left(1+\frac{1-\alpha}{\alpha}\frac{x_{2,t}}{\nu_{2,t}}+\frac{\upsilon_{2,t+1}-\upsilon_{2,t}}{\nu_{2,t}}\right)\upsilon_{2,t}\frac{\tilde{N}_{2,t}}{L_2}\\&=(1-\alpha)\tilde{y}_t+\frac{1-\alpha}{\alpha}x_{2,t}\frac{\tilde{N}_{2,t}}{L_2}+\upsilon_{2,t+1}\frac{\tilde{N}_{2,t}}{L_2}\\&=\left((1-\alpha^2)\theta_{2,t}^{\frac{1}{1-\alpha}}A_2^{\frac{1}{1-\alpha}}\alpha^{\frac{2\alpha}{1-\alpha}}+\frac{\upsilon_{2,t+1}}{L_2}\right)\tilde{N}_{2,t},\end{aligned}$$

欧拉方程为：

$$\begin{aligned}\tilde{c}_{2,t}^{-\sigma}&=\beta E_t\left[(1+r_{2,t+1})\tilde{c}_{2,t+1}^{-\sigma}\right]\\&=\beta E_t\left[\tilde{c}_{2,t+1}^{-\sigma}\left(1+L_2\alpha^{\frac{2}{1-\alpha}}\frac{1-\alpha}{\alpha}A^{\frac{1}{1-\alpha}}\frac{\theta_{2,t+1}^{\frac{1}{1-\alpha}}}{\nu_{2,t+1}}+\frac{\upsilon_{2,t+2}-\upsilon_{2,t+1}}{\upsilon_{2,t+1}}\right)\right].\end{aligned}$$

实际收益，即式（7.17）中存在时间变化项表明人均消费增长率将随时间变化，并显示了向稳态的转移。这与之前描述的缺乏动态转移的领先国的特征不同。

7.3.2 确定性稳态

在确定性稳态，$\theta_{1,t}=\theta_{2,t}=1,\forall t$，模仿成本为常数：$\upsilon_{2,t}=\upsilon_{2,ss}$。我们已经知道领先国有稳态的平衡增长路径但没有转移动态，所以国家1的人均资本变量在任何时期以γ_1增长。仅当$\tilde{N}_{1,t},\tilde{N}_{2,t}$增长率相同时，模仿的成本在稳态才是常数，所以：

$$1+\gamma_{\tilde{N}_2}=1+\gamma_1=\left[\beta\left(1+A_1'\frac{\alpha}{1+\alpha}\right)\right]^{1/\sigma},$$

以及

$$A_1' = \frac{A_1^{\frac{1}{1-\alpha}}\alpha^{\frac{2\alpha}{1-\alpha}}(1-\alpha^2)}{\eta_1/L_1}.$$

由于$\upsilon_{2,t}$和中间产品数量增长率在两个国家处于稳态时是常数，从而得到全局性的资源约束：

$$\frac{\tilde{c}_{2,t}}{\tilde{N}_{2,t}} = \left[(1-\alpha^2)A_2^{\frac{1}{1-\alpha}}\alpha^{\frac{2\alpha}{1-\alpha}} + \frac{\upsilon_2}{L_2}\right] - \frac{\upsilon_2}{L_2}(1+\gamma_2), \tag{7.18}$$

这表明了$\frac{\tilde{c}_{2,t}}{\tilde{N}_{2,t}}$在稳态必须等于常数，即$1+\gamma_{2,\tilde{c}} = 1+\gamma_{2,\tilde{N}_2} = 1+\gamma_1$。最后，由于

$$\frac{\tilde{y}_{2,t}}{\tilde{y}_{1,t}} = \frac{\tilde{Y}_{2t}/L_2}{\tilde{Y}_{1t}/L_1} = \frac{\tilde{N}_{2,t}}{\tilde{N}_{1,t}}\left(\frac{A_2}{A_1}\right)^{\frac{1}{1-\alpha}},$$

两个国家拥有相同的中间产品种类增长率表明了，在稳态时，人均相对收入将保持不变。换句话说，两个国家的人均收入增长率相同。然而，哪个国家在稳态获得较高的人均收入将取决于中间商品种类的相对值和生产率水平。为了讨论这个重要的问题，我们在下一节提出了模型的转移动态分析，表明如果定义了均衡，该问题将具有鞍点路径结构，并存在稳定的特征值。那意味着所有变量将单调收敛到它们的稳态水平。因此，如果国家2的中间产品种类开始低于国家1，即$\tilde{N}_{2,0} < \tilde{N}_{1,0}$，它们的比例$\tilde{N}_{2,t}/\tilde{N}_{1,t}$在0期将会低于1，随后收敛到稳态水平。

现在，假设稳态比率$\tilde{N}_2/\tilde{N}_1$低于1。从特定的模仿成本函数中，可以看出该国吸收国家1商品的成本从初期开始一直低于创新成本，因此，后一种观点将不会实现。如果该国的生产率相对高，例如A_2/A_1远远大于1，然后追随国最终的人均收入将大于国家1，这个现象我们称之为“跨越式发展”。同样的情形发生在技术封闭很多年并且在某些时点进入拥有广泛商品多样性的经济联盟的国家。如果国家1保持较高水平的人均资本，当联盟的商品最初在不发达国家中使用时，该国或许比联盟中的其他国家生产率高，并且人均收入会经历较大的进步。另一方面，除非是政治原因，较高的生产率可以激发创新的活力，使国家去发展自己的商品。

由于在两个国家效用最大化导致$1+\gamma_{i,\tilde{c}} = \left[\beta(1+r_i)\right]^{1/\sigma}, i=1,2$，所以两个国家稳态时人均消费增长率是相同的，表明了两个国家的稳态利率也是相同的，即$r_1 = r_2$,

$$r_1 = r_2 \Rightarrow L_2\alpha^{\frac{2}{1-\alpha}}\frac{1-\alpha}{\alpha}A_2^{\frac{1}{1-\alpha}}\frac{1}{\upsilon_2} = L_1\alpha^{\frac{2}{1-\alpha}}\frac{1-\alpha}{\alpha}A_1^{\frac{1}{1-\alpha}}\frac{1}{\eta_1},$$

该方程有助于决定模仿成本，

$$\upsilon_2 = \left(\frac{A_2}{A_1}\right)^{\frac{1}{1-\alpha}}\frac{L_2}{L_1}\eta_1. \tag{7.19}$$

最终，可以通过将式（7.19）代入式（7.18），得到稳态利率$\left(\frac{\tilde{c}_{2,t}}{\tilde{N}_{2,t}}\right)_{ss}$。

7.3.3　通过对数线性近似和数值微分计算数值解

首先，从描述经济的转移动态开始。引入辅助变量，同时保持国家1中的定义不变：

$$\tilde{q}_{2,t}=\frac{\upsilon_{2,t+1}\tilde{N}_{2,t}}{L_2},z_{2,t}=\frac{\tilde{c}_{2,t}}{q_{2,t}},\tilde{q}_{1,t}=\frac{\eta_1\tilde{N}_{1,t}}{L_1},z_{1,t}=\frac{\tilde{c}_{1,t}}{\tilde{q}_{1,t}},$$

全局约束为：

$$z_{2,t}+\frac{\upsilon_{2,t+1}}{\upsilon_{2,t+2}}\frac{\tilde{q}_{2,t+1}}{\tilde{q}_{2,t}}=\left[(1-\alpha^2)\theta_{2,t}^{\frac{1}{1-\alpha}}A_2^{\frac{1}{1-\alpha}}\alpha^{\frac{2\alpha}{1-\alpha}}\frac{L_2}{\upsilon_{2,t+1}}+1\right],$$

将

$$A_2'=(1-\alpha^2)A_2^{\frac{1}{1-\alpha}}\alpha^{\frac{2\alpha}{1-\alpha}}L_2,\mu_{2,t}=\theta_{2,t}^{\frac{1}{1-\alpha}},$$

代入上式得：

$$z_{2,t}+\frac{\upsilon_{2,t+1}}{\upsilon_{2,t+2}}\frac{\tilde{q}_{2,t+1}}{\tilde{q}_{2,t}}=\left(A_2'\mu_{2,t}\frac{1}{\upsilon_{2,t+1}}+1\right),$$

根据欧拉条件，可得：

$$z_{2,t}^{-\sigma}\left[\left(A_2'\mu_{2,t}\frac{1}{\upsilon_{2,t+1}}+1-z_{2,t}\right)\frac{\upsilon_{2,t+2}}{\upsilon_{2,t+1}}\right]$$

$$=\beta E_t\left[z_{2,t+1}^{-\sigma}\left(1+\frac{\alpha}{1+\alpha}\frac{A_2'\mu_{2,t+1}}{\upsilon_{2,t+2}}+\frac{\upsilon_{2,t+2}-\upsilon_{2,t+1}}{\upsilon_{2,t+1}}\right)\right].\tag{7.20}$$

依据新加入的变量，得到模仿成本函数，即式（7.16）为：

$$\upsilon_{2,t+1}=\eta_2\left(\frac{\tilde{N}_{2,t}}{\tilde{N}_{1,t}}\right)^b$$

$$\Rightarrow\upsilon_{2,t+1}=\eta_2\left(\frac{\tilde{N}_{2,t}\upsilon_{2,t+1}/L_2}{\tilde{N}_{1,t}\eta_1/L_1}\right)^b\left(\frac{\eta_1L_2}{L_1}\right)^b\upsilon_{2,t+1}^{-b}$$

$$\Rightarrow\upsilon_{2,t+1}^{1+b}=\eta_2\left(\frac{\eta_1L_2}{L_1}\right)^b\left(\frac{\tilde{q}_{2,t}}{\tilde{q}_{1,t}}\right)^b$$

$$\Rightarrow\frac{\tilde{q}_{2,t}}{\tilde{q}_{1,t}}=\frac{\upsilon_{2,t+1}^{(1+b)/b}}{\eta_2^{1/b}\eta_1L_2/L_1}.$$

用此表达式可将全局资源约束改写为：

$$z_{2,t}+\frac{\upsilon_{2,t+1}}{\upsilon_{2,t+2}}\frac{\tilde{q}_{2,t+1}/\tilde{q}_{1,t+1}}{\tilde{q}_{2,t}/\tilde{q}_{1,t}}\frac{\tilde{q}_{1,t+1}}{\tilde{q}_{1,t}}=\left(A_2'\mu_{2,t}\frac{1}{\upsilon_{2,t+1}}+1\right).$$

但是，领先国满足 $\frac{\tilde{q}_{1,t+1}}{\tilde{q}_t}=\mu_{1,t}A_1'(1+\alpha)\alpha^{\frac{\alpha}{1-\alpha}}+1-z_{1,t}$，所以最终有：

$$\left(\frac{\upsilon_{2,t+2}}{\upsilon_{2,t+1}}\right)^{1/b}=\frac{A_2'\mu_{2,t}\frac{1}{\upsilon_{2,t+1}}+1-z_{2,t}}{\mu_{1,t}A_1'(1+\alpha)\alpha^{\frac{\alpha}{1-\alpha}}+1-Z_{1,t}}.\tag{7.21}$$

存在一个控制变量 z_2 和一个状态变量 υ_2 的两个动态方程，即式（7.20）和式（7.21），所以为了得到一个确定性均衡，应找到该系统对数线性近似方程的一个稳定和一个不稳定特征根。注意到 $\{\mu_{1,t}\}$ 和 $\{z_{1,t}\}$ 是从领先国中求得的，但是如式（7.21）所示，这影响着追随国。因此，领先国的冲击影响着追随国，但是追随国的冲击不影响领先国。

一旦获得时间序列 $\{\upsilon_{2,t+2}\}_{t=0}^T$ 和 $\{z_{2,t}\}_{t=0}^T$，可以使用从领导国获得的数据 $\{\tilde{q}_{1,t}\}_{t=0}^T$ 得到 $\{\tilde{q}_{2,t}\}_{t=0}^T$。给定 $\{\tilde{q}_{2,t}\}_{t=0}^T$ 和 $\{z_{2,t}\}_{t=0}^T$，可以计算 $\{\tilde{c}_{2,t}\}_{t=0}^T$。给定 $\{\tilde{q}_{2,t}\}_{t=0}^T$ 和 $\{\upsilon_{2,t}\}_{t=0}^T$，可以计算

$\{\tilde{N}_{2,t}\}_{t=0}^{T}$，最终，给定$\{\tilde{N}_{2,t}\}_{t=0}^{T}$，可以计算$\{\tilde{Y}_{2,t}\}_{t=0}^{T}$。

7.3.3.1 对数近似与数值微分

这部分不同于之前模型的分析。一旦获得模型的对数线性近似，我们能够使用数值导数而不是解析导数计算模型的雅可比矩阵。我们使用解析导数求解之前模型和每一节末的练习。另一方面，这里使用的数值方法并不需要偏导数，并且其适用于本书所讨论的任何模型。

由式（7.20）和式（7.21）组成的系统可以写为：

$$E_t\left[F_1(z_{2,t+1},z_{2,t},\upsilon_{2,t+2},\upsilon_{2,t+1};\mu_{2,t+1},\mu_{2,t};z_{1,t},\mu_{1,t})\right]=0 \tag{7.22}$$

$$E_t\left[F_2(z_{2,t+1},z_{2,t},\upsilon_{2,t+2},\upsilon_{2,t+1};\mu_{2,t+1},\mu_{2,t};z_{1,t},\mu_{1,t})\right]=0 \tag{7.23}$$

记$\hat{\xi}_t=\ln(\xi_t/\xi_{ss}),\xi_t=z_{2,t},\upsilon_{2,t+1},\mu_{2,t},z_{1,t},\mu_{1,t}$，则两个方程的偏导数为：

$$J_{i,k}=\frac{\partial F_i}{\partial\hat{\xi}_k},i=1,2;k=1,2,\cdots,8,$$

其中：

$$\hat{\xi}_1=\hat{z}_{2,t+1},\hat{\xi}_2=\hat{z}_{2,t},\hat{\xi}_3=\hat{\upsilon}_{2,t+2},\hat{\xi}_4=\hat{\upsilon}_{2,t+1},\hat{\xi}_5=\hat{\mu}_{2,t+1},\hat{\xi}_6=\hat{\mu}_{2,t},\hat{\xi}_7=\hat{z}_{1,t},\hat{\xi}_8=\hat{\mu}_{1,t},$$

式（7.22）的对数线性近似式（7.23）可以写为：

$$\Gamma_0\begin{pmatrix}E_t\hat{z}_{2,t+1}\\ \hat{\upsilon}_{2,t+2}\end{pmatrix}+\Gamma_1\begin{pmatrix}\hat{z}_{2,t}\\ \hat{\upsilon}_{2,t+1}\end{pmatrix}+\Gamma_2\begin{pmatrix}\hat{\mu}_{2,t}\\ \hat{z}_{1,t}\\ \hat{\mu}_{1,t}\end{pmatrix}=\begin{pmatrix}0\\0\end{pmatrix},$$

其中：

$$\Gamma_0=\begin{pmatrix}J_{1,1}&J_{1,3}\\0&J_{2,3}\end{pmatrix},\Gamma_1=\begin{pmatrix}J_{1,2}&J_{1,4}\\J_{2,2}&J_{2,4}\end{pmatrix},$$

$$\Gamma_2=\begin{pmatrix}J_{1,5}\phi_1+J_{1,6}&0&0\\J_{2,6}&J_{2,7}&J_{2,8}\end{pmatrix},$$

其中，ϕ_1是随机过程$\theta_{1,t}$的自回归参数，导致：

$$\begin{pmatrix}E_t\hat{z}_{2,t+1}\\ \hat{\upsilon}_{2,t+2}\end{pmatrix}=\Gamma_3\begin{pmatrix}\hat{z}_{2,t}\\ \hat{\upsilon}_{2,t+1}\end{pmatrix}+\Gamma_4\begin{pmatrix}\hat{\mu}_{2,t}\\ \hat{z}_{1,t}\\ \hat{\mu}_{1,t}\end{pmatrix}, \tag{7.24}$$

其中，$\Gamma_3=-\Gamma_0^{-1}\Gamma_1$，$\Gamma_4=-\Gamma_0^{-1}\Gamma_2$。

如上所述，当Γ_3有一个稳定和一个不稳定特征值时，得到了确定性均衡。对于该问题，能够得到与本书其他模型结构类似的鞍点路径。通过设置由控制和状态变量组成的向量，与不稳定特征值相关的特征向量的乘积为零，来消除不稳定趋势。反之，该条件给出我们每期选择控制变量以得到稳定解的方法，其中，控制变量为状态变量的函数。不失一般性，假设$|\lambda_1|<1,\lambda_2|>1$。随后，通过谱分解，得：

$$\Gamma_3=M\Lambda M^{-1},\Lambda=\begin{pmatrix}\lambda_1&0\\0&\lambda_2\end{pmatrix},M^{-1}=\begin{pmatrix}m_{11}&m_{12}\\m_{21}&m_{22}\end{pmatrix}.$$

M^{-1}左乘式（7.24），由Q表示产出，且$Q=M^{-1}\Gamma_4=\begin{pmatrix}Q_{11}&Q_{12}&Q_{13}\\Q_{21}&Q_{22}&Q_{23}\end{pmatrix}$，得：

$$m_{11}E_t\hat{z}_{2,t+1}+m_{12}\hat{\upsilon}_{2,t+2}=\lambda_1(m_{11}\hat{z}_{2,t}+m_{12}\hat{\upsilon}_{2,t+1})+Q_{11}\hat{\mu}_{2,t}+Q_{12}\hat{z}_{1,t}+Q_{13}\hat{\mu}_{1,t},$$

$$m_{21}E_t\hat{z}_{2,t+1}+m_{22}\hat{\upsilon}_{2,t+2}=\lambda_2(m_{21}\hat{z}_{2,t}+m_{22}\hat{\upsilon}_{2,t+1})+Q_{21}\hat{\mu}_{2,t}+Q_{22}\hat{z}_{1,t}+Q_{23}\hat{\mu}_{1,t},$$

使用从领先国得到的结果，有：

$$\hat{z}_{1,t}=\frac{\varphi_2}{1-\varphi_1\phi_1}\hat{\mu}_t,$$

从而，

$$m_{11}E_t\hat{z}_{2,t+1}+m_{12}\hat{v}_{2,t+2}=\lambda_1(m_{11}\hat{z}_{2,t}+m_{12}\hat{v}_{2,t+1})+Q_{11}\hat{\mu}_{2,t}+(Q_{13}+Q_{12}\frac{\varphi_2}{1-\varphi_1\phi_1})\hat{\mu}_{1,t}, \tag{7.25}$$

$$m_{21}E_t\hat{z}_{2,t+1}+m_{22}\hat{v}_{2,t+2}=\lambda_2(m_{21}\hat{z}_{2,t}+m_{22}\hat{v}_{2,t+1})+Q_{21}\hat{\mu}_{2,t}+(Q_{23}+Q_{22}\frac{\varphi_2}{1-\varphi_1\phi_1})\hat{\mu}_{1,t}, \tag{7.26}$$

定义辅助变量：$f_{2,t}^0=m_{21}\hat{z}_{2,t}+m_{22}\hat{v}_{2,t+1}$，得 $E_tf_{2,t+1}^0=m_{21}E_t\hat{z}_{2,t+1}+m_{22}\hat{v}_{2,t+2}$，并且第二个方程为带有不稳定系数的一阶自回归，可以向前求解，得：

$$f_{2,t}^0=\frac{Q_{23}+Q_{22}\frac{\varphi_2}{1-\varphi_1\phi_1}}{\phi_1-\lambda_2}\hat{\mu}_{1,t}+\frac{Q_{21}}{\phi_2-\lambda_2}\mu_{2,t},$$

其中，ϕ_2 为 $\theta_{2,t}$ 随机过程的自回归参数，因此，

$$\hat{z}_{2,t}=\frac{1}{m_{21}}\left(\frac{Q_{23}+Q_{22}\frac{\varphi_2}{1-\varphi_1\phi_1}}{\phi_1-\lambda_2}\hat{\mu}_{1,t}+\frac{Q_{21}}{\phi_2-\lambda_2}\hat{\mu}_{2,t}-m_{22}\hat{v}_{2,t+1}\right), \tag{7.27}$$

这是稳定方程或控制方程。

将式（7.27）带入式（7.25），有：

$$E_t\left[\frac{m_{11}}{m_{21}}\left(\frac{Q_{23}+Q_{22}\frac{\varphi_2}{1-\varphi_1\phi_1}}{\phi_1-\lambda_2}\hat{\mu}_{1,t+1}+\frac{Q_{21}\hat{\mu}_{2,t+1}}{\phi_2-\lambda_2}-m_{22}\hat{v}_{2,t+2}\right)\right]+m_{12}\hat{v}_{2,t+2}$$

$$=\lambda_1\frac{m_{11}}{m_{21}}\left(\frac{Q_{23}+Q_{22}\frac{\varphi_2}{1-\varphi_1\phi_1}}{\phi_1-\lambda_2}\hat{\mu}_{1,t}+\frac{Q_{21}}{\phi_2-\lambda_2}\hat{\mu}_{2,t}-m_{22}\hat{v}_{2,t+1}\right)$$

$$=\lambda_1m_{12}\hat{v}_{2,t+1}+\left(Q_{13}+Q_{12}\frac{\varphi_2}{1-\varphi_1\phi_1}\right)\hat{\mu}_{1,t}+Q_{11}\hat{\mu}_{2,t},$$

从而，

$$\left(m_{12}-\frac{m_{11}}{m_{21}}m_{22}\right)\hat{v}_{2,t+2}=\lambda_1\left(m_{12}-\frac{m_{11}}{m_{21}}m_{22}\right)\hat{v}_{2,t+1}$$

$$+\left[\left(Q_{13}+Q_{12}\frac{\varphi_2}{1-\varphi_1\phi_1}\right)+(\lambda_1-\phi_1)\times\frac{m_{11}}{m_{21}}\frac{Q_{23}+Q_{22}\frac{\varphi_2}{1-\varphi_1\phi_1}}{\phi_1-\lambda_2}\right]\hat{\mu}_{1,t}$$

$$+\left[Q_{11}+(\lambda_1-\phi_2)\times\frac{m_{11}}{m_{21}}\frac{Q_{21}}{\phi_2-\lambda_2}\right]\hat{\mu}_{2,t},$$

最终得到：

$$\hat{v}_{2,t+2}=\lambda_1\hat{v}_{2,t+1}+\frac{1}{m_{12}-\frac{m_{11}}{m_{21}}m_{22}}(S_1\hat{\mu}_{1,t}+S_2\hat{\mu}_{2,t}),$$

其中，状态方程为：

$$S_1 = \left(Q_{13} + Q_{12} \frac{\varphi_2}{1 - \varphi_1 \phi_1} \right) + (\lambda_1 - \phi_1) \times \frac{m_{11}}{m_{21}} \frac{Q_{23} + Q_{22} \frac{\varphi_2}{1 - \varphi_1 \phi_1}}{\phi_1 - \lambda_2},$$

$$S_2 = Q_{11} + (\lambda_1 - \phi_2) \times \frac{m_{11}}{m_{21}} \frac{Q_{21}}{\phi_2 - \lambda_2}.$$

现在，计算模型的数值解：

1.给定初值$\{\tilde{N}_{2,0}, \tilde{N}_{1,0}\}$，计算$\hat{v}_{2,1}$，并且根据给定样本值$\{\hat{\mu}_{1,t}\}_{t=0}^{T}$和$\{\hat{\mu}_{2,t}\}_{t=0}^{T}$，可以从状态方程得到$\{\hat{v}_{2,t+1}\}_{t=1}^{T}$。

2.给定样本值$\{\hat{\mu}_{1,t}\}_{t=0}^{T}$，$\{\hat{\mu}_{2,t}\}_{t=0}^{T}$和$\{\hat{v}_{2,t+1}\}_{t=1}^{T}$，可以从控制函数中得到$\{\hat{z}_{2,t}\}_{t=0}^{T}$。

7.3.4 数值练习：求解中间产品多样性和扩散增长模型

Matlab文件*simul_diffus.m*计算了技术扩散模型的样本值，即可得到领先国和追随国所有变量的样本值。从领先国获得的时间序列也可以作为之前章节讨论的存在中间产品多样性模型解的样本值。模型很容易扩展为计算一个任意数值解的样本值，当在其他章节中求解增长模型时可以使用类似的方法。

同样的过程可以用来计算两个国家对领先国生产冲击的脉冲响应。在这种情况下，并不是从两个国家的随机生产冲击的样本值开始，而是选择之前一个指定的非零值的领先国生产冲击时间序列，正如在程序注释中描述的那样。冲击的大小可以根据需求改变，而追随国生产冲击的时间序列在任何时刻都被设置为零[①]。程序随后描绘了领先国脉冲响应的图形。

需注意的是，非常短暂的单期生产率冲击，使得所有去趋势变量受到了永久性影响，这是很有趣的。这是由于即使贴现了它们的确定性增长部分之后，这些变量仍存在一个单位根。消费、产出、中间产品以及实际工资都增加了，当变量及其累积变量快速增加时，前三个变量在趋向稳态过程中快速调整。实际利率在生产冲击后经历了突然的增长，随后恢复到稳态之前的水平，即反映了该变量没有单位根的事实。实际收益率的相对持续性仅仅是生产率冲击自回归结构的一个结果。追随国去趋势变量更加缓慢地调整到新的、更高的稳态水平，反映了该国新稳态的转移路径。反过来，这是由于该国中间产品数量逐渐调整到了领先国增加的中间产品数量。注意到追随国的实际利率迅速下降，并调整到比冲击之前更高的水平，是很有趣的。第二幅图显示了关键的去趋势变量的增长率，说明追随国变量更加持久一些。最后一幅图包含了这两个国家的图形。它也显示了模仿成本的时间演化，随着领先国中间品种数量的增加，最初的下降速度比跟随国更快，并在发生生产力冲击之前逐渐恢复到其原有水平。

7.4 熊彼特增长

本节讲述了不确定情形下的离散时间模型，其中，内生增长依靠提升产品质量的创新驱动（见［1.8.15］或［第7章第3小节］），从而获取超额垄断利润。在此模型中，

① 采用程序计算跟随国的脉冲响应是直观的。读者将会看到领先国对此冲击没有反应，跟随国的冲击跟预想的一致。

创新创造了新的中间产品，它们将比之前的中间品更具生产性[①]。

7.4.1 经济

7.4.1.1 最终产品部门

在竞争市场上生产消费商品，劳动力由劳动供给无弹性的L个劳动者表示。由M个企业生产中间商品，$x_{i,t}$表示第t期第i个中间品的供给量，则最终产品产出为：

$$\tilde{Y}_t = \theta_t L^{1-\alpha} \sum_{i=1}^{M} \tilde{A}_{i,t} x_{i,t}^{\alpha}, \tag{7.28}$$

其中，θ_t表示服从随机过程的生产性冲击

$$\ln \theta_t = \phi \ln \theta_{t-1} + \varepsilon_t, \varepsilon_t \underset{iid}{\sim} N(0, \sigma_\varepsilon^2),$$

而$\tilde{A}_{i,t}, i = 1, \cdots, M$为每个企业生产系数。

通过对每期工资w_t和每一个中间产品价格$P_{i,t}$求导，获得每期厂商利润最大化条件，即：

$$\max_{\{L, \{x_{i,t}\}_{i=1}^{M}\}} \theta_t L^{1-\alpha} \sum_{i=1}^{M} \tilde{A}_{i,t} x_{i,t}^{\alpha} - w_t L = \sum_{i=1}^{M} P_{i,t} x_{i,t},$$

最优化条件为：

$$P_{i,t} = \alpha \theta_t L^{1-\alpha} \tilde{A}_{i,t} x_{i,t}^{\alpha-1}, \text{ i=1,2,}\cdots\text{, } M, \tag{7.29}$$

$$w_t = (1-\alpha) \theta_t L^{-\alpha} \sum_{i=1}^{M} \tilde{A}_{i,t} x_{i,t}^{\alpha}. \tag{7.30}$$

7.4.1.2 中间产品部门

经济中私人个体之所以有动机去创新，是希望通过获得以前技术生产能力的$1+\gamma$倍的中间产品获得垄断利润。为简便起见，假设在第t期第i种中间产品创新成功的研究者将获得那一期产品的生产权。无论是因为保密或是存在专利，第t期其他国家均不能生产具有技术创新的第i种中间产品。之后，任何获得进步技术的主体都可以在竞争市场中生产，直到另一个研究者获得更加先进的技术。当发生这种情况时，新的研究者将享受新技术带来的那一期的垄断利润。

在这一节，我们计算了在一期中第i种中间产品部门中创新成功成为垄断者的均衡利润。创新者的垄断利润π由以下因素决定：每个中间商品的唯一投入是实物资本，第t期一单位第i种中间产品需要$\tilde{A}_{i,t}$单位资本。生产率系数$\tilde{A}_{i,t}$的演化由研究部门决定。资本在完全竞争市场以ξ_t出租。因此，生产第i种中间产品的单位成本是$\zeta_t \tilde{A}_{i,t}$，并且该产品的价格由式（7.29）给出。

因此，第i种中间产品的垄断租金为：

$$\tilde{\pi}_{i,t} = \max_{\{x_{i,t}\}} \left[P_{i,t}(x_{i,t}) x_{i,t} - \zeta_t \tilde{A}_{i,t} x_{i,t} \right],$$

满足式（7.29），垄断价格与之前的生产数量存在确切的相关性。

最优条件是：

$$x_{i,t} = \left(\frac{\alpha^2 \theta_t}{\zeta_t} \right)^{\frac{1}{1-\alpha}} L. \tag{7.31}$$

---

① 在离散时间和随机前提下，表达式遵循Howitt和Aghion［9］。

由于式（7.31）右边不依赖于i，则$x_{i,t}=x_t, \forall_i=1,2,\cdots,M$。

将式（7.31）代入式（7.29），有：

$$P_{i,t}=\frac{1}{\alpha}\tilde{A}_{i,t}\zeta_t, \tag{7.32}$$

因此，每一个中间产品的价格依赖于它们部门自身的生产率，但不依赖于最终产品部门的生产性冲击。

通过将式（7.32）与式（7.31）代入利润函数，可以计算垄断利润为：

$$\tilde{\pi}_{i,t}=(1-\alpha)\alpha\theta_t L^{1-\alpha}\tilde{A}_{i,t}x_{i,t}^{\alpha}=(1-\alpha)\alpha\theta_t L^{1-\alpha}\tilde{A}_{i,t}x_t^{\alpha}. \tag{7.33}$$

资源总需求为：

$$\sum_{i=1}^{M}\tilde{A}_{i,t}x_{i,t}=x_t\sum_{i=1}^{M}\tilde{A}_{i,t}=x_t M\tilde{A}_t,$$

其中，$\tilde{A}_t=\frac{1}{M}\sum_{i=1}^{M}\tilde{A}_{i,t}$是企业的平均技术水平。

在均衡时，资本总需求与供给相等：

$$x_t M\tilde{A}_t=\tilde{K}_t. \tag{7.34}$$

7.4.1.3 研发部门

第t期行业i创新成功会提升相应的中间产品生产率。从而，生产率公式为：

$$\tilde{A}_{i,t}=(1+\gamma)\tilde{A}_{i,t-1},$$

其中，$\gamma>0$，且在不同企业之间不随时间变化。另一方面，生产率固定不变，即$\tilde{A}_{i,t}=\tilde{A}_{i,t-1}$。若研发在第$t$期成功，创新者可以成为第$t$期第$i$种中间产品生产的垄断者。

假设第t期研发成功的概率为：

$$\lambda\left(\frac{\tilde{N}_{i,t}}{(1+\gamma)\tilde{A}_{i,t-1}}\right)^b\in(0,1),\quad 0<b<1.$$

这个概率与研发投入成正比，$\tilde{N}_{i,t}$为单位研发投入，且与生产率水平呈反比例关系，因为对于更高水平而言，生产率很难再提高，从而使得研发越来越困难。参数b表明了$\frac{\tilde{N}_{i,t}}{(1+\gamma)\tilde{A}_{i,t-1}}$的增加所提高的研发成功概率按比例小于其自身。最后，λ是R&D部门的指示器，保证成功的概率在0到1之间。

因此，生产率水平$\tilde{A}_{i,t}$服从伯努利分布

$$\tilde{A}_{i,t}=(1+\gamma)\tilde{A}_{i,t-1}，概率 p_{i,t|t-1}=\lambda\left(\frac{\tilde{N}_{i,t}}{(1+\gamma)\tilde{A}_{i,t-1}}\right)^b$$

$$=\tilde{A}_{i,t-1},概率是 1-p_{i,t|t-1}=1-\lambda\left(\frac{\tilde{N}_{i,t}}{(1+\gamma)\tilde{A}_{i,t-1}}\right)^b.$$

中间生产者选择研发投资水平$\tilde{N}_{i,t}$以最大化减去研发成本后的创新的预期收益。期望收益是创新成功的概率$\lambda\left(\frac{\tilde{N}_{i,t}}{(1+\gamma)\tilde{A}_{i,t-1}}\right)^b$乘以利润$\pi_{i,t}$，同时成本仅是$\tilde{N}_{i,t}$。因此，企业求解

$$\max_{\tilde{N}_{i,t}}\left\{\lambda\left(\frac{\tilde{N}_{i,t}}{(1+\gamma)\tilde{A}_{i,t-1}}\right)^b\pi_{i,t}-\tilde{N}_{i,t}\right\},$$

其中，$\pi_{i,t}$由式（7.33）给出。

最大化一阶条件给出了研发套利方程

$$\frac{\tilde{N}_{i,t}}{(1+\gamma)\tilde{A}_{i,t-1}}=[b\lambda(1-\alpha)\alpha\theta_tL^{1-\alpha}x_t^{\alpha}]^{1/(1-b)},\tag{7.35}$$

其中，x_t由式（7.31）给出。

由于式（7.35）右边不依赖于i，从而有$\frac{\tilde{N}_{i,t}}{(1+\gamma)\tilde{A}_{i,t-1}}=n_t,\forall i=1,2,\cdots,M$，并且我们将$n_t$作为在R&D中的生产率调整变量。

现在，决定中间产品部门平均生产率的行为方程，假设有很多中间产品，可以根据强大数定律，用数学期望近似替代样本平均数。

$$\begin{aligned}\tilde{A}_t&=\frac{1}{M}\sum_{i=1}^{M}\tilde{A}_{i,t}\underset{\text{Strong law of large numbers}}{\cong}\frac{1}{M}\sum_{i=1}^{M}E(\tilde{A}_{i,t})\\&=\frac{1}{M}\sum_{i=1}^{M}\left\{\lambda\left(\frac{\tilde{N}_{i,t}}{(1+\gamma)\tilde{A}_{i,t-1}}\right)^b(1+\gamma)\tilde{A}_{i,t-1}\right.\\&\left.+\left[1-\lambda\left(\frac{\tilde{N}_{i,t}}{(1+\gamma)\tilde{A}_{i,t-1}}\right)^b\right]\tilde{A}_{i,t-1}\right\}\\&=\frac{1}{M}\sum_{i=1}^{M}\left[\lambda n_t^b(1+\gamma)\tilde{A}_{i,t-1}+(1-\lambda n_t^b)\tilde{A}_{i,t-1}\right]\\&=\frac{1}{M}(1+\lambda\gamma n_t^b)\sum_{i=1}^{M}\tilde{A}_{i,t-1}=(1+\lambda\gamma n_t^b)\tilde{A}_{t-1}\end{aligned}$$

所以，总生产率增长率为：

$$\frac{\tilde{A}_t}{\tilde{A}_{t-1}}=1+\lambda\gamma n_t^b.\tag{7.36}$$

其中，x_t为单位有效资本，k_t为$\tilde{K}_t/(M\tilde{A}_{t-1})$[①]，随后，将式（7.36）代入式（7.34），有：

$$x_t=\frac{\tilde{K}_t}{M\tilde{A}_t}=\frac{k_t}{1+\lambda\gamma n_t^b}.\tag{7.37}$$

现在，可以将垄断利润写为单位有效资本形式。根据式（7.33）和式（7.37），得到：

$$\tilde{\pi}_{i,t}=(1-\alpha)\alpha\theta_tL^{1-\alpha}\tilde{A}_{i,t}k_t^{\alpha}(1+\lambda\gamma n_t^b)^{-\alpha}.$$

最终，从式（7.29）和式（7.32）以及式（7.37），可以获得租用物质资本的均衡成本为：

$$\zeta_t=\alpha^2\theta_tL^{1-\alpha}k_t^{\alpha-1}(1+\lambda\gamma n_t^b)^{1-\alpha}.\tag{7.38}$$

7.4.1.4 资本市场

资本的拥有者从每单位资本中获得的收益为ζ_1，其大于资本的成本，即利率r_t和折

---

① 注意到自然定义包含着生产力水平和资本的比率，两个变量从初期开始取值。

旧率δ。因此，市场的无套利条件是：

$$r_t + \delta = \alpha^2 \theta_t L^{1-\alpha} k_t^{\alpha-1} (1 + \lambda \gamma n_t^b)^{1-\alpha}. \tag{7.39}$$

7.4.2 计算均衡轨迹

总资产的变动规律：

$$\tilde{K}_{t+1} = \tilde{Y}_t - \tilde{C}_t - \tilde{N}_t + (1-\delta)\tilde{K}_t, \tag{7.40}$$

其中，$\tilde{N}_t = \sum_{i=1}^{M} \tilde{N}_{i,t}$。用$M\tilde{A}_{t-1}$除式（7.40），有：

$$\frac{\tilde{K}_{t+1}}{M\tilde{A}_t}\frac{M\tilde{A}_t}{M\tilde{A}_{t-1}} = \frac{\tilde{Y}_t}{M\tilde{A}_{t-1}} - \frac{\tilde{C}_t}{M\tilde{A}_{t-1}} - \frac{\tilde{N}_t}{M\tilde{A}_{t-1}} + (1-\delta)\frac{\tilde{K}_t}{M\tilde{A}_{t-1}}. \tag{7.41}$$

利用式（7.36）和式（7.37），得到：

$$\frac{\tilde{Y}_t}{M\tilde{A}_{t-1}} = \frac{\theta_t L^{1-\alpha} x_t^\alpha \tilde{A}_t M}{M\tilde{A}_{t-1}} = \theta_t L^{1-\alpha} k_t^\alpha (1 + \lambda\gamma n_t^b)^{1-\alpha},$$

$$\frac{\tilde{N}_t}{M\tilde{A}_{t-1}} = \frac{\sum_{i=1}^{M} \tilde{N}_{i,t}}{\sum_{i=1}^{M} \tilde{A}_{i,t-1}} = \frac{\sum_{i=1}^{M} n_t (1+\gamma) \tilde{A}_{i,t-1}}{\sum_{i=1}^{M} \tilde{A}_{i,t-1}} = (1+\gamma) n_t, \tag{7.42}$$

因此，可以将式（7.41）写为：

$$k_{t+1}(1+\lambda\gamma n_t^b) = \theta_t L^{1-\alpha} k_t^\alpha (1+\lambda\gamma n_t^b)^{1-\alpha} - c_t - (1+\gamma) n_t + (1-\delta) k_t.$$

根据代表性消费者的标准最优化问题和带有参数σ的CRRA函数，我们可以得到欧拉方程：

$$\tilde{C}_t^{-\sigma} = \beta E_t \left[\tilde{C}_{t+1}^{-\sigma} (1 + r_{t+1}) \right]. \tag{7.43}$$

如果用有效单位改写式（7.43），并且在资本市场式（7.39）中使用均衡条件，有：

$$c_t^{-\sigma} (1+\lambda\gamma n_t^b)^\sigma = \beta E_t \left[c_{t+1}^{-\sigma} \left(\alpha^2 \theta_{t+1} L^{1-\alpha} K_{t+1}^{\alpha-1} (1+\lambda\gamma n_{t+1}^b)^{1-\alpha} + 1 - \delta \right) \right]. \tag{7.44}$$

因此，可以用动态随机系统总结模型为：

$$n_t = \left[b\lambda (1-\alpha) \alpha \theta_t L^{1-\alpha} \left(\frac{k_t}{1+\lambda\gamma n_t^b} \right)^\alpha \right]^{1/(1-b)}, \tag{7.45}$$

$$k_{t+1}(1+\lambda\gamma n_t^b) = \theta_t L^{1-\alpha} k_t^\alpha (1+\lambda\gamma n_t^b)^{1-\alpha} - c_t - (1+\gamma) n_t + (1-\delta) k_t \tag{7.46}$$

$$c_t^{-\sigma} (1+\lambda\gamma n_t^b)^\sigma = \beta E_t \left[c_{t+1}^{-\sigma} (\alpha^2 \theta_{t+1} L^{1-\alpha} k_{t+1}^{\alpha-1} \times (1+\lambda\gamma n_{t+1}^b)^{1-\alpha} + 1 - \delta) \right], \tag{7.47}$$

以及，

$$\ln \theta_t = \phi \ln \theta_{t-1} + \varepsilon_t, \tag{7.48}$$

给定参数值$\{\alpha, L, \lambda, \gamma, \delta, \sigma, b\}$，和初始条件$\{\theta_0, \tilde{K}_0, \tilde{A}_{-1}\}$。

下面讲述如何用Blanchard-Kahn方法求解该系统：首先，可以从稳态公式，即式（7.45）~式（7.47）获得稳态值k, c, n，如下：①

$$n = \left[b\lambda (1-\alpha) \alpha L^{1-\alpha} \left(\frac{k}{1+\lambda\gamma n^b} \right)^\alpha \right]^{1/(1-b)},$$

$$k(1+\lambda\gamma n^b) = L^{1-\alpha} k^\alpha (1+\lambda\gamma n^b)^{1-\alpha} - c - (1+\gamma) n + (1-\delta) k,$$

$$(1+\lambda\gamma n_t^b)^\sigma = \beta (\alpha^2 L^{1-\alpha} k^{\alpha-1} (1+\lambda\gamma n^b)^{1-\alpha} + 1 - \delta).$$

现在将式（7.45）~式（7.47）表示为：

---

① 使用稳态的式（7.42），我们注意到λ服从$\lambda(M_n)^b < 1$在研究成功概率的定义上是可以接受的。

$$E_t\left[F_i(z_{t+1})\right]=0,\quad i=1,2,3,$$

其中，[1]$z_{t+1}=\left[\ln k_{t+1},\ln c_{t+1},\ln n_{t+1},\ln\theta_{t+1},\ln k_t,\ln c_t,\ln n_t,\ln\theta_t\right]'$并且

$$E_t\left[F_1(z_{t+1})\right]=n_t-\left[b\lambda(1-\alpha)\alpha\theta_t L^{1-\alpha}\left(\frac{k_t}{1+\lambda\gamma n_t^b}\right)^{\alpha}\right]^{1/(1-b)}=0,$$

$$E_t\left[F_2(z_{t+1})\right]=\theta_t L^{1-\alpha}K_t^{\alpha}(1+\lambda\gamma n_t^b)^{1-\alpha}-c_t-(1+\gamma)n_t+(1-\delta)k_t-k_{t+1}(1+\lambda\gamma n_t^b)=0,$$

$$E_t\left[F_2(z_{t+1})\right]=\beta E_t\left[c_{t+1}^{-\sigma}\left(\alpha^2\theta_{t+1}L^{1-\alpha}K_{t+1}^{\alpha-1}(1+\lambda\gamma n_{t+1}^b)^{1-\alpha}+1-\delta\right)\right]-c_t^{-\sigma}(1+\lambda\gamma n_t^b)^{\sigma}=0$$

令 $J_{i,j}=\left.\dfrac{\partial F_i}{\partial z_j}\right|_z$，$i=1,2,3;j=1,2,\cdots,8$。$\tilde{k}_t\equiv\ln(k_t/k)$，$\tilde{c}_t\equiv\ln(c_t/c)$，$\tilde{n}_t\equiv\ln(n_t/n)$ ，$\hat{\theta}_t\equiv\ln(\theta_t)$，其中，$k,c,n$为$k_t,c_t,n_t$的稳态值。

利用式（7.45）的对数线性近似获得控制变量$\hat{n}_t$，其为状态变量$\hat{k}_t,\hat{\theta}_t$的函数，如下所示：

$$\hat{n}_t=-\frac{J_{1,5}}{J_{1,7}}\hat{k}_t-\frac{J_{1,8}}{J_{1,7}}\hat{\theta}_t.\tag{7.49}$$

根据（7.49）式，得到：

$$E_t\hat{n}_{t+1}=-\frac{J_{1,5}}{J_{1,7}}\hat{k}_{t+1}-\frac{J_{1,8}}{J_{1,7}}\phi\hat{\theta}_t.\tag{7.50}$$

由于$\hat{k}_{t+1}$在第t期决定，所以$E_t\hat{k}_{t+1}=\hat{k}_{t+1}$。

考虑式（7.49）和式（7.50），对数线性化式（7.46）和式（7.47）得到的系统为：

$$\Gamma_0\begin{bmatrix}\hat{k}_{t+1}\\ E_t\hat{c}_{t+1}\end{bmatrix}=\Gamma_1\begin{bmatrix}\hat{k}_t\\ \hat{c}_t\end{bmatrix}+\Gamma_2\hat{\theta}_t,\tag{7.51}$$

其中：

$$\Gamma_0=\begin{bmatrix}J_{2,1} & 0\\ J_{3,1}+J_{3,3}\dfrac{J_{1,5}}{J_{1,7}} & J_{3,2}\end{bmatrix},$$

$$\Gamma_1=-\begin{bmatrix}J_{2,5}+J_{2,7}\dfrac{J_{1,5}}{J_{1,7}} & J_{2,6}\\ J_{3,7}\dfrac{J_{1,5}}{J_{1,7}} & J_{3,6}\end{bmatrix},$$

$$\Gamma_2=-\begin{bmatrix}J_{2,8}+J_{2,7}\dfrac{J_{1,8}}{J_{1,7}}\\ J_{3,4}\phi+(J_{3,3}\phi+J_{3,7})\dfrac{J_{1,8}}{J_{1,7}}\end{bmatrix}.$$

或得到系统如下：

$$\begin{bmatrix}\hat{k}_{t+1}\\ E_t\hat{c}_{t+1}\end{bmatrix}=\Gamma_3\begin{bmatrix}\hat{k}_t\\ \hat{c}_t\end{bmatrix}+\Gamma_4\hat{\theta}_t,\tag{7.52}$$

其中，$\Gamma_3=\Gamma_0^{-1}\Gamma_1$，$\Gamma_4=\Gamma_0^{-1}\Gamma_2$。

---

① 记住任何x可以写为$e^{\ln x}$。

我们希望矩阵Γ_3有一个稳定的和不稳定的特征根，使得均衡存在[①]。不失一般性，假设$|\lambda_1|<1$，$|\lambda_2|>1$。可以得到谱分解：

$$\Gamma_3 = \Upsilon\Lambda\Upsilon^{-1}, \Lambda = \begin{pmatrix} \lambda_1 & 0 \\ 0 & \lambda_2 \end{pmatrix}, \ \Upsilon^{-1} = \begin{pmatrix} \tilde{\Upsilon}_{11} & \tilde{\Upsilon}_{12} \\ \tilde{\Upsilon}_{21} & \tilde{\Upsilon}_{22} \end{pmatrix}.$$

用Υ^{-1}左乘式（7.52），并且用Q表示产出，且$Q = \Upsilon^{-1}\Gamma_4 = \begin{pmatrix} Q_1 \\ Q_2 \end{pmatrix}$，得：

$$\tilde{\Upsilon}_{11}\hat{k}_{t+1} + \tilde{\Upsilon}_{12}E_t\hat{c}_{t+1} = \lambda_1(\tilde{\Upsilon}_{11}\hat{k}_t + \tilde{\Upsilon}_{12}\hat{c}_t) + Q_1\hat{\theta}_t, \tag{7.53}$$

$$\tilde{\Upsilon}_{21}\hat{k}_{t+1} + \tilde{\Upsilon}_{22}E_t\hat{c}_{t+1} = \lambda_2(\tilde{\Upsilon}_{21}\hat{k}_t + \tilde{\Upsilon}_{22}\hat{c}_t) + Q_2\hat{\theta}_t. \tag{7.54}$$

定义辅助变量：$f_{2,t}^0 = \tilde{\Upsilon}_{21}\hat{k}_t + \tilde{\Upsilon}_{22}\hat{c}_t$，有$E_t f_{2,t+1}^0 = \tilde{\Upsilon}_{21}\hat{k}_{t+1} + \tilde{\Upsilon}_{22}E_t\hat{c}_{t+1}$，并且第二个方程变为带有不稳定系数的一阶自回归方程$E_t f_{2,t+1}^0 = \lambda_2 f_{2,t}^0 + Q_2\hat{\theta}_t$，可以向前求解，得到：

$$f_{2,t}^0 = \frac{Q_2}{\phi - \lambda_2}\hat{\theta}_t,$$

并且，最终为：

$$\hat{c}_t = \frac{1}{\tilde{\Upsilon}_{22}}\left(\frac{Q_2}{\phi - \lambda_2}\hat{\theta}_t - \tilde{\Upsilon}_{21}\hat{k}_t\right), \tag{7.55}$$

即为控制方程或稳定方程。

将式（7.55）代入式（7.53），有：

$$\hat{k}_{t+1} = \lambda_1\hat{k}_1 + \frac{1}{\tilde{\Upsilon}_{11} - \dfrac{\tilde{\Upsilon}_{12}\tilde{\Upsilon}_{21}}{\tilde{\Upsilon}_{22}}}\left[Q_1 + \frac{Q_2\tilde{\Upsilon}_{12}/\tilde{\Upsilon}_{22}}{\rho - \lambda_2}(1-\phi)\right]\hat{\theta}_t, \tag{7.56}$$

该式为状态方程。

因此，给定初始条件$\{\tilde{K}_0, \theta_0, \tilde{A}_{-1}\}$，计算$k_0 = \tilde{K}_0/(M\tilde{A}_{-1})$并且$\hat{k}_0 = \ln(k_0/k)$。给定结构新息$\{\varepsilon_t\}_{t=1}^T$的时间样本，使用$\theta_t$的运动规律计算$\{\theta_t\}_{t=1}^T$的时间序列。随后，可以使用状态方程，即式（7.56）计算$\{\hat{k}_t\}_{t=1}^T$的时间序列。给定时间序列$\{\hat{k}_t \hat{\theta}_t\}_{t=0}^T$，并使用式（7.49）和式（7.55）计算$\{\hat{n}_t, \hat{c}_t\}_{t=0}^T$。现在，可以直观地获得时间序列$\{k_t, \theta_t, n_t, c_t\}_{t=0}^T$。我们也可以通过$y_t = \theta_t L^{1-\alpha}k_t^\alpha(1+\lambda\gamma n_t^b)^{1-\alpha}$计算$\{y_t\}_{t=0}^T$。

给定$\{\hat{n}_t\}_{t=0}^T$和$\tilde{A}_{-1}$，可以从式（7.36）中计算$\{\tilde{A}_t\}_{t=0}^T$。给定$\{\tilde{A}_t\}_{t=0}^T$，可以通过$\{k_{t+1}, c_t, n_t, y_t\}_{t=0}^T$计算$\{\tilde{K}_{t+1}, \tilde{C}_t, \tilde{N}_t, \tilde{Y}_t\}_{t=0}^T$。

计算这个递归解也可以用Matlab程序和Excel工作表，我们将此留为练习。

7.4.3 确定性稳态

在这一节，介绍了经济的确定性稳态，并且显示了平衡增长路径。确定性稳态是一个轨迹，为：（1）$\theta_t = 1, \forall t$；（2）变量$\tilde{A}_t, \tilde{Y}_t, \tilde{C}_t, \tilde{K}_t, \tilde{N}_t$以一个不变的比率$(\gamma_{\tilde{A}}, \gamma_{\tilde{Y}}, \gamma_{\tilde{C}}, \gamma_{\tilde{K}}, \gamma_{\tilde{N}})$增长；（3）$x_t = x$保持常数$\forall t$。

如果利用在稳态时的总生产函数替代均衡值$x_{i,t}(x_{i,t} = x_t = \tilde{K}_t/(M\tilde{A}_t))$，可以得到已经在第3节讨论过的生产函数的一般形式，即：

---

① 在这个模型中，当解析解不存在时，该特征值结构需要变为数值型，或许仅在特定的参数空间中成立。

$$\tilde{Y}_t = M^{1-\alpha}(\tilde{A}_t L)^{1-\alpha}\tilde{K}_t^{\alpha}.$$

从式（7.34）得到稳态①

$$(1+\gamma_{\tilde{C}})^{\sigma} = \beta(1+r_{t+1}),$$

表明了利率在稳态时为常数，即$r_t = r, \forall t$。

在稳态，生产技术的增长率将是：

$$\gamma_{\tilde{A}} = \lambda\gamma n_t^b.$$

由于$\gamma_{\tilde{A}_t}, \lambda$和$\gamma$在稳态时是常数，所以$n_t$也将是常数，即$n_t = n, \forall t$，并且$\tilde{N}_t$的增长率与$\tilde{A}_t$相同。由于利率$r$和技术研发支出$n$在稳态下是常数，由式（7.39）可知，$k_t$将在稳态时为常数，表明了资本存量$\tilde{K}_t$的增长率与技术增长率相同。

因为从生产函数中得到在稳态时：$\gamma_{\tilde{A}} = \gamma_{\tilde{K}}$，所以在稳态中有：

$$1+\gamma_{\tilde{Y}} = (1+\gamma_{\tilde{A}})^{1-\alpha}(1+\gamma_{\tilde{K}})^{\alpha} = 1+\gamma_{\tilde{A}} = 1+\lambda\gamma n^b,$$

所以最终产品的产出增长率也与技术增长率相同。从资源全局性约束的角度出发，对总消费可以得到同样的结果。因此，稳态遵循平衡增长路径。稳态下的利率水平为：

$$r = \frac{(1+\lambda\gamma n^b)^{\sigma}}{\beta}.$$

在稳态之外，如我们上面描述的，经济中的不同变量以它们自己的速率增长，全部收敛到相同的稳态水平。

7.5 具有人力资本积累的内生增长

现在，我们给出一个只含有人力资本和消费商品的两部门经济。它由Uzawa［17］和Lucas［10］提出，我们把闲暇加入效用函数中，物质资本是新人力资本生产的一种投入。与Lucas［10］不同的是，我们没有考虑总人力资本②在经济中生产单一最终产品的正外部性。这将会引起关于最优化的一个重要讨论，但不适用于该模型，在这个模型中竞争均衡是帕累托有效的。

7.5.1 经济

7.5.1.1 最终产品部门

第一个部门生产可消费的或以实物资本形式积累的最终产品。第二个部门生产人力资本，我们认为该部门不是一个确定性的市场。在将扭曲税引入到Cass-Koopmans经济模型中时，假设只对牺牲个人部分时间生产最终产品和租赁物质资本所获得的收入征税。由于人力资本市场不是明确的，因此对牺牲时间和物质资本去生产人力资本而获得的收入不征税。

假设该经济中存在一组有无限生存期限的家庭。每一代的家庭数量为L_t，且以速率n增长。每个家庭有1单位的可用时间，用u_t表示用于生产最终消费品的时间，l_t表示闲暇时间，剩余时间$1-u_t-l_t$用于接受教育，即用于人力资本的积累。

---

① 因为我们假设消费者数量为常数，我们可以等同地使用人均或总消费。

② 总人力资本是社会可利用的人力资本存量。

还有一组处于完全竞争市场中的企业，在该经济中，技术用于单一实物商品的生产，用Y_t表示生产函数为$F(\tilde{K}_{1t},\tilde{H}_{1t})$，其中$\tilde{K}_{1t}$表示用于本部门的实物资本存量，$\tilde{H}_{1t}$表示用于生产的有效劳动时间。假设生产技术为Cobb-Douglas类型：

$$Y_t = F(\tilde{K}_{1t},\tilde{H}_{1t}) = \theta_t A(\nu_t \tilde{K}_t)^{\alpha_1}(u_t \tilde{H}_t)^{\alpha_2}, \tag{7.57}$$

其中，ν_t为总物质资本$\tilde{K}_t$用于最终商品生产的比例，u_t表示该部门消费者或工人用于工作的时间，$\tilde{H}_t$是总的人力资本存量，A是技术水平，θ_t是技术中的随机扰动，服从如下随机过程：

$$\ln\theta_t = \phi_1 \ln\theta_{t-1} + \varepsilon_{1t}, \varepsilon_{1t} \underset{iid}{\sim} N(0,\sigma_1^2), |\phi_1| < 1. \tag{7.58}$$

7.5.1.2 教育部门

教育部门生成新的人力资本，使用由生产函数①$G(\tilde{k}_{2t},\tilde{h}_{2t})$表示的技术，其中$\tilde{k}_{2t}$是有效实物资本存量，$\tilde{h}_{2t}$是有效劳动，两者都是人均形式。假设获得有效劳动的唯一方法是教育②。此外，我们假设人力资本以恒定的速率$\delta_h \in (0,1)$递减。因此，除非产生新的人力资本，否则教育水平会恶化。每期的教育水平由以下积累规律表示：

$$\tilde{h}_{t+1} = G(\tilde{k}_{2t},\tilde{h}_{2t}) + (1-\delta_h)\tilde{h}_t = \eta_t B\left[(1-\nu_t)\tilde{k}_t\right]^{s_1} \times \left[(1-u_t-l_t)\tilde{h}_t\right]^{s_2} + (1-\delta_h)\tilde{h}_t \tag{7.59}$$

其中，B是该部门的技术水平，$\tilde{h}_t$是人均人力资本存量，$1-\nu_t$是用于人力资本生产的实物资本，$1-u_t-l_t$是用于接受教育的时间，η_t是该部门的一个任意随时间演化的技术冲击，

$$\ln\eta_t = \phi_2 \ln\eta_{t-1} + \varepsilon_{2t}, \varepsilon_{2t} \underset{iid}{\sim} N(0,\sigma_2^2), |\phi_2| < 1. \tag{7.60}$$

用大写字母表示整个经济的总量，小写字母表示相同变量除以总人口，所以，$X_t = \tilde{x}_t L_t, X = \tilde{C},\tilde{K},\tilde{H},\tilde{Y}$。此外，保持前面章节的假设，$\tilde{c}_t,\tilde{k}_t,\tilde{h}_t,\tilde{y}_t$表示稳态中增长的人均变量，$c_t,k_t,h_t,y_t$表示从前者去除增长趋势后获得的变量。我们不将此规则用于拉格朗日乘子中。

需要注意的是，在这个模型中，我们定义广义上的产出为最终产出加上新人力资本产出$\tilde{Q}_t$，以得出最终商品的单位估价：

$$\tilde{Q}_t = \tilde{Y}_t + (\tilde{\mu}_t/\tilde{\lambda}_t)G((1-\nu_t)\tilde{k}_t,(1-u_t-l_t)\tilde{h}_t)L_t,$$

其中，$\tilde{\mu}_t/\tilde{\lambda}_t$是以最终商品形式的人力资本的影子价格。随后，公共部门的规模可以近似地被定义为政府支出与广义产出概念之间的比率。

在下一个章节，讨论该模型经济的更一般形式，比如，包含闲暇的效用函数、教育部门中的实物资本、消费税和劳动以及资本收入，在一个随机的设置中，我们给出提升内生增长的必要条件。在此之后，我们描述了如何获得一个更简单模型的数值解，该模型不包括税收、休闲和实物资本作为新人力资本生产的投入。我们将计算较复杂结构的数值解作为一个练习，这是之前提到的求解程序的扩展过程。读者将解决与前面检验章节中Cass-Koopmans模型类似的财政政策问题。

7.5.1.3 家庭问题

该经济中的每个个体都是通过消费$\tilde{c}_t \equiv \dfrac{\tilde{C}_t}{L_t}$单位生产性商品以及从闲暇$l_t$中获得效

---

① 不失一般性，我们假设一个人均形式的生产函数。

② 我们不考虑在工作岗位中的经验是获得工作的条件。

用。将总的可用时间标准化为1。消费者偏好由一个连续的效用函数$U(\tilde{c}_t,l_t)$的偏导数表示。效用函数中的两个参数被解释为一个齐次复合商品，假设常数跨期替代弹性为$1/\sigma$，则：

$$U(\tilde{c}_t,l_t)=\frac{(\tilde{c}_t^p,l_t^{1-p})^{1-\sigma}-1}{1-\sigma},\sigma>0,p\in(0,1).$$

下式代表消费者最大化当前和未来效用的贴现期望值：

$$\max_{\{\tilde{c}_t,\tilde{l}_t,u_t,\nu_t,l_t,\tilde{k}_{t+1},\tilde{h}_{t+1}\}} E_0\sum_{t=0}^{\infty}\beta^t\frac{(\tilde{c}_t^p,l_t^{1-p})^{1-\sigma}-1}{1-\sigma}, \tag{7.61}$$

依据一系列预算约束①以及人力资本的运行规律：

$$(1+\tau^c)\tilde{c}_t+\tilde{\iota}_t=(1-\tau^r)r_t\nu_t\tilde{k}_t+\tau^r\delta_k\nu_t\tilde{k}_t+(1-\tau^w)w_tu_t\tilde{h}_t, \tag{7.62}$$

$t=0,1,2,\cdots,$

$$(1+n)\tilde{k}_{t+1}=\tilde{\iota}_t+(1-\delta_k)\tilde{k}_t,t=0,1,2,\cdots, \tag{7.63}$$

$$\tilde{h}_{t+1}=G((1-\nu_t)\tilde{k}_t,(1-u_t-l_t)\tilde{h}_t)+(1-\delta_h)\tilde{h}_t, \tag{7.64}$$

$t=0,1,2,\cdots,\tilde{k}_0,\tilde{h}_0$给定，

$\tilde{c}_t,\tilde{k}_{t+1},\tilde{h}_{t+1}\geqslant 0,u_t,\nu_t,l_t\in(0,1),u_t+l_t\in(0,1)$，以及式（7.58）和式（7.60）。

其中，$\tilde{\iota}_t$表示实物资本中的投资，r_t为实物资本的收益率，w_t表示在该部门工作的报酬，τ^c,τ^r,τ^w分别为消费、资本收入及劳动收入的税率。$\tau^r\delta_k\nu_t\tilde{k}_t$在预算约束中的存在形式是根据折旧额计算的。

这个最优化问题的拉格朗日函数为：

$$\mathcal{L}(\tilde{c}_t,u_t,\nu_t,l_t,\tilde{k}_{t+1},\tilde{h}_{t+1},\lambda_t,\mu_t)$$

$$=E_0\left[\begin{array}{l}\sum_{t=0}^{\infty}\beta^t\frac{(\tilde{c}_t^p l_t^{1-p})^{1-\sigma}-1}{1-\sigma}+\beta^t\lambda_t(-(1+\tau^c)\tilde{c}_t-(1+n)\tilde{k}_{t+1}\\ +(1-\delta_k)\tilde{k}_t+(1-\tau^r)r_t\nu_t\tilde{k}_t+\tau^r\delta_k\nu_t\tilde{k}_t+(1-\tau^w)w_tu_t\tilde{h}_t)\\ +\beta^t\mu_t(-\tilde{h}_{t+1}+G((1-\nu_t)\tilde{k}_t,(1-u_t-l_t)\tilde{h}_t)+(1-\delta_h)\tilde{h}_t)\end{array}\right],$$

一阶条件：

$$p\tilde{c}_t^{p(1-\sigma)-1}l_t^{(1-p)(1-\sigma)}=(1+\tau^c)\lambda_t, \tag{7.65}$$

$$(1-p)\tilde{c}_t^{p(1-\sigma)}l_t^{(1-p)(1-\sigma)-1}=\mu_t\eta_tB\varsigma_2((1-\nu_t)\tilde{k}_t)^{\varsigma_1}\times(1-u_t-l_t)^{\varsigma_2-1}\tilde{h}_t^{\varsigma_2}, \tag{7.66}$$

$$(1-\tau^w)w_t\lambda_t=\mu_t\eta_tB\varsigma_2((1-\nu_t)\tilde{k}_t)^{\varsigma_1}((1-u_t-l_t)\tilde{h}_t)^{\varsigma_2-1}, \tag{7.67}$$

$$[(1-\tau^r)r_t+\tau^r\delta_k]\lambda_t=\mu_t\eta_tB\varsigma_1((1-\nu_t)\tilde{k}_t)^{\varsigma-1}\times((1-u_t-l_t)\tilde{h}_t)^{\varsigma}, \tag{7.68}$$

$$\lambda t(1+n)=\beta Et\left[\begin{array}{l}\lambda_{t+1}((1-\tau^r)r_{t+1}\nu_{t+1}+\tau^r\delta_k\nu_{t+1}+1-\delta_k)\\ +\mu_{t+1}(1-\nu_{t+1})\eta_{t+1}B\varsigma_1((1-\nu_{t+1})\tilde{k}_{t+1})^{\varsigma_1-1}\\ \times((1-u_{t+1}-l_{t+1})\tilde{h}_{t+1})^{\varsigma_2}\end{array}\right], \tag{7.69}$$

$$\mu_t=\beta E_t\left\{\lambda_{t+1}(1-\tau^w)w_{t+1}u_{t+1}+\mu_{t+1}\left[\eta_{t+1}B\varsigma_2((1-\nu_{t+1})\tilde{k}_{t+1})^{\varsigma_1}\times(1-u_{t+1}-l_{t+1})^{\varsigma_2-1}\tilde{h}_{t+1}^{\varsigma_2}+1-\delta_h\right]\right\}, \tag{7.70}$$

$$\lim_{j\to\infty}E_t(\beta^t\lambda_{t+j}\tilde{k}_{t+j+1})=0, \tag{7.71}$$

$$\lim_{j\to\infty}E_t(\beta^t\mu_{t+j}\tilde{h}_{t+j+1})=0. \tag{7.72}$$

---

① 我们假设消费者支付资本税以及工资税。

7.5.1.4 企业问题

每期生产最终商品的代表企业利润最大化，

$$\max_{\{\tilde{K}_{1t},\tilde{H}_{1t}\}} F(\tilde{K}_{1t},\tilde{H}_{1t}) - w_t\tilde{H}_{1t} - r_t\tilde{K}_{1t}$$

约束条件为：

$$F(\tilde{K}_{1t},\tilde{H}_{1t}) = \theta_t A\tilde{K}_{1t}^{\alpha_1}\tilde{H}_{1t}^{\alpha_2},$$

其中，$\tilde{K}_{1t} = \nu_t\tilde{K}_t, \tilde{H}_{1t} = u_t\tilde{H}_t$。一阶条件为：

$$w_t = \alpha_2\theta_t A(\nu_t\tilde{K}_t)^{\alpha_1}(u_t\tilde{H}_t)^{\alpha_2-1}, \tag{7.73}$$

$$r_t = \alpha_1\theta_t A(\nu_t\tilde{K}_t)^{\alpha_1-1}(u_t\tilde{H}_t)^{\alpha_2}. \tag{7.74}$$

7.5.1.5 政府问题

政府对生产最终产品部门的家庭征收消费税、资本租金税和劳动所得税，并且财政政策中将政府支出G_t设定为外生，它们不会对效用水平、生产最终商品或人力资本的技术产生影响。税率的选择是为了平衡每期的预算，

$$\tilde{g}_t = \tau^w w_t u_t\tilde{h}_t + \tau^r r_t\nu_t\tilde{k}_t - \tau^r\delta_k\nu_t\tilde{k}_t + \tau^c\tilde{c}_t. \tag{7.75}$$

将政府支出与产出的比率作为公共部门的指示器，如下所示：[①]

$$\xi_t = \tilde{g}_t/\tilde{y}_t, \xi_t \in (0,1). \tag{7.76}$$

7.5.2 竞争均衡

给定税率：$\{\tau^c,\tau^r,\tau^w\}$，竞争均衡是一个向量序列$\{\tilde{c}_t,u_t,\nu_t,l_t,\tilde{k}_{t+1},\tilde{h}_{t+1},r_t,w_t,\tilde{g}_t\}_{t=0}^{\infty}$，满足利润最大化条件式（7.73）、式（7.74），消费者问题的最优条件，即式（7.65）~式（7.72），家庭预算约束，即式（7.62）~式（7.63），人力资本积累的规律，即式（7.64），政府预算约束，即式（7.75）~式（7.76）及市场出清条件，

$$\tilde{C}_t + \tilde{K}_{t+1} - (1-\delta_k)\tilde{K}_t + G_t = \theta_t A\tilde{K}_{1t}^{\alpha1}\tilde{H}_{1t}^{\alpha2} \tag{7.77}$$

上式保证该经济中资源约束也成立。

下述总结得出描述竞争均衡特性的条件。首先，从式（7.67）、式（7.68）、式（7.74）、式（7.73）中除以价格$(r_t,w_t,\lambda_t,\mu_t)$，得到：

$$\frac{(1-\tau^w)\alpha_2\theta_t A(\nu_t\tilde{k}_t)^{\alpha_1}(u_t\tilde{h}_t)^{\alpha_2-1}L_t^{\alpha_1+\alpha_2-1}}{(1-\tau^r)\alpha_1\theta_t A(\nu_t\tilde{k}_t)^{\alpha_1-1}(u_t\tilde{h}_t)^{\alpha_2}L_t^{\alpha_1+\alpha_2-1}+\tau^r\delta_k} = \frac{s_2}{s_1}\frac{(1-\nu_t)\tilde{k}_t}{(1-u_t-l_t)\tilde{h}_t}, \tag{7.78}$$

上式表明在均衡时，最终产品部门中劳动与资本之间的边际转换率与净税率必须相等，且与教育部门相等。

从式（7.65）、式（7.66）和式（7.73）中，得到：

$$\frac{\left(\frac{p}{1-p}\right)l_t}{\tilde{c}_t(1+\tau^c)} = \frac{1}{(1-\tau^w)\alpha_2\theta_t A(\nu_t\tilde{k}_t)^{\alpha_1}(u_t\tilde{h}_t)^{\alpha_2-1}\tilde{h}_t L_t^{\alpha_1+\alpha_2-1}}, \tag{7.79}$$

表明消费与闲暇之间的边际替代率必须与劳动的边际产出相等。

从式（7.65）、式（7.69）、式（7.68）和式（7.74）中，得到：

---

① 另外，我们可以考虑政府支出与产出的任意比率$\xi_t = \xi + \varepsilon_{3t}, \varepsilon_{3t} \sim N(0,\sigma_3^2)$，$\sigma_3^2$足够小以至于$\xi_t$在区间（0，1）中波动，可解释为政府支出控制水平中的可能性误差。然后，我们至少需要一个时变税率，在每一个时期保证政府预算约束平衡。

$$\tilde{c}_t^{p(1-\sigma)-1} l_t^{(1-p)(1-\sigma)} = \beta E_t \left\{ \begin{array}{l} \tilde{c}_{t+1}^{p(1-\sigma)-1} l_{t+1}^{(1-p)(1-\sigma)} \times [(1-\tau^r)\alpha_1 \theta_{t+1} A(\nu_{t+1}\tilde{k}_{t+1})^{\alpha_1 - 1} \times \\ (u_{t+1}\tilde{h}_{t+1})^{\alpha_2} L_{t+1}^{\alpha_1+\alpha_2-1} + 1 - (1-\tau^r)\delta_k] \end{array} \right\} \tag{7.80}$$

上式表明今天所放弃一单位消费的边际效用必须等于未来消费的期望效用，或者等于扣除折旧和税收的实物资本的边际产出。

从式（7.65）、式（7.70）、式（7.67）和式（7.73）中，得到：

$$\tilde{c}_t^{p(1-\sigma)-1} l_t^{(1-p)(1-\sigma)} \frac{\theta_t(\nu_t\tilde{k}_t)^{\alpha_1}(u_t\tilde{h}_t)^{\alpha_2-1} L_t^{\alpha_1+\alpha_2-1}}{\eta_t((1-\nu_t)\tilde{k}_t)^{\varsigma_1}(1-u_t-l_t)^{\varsigma_2-1}\tilde{h}_t^{\varsigma_2-1}}$$

$$= \beta Et \left\{ \begin{array}{l} \tilde{c}_{t+1}^{p(1-\sigma)-1} l_{t+1}^{(1-p)(1-\sigma)} \times \dfrac{\theta_{t+1}(\nu_{t+1}\tilde{k}_{t+1})^{\alpha_1}(u_{t+1}\tilde{h}_{t+1})^{\alpha_2-1} L_{t+1}^{\alpha_1+\alpha_2-1}}{\eta_{t+1}((1-\nu_{t+1})\tilde{k}_{t+1})^{\varsigma_1}(1-u_{t+1}-l_{t+1})^{\varsigma_2-1}\tilde{h}_{t+1}^{\varsigma_2-1}} \\ \times \left[B\upsilon_2\eta_{t+1}((1-\nu_{t+1})\tilde{k}_{t+1})^{\varsigma_1}(1-u_{t+1}-l_{t+1})^{\varsigma_2-1} \times \tilde{h}_{t+1}^{\varsigma_2-1}(1-l_{t+1}) + 1 - \delta_h \right] \end{array} \right\}, \tag{7.81}$$

这就是与前面类似的欧拉条件，但该条件与教育部门相关。

从式（7.77）和式（7.76）可得：

$$\tilde{c}_t + (1+n)\tilde{k}_{t+1} - (1-\delta_k)\tilde{k}_t = (1-\xi)A\theta_t(\nu_t\tilde{k}_t)^{\alpha 1}(u_t\tilde{h}_t)^{\alpha_2} L_t^{\alpha_1+\alpha_2-1}, \tag{7.82}$$

这是该经济的总资源约束。

最后，从式（7.64）中，得到：

$$\tilde{h}_{t+1} = B\eta_t((1-\nu_t)\tilde{k}_t)^{\varsigma_1}(1-u_t-l_t)^{\varsigma_2-1}\tilde{h}_t^{\varsigma_2-1} + (1-\delta_h)\tilde{h}_t, \tag{7.83}$$

该式为人力资本的动态积累方程。

7.5.3 分析确定性的稳态

与前面的模型一致，我们在这个经济中定义了确定性的稳态，随机冲击在所有时期都等于其期望值，即 $\theta_t = \eta_t = 1, \forall t$，变量 u_t, ν_t, l_t 保持恒定，为 u, ν, l，且 $\tilde{c}_t, \tilde{k}_t, \tilde{h}_t, \tilde{y}_t$ 分别以恒定的速率 $\gamma_{\tilde{c}}, \gamma_{\tilde{k}}, \gamma_{\tilde{h}}, \gamma_y$ 增长，特别地，$\tilde{Y}_t / \tilde{K}_t$ 比率保持不变①，这意味着 $\gamma_{\tilde{K}} = \gamma_{\tilde{Y}}$。

引理1。以下是模型中内生增长的必要条件：

$$\varsigma_1 \ln(1+\gamma_{\tilde{k}}) + (\varsigma_2 - 1)\ln(1+\gamma_{\tilde{h}}) = 0, \tag{7.84}$$

$$(\alpha_1 - 1)\ln(1+\gamma_{\tilde{k}}) + \alpha_2 \ln(1+\gamma_{\tilde{h}}) = (1-\alpha_1-\alpha_2)\ln(1+n). \tag{7.85}$$

证明：注意，如我们求解该系统中的 $\ln(1+\gamma_{\tilde{k}})$ 和 $\ln(1+\gamma_{\tilde{h}})$，得到：

$$\ln(1+\gamma_{\tilde{k}}) = \frac{(1-\varsigma_2)(1-\alpha_1-\alpha_2)}{\varsigma_1\alpha_2 - (1-\alpha_1)(1-\varsigma_2)} \ln(1+n),$$

$$\ln(1+\gamma_{\tilde{h}}) = \frac{\varsigma_1(1-\alpha_1-\alpha_2)}{\varsigma_1\alpha_2 - (1-\alpha_1)(1-\varsigma_2)} \ln(1+n).$$

如果 $n \neq 0$，当 $\dfrac{(1-\varsigma_2)(1-\alpha_1-\alpha_2)}{\varsigma_1\alpha_2-(1-\alpha_1)(1-\varsigma_2)} > 0$ 和 $\dfrac{\varsigma_1(1-\alpha_1-\alpha_2)}{\varsigma_1\alpha_2-(1-\alpha_1)(1-\varsigma_2)} > 0$ 时，则物质及人力资本的增长率均为正，所以：（1）如果最终产品部门规模报酬递增（$1 < \alpha_1 + \alpha_2$），则 $\dfrac{1-\alpha_1}{\alpha_2} > \dfrac{\varsigma_1}{(1-\varsigma_2)}$ 保证增长率增大；（2）如果最终产品部门规模报酬递减（$1 > \alpha_1 + \alpha_2$），则 $\dfrac{1-\alpha_1}{\alpha_2} < \dfrac{\varsigma_1}{(1-\varsigma_2)}$ 是保证正增长的必要条件；（3）若规模收益不变（$1 = \alpha_1 + \alpha_2$），则在

---

① 当我们不假设两个部门的规模报酬不变时，才需要后面的条件。事实上，这是解决模型的唯一条件，该条件没必要施加，由于在均衡下它总成立。

$\frac{1-\alpha_1}{\alpha_2}=\frac{\varsigma_1}{(1-\varsigma_2)}$时，累积投入中具有正增长，即$\varsigma_1+\varsigma_2=1$。如果$n=0$，只有当$\varsigma_1\alpha_2>(1-\alpha_1)(1-\varsigma_2)$时，物质和人力资本的增长率严格为正。

我们考虑最后一种情况，即以两个部门规模报酬不变的情况作为参考，则稳态在平衡增长路径上取到，人均资本变量以恒定且非零速率增长，除工作时间外，都保持恒定。此外，很容易证明稳态下的$\tilde{c}_t,\tilde{k}_t,\tilde{h}_t,\tilde{y}_t$都是以相同的速率增长。

现在，我们证明前面引理给定的条件事实上保证了稳态的非零增长。在稳态中对式（7.83）求解得到：

$$\frac{(1+\gamma_{\tilde{h}})-(1-\delta_h)}{B(1-\nu)^{\varsigma_1}(1-u-l)^{\varsigma_2}}\tilde{k}_t^{\varsigma_1}\tilde{h}_t^{\varsigma_2-1} \tag{7.86}$$

由于该表达式的左边是常数，故除以滞后一期的相同表达式再取对数得到式（7.84）。

现在求解式（7.82）的稳态值，得到：

$$\frac{\tilde{c}_t}{\tilde{k}_t}+(1+n)(1+\gamma_{\tilde{k}})-(1-\delta_k)=(1-\xi)A\nu^{\alpha_1}u^{\alpha_2}\tilde{k}_t^{\alpha_1-1}\tilde{h}_t^{\alpha_2}L_t^{\alpha_1+\alpha_2-1}, \tag{7.87}$$

根据总资源约束得到：$\tilde{C}_t/\tilde{K}_t+\tilde{K}_{t+1}/\tilde{K}_t-(1-\delta_k)=(1-\xi)\tilde{Y}_t/\tilde{K}_t$，同时，也可以写为：$\frac{\tilde{c}_t}{\tilde{k}_t}=-(1+n)(1+\gamma_{\tilde{k}})+(1-\delta_k)+(1-\xi)\frac{\tilde{Y}_t}{\tilde{K}_t}$。由于在稳态下，$\tilde{Y}_t/\tilde{K}_t$必须保持固定，则右边的所有部分都是固定值，因此，$\frac{\tilde{c}_t}{\tilde{k}_t}$也必须是固定的。但把所有固定部分移到右边，除以滞后期相同的表达式再取对数，得到式（7.85）。

现在，我们证明两个条件都成立，描述竞争均衡特性的方程在稳态下也是成立的。注意到这两个条件对引理成立很重要，则$\tilde{k}_t^{\varsigma_1}\tilde{h}_t^{\varsigma_2-1}$与$\tilde{k}_t^{\alpha_1-1}\tilde{h}_t^{\alpha_2}L_t^{\alpha_1+\alpha_2-1}$等乘积在稳态下，例如，沿着平衡增长路径保持恒定。

在稳态下求解式（7.78），得到：

$$\frac{(1-\tau^w)\alpha_2A\nu^{\alpha_1}u^{\alpha_2-1}\left[\tilde{k}_t^{\alpha_1-1}h_t^{\alpha_2}L_t^{\alpha_1+\alpha_2-1}\right]}{(1-\tau^r)\alpha_1A\nu^{\alpha_1-1}u^{\alpha_2}\left[\tilde{k}_t^{\alpha_1-1}\tilde{h}_t^{\alpha_2}L_t^{\alpha_1+\alpha_2-1}\right]+\tau^r\delta_k}=\frac{\varsigma_2}{\varsigma_1}\frac{(1-\nu)}{(1-u-l)}.$$

由于方括号中的表达式保持恒定以及另一部分参数或变量在稳态下保持恒定，则该表达式与存在平衡增长路径时是一致的。

在稳态下求解式（7.79），得到：

$$\frac{p}{1-p}\frac{l}{(\tilde{c}_t/\tilde{k}_t)(1+\tau^c)}=\frac{1}{(1-\tau^w)\alpha_2A\nu^{\alpha_1}u^{\alpha_2-1}\left[\tilde{k}_t^{\alpha_1-1}\tilde{h}_t^{\alpha_2}L_t^{\alpha_1+\alpha_2-1}\right]}.$$

与之前类似，括号里面的表达式在稳态下保持恒定，剩余的部分参数或变量在稳态下保持恒定，所以，该表达式与平衡增长路径中是一致的。

在稳态下求解式（7.80），得到：

$$(1+\gamma_{\tilde{c}})^{1-p(1-\sigma)}=\beta\left[(1-\tau^r)\alpha_1A\nu^{\alpha_1-1}u^{\alpha_2}\times\left(\tilde{k}_t^{\alpha_1-1}\tilde{h}_t^{\alpha_2}L_t^{\alpha_1+\alpha_2-1}\right)+1-(1-\tau^r)\delta_k\right],$$

同理，该表达式与平衡增长路径一致。

最后，在稳态下求解式（7.81），得到：

$$(1+\gamma_{\tilde{c}})^{1-p(1-\sigma)}(1+\gamma_{\tilde{h}})^{\varsigma_2-\alpha_2}(1+\gamma_{\tilde{k}})^{\varsigma_1-\alpha_1}=\beta\left[B\upsilon_2(1-\nu)^{\varsigma_1}(1-u-l)^{\varsigma_2-1}(1-l)(\tilde{k}_t^{\varsigma_1}\tilde{h}_t^{\varsigma_2-1})+1-\delta_h\right],$$

该经济的稳态只能计算数值解。我们假设两部门都规模报酬不变，所以前面引理中存在平衡增长路径时的两个条件都成立。因此，$\alpha_1=\alpha,\alpha_2=1-\alpha,\varsigma_1=\varsigma,\varsigma_2=1-\varsigma$。在这种情况下，很容易证明$\tilde{c}_t,\tilde{k}_t,\tilde{h}_t,\tilde{y}_t$均以相同的速率增长，用$\gamma$表示。现在，我们定义辅助变量：

$$z_t=\frac{\tilde{k}_t}{\tilde{h}_t};\ x_t=\frac{\tilde{c}_t}{\tilde{k}_t};\ 1+\gamma_{\tilde{h}}=\frac{\tilde{h}_{t+1}}{\tilde{h}_t},$$

在稳态保持恒定：$z_t=z,x_t=x,\gamma_{\tilde{h}}=\gamma$。

在规模报酬不变的假设下，该方程描述来自式（7.78）~式（7.83）及式（7.75）稳态的特性：

$$\frac{(1-\tau^w)(1-\alpha)A\nu^\alpha u^{-\alpha}z^\alpha}{(1-\tau^r)\alpha A\nu^{\alpha-1}u^{1-\alpha}z^{\alpha-1}+\tau^r\delta_k}=\frac{1-\varsigma}{\varsigma}\frac{(1-\nu)z}{1-u-l},$$

$$\frac{p}{1-p}\frac{l}{x(1+\tau^c)}=\frac{1}{(1-\tau^w)(1-\alpha)A\nu^\alpha u^{-\alpha}z^{\alpha-1}},$$

$$(1+\gamma)^{1-p(1-\sigma)}=\beta\left[(1-\tau^r)\alpha A\nu^{\alpha-1}u^{1-\alpha}z^{\alpha-1}+1-(1-\tau^r)\delta_k\right],$$

$$(1+\gamma)^{1-p(1-\sigma)}=\beta\left[B(1-\varsigma)(1-\nu)^\varsigma(1-u-l)^{-\varsigma}(1-l)z^\varsigma+1-\delta_h\right],$$

$$\left[(1-\tau^r)\alpha+(1-\tau^w)(1-\alpha)\right]A\nu^\alpha u^{1-\alpha}z^{\alpha-1}=(1+\tau^c)x+(1+n)(1+\gamma)-(1-\delta_k)-\tau^r\delta_k\nu,$$

$$1+\gamma=B(1-\nu)^\varsigma(1-u-l)^{1-\varsigma}z^\varsigma+1-\delta_h.$$

该系统方程可以求解得到：z,c,u,ν,l,γ。通过政府支出的稳态时间路径得到参数ξ的值：

$$\xi=\left[(1-\tau^r)\alpha+(1-\tau^w)(1-\alpha)\right]-\tau^r\delta_k\nu\left(\frac{\tilde{k}_t}{\tilde{y}_t}\right)_{ss}+\tau^c\left(\frac{\tilde{c}_t}{\tilde{y}_t}\right)_{ss}$$

其中，$\left(\frac{\tilde{k}_t}{\tilde{y}_t}\right)_{ss}=\frac{1}{A\nu^\alpha u^{1-\alpha}z^{\alpha-1}},\left(\frac{\tilde{c}_t}{\tilde{y}_t}\right)_{ss}=\frac{x}{A\nu^\alpha u^{1-\alpha}z^{\alpha-1}}$。

7.5.4 数值练习：财政政策对稳态的影响

Matlab 文件 *lucas_ss_c.m, lucas_ss_r.m and lucas_ss_w.m* 计算了不同的税率对增长率、公共部门规模和经济中其他剩余变量稳态值的影响。在所有的情况下，参数值为：$A=1.0$，$B=0.03942$，$\beta=0.99$，$\sigma=1.5$，$n=0.0035$，$\delta_k=0.025$，$\delta_h=0.008$，$\alpha=0.36$，$\varsigma=0.15$，$p=1/3$，模型中参数均根据文献进行了校准。时期单位设定为1/4，所以0.99的贴现率将大约与4%的实际利率一致。物质资本的平均折旧将在10%附近，而且人力资本较低，在3.2%左右。在效用函数中闲暇占1/3的权重，消费占2/3权重。在最终产品生产中，物质资本的弹性同我们在前面章节所定义的一致，普遍认为物质资本在人力资本积累过程中的作用较小。最终，风险厌恶的程度达到1.5。

程序中图表显示，一些变量对税率变化产生了响应。例如，消费税改变对稳态值u,ν,l的影响。事实上，纵轴表明这种效应只是一个视觉假象，我们看到的只是求解非线性方程组描述稳态的微小近似误差。因此，正确的解释是这些变量的稳态值不受税率变化的影响。

结构参数值的选择很重要以至于稳态的增长率以及变量u,ν,l的值落在（0，1）的区间内。特别地，

$$\lim_{t\to\infty}\beta^t\lambda_t\tilde{k}_{t+1}=0$$

$$\Rightarrow\lim_{t\to\infty}\left(\beta(1+\gamma)^{p(1-\sigma)}\right)^t\tilde{c}_0^{p(1-\sigma)-1}l_0^{(1-p)(1-\sigma)}(1+\gamma)\tilde{k}_0=0$$

$$\Rightarrow\beta(1+\gamma)^{p(1-\sigma)}\in(0,1).$$

条件$\beta(1+\gamma)^{p(1-\sigma)}\in(0,1)$也意味着当前与未来效用的总贴现有界。特别地，运行*lucas_ss_w.m*程序表明，在不脱离任何现实情况的前提下，当劳动所得税税率高于0.5时，稳态不存在。

当降低$x_t=\dfrac{\tilde{c}_t}{\tilde{k}_t}$比率时，消费税的增加不影响不同活动的时间分配或两部门之间物质资本的分配，这对增长率没有影响。尽管税基减少，但税收占产出的百分比增加。

劳动所得税的增加使得人们用更多的闲暇替代工作，正如期望的那样，由于缺乏动力积累生产性人力资本，部分物质资本会导致教育部门投入减少。所以，物质资本替代生产最终商品中的劳动。比率$\dfrac{\tilde{k}_t}{\tilde{h}_t}$增加，且$\dfrac{\tilde{c}_t}{\tilde{k}_t}$减少。在更广泛的产出概念下，资本的生产率下降，较高的劳动税则使经济增长率下降，而提高劳动所得税税率可以增加税收。

资本所得税的增加使工作时间增加，而用于教育的时间减少了。为了补偿高税收，必须通过工作生产最终产品来获得较高收入。积累物质资本的机会成本将降低，比率$\dfrac{\tilde{c}_t}{\tilde{k}_t}$增加，而比率$\dfrac{\tilde{k}_t}{\tilde{h}_t}$减少。随着资本所得税的上升，更高比例的有形资本用于教育部门。所以，与劳动所得税的反应不同，当资本所得税增加时，在最终商品生产中劳动替代物质资本，该经济增长较为缓慢。

7.5.5 理性预期假设下计算随机冲击的均衡轨迹

本节描述如何生成具有人力资本积累模型的数值解。我们考虑上述经济模型的简化版本，即考虑没有税收，没有外部性，没有使用物质资本生产人力资本，效用函数中没有闲暇。利用前面章节中的参数：$p=1,\varsigma=0,\tau^c=\tau^w=\tau^r=0$。将讨论拓展到更一般的模型，该模型包含一个或多个这种特性，给读者留作课下求解练习。不幸的是，正如在以前章节所做的那样，在大多数情况下，必须用数值法求解稳态。

当不存在外部性和扭曲税收时，竞争均衡是帕累托有效的。因此，我们可以通过求解中央计划者问题来描述竞争均衡配置的特性，

$$\max_{\{\tilde{c}_t,u_t,\tilde{k}_{t+1},\tilde{h}_{t+1}\}}E_0\sum_{t=0}^{\infty}\beta^t\frac{\tilde{c}_t^{1-\sigma}-1}{1-\sigma},\tag{7.88}$$

约束为：

$$(1+n)\tilde{k}_{t+1}=A\tilde{k}_t^{\alpha}(u_t\tilde{h}_t)^{1-\alpha}\theta_t+(1-\delta_k)\tilde{k}_t-\tilde{c}_t,\tag{7.89}$$

$$\tilde{h}_{t+1}=\eta_tB(1-u_t)\tilde{h}_t+(1-\delta_h)\tilde{h}_t,\tag{7.90}$$

$$\ln\theta_t=\phi_1\ln\theta_{t-1}+\varepsilon_{1t},$$

$$\ln\eta_t=\phi_2\ln\eta_{t-1}+\varepsilon_{2t},$$

给定$\tilde{h}_0,\tilde{k}_0$，其中，式（7.89）是该经济的总资源约束，式（7.90）是人力资本积累的动态方程，两者都是人均形式。

该问题的拉格朗日函数为：

$$L = E_0 \left\{ \begin{array}{l} \sum_{t=0}^{\infty} \beta^t \frac{\tilde{c}_t^{1-\sigma} - 1}{1-\sigma} + \beta^t \lambda_t \left[A\tilde{k}_t^{\alpha} (u_t \tilde{h}_t)^{1-\alpha} \theta_t + (1-\delta_k) \tilde{k}_t - \tilde{c}_t - (1+n) \tilde{k}_{t+1} \right] + \beta^t \mu_t \\ \left[\eta_t B (1-u_t) \tilde{h}_t + (1-\delta_h) \tilde{h}_t - \tilde{h}_{t+1} \right] \end{array} \right\},$$

一阶条件为：

$$\tilde{c}_t : \tilde{c}_t^{-\sigma} = \lambda_t, \tag{7.91}$$

$$u_t : \lambda_t (1-\alpha) A \tilde{k}_t^{\alpha} \tilde{h}_t^{1-\alpha} u_t^{-\alpha} \theta_t = \mu_t B \tilde{h}_t \eta_t, \tag{7.92}$$

$$\tilde{k}_{t+1} : \lambda_t (1+n) = \beta E_t \left[\lambda_{t+1} \left(A\alpha \left(\frac{\tilde{k}_{t+1}}{\tilde{h}_{t+1}} \right)^{\alpha-1} u_{t+1}^{1-\alpha} \theta_{t+1} + 1 - \delta_k \right) \right], \tag{7.93}$$

$$\tilde{h}_{t+1} : \mu_t = \beta E_t \left\{ \mu_{t+1} \left[B(1-u_{t+1}) \eta_{t+1} + 1 - \delta_h \right] + \lambda_{t+1} (1-\alpha) A \left(\frac{\tilde{k}_{t+1}}{\tilde{h}_{t+1}} \right)^{\alpha} u_{t+1}^{1-\alpha} \theta_{t+1} \right\}. \tag{7.94}$$

式（7.92）可以写为：

$$\mu_t = \lambda_t (1-\alpha) \frac{A}{B} \frac{\theta_t}{\eta_t} \left(\frac{\tilde{k}_t}{\tilde{h}_t} \right)^{\alpha} u_t^{-\alpha},$$

式（7.94）可以写成：

$$\lambda_t \frac{\theta_t}{\eta_t} \left(\frac{\tilde{k}_t}{\tilde{h}_t} \right)^{\alpha} u_t^{-\alpha} = \beta E_t \left[\lambda_{t+1} \left(\frac{\tilde{k}_{t+1}}{\tilde{h}_{t+1}} \right)^{\alpha} u_{t+1}^{-\alpha} \frac{\theta_{t+1}}{\eta_{t+1}} (B\eta_{t+1} + 1 - \delta_h) \right].$$

在消除拉格朗日乘数以后，最优条件变为：

$$\tilde{c}_t^{-\alpha} (1+n) = \beta E_t \left[\tilde{c}_{t+1}^{-\sigma} \left(A\alpha \left(\frac{\tilde{k}_{t+1}}{\tilde{h}_{t+1}} \right)^{\alpha-1} u_{t+1}^{1-\alpha} \theta_{t+1} + 1 - \delta_k \right) \right], \tag{7.95}$$

$$\tilde{c}_t^{-\sigma} \frac{\theta_t}{\eta_t} \left(\frac{\tilde{k}_t}{\tilde{h}_t} \right)^{\alpha} u_t^{-\alpha} = \beta E_t \left[\tilde{c}_{t+1}^{-\sigma} \left(\frac{\tilde{k}_{t+1}}{\tilde{h}_{t+1}} \right)^{\alpha} u_{t+1}^{-\alpha} \frac{\theta_{t+1}}{\eta_{t+1}} \times (B\eta_{t+1} + 1 - \delta_h) \right], \tag{7.96}$$

$$(1+n) \tilde{k}_{t+1} = A\tilde{k}_t^{\alpha} (u_t \tilde{h}_t)^{1-\alpha} \theta_t + (1-\delta_k) \tilde{k}_t - \tilde{c}_t, \tag{7.97}$$

$$\tilde{h}_{t+1} = \eta_t B (1-u_t) \tilde{h}_t + (1-\delta_h) \tilde{h}_t, \tag{7.98}$$

上式为每期具有4个未知参数$\{\tilde{c}_t, u_t, \tilde{k}_{t+1}, \tilde{h}_{t+1}\}_{t=0}^{\infty}$的4个方程组成的系统，给定状态变量的初始值$\{\tilde{k}_0, \tilde{h}_0\}$，将会得到$\{\theta_t\}_{t=0}^{\infty}$和$\{\eta_t\}_{t=0}^{\infty}$。

7.5.5.1 平衡增长路径的稳态

下面定义经济中的确定性模型，在这一设定下，随机冲击在任意时期都能取得它们的期望值：$\theta_t = \eta_t = 1, \forall t$，变量$u_t$保持常数，为$u$，且$\tilde{c}_t, \tilde{k}_t, \tilde{h}_t, \tilde{y}_t$都以恒定的速率$\gamma_{\tilde{c}}, \gamma_{\tilde{k}}, \gamma_{\tilde{h}}, \gamma_y$增长，特别地，比率$\tilde{Y}_t / \tilde{K}_t$保持恒定。

现在，我们说明$\tilde{c}_t, \tilde{k}_t, \tilde{h}_t$的增长率是相同的。由于比率$\tilde{y}_t / \tilde{k}_t$以及时间$u_t$在稳态时必须保持不变，从变形后的生产函数$\frac{y_t}{\tilde{k}_t} = A \left(\frac{\tilde{k}_t}{\tilde{h}_t} \right)^{\alpha-1} u^{1-\alpha}$中，得到比率$\tilde{k}_t / \tilde{h}_t$在稳态也必须保持恒定，只有当资本的两种形式$\tilde{k}_t$和$\tilde{h}_t$以相同的速率增长时，即$\gamma_{\tilde{k}} = \gamma_{\tilde{h}}$，上述情况才会发生。

式（7.98）除以$\tilde{h}_t$，得到人力资本的稳态增长率：

$$1 + \gamma_{\tilde{h}} = B(1-u_t) + (1-\delta_h), \tag{7.99}$$

式（7.96）除以$\tilde{c}_t$，得到消费的稳态增长率：

$$\left(\frac{\tilde{c}_{t+1}}{\tilde{c}_t}\right)^{\sigma}=\beta(B+1-\delta_h),$$

意味着:

$$(1+\gamma_{\tilde{c}})^{\sigma}=\beta(B+1-\delta_h)\ , \tag{7.100}$$

最后，从式（7.97）中得到，

$$(1+n)\ \frac{\tilde{k}_{t+1}}{\tilde{k}_t}=A\left(\frac{\tilde{k}_t}{\tilde{h}_t}\right)^{\alpha-1}u^{1-\alpha}+(1-\delta_k)-\frac{\tilde{c}_t}{\tilde{k}_t} \tag{7.101}$$

只有当比率$\tilde{c}_t/\tilde{k}_t$保持恒定时，上式才成立，意味着$\gamma_{\tilde{c}}=\gamma_{\tilde{k}}$。因此，消费、物质资本以及人力资本以相同的速率增长，且趋向稳态，即$\gamma_{\tilde{c}}=\gamma_{\tilde{k}}=\gamma_{\tilde{h}}=\gamma$。

为描述稳态的特征，可以运用式（7.95）、式（7.99）、式（7.100）和式（7.101）得到:

$$\gamma=\left[\beta(B+1-\delta_h)\right]^{1/\sigma}-1, \tag{7.102}$$

$$u=1-\frac{\gamma+\delta_h}{B}, \tag{7.103}$$

$$\left(\frac{\tilde{k}_t}{\tilde{h}_t}\right)_{ss}=\left[\frac{\frac{(1+n)(1+\gamma)^{\sigma}}{\beta}-(1-\delta_k)}{A\alpha u^{1-\alpha}}\right], \tag{7.104}$$

$$\left(\frac{\tilde{c}_t}{\tilde{k}_t}\right)_{ss}=A\left(\frac{\tilde{k}_t}{\tilde{h}_t}\right)_{ss}^{\alpha-1}u^{1-\alpha}+(1-\delta_{\tilde{k}})-(1+n)(1+\gamma), \tag{7.105}$$

通过递归解出：$\gamma,u,(\tilde{k}_t/\tilde{h}_t)_{ss},(\tilde{c}_t/\tilde{k}_t)_{ss}$。

7.5.5.2 对数线性近似

为模拟该简单模型，我们对$((\tilde{k}_t/\tilde{h}_t)_{ss},(\tilde{c}_t/\tilde{k}_t)_{ss},u)$进行对数线性近似。我们主要采用比率形式，正如我们刚刚看到的，因为它们都有一个定义良好的稳态。无论扰动的符号和大小可能是什么，任何暂时性干扰都将使比率$((\tilde{k}_t/\tilde{h}_t)_{ss},(\tilde{c}_t/\tilde{k}_t)_{ss})$回到相同的稳态。然而稳态不是由$c_t,k_t,h_t$确定的，而是由$\tilde{c}_t,\tilde{k}_t,\tilde{h}_t$提取确定性长期增长趋势后获得的，即$c_t=(1+\gamma)^{-t}\tilde{c}_t,k_t=(1+\gamma)^{-t}\tilde{k}_t,h_t=(1+\gamma)^{-t}\tilde{h}_t$。也就意味着，如果该经济初始处于初始值为$\tilde{c}_0,\tilde{k}_0,\tilde{h}_0$的稳态，即使$\lim\limits_{t\to\infty}\frac{\tilde{c}_t}{\tilde{k}_t}=\frac{\tilde{c}_0}{\tilde{k}_0},\lim\limits_{t\to\infty}\frac{\tilde{k}_t}{\tilde{h}_t}=\frac{\tilde{k}_0}{\tilde{h}_0}$，一个十分短暂的扰动将会使它达到一个新的稳态$\lim\limits_{t\to\infty}w_t\neq w_0,w=\tilde{c},\tilde{k},\tilde{h}$，意味着$\tilde{c}_t,\tilde{k}_t,\tilde{h}_t$都具有单位根。所以，$\tilde{c}_t,\tilde{k}_t,\tilde{h}_t$有一个确定性趋势和一个随机趋势。这是内生增长模型的特性，与外生增长模型相反，其有确定性趋势。

定义辅助变量，$z_t=\frac{\tilde{k}_t}{\tilde{h}_t},x_t=\frac{\tilde{c}_t}{\tilde{k}_t}$，运用$\frac{\tilde{h}_{t+1}}{\tilde{h}_t}=B(1-u_t)\eta_t+1-\delta_h$，可以写出比率形式的最优条件:

$$x_t^{-\sigma}z_t^{-\sigma}(1+n)\left[B(1-u_t)+1-\delta_h\right]^{\sigma}=\beta E_t\left[x_{t+1}^{-\sigma}z_{t+1}^{-\sigma}\times(A\alpha z_{t+1}^{\alpha-1}u_{t+1}^{1-\alpha}\theta_{t+1}+1-\delta_k)\right],$$

$$x_t^{-\sigma}z_t^{\alpha-\sigma}\frac{\theta_t}{\eta_t}u_t^{-\alpha}\left[B(1-u_t)+1-\delta_h\right]^{\sigma}=\beta E_t\left[x_{t+1}^{-\sigma}z_{t+1}^{\alpha-\sigma}\times u_{t+1}^{-\alpha}\frac{\theta_{t+1}}{\eta_{t+1}}(B\eta_{t+1}+1-\delta_h)\right],$$

$$(1+n)\ \frac{z_{t+1}}{z_t}\left[B(1-u_t)+1-\delta_h\right]=Az_t^{\alpha-1}u_t^{1-\alpha}\theta_t+(1-\delta_k)-x_t,$$

其可以由对数变量的形式表示：

$$0=-e^{-\sigma\ln x_t}e^{-\sigma\ln z_t}(1+n)\left[B(1-e^{\ln u_t})e^{\ln\eta_t}+1-\delta_h\right]^{\sigma}$$
$$+\beta E_t\left[e^{-\sigma\ln x_{t+1}}e^{-\sigma\ln z_{t+1}}(A\alpha e^{(\alpha-1)\ln z_{t+1}}e^{(1-\alpha)\ln u_{t+1}}e^{\ln\theta_{t+1}}+1-\delta_k)\right],$$
$$0=-e^{-\sigma\ln x_t}e^{(\alpha-\sigma)\ln z_t}e^{\ln\theta_t-\ln\eta_t}e^{-\alpha\ln u_t}\times\left[B(1-e^{\ln u_t})e^{\ln\eta_t}+1-\delta_h\right]^{\sigma}$$
$$+\beta E_t\left[e^{-\sigma\ln x_{t+1}}e^{(\alpha-\sigma)\ln z_{t+1}}e^{\ln\theta_{t+1}-\ln\eta_{t+1}}e^{-\alpha\ln u_{t+1}}(Be^{\ln\eta_{t+1}}+1-\delta_h)\right],$$
$$0=-e^{-\ln z_{t+1}}\left[B(1-e^{\ln u_t})e^{\ln\eta_t}+1-\delta_h\right]$$
$$+Ae^{\alpha\ln z_t}e^{(1-\alpha)\ln u_t}e^{\ln\theta_t}+(1-\delta_k)e^{\ln z_t}-e^{\ln z_t}e^{\ln x_t}.$$

现在，我们对稳态偏差取对数，即：$\hat{z}_t=\ln(z_t/z),\hat{x}_t=\ln(x_t/x),\hat{u}_t=\ln(u_t/u),\hat{\theta}_t=\ln\theta_t,\hat{\eta}_t=\ln\eta_t$。运用预测表达式：$E_t\hat{\theta}_{t+1}=\phi_1\hat{\theta}_t,E_t\hat{\eta}_{t+1}=\phi_2\hat{\eta}_t$，前一个系统可以近似为：

$$0\simeq\frac{\sigma(1+n)(1+\gamma)^{\sigma}}{\beta}(\hat{x}_t+\hat{z}_t)+\frac{\sigma(1+n)(1+\gamma)^{\sigma-1}}{\beta}Bu\hat{u}_t$$
$$-\frac{\sigma(1+n)(1+\gamma)^{\sigma-1}}{\beta}B(1-u)\hat{\eta}_t-\frac{\sigma(1+n)(1+\gamma)^{\sigma}}{\beta}E_t\hat{x}_{t+1}$$
$$+(1-\alpha)\left[\frac{(1+n)(1+\gamma)^{\sigma}}{\beta}-(1-\delta_k)\right]E_t\hat{u}_{t+1}$$
$$-\left[(1-\alpha+\sigma)\frac{(1+n)(1+\gamma)^{\sigma}}{\beta}-(1-\alpha)(1-\delta_k)\right]\hat{z}_{t+1}$$
$$+\left[\frac{(1+n)(1+\gamma)^{\sigma}}{\beta}-(1-\delta_k)\right]\phi_1\hat{\theta}_t,$$
$$0\simeq\frac{\sigma(1+\gamma)^{\sigma}}{\beta}\hat{x}_t-(\alpha-\sigma)\frac{(1+\gamma)^{\sigma}}{\beta}\hat{z}_t$$
$$+\frac{\alpha(1+\gamma)^{\sigma}+\sigma(1+\gamma)^{\sigma-1}Bu}{\beta}\hat{u}_t-\frac{(1+\gamma)^{\sigma}}{\beta}(1-\phi_1)\hat{\theta}_t$$
$$+\left[\frac{(1+\gamma)^{\sigma}}{\beta}-\frac{\sigma(1+\gamma)^{\sigma-1}B(1-u)}{\beta}-(1-\delta_h)\phi_2\right]\hat{\eta}_t$$
$$-\frac{\sigma(1+\gamma)^{\sigma}}{\beta}E_t\hat{x}_{t+1}+(\alpha-\sigma)\frac{(1+\gamma)^{\sigma}}{\beta}\hat{z}_{t+1}-\alpha\frac{(1+\gamma)^{\sigma}}{\beta}E_t\hat{u}_{t+1},$$
$$0\simeq-z(1+n)(1+\gamma)\hat{z}_{t+1}+\left[zBu(1+n)+A(1-\alpha)z^{\alpha}u^{1-\alpha}\right]\hat{u}_t$$
$$-z(1+n)B(1-u)\hat{\eta}_t+Az^{\alpha}u^{1-\alpha}\hat{\theta}_t$$
$$+\left[\frac{(1+n)(1+\gamma)^{\sigma}}{\beta}-x\right]z\hat{z}_t-zx\hat{x}_t.$$

用矩阵表示：

$$\Gamma_0\begin{pmatrix}\hat{z}_{t+1}\\E_t\hat{x}_{t+1}\\E_t\hat{u}_{t+1}\end{pmatrix}=\Gamma1\begin{pmatrix}\hat{z}_t\\\hat{x}_t\\\hat{u}_t\end{pmatrix}+\Gamma2\begin{bmatrix}\hat{\theta}_t\\\hat{\eta}_t\end{bmatrix},$$

其中，

$$\Gamma_0(1,1)=(1-\alpha+\sigma)\frac{(1+n)(1+\gamma)^{\sigma}}{\beta}-(1-\alpha)(1-\delta_k),$$
$$\Gamma_0(1,2)=\frac{\sigma(1+n)(1+\gamma)^{\sigma}}{\beta},$$
$$\Gamma_0(1,3)=-(1-\alpha)\left(\frac{(1+n)(1+\gamma)^{\sigma}}{\beta}-(1-\delta_k)\right),$$

$\Gamma_0(2,1)=-(\alpha-\sigma)\dfrac{(1+\gamma)^{\sigma}}{\beta},\Gamma_0(2,2)=\dfrac{\sigma(1+\gamma)^{\sigma}}{\beta},$

$\Gamma_0(2,3)=\alpha\dfrac{(1+\gamma)^{\sigma}}{\beta};\Gamma_0(3,1)=z(1+n)(1+\gamma),$

$\Gamma_0(3,2)=\Gamma_0(3,3)=0,$

$\Gamma_1(1,1)=\Gamma_1(1,2)=\dfrac{\sigma(1+n)(1+\gamma)^{\sigma}}{\beta},$

$\Gamma_1(1,3)=\dfrac{\sigma(1+n)(1+\gamma)^{\sigma-1}Bu}{\beta},$

$\Gamma_1(2,1)=-(\alpha-\sigma)\dfrac{(1+\gamma)^{\sigma}}{\beta},\Gamma_1(2,2)=\dfrac{\sigma(1+\gamma)^{\sigma}}{\beta},$

$\Gamma_1(2,3)=\alpha\dfrac{(1+\gamma)^{\sigma}}{\beta}+\dfrac{\sigma(1+\gamma)^{\sigma-1}B(1-u)}{\beta},$

$\Gamma_1(3,1)=(\dfrac{(1+n)(1+\gamma)^{\sigma}}{\beta}-x)z,\Gamma_1(3,2)=-zx,$

$\Gamma_1(3,3)=\left[zBu(1+n)+A(1-\alpha)z^{\alpha}u^{1-\alpha}\right]$

$\Gamma_2(1,1)=\left[\dfrac{(1+n)(1+\gamma)^{\sigma}}{\beta}-(1-\delta_k)\right]\phi_1,$

$\Gamma_2(1,2)=-\dfrac{\sigma(1+n)(1+\gamma)^{\sigma-1}}{\beta}B(1-u),$

$\Gamma_2(2,1)=-\dfrac{(1+\gamma)^{\sigma}}{\beta}(1-\phi_1),$

$\Gamma_2(2,2)=\dfrac{(1+\gamma)^{\sigma}}{\beta}-\dfrac{\sigma(1+\gamma)^{\sigma-1}B(1-u)}{\beta}-(1-\delta_h)\phi_2,$

$\Gamma_2(3,1)=Az^{\alpha}u^{1-\alpha},\Gamma_2(3,2)=-z(1+n)B(1-u),$

得到:

$$\begin{pmatrix} z_{t+1} \\ E_t\hat{x}_{t+1} \\ E_t\hat{u}_{t+1} \end{pmatrix}=\Gamma_3\begin{pmatrix} z_t \\ \hat{x}_t \\ \hat{u}_t \end{pmatrix}+\Gamma_4\begin{pmatrix} \hat{\theta}_t \\ \hat{\eta}_t \end{pmatrix},$$

其中:

$\Gamma_3=\Gamma_0^{-1}\Gamma_1;\Gamma_4=\Gamma_0^{-1}\Gamma_2.$

如果矩阵Γ_3的两个特征值的绝对值大于1，第三个特征值的绝对值小于1，则该系统的解是确定的。这是因为我们有两个控制变量：消费和工作时间，它们每一期作为状态变量的函数被确定。两个不稳定的特征值将会产生两个不稳定的方向，这是需要消除的。正如前面章节考虑的经济模型，通过把与不稳定特征值相关的特征向量乘积设为0，乘以自回归过程变量$\hat{z}_t,\hat{x}_t,\hat{u}_t$的时间向量，这将为我们提供两个方程去设定$\hat{x}_t$和$\hat{u}_t$作为状态变量$\hat{z}_t$的函数。此外，我们也能够求解两个条件期望，$E_t\hat{x}_{t+1},E_t\hat{u}_{t+1}$。随后，我们给出具有人力资本积累和生产最终产品外部性的经济模型，在参数空间区域内，该解具有不确定性，反映在自回归矩阵的两个绝对值小于1的特征值上。

不失一般性，我们用λ_1表示Γ_3的稳定特征值，λ_2和λ_3表示其不稳定的特征值，则

Γ_3的谱分解为：$\Gamma_3 = M\Lambda M^{-1}$，其中，$\Lambda = \begin{pmatrix} \lambda_1 & 0 & 0 \\ 0 & \lambda_2 & 0 \\ 0 & 0 & \lambda_3 \end{pmatrix}, M = \begin{pmatrix} M_{11} & M_{12} & M_{13} \\ M_{21} & M_{22} & M_{23} \\ M_{31} & M_{32} & M_{33} \end{pmatrix}$。

M的逆矩阵为：

$$M^{-1} = \begin{pmatrix} m_{11} & m_{12} & m_{13} \\ m_{21} & m_{22} & m_{23} \\ m_{31} & m_{32} & m_{33} \end{pmatrix},$$

其中，$M\cdot_j, j = 1,2,3$表示与λ_j，$j = 1,2,3$相关的右特征向量，且$m_j\cdot$是与λ_j相关的左特征向量，且$j = 1,2,3$。

由该谱分解得到：

$$M^{-1}\begin{pmatrix} \hat{z}_{t+1} \\ E_t\hat{x}_{t+1} \\ E_t\hat{u}_{t+1} \end{pmatrix} = \Lambda M^{-1}\begin{pmatrix} \hat{z}_t \\ \hat{x}_t \\ \hat{u}_t \end{pmatrix} + \underbrace{M^{-1}\Gamma_4}_{Q}\begin{pmatrix} \hat{\theta}_t \\ \hat{\eta}_t \end{pmatrix},$$

其中，$Q = M^{-1}\Gamma_4$是一个3×2阶的矩阵，则该系统可以更详细地写为：

$$m_{11}\hat{z}_{t+1} + m_{12}E_t\hat{x}_{t+1} + m_{13}E_t\hat{u}_{t+1} = \lambda_1(m_{11}\hat{z}_t + m_{12}\hat{x}_t + m_{13}\hat{u}_t) + Q_{11}\hat{\theta}_t + Q_{12}\hat{\eta}_t,$$

$$m_{21}\hat{z}_{t+1} + m_{22}E_t\hat{x}_{t+1} + m_{23}E_t\hat{u}_{t+1} = \lambda_2(m_{21}\hat{z}_t + m_{22}\hat{x}_t + m_{23}\hat{u}_t) + Q_{21}\hat{\theta}_t + Q_{22}\hat{\eta}_t,$$

$$m_{31}\hat{z}_{t+1} + m_{32}E_t\hat{x}_{t+1} + m_{33}E_t\hat{u}_{t+1} = \lambda_3(m_{31}\hat{z}_t + m_{32}\hat{x}_t + m_{33}\hat{u}_t) + Q_{31}\hat{\theta}_t + Q_{32}\hat{\eta}_t,$$

为简化符号，我们定义向量$f_t^0 = \begin{pmatrix} m_{11}\hat{z}_t + m_{12}\hat{x}_t + m_{13}\hat{u}_t \\ m_{21}\hat{z}_t + m_{22}\hat{x}_t + m_{23}\hat{u}_t \\ m_{31}\hat{z}_t + m_{32}\hat{x}_t + m_{33}\hat{u}_t \end{pmatrix}$，可以把上述系统写为：

$$E_t f_{1,t+1}^0 = \lambda_1 f_{1,t}^0 + Q_{11}\hat{\theta}_t + Q_{12}\hat{\eta}_t,$$
$$E_t f_{2,t+1}^0 = \lambda_2 f_{2,t}^0 + Q_{21}\hat{\theta}_t + Q_{22}\hat{\eta}_t,$$
$$E_t f_{3,t+1}^0 = \lambda_3 f_{3,t}^0 + Q_{31}\hat{\theta}_t + Q_{32}\hat{\eta}_t,$$

正如我们前面所做的，运用迭代期望定律求解该系统中的最后两个方程，得到：

$$f_{2,t}^0 = \frac{Q_{21}}{\phi_1 - \lambda_2}\hat{\theta}_t + \frac{Q_{22}}{\phi_2 - \lambda_2}\hat{\eta}_t,$$

$$f_{3,t}^0 = \frac{Q_{31}}{\phi_1 - \lambda_3}\hat{\theta}_t + \frac{Q_{32}}{\phi_2 - \lambda_3}\hat{\eta}_t,$$

导出：

$$\underbrace{\begin{pmatrix} m_{21} \\ m_{31} \end{pmatrix}}_{s_0}\hat{z}_t + \underbrace{\begin{pmatrix} m_{22} & m_{23} \\ m_{32} & m_{33} \end{pmatrix}}_{s_1}\begin{pmatrix} \hat{x}_t \\ \hat{u}_t \end{pmatrix} = \underbrace{\begin{pmatrix} \frac{Q_{21}}{\phi_1 - \lambda_2} & \frac{Q_{22}}{\phi_2 - \lambda_2} \\ \frac{Q_{31}}{\phi_1 - \lambda_3} & \frac{Q_{32}}{\phi_2 - \lambda_3} \end{pmatrix}}_{s_2}\begin{pmatrix} \hat{\theta}_t \\ \hat{\eta}_t \end{pmatrix},$$

推出该系统的控制方程和稳态条件：

$$\begin{pmatrix} \hat{x}_t \\ \hat{u}_t \end{pmatrix} = -s_1^{-1}s_0\hat{z}_t + s_1^{-1}s_2\begin{pmatrix} \hat{\theta}_t \\ \hat{\eta}_t \end{pmatrix} = s_3\hat{z}_t + s_4\begin{pmatrix} \hat{\theta}_t \\ \hat{\eta}_t \end{pmatrix}, \tag{7.106}$$

其中，$s_3 = \begin{pmatrix} s_{31} \\ s_{32} \end{pmatrix}, s_4 = \begin{pmatrix} s_{4,11} & s_{4,12} \\ s_{4,21} & s_{4,22} \end{pmatrix}$.

从该系统得到：

$$E_t\hat{x}_{t+1} = s_{31}\hat{z}_{t+1} + s_{4,11}\phi_1\hat{\theta}_t + s_{4,12}\phi_2\hat{\eta}_t,$$

$$E_t\hat{u}_{t+1} = s_{32}\hat{z}_{t+1} + s_{4,21}\phi_1\hat{\theta}_t + s_{4,22}\phi_2\hat{\eta}_t,$$

把这些方程及式（7.106）代入方程

$$m_{11}\hat{z}_{t+1} + m_{12}E_t\hat{x}_{t+1} + m_{13}E_t\hat{u}_{t+1} = \lambda_1(m_{11}\hat{z}_t + m_{12}\hat{x}_t + m_{13}\hat{u}_t) + Q_{11}\hat{\theta}_t + Q_{12}\hat{\eta}_t,$$

最终得到下列稳态方程：

$$\hat{z}_{t+1} = \lambda_1\hat{z}_t + \frac{Q_{11} + (\lambda_1 - \phi_1)(s_{4,11}m_{12} + s_{4,21}m_{13})}{m_{11} + m_{12}s_{31} + m_{13}s_{32}}\hat{\theta}_t + \frac{Q_{12} + (\lambda_1 - \phi_2)(s_{4,12}m_{12} + s_{4,22}m_{13})}{m_{11} + m_{12}s_{31} + m_{13}s_{32}}\hat{\eta}_t. \tag{7.107}$$

该模型可由下面两个不同的方法模拟。第一个较简单，但它有一个较大的近似误差。

第一个模拟方法

1.给定标准误分别为σ_1和σ_2的两个独立正态分布$\{\varepsilon_{1t},\varepsilon_{2t}\}_{t=1}^{T}$，特别地，给定初始条件$(\hat{\theta}_0,\hat{\eta}_0)$，我们运用$\ln\theta_t = \phi_1\ln\theta_{t-1} + \varepsilon_{1t}, \eta_t = \phi_2\ln\eta_{t-1} + \varepsilon_{2t}$的运行规律计算时间序列以实现$\left\{\hat{\theta}_t,\hat{\eta}_t\right\}_{t=0}^{T}$。

2.给定初始条件$\hat{k}_0,\hat{h}_0$，计算z_0和$\hat{z}_0 = \ln(z_0/z)$。

3.给定$\hat{z}_0$和$\left\{\hat{\theta}_t,\hat{\eta}_t\right\}_{t=0}^{T}$，运用式（7.107）得到$\left\{\hat{z}_t\right\}_{t=0}^{T}$。同时，计算$z_t = ze^{\hat{z}_t}, t = 0,1,2,\cdots,T$。

4.给定$\left\{z_t\right\}_{t=0}^{T},\left\{\hat{\theta}_t,\hat{\eta}_t\right\}_{t=0}^{T}$，运用式（7.106）计算$\left\{\hat{x}_t,\hat{u}_t\right\}_{t=0}^{T}$和$\hat{x}_t = xe^{\hat{x}_t}$，$u_t = ue^{\hat{u}_t}$，$t = 0,1,2,\cdots,T$。

5.计算$\gamma_{\tilde{h},t} = B(1-u_t)\eta_t + (1-\delta_h) - 1, t = 0,1,2,\cdots T$。

6.基于定义$\frac{\tilde{h}_{t+1}}{\tilde{h}_t} = 1 + \gamma_{\tilde{h},t}$，我们得到$\frac{h_{t+1}(1+\gamma)^{t+1}}{h_t(1+\gamma)^t} = 1 + \gamma_{\tilde{h},t}$和$h_{t+1} = \frac{1+\gamma_{\tilde{h},t}}{1+\gamma}h_t$中$h_{t+1}$的时间序列。因此，给定$h_0 = \tilde{h}_0$，可以获得去除确定性趋势的人力资本的时间路径$\left\{h_{t+1}\right\}_{t=0}^{T}$。

7.运用$\frac{\tilde{k}_t}{\tilde{h}_t} = z_t$,意味着$\frac{k_t}{h_t} = z_t$即是$k_t = h_t z_t$计算实物资本$\left\{k_t\right\}_{t=0}^{T}$的时间序列。

8.从$c_t = x_t h_t, t = 0,1,2$，…，计算消费$\left\{c_t\right\}_{t=0}^{T}$的时间序列。

9.给定$\left\{k_t\right\}_{t=0}^{T},\left\{h_t\right\}_{t=0}^{T},\left\{c_t\right\}_{t=0}^{T}$，从$\tilde{k}_t = (1+\gamma)^t k_t, \tilde{h}_t = (1+\gamma)^t h_t, \tilde{c}_t = (1+\gamma)^t c_t$得到$\left\{\tilde{k}_t,\tilde{h}_t,\tilde{c}_t\right\}_{t=0}^{T}$。

10.给定$\left\{\hat{k}_t,\hat{h}_t\right\}_{t=0}^{T}$的时间序列，计算$\gamma_{\tilde{k}},\gamma_{\tilde{c}}$：$1 + \gamma_{\tilde{k}} = \frac{\tilde{k}_{t+1}}{\tilde{k}_t}, 1 + \gamma_{\tilde{c}} = \frac{\tilde{c}_{t+1}}{\tilde{c}_t}$。

第二个模拟方法

第一步和第二步与第一个模拟方法相同：

• 给定$\left\{\hat{z}_0,k_0,\hat{\theta}_0,\hat{\eta}_0\right\}$，我们运用式（7.106）得到$\left\{\ln c_0,\hat{u}_0\right\}$。考虑$\hat{x}_t = \ln c_t - \ln k_t - \ln x$，得到：

$$\ln c_0 = \ln k_0 + \ln x + S_{31}\hat{z}_0 + S_{4,11}\hat{\theta}_0 + S_{4,12}\hat{\eta}_0, \tag{7.108}$$

$$\hat{u}_0 = S_{32}\hat{z}_0 + S_{4,21}\hat{\theta}_0 + S_{4,22}\hat{\eta}_0, \tag{7.109}$$

最终计算 $c_0 = e^{\ln c_0}, u_0 = ue^{\hat{u}_0}$。

• 给定 $\{k_0, h_0, \hat{\theta}_0, \hat{\eta}_0, c_0, u_0\}$，运用 $\hat{w}_t = (1+\gamma)^t w_t, w = c, k, h$，在总资源约束和人力资本积累规律中得到 $\{k_1, h_1\}$：

$$k_1 = \frac{1}{(1+n)(1+\gamma)}\left[Ak_0^{\alpha}(u_0 h_0)^{1-\alpha}\theta_0 + (1-\delta_k)k_0 - c_0\right]$$

$$h_1 = \frac{1}{(1+\gamma)}\left[B(1-u_0)\eta_0 h_0 + (1-\delta_h)h_0\right].$$

• 给定 $\{k_1, h_1, \hat{\theta}_1, \hat{\eta}_1\}$，得到 $z_1 = \frac{k_1}{h_1}$，运用式（7.108）、式（7.109）计算 $\{c_1, u_1\}$。

• 重复最后两步生成长度为 T 的时间序列：$\{c_t, u_t, k_t, h_t\}_{t=0}^{T}$。一旦我们有了这些时间序列，就可以计算 $\{\tilde{c}_t, \tilde{k}_t, \tilde{h}_t, \gamma_{\tilde{c}}, \gamma_{\tilde{k}}, \gamma_{\tilde{h}}\}_{t=0}^{T}$。

有趣的是第二种方法可直接获取变量水平，运用没有任何近似的约束，所以这种方法的近似误差小于第一种方法。

7.5.6 均衡的不确定性

本节我们考虑存在使得经济达到平衡增长路径的多种轨迹的可能性，可以称为均衡不确定性。将人力资本存量正外部性作为投入去生产最终产品时，均衡的不确定性可能出现的一个情况是我们之前分析的具有人力资本积累的内生增长模型。这还可能在不同增长模型中出现相关情况，在一定条件下，可以按照程序获得该模型的数值解。

为了进行详细说明，考虑一个离散时间、随机形式的 Lucas［10］模型，Benhabib 和 Perli［4］及 Xie［18］描述了连续时间、确定性且存在外部性的内生增长 Lucas［10］模型，并描述了这个模型的一系列均衡的参数值。这些学者说明了较高的跨期消费弹性及充分强烈的外部性是该模型不确定性的必要条件。

内生增长模型均衡的不确定性有重要的含义：

1.或许与具有相同的物质和人力资本禀赋的两个经济体在部门之间最优地决定消费、储蓄及分配劳动一致。在长期中，这些经济变量将以增长率的形式收敛，而不是以产出、物质及人力资本水平值收敛①。

2.作为推论，一个国家比其他国家拥有较低的物质和人力资本禀赋时，通过在初始分配阶段给教育更多的时间，其可以超越②后者的产出、物质及人力资本水平。

3.初始阶段牺牲收入投入较多的时间去得到较高的教育，在转换过程中能够获得较高的未来收入和较高的增长率，所以有助于增加福利。长期效应也可能很好地补偿初始效用的减少。

7.5.6.1 均衡局部不确定性的简要介绍

总体不确定性指的是动态一般均衡模型可能存在多个稳态，或更普遍的是，该模型

---

① 在两个部门经济中，增长变量之间的比率在两经济体中是相同的，但是增长变量具体的数值在两经济体中是不同的。

② 这被称为 leapfrogging。

中的稳态可能存在多个平衡增长路径。相反地，当给定一个稳态或平衡增长路径时，局部不确定性才会出现，即出现一系列的轨迹收敛于它。可以运用卢卡斯［10］模型作为一个局部不确定性的解释。

在确定性情况下，均衡不确定性意味着存在多个控制变量不同初始条件所标识的多个均衡路径。正如下面所解释的，在随机情况下，不确定性是由一些期望误差外生过程表示的，其统计特性不受结构模型①的限制。这些过程的样本实现选择一个连续的解决方案，它们逐渐克服了在确定主要变量时间演化过程中可能对某些控制变量施加的初始条件的影响。

局部不确定性可以解释如下：假设我们已经求解了具有其确定性形式②的动态增长模型的均衡解，该均衡为一个独一无二的平衡增长路径。欧拉方程、预算约束和结构冲击的运行定律以及市场出清的条件可联合表示为：

$$0=E_t\left[f\left(u_t,u_{t+1},x_t,x_{t+1};\theta_t,\theta_{t+1}\right)\right], \tag{7.110}$$

$$\hat{\theta}_{t+1}=\psi\hat{\theta}_t+\varepsilon_{t+1},\varepsilon_{t+1}\underset{\text{iid}}{\sim}N\left(0,\sum\right), \tag{7.111}$$

其中，u_t表示$m\times1$维控制向量或为时期t的决策变量，x_t是$n\times1$维的预测或状态变量，θ_t是$p\times1$维结构冲击或政策变量向量，与稳定VAR过程相比，其为关于稳态的对数误差。此外，我们假设存在一个完整的系统，即$f:\mathbb{R}^{n+m}\rightarrow\mathbb{R}^{n+m}$。如果该系统存在滞后，在一个时间序列模型的策略中，应考虑一些额外的控制变量。最终，如上所述，任意一个动态模型都可以表示为一个VAR（1）系统。

如果将系统（7.110）对数线性化，并运用条件期望$E_t\hat{\theta}_{t+1}=\psi\hat{\theta}_t$，我们能够得到关于稳态误差的对数变量的新系统：

$$\Gamma_0\begin{bmatrix}\hat{x}_{t+1}\\E_t\hat{u}_{t+1}\end{bmatrix}+\Gamma_1\begin{bmatrix}\hat{x}_t\\\hat{u}_t\end{bmatrix}+\Gamma_2\hat{\theta}_t=0,$$

其中，$\Gamma_0,\Gamma_1,\Gamma_2$有适当维数。记住我们使用符号的惯例，时间$t+1$时的状态变量为$x_{t+1}$，其在时间$t$期决定，所以$E_t\hat{x}_{t+1}=\hat{x}_{t+1}$。

假设Γ_0是一个列满秩矩阵，前面的系统可以写为：

$$\begin{bmatrix}\hat{x}_{t+1}\\E_t\hat{u}_{t+1}\end{bmatrix}=\Gamma_3\begin{bmatrix}\hat{x}_t\\\hat{u}_t\end{bmatrix}+\Gamma_4\hat{\theta}_t, \tag{7.112}$$

其中，$\Gamma_3=-\Gamma_0^{-1}\Gamma_1,\Gamma_4=-\Gamma_0^{-1}\Gamma_2$。

如果矩阵Γ_3有m个不稳定的根，就可以定义唯一的理性预期均衡。之后，我们可以用状态空间形式的对数变量表示该系统，

$$\begin{bmatrix}\hat{x}_{t+1}\\\hat{\theta}_{t+1}\end{bmatrix}=\begin{bmatrix}\Gamma_5&\Gamma_6\\0&\psi\end{bmatrix}\begin{bmatrix}\hat{x}_t\\\hat{\theta}_t\end{bmatrix}+\begin{bmatrix}0\\I_p\end{bmatrix}\varepsilon_{t+1}, \tag{7.113}$$

$$\hat{u}_t=\Gamma_7\begin{bmatrix}\hat{x}_t\\\hat{\theta}_t\end{bmatrix}. \tag{7.114}$$

其中，式（7.113）是状态方程，式（7.114）是控制方程，是通过消除与Γ_3不稳定

① 如果这是一个维持的假设，则应去除满足理性预期所施加的限制。

② 这是一个没有任何随机冲击形式的模型。

特征值相关的不稳定轨迹之后得到的。

给定状态变量的初始条件及每个外生冲击和政策变量的简单实现，可以运用上述表达式独立地计算状态变量$\hat{x}_{t+1}$和控制变量$\hat{u}_t$的近似均衡轨迹。所以，当均衡确定时，我们能够通过消除与Γ_3不稳定特征值相关的不稳定轨迹求解每个控制变量[①]的m个条件期望。在一个确定的均衡中，除了具有作为状态变量和外生冲击函数的控制变量的表达式外，我们可以把与控制变量相关的误差写为新外生冲击随机过程的线性组合。

我们把式（7.112）写为：

$$\begin{bmatrix}\hat{x}_{t+1}\\ \hat{u}_{t+1}\\ \hat{\theta}_{t+1}\end{bmatrix}=\begin{bmatrix}\Gamma_3 & \Gamma_4\\ 0_{p\times(n+m)} & \psi\end{bmatrix}\begin{bmatrix}\hat{x}_t\\ \hat{u}_t\\ \hat{\theta}_t\end{bmatrix}+\begin{bmatrix}D_{(n+m)\times m} & 0_{(n+m)\times p}\\ 0_{p\times m} & I_{p\times p}\end{bmatrix}\begin{bmatrix}\alpha_{t+1}\\ \varepsilon_{t+1}\end{bmatrix},$$

其中，$D=\left[0_{n\times m},I_{m\times m}\right]$，$\alpha_{t+1}=\hat{u}_{t+1}-E_t\hat{u}_{t+1}$。消除不稳定轨迹有两种可选择的方法：(1) 通过设置上述自回归矩阵的不稳定特征值相关的左特征向量与$\left[\hat{x}_t,\hat{u}_t,\hat{\theta}_t\right]$的内积为0，允许我们把控制变量写成状态变量和外生冲击的函数；(2) 矩阵与矩阵之间的特征向量的内积设置为0，

$$\begin{bmatrix}D_{(n+m)\times m} & 0_{(n+m)\times p}\\ 0_{p\times m} & I_{p\times p}\end{bmatrix}\begin{bmatrix}\alpha_{t+1}\\ \varepsilon_{t+1}\end{bmatrix},$$

允许我们把预期误差α_{t+1}写成外生随机过程新息的函数。

另一方面，如果矩阵Γ_3有$m-q$的不稳定特征值$(m>q)$，我们只能用$m-q$控制变量作为其他q个控制变量、状态变量、结构冲击和政策变量的函数。我们只能求解$m-q$个控制变量的条件期望以消除不稳定轨迹，只能够通过描述相关期望误差的简单外生实现求解剩余q个条件期望，且由于没有施加约束，这些期望被定义为外生。在控制变量中，只有$m-q$个预测误差可以写为外生冲击的函数。在q个期望误差中，选择每个随机特征，可以得到不同的均衡。总之，只要转移矩阵不稳定特征值的数量小于控制变量个数，系统（7.112）可表示为：

$$\begin{bmatrix}\hat{x}_{t+1}\\ \hat{u}_{1,t+1}\\ \hat{\theta}_{t+1}\end{bmatrix}=\begin{bmatrix}\Phi_1 & \Phi_2 & \Phi_3\\ \Phi_6 & \Phi_5 & \Phi_4\\ 0 & 0 & \psi\end{bmatrix}\begin{bmatrix}\hat{x}_t\\ \hat{u}_{1,t}\\ \hat{\theta}_t\end{bmatrix}+\begin{bmatrix}0 & \Phi_7\\ 0 & \Phi_8\\ I_p & 0\end{bmatrix}\begin{bmatrix}\varepsilon_{t+1}\\ \alpha_{t+1}\end{bmatrix}, \tag{7.115}$$

$$\hat{u}_{2,t}=\Phi_0\begin{bmatrix}\hat{x}_t\\ \hat{u}_{1,t}\\ \hat{\theta}_t\end{bmatrix}, \tag{7.116}$$

其中，$\hat{u}_{1,t}$表示$(q\times 1)$维控制变量的向量，因为均衡不确定性存在，我们认为初始条件是给定的。$\hat{u}_{2,t}$是$((m-q)\times 1)$维控制变量的向量，通过消除与矩阵Γ_3不稳定特征值相关的不稳定轨迹求期望。最后，α_{t+1}是$\hat{u}_1$变量预测误差的$(q\times 1)$维向量，即：$\alpha_{t+1}=\hat{u}_{1,t+1}-E_t\hat{u}_{1,t+1}$。为了得到合理的预测误差，除了时间$t$与新息变量不相关，还必须要求它们为白噪声结构。如果我们选择它们方差-协方差矩阵的任意一个值，或选择

---

① 注意，当进行线性或对数线性近似时，最初出现在最优方程中高度非线性函数的条件期望转变为单一变量的条件期望。

内生结构过程中预测误差与新息的相关系数，我们能够实现这些误差，在给定状态变量($\hat{x}_0$)、外生冲击($\hat{\theta}_0$)和初始值$\hat{u}_{1,0}$时，便可以获取多个均衡路径中的一条。

注意，在不确定性均衡下，在每一个时间点上有必要选择一些控制变量的值。问题在于，第t期的选择并不影响在任何其他时间点上的选择，因此经济可以表现出显著的跳跃，有时可以被解释为周期。本质上，应给定一个概率分布，使得该组每个控制变量每期都能被观察到。不确定性能够提高自我满足感，举个例子，出于某些原因，消费者相信税率会上升，他们会尽力减少税基，为了保持相同的收入，这有可能很好地引导政府有效地增加税率。其中一种可能的均衡是在消费者纯粹投机行为的基础上选择的，当很好地确定均衡时，这种情况就不会出现。因为个体运用先前信息去对未来经济进行判断，会得到期望误差，该期望[①]不会存在突然的改变。

7.5.6.2 均衡不确定性下模拟具有人力资本累积的模型

不存在扭曲税，当人力资本的平均存量$\hat{h}_{\alpha,t}$具有外部性时，我们可以求解具有人力资本积累的两部门内生增长模型的竞争均衡。

代表性消费者求解问题为：

$$\max_{\{\tilde{c}_t,u_t,\tilde{k}_{t+1},\tilde{h}_{t+1}\}} E_0\sum_{t=0}^{\infty}\beta^t\frac{\tilde{c}_t^{1-\sigma}-1}{1-\sigma}, \tag{7.117}$$

约束条件为：

$$\tilde{k}_{t+1}=\frac{1}{(1+n)}\left[A\tilde{k}_t^{\alpha}(u_t\tilde{h}_t)^{1-\alpha}\tilde{h}_{\alpha,t}^{\Psi}\theta_t+(1-\delta_k)\tilde{k}_t-\tilde{c}_t\right], \tag{7.118}$$

$$\hat{h}_{t+1}=\eta_t B(1-u_t)\tilde{h}_t+(1-\delta_h)\tilde{h}_t, \tag{7.119}$$

$$\ln\theta_t=\phi_1\ln\theta_{t-1}+\varepsilon_{1t},|\phi_1|<1,\varepsilon_{1t}\underset{\text{iid}}{}N(0,\sigma_1^2), \tag{7.120}$$

$$\ln\eta_t=\phi_2\ln\eta_{t-1}+\varepsilon_{2t},|\phi_2|<1,\varepsilon_{2t}\underset{\text{iid}}{}N(0,\sigma_2^2), \tag{7.121}$$

给定$\tilde{h}_0,\tilde{k}_0$，其中式（7.118）是该经济的总资源约束，式（7.119）是人力资本的动态累积方程，两者都是人均形式。

在均衡中，我们必有：$\tilde{h}_{\alpha,t}=\tilde{h}_t$。由于所有个体没有差别，该条件只表明人力资本的平均存量与个体存量是相等的。当我们不考虑拉格朗日乘数和施加均衡条件时，该问题的最优条件可以总结为：

$$\tilde{c}_t^{-\sigma}(1+n)=\beta E_t\left[\tilde{c}_{t+1}^{-\sigma}\left(A\alpha\tilde{k}_{t+1}^{\alpha-1}\tilde{h}_{t+1}^{1-\alpha+\psi}u_{t+1}^{1-\alpha}\theta_{t+1}+1-\delta_k\right)\right], \tag{7.122}$$

$$\tilde{c}_t^{-\sigma}\frac{\theta_t}{\eta_t}\left(\frac{\tilde{k}_t^{\alpha}}{\tilde{h}_t^{\alpha-\psi}}\right)u_t^{-\alpha}=\beta E_t\left[\tilde{c}_{t+1}^{-\sigma}\left(\frac{\tilde{k}_{t+1}^{\alpha}}{\tilde{h}_{t+1}^{\alpha-\psi}}\right)u_{t+1}^{-\alpha}\frac{\theta_{t+1}}{\eta_{t+1}}(B\eta_{t+1}+1-\delta_h)\right], \tag{7.123}$$

$$(1+n)\tilde{k}_{t+1}=A\tilde{k}_t^{\alpha}u_t^{1-\alpha}+\Psi\tilde{h}_t^{1-\alpha}\theta_t+(1-\delta_k)\tilde{k}_t-\tilde{c}_t, \tag{7.124}$$

$$\tilde{h}_{t+1}=\eta_t B(1-u_t)\tilde{h}_t+(1-\delta_h)\tilde{h}_t, \tag{7.125}$$

及横截性条件：

$$\lim_{j\to\infty}E_t\beta^{t+j}\tilde{\lambda}_{t+j}\tilde{k}_{t+j+1}=0,$$

$$\lim_{j\to\infty}E_t\beta^{t+j}\tilde{\mu}_{t+j}\tilde{h}_{t+j+1}=0.$$

---

① 这是因为在确定性的均衡下，期望误差与该模型的结构新息之间存在一对一的映射关系，而在不确定性条件下，一些期望误差与之无关。

确定性稳态

在确定稳态中，外生冲击使得任意时期的数学期望值相等，$\theta_t=1,\eta_t=1,\forall t$，人均变量$\tilde{c}_t,\tilde{k}_t,\tilde{h}_t$以恒定的速率$\gamma_c,\gamma_k,\gamma_h$增长，在$u_t:u_t=u,\forall t$的情况下，该增长率为0。

在稳态时估计式（7.122），得到：

$$\tilde{k}_{t+1}^{\alpha-1}\tilde{h}_{t+1}^{1-\alpha+\Psi}=\frac{\frac{(1+n)(1+\gamma_c)\sigma}{\beta}-(1-\delta_k)}{A\alpha u^{1-\alpha}},\tag{7.126}$$

上式意味着在稳态时，$\tilde{k}_{t+1}^{\alpha-1}\tilde{h}_{t+1}^{1-\alpha+\psi}$是常数，反过来，意味着$1+\gamma_k=(1+\gamma_h)^{\frac{1-\alpha+\Psi}{1-\alpha}}$。注意该模型具有外部性，物质和人力资本的长期增长率是不同的。

由于在稳态$\tilde{k}_{t+1}^{\alpha-1}\tilde{h}_{t+1}^{1-\alpha+\psi}$为常数，则$\tilde{y}_t/\tilde{k}_t$在稳态也必定是常数，由于$\tilde{y}_t/\tilde{k}_t=A\tilde{k}_t^{\alpha-1}\tilde{h}_t^{1-\alpha+\psi}u^{1-\alpha}$，所以$1+\gamma_k=1+\gamma_y$。

在稳态时估计式（7.124），得到：

$$\frac{\tilde{c}_t}{\tilde{k}_t}=\tilde{y}_t/\tilde{k}_t+(1-\delta_k)-(1+n)(1+\gamma_k).\tag{7.127}$$

所以，由于式（7.127）右边是恒定的，则$\frac{\tilde{c}_t}{\tilde{k}_t}$比率在稳态也是恒定的，例如，$1+\gamma_c=1+\gamma_k=1+\gamma_y=1+\gamma$。

在稳态时估计式（7.123），得到：

$$(1+\gamma_c)^{\sigma}(1+\gamma_k)^{-\alpha}(1+\gamma_h)^{\alpha-\psi}=\beta(B+1-\delta_h).\tag{7.128}$$

运用式（7.128）及该关系

$1+\gamma_k=(1+\gamma_h)^{\frac{1-\alpha+\psi}{1-\alpha}}$和$1+\gamma_c=1+\gamma_k=1+\gamma$，可以得到经济稳态，

$$1+\gamma=\left[\beta(B+1-\delta_h)\right]^{\frac{1-\alpha+\psi}{\sigma(1-\alpha+\psi)-\psi}}.\tag{7.129}$$

在稳态时估计式（7.125），得到u：

$$u=1-\frac{\gamma_h-\delta_h}{B},\tag{7.130}$$

其中，$\gamma_h=(1+\gamma)^{\frac{1-\alpha}{1-\alpha+\psi}}-1$，并且由式（7.129）给出$1+\gamma$。

现在，我们引用：$z=\left(\tilde{k}_{t+1}/\tilde{h}_{t+1}^{\frac{1-\alpha+\psi}{1-\alpha}}\right)$和$x=\left(\frac{\tilde{c}_t}{\tilde{k}_t}\right)_{ss}$，从式（7.126）、式（7.127）中，可以得到z和x的稳态值：

$$z=\left[\frac{A\alpha u^{1-\alpha}}{\frac{(1+n)(1+\gamma)^{\sigma}}{\beta}-(1-\delta_k)}\right]^{\frac{1}{1-\alpha}},\tag{7.131}$$

$$x=Az^{\alpha-1}u^{1-\alpha}+(1-\delta_k)-(1+n)(1+\gamma).\tag{7.132}$$

模拟

首先，写出最优条件为z,x和u的函数，其中$z_t=\tilde{k}_{t+1}/\tilde{h}_{t+1}^{\frac{1-\alpha+\psi}{1-\alpha}}$，$x_t=\frac{\tilde{c}_t}{\tilde{k}_t}$。运用式（7.122）~式（7.125）得到：

$$x_t^{-\sigma} z_t^{-\sigma}(1+n)\left[B(1-u_t)\eta_t+1-\delta_h\right]^{\frac{\sigma(1-\alpha+\psi)}{1-\alpha}}=\beta E_t\left[x_{t+1}^{-\sigma} z_{t+1}^{-\sigma}\left(A\alpha z_{t+1}^{\alpha-1} u_{t+1}^{1-\alpha}\theta_{t+1}+1-\delta_k\right)\right], \quad (7.133)$$

$$x_t^{-\sigma} z_t^{\alpha-\sigma}\frac{\theta_t}{\eta_t} u_t^{-\alpha}\left[B(1-u_t)\eta_t+1-\delta_h\right]^{\frac{\sigma(1-\alpha+\psi)-\psi}{1-\alpha}}=\beta E_t\left[x_{t+1}^{-\sigma} z_{t+1}^{\alpha-\sigma} u_{t+1}^{-\alpha}\frac{\theta_{t+1}}{\eta_{t+1}}\left(B\eta_{t+1}+1-\delta_h\right)\right], \quad (7.134)$$

$$(1+n)\frac{z_{t+1}}{z_t}\left[B(1-u_t)\eta_t+1-\delta_h\right]^{\frac{(1-\alpha+\psi)}{1-\alpha}}=Az_t^{\alpha-1}u_t^{1-\alpha}\theta_t+(1-\delta_k)-x_t. \quad (7.135)$$

在稳态附近对数线性化，我们得到：

$$\Gamma_0\begin{pmatrix}\hat{z}_{t+1}\\ E_t\hat{x}_{t+1}\\ E_t\hat{u}_{t+1}\end{pmatrix}=\Gamma_1\begin{pmatrix}\hat{z}_t\\ \hat{x}_t\\ \hat{u}_t\end{pmatrix}+\Gamma_2\begin{pmatrix}\hat{\theta}_t\\ \hat{\eta}_t\end{pmatrix},$$

其中，

$$\Gamma_0(1,1)=(1-\alpha+\sigma)\frac{(1+n)(1+\gamma)^\sigma}{\beta}-(1-\alpha)(1-\delta_k),$$

$$\Gamma_0(1,2)=\frac{\sigma(1+n)(1+\gamma)^\sigma}{\beta},$$

$$\Gamma_0(1,3)=-(1-\alpha)\left[\frac{(1+n)(1+\gamma)^\sigma}{\beta}-(1-\delta_k)\right],$$

$$\Gamma_0(2,1)=-(\alpha-\sigma)\frac{(1+\gamma)^\sigma}{\beta(1+\gamma_h)^{\frac{\psi}{1-\alpha}}},\Gamma_0(2,2)=\frac{\sigma(1+\gamma)^\sigma}{\beta(1+\gamma_h)^{\frac{\psi}{1-\alpha}}},$$

$$\Gamma_0(2,3)=\alpha\frac{(1+\gamma)^\sigma}{\beta(1+\gamma_h)^{\frac{\psi}{1-\alpha}}},\Gamma_0(3,1)=z(1+n)(1+\gamma),$$

$$\Gamma_0(3,2)=\Gamma_0(3,3)=0,$$

$$\Gamma_1(1,1)=\Gamma_1(1,2)=\frac{\sigma(1+n)(1+\gamma)^\sigma}{\beta},$$

$$\Gamma_1(1,3)=\frac{\tilde{\sigma}(1+n)(1+\gamma)^\sigma Bu}{\beta(1+\gamma_h)}$$

$$\Gamma_1(2,1)=-(\alpha-\sigma)\frac{(1+\gamma)^\sigma}{\beta(1+\gamma_h)^{\frac{\psi}{1-\alpha}}},\Gamma_1(2,2)=\frac{\sigma(1+\gamma)^\sigma}{\beta(1+\gamma_h)^{\frac{\psi}{1-\alpha}}},$$

$$\Gamma_1(2,3)=\alpha\frac{(1+\gamma)^\sigma}{\beta(1+\gamma_h)^{\frac{\psi}{1-\alpha}}}+(\tilde{\sigma}-\frac{\psi}{1-\alpha})\frac{(1+\gamma)^{\sigma-1}Bu}{\beta},$$

$$\Gamma_1(3,1)=(\frac{(1+n)(1+\gamma)^\sigma}{\beta}-x)z,\ \ \Gamma_1(3,2)=-zx,$$

$$\Gamma_1(3,3)=zBu(1+n)\frac{1+\gamma}{1+\gamma_h}\frac{1-\alpha+\psi}{1-\alpha}+A(1-\alpha)z^\alpha u^{1-\alpha},$$

$$\Gamma_2(1,1)=\left[\frac{(1+n)(1+\gamma)^\sigma}{\beta}-(1-\delta_k)\right]\phi_1,$$

$$\Gamma_2(1,2)=-\frac{\tilde{\sigma}(1+n)(1+\gamma)^\sigma}{\beta(1+\gamma_h)}B(1-u),$$

$$\Gamma_2(2,1)=-\frac{(1+\gamma)^\sigma}{\beta(1+\gamma_h)^{\frac{\psi}{1-\alpha}}}(1-\phi_1),$$

$$\Gamma_2(2,2)=\frac{(1+\gamma)^\sigma}{\beta(1+\gamma_h)^{\frac{\psi}{1-\alpha}}}-(\tilde{\sigma}-\frac{\psi}{1-\alpha})\frac{(1+\gamma)^{\sigma-1}B(1-u)}{\beta}-(1-\delta_h)\phi_2,$$

$$\Gamma_2(3,1)=Az^\alpha u^{1-\alpha},\Gamma_2(3,2)=-z(1+n)B(1-u)\frac{1+\gamma}{1+\gamma_h}\frac{1-\alpha+\Psi}{1-\alpha},$$

其中，$\tilde{\sigma} \equiv \dfrac{\sigma(1-\alpha+\psi)}{1-\alpha}, \hat{\chi}_t \equiv \ln(\chi_t/\chi), \chi = x, z, u$。

注意，如果$\psi = 0$，即不存在外部性，系统会发生崩溃。该系统可以写为：

$$\begin{pmatrix} \hat{z}_{t+1} \\ E_t\hat{x}_{t+1} \\ E_t\hat{u}_{t+1} \end{pmatrix} = \Gamma_3 \begin{pmatrix} \hat{z}_t \\ \hat{x}_t \\ \hat{u}_t \end{pmatrix} + \Gamma_4 \begin{pmatrix} \hat{\theta}_t \\ \hat{\eta}_t \end{pmatrix}$$

其中，

$$\Gamma_3 = \Gamma_0^{-1}\Gamma_1, \Gamma_4 = \Gamma_0^{-1}\Gamma_2.$$

Benhabib和Perli［4］及Xie［18］表明在具有较高ψ值和较低σ值的经济中产生了均衡的不确定性。矩阵Γ_3有两个稳定的和一个不稳定的特征值。不失一般性，我们假设$|\lambda_1|, |\lambda_2| < 1$和$|\lambda_3| > 1$，得到矩阵$\Gamma_3$的谱分解：

$$\Gamma_3 = M\Lambda M^{-1}$$

其中，

$$\Lambda = \begin{pmatrix} \lambda_1 & 0 & 0 \\ 0 & \lambda_2 & 0 \\ 0 & 0 & \lambda_3 \end{pmatrix}, M = \begin{pmatrix} M_{11} & M_{12} & M_{13} \\ M_{21} & M_{22} & M_{23} \\ M_{31} & M_{32} & M_{33} \end{pmatrix}.$$

M的逆矩阵为：

$$M^{-1} = \begin{pmatrix} m_{11} & m_{12} & m_{13} \\ m_{21} & m_{22} & m_{23} \\ m_{31} & m_{32} & m_{33} \end{pmatrix},$$

其中，$M_{\cdot j}, j = 1,2,3$表示与λ_j，$j = 1,2,3$相关的右特征向量，且$m_{j\cdot}$是与λ_j相关的左特征向量，且$j = 1,2,3$。

由该分解得到：

$$M^{-1}\begin{pmatrix} \hat{z}_{t+1} \\ E_t\hat{x}_{t+1} \\ E_t\hat{u}_{t+1} \end{pmatrix} = \Lambda M^{-1} \begin{pmatrix} \hat{z}_t \\ \hat{x}_t \\ \hat{u}_t \end{pmatrix} + \underbrace{M^{-1}\Gamma_4}_{Q} \begin{pmatrix} \hat{\theta}_t \\ \hat{\eta}_t \end{pmatrix},$$

其中，$Q = M^{-1}\Gamma_4$是一个3×2阶的矩阵，该系统可以更详细地写为：

$$m_{11}\hat{z}_{t+1} + m_{12}E_t\hat{x}_{t+1} + m_{13}E_t\hat{u}_{t+1} = \lambda_1(m_{11}\hat{z}_t + m_{12}\hat{x}_t + m_{13}\hat{u}_t) + Q_{11}\hat{\theta}_t + Q_{12}\hat{\eta}_t, \tag{7.136}$$

$$m_{21}\hat{z}_{t+1} + m_{22}E_t\hat{x}_{t+1} + m_{23}E_t\hat{u}_{t+1} = \lambda_2(m_{21}\hat{z}_t + m_{22}\hat{x}_t + m_{23}\hat{u}_t) + Q_{21}\hat{\theta}_t + Q_{22}\hat{\eta}_t, \tag{7.137}$$

$$m_{31}\hat{z}_{t+1} + m_{32}E_t\hat{x}_{t+1} + m_{33}E_t\hat{u}_{t+1} = \lambda_3(m_{31}\hat{z}_t + m_{32}\hat{x}_t + m_{33}\hat{u}_t) + Q_{31}\hat{\theta}_t + Q_{32}\hat{\eta}_t. \tag{7.138}$$

为简化符号，我们定义向量$f_t^0 = \begin{pmatrix} m_{11}\hat{z}_t + m_{12}\hat{x}_t + m_{13}\hat{u}_t \\ m_{21}\hat{z}_t + m_{22}\hat{x}_t + m_{23}\hat{u}_t \\ m_{31}\hat{z}_t + m_{32}\hat{x}_t + m_{33}\hat{u}_t \end{pmatrix}$，可以把上述系统写为：

$$E_t f_{1,t+1}^0 = \lambda_1 f_{1,t}^0 + Q_{11}\hat{\theta}_t + Q_{12}\hat{\eta}_t,$$

$$E_t f_{2,t+1}^0 = \lambda_2 f_{2,t}^0 + Q_{21}\hat{\theta}_t + Q_{22}\hat{\eta}_t,$$

$$E_t f_{3,t+1}^0 = \lambda_3 f_{3,t}^0 + Q_{31}\hat{\theta}_t + Q_{32}\hat{\eta}_t.$$

正如我们前面所做的，运用迭代期望定律求解该系统中最后一个方程，得到：

$$f_{3,t}^0 = \frac{Q_{31}}{\phi_1 - \lambda_3}\hat{\theta}_t + \frac{Q_{32}}{\phi_2 - \lambda_3}\hat{\eta}_t,$$

得出：

$$\hat{x}_t = \frac{1}{m_{32}}\left[\frac{Q_{31}}{\phi_1 - \lambda_3}\hat{\theta}_t + \frac{Q_{32}}{\phi_2 - \lambda_3}\hat{\eta}_t - m_{31}\hat{z}_t - m_{33}\hat{u}_t\right], \tag{7.139}$$

该方程提供了控制方程或稳定条件。

如果我们把式（7.139）代入式（7.136）~式（7.137）中，运用$E_t\hat{u}_{t+1} = \hat{u}_{t+1} - \alpha_{t+1}$得到：

$$\begin{bmatrix}\hat{z}_{t+1}\\ \hat{u}_{t+1}\end{bmatrix} = S_1^{-1}\Lambda_{(1)}S_1\begin{bmatrix}\hat{z}_t\\ \hat{u}_t\end{bmatrix} + S_1^{-1}S_2\begin{bmatrix}\hat{\theta}_t\\ \hat{\eta}_t\\ \alpha_{t+1}\end{bmatrix}, \tag{7.140}$$

其中，

$$S_1 = \begin{bmatrix} m_{11} - \dfrac{m_{22}m_{31}}{m_{32}} & m_{13} - \dfrac{m_{12}m_{33}}{m_{32}} \\ m_{21} - \dfrac{m_{22}m_{31}}{m_{32}} & m_{23} - \dfrac{m_{22}m_{33}}{m_{32}}\end{bmatrix},$$

$$\Lambda_{(1)} = \begin{bmatrix}\lambda_1 & 0\\ 0 & \lambda_2\end{bmatrix},$$

$$S_2(1,1) = Q_{11} + (\lambda_1 - \phi_1)\frac{m_{12}}{m_{32}}\frac{Q_{31}}{\phi_1 - \lambda_3},$$

$$S_2(1,2) = Q_{12} + (\lambda_1 - \phi_2)\frac{m_{12}}{m_{32}}\frac{Q_{32}}{\phi_2 - \lambda_3},$$

$$S_2(1,3) = m_{13} - \frac{m_{12}m_{33}}{m_{32}},$$

$$S_2(2,1) = Q_{21} + (\lambda_2 - \phi_1)\frac{m_{22}}{m_{32}}\frac{Q_{31}}{\phi_1 - \lambda_3},$$

$$S_2(2,2) = Q_{22} + (\lambda_2 - \phi_2)\frac{m_{22}}{m_{32}}\frac{Q_{32}}{\phi_2 - \lambda_3},$$

$$S_2(2,3) = m_{23} - \frac{m_{22}m_{33}}{m_{32}}.$$

计算数值解

1.给定标准误为σ_1和σ_2的两个独立正态分布$\{\varepsilon_{1t},\varepsilon_{2t}\}_{t=1}^{T}$，特别地，给定初始条件$(\hat{\theta}_0,\hat{\eta}_0)$，运用$\ln\theta_t = \phi_1\ln\theta_{t-1} + \varepsilon_{1t}, \eta_t = \phi_2\ln\eta_{t-1} + \varepsilon_{2t}$计算时间序列，得到$\{\hat{\theta}_t,\hat{\eta}_t\}_{t=0}^{T}$。

2.给定初始条件$\tilde{k}_0,\tilde{h}_0,u_0$，计算$z_0 = \tilde{k}_0/\tilde{h}_0^{\frac{1-\alpha+\psi}{1-\alpha}}$和$\hat{z}_0 = \ln(z_0/z), \hat{u}_0 = \ln(u_0/u)$。

3.从标准误为σ_a的标准正态分布得到$\{a_{t+1}\}_{t=0}^{T}$的一个简单样本，选择相关系数①$\rho_{a,\varepsilon_1} = corr(a_t,\varepsilon_{1t}), \rho_{a,\varepsilon_2} = corr(a_t,\varepsilon_{2t})$。

4.给定$\hat{z}_0,\hat{u}_0$，$\{\hat{\theta}_t,\hat{\eta}_t,a_{t+1}\}_{t=0}^{T}$，运用式（7.140）获得$\{\hat{z}_t,\hat{u}_t\}_{t=0}^{T}$，计算$z_t = ze^{\hat{z}_t}, u_t = ue^{\hat{u}_t}, t = 0,1,2,\cdots,T$。

5.给定$\{\hat{z}_t,\hat{u}_t\}_{t=0}^{T}$,$\{\hat{\theta}_t,\hat{\eta}_t\}_{t=0}^{T}$，运用式（7.139）计算$\{\hat{x}_t\}_{t=0}^{T}$和$x_t = xe^{\hat{x}_t}, t = 0,1,2,\cdots,T$。

6.计算$\gamma_{\tilde{h},t} = B(1-u_t)\eta_t + (1-\delta_h), t = 0,1,2,\cdots,T$。

7.定义增长率$\dfrac{\tilde{h}_{t+1}}{\tilde{h}_t} = 1 + \gamma_{\tilde{h},t}$，意味着$\dfrac{h_{t+1}(1+\gamma_h)^{t+1}}{h_t(1+\gamma_h)^t} = 1 + \gamma_{h,t}$，从$h_{t+1} = \dfrac{1+\gamma_{\tilde{h},t}}{1+\gamma_h}h_t$中

① 指定一个过程，$a_t = \alpha_1\varepsilon_{1t} + \alpha_2\varepsilon_{2t} + \xi_t, \xi \sim N(0,\sigma_\xi^2), Cov(\xi_t,\varepsilon_{1t}) = Cov(\xi_t,\varepsilon_{1t}) = 0$。从$Cov(a_t,\varepsilon_{1t}) = \alpha_1\sigma_{\varepsilon 1}^2, Cov(a_t,\varepsilon_{1t}) = \alpha_1\sigma_{\varepsilon 1}^2, Var(a_t) = \alpha_1^2\sigma_{\varepsilon 1}^2 + \alpha_2^2\sigma_{\varepsilon 2}^2 + \sigma_\xi^2$，我们运用$\rho_{\alpha,\varepsilon 1},\rho_{\alpha,\varepsilon 2}, Var(a_t)$的给定值选择$\alpha_1,\alpha_2,\sigma_\xi^2$。

得到 h_{t+1} 的时间序列。因此给定 $h_0=\tilde{h}_0$，可以获得人力资本的时间路径的确定性趋势 $\{h_{t+1}\}_{t=0}^{T}$。

8. 运用 $\frac{\tilde{k}_t}{\tilde{h}_t}=z_t$，得到 $\frac{k_t}{h_t}=z_t$ 且 $k_t=h_t z_t$，计算物质资本 $\{k_t\}_{t=0}^{T}$ 的时间序列。

9. 从 $c_t=x_t h_t, t=0,1,2,\cdots$ 计算消费 $\{c_t\}_{t=0}^{T}$ 的时间序列。

10. 给定 $\{k_t\}_{t=0}^{T}, \{h_t\}_{t=0}^{T}, \{c_t\}_{t=0}^{T}$，从 $\tilde{k}_t=\gamma^t k_t, \tilde{h}_t=\gamma_h^t h_t, \tilde{c}_t=\gamma^t c_t$ 得到 $\{\tilde{k}_t, \tilde{h}_t, \tilde{c}_t\}_{t=0}^{T}$。

11. 给定 $\{\tilde{k}_t, \tilde{c}_t\}_{t=0}^{T}$ 的时间序列，计算 $\gamma_{\tilde{k},t}, \gamma_{\tilde{c},t}$：$1+\gamma_{\tilde{k},t}=\frac{\tilde{k}_{t+1}}{\tilde{k}_t}, 1+\gamma_{\tilde{c},t}=\frac{\tilde{c}_{t+1}}{\tilde{c}_t}$。

读者可以采用该模型的第二种算法，利用该算法可以对无外部性的模型进行求解。

7.5.7 数值练习：人力资本积累模型中生产率与工作时间的相关性

作为之前描述模型解的一个应用，我们使用具有资本积累的内生增长模型分析了关于生产率和工作时间的线性相关系数的意义，劳动力市场分析的相关统计中，其实际数据的值不容易被外生增长模型所复制。由于生产率冲击改变了劳动力需求，而没有改变劳动力供给，外生增长模型显示了难以置信的高度相关性。因此，劳动力供给的冲击是降低生产率与工作时间相关系数的方法。在人力资本积累的两部门模型中，产生新人力资本的部门的生产率冲击创造了以人力资本代替产出的激励，以便使这两个部门的生产率相等。用研发时间替代工作时间会导致劳动供给改变以及生产率和工作时数之间的相关系数变低。

Matlab 程序 *lucas_sim1.m* 使用之前介绍的第一种方法模拟了人力资本积累模型，同时 *lucas_sim2.m* 使用之前描述的第二个方法进行模拟。两个模型都计算了在 7.5.5 节中所描述的不包含税收和外部性、不使用实物资本来生产人力资本以及效用函数中不包含闲暇的简化经济模型的解。根据之前章节的参数，设 $p=1, \upsilon=0, \tau^c=\tau^w=\tau^r=0$。将模型扩展到更为一般的情况，留作练习。

lucas_sim1.m 程序使用之前小节介绍的第一种方法求解外部性经济，该经济指在一定技术水平下，通过将平均人力资本存量作为投入生产最终产品。由于存在外部性，参数 ψ 值是正的，同时在程序中使用 $\psi=0$ 来消除外部性。如之前章节描述的，当存在不确定均衡时，程序也可以用来计算这种情况下经济的数值解。在这种情况下，另一些求解指导显示在程序中，如在 7.3.4 节 *simul_diffus.m* 描述的程序，它包含对对数线性矩阵计算的附加约束。在程序中，读者被要求检查从这个方法得到的矩阵和包含的解析导数，它们是完全相同的。

EXCEL 文件 *Human capital.xls* 是与 *lucas_sim1.m* 文件一样的练习，但是不包含人力资本产生的外部性。

程序 *lucas_sim2.m* 使用之前描述的第二种方法，计算了在生产最终产品时不存在外部性经济的数值解。由于它们存在单位根，如我们在描述 *AK* 模型结构中解释的那样，人均变量、去趋势的实物资本和人力资本以及消费和产出的轨迹表现出强烈的持久性。

两个程序都可以根据程序命令计算对任意部门进行生产性冲击的脉冲响应。对最终部门进行生产性冲击，我们能够得到去趋势的人均资本的下降以及物质资本的上升。生产最终产品的劳动时间增加了，同时教育时间就下降了。去趋势的产出和消费在一段时间上升，并逐渐恢复到它们的最初值。去趋势的人力资本达到比冲击前更高的水平。根据Caballe和Santos的理论，这是正常现象。

对教育部门进行生产冲击之后，去趋势的人力资本存量上升，同时物质资本下降，然而去趋势的物质资本存量高于生产率冲击之前的水平。生产最终产品的时间减少，同时教育投入的时间增加。两个都相对较快地恢复到它们的初始水平。去趋势的产出和消费降低，但逐渐恢复到它们冲击之前的水平。

*Mlucas_sim.m*程序计算了人力资本积累的内生增长模型多个解析解。我们又一次使用了7.5.5节描述的简化模型。如程序解释的那样，参数*corr*12允许在这两个部门的生产率过程中引入新息之间的关联，默认值是0。在最终产品生产方面可以包含或者不包含外部性，当不包含外部性时，可以设置程序中的ψ值为0。程序也可以在不确定均衡中使用，并且其他两个基准参数将导致另一情况再次出现。多重样本被用来描述数据的均值以及在模拟中的标准差。

如之前章节所解释的，模型根据c_t, k_t, h_t, y_t的对数和产出q_t求解，随后获得去趋势序列。如之前的讨论，去趋势的变量仍旧存在单位根，与计算单一样本程序不同的是，我们在序列中使用Hoddrick-Prescott滤波。之后，程序首先计算了这些变量、u_t以及增长率。但是，在这些模拟练习中，每个数据的观测值和获得数值解的样本一样多，这可以用来近似它们的概率分布。作为近似，Matlab程序在模拟中计算了每个数据的均值和标准差。第一组关于主要人均变量的均值，与其稳态值很接近。第二组关于其波动，第三组展示了它们的变异系数，在一系列模拟下将得到均值和标准差。

最后组显示了变量之间的线性相关系数。由于存在单位根变量，当我们计算这些相关系数时，我们使用根据Hoddrick-Prescott滤波方法对变量进行处理得到过滤后的变量。如上所示，我们发现生产效率和工作时数之间存在较低的线性相关性。最终，该图显示了根据程序计算的最后一个样本获得的时间序列。

7.6 练习

练习1：计算技术扩散模型对数线性近似的解析导数，并且描述如何使用它们计算模型的数值解，正如其他模型中所提及的那样。

练习2：使用EXCEL和Matlab运行熊彼特增长模型解的程序。

练习3：对熊彼特增长模型的均衡条件求对数线性近似，使用近似描述求解模型的Blanchard-Kahn方法，并运行对应的Matlab和Excel程序。

练习4：根据7.5.5节中描述的第二个模拟方法，利用Excel求解含有人力资本积累的内生增长模型。

练习5：根据7.5.5节中的第一种算法，利用Matlab程序去计算将物质资本投入到人力资本生产中时，人力资本模型积累的内生增长模型唯一解。

练习6：使用7.5.5的第二个模拟方法重复练习5。

练习7：在效用函数中加入闲暇并重复练习5。使用第二个方法重复练习，并且对比主要时间序列的统计性质。

参考文献

1. Aghion, P., and P.Howitt.1992.A model of growth through creative destruction.*Econometrica* 80(2): 323-351.
2. Barro, R.J., and X.Sala-i-Martin.1997.Technological diffusion, convergence, and growth.*Journal of Economic Growth* 2(1): 1-26.
3. Barro, R., and X.Sala-i-Martin.2003.*Economic growth*, 2nd ed.Cambridge: MIT.
4. Benhabib, J., and R.Perli.1994.Uniqueness and indeterminacy: Transitional dynamics with multiple equilibria.*Journal of Economic Theory* 63: 113-142.
5. Caballe, J., and M.Santos.1993.On endogenous growth with physical and human capital. *Journal of Political Economy* 101: 1042-1067.
6. Dixit, A.K., and J.Stiglitz.1977.Monopolistic competition and optimum product diversity.*American Economic Review* 67: 297-308.
7. Ethier, W.J.1982.National and international returns to scale in the modern theory of international trade. *American Economic Review* 72: 389-405.
8. Grossman, G.M., and E.Helpman.1991.*Innovation and growth in the global economy*.Cambridge: MIT.
9. Howitt, P., and P.Aghion.1998.Capital accumulation and innovation as complementary factors in long-run growth.*Journal of Economic Growth* 3: 111-130.
10. Lucas, R.E.1988.On the mechanism of economic development.*Journal of Monetary Economics* 122: 3-42.
11. Romer, P.M.1986.Increasing returns and long-run growth.*Journal of Political Economy* 94(5):1002-1037.
12. Romer, P.M.1987.Growth based on increasing returns due to specialization.*American Economic Review* 77 (2): 56-62.
13. Romer, P.M.1990.Endogenous technological change.*Journal of Political Economy Part II* 98(5): S71-S102.
14. Schumpeter, J.A.1934.*The theory of economic development*.Cambridge: Harvard University Press.
15. Segerstrom, P.S., T.C.A.Anant, and E.Dinopoulos.1990.A Schumpeterian model of the product life cycle. *American Economic Review* 80: 1077-1091.
16. Spence, M.1976.Product selection, fixed costs, and monopolistic competition.*Review of Economic Studies* 43(2): 217-235.
17. Uzawa, H.1964.Optimal growth in a two sector model of capital accumulation.*Review of Economic Studies* 31(1): 1-24.
18. Xie, D.1994.Divergence in economic performance: Transitional dynamics with multiple equilibria.*Journal of Economic Theory* 63: 97-112.

第8章

货币经济增长：货币政策的稳态分析

8.1 引言

尽管实际经济中货币是非常重要的，但解释为什么消费者对经济中由其他财产支配的资产有需求是经济理论的一个传统挑战。在所有货币理论中，Keynes［9］提出了代表性消费者需要货币的具体原因，包括预防性需求及交易性需求，分别刻画了货币的贮藏和交换媒介的职能。

为解释货币为主导资产时其作为交换媒介的职能，我们需要将某些具体方面纳入模型中，特别是需要某些结构使货币能用于交易。Clower［5］提出了一种方法，通过预付款对必需品进行限制①。在后者的框架中，说明不同市场开放或封闭是很必要的，因为现金预付限制会使得货币需求函数具有重要意义，所以货币市场和商品市场不能同时开放。这样的话，需要货币购买给定商品的个体必须在商品市场开放前就会关闭的货币市场中获取货币。另一种可能是考虑在相同的市场中，存在各种异质性的个体，就像在世代交叠模型中一样②。本书中，个体在两期中持有货币，因为每个消费者都知道其他消费者会在下一期需要其持有的货币。

另一种不同的方法是Sidrauski［15］提出的，他将实际余额引入了代表性消费者的效用函数中。当不存在货币幻觉时，其必须为实际余额而不是名义余额，变量可作为参数加入到效用函数中。如果没有货币，那么消费者必须寻找其他愿意与自己进行实物交换的主体，这会浪费时间及精力。货币节省了购买时间，消费者可以将节省的时间用于闲暇，这就解释了为什么可以将货币引入到效用函数之中。货币是交换媒介，但货币市场和商品市场可以同时开放，因为对正在进行的交易施加任何限制都不必要。

首先，本章对Sidrauski［15］的模型进行了理论上的讨论，以描述货币经济的最优

① 在零消费水平上，边际效用等于无穷大的商品必须用货币购买。

② 本书不学习这种类型的经济。世代交叠模型一个较好的文献是：Champ和Freeman［3］。

增长[①]。在介绍了模型之后，就能够求解代表性消费者问题，相应的稳态最优化条件也可用于分析其他的货币政策。我们引入最优稳态通货膨胀率的概念，分析通货膨胀的福利成本，并给出数值练习，评价其他货币政策的福利含义。我们用两个章节进行建模：第一节比较了经济中的名义债券和实际债券，第二节比较了实际余额分别在期初和期末进入代表性消费者效用函数时所得到的结果。其次，通过考察经济中受到消费税和所得税约束的货币政策，我们开始考虑货币政策和财政政策的交互作用。再次，利用稳态最优化条件描述货币政策和财政政策的组合。在数值练习中，读者会看到这个经济存在拉弗曲线。之前模型的劳动供给是无弹性的，所以接下来的章节会讨论内生劳动供给经济中的货币政策中性。到目前为止，我们已经进行了稳态分析，在数值求解方法被广泛应用之前，这是一种十分标准的方法。本章最后一节，我们描述求解动态Ramsey模型的最优货币政策，其考虑了政策干预的短期影响和长期影响。然而，本节中引入约束的可实现性使得我们不需要描述经济的转移动态就能够进行此分析，这一问题我们在第9章具体讨论。

8.2 货币经济的最优增长：Sidrauski模型

首先，我们以Sidrauski模型开始本章的理论学习，可以将该模型视为我们在第3章和第4章所学的Cass-Koopmans经济的货币形式。我们只考虑离散模型，也可以写为连续表达式。假设经济由N_t个相同的居民组成，其偏好相同，且都有权使用相同的生产技术。人口以速率n增长，即$N_t=(1+n)^t N_0$，N_0为经济中的初始人口。经济中只有一种产品，既可被消费，也可以生产性资本形式储存。第t期的投资在$t+1$期可用于生产，作为对实物资本投资的替代，消费者可以持有货币，或购买政府债券。经济中不存在不确定性：通过消费或持有实物余额从而得到的效用水平是已知的，产出水平可以由给定的实物资本和劳动获得，债券的回报率也是已知的。

政府不参与任何生产活动，也不进行任何影响代表性消费者效用水平或要素生产率的支出。政府只关心其资产，且通过印制货币$M_{t+1}^*-M_t^*$对私人部门进行转移支付T_t，并发放实际债券B_{t+1}，该债券以1单位商品购买，并在$t+1$期给予所有者$1+r_{t+1}$单位商品的回报，其中，个体在t期发放债券时已知r_{t+1}的值。对私人部门的转移可以为负，其可以被解释为一次性税收。政府预算每期都是平衡的，预算约束为：

$$\frac{M_{t+1}^*-M_t^*}{P_t}+B_{t+1}=(1+r_t)B_t+T_t,\ \forall t, \tag{8.1}$$

人均形式为：

$$\frac{(1+n)M_{t+1}-M_t}{P_t}+(1+n)b_{t+1}=(1+r_t)b_t+\zeta_t,\ \forall t,$$

① 在增长模型中生成其他方式的货币需求的有关讨论见Walsh［16］。

其中，人均变量由 $b_t=B_t/N_t$，$\zeta_t=T_t/N_t$，$M_t=M_t^*/N_t$ 表示①。如果 $m_t=\frac{M_t}{P_t}$ 和 $1+\pi_{t+1}=\frac{P_{t+1}}{P_t}$，则：

$$\frac{(1+n)M_{t+1}-M_t}{P_t}=\frac{(1+n)M_{t+1}}{P_{t+1}}\frac{P_{t+1}}{P_t}-\frac{M_t}{P_t}=(1+n)m_{t+1}(1+\pi_{t+1})-m_t,$$

因此，政府预算约束的人均形式为：

$$(1+n)m_{t+1}(1+\pi_{t+1})-m_t+(1+n)b_{t+1}-(1+r_t)b_t=\zeta_t.$$

私人部门的总预算约束为：②

$$C_t+K_{t+1}+\frac{M_{t+1}^*-M_t^*}{P_t}+B_{t+1}\leqslant \mathrm{F}(K_t,N_t)+(1-\delta)K_t+(1+r_t)B_t+T_t, \tag{8.2}$$

其中，与前述章节相同，在每期末进行积累的资本存量采取时间下标 $t+1$，与其变为生产性投入的时期相符合③。类似地，t 期积累的货币余额和债券都采取时间下标 $t+1$。式（8.2）中的所有变量都是总变量。

将式（8.2）除以 N_t，得到：

$$c_t+(1+n)k_{t+1}+\frac{(1+n)M_{t+1}}{P_t}+(1+n)b_{t+1}$$
$$\leqslant \mathrm{f}(k_t)+(1-\delta)k_t+\frac{M_t}{P_t}+(1+r_t)b_t+\zeta_t.$$

与前述章节相同，$f(k_t)$ 项可由规模报酬不变技术 $F(K_t,N_t)$ 假设进行解释，要素 N_t 边际报酬递减

$$Y_t=F(K_t,N_t)=N_tF(K_t/N_t,1)=N_tf(k_t).$$

8.2.1 代表性个体问题

假设本章人口增长始终为零，$n=0$。将结论扩展到人口增长不为零的经济中是很简单的练习，而不用改变任何已经给出的定性结论。此经济中的代表性个体问题为消费、储蓄和产出，选择序列 $\{c_t,M_{t+1},k_{t+1},b_{t+1}\}_{t=0}^{\infty}$ 解决此问题，

$$\underset{\{c_t,M_{t+1},k_{t+1},b_{t+1}\}_{t=0}^{\infty}}{Max}\sum_{t=0}^{\infty}\beta^tU\left(c_t,\frac{M_t}{P_t}\right),$$

其中，时间贴现因子满足 $0<\beta<1$，其约束条件为：

$$c_t+k_{t+1}+\frac{M_{t+1}}{P_t}+b_{t+1}\leqslant f(k_t)+(1-\delta)k_t+\frac{M_t}{P_t}+(1+r_t)b_t+\zeta_t,\ \forall t,$$

且 k_0，M_0，b_0 是给定的。

即使我们也可以假设主体的效用函数取决于期末的实际余额，但是此处我们仍旧假设其取决于期初的实际余额。在8.4.2节中，我们进一步阐述这种偏好形式。

---

① 这种符号的选择并不是任意的。将小写字母联系到 T_t 会产生不合适的记号法，而 M_t 的使用就是必要的，因为我们有另一种货币比率 $\frac{M_t}{P_t}$，为此保留 m_t 的记号法。

② 经济中的私人部门由家庭和企业组成。私人部门的预算约束加入了两个主体间的交换。家庭的一部分收入形成金融投资，此处以政府债券的投资组合表示。家庭从企业中获得其拥有实物资本的回报收入，同时也获得其工作收入，加入收入流，得到了式（8.2）。在第三章中，我们讨论过作为经济私人部门联合建模的代表性个体概念，以及代表性个体和中央计划者的区别。

③ 为简化起见，本章假设不存在技术进步。

假设效用函数边际效用为正，$U_1,U_2>0$，其中 $U_1=\frac{\partial U}{\partial c}$，$U_2=\frac{\partial U}{\partial(M/P)}$，$U$ 的Hessian矩阵为负定对称阵。而且，$U_1\left(0,\frac{M}{P}\right)=U_2(c,0)=\infty$，$U_1\left(\infty,\frac{M}{P}\right)=U_2(c,\infty)=0$。

上述问题的拉格朗日函数为：

$$L=\sum_{t=0}^{\infty}\beta^t\left[U\left(c_t,\frac{M_t}{P_t}\right)-\lambda_t\left(c_t+k_{t+1}+\frac{M_{t+1}}{P_t}+b_{t+1}\right.\right.$$

$$\left.\left.-f(k_t)-(1-\delta)k_t-\frac{M_t}{P_t}-(1+r_t)b_t-\zeta_t\right)\right],$$

最优化条件为[①]：

$$\frac{\partial L}{\partial c_t}=U_1\left(c_t,\frac{M_t}{P_t}\right)-\lambda_t\leqslant 0;\text{ 且 }c_t\left[U_1\left(c_t,\frac{M_t}{P_t}\right)-\lambda_t\right]=0,\ \forall t \tag{8.3}$$

$$\frac{\partial L}{\partial k_{t+1}}=-\lambda_t+\beta\lambda_{t+1}\left(f'(k_{t+1})+(1-\delta)\right)\leqslant 0$$

$$k_{t+1}\left[-\lambda_t+\beta\lambda_{t+1}\left(f'(k_{t+1})+(1-\delta)\right)\right]=0,\ \forall t \tag{8.4}$$

$$\frac{\partial L}{\partial M_{t+1}}=\beta U_2\left(c_{t+1},\frac{M_{t+1}}{P_{t+1}}\right)\frac{1}{P_{t+1}}-\lambda_t\frac{1}{P_t}+\lambda_{t+1}\beta\frac{1}{P_{t+1}}\leqslant 0;$$

$$M_{t+1}\left[\beta U_2\left(c_{t+1},\frac{M_{t+1}}{P_{t+1}}\right)\frac{1}{P_{t+1}}-\lambda_t\frac{1}{P_t}+\lambda_{t+1}\beta\frac{1}{P_{t+1}}\right]=0,\forall t \tag{8.5}$$

$$\frac{\partial L}{\partial \lambda_t}=\beta^t\left[c_t+k_{t+1}+\frac{M_{t+1}}{P_t}+b_{t+1}-f(k_t)\right.$$

$$\left.-(1-\delta)k_t-\frac{M_t}{P_t}-(1+r_t)b_t-\zeta_t\right]=0,\ \forall t \tag{8.6}$$

$$\frac{\partial L}{\partial b_{t+1}}=-\lambda_t+\beta(1+r_{t+1})\lambda_{t+1}\leqslant 0$$

$$b_{t+1}\left[\beta(1+r_{t+1})\lambda_{t+1}-\lambda_t\right]=0,\ \forall t \tag{8.7}$$

横截性条件为：

$$\lim_{T\to\infty}\beta^T\lambda_T\frac{M_{T+1}}{P_T}=0, \tag{8.8}$$

$$\lim_{T\to\infty}\beta^T\lambda_T k_{T+1}=0, \tag{8.9}$$

$$\lim_{T\to\infty}\beta^T\lambda_T b_{T+1}=0, \tag{8.10}$$

与往常一样，通过令有限域拉格朗日函数对 $T+1$ 期状态变量、资本存量、债券和实际余额求导，就可以得到上式，$T+1$ 期为范围为 T 的最优化问题的最后一期。在这些条件下，折旧因子趋于零，而状态变量随着时间的推移逐渐积累。若消费的边际效用保持稳定，那么横截性条件式（8.8）~式（8.10）就意味着状态变量的积累速度小于 β。它们也意味着，沿着最优路径，消费不会过快地降为零。

从式（8.3）中，假设存在内部解[②]，即 $c_t>0\ \forall t$，得到：

---

① 在本例中，我们考虑了一个事实，即所有变量都是非负的，使得最优化条件如下所示。这使得我们能够讨论，例如对货币或债券零需求的可能性。然而，读者必须清楚，本书中所有其他的最优化问题也可以做相同的讨论。

② 总是存在内解，因为我们假设消费的边际效用对于零消费来说为无穷大。

$\lambda_t = U_1\left(c_t, \dfrac{M_t}{P_t}\right)$,

因此，运用式（8.4）和式（8.7），

$$b_{t+1} > 0 \Rightarrow \frac{\lambda_t}{\beta\lambda_{t+1}} = \frac{U_1\left(c_t, \frac{M_t}{P_t}\right)}{\beta U_1\left(c_{t+1}, \frac{M_{t+1}}{P_{t+1}}\right)} = 1 + r_{t+1},$$

$$k_{t+1} > 0 \Rightarrow \frac{U_1\left(c_t, \frac{M_t}{P_t}\right)}{\beta U_1\left(c_{t+1}, \frac{M_{t+1}}{P_{t+1}}\right)} = f'\left(k_{t+1}\right) + \left(1 - \delta\right),$$

上式有标准的解释。第一个条件为消费的跨期边际替代率和实际利率的等式。为解释第二个条件，应该注意到，在t时储蓄额外一单位的消费商品，将会产生$U_1\left(c_t, \frac{M_t}{P_t}\right)$的效用损失。以实物资本的形式储蓄该单位消费商品，在$t+1$时会得到$f'\left(k_{t+1}\right) + \left(1-\delta\right)$单位的额外商品，乘以$U_1\left(c_{t+1}, \frac{M_{t+1}}{P_{t+1}}\right)$得到对$t+1$时新增效用的近似，然后需要乘以$\beta$以将其与$t$时的效用进行比较。沿着最优路径，代表性消费者需平衡当期和未来效用。

从上述条件中，得到了每一时间点上消费的边际替代率、实物资本回报率与金融资产收益r_{t+1}的等式关系，t期为：

$$MRS_{t,t+1} \equiv \frac{U_1\left(c_t, \frac{M_t}{P_t}\right)}{\beta U_1\left(c_{t+1}, \frac{M_{t+1}}{P_{t+1}}\right)} = f'\left(k_{t+1}\right) + \left(1-\delta\right) = 1 + r_{t+1}, \tag{8.11}$$

上式也是非货币增长模型中的标准均衡条件，与之前章节中看到的相同。

从式（8.3）和式（8.5）中，得到：

$$M_{t+1} > 0 \Rightarrow \beta\frac{U_2\left(c_{t+1}, \frac{M_{t+1}}{P_{t+1}}\right)}{P_{t+1}} = \frac{U_1\left(c_t, \frac{M_t}{P_t}\right)}{P_t} - \beta\frac{U_1\left(c_{t+1}, \frac{M_{t+1}}{P_{t+1}}\right)}{P_{t+1}}, \tag{8.12}$$

除以$\beta U_1\left(c_{t+1}, \frac{M_{t+1}}{P_{t+1}}\right)\frac{1}{P_{t+1}}$：

$$\frac{U_2\left(c_{t+1}, \frac{M_{t+1}}{P_{t+1}}\right)}{U_1\left(c_{t+1}, \frac{M_{t+1}}{P_{t+1}}\right)} = \frac{U_1\left(c_t, \frac{M_t}{P_t}\right)}{\beta U_1\left(c_{t+1}, \frac{M_{t+1}}{P_{t+1}}\right)}\frac{P_{t+1}}{P_t} - 1. \tag{8.13}$$

由于我们只考虑了经济中实际债务的存在，所以我们必须考虑名义利率i_{t+1}，其值等于实际利率和通货膨胀率的乘积，即$1 + i_{t+1} = \left(1 + r_{t+1}\right)\left(1 + \pi_{t+1}\right)$。运用式（8.11），由式（8.13）就能得到：

$$\frac{U_2\left(c_{t+1}, \frac{M_{t+1}}{P_{t+1}}\right)}{U_1\left(c_{t+1}, \frac{M_{t+1}}{P_{t+1}}\right)} = \left(1 + r_{t+1}\right)\left(1 + \pi_{t+1}\right) - 1 = \left(1 + i_{t+1}\right) - 1 = i_{t+1}. \tag{8.14}$$

沿着最优轨迹，实际余额和消费间的边际替代率一定等于名义利率。我们常从该方程中定义（总）实际利率。无论如何，在8.4.1节中我们给出了无论何时实际债券和名义债券同时存在，都得到每期均衡等式$\left(1 + r_{t+1}\right)\frac{P_{t+1}}{P_t} = 1 + i_{t+1}$。

式（8.14）可被解释为来自效用最大化条件的货币需求函数，且没有施加特别的假设。若假设效用函数的两个变量可分离，即$U\left(c_t, \frac{M_t}{P_t}\right) = \ln c_t + \theta\ln\frac{M_t}{P_t}$，$\theta > 0$，那么式（8.14）变为：

$$\frac{\theta c_{t+1}}{M_{t+1}/P_{t+1}} = i_{t+1} \Leftrightarrow \frac{M_{t+1}}{P_{t+1}} = \frac{\theta c_{t+1}}{i_{t+1}}.$$

所以，名义利率的增加同时伴随着t期期初实际余额的减少。实际利率的增加或通货膨胀率的增加也会产生类似的影响。消费支出的增加也伴随着实际余额的增加，具体体现为实际余额的交易需求方面。

条件式（8.14）也可以解释为：若我们决定在t期持有额外1单位货币，那么在$t+1$期我们会得到$\frac{1}{P_{t+1}}U_2\left(c_{t+1},\frac{M_{t+1}}{P_{t+1}}\right)$单位的效用。除了持有货币所获得的效用外，我们还可在$t+1$期将其用于购买$\frac{1}{P_{t+1}}$的消费商品，其效用为$\frac{1}{P_{t+1}}U_1\left(c_{t+1},\frac{M_{t+1}}{P_{t+1}}\right)$。为在$t$期持有该额外单位的货币，我们必须放弃$t$期购买的一部分政府债券。用于投资债券的货币使得我们可以购买$1/P_t$的债券，也可在$t+1$期得到$\left(1+r_{t+1}\right)/P_t$单位的商品。这些单位的消费可以产生$\left(1+r_{t+1}\right)\frac{1}{P_t}U_1\left(c_{t+1},\frac{M_{t+1}}{P_{t+1}}\right)$的效用。两种策略的结果在均衡中一定是相同的，这就是前述条件所说明的内容。

注意，我们对效用函数$U\left(c_t,\frac{M_t}{P_t}\right)$所做的假设保证了$c_t,\frac{M_t}{P_t}>0\ \forall t$成立。而且，与前面的模型一样，政府和代表性个体的约束使得每期的总资源约束为：

$$c_t+k_{t+1}=f\left(k_t\right)+\left(1-\delta\right)k_t.$$

8.2.2 货币增长经济的稳态

稳态是一个持续的轨迹，在稳态上经济中所有的人均变量都以相同的速率增长，对于某些变量来说可以为零。曾用于索罗-斯旺模型章节的部分论述现在也适用，在我们考虑的经济中，累计投入的规模报酬递减，生产技术和生产要素的时间演化并不总是保持正增长。因此，唯一可能的稳态就是人均变量保持不变[①]。

所以，假设政府遵循一个以通货膨胀和给消费者的一次性转移支付为目标的财政政策和税收政策是合理的，则：

$$\zeta_t=\zeta_{ss},\ \forall t$$

$$\pi_t=\pi_{ss},\ \forall t$$

且我们要找到人均变量c_{ss}，k_{ss}，y_{ss}，r_{ss}，b_{ss}的稳态值，所有上述变量都是ζ_{ss}，π_{ss}和结构参数的函数，满足所有的最优化条件和预算约束。结构参数为β，δ和生产函数、效用函数中的参数。下面我们将说明，在这个政策下，稳态中的实际余额保持恒定，且m_{ss}表示其稳态值。

将这些恒定值代入上述条件，得到：

$$f'\left(k_{ss}\right)+\left(1-\delta\right)=1/\beta,$$

其给出了实物资本的稳态值。为计算该值，我们需要对生产函数的形式做出某些特殊的假设。重新将贴现因子[②]定义为$\beta=\frac{1}{1+\rho}$，得到：

$$f'\left(k_{ss}\right)=\rho+\delta, \tag{8.15}$$

① 在人口增长和相同的生产技术条件下，经济体的总经济增长速度与人口增长的速度相同，且可以维持下去，这与前面章节考虑的非货币经济是相同的。加入技术进步（本章不做考虑），将会使得经济增长率等于人口增长率加上技术增长率。

② 这只是纯粹的符号改变，且两个表达式都用于经济建模。此关系式可以通过泰勒序列展开近似：$\beta=1-\rho$，所以，例如$\beta=0.95$，就相当于$\rho=0.05$。

这是我们在Cass-Koopmans模型中得到的等式[①]，给出了k_{ss}唯一的定义值。因此，经济中货币和债券的出现并不会扰乱长期中的资本积累过程。

从经济的总资源约束中，可以得到：

$$c_{ss}+k_{ss}=f(k_{ss})+(1-\delta)k_{ss},$$

其给出了消费的稳态值：

$$c_{ss}=f(k_{ss})-\delta k_{ss},$$

上式为结构参数的函数，与资本折旧率和实物资本的产出弹性十分相似。注意，在一般的偏好定义下，稳态消费不取决于偏好或经济中的货币。然而，与稳态资本存量相同，其随贴现率的改变而改变。

从生产函数中，我们得到产出的恒定稳态值，

$$y_{ss}=f(k_{ss}).$$

从式（8.11）和恒定的消费与实际余额中，得到：

$$\frac{1}{\beta}=1+r_{ss},$$

其给出了稳态实际利率，为贴现率的函数，此关系式我们已经在Cass-Koopmans模型中得到。

从式（8.14）中，得到：

$$\frac{U_2(c_{ss},m_{ss})}{U_1(c_{ss},m_{ss})}=(1+r_{ss})(1+\pi_{ss})-1=\frac{1+\pi_{ss}}{\beta}-1, \tag{8.16}$$

对于特定的效用函数形式而言，上式给出了稳态实际余额的函数$m_{ss}=m(\pi_{ss})$，因为如上所示，稳态消费只取决于结构参数。因此，至少对于货币政策来说，稳态中的实际余额是不变的。但是，名义货币余额不是恒定的，其增长速率是π_{ss}，为价格增长率。

稳态的名义利率可从下式得到，

$$i_{ss}=(1+r_{ss})(1+\pi_{ss})-1=\frac{1+\pi_{ss}}{\beta}-1, \tag{8.17}$$

而债券存量可以从政府预算约束的稳态形式中得到[②]，

$$\left[m_{ss}(1+\pi_{ss})-m_{ss}\right]+\left[b_{ss}-(1+r_{ss})b_{ss}\right]=\zeta_{ss}$$

$$\Rightarrow b_{ss}=\frac{\pi_{ss}m_{ss}-\zeta_{ss}}{r_{ss}}=\frac{\pi_{ss}m(\pi_{ss})-\zeta_{ss}}{r_{ss}}. \tag{8.18}$$

读者必须清楚，尽管我们可以计算政府债务的稳态值，但此水平或许无法达到，因为除非某些稳定性机制包含于财政政策中，否则未偿债务存量将会发散或降为零。

通货膨胀税被定义为实际余额与通货膨胀率的乘积$\pi_{ss}m_{ss}$，这是由于通货膨胀引起的代表性个体的实际余额购买力的损失。稳态关系式$\pi_{ss}m_{ss}=r_{ss}b_{ss}+\zeta_{ss}$反映出，政府为向私人部门的转移支付进行融资，通货膨胀税必须为正，且对未偿债务的利息也必须为

---

① 唯一的不同是，在Cass-Koopmans章节中，贴现因子由θ表示，而不是ρ。

② 在政府不用债券融资的经济中，我们得到：$\pi_{ss}m_{ss}=\zeta_{ss}$，且一次性转移支付不再与政策目标独立，而是由通货膨胀率目标选择所决定。

正。向私人部门的转移可以为负，这时可以将其解释为一次性税收，这会缓和甚至消除征收通货膨胀税的必要性。实际上，我们在之后的数值练习中会看到，当负的通货膨胀率产生了负的通货膨胀税时，向私人部门的转移支付最终为负，变为了一次性税收。

在与第2章和第3章类似的条件下，之前的方程描述了最优稳态的唯一性。然而，稳态是在货币政策和财政政策条件下得到的。因此，稳态是次优的。所谓的Ramsey问题试图描述在所有的次优解中，能够得出最优资源配置的政策选择。例如，我们可以考虑柯布-道格拉斯技术 $y=Ak^{\alpha}$，偏好为 $U(c,M/P)=\ln(c)+\theta\ln(M/P)$，则我们可以得到：$m_{ss}=\frac{\beta\theta c_{ss}}{1+\pi_{ss}-\beta}$，稳态表达式为：

$$k_{ss}=\left(\frac{A\alpha}{\frac{1}{\beta}-1+\delta}\right)^{1-\alpha};\ c_{ss}=Ak_{ss}^{\alpha}-\delta k_{ss};\ b_{ss}=\frac{\pi_{ss}\frac{\beta\theta c_{ss}}{1+\pi_{ss}-\beta}-\zeta_{ss}}{\frac{1}{\beta}-1},$$

最后一个方程描述了政策制定者根据选择财政政策和货币政策，做出的最优决策。

8.2.3 黄金法则

与前几章相同，我们再次将黄金法则定义为与最大化消费水平对应的特殊稳态。我们可以将政府和私人部门的预算约束代入与非货币经济相同的总资源约束中，在稳态中有，

$$c_{ss}+k_{ss}-f(k_{ss})-(1-\delta)k_{ss}=0,$$

所以，

$$\frac{\partial c_{ss}}{\partial k_{ss}}=-1+f'(k_{ss})+(1-\delta)=0\Rightarrow f'(k_{GR})=\delta, \tag{8.19}$$

$$\frac{\partial^2 c_{ss}}{\partial k_{ss}^2}=f''(k_{ss})<0, \tag{8.20}$$

在零人口增长和无技术进步下的非货币经济中，我们也得到了相同的描述。将资本存量最优水平的描述式（8.15）与式（8.19）进行比较，得到：

$$k_{ss}<k_{GR},$$

相对于稳态，黄金法则意味着过多的资本积累。通过很少的消费就能得到大量的资本积累，这是因为我们对未来效用（或未来世代，取决于我们给出的增长模型的解释）分配了较大的权重。

8.3 稳态政策分析

在前面的部分，我们描述了政府以通货膨胀率和向消费者一次性转移支付为目标的稳态。应该注意到，存在可行的稳态轨迹，且 π_t 和 ζ_t 不是常数。在这种情况下，实际余额在稳态中不必为常数，因为它们应该满足：

$$\frac{U_2(c_{ss},m_t)}{U_1(c_{ss},m_t)}=\frac{1+\pi_t}{\beta}-1,$$

而 π_t 和 ζ_t 每期通过下式相联系：

$$\pi_t m(\pi_t)-\zeta_t=b_{ss}r_{ss}.$$

在前面章节的分析也说明了三个相关的货币经济特性：

1. 在零人口增长下，稳态中的实际余额是不变的，通货膨胀率等于货币余额增长率

x_{ss}，所以我们得到结论，货币增长率没有任何实际的影响，说明了长期中的货币中性。当货币政策分析被限制于稳态时，货币增长的变化与通货膨胀率目标的变化拥有相同的影响，这与本章是一样的。所以，从政策的角度来看，选择一个通货膨胀率目标 π_{ss} 相当于选择一个货币增长率 x_{ss}。当人口增长率 n 为正时，得到：

$$1+\pi_{ss}=\frac{1+x_{ss}}{1+n}.$$

之后，通货膨胀率将不等于货币增长率，但是我们仍有两个变量一对一的对应关系，作为政策目标。

2. 而且，名义利率变化的定性影响也与通货膨胀率变化的定性影响相同。原因是：

$$1+i_{ss}=\frac{1+\pi_{ss}}{\beta}.$$

在实际经济中，货币当局控制着货币总量或短期名义利率的时间演化。我们只考虑单一利率，虽然同时考虑长期和短期利率，我们可以讨论利率期限结构斜率在货币政策效应传导中的作用。

3. 在经济中，长期时的货币政策是中性的，因为 c_{ss}，k_{ss}，y_{ss} 与 π_{ss} 或 m_{ss} 无关。

假设货币当局可以控制稳态实际余额的数量 m_{ss}，稳态的通货膨胀率和政府债券存量可从下式获得：

$$\pi_{ss}=\beta\left(1+\frac{U_2(c_{ss},m_{ss})}{U_1(c_{ss},m_{ss})}\right)-1=\pi(m_{ss}),$$

$$b_{ss}=\frac{\pi(m_{ss})m_{ss}-\zeta_{ss}}{r_{ss}},$$

当政府选择 π_{ss} 后，所有变量的稳态值都可以在上述检验的政策规则下得到。

正如在这些练习中政策设计所反映的一样，政府不能独立地决定货币和财政政策目标 m_{ss}，π_{ss}，b_{ss}，ζ_{ss}，因为式（8.18）对其取值施加了约束，说明了财政政策和货币政策的相关性。

之前的叙述说明政府需要通过决定 m_{ss} 或 π_{ss}，以及 b_{ss} 或 ζ_{ss} 的取值，从而进行政策设计；否则的话，经济的长期轨迹是模糊不清的。例如，除非选择的目标由式（8.16）所限制，否则政府不能同时选择 π_{ss} 和 m_{ss}。但即使是这样，我们也会得到单一的方程求解 b_{ss} 和 ζ_{ss}，这使得均衡是不确定的。

可选的政策仍旧由选择 π_{ss} 和 b_{ss} 组成，而不考虑 m_{ss} 和 ζ_{ss}，可以得到：

$$\zeta_{ss}=\pi_{ss}m(\pi_{ss})-r_{ss}b_{ss},$$

所有其他的变量都可以由上述方法得到。

由选择 m_{ss} 和 b_{ss}，m_{ss} 和 ζ_{ss}，或 π_{ss} 和 ζ_{ss} 所定义的政策也可以通过上述方法进行分析。

8.3.1 最优稳态通货膨胀率

当所考虑的货币流通总额为货币基数时，货币的名义收益为零，而由于通货膨胀，实际收益为负。与此相反，资产的名义收益和实际收益通常为正。因此，货币是一种以回报为主导的资产。

我们知道 Friedman 规则："最优货币政策是使得货币成为不以回报为主导的资

产。”[①]资产的名义收益可被看作持有货币的机会成本。生成货币的社会边际成本为负。因此，货币的社会和私人边际成本间就存在无效率，且只有当持有货币的机会成本为零时，即当其他任何货币，如政府和私人债券的名义收益等于零时，即 $i_{ss}=0$，这种无效率才会消失。这就是Friedman法则通常与零名义利率相联系的原因。

在我们引入的一般均衡货币经济中，现在分析在两个不同的货币政策下，Friedman法则是否成立，这取决于控制变量是否为通货膨胀率或实际余额。

在一般均衡模型中，描述最优货币政策的一般方法是求解Ramsey问题，即政府和代表性个体间的领导者-追随者博弈。政府是领导者，选择货币政策，代表性个体在了解货币政策选择的基础上做出各自的决策。描述代表性个体问题解的方程为追随者对领导者决策变化的反应方程。当政府进行政策选择时，它知道代表性个体的反应方程。在稳态中，这些方程是消费、实际余额、产出等的稳态表达式。通常假设当政府做出政策选择时，其目标是使私人个体的福利最大化，这与政府连任目标是一致的。

因此，在稳态中，政府选择能使代表性个体效用在稳态水平达到最大化的货币政策。也就是说，从政府的角度来看，选择的政策是可行的。另一方面，如果存在非扭曲政策手段使其成立，那么我们就不必详细考虑政府预算约束的稳态形式，它将一直成立。

首先，将通货膨胀率作为货币政策的控制变量，而财政政策目标既可以是公共债务存量的实际值，也可以是一次性转移支付，这与前面章节相同，定义最优通货膨胀率为最大化稳态效用水平，即：

$$\pi_{opt}=\arg\max\{W(\pi)\}=\arg\max\{U(c_{ss}(\pi),m_{ss}(\pi))\}.$$

最优通货膨胀率必须满足：

$$\frac{\partial W(\pi)}{\partial\pi}=U_1(c_{ss},m_{ss})\frac{\partial c_{ss}}{\partial\pi}+U_2(c_{ss},m_{ss})\frac{\partial m_{ss}}{\partial\pi}=0. \tag{8.21}$$

但是我们刚看到消费的稳态水平不依赖通货膨胀率，因此：$\frac{\partial c_{ss}}{\partial\pi}=0$。相反，实际余额依赖于通货膨胀（$\frac{\partial m_{ss}}{\partial\pi}\neq0$），所以式（8.21）意味着最优通货膨胀率将满足：$U_2(c_{ss},m_{ss})=\frac{\partial U(c_{ss},m_{ss}(\pi))}{\partial m}=0$。因此，若在实际余额水平上偏好拥有饱和点，则最优货币政策下的实际余额只能是有限的[②]。

由于式（8.16）是描述稳态的条件，一定有：

$$\frac{U_2(c_{ss},m_{ss}(\pi))}{U_1(c_{ss},m_{ss}(\pi))}=i_{ss}=\frac{1+\pi}{\beta}-1,$$

且因为在最优通货膨胀率下，$U_2(c_{ss},m_{ss})=0$，所以最优稳态通货膨胀率为负，等于 $\pi^{opt}=\beta-1$，意味着名义利率为零 $i_{ss}=0$。所以负的最优通货膨胀率产生了正的实际货币收益，且名义收益率为零（$i^{money}=0$）：$r_{ss}^{money}=\frac{1+i^{money}}{1+\pi^{opt}}-1=\frac{1}{1+\beta-1}-1=\frac{1}{\beta}-1>0$。在最优通货膨胀率下，货币的稳态实际收益与其他任何资产的实际收益相同。因为在最优通货膨

① 这种政策在Friedman［6］中被首次提出。

② 条件式（8.21）描述了最优化问题，因为在最优政策下，$\frac{\partial^2 W(\pi)}{\partial\pi^2}=U_{22}(c_{ss},m_{ss})\left(\frac{\partial m_{ss}}{\partial\pi}\right)^2<0$。

胀率下，所有资产[①]的实际收益都是相同的，这也说明了他们具有相同的名义收益，Friedman法则是有效的。

其次，假设不以通货膨胀率作为控制变量，而是政府选择外生的m_{ss}和ζ_{ss}[②]。相似地，将最优货币政策定义为实际余额水平：

$$m_{opt} = \arg\max\left\{W(m)\right\} = \arg\max\left\{U\left(c_{ss}(m), m\right)\right\}.$$

在这种情况下，最优化条件为：

$$\frac{\partial W(m)}{\partial m} = U_1\left(c_{ss}, m\right)\frac{\partial c_{ss}}{\partial m} + U_2\left(c_{ss}, m\right) = 0,$$

只有当$U_2\left(c_{ss}, m\right) = 0$，$i_{ss} = 0$时，上式才成立。读者可以很容易就看到，此解满足最大化的二阶条件。

这种描述最优货币政策的方法常常受到如下批评：

1.这只是稳态分析，而重要的应是描述在动态经济中的最优货币政策。

2.此结果是在政府拥有可用的一次性税收、发行公共债务和铸币税收入以适应任何外生冲击的假设下得到的。当货币政策改变后，若政府能够只改变扭曲税，比如所得税，则正的通货膨胀率就可能是最优的。在此情形下，私人个体的效用与通货膨胀率和税率水平呈负相关。当允许为给定的政府支出融资时，我们更愿意积极利用政策工具减少经济的扭曲，这会得出一个最优化的正通货膨胀税。

8.7节在扭曲税下描述了最优的货币政策，且将稳态之外的动态经济也考虑在内。

8.3.2 通货膨胀的福利成本

在上述分析的Sidrauski模型中，通货膨胀产生了福利损失，因为效用水平正向地取决于实际余额水平，当通货膨胀率提高时，实际余额水平下降。因此，我们可以使用模型量化福利成本。传统上，通货膨胀成本处于货币需求曲线的下方区域［1］。为量化一般均衡模型中由任何经济政策手段引起的扭曲，标准的做法是计算稳态消费变化的百分比，作为消费者对给定的政策和最优政策无差异的补偿。因此，通货膨胀的福利成本是稳态消费变化的百分比。作为消费者对给定通货膨胀率和最优通货膨胀无差异的补偿，以v代表稳态消费增加的百分比，c_{ss}为任何通货膨胀率下稳态消费水平[③]，$m_{ss}(\pi)$为实际余额的稳态水平，为通货膨胀率的函数（因此当$\pi = \pi^{opt}$时，$m_{ss}opt$是实际余额水平）。一定有：

$$U\left((1+v)c_{ss}, m_{ss}(\pi)\right) = U\left(c_{ss}, m_{ss}(opt)\right).$$

例如，若效用函数为［13］，则：

$$U\left(c_t, m_t\right) = \frac{1}{1-\sigma}\left\{\left[c_t\varphi\left(\frac{m_t}{c_t}\right)\right]^{1-\sigma} - 1\right\},$$

其中，$\varphi\left(\frac{m_t}{c_t}\right) = \frac{1}{1+\varpi\left(\frac{m_t}{c_t}\right)^{-1}}$，且$\varpi > 0$，

---

① 例如，实物资本。

② 如果政府选择公共债务和实际余额作为目标，那么结果与内生决定一次性转移支付水平是相似的。

③ 因为我们已经看到，通货膨胀对消费没有任何影响。

读者很容易就能知道，在这种情况下，8.2.1节中提到的货币需求局部均衡是 $m_t = \varpi^{1/2} c_t\left(i_t\right)^{-1/2}$。此外，运用前面章节中描述的方法，可以得到最优的通货膨胀率为 $\pi^{opt} = \beta - 1$，且在最优通货膨胀率下，稳态中的实际余额变为无穷大。在最优通货膨胀率下，稳态效用水平为：$U\left(c_{ss},\infty\right) = \frac{1}{1-\sigma}\left(c_{ss}^{1-\sigma} - 1\right)$。

以福利损失衡量的福利成本为：

$$\frac{1}{1-\sigma}\left[\left(\frac{(1+v)c_{ss}}{1+\varpi\left(\frac{m_{ss}(\pi)}{(1+v)c_{ss}}\right)^{-1}}\right)^{1-\sigma} - 1\right] = \frac{1}{1-\sigma}\left(c_{ss}^{1-\sigma} - 1\right),$$

从中可以得到：

$$v = \frac{\varpi c_{ss}/m_{ss}(\pi)}{1-\varpi c_{ss}/m_{ss}(\pi)} = \frac{\sqrt{\varpi i_{ss}}}{1-\sqrt{\varpi i_{ss}}}.$$

考虑效用函数：$U\left(c_t, m_t\right) = \ln c_t + \theta \ln m_t$，$\theta > 0$。这是一个对偏好的标准假设，且最优通货膨胀率再次变为 $\pi^{opt} = \beta - 1$，在此最优通货膨胀率下，稳态中的实际余额是无穷大的。不过，与之前不同的是，在最优通货膨胀率下，现在的效用水平是无界的，且提到过的衡量通货膨胀的方法是不合适的，因为成本是无限的。在此情形下，标准的做法是相对于计算正的通货膨胀率的福利成本，将零通货膨胀率作为参考［8］。由此，得到的通货膨胀成本将比真实的通货膨胀成本低。为证明这一事实，若我们计算小于零但大于 $\beta - 1$ 的通货膨胀率成本，那么我们将得到负值，这说明相对于负的通货膨胀率，零通货膨胀率扭曲了个体的决策，降低了个体的福利水平。

在上述效用函数下，若以 $m_{ss}(0)$ 表示零通货膨胀率时的实际余额水平，那么我们会得到：$v = \left(\frac{m_{ss}(0)}{m_{ss}(\pi)}\right)^{\theta} - 1 = \left(\frac{1-\beta+\pi}{1-\beta}\right)^{\theta} - 1$。作为产出一部分的通货膨胀的福利成本为：

$$\frac{v c_{ss}}{y_{ss}} = \left[\left(\frac{1-\beta+\pi}{1-\beta}\right)^{\theta} - 1\right]\left(1 - \delta\frac{k_{ss}}{f\left(k_{ss}\right)}\right),$$

其中，k_{ss} 是稳态的资本存量，与前几章相同，其与通货膨胀率相互独立。

8.6.1节将说明当无弹性劳动供给假设不存在，且闲暇、私人消费和实际余额作为不可分离的变量进入效用函数时，通货膨胀率不再是中性的。在此情况下，通过解析解的方式描述通货膨胀率的成本在某种程度上说将更为复杂，但这仍是可行的。

对于特定的效用函数来说，每一个可能的通货膨胀率的成本值都将取决于结构参数值。因此，选择这样的值是很方便的，以便该模型能够解释一些经验性的观察结果，这就是模型的校准。例如，标准的做法是假设生产函数规模报酬不变，其人均形式为：$f\left(k_t\right) = k_t^{\alpha}$，满足：$\frac{f'\left(k_t\right)k_t}{f\left(k_t\right)} = \alpha$。从第三章中我们已经了解到，均衡中 $f'\left(k_t\right)$ 是资本折旧前的实际收益。因此，α 是总收入中的劳动租金份额。在实际经济中，可以认为总收入中的劳动租金份额为0.65或0.70。因此，$\alpha \in [0.30; 0.35]$。

另一个实际经济的经验规则是，实际年利率在2%附近震荡。当贴现参数大约等于0.98时，我们在模型中能够得到这个利率水平。另一方面，实物资本折旧率很难测量，因为我们需要资本存量的时间序列，而除了少数几个国家外，大多数国家根本不存在该序列。但是，更让人容易接受的是假设资本的年折旧率约为10%。

计算通货膨胀的福利成本时，尤其重要的一个参数是θ，其决定着消费对持有实际余额的相对偏好。我们要选择此参数值，从而使得模型能够对实际经济中货币流通速度进行解释，使其也适用于理论结果。稳态中货币流通速度的表达式为：

$$速度=\frac{y_{ss}}{m_{ss}}=\frac{(1+\pi-\beta)k_{ss}^{\alpha}}{\beta\theta c_{ss}}。$$

这当然是一般考虑，已将前面章节模拟练习中的参数值都考虑在内了。我们现在要强调的是，相对于给定问题，模型的数值含义将是选择参数的函数，因此这对读者来说肯定是有说服力的。

下一节给出了估计不同效用函数通货膨胀福利成本的数值练习。

8.4 两个建模问题：名义债券和实际余额时期

本节讨论建模的两个问题：第一个问题是比较名义债务和实际债务经济中的最优化条件，得到了作为均衡条件的债券名义收益、名义收益率和通货膨胀率的关系式；第二个问题则比较名义余额实际值在期初或者期末作为变量进入效用函数的差别。

8.4.1 名义债券：实际利率和名义利率的关系

与前几章相同，政府给消费者T_t单位商品作为一次性转移支付，其由流动性注入$M_{t+1}^*-M_t^*$及通过发行公共债券进行融资。特别地，本章假设政府发行名义债券V_t^*。消费者在t期投资政府债券，并在$t+1$期从政府每单位投资的货币中收到$1+i_t$的货币。政府预算约束变为①：

$$\frac{M_{t+1}^*-M_t^*}{P_t}+\frac{V_{t+1}^*-(1+i_t)V_t^*}{P_t}=T_t,$$

人均货币、名义债券和转移支付为：$M_t=\frac{M_t^*}{N_t}$，$V_t=\frac{V_t^*}{N_t}$，且$\zeta_t=\frac{T_t}{N_t}$可以写为：

$$\frac{(1+n)M_{t+1}-M_t}{P_t}+\frac{(1+n)V_{t+1}-(1+i_t)V_t}{P_t}=\zeta_t,$$

或者，

$$\frac{(1+n)M_{t+1}-M_t}{P_t}+(1+n)\bar{b}_{t+1}-\frac{1+i_t}{1+\pi_t}\bar{b}_t=\zeta_t, \tag{8.22}$$

其中，$\bar{b}_{t+1}=\frac{V_{t+1}}{P_t}$表示$t$期末以消费商品单位表示的人均名义债券存量值②。

我们通过实际债券开始本章的讨论，类似购买1单位消费商品，并在t+1期赋予其所有者$1+r_t$单位的消费商品。这些融资手段使得人均形式的政府预算约束为：

$$\frac{(1+n)M_{t+1}-M_t}{P_t}+(1+n)b_{t+1}-(1+r_t)b_t=\zeta_t,$$

通过与实际债务时的政府预算约束式（8.22）相比较，上式说明了名义利率和实际

---

① 我们留给读者去证明，若除了给消费者的转移支付，政府还需要为购买经济中的唯一商品进行融资，那么本节获得的名义利率和实际利率的关系式仍旧成立。

② 注意到，$\frac{(1+n)V_{t+1}-(1+i_t)V_t}{P_t}=(1+n)\frac{V_{t+1}}{P_t}-(1+i_t)\frac{V_t}{P_{t-1}}\frac{P_{t-1}}{P_t}=\bar{b}_{t+1}-\frac{1+i_t}{1+\pi_t}\bar{b}_t$。

利率间的关系：$\frac{1+i_t}{1+\pi_t}=1+r_t$。

此关系式也可以在代表性个体的预算约束中看到，其形式为：

$$c_t+(1+n)k_{t+1}-(1-\delta)k_t+\frac{(1+n)M_{t+1}-M_t}{P_t}+(1+n)b_{t+1}-(1+r_t)b_t\leqslant f(k_t)+\zeta_t,$$

我们以1:1的比率交换资本和消费，这与消费和实际债券间的权衡取舍相同，上式变为：

$$c_t+(1+n)k_{t+1}-(1-\delta)k_t+\frac{(1+n)M_{t+1}-M_t}{P_t}+(1+n)\bar{b}_{t+1}-\frac{1+i_t}{1+\pi_t}\bar{b}_t$$
$$\leqslant f(k_t)+\zeta_t, \tag{8.23}$$

为名义债券情形。我们很清楚，两个约束是一致的，如果

$$(1+n)b_{t+1}-(1+r_t)b_t=(1+n)\bar{b}_{t+1}-\frac{1+i_t}{1+\pi_t}\bar{b}_t,$$

这也使得政府预算约束的两个表达式一致。

但是这些比较只是说明了在实际债券和名义债券下，当且仅当名义利率和实际利率的关系式为上文所述时，我们可以获得相同的资源配置。现在，考虑当经济中存在两种债务时的最优化条件。

对应于名义债券正需求的最优化条件为：

$$(1+n)\frac{\lambda_t}{P_t}=\beta(1+i_{t+1})\frac{\lambda_{t+1}}{P_{t+1}},$$

使得，

$$\frac{1+n}{\beta}\frac{U_1\left(c_t,\frac{M_t}{P_t}\right)}{U_1\left(c_{t+1},\frac{M_{t+1}}{P_{t+1}}\right)}=(1+i_{t+1})\frac{P_t}{P_{t+1}}=\frac{1+i_{t+1}}{1+\pi_{t+1}},$$

当存在人口增长时，实际债务正需求的最优化条件为式（8.11），即：

$$\frac{1+n}{\beta}\frac{U_1\left(c_t,\frac{M_t}{P_t}\right)}{U_1\left(c_{t+1},\frac{M_{t+1}}{P_{t+1}}\right)}=1+r_{t+1}.$$

所以，若经济中存在两种债务，那么当且仅当它们提供了相同的收益，两者需求才能同时为正，即如果

$$1+r_{t+1}=\frac{1+i_{t+1}}{1+\pi_{t+1}},$$

上式为名义利率与实际利率联系起来的均衡条件。

8.4.2 效用函数中的实际余额：期初或期末？

在前面章节分析的模型中，尽管货币是由生产性资本和债券在收益中所支配的资产，但代表性个体仍旧对货币有所需求。因为实际余额和消费都是效用函数的变量[①]。特别地，货币余额通过促进交易从而增加了效用，那么效用函数中存在实际余额就较为清晰。然而，根据金融市场开放和终止的时期，货币余额在模型中的表现形式存在着不同。

本章的变量都采取人均形式，且假设人口增长为零。若当商品市场开放时仍发生货

① 除非主体存在货币幻觉，否则是实际货币余额而不是名义货币余额作为变量出现在偏好中。

币流动性注入，那么相关变量t期末的实际余额值$\frac{M_{t+1}}{P_t}$为$M_{t+1}=M_t+\Delta M_t$。另一方面，若商品市场在金融市场开放前就关闭，且发生货币流动性注入，那么t期末可用的实际余额为$\frac{M_t}{P_t}$。假设政府每期初对消费者进行货币转移ζ_t①，若金融市场刚刚关闭，商品市场就开放，且存在政府转移支付，那么公共债务V_{t+1}就可以用货币进行购买，且债券利率也可以现金$(1+i_t)V_t$支付，效用函数中的变量为：$\frac{M_t+\zeta_t-V_{t+1}+(1+i_t)V_t}{P_t}$，因为这是当商品市场开放时，消费者可用名义余额的购买力。

当货币注入而商品市场仍旧开放时，效用函数形式为：$U\left(c_t,\frac{M_{t+1}}{P_t}\right)$，且预算约束为式（8.23）。在消除拉格朗日乘子后，最优化条件变为：

$$U_1\left(c_t,\frac{M_{t+1}}{P_t}\right)=\beta U_1\left(c_{t+1},\frac{M_{t+2}}{P_{t+1}}\right)(1+i_{t+1})/(1+\pi_{t+1}), \tag{8.24}$$

$$U_1\left(c_t,\frac{M_{t+1}}{P_t}\right)=\beta U_1\left(c_{t+1},\frac{M_{t+2}}{P_{t+1}}\right)\left(f'(k_{t+1})+1-\delta\right), \tag{8.25}$$

$$\left[U_1\left(c_t,\frac{M_{t+1}}{P_t}\right)-U_2\left(c_t,\frac{M_{t+1}}{P_t}\right)\right]\frac{1}{P_t}=\beta U_1\left(c_{t+1},\frac{M_{t+2}}{P_{t+1}}\right)\frac{1}{P_{t+1}}, \tag{8.26}$$

将式（8.26）除以$U_1\left(c_t,\frac{M_{t+1}}{P_t}\right)\frac{1}{P_t}$，得到：

$$\frac{U_2\left(c_t,\frac{M_{t+1}}{P_t}\right)}{U_1\left(c_t,\frac{M_{t+1}}{P_t}\right)}=1-\frac{\beta U_1\left(c_{t+1},\frac{M_{t+2}}{P_{t+1}}\right)}{U_1\left(c_t,\frac{M_{t+1}}{P_t}\right)}\frac{P_t}{P_{t+1}}=\frac{i_{t+1}}{1+i_{t+1}},$$

其中，运用式（8.24）及$\pi_{t+1}=\frac{P_{t+1}}{P_t}-1$。

或者，若商品市场只在货币转移和金融交易发生后才开放，那么效用函数的形式为：$U\left(c_t,\frac{D_t}{P_t}\right)$，$D_t=M_t+\zeta_t-V_{t+1}+(1+i_t)V_t$，且代表性消费者的预算约束为：

$$c_t+\left[k_{t+1}-(1-\delta)k_t\right]+\frac{M_{t+1}}{P_t}\leqslant f(k_t)+\frac{D_t}{P_t},$$

其一阶条件为②：

$$\left[U_1\left(c_t,\frac{D_t}{P_t}\right)+U_2\left(c_t,\frac{D_t}{P_t}\right)\right]=\beta\left[U_1\left(c_{t+1},\frac{D_{t+1}}{P_{t+1}}\right)+U_2\left(c_{t+1},\frac{D_{t+1}}{P_{t+1}}\right)\right]\frac{1+i_{t+1}}{1+\pi_{t+1}}, \tag{8.27}$$

$$U_1\left(c_t,\frac{D_t}{P_t}\right)=\beta U_1\left(c_{t+1},\frac{D_{t+1}}{P_{t+1}}\right)\left[f'(k_{t+1})+1-\delta\right], \tag{8.28}$$

$$\frac{U_2\left(c_t,\frac{D_t}{P_t}\right)}{U_1\left(c_t,\frac{D_t}{P_t}\right)}=i_t. \tag{8.29}$$

在更为复杂的设置中，Carlstrom和Fuerst［2］认为模型中两个效用函数不存在产出，其中货币理论选择名义利率作为预期通货膨胀率的函数，意味着选择的效用函数对

---

① 我们在之后会说明，当ζ_t是某些单位的消费商品转移支付时，经济会发生什么变化。

② 仍旧将ζ_t作为消费商品转移支付。D_t被定义为$D_t=M_t-V_{t+1}+(1+i_t)V_t$，且代表性消费者的预算约束为：$c_t+\left[k_{t+1}-(1-\delta)k_t\right]+\frac{M_{t+1}}{P_t}\leqslant f(k_t)+\frac{D_t}{P_t}+\zeta_t$，最优化条件很容易就能得到。

于获得实际变量的不确定性而言是非常重要的①。

当在稳态进行分析时，尽管其稳态水平是不同的，但上述两个公式的定量结果是相同的。而且，当沿着转移动态进行分析时，结果可能会不同。例如，我们留给读者去证明，只要在经济中引入不确定性②，那么当经济处于稳态外时，货币供给会持续一段时间的暂时性增加，但在效用函数$U\left(c_t,\frac{M_{t+1}}{P_t}\right)=\frac{\left(c_t\left(\frac{M_{t+1}}{P_t}\right)^{\theta}\right)^{1-\sigma}}{1-\sigma}$下，货币供给增加没有实际影响，而在效用函数$U\left(c_t,\frac{M_t}{P_t}\right)=\frac{\left(c_t\left(\frac{M_t}{P_t}\right)^{\theta}\right)^{1-\sigma}}{1-\sigma}$下，消费和资本存量在货币冲击时会发生变化。对其直觉的解释是，在第一种情况下，价格水平与货币供给以相同的比例提高，所以相关的实际余额度量$\frac{M_{t+1}}{P_t}$保持不变。在第二种情况下，相关的实际余额为$\frac{M_t}{P_t}$，所以，由于货币冲击而产生的价格水平的提高使得实际余额下降，同时增加了消费的边际效用，且影响实物资本的积累。在下一节中，我们会给出在不同的偏好下，评价某些政策选择意义的数值练习，这依赖于实际余额是在期初还是在期末进入效用函数。

效用函数变量选择的规范性可能会影响稳态的计算，因为后者需要根据与私人个体实际相关的变量进行描述。当期末的货币余额实际值进入效用函数时，则稳态值为$\bar{m}_{t+1}=\frac{M_{t+1}}{P_t}$，而不是与消费者决策相关的$m_t=\frac{M_t}{P_t}$。两者彼此相关，

$$\bar{m}_{t+1}=\frac{M_{t+1}}{P_t}=\frac{M_{t+1}}{M_t}\frac{M_t}{P_t}=(1+x_{t+1})m_t, \tag{8.30}$$

其中，x_{t+1}表示t时期货币供给的增长率。

为描述这个模型中的稳态，需要用下式来替代描述货币需求的最优化条件式（8.16）：

$$\frac{U_2(c_{ss},\bar{m}_{ss})}{U_1(c_{ss},\bar{m}_{ss})}=\frac{i_{ss}}{1+i_{ss}}=\frac{1+\pi_{ss}-\beta}{1+\pi_{ss}},$$

且沿着8.2.2节中的曲线，可以求解出稳态水平。实际变量（消费、实物资本、产出、实际利率）的稳态值遵循与8.2.2节中相同的表达式，而实际余额是从式（8.30）中得到的，且给定政策目标π_{ss}和ζ_{ss}。与往常一样，公共债务的稳态水平可以从政府预算约束中获得。

8.4.3 数值练习：不同偏好假定下的最优通货膨胀率

本节比较两个经济的通货膨胀福利成本，两个经济的不同只在于偏好的设定形式。在第一种情况下，消费者应该从期初的实际余额中得到效用，而第二种情况下，消费者应该从期末的实际余额中得到效用。在两个经济中，通货膨胀的福利成本随通货膨胀率水平的提高而上升，所以最小的可行通货膨胀率就是最优的。8.2.2节中，主要变量的稳态表达式可用于第一种情况，而读者需要从前述讨论中得出第二个经济相似的表达式。这些表达式都在表格中。*Timing real balances.xls*文件给出了对于较为宽泛的通货膨

---

① 记住，从第3章开始，无论何时，只要描述模型动态线性近似中转移矩阵的发散特征值数目小于控制（即决策）变量，那么就存在不确定性。

② 该分析在第九章中进行详细讨论。

胀率取值范围而言两个经济的稳态计算[①]。

实际变量如资本存量、产出和消费的稳态水平不受通货膨胀率的影响，这说明了此政策目标的中立性。对于负的通货膨胀率来说，通货膨胀税也是负的。所以其是对消费者的转移支付，消费者从下降的价格水平中获得收益。由于购买力增加，所以实际余额上升。对于负的通货膨胀税，我们拥有负的一次性转移支付ζ。在正的通货膨胀率下，结果是相反的，这也是更常见的情况。当通货膨胀为正时，我们对消费者有实际的一次性转移，通过正的通货膨胀率税对其进行融资。当不存在债券时，对消费者的一次性转移总是内生的。

实际余额与通货膨胀率呈负相关，因此通货膨胀税是否会随着通货膨胀而变动还不清楚。表格中的数值计算说明，初始时最小的可行通货膨胀率为$\pi=-5\%$[②]，随着通货膨胀的增加，实际余额很快下降，而通货膨胀税和一次性转移支付水平都会增加。对于看似可信的通货膨胀率来说，一次性转移支付的大小近似达到了0.30，约为产出的20%。在时间序列数据的右边，我们给出了主要变量随时间演化的图形。

8.5 消费税和所得税下的货币政策分析

现在，我们回顾一个模型，其假定为：除了发行货币、发行债券并征收一次性税收（即放弃ζ_t单位的消费商品转移支付），政府还按比例征收所得税和消费税，其税率分别为τ_t^y和τ_t^c。为简化起见，我们假设所得税税基为生产收入，且没有折旧补贴。财政收入不征税。其他的税收也可以进行类似的分析。为简化起见，我们保持人口增长为零的假设，同时假设一般效用函数变量包含消费和期初实际余额。

代表性个体的预算约束为[③]：

$$(1+\tau_t^c)c_t+k_{t+1}+\frac{M_{t+1}}{P_t}+b_{t+1}\leqslant(1-\tau_t^y)f(k_t)+(1-\delta)k_t+\frac{M_t}{P_t}+(1+r_t)b_t+\zeta_t,\ \forall t$$

求解最大化问题，

$$\max_{\{c_t,M_{t+1},k_{t+1},b_{t+1}\}_{t=0}^{\infty}}\sum_{t=0}^{\infty}\beta^t U\left(c_t,\frac{M_t}{P_t}\right),$$

其约束条件如上所述，且给定M_0,b_0,k_0值和税率序列$\{\tau_t^c,\tau_t^y\}_{t=0}^{\infty}$。此问题的拉格朗日函数为：

$$L=\sum_{t=0}^{\infty}\beta^t\left[U\left(c_t,\frac{M_t}{P_t}\right)-\lambda_t\left((1+\tau_t^c)c_t+k_{t+1}+\frac{M_{t+1}}{P_t}+b_{t+1}\right.\right.$$
$$\left.\left.-(1-\tau_t^y)f(k_t)-(1-\delta)k_t-\frac{M_t}{P_t}-(1+r_t)b_t-\zeta_t\right)\right],$$

---

① 我们对参数θ进行调整，以使货币流通速度在两种情况下保持相同，就这点而言，该比较并不是完全公平的，这反映了我们试图匹配实际经济的相关性质。然而，这种调整是无关紧要的，且不会显著地改变结果，读者可以作为练习自己证明。

② 下方的通货膨胀率不能与竞争均衡同时存在，因为货币会支配实物资本，所以代表性个体不会积累任何的实物资本，最终使得产出和消费都为零。

③ 没有折旧补贴时，预算约束中的税收项是$(1-\tau_t^y)[f(k_t)-\delta k_t]$。

若我们假设债券、货币和实物资本需求非零，且遵循与不存在所得税和消费税的经济相似的讨论，以消除拉格朗日乘子，则得到最优化条件：

$$\frac{1+\tau_{t+1}^{c}}{1+\tau_{t}^{c}}\frac{U_1\left(c_t,\frac{M_t}{P_t}\right)}{\beta U_1\left(c_{t+1},\frac{M_{t+1}}{P_{t+1}}\right)}=1+r_{t+1},\ \forall t, \tag{8.31}$$

$$\frac{1+\tau_{t+1}^{c}}{1+\tau_{t}^{c}}\frac{U_1\left(c_t,\frac{M_t}{P_t}\right)}{\beta U_1\left(c_{t+1},\frac{M_{t+1}}{P_{t+1}}\right)}=\left(1-\tau_{t+1}^{y}\right)f'\left(k_{t+1}\right)+\left(1-\delta\right),\ \forall t, \tag{8.32}$$

$$\left(1+\tau_{t+1}^{c}\right)\frac{U_2\left(c_{t+1},\frac{M_{t+1}}{P_{t+1}}\right)}{U_1\left(c_{t+1},\frac{M_{t+1}}{P_{t+1}}\right)}=\left(1+r_{t+1}\right)\left(1+\pi_{t+1}\right)-1,\ \forall t. \tag{8.33}$$

式（8.31）和式（8.32）说明了，沿着最优轨迹，扣除消费税后的净消费的边际替代率在每期都等于实际利率，其还等于资本的边际产出、净税收和折旧。因此，后两者也彼此相等：

$$r_{t+1}=\left(1-\tau_{t+1}^{y}\right)f'\left(k_{t+1}\right)-\delta.$$

式（8.33）意味着实际余额和消费的边际替代率每期都等于由消费税率贴现的名义利率值。反过来，这也是$t+1$期货币和消费的相对价格，其可以被解释为货币的需求函数，正如在没有消费税和所得税时一样。

代表性个体的预算约束可以写作：

$$\left(1+\tau_t^c\right)c_t+k_{t+1}-\left(1-\delta\right)k_t+\frac{M_{t+1}-M_t}{P_t}+b_{t+1}-\left(1+r_t\right)b_t\leqslant\left(1-\tau_t^y\right)f\left(k_t\right)+\zeta_t,$$

其说明包含消费税的消费支出，加上对实物资本的投资及由金融资产（货币余额和债券）组成的投资组合实际值的变化，一定等于可支配收入和政府转移收入的净额总计。

政府预算约束为：

$$\frac{M_{t+1}-M_t}{P_t}+b_{t+1}-\left(1+r_t\right)b_t+\tau_t^y f\left(k_t\right)+\tau_t^c c_t=\zeta_t,$$

这说明对消费者的转移支付是通过发行货币、发行债券和征税进行融资的。

横截性条件与没有所得税和消费税时是相同的。三个最优化条件和两个政府及代表性个体的预算约束构成了包含五个方程的系统[①]，从中给定政策变量$\left\{\tau_t^c,\tau_t^y,\zeta_t,\pi_t\right\}_{t=0}^{\infty}$路径，我们应该能够得到$\left\{c_t,k_{t+1},r_t,b_{t+1},\frac{M_{t+1}}{P_{t+1}}\right\}_{t=0}^{\infty}$序列。

政府和代表性个体的约束意味着标准的总资源约束为：

$$c_t+k_{t+1}=f\left(k_t\right)+\left(1-\delta\right)k_t.$$

8.5.1 稳态

为计算稳态水平，我们再次利用稳态的最优化条件、政府预算约束和总资源约束[②]，

① 这是一个非线性方程系统，其解可能不存在，不是唯一的或是不稳定的。在第9章中，我们会讨论计算经济中内生变量时间序列的数值过程，就如本节中那样。

② 不必施加代表性消费者的预算约束，因为我们已经知道，该约束总是满足，且该约束是总资源约束和政府预算约束的组合。

$$\frac{1}{\beta}=(1-\tau_{ss}^{y})f'(k_{ss})+(1-\delta),$$

$$\frac{1}{\beta}=1+r_{ss},$$

$$(1+\tau_{ss}^{c})\frac{U_2(c_{ss},m_{ss})}{U_1(c_{ss},m_{ss})}=(1+r_{ss})(1+\pi_{ss})-1=\frac{1+\pi_{ss}}{\beta}-1, \tag{8.34}$$

$$c_{ss}=f(k_{ss})-\delta k_{ss},$$

$$\pi_{ss}m_{ss}(\pi_{ss})-r_{ss}b_{ss}+\tau_{ss}^{y}f(k_{ss})+\tau_{ss}^{c}c_{ss}=\zeta_{ss}. \tag{8.35}$$

此系统中包含了5个方程和9个变量：$c_{ss},k_{ss},m_{ss},b_{ss},r_{ss},\pi_{ss},\tau_{ss}^{y},\tau_{ss}^{c},\zeta_{ss}$。为计算稳态均衡，我们需要保持其中4个变量不变，则得出的稳态就是选择的常数水平的函数。可能的话，财政政策和货币政策的作用就是保持变量恒定。然而，并不是任何4个变量都能求解稳态方程系统。

一个可能是政府定义一个财政政策和货币政策的组合，将τ_t^y，τ_t^c，ζ_t，π_t维持在τ_{ss}^y，τ_{ss}^c，ζ_{ss}，π_{ss}的水平上。资本收益递减意味着只有可行稳态是其中一个，其人均变量保持不变：$c_t=c_{ss}$，$k_t=k_{ss}$，说明其余的人均变量也是不变的。这种政策设计使得系统存在唯一解，给我们提供了唯一的稳态均衡。第一个方程说明税率水平负向影响着实物资本的稳态水平，反过来又影响着产出水平$y_{ss}=f(k_{ss})$和消费。因此，所得税在经济中不是中性的。另一方面，从式（8.34）中得到m_{ss}，为π_{ss}、τ_{ss}^c和c_{ss}的函数，其通过k_{ss}值依赖于税率τ_{ss}^y。因此，实际余额的稳态水平是财政参数和货币参数两者的函数，再次说明了两种经济政策的相互依赖性。最后，式（8.35）给出了作为τ_{ss}^y，τ_{ss}^c，ζ_{ss}，π_{ss}函数的b_{ss}的水平。注意，消费水平不依赖于消费税税率。

实际利率不受所得税影响。在这个政策选择下，我们得到了$m_{ss}(\pi_{ss},\tau_{ss}^y,\tau_{ss}^c)$和$b_{ss}(\pi_{ss},\tau_{ss}^y,\tau_{ss}^c,\zeta_{ss})$，所以，与不含所得税和消费税时不同，现在实际货币供给不仅仅取决于通货膨胀率的选择，还取决于两种税率的选择。在不含扭曲税的经济中，我们得到$m_{ss}(\pi_{ss})$和$b_{ss}(\pi_{ss},\zeta_{ss})$，因此通货膨胀率和转移支付的目标选择会给出实际余额和债券水平。尽管某些选择会得出不可行的解，但我们仍旧将其应用于每一个税率组合中。

若混合政策选择了目标值τ_{ss}^y，τ_{ss}^c，b_{ss}，π_{ss}，那么我们可以进行相似的分析。再次得到了很容易就能求解的递归系统。所得税税率再次影响着资本、消费和产出水平，其意义与前述情况是相似的。将目标选为b_{ss}或ζ_{ss}并不能显著改变问题。

如果政府政策目标为ζ_{ss}，b_{ss}，τ_{ss}^y，π_{ss}，则系统可以与前述情况中一样进行递归求解，结果是相似的。货币政策保持中性。

另一方面，若政府选择目标ζ_{ss}，b_{ss}，τ_{ss}^c，π_{ss}，则需要同时求解c_{ss}，k_{ss}，m_{ss}，r_{ss}，τ_{ss}^y，因为我们失去了前述情况的递归性。并不是所有的目标水平ζ_{ss}，b_{ss}，τ_{ss}^c，π_{ss}都会得到可行解。系统同时求解意味着经济中的实际变量：消费、实物资本、产出取决于ζ_{ss}，b_{ss}，τ_{ss}^c，π_{ss}，这说明此种政策下，货币政策在经济中不是中性的。如果政策目标为ζ_{ss}，b_{ss}，τ_{ss}^c，m_{ss}，也会得到相似的结论，证明了货币政策的非中性。

最后，与含有所得税和消费税不同的是，也可以选择稳态水平π_{ss}和m_{ss}的货币政策，只要财政政策控制着未偿债务或转移支付（但不是税率）两者之一的水平。在这种情况下，积极的货币政策和消极的财政政策组合共同刻画经济［11］，财政政策和货币政策都是非中性的。

更加不同的情形是，我们试图选择目标水平π_{ss}，m_{ss}，τ_{ss}^{y}，τ_{ss}^{c}。问题是，只要给定τ_{ss}^{y}，我们就可以直接计算出k_{ss}和c_{ss}的值。货币需求方程为不存在任何未知的关系式，这可能是不成立的。模型是超定的，且不存在满足模型中所有方程的内生变量值。模型施加了过多的约束，结果不能同时成立。另一方面，若政策参数选择少于3个，则会得到不可识别的模型。

8.5.2　数值练习：不同政策选择下稳态水平的计算

*Steady state fiscal policy.xls*文件包含了在可选择的政策（包括比例所得税）下，计算经济中主要变量的稳态水平。假定不存在消费税，以效用函数$U(c_t,m_t)=\ln c_t+\theta\ln m_t$表示偏好，生产函数的人均形式为：$y_t=Ak_t^{\alpha}$。结构参数值非常标准：资本的产出弹性$\alpha=0.36$，贴现率$\beta=0.95$，实物资本折旧率为10%，技术水平$A=1.0$。最后，对实际余额的偏好$\theta=0.50$。

在情形1的表格中，政府应选择所得税税率、未偿债务稳态水平和通货膨胀率，而实际余额的稳态水平和对消费者的一次性转移支付为内生，即它们是所选政策目标的函数。事实上，不断重复该练习，得到通货膨胀的范围为，最低的可能值是-5%，最高为100%。所得税税率固定为$\tau_{ss}^{y}=15.0\%$，而未偿债务存量应该是5.0。所有变量都是人均形式的。铸币水平，即通货膨胀税的大小，根据上述讨论被视为有界，且通货膨胀的福利成本和通货膨胀率同比例变化。而且，$\pi_{ss}=-5.0\%$最终成为最优通货膨胀率，这使得名义利率等于零。所以，Friedman法则在此例中是有效的。通过等价的一次性税收，可以通过转移支付的方式对消费者进行补偿。在情形2的表格中，政府选择所得税税率为$\tau=15.0\%$，稳态转移支付为$\zeta=0.20$，稳态债券存量是内生决定的。铸币水平再次是有界的，且Friedman法则也是有效的，最优货币政策使得名义利率为零。

在情形3的表格中，政府选择稳态转移支付$\zeta=0.25$，稳态的人均债务存量为5.0。对于所得税税率的取值范围，我们内生地计算稳态的通货膨胀率和实际变量值。当税率增加时，资本存量、产出和人均消费都会减少。实际余额先增加，但在所得税税率大于$\tau=52\%$后开始下降。所得税税额也在初始时随着所得税税率的增加而增加，但当税率超过$\tau=64\%$后开始减少。这就是拉弗曲线，其刻画了税收可能在有效的高税率下因为税基的下降而减少。另一方面，通货膨胀税遵循着相反的演化，其当所得税税率增加到$\tau=64\%$时减少，而在之后增加。当所得税改变时，总税收，即所得税和通货膨胀税之和保持不变，这从政府预算约束中很容易就能得到。在这种情况下，最高的稳态效用水平是处于$\tau=36\%$时，也就是$\pi=0.66\%$时的效用水平。

例3证明了高通货膨胀率可能与低所得税税率相关，但也可能与高所得税税率相关。这是因为所得税税额根据拉弗曲线运行，即存在一个给定的税率，高于该数值时，税率增加会因为税基的减少而降低税收。在此情况下，政府必须对税率增加做出反应，通过增加通货膨胀弥补税收的减少和较高的铸币水平，所以其每期的预算约束都能够成立。这些结果也说明了公共融资机制可以影响经济活动。特别是，沿着拉弗曲线的上升部分，税率增加会导致税收增加，与所得税税率减少相关的通货膨胀的增加使得产出、资本存量和消费增加。关于效用水平，我们知道存在数对（$\pi_{ss}>0,\tau_{ss}>0$）使得稳态效用最大。

我们留给读者去证明，在保持第3章的一次性转移支付和公共债务假设不变时，若政府选择通货膨胀率，那么所得税税率就是内生决定的，税率和最大化效用水平的通货膨胀组合就与前述情形中相同。若数值结果中存在任何矛盾，那么我们应该增加外生工具进行重复分析。由于与最高福利水平相关的通货膨胀率并不是令名义利率增加的通货膨胀率水平，所以Friedman法则不成立。表格中无法进行这种分析，因为我们不能递归地求解方程组，所以需要如Matlab那样的数学计算程序包。

8.6 内生劳动供给下的货币政策

前面章节中，我们考虑了无弹性的劳动供给。内生的劳动供给为分析各种各样有趣的问题打开了一扇门。本章首先讨论在内生劳动供给下，描述货币政策中性的条件。之后我们进行某些稳态政策的数值评价，并以扭曲税和内生劳动供给下的最优政策描述结束本章内容。

8.6.1 内生劳动供给下的货币政策中性

在之前章节考虑的外生劳动供给的经济模型中，我们已经说明了货币政策在稳态是中性的。当放弃了无弹性劳动供给的假设时，货币政策就不再必须是中性的了，且存在某些偏好，使得货币政策对产出具有扩张性影响；还存在某些偏好，使得货币政策对产出具有负向影响。效用函数在稳态时必须满足货币政策非中性这一要求，实际余额与消费或闲暇一起进入偏好中。若给定的模型最终目标是讨论经济周期，那么允许劳动供给内生就十分重要，因为就业在经济周期中的变异性是其最显著的特点之一。为简化起见，本章中我们只考虑一次性转移支付[①]ζ_t。

人均形式的政府预算约束为：

$$\frac{M_{t+1}-M_t}{P_t}+b_{t+1}=(1+r_t)b_t+\zeta_t.$$

经济中代表性个体求解的问题为：

$$\max_{\{c_t,l_t,h_t,M_{t+1},k_{t+1},b_{t+1}\}_{t=0}^{\infty}}\sum_{t=0}^{\infty}\beta^t U\left(c_t,\frac{M_t}{P_t},h_t\right),$$

其受到自身的预算约束，

$$c_t+k_{t+1}+\frac{M_{t+1}}{P_t}+b_{t+1}\leqslant f(k_t,l_t)+(1-\delta)k_t+\frac{M_t}{P_t}+(1+r_t)b_t+\zeta_t,$$

给定k_0,M_0,b_0。$h_t+l_t=1$，h_t为享受闲暇的时间比例，而l_t为生产工作的时间比例。假设效用函数满足保证凹性的一般假设。经济的总生产函数为$Y_t=F(K_t,L_tl_t)$，其人均形式可以写为$f(k_t,l_t)$[②]。

---

① 或一次性税收，若ζ_t为负。

② 正如3.5.2.2中分析Cass-Koopmans经济时说明的那样。

这个问题的拉格朗日函数为：

$$L=\sum_{t=0}^{\infty}\beta^{t}\left[U\left(c_{t},\frac{M_{t}}{P_{t}},h_{t}\right)-\lambda_{t}\left(c_{t}+k_{t+1}+\frac{M_{t+1}}{P_{t}}+b_{t+1}-f(k_{t},l_{t})-(1-\delta)k_{t}-\frac{M_{t}}{P_{t}}-(1+r_{t})b_{t}-\zeta_{t}\right)\right].$$

最优化条件为（允许存在角点解）：

$$U_{1}\left(c_{t},\frac{M_{t}}{P_{t}},h_{t}\right)\leqslant\lambda_{t};\ 且\,c_{t}\left[U_{1}\left(c_{t},\frac{M_{t}}{P_{t}},h_{t}\right)-\lambda_{t}\right]=0,\ \forall t \tag{8.36}$$

$$k_{t+1}\left[-\lambda_{t}+\beta\lambda_{t+1}\left(f_{k}(k_{t+1},l_{t+1})+(1-\delta)\right)\right]=0,\ \forall t \tag{8.37}$$

$$M_{t+1}\left[\beta U_{2}\left(c_{t+1},\frac{M_{t+1}}{P_{t+1}},h_{t+1}\right)\frac{1}{P_{t+1}}-\lambda_{t}\frac{1}{P_{t}}+\lambda_{t+1}\beta\frac{1}{P_{t+1}}\right]=0,\ \forall t \tag{8.38}$$

$$U_{3}\left(c_{t},\frac{M_{t}}{P_{t}},h_{t}\right)\leqslant\lambda_{t}f_{l}(k_{t},l_{t});$$

$$且\,l_{t}\left[-U_{3}\left(c_{t},\frac{M_{t}}{P_{t}},h_{t}\right)+\lambda_{t}f_{l}(k_{t},l_{t})\right]=0 \tag{8.39}$$

$$c_{t}+k_{t+1}+\frac{M_{t+1}}{P_{t}}+b_{t+1}-f(k_{t},l_{t})-(1-\delta)k_{t}-\frac{M_{t}}{P_{t}}-(1+r_{t})b_{t}-\zeta_{t}=0,\ \forall t \tag{8.40}$$

$$\lambda_{t}\leqslant\beta(1+r_{t+1})\gamma_{t+1},\ 且\,b_{t+1}\left[\beta(1+r_{t+1})\lambda_{t+1}-\lambda_{t}\right]=0,\ \forall t \tag{8.41}$$

横截性条件为：

$$\lim_{T\to\infty}\beta^{T}\lambda_{T}\frac{M_{T+1}}{P_{T}}=0,$$

$$\lim_{T\to\infty}\beta^{T}\lambda_{T}k_{T+1}=0,$$

$$\lim_{T\to\infty}\beta^{T}\lambda_{T}b_{T+1}=0.$$

其中，$f_{k}(k_{t},l_{t})$和$f_{l}(k_{t},l_{t})$代表实物资本和劳动的边际生产率。

除了式（8.39），所有的条件都与效用函数中没有闲暇时的最优化条件相似。因此，当消除了拉格朗日乘子后，可以得到与前几章相似的关系式，

$$b_{t+1}>0\Rightarrow\frac{U_{1}\left(c_{t},\frac{M_{t}}{P_{t}},h_{t}\right)}{\beta U_{1}(c_{t+1},\frac{M_{t+1}}{p_{t+1}},h_{t+1})}=1+r_{t+1},$$

$$k_{t+1}>0\Rightarrow\frac{U_{1}\left(c_{t},\frac{M_{t}}{P_{t}},h_{t}\right)}{\beta U_{1}\left(c_{t+1},\frac{M_{t+1}}{p_{t+1}},h_{t+1}\right)}=f_{k}(k_{t+1},l_{t+1})+(1-\delta),$$

$$M_{t+1}>0\Rightarrow\frac{U_{2}\left(c_{t+1},\frac{M_{t+1}}{P_{t+1}},h_{t+1}\right)}{U_{1}\left(c_{t+1},\frac{M_{t+1}}{p_{t+1}},h_{t+1}\right)}=(1+r_{t+1})(1+\pi_{t+1})-1=(1+i_{t+1})-1=i_{t+1}.$$

除此之外，从式（8.36）到式（8.39），我们可以从此模型中得到：

$$\frac{U_{3}\left(c_{t},\frac{M_{t}}{P_{t}},h_{t}\right)}{U_{1}\left(c_{t},\frac{M_{t}}{P_{t}},h_{t}\right)}=f_{l}(k_{t},l_{t}),$$

这是劳动供给的运行规律。上式说明，代表性个体愿意增加劳动供给到这样一点，

在该点上消费和闲暇的边际替代率等于劳动的边际产出。

此代表性个体问题的解是价格向量和满足上述最优化条件、政府预算约束和总资源约束的资源配置结果。将政府和代表性个体两者的预算约束结合起来，我们会得到总资源约束。因此，这三个方程中的某一个就可以不被用于对均衡的描述中。我们不使用私人主体的预算约束，但是读者很容易就能观察到，舍弃其他的方程也能得到相同的解。

因此，当政府选择一个固定的政策，且一次性转移支付和通货膨胀都不变时，

$\zeta_t = \zeta_{ss}, \forall t$

$\pi_t = \pi_{ss}, \forall t$

描述稳态的方程为：

$$1 + r_{ss} = \frac{1}{\beta}, \tag{8.42}$$

$$\frac{1}{\beta} = f_k(k_{ss}, l_{ss}) + (1 - \delta), \tag{8.43}$$

$$\frac{U_2(c_{ss}, m_{ss}, h_{ss})}{U_1(c_{ss}, m_{ss}, h_{ss})} = \frac{1 + \pi_{ss}}{\beta} - 1, \tag{8.44}$$

$$\frac{U_3(c_{ss}, m_{ss}, h_{ss})}{U_1(c_{ss}, m_{ss}, h_{ss})} = f_l(k_{ss}, l_{ss}), \tag{8.45}$$

$$c_{ss} + \delta k_{ss} = f(k_{ss}, l_{ss}), \tag{8.46}$$

$$\pi_{ss} m_{ss} - r_{ss} b_{ss} = \zeta_{ss}, \tag{8.47}$$

后两个关系式来自总资源约束和政府预算约束。

现在，我们要讨论选择具体的效用函数形式后，通货膨胀率中性的意义。

1. 若效用函数的3个变量是可分离的，即 $U\left(c_t, \frac{M_t}{p_t}, h_t\right) = \nu(c_t) \cdot \eta\left(\frac{M_t}{p_t}\right) \cdot H(h_t)$，那么式（8.45）就是 c_{ss}, k_{ss} 和 l_{ss} 的方程，因为 $l_{ss} + h_{ss} = 1$。式（8.45）和式（8.43）、式（8.46）使我们不必考虑所实行的货币政策和财政政策类型就能够得到 c_{ss}, k_{ss} 和 l_{ss}。m_{ss} 是由式（8.44）决定的，b_{ss} 是从式（8.47）中得到的。货币和财政政策是中性的。这种中性的结果对于不可分离的齐次效用函数来说也是成立的。

2. 若效用函数对于闲暇来说是可分离的，即 $U\left(c_t, \frac{M_t}{p_t}, h_t\right) = \nu(c_t, \frac{M_t}{p_t}) \cdot H(h_t)$，且 $\nu(\cdot)$ 是非齐次函数，则式（8.45）是 c_{ss}, k_{ss}, m_{ss} 和 l_{ss} 的函数，$l_{ss} + h_{ss} = 1$。则式（8.43）~式（8.46）的方程组共同决定了这四个变量的值。因此，尽管实际变量与一次性转移支付的大小无关，但其却取决于通货膨胀率。所以，通货膨胀率不再具有中性。与之前的情形相同，b_{ss} 是从式（8.47）中得到的。

3. 若效用函数是非齐次的，且闲暇和实际余额都不可分离，但消费是可分离的，即 $U\left(c_t, \frac{M_t}{p_t}, h_t\right) = \nu(c_t) \cdot H\left(\frac{M_t}{p_t}, h_t\right)$，则情况与上述讨论类似。

4. 若效用函数中消费和闲暇是不可分离的，但实际余额可分离，即 $U\left(c_t, \frac{M_t}{p_t}, h_t\right) =$

$\nu(c_t,h_t)\cdot\eta\left(\frac{M_t}{p_t}\right)$，则情况与第一种是类似的，且货币政策和财政政策再次变为中性。

因此，只要效用函数中实际余额是可分离的，且独立于消费和闲暇，那么通货膨胀率就是中性的。另一方面，只要实际余额和闲暇进入了效用函数且其不可分离，或者实际余额和消费的偏好是不可分离的，那么通货膨胀率影响着稳态的经济活动。

现在，我们看看两个例子，其特征为：尽管两个模型中产生的经济影响是相反的，但是通货膨胀率仍旧不是中性的。在两个例子中，生产函数为：$y_t=f(k_t,l_t)=Ak_t^{\alpha}l_t^{1-\alpha}$，$\alpha\in(0,1)$，且通货膨胀会导致效用损失。与往常一样，用$m_t=\frac{M_t}{P_t}$表示实际余额。

例 1：若效用函数形式为：$U(c_t,m_t,h_t)=\ln(c_t+m_t^{\theta})+\varpi\ln(h_t)=\ln(c_t+m_t^{\theta})+\varpi\ln(1-l_t)$，且$\varpi>0,0<\theta<1$，保证了$U_h>0$和效用函数的拟凹性，则可以从式（8.43）、式（8.44）和式（8.46）中得到：

$$\left(\frac{k}{l}\right)_{ss}=\left[\frac{A\alpha}{1/\beta-(1-\delta)}\right]^{\frac{1}{1-\alpha}},$$

$$\left(\frac{c}{l}\right)_{ss}=A\left[\left(\frac{k}{l}\right)_{ss}\right]^{\alpha}-\delta\left(\frac{k}{l}\right)_{ss},$$

$$m_{ss}=\left[\frac{\beta\theta}{1+\pi_{ss}-\beta}\right]^{\frac{1}{1-\theta}}.$$

运用式（8.45）中的等式$c_{ss}=\left(\frac{c}{l}\right)_{ss}l_{ss}$，得到：

$$\left(\frac{c}{l}\right)_{ss}l_{ss}=\frac{A(1-\alpha)}{\varpi}\left[\left(\frac{k}{l}\right)_{ss}\right]^{\alpha}-\frac{A(1-\alpha)}{\varpi}\left[\left(\frac{k}{l}\right)_{ss}\right]^{\alpha}l_{ss}-(m_{ss})^{\theta},$$

这意味着：

$$lss=\frac{\frac{A(1-\alpha)}{\varpi}\left[\left(\frac{k}{l}\right)_{ss}\right]^{\alpha}-(m_{ss})^{\theta}}{\left(\frac{c}{l}\right)_{ss}+\frac{A(1-\alpha)}{\varpi}\left[\left(\frac{k}{l}\right)_{ss}\right]^{\alpha}}.$$

在之前的表达式中我们可以看到，资本/就业不依赖于通货膨胀率。而且，由于$\theta<1$，通货膨胀率的增加会使得实际余额水平降低。这使得消费的边际效用增加，产生了激励效果，从而增加消费而非闲暇的效用，这导致就业、产出、消费和资本存量的增加。

例 2：若效用函数形式为：$U(c_t,m_t,h_t)=\ln(c_t)+\theta'\ln(h_t+m_t^{\psi})=\ln(c_t)+\theta'\ln(1-l_t+m_t^{\psi})$，且$\theta'>0,0<\psi<1$，$\left(\frac{k}{l}\right)_{ss}$的值与之前情况中的相同。从式（8.45）中可以得到：

$$\frac{c_{ss}}{1-l_{ss}+(m_{ss})^{\psi}}=A\frac{1-\alpha}{\theta'}\left[\left(\frac{k}{l}\right)_{ss}\right]^{\alpha},\tag{8.48}$$

及，

$$\frac{c_{ss}}{1-l_{ss}+(m_{ss})^{\psi}}=\frac{1+\pi_{ss}-\beta}{\beta\theta'\psi(m_{ss})^{\psi-1}},$$

上式是从式（8.44）中得到的，从而得到：

$$m_{ss}=\left[\frac{\beta\psi A(1-\alpha)\left[\left(\frac{k}{l}\right)_{ss}\right]^{\alpha}}{1+\pi_{ss}-\beta}\right]^{\frac{1}{1-\psi}}.$$

$\left(\frac{c}{l}\right)_{ss}$ 的值与之前例子中相同。而且，式（8.48）相当于

$$\frac{\left(\frac{c}{l}\right)_{ss}}{\frac{\left[1+(m_{ss})^{\psi}\right]}{l_{ss}}-1}=A\frac{1-\alpha}{\theta'}\left[\left(\frac{k}{l}\right)_{ss}\right]^{\alpha},$$

可以得到：

$$l_{ss}=\frac{1+(m_{ss})^{\psi}}{1+\frac{\theta'\left(\frac{c}{l}\right)_{ss}}{A(1-\alpha)\left[\left(\frac{k}{l}\right)_{ss}\right]^{\alpha}}}.$$

在此例中，由于 $\psi<1$，所以通货膨胀率的增加降低了实际余额水平。这使得闲暇的边际效用增加，从而闲暇相对消费的偏好就增加了。因此，就业、消费、资本存量和产出都会下降。

8.6.2　数值练习：内生劳动供给时的稳态政策评价

在 *SS inflation endogenous leisure.xls* 文件中考虑了5种不同的政策情形。在情形1表格中，政府通过增加货币供给，从而对消费者进行一次性转移支付。代表性个体每期都被赋予1单位时间，该时间部分被用于工作（l_t），而其余时间被用于闲暇（$1-l_t$）。生产函数为：$y_t=Ak_t^{\alpha}l_t^{1-\alpha}$，效用函数为：$U(c_t,m_t,1-l_t)=\eta\ln c_t+(1-\eta)\ln(1-l_t)+\theta\ln m_t$，$\eta\in(0,1)$，$\theta>0$ 且 $m_t=\frac{M_t}{P_t}$。政府拥有通货膨胀目标，模型的稳态可被递归地求解出来。对于参数：$\alpha=0.36,\beta=0.95,A=1,\delta=0.1,\eta=0.35,\theta=0.175$ 而言，我们要计算相对于不同通货膨胀率的稳态福利成本。此例中，我们看到通货膨胀率的改变不会对实际变量，如消费、就业、资本和产出产生影响。相反，实际余额却被影响，所以效用水平也随通货膨胀目标而变化。我们看到，最高的效用水平出现在通货膨胀率为 $\beta-1$ 时。相对于零通货膨胀，当计算通货膨胀的福利成本时，其值随通货膨胀的增加而增加[①]。铸币税收也随着通货膨胀水平的提高而增长，所以最大化税收与最大化稳态效用是相反的。最后一列说明福利成本并不与通货膨胀等比例增加，对于增长较慢的通货膨胀率而言，福利成本更高。

例2保持参数取值不变，但效用函数为：$U(c_t,m_t,1-l_t)=\ln(c_t+m_t^{\theta})+\varpi\ln(1-l_t)$，

---

① 我们已经提到，用这些偏好，不可能计算通货膨胀相对于最优通货膨胀率的福利成本。

$\theta \in (0,1)$，$\varpi > 0$。在参数：$\alpha = 0.36$，$A = 1$，$\beta = 0.95$，$\delta = 0.1$，$\theta' = 0.005$，$\varpi=0.5$时，通货膨胀是非中性的。最小的可行通货膨胀率是最大化稳态福利的通货膨胀率。与之前的讨论相同，通货膨胀的增加会导致消费的增加，但实际余额和闲暇却会下降。所以，对效用存在相反的影响，但是数值模拟表明，较高通货膨胀率的总效应为代表性个体的福利降低。

在例3的表格中，我们给出了相似的练习，效用函数为：$U(c_t, m_t, 1-n_t) = \ln(c_t) + \theta' \ln(1-n_t+m_t^{\psi})$，$\psi \in (0,1)$，$\theta' > 0$。运用与之前相同的参数值，除了$\theta = 2$和$\psi = 0.5$，我们再次发现较高通货膨胀率关于福利影响的矛盾论证，但是其形式不同。现在，通货膨胀率提高后，闲暇增加，而消费水平降低了。然而，我们的数值计算说明，尽管闲暇水平较高，消费和实际余额的下降在这种情况下又导致了稳态效用的损失。

在例4和例5的表格中，我们考虑这样一种情况，政府对消费者进行一次性转移支付，并通过增加货币供给和征收消费税对其进行融资。保持前述生产函数不变，而效用函数与例1中相同，即$U(c_t, \frac{M_t}{P_t}, l_t) = \eta \ln c_t + (1-\eta)\ln(1-l_t) + \theta \ln \frac{M_t}{P_t}, \eta \in (0,1), \theta > 0$。例4说明了若政府拥有通货膨胀目标，则经济的稳态可以在恒定的消费税税率下递归地求解出来。参数值为：$\alpha = 0.36$，$A = 1$，$\beta = 0.95$，$\delta = 0.1$，$\eta = 0.35$，$\theta = 0.175$及消费税税率为15%。通货膨胀目标是中性的，且最小的可行通货膨胀水平是最优的。所以Friedman法则在此经济中是有效的。

例5中的表格再次进行了此分析，假设政府拥有通货膨胀目标和保持恒定的转移支付水平。在此例中，稳态不能被递归地求解。在外生通货膨胀率和内生消费税税率下，决定后者的方程是非线性的，且对表格中的方程组求解并不容易。然而，若税率被视为外生，且我们内生地计算了通货膨胀率，则在表格中求解模型就会非常简单。这就是例5表格中求解的情形。该计算说明，通货膨胀是非中性的。这种非中性是因为通货膨胀的增加使得消费税减少。那么，相对于闲暇来说，消费就较为便宜，这使得就业、资本和产出都增加了。

8.7 扭曲税和内生劳动下的最优货币政策

我们已经从不同的角度得出了最优货币政策。其中之一就是最优通货膨胀税分析。通货膨胀率被视为货币政策的控制变量，福利最大化水平下的通货膨胀率能被计算出来。此分析是基于政府支出外生假设，政府支出可以通过通货膨胀税，或通过对消费和劳动收入征收扭曲性税收获得。此类分析在8.3.1节不含扭曲税的稳态中进行了实现。通常，由于通货膨胀而产生的购买力损失被视为通货膨胀税。财政决策被看作从不同的扭曲税中进行选择。当两者税收都允许融资相同的政府支出时，只要可选的税收对经济主体产生了比通货膨胀更大的扭曲，Friedman法则就是无效的，最优的行为是运用通货膨胀税。

关于最优通货膨胀税的第一篇论文是Phelps［14］，Kimbrough［10］，及Lucas和Stokey［12］。每个人都运用了不同的结构方法生成货币需求。Phelps［14］假设实际货币余额是效用函数中的变量，Kimbrough［10］假设实际余额减少了交易成本，Lucas和Stokey［12］在模型中引入了现金预付约束。这些分析说明，当政府不用一次性税收对支出进行融资，且只拥有可用的扭曲税时，消费者对现金的需求方式可能决定了最优货币政策的性质。之后，Guidotti和Végh［7］的研究表明作为通货膨胀税替代品的税收的性质也可以是调节结果的一个重要因素。

最后，Chari等［4］同时考虑了我们上述三种生成货币需求的不同方式，以描述效用的性质和保证Friedman法则成立的交易成本函数。理论文献中说明各种各样货币经济问题的效用函数和交易成本函数通常满足这样的条件。然而，考虑到之前的工作，参考上述函数设定形式的数值估计获得赞成或反对通货膨胀税的明确结论似乎是合理的，但不幸的是，我们缺少关于这个问题的实证证据。

为描述此经济的最优通货膨胀税，我们计算*Ramsey*均衡。这是由经济政策以及价格与数量的向量组成的，其满足经济政策最大化当前和未来效用总贴现值，且受到政府预算约束和价格数量序列构成的竞争均衡约束。为求解*Ramsey*问题，假设存在某种制度上的保证，迫使政府在未来实行第0期选择的政策。每期政府都应用这个政策，假设消费者通过竞争均衡机制选择数量和价格。因此，当在第0期设计当前和未来货币政策时，政府需要从描述动态竞争一般均衡最优化条件的欧拉方程中考虑数量和价格的关系。

8.7.1 模型

8.7.1.1 私人部门

为简化起见，我们在模型中剔除资本积累描述最优通货膨胀率，所以经济中唯一的商品是通过劳动生产出来的。假设技术总规模报酬不变，人均形式为：

$$y_t = l_t,$$

其中，与前述章节相同，l_t表示工作的时间比例，且$h_t + l_t = 1$。

企业选择的劳动是由劳动的边际产出等于实际工资决定的。给定生产函数，该条件意味着消费商品的价格等于名义工资，所以实际工资等于1。

进一步，我们假设私人主体需要货币，期末货币实际余额、消费和闲暇被加到效用函数中，会得到：

$$U\left(c_t, \frac{M_{t+1}}{P_t}, h_t\right) = \nu\left(c_t, \frac{M_{t+1}}{P_t}\right) H(h_t), \tag{8.49}$$

闲暇是可分离的，其中，$\nu\left(c_t, \frac{M_{t+1}}{P_t}\right)$是$\varphi$阶齐次的。假设函数$U$是严格凹的，满足Inada条件。在此经济中，货币政策最终是中性的，因为效用函数中闲暇是可分离的，且包含消费和实际余额的共同项是齐次的（对此问题的详细讨论见8.6.1节）。

每期消费者储蓄有两种可能性：货币和名义公共债务。对工作收入以比例τ_t^y征税，因此其预算约束为：

$$P_t c_t + M_{t+1} + V_{t+1} = M_t + (1 + i_t) V_t + P_t (1 - \tau_t^y) l_t, \tag{8.50}$$

其中，包含了利益最大化条件：$w_t = P_t$。与其他章节相同，M_t，V_t表示流通货币的人均水平和t期期初的名义债务。假设人口恒定。

假设公共债务存量在实际项中满足：$\bar{b}_{t+1}=\dfrac{V_{t+1}}{P_t}\leqslant\breve{b}$，$\breve{b}$是任意大的常数，及$\bar{m}_{t+1}=\dfrac{M_{t+1}}{P_t}\leqslant\breve{m}$，其中，$\breve{m}$是实际余额的饱和水平（即$\dfrac{\partial U}{\partial m}|_{\breve{m}}=0$）。注意，我们保留了“-”作为期末变量如货币供给和名义债券存量的实际值。除非存在这样的满足点，否则最优货币政策下的实际余额会变为无限，Ramsey问题的解也不存在。为避免此问题，我们通过饱和水平$\breve{m}$对实际余额施加了边界。

实际项中，私人个体的预算约束为：

$$c_t+\bar{m}_{t+1}+\bar{b}_{t+1}=\frac{\bar{m}_t}{1+\pi_t}+\frac{(1+i_t)\bar{b}_t}{1+\pi_t}+(1-\tau_t^y)l_t, \tag{8.51}$$

其中，$1+\pi_t=\dfrac{p_t}{p_{t-1}}$。

私人主体求解的问题为：

$$\max_{\{c_t,\bar{m}_{t+1},l_t,\bar{b}_{t+1}\}}\sum_{t=0}^{\infty}\beta^t U(c_t,\bar{m}_{t+1},1-l_t)$$

其约束为式（8.51），且给定M_0和B_0。

描述竞争性一般均衡的条件，除了预算约束，即式（8.51），还有：

$$U_{c,t}-\lambda_t=0, \tag{8.52}$$

$$M_{t+1}>0\Leftrightarrow U_{\bar{m},t+1}+\beta\frac{\lambda_{t+1}}{1+\pi_{t+1}}-\lambda_t=0, \tag{8.53}$$

$$\bar{b}_{t+1}>0\Leftrightarrow -\lambda_t+\beta\frac{\lambda_{t+1}}{1+\pi_{t+1}}(1+i_{t+1})=0, \tag{8.54}$$

$$-U_{1-l,t}+\lambda_t(1-\tau_t^y)=0, \tag{8.55}$$

其中，λ_t为预算约束的拉格朗日乘子。$U_{c,t}$，$U_{m,t+1}$和$U_{1-l,t}$表示边际效用。

横截性条件为：

$$\lim_{T\to\infty}\lambda_T\beta^T\bar{m}_{T+1}=0,$$

$$\lim_{T\to\infty}\lambda_T\beta^T\bar{b}_{T+1}=0.$$

将式（8.52）代入式（8.54）中，得到决定利率水平的方程：

$$1+i_{t+1}=\frac{U_{c,t}}{\beta U_{c,t+1}}(1+\pi_{t+1}) \tag{8.56}$$

这在之前的章节中也已经得到了。

将式（8.52）代入式（8.53）中，同时利用式（8.56），则：

$$\frac{U_{\bar{m},t+1}}{U_{c,t}}=1-\frac{1}{1+i_{t+1}}. \tag{8.57}$$

此条件决定了货币需求的部分均衡，这与之前章节中提到过的一样。唯一不同的是，方程包含的是名义利率的函数，而不是名义利率。

在效用函数式（8.49）下，上述条件变为：

$$\frac{\partial v/\partial\bar{m}_{t+1}}{\partial v/\partial c_t}=1-\frac{1}{1+i_{t+1}} \tag{8.58}$$

最后，将式（8.52）代入式（8.55）中，

$$U_{1-l,t}=Uc,t(1-\tau_t^y), \tag{8.59}$$

这意味着消费和闲暇的边际替代率等于税后的实际工资。

8.7.1.2 政府

政府通过印发货币、发行债券和征收所得税对购买 $G_t = g_t N_t$ 单位的消费产品进行融资，

$$P_t g_t = \left[M_{t+1} - M_t \right] + \left[V_{t+1} - (1+i_t) V_t \right] + \tau_t^y P_t l_t. \tag{8.60}$$

类似地，

$$g_t = \left[\bar{m}_{t+1} - \frac{\bar{m}_t}{1+\pi_t} \right] + \left[\bar{b}_{t+1} - \frac{1+i_t}{1+\pi_t} \bar{b}_t \right] + \tau_t^y l_t. \tag{8.61}$$

8.7.1.3 代表性个体的解

代表性个体的解，与竞争均衡是一致的，就如第3章中所述，其是数量和价格的序列：(1) 代表性个体行为是竞争性的；(2) 经济中的单一商品市场出清；(3) 政府预算约束成立。因此，均衡配置可以由式（8.51）、式（8.56）~式（8.59）及式（8.61）描述。这些方程保证了消费商品市场出清，产品由私人和公共部门消费①：

$$c_t + g_t = l_t.$$

8.7.2 实现条件

实现条件使我们能够完成重要的化简过程，对所有的t来说，联合欧拉方程式（8.52）~式（8.55），其形成了对动态一般均衡的描述。遵循下述步骤，我们可以得到：

1.将贴现的拉格朗日乘子 $\beta^t \lambda_t$ 乘以 t 期的预算约束式（8.51），并进行时间加总：

$$\sum_{t=0}^{\infty} \beta^t \lambda_t c_t + \sum_{t=0}^{\infty} \beta^t \lambda_t \bar{m}_{t+1} + \sum_{t=0}^{\infty} \beta^t \lambda_t \bar{b}_{t+1}$$
$$= \sum_{t=0}^{\infty} \beta^t \lambda_t \frac{\bar{m}_t}{1+\pi_t} + \sum_{t=0}^{\infty} \beta^t \lambda_t \frac{(1+i_t)\bar{b}_t}{1+\pi_t} + \sum_{t=0}^{\infty} \beta^t \lambda_t (1-\tau_t^y) l_t.$$

2.$\sum_{t=0}^{\infty} \beta^t \lambda_t c_t = \sum_{t=0}^{\infty} \beta^t U_{c,t} c_t$ 来自式（8.52）。

3.$\sum_{t=0}^{\infty} \beta^t \lambda_t \left(\bar{m}_{t+1} - \frac{\bar{m}_t}{1+\pi_t} \right) = \sum_{t=0}^{\infty} \beta^t \left(\lambda_t - \frac{\beta \lambda_{t+1}}{1+\pi_{t+1}} \right) \bar{m}_{t+1} - \lambda_0 \frac{\bar{m}_0}{1+\pi_0}$

$= \sum_{t=0}^{\infty} \beta^t U_{\bar{m},t+1} \bar{m}_{t+1} - U_{c,0} \frac{\bar{m}_0}{1+\pi_0}$，其中，我们运用了式（8.53）。

4.$\sum_{t=0}^{\infty} \beta^t \lambda_t \bar{b}_{t+1} - \sum_{t=0}^{\infty} \beta^t \lambda_t \frac{(1+i_t)\bar{b}_t}{1+\pi_t} = \sum_{t=0}^{\infty} \beta^t \left(\lambda_t - \beta \lambda_{t+1} \frac{1+i_{t+1}}{1+\pi_{t+1}} \right) \bar{b}_{t+1} - \lambda_0 \frac{(1+i_0)\bar{b}_0}{1+\pi_0}$

$= -U_{c,0} \frac{(1+i_0)\bar{b}_0}{1+\pi_0}$，由于式（8.54）。

5.$\sum_{t=0}^{\infty} \beta^t \lambda_t (1-\tau_t^y) l_t = \sum_{t=0}^{\infty} \beta^t U_{1-l,t} l_t$ 来自式（8.55）。

6.用步骤1得到的表达式，替换步骤2到步骤5的结果，得到：

$$\sum_{t=0}^{\infty} \beta^t U_{c,t} c_t + \sum_{t=0}^{\infty} \beta^t U_{\bar{m},t+1} \bar{m}_{t+1} - \sum_{t=0}^{\infty} \beta^t U_{1-l,t} l_t = U_{c,0} \left(\frac{\bar{m}_0 + (1+i_0)\bar{b}_0}{1+\pi_0} \right), \tag{8.62}$$

这就是实现条件。以 $\alpha_0 = \left(\frac{\bar{m}_0 + (1+i_0)\bar{b}_0}{1+\pi_0} \right)$ 表示。为使得Ramsey问题变得有趣，通常假

① 记住，这个模型中不存在资本积累。

设 $a_0=0$。若 $a_0>0$，则消费者投资组合中的初始名义资产存量 $M_0+(1+i_0)V_0$ 是正的，且最优的方式是增加初始价格水平到无穷。另一方面，若 $a_0<0$，则初始名义资产存量为负，且最优的方式是降低价格，从而使政府不用任何扭曲手段就能获得其所需的资源。

8.7.3 Ramsey 问题

由政府求解的 Ramsey 问题是寻找名义利率和所得税税率的组合，以及价格和数量的序列：(1) 最大化贴现的当期和未来效用流；(2) 为竞争均衡。因此，问题是：

$$\max_{\{c_t,\bar{m}_{t+1},l_t\}}\sum_{t=0}^{\infty}\beta^t U(c_t,\bar{m}_{t+1},1-l_t),$$

约束条件为[①]：

$$\sum_{t=0}^{\infty}\beta^t\left[c_tU_{c,t}+\bar{m}_{t+1}U_{\bar{m},t+1}-l_tU_{1-l_t}\right]=0,$$

$$c_t+g_t=l_t. \tag{8.63}$$

此问题的解描述的是最优资源配置。然后，最优政策手段可以通过将最优配置代入描述竞争均衡的条件中获得。

引入下述函数是很方便的：

$$\Phi(c_t,\bar{m}_{t+1},l_t,\mu)=U(\bar{c}_t,\bar{m}_{t+1},1-l_t)+\mu(c_tU_{c,t}+\bar{m}_{t+1}U_{\bar{m},t+1}-l_tU_{1-l_t}).$$

其中，μ 是与可能性条件（单一的跨期条件）相关的拉格朗日乘子。这使得我们可以将上述问题重新写为：

$$\max_{\{c_t,\bar{m}_{t+1},l_t\}}\sum_{t=0}^{\infty}\beta^t\Phi(c_t,\bar{m}_{t+1},l_t,\mu),$$

约束为式 (8.63)。

拉格朗日函数为：

$$L^R(c_t,\bar{m}_{t+1},l_t)=\sum_{t=0}^{\infty}\beta^t\left[\Phi(c_t,\bar{m}_{t+1},l_t,\mu)-\Omega_t(c_t+g_t-l_t)\right].$$

一阶条件为：

$$\frac{\partial L^R}{\partial c_t}=0\Leftrightarrow\Phi_{c,t}-\Omega_t=0, \tag{8.64}$$

$$\frac{\partial L^R}{\partial\bar{m}_{t+1}}=0\Leftrightarrow\Phi_{\bar{m},t+1}=0, \tag{8.65}$$

$$\frac{\partial L^R}{\partial l_t}=0\Leftrightarrow\Phi_{l,t}+\Omega_t=0, \tag{8.66}$$

由于 $\nu(c_t,\bar{m}_{t+1})$ 是 φ 阶齐次的，$c_t\frac{\partial\nu}{\partial c_t}+\bar{m}_{t+1}\frac{\partial v}{\partial\bar{m}_{t+1}}=\varphi\nu$，所以函数 $\Phi(.)$ 变为：

$$\Phi(c_t,\bar{m}_{t+1},l_t,\mu)=U(c_t,\bar{m}_{t+1},1-l_t)+\mu(c_tU_{c,t}+\bar{m}_{t+1}U_{\bar{m},t+1}-l_tU_{1-l,t})$$

$$=\nu(.)H(.)+\mu\left(c_t\frac{\partial\nu}{\partial c_t}H(.)+\bar{m}_{t+1}\frac{\partial\nu}{\partial\bar{m}_{t+1}}H(.)-\nu(.)\frac{\partial H}{\partial(1-l_t)}l_t\right)$$

$$=\nu(.)H(.)+\mu\left(\varphi\nu(.)H(.)-\nu(.)\frac{\partial H}{\partial(1-l_t)}l_t\right)$$

---

① 注意，下述两个约束描述了竞争均衡。确实，我们已说明可能性条件总结了式 (8.52) ~式 (8.55)。总资源约束式 (8.63) 和上述条件描述了竞争均衡。不难证明，如果所有的方程都成立，那么政府预算约束也成立。

$$= \nu(.)\left(H(.)(1+\mu\varphi)-\mu\frac{\partial H}{\partial(1-l_t)}l_t\right)$$
$$= \nu(c_t,\bar{m}_{t+1})\Psi(l_t,\mu),$$

其中，$\Psi(l_t,\mu)=(H(.)(1+\mu\varphi)-\mu\dfrac{\partial H}{\partial(1-l_t)}l_t)$。

因此，在效用函数式（8.49）下，条件式（8.65）变为：

$$\frac{\partial\nu}{\partial\bar{m}_{t+1}}=0 \tag{8.67}$$

将这个条件代入式（8.58），得到$i_{t+1}=0$。这意味着，在最优货币政策下，债券和货币的名义收益是一致的，所以Friedman法则有效。

8.8 练习

练习1. 假设政府只通过发行货币、债券和征收消费税，对消费者的一次性转移支付融资。考虑生产函数$y_t=Ak_t^{\alpha}$，效用函数用$U(c_t,\bar{m}_{t+1})=\ln(c_t)+\theta\ln(\bar{m}_{t+1})$表示，其中，$\bar{m}_{t+1}=\dfrac{M_{t+1}}{P_t}$。证明，若政府拥有通货膨胀稳态目标$\pi_{ss}$，模型就可以递归地进行求解，以获得转移支付和实际余额的稳态值，可与通货膨胀率目标同时成立。找到决定经济中所有变量的稳态水平。通货膨胀目标总是中性的吗？或者中性依赖于内生变量假设，即取决于由政府建立的政策目标吗？

初始值为：$\alpha=0.36,A=1,\theta=0.5,\beta=0.95,\delta=0.10$。

（a）选择任意的τ_{ss}^c和b_{ss}值。在π_{ss},b_{ss}和τ_{ss}^c的取值范围内，找到作为π_{ss},b_{ss}和τ_{ss}^c函数的$c_{ss},k_{ss},m_{ss},y_{ss},r_{ss},\zeta_{ss}$稳态水平。通货膨胀的福利成本是什么？

（b）选择任意的τ_{ss}^c和ζ_{ss}值。在π_{ss},ζ_{ss}和τ_{ss}^c的取值范围内，找到作为π_{ss},ζ_{ss}和τ_{ss}^c函数的$c_{ss},k_{ss},m_{ss},y_{ss},r_{ss},b_{ss}$稳态水平。通货膨胀的福利成本是什么？

（c）选择任意的ζ_{ss}和b_{ss}值。在π_{ss},ζ_{ss}和b_{ss}的取值范围内，找到作为π_{ss},ζ_{ss}和b_{ss}函数的$c_{ss},k_{ss},m_{ss},y_{ss},r_{ss},\tau_{ss}^c$稳态水平。通货膨胀的福利成本是什么？

练习2. 假设政府只通过发行货币、债券和征收消费税和产出税，对消费者的一次性转移支付进行融资。生产函数$y_t=Ak_t^{\alpha}$，效用函数$U(c_t,\bar{m}_{t+1})=\dfrac{\left(c_t,\left(\dfrac{M_{t+1}}{P_t}\right)^{\theta}\right)^{1-\sigma}}{1-\sigma}$，$\theta>0$，$\sigma>0$，$\sigma\neq1$表示偏好，其中$\bar{m}_{t+1}=\dfrac{M_{t+1}}{P_t}$。

（a）假设政府保持恒定的产出税率τ_{ss}^y、恒定的消费税率τ_{ss}^c和恒定的债券存量b_{ss}，且拥有稳态通货膨胀目标π_{ss}，说明模型可以递归地求解，从而得到经济中变量的稳态值以及实际余额和转移支付的稳态值，其与通货膨胀目标可同时成立。找到决定经济中所有变量的解析表达式。通货膨胀目标总是中性的吗？初始值为：$\alpha=0.36$，$A=1$，$\theta=0.5$，$\beta=0.95$，$\delta=0.10$，在π_{ss}的取值范围内，找到作为π_{ss}函数的$c_{ss},k_{ss},m_{ss},y_{ss},r_{ss},\zeta_{ss}$的稳态值。选择任意的$\tau_{ss}^y$、$\tau_{ss}^c$和$b_{ss}$的值。

（b）在政府保持恒定的转移支付水平ζ_{ss}、恒定的消费税率τ_{ss}^{c}和恒定的债券存量b_{ss}及其拥有稳态通货膨胀目标π_{ss}的假设下，重复练习（注意：现在，模型不能递归地求解。若考虑通货膨胀率是外生的，那么决定税率的方程最终会是非线性的，使表格中系统的解更加复杂。然而，若税率为外生的，且我们内生地计算通货膨胀率，则求解表格中的模型就非常简单。这样的计算说明，在所有其他的通货膨胀率中，这个通货膨胀率不是中性的）。

（c）在政府保持恒定的转移支付水平ζ_{ss}、恒定的产出税率τ_{ss}^{y}和恒定的债券存量b_{ss}及其拥有稳态通货膨胀目标π_{ss}的假设下，重复练习。

练习3. 假设政府实现对消费者的一次性转移支付，并通过发行货币、发行债券和征收劳动和资本所得税（其税率与消费税税率相同）为其融资。假设私人个体每期拥有一单位时间。部分时间用于工作（l_t），其余时间用于闲暇（$1-l_t$）。生产函数为$y_t = Ak_t^{\alpha}l_t^{1-\alpha}$，效用函数为：$U(c_t,\bar{m}_{t+1},l_t)=\frac{\left(c_t(1-l_t)^{\psi}\bar{m}_{t+1}^{\theta}\right)^{1-\sigma}-1}{1-\sigma}$，$\psi,\theta>0$，且$\bar{m}_{t+1}=\frac{M_{t+1}}{P_t}$。政府拥有通货膨胀目标。

（a）写出代表性消费者和企业的最优化问题。导出并解释每个最优化问题的一阶条件。哪一组方程定义了竞争均衡？哪些变量是在竞争均衡中所决定的？

（b）说明前述的经济中消费、实际余额、就业、产出和资本存量的均衡水平，与消费者的预算约束为下述方程时，是相同的：

$$(1+\tau^{c})c_t+k_{t+1}+\frac{M_{t+1}}{P_t}+b_{t+1}\leqslant(1-\tau^{y})f(k_t,l_t)+(1-\delta)k_t+\frac{M_t}{P_t}+\zeta_t+r_tb_t.$$

（c）假设政府选择消费税税率和所得税税率以及政府债务水平和通货膨胀率。说明模型的稳态可以递归地求解。找到决定经济中所有变量稳态值的解析表达式。通货膨胀目标总是中性的吗？哪一个通货膨胀率使得稳态福利最大？这个通货膨胀率等于最大化铸币税收的通货膨胀率吗？说明两个方程的答案不依赖于σ的值。

（d）假设$\alpha=0.36$，$\beta=0.95$，$A=1$，$\delta=0.1$，$\psi=2$，$\theta=0.175$，$\tau^{c}=0.15$，$\tau^{y}=0.2$，并计算不同的通货膨胀率值在稳态的福利成本。福利成本的增加与通货膨胀的增加成比例吗？说明这些结果与σ值无关。

（e）改变消费税税率，并计算不同的通货膨胀率值在稳态的福利成本。福利成本的增加与通货膨胀的增加成比例吗？说明这些结果与σ值无关。将结果与（d）中的结果相比较。通货膨胀对福利成本取决于消费税税率吗？

（f）改变所得税税率，并计算不同的通货膨胀率值在稳态的福利成本。福利成本的增加与通货膨胀的增加成比例吗？说明这些结果与σ值无关。将结果与（d）中的结果相比较。通货膨胀对福利成本取决于所得税税率吗？

练习4. 考虑练习3中所述的经济。效用函数为：

$$U(c_t,m_t,l_t)=\frac{(c_tm_t^{\theta})^{1-\sigma}}{1-\sigma}+\psi\ln(1-l_t),\ 且\ m_t=\frac{M_t}{P_t}.$$

特别地，假设参数值为：$A=1$，$\alpha=0.36$，$\beta=0.95$，$\delta=0.1$，$\theta=0.005$，$\Psi=1.7$。假设政府保持恒定的消费税税率和所得税税率，及公共支出水平。说明在此情形下，通货膨胀是非中性的。最大化稳态福利的通货膨胀率是什么？最大化铸币税收的通货膨胀率又是什么？给定通货膨胀增加的稳态福利成本是什么？福利成本的增加与通货膨胀的增加成比例吗？通货膨胀的福利成本依赖于消费税税率和所得税税率吗？

练习 5. 假设政府购买一定单位的消费商品。其通过增加货币供给和消费税进行融资。代表性私人个体每期拥有1单位时间。部分用于工作（l_t），其余时间用作闲暇（$1-l_t$）。生产函数为：$y_t = k_t^{\alpha} l_t^{1-\alpha}$，而效用函数为：$U\left(c_t, \frac{M_{t+1}}{P_t}, l_t\right) = \Psi \ln c_t + (1-\Psi)\ln(1-l_t) + \Phi \ln \frac{M_{t+1}}{P_t}$，且$\Psi \in (0,1), \Phi > 0$。说明如果政府拥有通货膨胀目标并保持恒定的公共支出水平，那么经济的稳态不能被递归地求解，因为这样的话，政府就不能保持恒定的消费税税率。

假设参数值$\alpha = 0.36$，$\beta = 0.95$，$\delta = 0.1$，$\Psi = 0.35$，$\theta = 0.175$，且公共消费为产出的20%。计算当通货膨胀目标发生变化时，稳态资源配置的数值及福利所发生的变化。通货膨胀目标是中性的吗？使得稳态效用水平最大化的通货膨胀率是什么？

参考文献

1. Bailey, M.J.1956.The welfare cost of inflationary finance.*Journal of Political Economy* 64:93-110.
2. Carlstrom, C.T., and T.S.Fuerst.2001.Timing and real indeterminacy in monetary models.*Journal of Monetary Economics* 47(2): 285-298.
3. Champ, B., and S.Freeman.2001.*Modelling monetary economies*.Cambridge: Cambridge University Press.
4. Chari, V.V., L.Christiano, and P.Kehoe.1996.Optimality of the Friedman rule in economies with distorting taxes.*Journal of Monetary Economics* 37: 203-223.
5. Clower, R.W.1967.A reconsideration of the microfoundations of monetary theory.*Western Economic Journal* 6(1): 1-9.
6. Friedman, M.1969.The optimum quantity of money.In *The optimum quantity of money and other essays*. Chicago: Aldine.
7. Guidotti, P.E., and C.A.Végh.1993.The optimal inflation tax when money reduces transactions costs.A reconsideration.*Journal of Monetary Economics* 31: 189-205.
8. Guillman, M.1993.The welfare cost of inflation in a cash-in-advance economy with costly credit.*Journal of Monetary Economics* 31(1): 97-115.
9. Keynes, J.M.1936.*The general theory of employment, interest and money*.Reprinted Harbinger, Hardcourt Brace and World, 1964.
10. Kimbrough, K.1986.The optimum quantity of money rule in the theory of public finance.*Journal of Monetary Economics* 18: 277-284.
11. Leeper, E.M.1991.Equilibria under 'active' and 'passive' monetary and fiscal policies.*Journal of Monetary Economics* 27: 129-147.
12. Lucas, R.E., and N.L.Stokey.1983.Optimal fiscal and monetary policy in an economy without capital.*Journal of Monetary Economics* 12: 55-93.
13. Lucas, R.E.1994.*The welfare cost of inflation*.CEPR Publication no.394.Stanford: Stanford University.
14. Phelps, E.S.1973.Inflation in the theory of public finance.*Swedish Journal of Economics* 75:67-82.
15. Sidrauski, M.1967.Rational choice and patterns of growth in a monetary economy.*American Economic Revenue* 57(2): 534-544.
16. Walsh, C.E.1998.*Monetary theory and policy*.Cambridge: MIT.

第9章

货币经济的转移动态：数值解

9.1 引言

我们在之前章节介绍了货币经济的最优动态条件，但我们只评估了货币政策的稳态效应。为完善分析，本章我们描述一个从初始条件到稳态货币经济的转移动态过程。特别地，我们在货币政策干预下研究经济的演化过程。我们首先讨论债务存量可能存在的不稳定性，这一问题限制了一系列可行的政策，在本章进行的政策分析中需要考虑这些政策。作为一个例子，我们在前面章节看到如何选择货币增长速率和一次性转移支付政策会产生定义良好的稳态：稳定的通货膨胀率和有限的债务。这是一个重要的结果，因为支付未偿债务的利息对赤字有反馈效应。因此，随着时间的推移，融资需求会产生债务增加的趋势。当政府改变通货膨胀率或一次性转移支付的数额，未偿债务使债务沿着发散轨迹偏离其稳态水平。通过将一次性转移支付的数额和t时期的未偿债务水平进行挂钩会避免这种可能性。言外之意，政府只能自由地选择满足政府预算约束的货币政策和财政政策。

货币当局是否应该控制利率和货币供给。在这方面，我们讨论的第二个主题显示货币政策实施的类型可能会导致名义上的不确定性，该不确定性被定义为不存在唯一均衡价格水平。首先，我们考虑确定性的货币经济，即我们先后讨论货币当局确定货币供给增长率和市场决定利率（或者认为名义利率为控制变量）的情况。当货币当局控制名义利率时，我们说明名义上的不确定性是如何产生的。之后，随着经济过渡到新的稳态，我们致力于考察改变货币增长或者改变名义利率短期影响的数值特征。即使长期的货币政策是温和的，但短期的货币政策不是如此。此外，相对于政策的剧烈变化，逐渐改变货币政策的影响可能更大。在随机的货币经济中，我们再次考虑两种相同类型的货币政策。当名义利率为控制变量时，我们将考虑货币当局遵循不同形式的泰勒规则和是否包括通货膨胀率的政策规则。

本章以新凯恩斯模型作为结尾。与其他模型不同，该模型包含价格刚性。我们强调其与新古典主义货币模型的相似性和差异性。在前面的章节中，本书提供的EXCEL表格和MATLAB程序实现了数值解的运行。

9.2 公共债务的稳定性

我们考虑这样一个经济体，政府通过发行货币和债券为一次性转移支付融资。政府选择一个外生的通货膨胀目标，如8.2.2节所示，在不存在人口增长的情况下，通货膨胀率等于稳态的货币供给增长率。这一节显示，如果政府也选择一个外生的一次性转移支付大小的目标，稳态的公共债务存量(b_{ss})、消费水平(C_{ss})、资本存量水平(K_{ss})、公共债务的实际收益率(r_{ss})和初始时期的实际余额水平(m_{ss})都将由内生决定。

特别地，在稳态，政府的预算约束为：

$$\pi_{ss} m_{ss} = \zeta_{ss} + r_{ss} b_{ss},$$

其中，ζ_{ss}和π_{ss}分别表示一次性转移支付的大小和通货膨胀率，都是外生的和恒定的。

如果初始的债务存量b_0比其稳态水平b_{ss}大，则债务的时间路径很容易发散，不能收敛于稳态水平。为证明这个结论，我们假设政府使得通货膨胀率和一次性转移大小分别保持在π_{ss}和ζ_{ss}的目标水平恒定不变。为简化起见，我们假设资本存量也处于稳态水平，则消费、产出、实际余额、实际利率、政府预算约束将会确定公共债务的时间路径：

$$\begin{aligned} b_{t+1} &= (1+r_{ss}) b_t + \zeta_{ss} - \pi_{ss} m_{ss} \\ &= (1+r_{ss})^{t+1} b_0 - r_{ss} b_{ss} \frac{(1+r_{ss})^{t+1}-1}{r_{ss}} \\ &= (1+r_{ss})^{t+1}(b_0 - b_{ss}) + b_{ss}. \end{aligned}$$

由于$1+r_{ss} = \dfrac{1}{\beta} > 0$，则除非$b_0 \neq b_{ss}$，公共债务的时间路径通常以一个速度发散，这违背了相应的横截性条件[①]。因此，有必要在我们的分析中加入一些排除这种可能性的附加条件。由Sims［6］和Leeper［4］提出的摆脱这种困境的方法是假设可以意识到这个问题，政府实行的政策是将每期一次性转移支付与未偿债务存量联系起来，

$$\zeta_t = \zeta - \eta b_t, \tag{9.1}$$

所以转移支付是每期公共债务的减函数。在这种假设下，第t期公共债务的均衡水平为：

$$b_{t+1} = (1+r_{ss} - \eta) b_t + \zeta - \pi_{ss} m_{ss}, \forall t,$$

对任意初始水平b_0，只要满足$-1 < 1 + r_{ss} - \eta < 1$[②]，公共债务的均衡水平都收敛到其稳态水平$b_{ss}$（$b_{ss} = \dfrac{\zeta - \pi_{ss} m_{ss}}{\eta - r_{ss}}$），即给定$\eta \in \left(\dfrac{1}{\beta} - 1, \dfrac{1}{\beta} + 1\right)$。转移水平与债务存量之间的

---

① 从第8章，这些假设条件下的横截性条件为：

$$\begin{aligned} \lim_{T\to\infty} \frac{1}{(1+r_{ss})^T} \lambda_T b_T &= \lim_{T\to\infty} \frac{1}{(1+r_{ss})^T} \lambda_T [(1+r_{ss})^T (b_0 - b_{ss}) + b_{ss}] \\ &= \lim_{T\to\infty} \lambda_T (b_0 - b_{ss}) + \lim_{T\to\infty} \frac{\lambda_T b_{ss}}{(1+r_{ss})^T} \end{aligned}$$

上式不等于0，由最优条件可知，拉格朗日乘数等于消费的边际效用，在稳态不等于零。

② 随后我们用到公式：$r_{ss} < \eta < 2 + r_{ss}$。

这种关系在下一节会被广泛地运用。

条件（9.1）将一次性转移支付与每期公共债务存量联系起来，货币政策不仅用于控制货币供给，而且使得名义利率为控制变量，都避免了公共债务变量路径的不稳定性问题。我们将在下面看到，当资本存量不处于稳态或其继续偏离稳态水平时，这两个变量之间的相互联系也保证了公共债务路径的稳定性，因为它是在随机的经济中。公共债务是由实际债券还是名义债券构成，或者消费者是否关心某期开始或结束时所持有货币的实际余额，都是无关紧要的①。

总结上述内容，公共债务存量的反馈特性意味着当政府实施积极的货币政策，即控制货币增长率或名义利率，要使用一个消极的财政政策控制公共债务存量的时间演化和一次性转移支付，以满足每期的政府预算约束。

9.3 货币政策的替代策略：控制名义利率与控制货币增长

我们再次考虑8.5节描述的货币经济中代表性个体求解的问题。除了从消费税和所得税中获得税收收入外，政府利用发行债券和货币为购买消费商品融资，其将以一次性转移支付的形式返还给消费者。消费者采用给定的所得税 τ_t^y，消费税 τ_t^c 以及政府转移 ζ_t 求解最优问题：

$$\max_{\{c_t,M_{t+1},k_{t+1},b_{t+1}\}}\sum_{t=0}^{\infty}\beta^t U(c_t,M_t/P_t)$$

约束条件为：

$$(1+\tau_t^c)c_t+k_{t+1}-(1-\delta)k_t+\frac{M_{t+1}}{P_t}+b_{t+1}$$

$$=(1-\tau_t^y)A_t k_t^{\alpha}+\frac{M_t}{P_t}+(1+r_t)b_t+\zeta_t,t=0,1,2,\cdots, \tag{9.2}$$

给定 k_0,M_0,b_0，

其中，r_t 是实际债券的回报率。我们假设技术水平是外生的，一阶自回归过程为：

$$\ln(A_t)=(1-\rho_A)\ln(A_{ss})+\rho_A\ln(A_{t-1}),|\rho_A|<1. \tag{9.3}$$

政府预算约束为：

$$\tau_t^c c_t+\frac{M_{t+1}-M_t}{P_t}+(b_{t+1}-(1+r_t)b_t)+\tau_t^y A_t K_t^{\alpha}=\zeta_t,t=0,1,2,\cdots, \tag{9.4}$$

中央政府使用两种类型的策略，试图影响经济的时间演化过程：要么控制流通的货币总量，要么控制名义利率，同时控制这两个变量是不可能的。货币政策的机制传导到实际活动中的不同之处取决于货币政策采用的策略。在接下来的两小节中，我们介绍用于描述两种传导机制之间区别的分析框架。

因此，我们考虑两种选择的情况：

1. 政府选择名义货币 $\{M_t\}_{t=0}^{\infty}$ 的时间路径以及两个税率 $\{\tau_t^c,\tau_t^y\}_{t=0}^{\infty}$，且利率为 $\{i_t\}_{t=0}^{\infty}$，一次性转移支付的大小和公共债务存量 $\{\zeta_t,b_t\}_{t=0}^{\infty}$ 是由内生决定的。

---

① 不管是处在货币经济中，还是处在非货币经济中，都是一样的。

2. 政府选择名义利率的时间路径，即名义债券收益率$\{i_t\}_{t=0}^{\infty}$和两个税率$\{\tau_t^c,\tau_t^y\}_{t=0}^{\infty}$、货币供给$\{M_t\}_{t=0}^{\infty}$和一次性转移支付的大小与公共债券存量$\{\zeta_t,b_t\}_{t=0}^{\infty}$是由内生决定的。

为简化起见，我们假设两种情况下的利率为常数，即$\tau_t^c=\tau^c,\tau_t^y=\tau^y,\forall t$。

9.4 货币当局选择货币增长的确定性货币模型

名义货币平衡的时间路径为：$M_{t+1}=(1+x_{t+1})M_t$，从给定的M_0开始，依据下式选择一个增长率：

$$\ln(1+x_{t+1})=(1-\rho_x)\ln(1+x_{ss})+\rho_x\ln(1+x_t),|\rho_x|<1. \tag{9.5}$$

只要$|\rho_x|<1$，收敛到长期值x_{ss}。$\rho_x=0$允许我们分析x_t为恒定值的情况。重要的是要记住t时x_{t+1}的值已知。如果在$\zeta_t=\zeta-\eta b_t$的条件下，政府也选择转移支付的时间路径$\{\zeta_t\}_{t=0}^{T}$，$2+r_{ss}>\eta>r_{ss}$，债券的时间路径也保持稳定，如在9.2节中讨论的，式（9.4）中，$m_t=\dfrac{M_t}{p_t}$，政府债务的时间路径将遵循差分方程①：

$$\begin{aligned}b_{t+1}&=(1+r_t)b_t+\zeta-\eta b_t-\tau^yA_tk_t^{\alpha}-x_{t+1}m_t-\tau^cc_t\\&=(1+r_t-\eta)b_t+\zeta-\tau^yA_tk_t^{\alpha}-x_{t+1}m_t-\tau^cc_t.\end{aligned} \tag{9.6}$$

利用与第8章相似的讨论，我们得到描述代表性个体模型解的方程：

$$U_c(c_t,m_t)=\beta[U_c(c_{t+1},m_{t+1})((1-\tau^y)A_{t+1}\alpha k_{t+1}^{\alpha-1}+1-\delta)], \tag{9.7}$$

$$r_{t+1}=(1-\tau^y)A_{t+1}\alpha k_{t+1}^{\alpha-1}-\delta, \tag{9.8}$$

$$i_{t+1}=(1+\tau^c)\frac{U_m(c_{t+1},m_{t+1})}{U_c(c_{t+1},m_{t+1})}, \tag{9.9}$$

$$1+i_{t+1}=(1+r_{t+1})(1+\pi_{t+1}), \tag{9.10}$$

$$c_t+k_{t+1}-(1-\delta)k_t=A_tk_t^{\alpha}, \tag{9.11}$$

针对所有的时期t以及政府预算约束，即式（9.6）。我们通过式（9.12）计算通货膨胀率：

$$1+\pi_{t+1}=\frac{m_t}{m_{t+1}}(1+x_{t+1}). \tag{9.12}$$

式（9.7）是资本存量的欧拉条件。式（9.8）指出代表性个体需要政府债券以及实物资本，得出债券收益率等于资本、净税率和折旧的回报率。式（9.9）定义货币需求，式（9.10）显示了名义利率、实际利率以及通货膨胀率之间的关系。式（9.11）是该经济的总资源约束。

把式（9.10）、式（9.12）、式（9.8）代入式（9.9）中，得到：

$$[(1-\tau^y)A_{t+1}\alpha k_{t+1}^{\alpha-1}+1-\delta]\frac{m_t(1+x_{t+1})}{m_{t+1}}=1+(1+\tau^c)\frac{U_m(c_{t+1},m_{t+1})}{U_c(c_{t+1},m_{t+1})}. \tag{9.13}$$

通过式（9.7）、式（9.11）、式（9.13）计算$\{k_{t+1},m_t,c_t\}_{t=0}^{\infty}$获得数值解：$(\{x_t,A_t\}_{t=0}^{\infty}$,

---

① 注意$\dfrac{M_{t+1}-M_t}{p_t}=\dfrac{M_{t+1}-M_t}{M_t}\dfrac{M_t}{p_t}=x_{t+1}m_t$。在前面章节的稳态分析中，我们做了一个不同类型的转换，假设铸币税收是通货膨胀率的一个函数。我们现在倾向于明确货币增长率，因为我们考虑了一个外生的时间路径，而通货膨胀率是由内生决定的。

k_0,τ^y,τ^c)。下节讨论具体细节。在这个过程中，我们将特别注意稳定性条件。然后，从式（9.8）、式（9.12）、式（9.10）中分别获得$\{r_{t+1}\}_{t=0}^{\infty},\{\pi_{t+1}\}_{t=0}^{\infty},\{i_{t+1}\}_{t=0}^{\infty}$。给定我们刚刚获得的$m_0$值和$M_0$的水平，我们可以计算$P_0$，反映出没有名义上的不确定性这一事实。因此，利用我们获得的通货膨胀率的时间路径可以计算整个价格序列，不存在名义上的不确定性。最后，给定(ζ,η,b_0)，从式（9.6）以及一次性转移支付与政府债券存量（9.1）之间施加的关系可以计算$\{b_{t+1},\zeta_t\}_{t=0}^{\infty}$。

假定一个特定的效用函数：$U(c_t,M_t/P_t)=\dfrac{[c_t(M_t/P_t)^{\theta}]^{1-\sigma}-1}{1-\sigma},\sigma>0,\theta>0$。在偏好的设定形式下，消费的边际效用取决于实际余额，与采用对数效用函数不同。即使在某些情况下，隐含的影响可以近似地忽略，但这种依赖性导致短期中货币政策非中性。生产函数与全书使用的一样，生产率遵循由式（9.3）指定的一个自回归过程：$y_t=f(k_t)=A_tk_t^{\alpha}$，则式（9.7）、式（9.13）变为：

$$c_t^{-\sigma}m_t^{\theta(1-\sigma)}=\beta c_{t+1}^{-\sigma}m_{t+1}^{\theta(1-\sigma)}[\alpha(1-\tau^y)A_{t+1}k_{t+1}^{\alpha-1}+1-\delta],\forall t \tag{9.14}$$

$$[(1-\tau^y)A_{t+1}\alpha k_{t+1}^{\alpha-1}+1-\delta]\frac{m_t}{m_{t+1}}(1+x_{t+1})=1+(1+\tau^c)\frac{\theta c_{t+1}}{m_{t+1}},\forall t \tag{9.15}$$

9.4.1 稳态

求解由式（9.14）、式（9.15）、式（9.8）、式（9.10）~式（9.12）和式（9.1）的稳态形式组成的方程组，得到该经济中变量的稳态水平。

从式（9.3）和式（9.5）可知：$A_t=A_{ss},x_t=x_{ss}$，则：

$$k_{ss}=\left[\frac{(1-\tau^y)A_{ss}\alpha}{\dfrac{1}{\beta}-(1-\delta)}\right]^{\frac{1}{1-\alpha}}, \tag{9.16}$$

$$c_{ss}=A_{ss}k_{ss}^{\alpha}-\delta k_{ss}, \tag{9.17}$$

$$m_{ss}=(1+\tau^c)\theta\frac{c_{ss}}{i_{ss}}, \tag{9.18}$$

$$1+r_{ss}=\frac{1}{\beta}, \tag{9.19}$$

$$1+i_{ss}=\frac{1}{\beta}(1+x_{ss}), \tag{9.20}$$

$$\pi_{ss}=x_{ss}, \tag{9.21}$$

$$b_{ss}=\frac{1}{r_{ss}-\eta}[\zeta-\tau^yA_{ss}k_{ss}^{\alpha}-x_{ss}m_{ss}-\tau^cc_{ss}], \tag{9.22}$$

$$\zeta_{ss}=\zeta-\eta b_{ss}. \tag{9.23}$$

假设货币当局选择稳态增长率x_{ss}。随后，由式（9.21）和式（9.20）确定稳态通货膨胀率和名义利率。实际利率由式（9.19）决定，也不受货币政策的影响，尽管名义利率随着货币供应量的增长而上升。前两个方程确定资本存量和消费，很容易获得稳态产出。它们不受货币稳态增长影响，从这方面来说，长期的货币政策是中性的。可以看出实物资本存量和产出及所得税税率有负相关关系，这是非货币经济的情况。在较高的所得税下，稳态消费较低，财政政策不是中性的。然而，对长期的消费税没有任何实际影响。稳态实际余额因货币增长率较高而下降，因为持有实际余额的机会成本增加。实际余额随消费税的增加而增加，随所得税的增加而减少。

9.4.2 对数线性近似解

在9.4.1节，通过由式（9.14）、式（9.15）、式（9.11）组成的方程组获得$\{k_{t+1},m_t,c_t\}_{t=0}^{\infty}$，即使我们无法解释具体的操作，但剩余的变量可以通过递归得到。现在，我们解释怎样得到$\{k_{t+1},m_t,c_t\}_{t=0}^{\infty}$。

使该方程组对数线性化，式（9.11）可以重新写为：

$$e^{\ln c_t}+e^{\ln k_{t+1}}-(1-\delta)e^{\ln k_t}=e^{\ln A_t}e^{\alpha(\ln k_t)}, \tag{9.24}$$

式（9.14）转化为：

$$\begin{aligned}&e^{-\sigma(\ln c_t)}e^{\theta(1-\sigma)(\ln m_t)}\\&=\beta[e^{-\sigma(\ln c_{t+1})}e^{\theta(1-\sigma)(\ln m_{t+1})}\times((1-\tau^y)\alpha e^{\ln A_{t+1}}e^{(\alpha-1)(\ln k_{t+1})}+1-\delta)],\end{aligned} \tag{9.25}$$

式（9.15）转变为：

$$\begin{aligned}&[(1-\tau^y)\alpha e^{\ln A_{t+1}}e^{(\alpha-1)(\ln k_{t+1})}+1-\delta]e^{\ln m_t}e^{-\ln m_{t+1}}e^{\ln(1+x_{t+1})}\\&=1+(1+\tau^c)\theta e^{\ln c_{t+1}}e^{-\ln m_{t+1}}.\end{aligned} \tag{9.26}$$

表示为：

$\hat{u}_t=\ln(u_t/u_{ss}),u=c,m,k;\hat{x}_t=\ln(1+x_t)-\ln(1+x_{ss})$。从式（9.24）中，得到：

$$0=A_{ss}k_{ss}^{\alpha}\hat{A}_t+[A_{ss}\alpha k_{ss}^{\alpha}+(1-\delta)k_{ss}]\hat{k}_t-c_{ss}\hat{c}_t-k_{ss}\hat{k}_{t+1}. \tag{9.27}$$

且从式（9.25）中得到：

$$\begin{aligned}0&=\frac{\sigma}{\beta}\hat{c}_t-\frac{\theta(1-\sigma)}{\beta}\hat{m}_t-\frac{\sigma}{\beta}\hat{c}_{t+1}+\frac{\theta(1-\sigma)}{\beta}\hat{m}_{t+1}+\cdots\\&+(\alpha-1)\left(\frac{1}{\beta}-(1-\delta)\right)\hat{k}_{t+1}+\left(\frac{1}{\beta}-(1-\delta)\right)\rho_A\hat{A}_t,\end{aligned} \tag{9.28}$$

其中，我们利用了式（9.3）以及$\alpha(1-\tau^y)A_{ss}k_{ss}^{\alpha-1}+1-\delta=\dfrac{1}{\beta}$。

从式（9.26）中得到：

$$\begin{aligned}0&=(1+x_{ss})(1-\tau^y)A_{ss}\alpha k_{ss}^{\alpha-1}\rho_A\hat{A}_t+(1+x_{ss})(1-\tau^y)A_{ss}\alpha(\alpha-1)k_{ss}^{\alpha-1}\hat{k}_{t+1}\\&+\frac{1}{\beta}(1+x_{ss})\hat{m}_t-\frac{1}{\beta}(1+x_{ss})\hat{m}_{t+1}+\frac{1}{\beta}(1+x_{ss})\hat{x}_{t+1}-\theta(1+\tau^c)\frac{c_{ss}}{m_{ss}}\hat{c}_{t+1}\\&+\theta(1+\tau^c)\frac{c_{ss}}{m_{ss}}\hat{m}_{t+1},\end{aligned} \tag{9.29}$$

其中，我们引用了式（9.3）以及$\alpha(1-\tau^y)A_{ss}k_{ss}^{\alpha-1}+1-\delta=\dfrac{1}{\beta}$。

式（9.27）~式（9.29）可以写为矩阵的形式：

$$\underbrace{\begin{bmatrix}k_{ss}&0&0\\(1-\alpha)\left(\frac{1}{\beta}-(1-\delta)\right)&\frac{\sigma}{\beta}&-\frac{\theta(1-\sigma)}{\beta}\\A_{3,1}&\theta(1+\tau^c)\frac{c_{ss}}{m_{ss}}&1\end{bmatrix}}_{A}\underbrace{\begin{bmatrix}\hat{k}_{t+1}\\\hat{c}_{t+1}\\\hat{m}_{t+1}\end{bmatrix}}_{s_{t+1}}$$

$$
= \underbrace{\begin{bmatrix} A_{ss}\alpha k_{ss}^{\alpha} + (1-\delta) k_{ss} & -c_{ss} & 0 \\ 0 & \dfrac{\sigma}{\beta} & -\dfrac{\theta(1-\sigma)}{\beta} \\ 0 & 0 & \dfrac{1}{\beta}(1+x_{ss}) \end{bmatrix}}_{B} \underbrace{\begin{bmatrix} \hat{k}_t \\ \hat{c}_t \\ \hat{m}_t \end{bmatrix}}_{s_t}
$$

$$
= \underbrace{\begin{bmatrix} A_{ss}k_{ss}^{\alpha} & 0 \\ \rho_A\left(\dfrac{1}{\beta} - (1-\delta)\right) & 0 \\ (1+x_{ss})\rho_A\left(\dfrac{1}{\beta} - (1-\delta)\right) & \dfrac{(1+x_{ss})}{\beta} \end{bmatrix}}_{C} \underbrace{\begin{bmatrix} \hat{A}_t \\ \hat{x}_{t+1} \end{bmatrix}}_{a_t}, \tag{9.30}
$$

其中，$A_{3,1} = (1-\alpha)\left(\dfrac{1}{\beta} - (1-\delta)\right)(1+x_{ss})$，其可以写为：

$$
As_{t+1} = Bs_t + Ca_t, \tag{9.31}
$$

其有着由式（9.30）定义的向量和矩阵。

求解 s_{t+1}：

$$
s_{t+1} = A^{-1}Bs_t + A^{-1}Ca_t = Ds_t + Fa_t, \tag{9.32}
$$

其中，D 是3×3阶矩阵，有三个特征值。因为 s_{t+1} 中有两个控制变量，我们需要控制变量与状态变量之间的两个关系才能够求解该模型。这些关系可以从稳态条件中获得。如此，矩阵 D 的其中一个特征值必定是稳定的，其他两个是不稳定的。给定 k_0，我们有两个稳定条件确定两个控制变量的初始值：c_0, m_0，它们是 k_0, A_0, x_1 的函数。这将是一个确定性的均衡。

如果这三个特征值的绝对值或模大于1，该方程组通常没有唯一的解，因为方程的个数大于变量的个数。另一方面，少于两个不稳定的特征值会导致不确定性的均衡，在第5章讨论的数值解中，因为至少有一个控制变量可以任意选择，仍有一个稳定的求解路径。

这两个稳定条件可以通过以下方式获得：令 $D = M\Lambda M^{-1}$ 表示矩阵 D 的Jordan谱分解，所以矩阵 M 的每一列为矩阵 D 的右特征向量，其中 Λ 是以矩阵 D 的特征值为对角线上元素的对角矩阵。矩阵 Λ 对角线上的元素与矩阵 M 的列是对应的。不失一般性，我们假定：$|\mu_1| < 1, |\mu_2| > 1, |\mu_3| > 1$。从式（9.32）中得到：

$$
M^{-1}S_{t+1} = \Lambda M^{-1}s_t + \underbrace{M^{-1}Fa_t}_{Q}
$$

如果我们用 m_{ij} 表示矩阵 M^{-1} 的元素，则会得到：

$$
\underbrace{m_{11}\hat{k}_{t+1} + m_{12}\hat{c}_{t+1} + m_{13}\hat{m}_{t+1}}_{s_{t+1}^1} = \mu_1(m_{11}\hat{k}_t + m_{12}\hat{c}_t + m_{13}\hat{m}_t) \tag{9.33}
$$

$$
+Q_{11}\hat{A}_t + Q_{12}\hat{x}_{t+1},
$$

$$
\underbrace{m_{21}\hat{k}_{t+1} + m_{22}\hat{c}_{t+1} + m_{23}\hat{m}_{t+1}}_{s_{t+1}^2} = \mu_2(m_{21}\hat{k}_t + m_{22}\hat{c}_t + m_{23}\hat{m}_t) \tag{9.34}
$$

$$
+Q_{21}\hat{A}_t + Q_{22}\hat{x}_{t+1},
$$

$$
\underbrace{m_{31}\hat{k}_{t+1} + m_{32}\hat{c}_{t+1} + m_{33}\hat{m}_{t+1}}_{s_{t+1}^3} = \mu_3(m_{31}\hat{k}_t + m_{32}\hat{c}_t + m_{33}\hat{m}_t)
$$

$$
+Q_{31}\hat{A}_t + Q_{32}\hat{x}_{t+1}. \tag{9.35}
$$

由于μ_2和μ_3是不稳定的，求解式（9.34）和式（9.35）（参考相应章节中Blanchard-Kahn模型的求解方法）。

$$s_t^2 = \frac{Q_{21}}{\rho_A - \mu_2}\hat{A}_t + \frac{Q_{22}}{\rho_x - \mu_2}\hat{x}_{t+1}, \tag{9.36}$$

$$s_t^3 = \frac{Q_{31}}{\rho_A - \mu_3}\hat{A}_t + \frac{Q_{32}}{\rho_x - \mu_3}\hat{x}_{t+1}. \tag{9.37}$$

其可以写为矩阵形式：

$$\underbrace{\begin{bmatrix} m_{22} & m_{23} \\ m_{32} & m_{33} \end{bmatrix}}_{G}\begin{bmatrix} \hat{c}_t \\ \hat{m}_t \end{bmatrix} = \underbrace{\begin{bmatrix} -m_{21} & \frac{Q_{21}}{\rho_A - \mu_2} & \frac{Q_{22}}{\rho_x - \mu_2} \\ -m_{31} & \frac{Q_{31}}{\rho_A - \mu_3} & \frac{Q_{32}}{\rho_x - \mu_3} \end{bmatrix}}_{H}\begin{bmatrix} \hat{k}_t \\ \hat{A}_t \\ \hat{x}_{t+1} \end{bmatrix}.$$

如果我们求解向量$[\hat{c}_t, \hat{m}_t]'$，我们将获得如下两个稳定条件：

$$\hat{c}_t = J_{11}\hat{k}_t + J_{12}\hat{A}_t + J_{13}\hat{x}_{t+1}, \tag{9.38}$$

$$\hat{m}_t = J_{21}\hat{k}_t + J_{22}\hat{A}_t + J_{23}\hat{x}_{t+1}, \tag{9.39}$$

其中，$J = G^{-1}H$。

最后，把式（9.38）和式（9.39）代入稳定特征值的方程，即式（9.33）中，得到资本存量：

$$\begin{aligned} \hat{k}_{t+1} = \mu_1\hat{k}_t + & \frac{1}{m_{11} + m_{12}J_{11} + m_{13}J_{21}} \\ & \times[(Q_{11} + (m_{12}J_{12} + m_{13}J_{22})(\mu_1 - \rho_A))\hat{A}_t \\ & +(Q_{12} + (m_{12}J_{13} + m_{13}J_{23})(\mu_1 - \rho_x))\hat{x}_{t+1}]. \end{aligned} \tag{9.40}$$

所以，给定序列$\left\{\{\hat{A}_t\}_{t=0}^{T}, \{\hat{x}_{t+1}\}_{t=0}^{T}, k_0\right\}$，从式（9.40）中获得资本存量的时间路径$\{\hat{k}_{t+1}\}_{t=0}^{T}$。从式（9.38）和式（9.39）获得$\{\hat{c}_t, \hat{m}_t\}_{t=0}^{T}$。给定$\{M_t, \hat{m}_t\}_{t=0}^{T}$计算$\{P_t\}_{t=0}^{T}$，继而得到$\{\pi_{t+1}\}_{t=0}^{T-1}$。注意不存在名义上的不确定性，因为我们可以计算初始价格水平P_0。利用$\{\hat{A}_t, \hat{k}_t\}_{t=0}^{T}$和式（9.8），我们可以计算$\{r_t\}_{t=0}^{T}$。从式（9.9）我们获得$\{i_{t+1}\}_{t=0}^{T}$。最后，从预算约束，即式（9.6）中我们可以计算序列$\{b_{t+1}\}_{t=0}^{T}$，施加一个类似于$\zeta_t = \zeta - \eta b_t$的条件，我们可以获得$\{\zeta_t\}_{t=0}^{T}$，其中$\eta \in \left(\frac{1}{\beta} - 1, \frac{1}{\beta} + 1\right)$。

9.4.3 复数特征值

上述所有涉及的特征值都是实数。然而，式（9.32）中转移矩阵的特征值通常是复数。我们该如何处理这种情况呢？首先，把式（9.31）写为：

$$\tilde{A}\begin{bmatrix} \hat{k}_{t+1} \\ \hat{c}_{t+1} \\ \hat{m}_{t+1} \\ \hat{A}_{t+1} \\ \hat{x}_{t+2} \end{bmatrix} = \tilde{B}\begin{bmatrix} \hat{k}_t \\ \hat{c}_t \\ \hat{m}_t \\ \hat{A}_t \\ \hat{x}_{t+1} \end{bmatrix}, \tag{9.41}$$

其中，

$$\tilde{A} = \begin{bmatrix} A & 0_{3\times2} \\ 0_{2\times3} & I_2 \end{bmatrix}, \tilde{B} = \begin{bmatrix} B & C \\ 0_{2\times3} & \begin{pmatrix} \rho_A & 0 \\ 0 & \rho_x \end{pmatrix} \end{bmatrix},$$

或，

$$\begin{bmatrix}\hat{k}_{t+1}\\ \hat{c}_{t+1}\\ \hat{m}_{t+1}\\ \hat{A}_{t+1}\\ \hat{x}_{t+2}\end{bmatrix}=\tilde{D}\begin{bmatrix}\hat{k}_{t}\\ \hat{c}_{t}\\ \hat{m}_{t}\\ \hat{A}_{t}\\ \hat{x}_{t+1}\end{bmatrix},\tag{9.42}$$

其中，$\tilde{D}=\tilde{A}^{-1}\tilde{B}$。

不失一般性，我们假设矩阵$\tilde{D}$的特征值μ_3和μ_4是模大于1的共轭复数。为具有一个定义良好的解，矩阵$\tilde{D}$必有三个稳定和两个不稳定的特征值，这样我们就可以把这两个控制变量作为三个状态变量的函数求解。实际上，我们有两个稳定的特征值，与之前章节3×3阶矩阵具有相同的共轭复数。

如数学附录所示，式（9.42）解的形式为：

$$\begin{bmatrix}\hat{k}_{t}\\ \hat{c}_{t}\\ \hat{m}_{t}\\ \hat{A}_{t}\\ \hat{x}_{t+1}\end{bmatrix}=\underbrace{\begin{bmatrix}M_{11} & \cdots & M_{14} & M_{15}\\ \vdots & \vdots & \vdots & \vdots\\ M_{51} & \cdots & M_{44} & M_{55}\end{bmatrix}}_{M}\begin{bmatrix}C_1\mu_1^t\\ C_2\mu_2^t\\ C_3\mu_3^t\\ C_4\mu_4^t\\ C_5\mu_5^t\end{bmatrix},\tag{9.43}$$

其中，矩阵M的每一列是矩阵$\tilde{D}$的右特征向量。由左特征向量乘以状态变量的初始条件得到$C_i, i=1,2,\dots,5$的值。我们给矩阵M的每一列排序，前三列是实数特征向量，第四列和第五列的元素$M_{.4}, M_{.5}$是共轭复数：

$$M_{.4}=\begin{bmatrix}d_1+if_1\\ d_2+if_2\\ d_3+if_3\\ d_4+if_4\\ d_5+if_5\end{bmatrix}, M_{.5}=\begin{bmatrix}d_1-if_1\\ d_2-if_2\\ d_3-if_3\\ d_4-if_4\\ d_5-if_5\end{bmatrix},$$

式（9.43）的解可以写为[①]：

$$\begin{bmatrix}\hat{k}_{t}\\ \hat{c}_{t}\\ \hat{m}_{t}\\ \hat{A}_{t}\\ \hat{x}_{t+1}\end{bmatrix}=\begin{bmatrix}\tilde{M}_1\\ \\ \cdots\\ \\ \tilde{M}_5\end{bmatrix},$$

其中，

$$\begin{aligned}&\tilde{M}_j=M_{j1}C_1\mu_1^t+M_{j2}C_2\mu_2^t+M_{j3}C_3\mu_3^t\\&+C_4q^t(d_j\cos(vt)-f_j\sin(vt))+C_5q^t(d_j\sin(vt)-f_j\cos(vt)),\\&j=1,2,\cdots,5,\mu_4=\breve{\gamma}+i\bar{\omega},\mu_5=\breve{\gamma}-i\bar{\omega},\\&v=\arctan(\bar{\omega}/\breve{\gamma}),q=(\breve{\gamma}^2+\bar{\omega}^2)^{1/2}.\end{aligned}$$

在$t=0$时，由初始条件，前面的方程组确定常数$C_1,\dots,C_5$的值，

---

① 见数学附录。

$$\begin{bmatrix} C_1 \\ C_2 \\ C_3 \\ C_4 \\ C_5 \end{bmatrix} = \underbrace{\begin{bmatrix} M_{11} & M_{12} & M_{13} & d_1 & f_1 \\ \vdots & \vdots & \vdots & \vdots & \vdots \\ M_{51} & M_{52} & M_{53} & d_5 & f_5 \end{bmatrix}}_{Mm}{}^{-1} \begin{bmatrix} \hat{k}_0 \\ \hat{c}_0 \\ \hat{m}_0 \\ \hat{A}_0 \\ \hat{x}_1 \end{bmatrix}.$$

注意，我们只是知道状态变量$\{\hat{k}_0,\hat{A}_0,\hat{x}_1\}$，但为求解该方程组，我们也需要知道$\{\hat{m}_0,\hat{c}_0\}$。式（9.43）的解是稳定的，不稳定特征值中的系数C_4和C_5必须等于零。所以，从上面的方程组，我们可以得到：

$$\begin{bmatrix} 0 \\ 0 \end{bmatrix} = \begin{bmatrix} m_{41} & m_{42} & m_{43} & m_{44} & m_{45} \\ m_{51} & m_{52} & m_{53} & m_{54} & m_{55} \end{bmatrix} \begin{bmatrix} \hat{k}_0 \\ \hat{c}_0 \\ \hat{m}_0 \\ \hat{A}_0 \\ \hat{x}_1 \end{bmatrix}.$$

其中，矩阵M的元素由m_{ij}表示。因此，我们可以把两个稳定条件写为：

$$\begin{bmatrix} \hat{c}_0 \\ \hat{m}_0 \end{bmatrix} = \underbrace{-\begin{bmatrix} m_{42} & m_{43} \\ m_{52} & m_{53} \end{bmatrix}^{-1} \begin{bmatrix} m_{41} & m_{44} & m_{45} \\ m_{51} & m_{54} & m_{55} \end{bmatrix}}_{\tilde{\Gamma}_1} \begin{bmatrix} \hat{k}_0 \\ \hat{A}_0 \\ \hat{x}_1 \end{bmatrix}.$$

如数学附录所示，这些条件适用于所有的t，且提供了控制方程：

$$\begin{bmatrix} \hat{c}_t \\ \hat{m}_t \end{bmatrix} = \tilde{\Gamma}_1 \begin{bmatrix} \hat{k}_t \\ \hat{A}_t \\ \hat{x}_{t+1} \end{bmatrix}. \tag{9.44}$$

把稳定条件代入式（9.42），得到：

$$\begin{bmatrix} \hat{k}_{t+1} \\ \hat{A}_{t+1} \\ \hat{x}_{t+2} \end{bmatrix} = \underbrace{\begin{bmatrix} \tilde{D}_{11} & \tilde{D}_{14} & \tilde{D}_{15} \\ \tilde{D}_{41} & \tilde{D}_{44} & \tilde{D}_{45} \\ \tilde{D}_{51} & \tilde{D}_{54} & \tilde{D}_{55} \end{bmatrix}}_{J} \begin{bmatrix} \hat{k}_t \\ \hat{A}_t \\ \hat{x}_{t+1} \end{bmatrix} + \underbrace{\begin{bmatrix} \tilde{D}_{12} & \tilde{D}_{13} \\ \tilde{D}_{42} & \tilde{D}_{43} \\ \tilde{D}_{52} & \tilde{D}_{53} \end{bmatrix}}_{L} \begin{bmatrix} \hat{c}_t \\ \hat{m}_t \end{bmatrix} = (J + L\tilde{\Gamma}_1) \begin{bmatrix} \hat{k}_t \\ \hat{A}_t \\ \hat{x}_{t+1} \end{bmatrix}, \tag{9.45}$$

这是一组状态方程，生成了三个状态变量的时间序列。

当我们有资本存量、产出水平、货币供给增长率的时间路径时，我们可以计算剩余的变量。特别地，利用式（9.44）计算控制变量$\{\hat{c}_t,\hat{m}_t\}_{t=0}^{T}$。给定$\{M_t,\hat{m}_t\}_{t=0}^{T}$计算$\{P_t\}_{t=0}^{T}$，得到$\{\pi_{t+1}\}_{t=0}^{T-1}$。注意不存在名义上的不确定性，所以，我们可计算初始的价格水平P_0。利用$\{\hat{A}_t,\hat{k}_t\}_{t=0}^{T}$和式（9.8），我们可以计算$\{r_t\}_{t=0}^{T}$。从式（9.9）中，我们获得$\{i_{t+1}\}_{t=0}^{T}$。最后，从预算约束，即式（9.6）中，我们可以计算序列$\{b_{t+1}\}_{t=0}^{T}$，施加类似于$\zeta_t = \zeta - \eta b_t$的条件，我们可以获得$\{\zeta_t\}_{t=0}^{T}$，其中$\eta \in \left(\frac{1}{\beta} - 1, \frac{1}{\beta} + 1\right)$。

式（9.45）显示当货币增长率变化时，实物资本存量也会发生变化。因此，私人消费以及生产率都会受到影响。

MATLAB程序*money_M_d_gradual.m*可用于实施政策分析，程序中的矩阵与上文中相同。作为确定性模型，程序从偏离稳态水平的初始条件开始计算样本实现。针对债券存量、货币供给、货币余额增长率、资本存量、产出，程序从外生变量与稳态的偏差中计算出内生变量的响应。该程序也可以用于计算同时偏离稳态的外生变量的多个样本实现，但是得到的响应并不易于解释①。MATLAB程序可以求解具有复特征值的模型，如上所述，它们也可以用于所有实数特征值的参数化。

9.5 货币当局选择名义利率的确定性货币模型

本节，我们考虑货币当局依据下式选择每期名义利率的情况，

$$\ln(1+i_t)=(1-\rho_i)\ln(1+i_{ss})+\rho_i\ln(1+i_{t-1}),|\rho_i|<1. \tag{9.46}$$

如前面章节所示，技术水平遵循外生性，一阶自回归过程为：

$$\ln(A_t)=(1-\rho_A)\ln(A_{ss})+\rho_A\ln(A_{t-1}),|\rho_A|<1.$$

如前面章节所示，式（9.7）~式（9.11），式（9.6）、式（9.12）和式（9.1）是求解代表性个体问题的方程组。为计算内生变量的时间路径，运用与前面章节相似的方法。从式（9.7）、式（9.9）、式（9.11）中，我们可以分别获得资本存量、消费、实际均衡的时间路径，遵循一个递归程序计算剩余变量。随后，我们将在最后一节详细地描述这一过程。

从式（9.11）、式（9.7）和式（9.9）中，我们开始计算$\{K_{t+1},m_t,c_t\}_{t=0}^{T}$的时间路径，可以具体写为效用函数$U(c_t,m_t)=\dfrac{(c_t m_t^{\theta})^{1-\sigma}-1}{1-\sigma},\theta>0,\sigma>0,m_t=\dfrac{M_t}{P_t}$，则：

$$c_t+k_{t+1}-(1-\delta)k_t=A_t k_t^{\alpha}, \tag{9.47}$$

$$c_t^{-\sigma}m_t^{\theta(1-\sigma)}=\beta[c_{t+1}^{-\sigma}m_{t+1}^{\theta(1-\sigma)}((1-\tau^{y})A_{t+1}\alpha k_{t+1}^{\alpha-1}+1-\delta)], \tag{9.48}$$

$$i_{t+1}=(1+\tau^{c})\theta\frac{c_{t+1}}{m_{t+1}}. \tag{9.49}$$

其表示为：$\hat{u}_t=\ln(u_t/u_{ss}),u=c,m,k;\hat{x}_t=\ln(1+x_t)-\ln(1+x_{ss});\hat{i}_t=\ln(1+i_t)-\ln(1+i_{ss})$

首先，对该方程组进行对数线性计算：

$$0=A_{ss}k_{ss}^{\alpha}\hat{A}_t+(A_{ss}\alpha k_{ss}^{\alpha}+(1-\delta)k_{ss})\hat{k}_t-c_{ss}\hat{c}_t-k_{ss}\hat{k}_{t+1}, \tag{9.50}$$

$$0=\frac{\sigma}{\beta}\hat{c}_t-\frac{\theta(1-\sigma)}{\beta}\hat{m}_t-\frac{\sigma}{\beta}\hat{c}_{t+1}+\frac{\theta(1-\sigma)}{\beta}\hat{m}_{t+1}+\cdots$$

$$+(\alpha-1)\left(\frac{1}{\beta}-(1-\delta)\right)\hat{k}_{t+1}+\left(\frac{1}{\beta}-(1-\delta)\right)\rho_A\hat{A}_t, \tag{9.51}$$

$$\hat{m}_{t+1}=\hat{c}_{t+1}-\frac{(1+i_{ss})}{i_{ss}}\hat{i}_{t+1}, \tag{9.52}$$

其中，我们利用式（9.3）。

此外，从式（9.46）中，我们得到：

$$\hat{i}_{t+1}=\rho_i\hat{i}_t. \tag{9.53}$$

在这种情况下，与政府控制货币供给增长率不同的是，定义前期货币需求的方程式是指在同一时间点上的变量之间的关系。利用式（9.52）评估来自其他方程的$\hat{m}_t$，我们获得一个方程组，该方程组确定为A_t函数的$\{c_t,k_t,i_t\}$的时间路径：

---

① 在MATLAB程序中，解释了如何选择偏离稳态水平的变量。

$$\underbrace{\begin{bmatrix} 0 & k_{ss} & 0 \\ \frac{\sigma-\theta(1-\sigma)}{\beta} & (1-\alpha)\left(\frac{1}{\beta}-(1-\delta)\right) & \frac{\theta(1-\sigma)}{\beta}\frac{1+i_{ss}}{i_{ss}} \\ 0 & 0 & 1 \end{bmatrix}}_{A}\underbrace{\begin{bmatrix} \hat{c}_{t+1} \\ \hat{k}_{t+1} \\ \hat{i}_{t+1} \end{bmatrix}}_{s_{t+1}}$$

$$\underbrace{\begin{bmatrix} -c_{ss} & \alpha A_{ss} k_{ss}^{\alpha}+(1-\delta)k_{ss} & 0 \\ \frac{\sigma-\theta(1-\sigma)}{\beta} & 0 & \frac{\theta(1-\sigma)}{\beta}\frac{1+i_{ss}}{i_{ss}} \\ 0 & 0 & \rho_i \end{bmatrix}}_{B}\underbrace{\begin{bmatrix} \hat{c}_{t} \\ \hat{k}_{t} \\ \hat{i}_{t} \end{bmatrix}}_{s_{t}}$$

$$+\underbrace{\begin{bmatrix} A_{ss}k_{ss}^{\alpha} \\ \left(\frac{1}{\beta}-(1-\delta)\right)\rho_A \\ 0 \end{bmatrix}}_{C}\hat{A}_t. \tag{9.54}$$

即：

$$s_{t+1}=Ds_t+F\hat{A}_t, \tag{9.55}$$

其中，$D=A^{-1}B, F=A^{-1}C$。

我们得到矩阵D的三个特征值，其中一个范数大于1，对于大多数的参数，其余两个特征值的范数小于1（其中一个特征值为ρ_i）。因为我们在式（9.55）中，有一个控制变量和两个状态变量（资本存量和名义利率），我们需要确定一个作为资本存量、名义利率和技术水平函数的消费水平的稳态条件。所以，一个不稳定的特征值是适当的。

给定矩阵D的Jordan谱分解：$D=M\Lambda M^{-1}$，我们可以把式（9.55）写为：

$$M^{-1}s_{t+1}=\Lambda M^{-1}s_t+\underbrace{M^{-1}F\hat{A}_t}_{Q}. \tag{9.56}$$

令 $M=\begin{bmatrix} M_{11} & M_{12} & M_{13} \\ M_{21} & M_{22} & M_{23} \\ M_{31} & M_{32} & M_{33} \end{bmatrix}, M^{-1}=\begin{bmatrix} m_{11} & m_{12} & m_{13} \\ m_{21} & m_{22} & m_{23} \\ m_{31} & m_{32} & m_{33} \end{bmatrix}$，不失一般性，我们假设，$\|\mu_1\|,\|\mu 2\|<1,\|\mu 3\|>1$。式（9.56）可以写为之前的形式：

$$m_{11}\hat{c}_{t+1}+m_{12}\hat{k}_{t+1}+m_{13}\hat{i}_{t+1}=\mu_1(m_{11}\hat{c}_t+m_{12}\hat{k}_t+m_{13}\hat{i}_t)+Q_1\hat{A}_t, \tag{9.57}$$

$$m_{21}\hat{c}_{t+1}+m_{22}\hat{k}_{t+1}+m_{23}\hat{i}_{t+1}=\mu_2(m_{21}\hat{c}_t+m_{22}\hat{k}_t+m_{23}\hat{i}_t)+Q_2\hat{A}_t, \tag{9.58}$$

$$\underbrace{m_{31}\hat{c}_{t+1}+m_{32}\hat{k}_{t+1}+m_{33}\hat{i}_{t+1}}_{z_{t+1}}=\mu_3\underbrace{(m_{31}\hat{c}_t+m_{32}\hat{k}_t+m_{33}\hat{i}_t)}_{z_t}+Q_3\hat{A}_t, \tag{9.59}$$

式（9.59）包含不稳定的特征值，反过来可以写为：

$$z_t=\frac{1}{\mu_3}z_{t+1}-\frac{Q_3}{\mu_3}\hat{A}_t, \tag{9.60}$$

由上式求解得到：

$$z_t=\frac{Q_3}{\rho_A-\mu_3}\hat{A}_t. \tag{9.61}$$

考虑z_t的定义以及式（9.61），我们得到求解c_t的稳定条件，c_t为状态变量$\{\hat{k}_t,\hat{A}_t,\hat{i}_t\}$和$\hat{m}_t$的一个函数：

$$\hat{c}_t=-\frac{m_{32}}{m_{31}}\hat{k}_t-\frac{m_{33}}{m_{31}}\hat{i}_t+\frac{Q_3/m_{31}}{\rho_A-\mu_3}\hat{A}_t, \tag{9.62}$$

即：

$$\hat{c}_t=\left[-\frac{m_{32}}{m_{31}},-\frac{m_{33}}{m_{31}},\frac{Q_3/m_{31}}{\rho_A-\mu_3}\right]\begin{bmatrix}\hat{k}_t\\ \hat{i}_t\\ \hat{A}_t\end{bmatrix},\tag{9.63}$$

这就是控制方程。

运用式（9.57）和式（9.62），得到：

$$\begin{aligned}&\left(m_{12}-m_{11}\frac{m_{32}}{m_{31}}\right)\hat{k}_{t+1}+\left(m_{13}-m_{11}\frac{m_{33}}{m_{31}}\right)\hat{i}_{t+1}\\&=\mu_1\left(m_{12}-m_{11}\frac{m_{32}}{m_{31}}\right)\hat{k}_t+\mu_1\left(m_{13}-m_{11}\frac{m_{33}}{m_{31}}\right)\hat{i}_t\\&+\left(Q_1+(\mu_1-\rho_A)\frac{m_{11}}{m_{31}}\frac{Q_3}{\rho_A-\mu_3}\right)\hat{A}_t,\end{aligned}\tag{9.64}$$

且运用式（9.58）和式（9.62），得到：

$$\begin{aligned}&\left(m_{22}-m_{21}\frac{m_{32}}{m_{31}}\right)\hat{k}_{t+1}+\left(m_{23}-m_{21}\frac{m_{33}}{m_{31}}\right)\hat{i}_{t+1}\\&=\mu_2\left(m_{22}-m_{21}\frac{m_{32}}{m_{31}}\right)\hat{k}_t+\mu_2\left(m_{23}-m_{21}\frac{m_{33}}{m_{31}}\right)\hat{i}_t\\&+\left(Q_2+(\mu_2-\rho_A)\frac{m_{21}}{m_{31}}\frac{Q_3}{\rho_A-\mu_3}\right)\hat{A}_t.\end{aligned}\tag{9.65}$$

式（9.64）和式（9.65）及方程$\hat{A}_{t+1}=\rho_A\hat{A}_t$可以写成矩阵的形式，

$$\begin{bmatrix}\hat{k}_{t+1}\\ \hat{i}_{t+1}\\ \hat{A}_{t+1}\end{bmatrix}=\Gamma\begin{bmatrix}\hat{k}_t\\ \hat{i}_t\\ \hat{A}_t\end{bmatrix},\tag{9.66}$$

当货币供给是控制变量时，它类似于式（9.45）。式（9.66）是状态方程。

在该方程组中，$\Gamma=\Gamma_1^{-1}\Gamma_2$，且

$$\Gamma_1=\begin{bmatrix}m_{12}-m_{11}\frac{m_{32}}{m_{31}} & m_{13}-m_{11}\frac{m_{33}}{m_{31}} & 0\\ m_{22}-m_{21}\frac{m_{32}}{m_{31}} & m_{23}-m_{21}\frac{m_{33}}{m_{31}} & 0\\ 0 & 0 & 1\end{bmatrix},$$

$$\Gamma_2=\begin{bmatrix}\mu_1\left(m_{12}-m_{11}\frac{m_{32}}{m_{31}}\right) & \mu_1\left(m_{13}-m_{11}\frac{m_{33}}{m_{31}}\right) & \Gamma_2(1,3)\\ \mu_2\left(m_{22}-m_{21}\frac{m_{32}}{m_{31}}\right) & \mu_2\left(m_{23}-m_{21}\frac{m_{33}}{m_{31}}\right) & \Gamma_2(2,3)\\ 0 & 0 & \rho_A\end{bmatrix},$$

其中，$\Gamma_2(1,3)=Q_1+(\mu_1-\rho_A)\frac{m_{11}}{m_{31}}\frac{Q_3}{\rho_A-\mu_3}$，$\Gamma_2(2,3)=Q_2+(\mu_2-\rho_A)\frac{m_{21}}{m_{31}}\frac{Q_3}{\rho_A-\mu_3}$.

所以，给定状态变量的初始条件为$\{k_0,A_0,i_0\}$。

- 从式（9.66）中，我们得到$\{\hat{k}_1,\hat{A}_1,\hat{i}_1\}$。每期重复该过程，我们得到一组时间路径$\{\hat{k}_{t+1},\hat{A}_{t+1},\hat{i}_{t+1}\}_{t=0}^{T}$。
- 从时间序列$\{\hat{k}_{t+1},\hat{A}_{t+1},\hat{i}_{t+1}\}_{t=0}^{T}$中，运用式（9.63）得到$\{\hat{c}_t\}_{t=0}^{T}$。

- 运用$\hat{z}_t = \ln(z_t/z_{ss})$这一事实，从$\{\hat{k}_{t+1}, \hat{A}_{t+1}, \hat{i}_{t+1}, \hat{c}_t\}_{t=0}^{T}$中获得$\{k_{t+1}, A_{t+1}, i_{t+1}, c_t\}_{t=0}^{T}$。
- 从时间序列$\{k_{t+1}, A_{t+1}, i_{t+1}, c_t\}_{t=0}^{T}$中，我们可以计算实际利率，该实际利率来自税后实际回报率的标准等式：$r_t = (1-\tau^y)A_t \alpha k_t^{\alpha-1} - \delta$。
- 从$1+i_t = (1+r_t)(1+\pi_t)$中获得通货膨胀率$\{\pi_{t+1}\}_{t=0}^{T}$。
- 由一阶条件$m_{t+1} = \theta c_{t+1}(1+\tau_c)/i_{t+1}$得到实际货币余额的时间路径$\{m_{t+1}\}_{t=0}^{T}$。注意我们不能确定实际余额的初始水平$m_0$，$m_0 = \dfrac{M_0}{P_0}$。因此，给定$m_0$，初始价格水平$P_0$的任意变化与我们刚刚描述动态均衡一致。因此，即使通货膨胀率$\{\pi_{t+1}\}_{t=0}^{\infty}$在均衡中是定义良好的，价格路径$\{P_t\}_{t=0}^{\infty}$也是不确定的，这就是价格水平的名义不确定性。
- 由$\dfrac{m_t}{m_{t+1}}(1+x_{t+1}) = (1+\pi_{t+1})$，我们获得货币增长的时间路径$\{x_{t+1}\}_{t=0}^{T}$。

数值解的计算说明了偏离稳态水平的名义利率会影响实际变量的时间路径，所以这些都不是外生名义利率的波动[①]。

MATLAB程序*money_M_d_gradual.m*可用于政策分析。程序中的矩阵名称与上文一致。作为确定性模型，程序从偏离稳态水平的至少一个状态变量的初始条件开始计算出单个实现。程序提供的图表可以解释为内生变量对一个或多个外生变量偏离其稳态水平的反应。

9.6 政策干预的过渡效应

*Short-run nonneutrality.xls*文件分析不同货币政策的影响。在所有的情形中，生产函数为：$y_t = Ak_t^{\alpha}$，政府发行公共债券。此外，为避免发散的公共债务存量，转移支付的大小取决于上述的每期公共债务，即：

$$\zeta_t = \zeta - \eta b_t. \tag{9.67}$$

在*Change nominal rates*表格中，假定政府通过印刷钞票、发行债券和提高收入税为转移支付融资，名义利率为货币政策的控制变量。政府通过铸币税和发行债券为一次性转移支付融资。其中，政府使用货币供给增长率作为政策变量。在*Once and-for-all money change*表格中，政府以不变的速度增加货币供应量，我们考虑一个增长率经历了一个剧烈的、永久性的增长实验。相反，在*Gradual money change*表格中，我们考虑一个永久但逐渐改变的货币增长情形。

在模拟不同货币政策的实验中，与上一节提出的解决方案有两个差异。我们使用对数线性近似获得稳定条件和该模型的状态方程公式。如此，所有内生变量由对数线性近似获得，这导致在很大程度上失去了该模型的非线性结构。在EXCEL文件中，作为一种替代方法，我们使用该模型的一个线性近似。即使转移矩阵的复数特征值比对数线性近似变化小，这也将产生一个较大的近似误差。当使用MATLAB程序时，处理复数特

---

① 在这种政策设计下，相对于通货膨胀率和实际利率是外生的，名义利率由消费和资本共同决定。然而，如果我们不考虑名义利率为解释变量，这可能与使用模拟数据对消费和资本回归具有显著解释力的实际余额一致。

征值并不是一个很大的问题，但EXCEL处理起来并不那么简单。

其次，在EXCEL文件中，我们使用该经济的初始非线性总资源约束计算内生变量的时间路径而不是对数线性近似，这是之前章节使用的状态方程。这样，我们保持更多的原始模型的非线性结构。给定任意时期状态变量的值，运用稳定条件可以获得决策变量的值、总资源约束以及外生变量的运行定律。我们能够计算下一期状态变量的值。即使对数线性近似估计的稳定条件可能更准确，但相对于使用一个完整的状态空间公式，运用初始总资源约束能够减少近似误差。这种求解模型的双重方法应该对读者有用，我们将其作为额外的练习。

首先我们详细地描述每个政策实验通过一个线性近似获得该模型的解，之后讨论练习中每个政策实验的定量影响。

9.6.1 运用一个线性近似求解名义利率为控制变量的模型

效用函数表示偏好，即 $U(c_t,m_t)=\ln(c_t)+\theta\ln(m_t)$，其中 $m_t=\frac{M_t}{P_t}$。该方程组类似于式（9.47）~式（9.49），在当前效用函数下，不含消费税且生产率参数为常数[①]：

$$c_t+k_{t+1}-(1-\delta)k_t=Ak_t^{\alpha}, \tag{9.68}$$

$$c_t^{-1}=\beta\left[c_{t+1}^{-1}\left((1-\tau^y)A\alpha k_{t+1}^{\alpha-1}+1-\delta\right)\right], \tag{9.69}$$

$$i_{t+1}=\theta\frac{c_t+1}{m_t+1}. \tag{9.70}$$

在外生名义利率下，一旦有给定时间段的消费水平，第三个方程可以用来计算实际余额，前两个方程的稳态近似：

$$(c_t-c_{ss})+(k_{t+1}-k_{ss})-\frac{1}{\beta}(k_t-k_{ss})=0, \tag{9.71}$$

$$-(c_t-c_{ss})=-(c_{t+1}-c_{ss})+\beta(c_{ss})(1-\tau^y)\alpha A(\alpha-1)(k_{ss})^{\alpha-2}(k_{t+1}-k_{ss}). \tag{9.72}$$

该方程组可以写为矩阵的形式[②]：

$$\begin{bmatrix}\hat{\varrho} & 1\\ 1 & 0\end{bmatrix}\begin{bmatrix}(k_{t+1}-k_{ss}\\ (c_{t+1}-c_{ss})\end{bmatrix}=\begin{bmatrix}0 & 1\\ \frac{1}{\beta} & -1\end{bmatrix}\begin{bmatrix}\frac{(k_t-k_{ss})}{(c_t-c_{ss})}\end{bmatrix},$$

其中，$\hat{\varrho}\equiv-\beta c_{ss}\alpha(\alpha-1)A(1-\tau)(k_{ss})^{\alpha-2}$，其形式为：

$$\begin{bmatrix}(k_{t+1}-k_{ss}\\ (c_{t+1}-c_{ss})\end{bmatrix}=\begin{bmatrix}\frac{1}{\beta} & -1\\ \Omega & 1-\beta\Omega\end{bmatrix}\begin{bmatrix}\frac{(k_t-k_{ss})}{(c_t-c_{ss})}\end{bmatrix},$$

其中，$\Omega=c_{ss}\alpha(\alpha-1)A(1-\tau)(k_{ss})^{\alpha-2}$。这与描述Cass-Koopmans模型中资本存量和消费的均衡轨迹具有相同的动态系统。所以，此条件保证了前面章节描述的相同稳定性：

$$(c_0-c_{ss})+\left(\frac{1}{\beta}-\mu_2\right)(k_0-k_{ss})=0, \tag{9.73}$$

① 与前面章节的效用函数进行相同的分析（消费税和技术水平的自回归结构）。式（9.69）包含实际余额，运用式（9.70）可以消除实际余额。变形后的式（9.69）中出现名义利率，但在该政策实验中，名义利率是外生变量。

② 我们可以通过包含名义利率的运行定律来增加该方程组的维度，不同的是稳定条件将涉及偏离稳态水平的名义利率。然而，如果中央银行实行保持恒定利率的政策，则两个公式没有差别。

其中，μ_2是转移矩阵的稳定特征值，

$$\mu_2 = \frac{\left(\frac{1}{\beta} + 1 - \beta\Omega\right) - \sqrt{\left(\frac{1}{\beta} + 1 - \beta\Omega\right)^2 - 4\frac{1}{\beta}}}{2}.$$

因此，给定k_0，式（9.73）使经济运行收敛于稳态的轨迹，c_0是初始时期的消费水平。然后，给定k_0和c_0，k_1可以从式（9.68）中获得，给定k_1，稳定条件为：

$$(c_t - c_{ss}) + \left(\frac{1}{\beta} - \mu_2\right)(k_t - k_{ss}) = 0, \tag{9.74}$$

重复该递归过程，用于计算c_1。谨记稳定条件，即式（9.74）而非式（9.69）用于确定c_t。正如在Cass-Koopmans模型中的情形，最终的解是不稳定的。一旦我们有$\{c_t, k_{t+1}\}_{t=0}^{\infty}, \{m_{t+1}, r_{t+1}, \zeta_t, \pi_{t+1}, x_{t+1}\}_{t=0}^{\infty}$会通过9.5节中的对数线性近似得到。

9.6.2 数值练习：名义利率的变化

在*Change nominal rates*表格中，假定政府通过印刷钞票、发行债券及提高所得税为转移支付融资。此外，货币政策中的名义利率为控制变量，并且保持转移支付的稳态目标为ζ_{ss}，实际债务为b_{ss}。在*Steady-state fiscal policy.xls*表格中，第三栏选择了两个稳态值，我们得到组合(i,τ)，允许我们为给定的政府转移水平融资且导出选择的债务稳态水平b_{ss}。我们保证从式（9.67）中选择未偿债务存量使得公共债务存量收敛于b_{ss}。因此，我们在导出的稳态范围中选择一个η的值（见9.2节）和ζ的值，所以政策目标值ζ_{ss}, b_{ss}满足条件。

在这种情形下，在一个给定的时间点上，政府决定从i=12.7%到i=13.4%改变名义利率。给定时间贴现因子β=0.95，这意味着通货膨胀率在π_0=7.06%到π_0=7.75%之间变化。在*Steady-state fiscal policy.xls*的稳态分析中，我们已经知道这些变化需要一次在τ=12.0%到τ=11.0%之间进行所得税税率调整：

$$(i,\tau) = (i_0, \tau_0), t < \tilde{t}$$
$$(i,\tau) = (i_1, \tau_1), i_1 > i_0, \tau_1 < \tau_0, t \geq \tilde{t}$$

对$\tilde{t}$=10时进行政策干预后，为计算转移路径，我们需要使用正确的稳定条件。在旧的和新的政策参数下分别获得向量的自回归表达式，政策干预后更新稳定常数（如稳定条件）。当我们有每期的资本存量数据时，我们可以运用稳定条件计算消费的时间序列。

除此之外，计算显示该经济体的利率水平不是中性的。该表格显示了消费、资本存量、实际均衡、效用水平、转移支付水平、政府债务存量、铸币税水平、所得税税收水平、通货膨胀率、实际利率以及货币增长率的转移动态。

所得税税率的降低提高了税后资本回报率，使之积累得更快。生产没有对政策干预做出及时的反应，之后因为实物资本存量更高而产出增加。在政策干预时，消费下降，随后上升到干预前的稳态水平。产出不变的情况下，由于较高的投资，初始消费会降低。尽管产出增加，但减税会导致税收减少。每期较快的生产性资本积累会导致较高的产出。消费的新稳态水平是否高于旧水平通常取决于选择的参数。相对于减税前的水平，长期消费会增加。

通过永久性增加名义利率，政策干预增加了持有货币的机会成本，导致瞬时实际余

额需求和货币供给增长率的降低以及铸币税税收的减少[①]。由于单一商品需求的增加，通货膨胀率增加。通货膨胀率的上升使得税后实际利率相对于名义利率提高得较少。

由于单期的铸币税税收和税收收入同时下降，政府被迫大幅增加初始的未偿债务存量。通过公共债务的稳定条件，向私人部门的转移支付规模在政策干预之后下降。新的利率生效后，货币供给的增长率立即恢复，导致实际余额下降，增加铸币税税收。收入的增加使得政府可以偿还部分债务，直至逐渐恢复到政策变更之前的水平。

9.6.3 运用一个线性近似求解货币增长为控制变量的模型

如果逐渐实施目标政策，货币政策干预是非中性的；如果新的目标政策立即实施，则货币政策干预是中性的。为了证明这个结论，我们需要知道如何求解政府具有货币供给增长率目标的货币经济。正如在9.4节所做的，我们保持类似于前面的设置。现在假设政府依据下式控制每个时间点上的货币供给增长率：[②]

$$x_t=(1-\rho_x)x_{ss}+\rho_x x_{t-1}, \tag{9.75}$$

其中，x_{ss}是货币供给增长率的长期目标，且$\rho_x\in[0,1)$。

相对于9.4节，本节方法的不同之处是消费税和所得税为零，生产参数是常数[③]。式(9.14)、式(9.15)、式(9.11)允许我们计算消费的时间路径，在我们对税率和生产函数的假设下，资本存量和实际余额具体为：

$$c_t^{-\sigma}m_t^{\theta(1-\sigma)}=\beta c_{t+1}^{-\sigma}m_{t+1}^{\theta(1-\sigma)}[\alpha Ak_{t+1}^{\alpha-1}+1-\delta],\forall t \tag{9.76}$$

$$[A\alpha k_{t+1}^{\alpha-1}+1-\delta]m_t(1+x_{t+1})=m_{t+1}+\theta c_{t+1},\forall t \tag{9.77}$$

$$c_t+k_{t+1}-(1-\delta)k_t=Ak_t^{\alpha}. \tag{9.78}$$

利用$[A\alpha k_{ss}^{\alpha-1}+1-\delta]=\dfrac{1}{\beta}$，该方程组的线性近似为：

$$\begin{aligned}&-\sigma c_{ss}^{-\sigma-1}m_{ss}^{\theta(1-\sigma)}(c_{t+1}-c_{ss})+\theta(1-\sigma)c_{ss}^{-\sigma}m_{ss}^{\theta(1-\sigma)-1}(m_{t+1}-m_{ss})\\&=-\sigma c_{ss}^{-\sigma-1}m_{ss}^{\theta(1-\sigma)}(c_t-c_{ss})+\theta(1-\sigma)c_{ss}^{-\sigma}m_{ss}^{\theta(1-\sigma)-1}(m_t-m_{ss})\\&\quad-\beta c_{ss}^{-\sigma}m_{ss}^{\theta(1-\sigma)}\alpha Ak_{ss}^{\alpha-2}(\alpha-1)(k_{t+1}-k_{ss}).\end{aligned} \tag{9.79}$$

$$\begin{aligned}&(m_{t+1}-m_{ss})+\theta(c_{t+1}-c_{ss}).\\&=\alpha Ak_{ss}^{\alpha-2}(\alpha-1)m_{ss}(1+x_{ss})(k_{t+1}-k_{ss})\\&\quad+\frac{1}{\beta}(1+x_{ss})(m_t-m_{ss})+\frac{1}{\beta}m_{ss}(x_{t+1}-x_{ss})\end{aligned} \tag{9.80}$$

$$(c_t-c_{ss})+(k_{t+1}-k_{ss})-\frac{1}{\beta}(k_t-k_{ss})=0. \tag{9.81}$$

最后，由式(9.75)

$$x_{t+2}-x_{ss}=\rho_x(x_{t+1}-x_{ss}). \tag{9.82}$$

式(9.79)~式(9.82)的矩阵表达式为：

---

① 记住铸币税税收SR可以写为实际余额与货币供给增长率的乘积：

$$SR=\frac{M_{t+1}-M_t}{P_t}=\frac{M_{t+1}-M_t}{M_t}\frac{M_t}{P_t}=x_{t+1}m_t。$$

② 对较小的x_t，则$\ln(1+x_t)\simeq x_t$，我们指定的货币增长自回归对$\ln(1+x_t)$的线性近似与x_t的线性近似相似。

③ 可以用非零税率和非恒定生产率参数进行更一般性的讨论，其具有相同的定性结果。

$$\begin{bmatrix} a_{11} & a_{12} & a_{13} & 0 \\ a_{21} & -\theta & -1 & 0 \\ 1 & 0 & 0 & 0 \\ 0 & 0 & 0 & 1 \end{bmatrix}\begin{bmatrix} \tilde{k}_{t+1} \\ \tilde{c}_{t+1} \\ \tilde{m}_{t+1} \\ \tilde{x}_{t+2} \end{bmatrix} = \begin{bmatrix} 0 & b_{12} & b_{13} & 0 \\ 0 & 0 & b_{23} & b_{24} \\ 1/\beta & -1 & 0 & 0 \\ 0 & 0 & 0 & \rho_x \end{bmatrix}\begin{bmatrix} \tilde{k}_t \\ \tilde{c}_t \\ \tilde{m}_t \\ \tilde{x}_{t+1} \end{bmatrix},$$

其中，$\tilde{k}_t \equiv k_t - k_{ss}, \tilde{c} \equiv c_t - c_{ss}, \tilde{m}_t \equiv m_t - m_{ss}, \tilde{x}_{t+1} \equiv x_{t+1} - x_{ss}$，

$a_{11} = \beta c_{ss}^{-\sigma} m_{ss}^{\theta(1-\sigma)} \alpha A k_{ss}^{\alpha-2}(\alpha - 1)$,

$a_{12} = b_{12} = -\sigma c_{ss}^{-\sigma-1} m_{ss}^{\theta(1-\sigma)}$,

$a_{13} = b_{13} = \theta(1-\sigma) c_{ss}^{-\sigma} m_{ss}^{\theta(1-\sigma)-1}$,

$a_{21} = \alpha A k_{ss}^{\alpha-2}(\alpha - 1) m_{ss}(1 + x_{ss})$,

$b_{24} = -\dfrac{1}{\beta} m_{ss}; b_{23} = -\dfrac{1}{\beta}(1 + x_{ss})$.

因此，该方程组矩阵的形式为：

$Az_{t+1} = Bz_t$,

其中，$z_t = [k_{t+1} - k_{ss}; c_{t+1} - c_{ss}; m_{t+1} - m_{ss}; x_{t+2} - x_{ss}]'$是变量向量。

令转移矩阵的四个特征值$\mu_1, \mu_2, \mu_3, \mu_4$的自回归表达式为：$z_{t+1} = Cz_t, C = A^{-1}B$。该经济有两个控制变量，为保证有一个确定性的解，我们需要转移矩阵中有两个不稳定的特征值。与不稳定特征值相关的左特征向量$[d_{11}\,d_{12}\,d_{13}\,d_{14}]$，$[d_{21}\,d_{22}\,d_{23}\,d_{24}]$和向量$z_t$的内积为我们提供了生成数值解的稳定条件。该乘积的表达形式为：

$d_{11}(k_0 - k_{ss}) + d_{12}(c_0 - c_{ss}) + d_{13}(m_0 - m_{ss}) + d_{14}(x_1 - x_{ss}) = 0$,

$d_{21}(k_0 - k_{ss}) + d_{22}(c_0 - c_{ss}) + d_{23}(m_0 - m_{ss}) + d_{24}(x_1 - x_{ss}) = 0$,

矩阵形式为：

$$\begin{bmatrix} d_{12} & d_{13} \\ d_{22} & d_{23} \end{bmatrix}\begin{bmatrix} c_0 - c_{ss} \\ m_0 - m_{ss} \end{bmatrix} = -\begin{bmatrix} d_{11} & d_{14} \\ d_{21} & d_{24} \end{bmatrix}\begin{bmatrix} k_0 - k_{ss} \\ x_1 - x_{ss} \end{bmatrix},$$

我们可以得到：

$$\begin{bmatrix} c_0 - c_{ss} \\ m_0 - m_{ss} \end{bmatrix} = -\begin{bmatrix} d_{12} & d_{13} \\ d_{22} & d_{23} \end{bmatrix}^{-1}\begin{bmatrix} d_{11} & d_{14} \\ d_{21} & d_{24} \end{bmatrix}\begin{bmatrix} k_0 - k_{ss} \\ x_1 - x_{ss} \end{bmatrix} = \begin{bmatrix} e_{11}(k_0 - k_{ss}) + e_{12}(x_1 - x_{ss}) \\ e_{21}(k_0 - k_{ss}) + e_{22}(x_1 - x_{ss}) \end{bmatrix}.$$

因此，对于每时期的t，两个稳定条件在每一个时间点上都是有效的，

$$c_t = c_{ss} + e_{11}(k_t - k_{ss}) + e_{12}(x_{t+1} - x_{ss}), t = 0,1,2,\cdots, \tag{9.83}$$

$$m_t = m_{ss} + e_{21}(k_t - k_{ss}) + e_{22}(x_{t+1} - x_{ss}), t = 0,1,2,\cdots. \tag{9.84}$$

总结，按照下面的步骤可以获得该模型代表性个体的解：

1.描述该模型的两个稳定条件①。

2.给定k_0, x_1，运用稳定条件，即式（9.83）计算c_0。

3.当已知k_0和c_0时，总资源约束，即式（9.78）允许我们获得k_1的值。

4.给定x_1，政策法则，即式（9.75）允许我们计算x_2的值。

5.每期重复2~4步骤可获得$\{k_{t+1}, x_{t+2}, c_t\}_{t=0}^{\infty}$的时间路径。根据这种描述，显然资本存量和消费的时间路径取决于货币增长过程。

① 在表格中可以求解转移动态，事实上，这是在*Short-run nonneutrality.xls*中运行的。通过寻找给定方程根的Newton的方法可以求解特征值。

6.运用稳定条件，即式（9.84）和$\{k_t,x_{t+1}\}_{t=0}^{\infty}$的轨迹获得时间路径$\{m_t\}_{t=0}^{\infty}$，这都是已知的。给定$M_0$和当$\{x_t\}_{t=1}^{\infty}$已知时，我们可以计算$\{M_t\}_{t=0}^{\infty}$的路径。由于$m_t=\frac{M_t}{P_t}$，当我们知道$\{M_t,m_t\}_{t=0}^{\infty}$的轨迹时，就可以计算价格的时间路径$\{p_t\}_{t=0}^{\infty}$。所以，在这种情况下，没有名义上的不确定性。剩余变量可由9.4节描述的方法求解。

9.6.4 数值练习：温和或剧烈变化的货币增长

改变货币供给增长率可以通过令式（9.75）中的ρ_x为零获得，在$\tilde{t}$时引入长期目标变化：

$$x_t=x_{ss},t<\tilde{t},$$

$$x_t=\tilde{x}_{ss},t\geqslant\tilde{t}.$$

这是在*Once and-for-all money change*表格中的政策实验。当政府改变政策时，该经济处于稳态，消费、资本存量和产出不受影响，且实际余额立即调整到新的稳态水平。转移支付的大小和债务存量需要一段时间才能达到新的稳态水平。另一方面，如果政策变化时，经济未处于稳态，则经济中的所有变量都会受到影响，所以短期的货币政策是非中性的。

表格中假定初始的资本存量为1%，低于其稳态水平，我们计算两组时间序列，左边的一组由初始政策参数获得，每期的货币增长率为3%，$t=10$时右边的一组由3%的货币增长率增加到4%的货币增长率变化得到。所以，左边的表格恰巧描述了由初始位置到脱离稳态后转移路径的经济。另一方面，右边的表格描述了一个永久增加货币供给增长率的政策干预后的货币供给增长率轨迹。稳态通货膨胀率等于货币供给增长率，所以在每个政策实验的通货膨胀率都各自收敛于3%和4%。在这两种情况下，转移支付为负，因此一直扮演着一次性税收的角色。未偿还债务利息是通过铸币税收入和一次性税收进行融资，这可以很容易地从政府预算约束的稳态公式中得到。事实上，在稳态中，铸币税税收为$\pi_{ss}m_{ss}$=（0.03）（7.154）=0.21，定额税为1.27，两者为未偿债务利息融资：$r_{ss}b_{ss}$=（0.0526）（28.170）=1.48。

计算表明政策干预缺乏任何明显的实际效果，消费、资本存量和产出的时间序列最终都没有变化。事实上，某些影响太小而没有在图表上表现出来。通货膨胀率和名义利率都在政策干预时出现了峰值，一期后又返回到新稳态水平。在具有债务存量的情况下，实际余额会永久性降低，且转移支付会永久性增加。由于实际余额降低，效用水平永久性地降低。读者可以检验如果初始资本在政策改变之前处于稳态水平，通货膨胀率目标变化的影响为零。

由于货币增长的变化不影响资本的实际收益率，生产性资本需求的收敛路径不会改变。因此，由单一商品市场出清的条件可知，产出和消费的时间路径也不会受到影响。货币增长增加导致较高的通货膨胀，进而导致较高的名义利率；反过来，增加持有货币的机会成本会导致实际余额需求的大幅度减少。

在财政政策方面，在稳态中，增加通货膨胀补偿了实际余额的下降和铸币税收入的增加$\pi_{ss}m_{ss}$=（0.04）（6.359）=0.25，定额税减少到1.22，融资债务利息几乎没有变化：$r_{ss}b_{ss}$=（0.0526）（28.056）=1.47。

渐进干预的形式为：

$$x_t = x_{ss}, t < \tilde{t},$$

$$x_t = (1-\rho_x)\tilde{x}_{ss} + \rho_x x_{t-1}, t \geq \tilde{t},$$

其中，$x_{ss} \neq \tilde{x}_{ss}$，那么，即使经济在政策变化时处于稳定状态，资本存量和消费水平也不会保持不变。定性的影响将取决于$\sigma>1$还是$\sigma<1$。在*Gradual money change*中，我们运行单期货币增长率从3%增加到4%的实验。与前面的练习相反，假设所有变量在初始时期都处于它们的稳态水平，消费、资本存量和产出遵循一个最终收敛于与政策干预前相同稳态的转移轨迹。

值得注意的是，我们在表中计算出的数值解是在消费者知道货币当局正在逐步改变货币供应量增长率的假设下获得的，最终会达到一个恒定水平$\tilde{x}_{ss}$。在第一时期，即t=10时，货币增长开始变化，在货币增长率为$\tilde{x}_{ss}$时，我们施加一个稳定条件。较高的预期，货币增长的永久性变化使通货膨胀率和名义利率都经历一期大幅度增加，高于以第一期为基础的货币增长的增加。经过最初的反应之后，两个变量开始调整到高于政策干预前新的稳态水平。通货膨胀剧烈增加减少了初始实际余额的需求。如果较小的减少之后，它们将永久地低于稳态水平。从消费者的角度来看，所描述的实际余额的时间路径产生了消费边际效用的初始增加，随后未来时期的增加更大。因此，政府干预之后，即使在第一期后的各期，消费者也愿意增加消费。改变消费边际替代率的目的是使早期的资本更快地积累，具有较多的未来产出和消费。在某一时刻，增加消费会导致负的净投资，资本积累逐渐返回到政策干预前的水平。

在融资方面，较低的实际余额需求导致初始铸币税税收降低，需要政府增加初始未偿债务存量。因为高增长的效应支配着较低的实际余额，在初期之后铸币税税收开始增加。在干预后，法则，即式（9.67）导致较高的定额税，如果总收入的增加（铸币税和定额税）恰巧不足以支付利息，一段时期内，政府不得不增加未偿债务存量。这种情况在经过若干时期之后会发生逆转，从而允许政府退还一些债务，因为正如读者可以很容易地检查那样，债务稳定性规则意味着更高的稳态铸币税收入和更低的债务存量。

读者可以使用*money_M_d.m* MATLAB文件计算包含暂时干预的简单样本。其中，货币供给增长率从稳态之外开始。这相当于计算了内生变量对政策干预的响应。程序*money_M_d_gradual.m*计算货币增长永久性、渐进性变化的影响。设置$\rho_x = 0$可以获得货币增长剧烈而持久的变化。

9.7 随机形式的货币模型

现在，我们来考虑一个经济，即生产率水平的时间演变遵循给定的随机过程。为简化起见，我们包含期末而不是初始时期的实际余额值。作为效用函数中的参数[①]，M_{t+1}/P_t是实际余额，如8.7节所示，由$\bar{m}_{t+1}$表示。消费者可以购买贴现的政府债券。

① 如果M_t/P_t是效用函数中的参数，如前面章节所示，货币需求方程将包含政策和控制变量的期望，该模型的分析方法会变得更乏味。

V_{t+1}表示t时购买的债券，名义回报率为i_t。

代表性个体求解的问题，

$$\max_{\{c_t, M_{t+1}, k_{t+1}, V_{t+1}\}_{t=0}^{\infty}} E_0 \sum_{t=0}^{\infty} \beta^t U(c_t, M_{t+1}/p_t)$$

约束条件为：

$$(1+\tau^c)c_t + k_{t+1} - (1-\delta)k_t + \frac{M_{t+1}}{P_t} + \left[\frac{V_{t+1}}{(1+i_t)P_t}\right] = (1-\tau^y)A_t k_t^\alpha + \frac{M_t}{P_t} + \frac{V_t}{P_t} + \zeta_t,$$

给定k_0, M_0, V_0，假设生产性冲击服从随机过程，

$$\ln A_t = (1-\rho_A)\ln A_{ss} + \rho_A A_{t-1} + \varepsilon_{A,t}, |\rho_A| < 1, \varepsilon_{A,t} \underset{iid}{\sim} N(0, \sigma_A^2).$$

政府提高所得税和消费税以及印刷钞票，以价格$1/1+i_t$卖出发行的债券，转移支付为ζ_t。政府的预算约束为：

$$\tau^c c_t + \tau^y A_t k_t^\alpha + \frac{M_{t+1} - M_t}{P_t} + \left[\frac{V_{t+1}}{(1+i_t)P_t} - \frac{V_t}{P_t}\right] = \zeta_t.$$

财政当局选择序列$\{\tau^c, \tau^y\}$和$\{\zeta_t\}_{t=0}^{\infty}$。为保证公共债务的稳定性，我们假设

$$\zeta_t = \zeta - \eta \frac{V_t}{P_t}, \tag{9.85}$$

意味着：

$$\bar{b}_{t+1} = (1+i_t)\left[\zeta - \tau^c c_t - \tau^y A_t k_t^\alpha - \bar{m}_{t+1} + \frac{\bar{m}_t}{1+\pi_t}\right] + (1-\eta)\frac{1+i_t}{1+\pi_t}\bar{b}_t. \tag{9.86}$$

如前面章节所示，其中$\bar{b}_{t+1} = \frac{V_{t+1}}{P_t}, \bar{m}_{t+1} = \frac{M_{t+1}}{P_t}$，则只要$\frac{2+r_{ss}}{1+r_{ss}} > \eta > \frac{r_{ss}}{1+r_{ss}}$，$\bar{b}_{t+1}$将是稳定的，其中$1+r_{ss} = (1+i_{ss})/(1+\pi_{ss})$。

9.7.1 货币当局选择名义利率

另外，我们假设货币当局将依据泰勒规则选择名义利率序列：

$$\hat{i}t = \rho_i \hat{\imath}_{t-1} + \rho_\pi \hat{\pi}_t + \rho_y \hat{y}_t + \varepsilon_{i,t}, |\rho_i| < 1, \varepsilon_{i,t} \underset{iid}{\sim} N(0, \sigma_i^2),$$

其中，$\hat{\imath}_t \equiv \ln\left(\frac{1+i_t}{1+i_{ss}}\right); \hat{\pi}_t \equiv \ln\left(\frac{1+\pi_t}{1+\pi_{ss}}\right); \hat{y}_t \equiv \ln\left(\frac{y_t}{y_{ss}}\right) \underbrace{=}_{y_t = A_t k_t^\alpha} \hat{A}_t + \alpha\hat{k}_t$，$\hat{A}_t \equiv \ln\left(\frac{A_t}{A_{ss}}\right)$，$\hat{k}_t \equiv \ln\left(\frac{k_t}{k_{ss}}\right)$。

这种简单公式可以捕获中央银行的政策。正如Taylor最初所建议的那样，即$i_t = 1.5\pi_t + 0.5y_t$，这种简单的等式可以反映央行的政策。中央银行制定了通货膨胀和产出政策目标，并将名义利率作为通货膨胀和产出偏离政策目标的函数。这个假设旨在获得关于名义利率一阶自回归假设的一般性，令$\rho_\pi = \rho_y = 0$，可以获得上述规则的特殊情形。

9.7.1.1 案例1：ρ_π=0

如果ρ_π=0，泰勒规则为：

$$\hat{\imath}_t = \rho_i \hat{\imath}_{t-1} + \rho_y(\hat{A}_t + \alpha\hat{k}_t) + \varepsilon_{i,t}, \tag{9.87}$$

上式具有两个层面的名义不确定性：第一，由于初始价格水平P_0未知，价格序列是不确定的；第二，我们只能计算通货膨胀期望的表达式，不能计算通货膨胀率的实现。所以，与前面不确定性的情况不同，我们可以计算价格的连续序列，这都符合先前

获得的通货膨胀率轨迹。在该经济中，由于无法获得通货膨胀率的时间序列，我们无法计算任意的价格序列。

代表性个体的拉格朗日函数为：

$$L = E_0\left\{\sum_{t=0}^{\infty}\beta^t\left[U(c_t, M_{t+1}/P_t) + \lambda_t\left((1-\tau^y)A_t k_t^{\alpha} + \frac{M_t}{P_t} + \frac{V_t}{P_t} + \zeta_t - (1+\tau^c)c_t - k_{t+1} + (1-\delta)k_t - \frac{M_{t+1}}{P_t} - \frac{V_t}{(1+i_t)P_t}\right)\right]\right\},$$

一阶条件为：

$$U_c(c_t, \bar{m}_{t+1}) = (1+\tau^c)\lambda_t,$$

$$\lambda_t = \beta E_t[\lambda_{t+1}((1-\tau^y)\alpha A_{t+1}k_{t+1}^{\alpha-1} + 1 - \delta)],$$

$$-U_m(c_t, \bar{m}_{t+1})\frac{1}{P_t} + \lambda_t\frac{1}{P_t} = \beta E_t\left(\lambda_{t+1}\frac{1}{P_{t+1}}\right),$$

$$\lambda_t\frac{1}{P_t(1+i_t)} = \beta E_t\left(\lambda_{t+1}\frac{1}{P_{t+1}}\right),$$

其中，$\bar{m}_{t+1} = M_{t+1}/P_t$。

把第一个最优条件代入其他三个条件中，得到：

$$U_c(c_t, \bar{m}_{t+1}) = \beta E_t\left[U_c(c_{t+1}, \bar{m}_{t+2})\left((1-\tau^y)\alpha A_{t+1}k_{t+1}^{\alpha-1} + 1 - \delta\right)\right]. \tag{9.88}$$

$$-U_m(c_t, \bar{m}_{t+1}) + \frac{U_c(c_t, \bar{m}_{t+1})}{(1+\tau^c)} = \beta E_t\left[\frac{U_c(c_{t+1}, \bar{m}_{t+2})}{(1+\tau^c)}\frac{1}{1+\pi_{t+1}}\right]. \tag{9.89}$$

$$U_c(c_t, \bar{m}_{t+1}) = \beta(1+i_t)E_t\left[U_c(c_{t+1}, \bar{m}_{t+2})\frac{1}{1+\pi_{t+1}}\right]. \tag{9.90}$$

由式（9.89）和式（9.90），可得：

$$\frac{i_t}{1+i_t} = (1+\tau^c)\frac{U_m(c_t, \bar{m}_{t+1})}{U_c(c_t, \bar{m}_{t+1})}. \tag{9.91}$$

对于效用函数 $U(c_t, M_{t+1}/P_t) = \dfrac{[c_t(M_{t+1}/P_t)^{\theta}]^{1-\sigma} - 1}{1-\sigma}, \sigma > 0$，式（9.91）变为：

$$\frac{i_t}{1+i_t} = \theta(1+\tau^c)\frac{c_t}{\bar{m}_{t+1}}. \tag{9.92}$$

从代表性个体和政府预算约束中，我们得到该经济的总资源约束：

$$c_t + k_{t+1} - (1-\delta)k_t = A_t k_t^{\alpha}. \tag{9.93}$$

现在，我们回忆一组最优条件，在效用函数假定下，我们利用对数线性化求解该模型。由式（9.88）、式（9.90）、式（9.92）、式（9.93），得到：

$$c_t^{-\sigma}\bar{m}_{t+1}^{\theta(1-\sigma)} = \beta E_t\left[c_{t+1}^{-\sigma}\bar{m}_{t+2}^{\theta(1-\sigma)}\left((1-\tau^y)\alpha A_{t+1}k_{t+1}^{\alpha-1} + 1 - \delta\right)\right], \tag{9.94}$$

$$c_t^{-\sigma}\bar{m}_{t+1}^{\theta(1-\sigma)} = \beta(1+i_t)E_t\left[c_{t+1}^{-\sigma}\bar{m}_{t+2}^{\theta(1-\sigma)}\frac{1}{1+\pi_{t+1}}\right], \tag{9.95}$$

$$\theta(1+\tau^c)\frac{c_t}{\bar{m}_{t+1}} + \frac{1}{1+i_t} - 1 = 0, \tag{9.96}$$

$$c_t + k_{t+1} - (1-\delta)k_t = A_t k_t^{\alpha}. \tag{9.97}$$

稳态

由式（9.94）~式（9.97）可得：

$$k_{ss}=\left[\frac{(1-\tau^{y})\alpha A_{ss}}{\frac{1}{\beta}-(1-\delta)}\right]^{\frac{1}{1-\alpha}},$$

$$c_{ss}=A_{ss}k_{ss}^{\alpha}-\delta k_{ss},$$

$$\pi_{ss}=\beta(1+i_{ss})-1,$$

$$m_{ss}=\theta(1+\tau^{c})c_{ss}\frac{1+i_{ss}}{i_{ss}}.$$

由式（9.86）可得b_{ss}，且由式（9.85）可得ζ_{ss}。

对数线性近似

对数线性化方程组，即式（9.94）~式（9.97），可以把该方程组写为：

$$e^{-\sigma\ln c_t}e^{\theta(1-\sigma)\ln\bar{m}_{t+1}}$$
$$=\beta E_t\left[e^{-\sigma\ln c_{t+1}}e^{\theta(1-\sigma)\ln\bar{m}_{t+2}}\times\left((1-\tau^{y})\alpha e^{\ln A_{t+1}}e^{(\alpha-1)\ln k_{t+1}}+1-\delta\right)\right], \tag{9.98}$$

$$e^{-\sigma\ln c_t}e^{\theta(1-\sigma)\ln\bar{m}_{t+1}}=\beta e^{\ln(1+i_t)}E_t\left[e^{-\sigma\ln c_{t+1}}e^{\theta(1-\sigma)\ln\bar{m}_{t+2}}e^{-\ln(1+\pi_{t+1})}\right], \tag{9.99}$$

$$\theta(1+\tau^{c})e^{\ln c_t-\ln\bar{m}_{t+1}}+e^{-\ln(1+i_t)}-1=0, \tag{9.100}$$

$$e^{\ln c_t}+e^{\ln k_{t+1}}-(1-\delta)e^{\ln k_t}=e^{\ln A_t}e^{\alpha\ln k_t}. \tag{9.101}$$

我们将各变量对于稳态的偏离标记为：$\hat{u}_t=\ln(u_t/u_{ss}), u=c,k,\bar{m},A,1+i,1+\pi$。应用$E_t\hat{A}_{t+1}=\rho_A\hat{A}_t$及$(1-\tau^{y})\alpha A_{ss}k_{ss}^{\alpha-1}=\dfrac{1}{\beta}-(1-\delta)$，由式（9.98）~式（9.101）可得：

$$0=\frac{\sigma}{\beta}\hat{c}_t-\frac{\theta(1-\sigma)}{\beta}\hat{\bar{m}}_{t+1}-\frac{\sigma}{\beta}E_t\hat{c}_{t+1}+\frac{\theta(1-\sigma)}{\beta}E_t\hat{\bar{m}}_{t+2}$$
$$+\left(\frac{1}{\beta}-(1-\delta)\right)\rho_A\hat{A}_t+\left(\frac{1}{\beta}-(1-\delta)\right)(\alpha-1)\hat{k}_{t+1}, \tag{9.102}$$

$$0=\frac{\sigma}{\beta}\hat{c}_t-\frac{\theta(1-\sigma)}{\beta}\hat{\bar{m}}_{t+1}+\frac{1+i_{ss}}{1+\pi_{ss}}\hat{\imath}_t-\frac{\sigma}{\beta}E_t\hat{c}_{t+1}$$
$$+\frac{\theta(1-\sigma)}{\beta}E_t\hat{\bar{m}}_{t+2}-\frac{1}{\beta}E_t\hat{\pi}_{t+1}, \tag{9.103}$$

$$\hat{\bar{m}}_{t+1}=\hat{c}_t-\frac{1}{i_{ss}}\hat{\imath}_t, \tag{9.104}$$

$$A_{ss}k_{ss}^{\alpha}\hat{A}_t+(A_{ss}\alpha k_{ss}^{\alpha}+(1-\delta)k_{ss})\hat{k}_t-c_{ss}\hat{c}_t-k_{ss}\hat{k}_{t+1}=0, \tag{9.105}$$

其中，第t期的$\hat{\bar{m}}_{t+1}$是已知的。

把式（9.104）代入式（9.102）和式（9.103）中得到：

$$0=\frac{\sigma-\theta(1-\sigma)}{\beta}\hat{c}_t+\frac{\theta(1-\sigma)}{\beta i_{ss}}\hat{\imath}_t-\frac{\sigma-\theta(1-\sigma)}{\beta}E_t\hat{c}_{t+1}-\frac{\theta(1-\sigma)}{\beta i_{ss}}E_t\hat{\imath}_{t+1}$$
$$+\left(\frac{1}{\beta}-(1-\delta)\right)\left(\rho_A\hat{A}_t+(\alpha-1)\hat{k}_{t+1}\right), \tag{9.106}$$

$$0=\frac{\sigma-\theta(1-\sigma)}{\beta}\hat{c}_t+\left(\frac{\theta(1-\sigma)}{\beta i_{ss}}+\frac{1+i_{ss}}{1+\pi_{ss}}\right)\hat{\imath}_t-\frac{\sigma-\theta(1-\sigma)}{\beta}E_t\hat{c}_{t+1}$$
$$-\frac{\theta(1-\sigma)}{\beta i_{ss}}E_t\hat{\imath}_{t+1}-\frac{1}{\beta}E_t\hat{\pi}_{t+1}. \tag{9.107}$$

现在，我们运用线性近似的结果，如附录1所示：

$$E_t\hat{\pi}_{t+1}=\hat{\imath}_t-\hat{r}_t, \tag{9.108}$$

且

$$\hat{r}_t = \frac{1}{1+r_{ss}}(1-\tau^y)\alpha A_{ss}k_{ss}^{\alpha-1}\left[\rho_A\hat{A}_t + (\alpha-1)\hat{k}_{t+1}\right]. \tag{9.109}$$

由式（9.87）得到：

$$E_t\hat{\iota}_{t+1} = \rho_i\hat{\iota}_t + \rho_y(\rho_A\hat{A}_t + \alpha\hat{k}_{t+1}) \tag{9.110}$$

运用式（9.108）~式（9.110），由式（9.106）得到：

$$\begin{aligned}0 &= \frac{\sigma-\theta(1-\sigma)}{\beta}\hat{c}_t + \frac{\theta(1-\sigma)}{\beta i_{ss}}(1-\rho_i)\hat{\iota}_t - \frac{\sigma-\theta(1-\sigma)}{\beta}E_t\hat{c}_{t+1}\\ &\quad+\left[\left(\frac{1}{\beta}-(1-\delta)\right)-\frac{\theta(1-\sigma)}{\beta i_{ss}}\rho_y\right]\rho_A\hat{A}_t\\ &\quad-\left[(1-\alpha)\left(\frac{1}{\beta}-(1-\delta)\right)+\frac{\theta(1-\sigma)}{\beta i_{ss}}\alpha\rho_y\right]\hat{k}_{t+1},\end{aligned} \tag{9.111}$$

由式（9.107）得到：

$$\begin{aligned}0 &= \frac{\sigma-\theta(1-\sigma)}{\beta}\hat{c}_t + \frac{\theta(1-\sigma)}{\beta i_{ss}}(1-\rho_i)\hat{\iota}_t - \frac{\sigma-\theta(1-\sigma)}{\beta}E_t\hat{c}_{t+1}\\ &\quad+\left[\left(\frac{1}{\beta}-(1-\delta)\right)-\frac{\theta(1-\sigma)}{\beta i_{ss}}\rho_y\right]\rho_A\hat{A}_t\\ &\quad-\left[(1-\alpha)\left(\frac{1}{\beta}-(1-\delta)\right)+\frac{\theta(1-\sigma)}{\beta i_{ss}}\alpha\rho_y\right]\hat{k}_{t+1},\end{aligned} \tag{9.112}$$

其中，我们可以看出式（9.111）和式（9.112）是相同的方程。因此，实物资本的欧拉条件，即式（9.108）和债券的欧拉条件，即式（9.109）是一样的。式（9.109）是一个同期关系，当我们知道资本存量和生产率的时间路径时，我们能够计算实际利率的时间路径。

所以，首先我们先把该模型的解化简到式（9.105）、式（9.111）和式（9.87），其矩阵形式为：

$$\underbrace{\begin{bmatrix}0 & k_{ss} & 0\\ \frac{\sigma-\theta(1-\sigma)}{\beta} & \tilde{\varrho} & -\frac{\theta(1-\sigma)}{\beta i_{ss}}(1-\rho_i)\\ 0 & 0 & 1\end{bmatrix}}_{D}\underbrace{\begin{bmatrix}E_t\hat{c}_{t+1}\\ \hat{k}_{t+1}\\ \hat{\iota}_t\end{bmatrix}}_{E_tv_{t+1}}$$

$$=\underbrace{\begin{bmatrix}-c_{ss} & \alpha A_{ss}k_{ss}^{\alpha}+(1-\delta)k_{ss} & 0\\ \frac{\sigma-\theta(1-\sigma)}{\beta} & 0 & 0\\ 0 & \alpha\rho_y & \rho_i\end{bmatrix}}_{G}\underbrace{\begin{bmatrix}\hat{c}_t\\ \hat{k}_t\\ \hat{\iota}_{t-1}\end{bmatrix}}_{v_t}$$

$$+\underbrace{\begin{bmatrix}A_{ss}k_{ss}^{\alpha}\\ \left(\frac{1}{\beta}-(1-\delta)\right)-\frac{\theta(1-\sigma)}{\beta i_{ss}}\rho_y\\ \rho_y\end{bmatrix}}_{H}\rho_A\hat{A}_t+\underbrace{\begin{bmatrix}0\\0\\1\end{bmatrix}}_{J}\varepsilon_{i,t},$$

其中，$\tilde{\varrho} \equiv \left[(1-\alpha)\left(\frac{1}{\beta}-(1-\delta)\right)+\frac{\theta(1-\sigma)}{\beta i_{ss}}\alpha\rho_y\right]$

$$DE_tv_{t+1} = Gv_t + H\rho_A\hat{A}_t + J,\varepsilon_{i,t}$$

或

$$E_t v_{t+1} = \Gamma_1 v_t + \Gamma_2 \hat{A}_t + \Gamma_3 \varepsilon_{i,t}, \tag{9.113}$$

其中，$\Gamma_1 = D^{-1}G, \Gamma_2 = D^{-1}H\rho_A, \Gamma_3 = D^{-1}J$。$\Gamma_1$是3×3阶矩阵，具有两个稳定和一个不稳定的特征值，与之相关的特征向量使我们可以计算控制变量值，该值是两个状态变量$(\{\hat{k}_t, \hat{\imath}_{t-1}\})$的函数。

如前面的经济模型类似，现在我们应用Banchard和Kahn方法得到数值解：令$\Gamma_1 = M\Lambda M^{-1}$，其中$\Lambda$和$M$分别是特征值和特征向量的矩阵。不失一般性，假设$|\mu_1|, |\mu_2| < 1, |\mu_3| > 1$，则表达式（9.113）与该方程组等价：

$$m_{11}E_t\hat{c}_{t+1} + m_{12}\hat{k}_{t+1} + m_{13}\hat{\imath}_t = \mu_1(m_{11}\hat{c}_t + m_{12}\hat{k}_t + m_{13}\hat{\imath}_{t-1}) + L_1\hat{A}_t + Q_1\varepsilon_{i,t}, \tag{9.114}$$

$$m_{21}E_t\hat{c}_{t+1} + m_{22}\hat{k}_{t+1} + m_{23}\hat{\imath}_t = \mu_2(m_{21}\hat{c}_t + m_{22}\hat{k}_t + m_{23}\hat{\imath}_{t-1}) + L_2\hat{A}_t + Q_2\varepsilon_{i,t}, \tag{9.115}$$

$$m_{31}E_t\hat{c}_{t+1} + m_{32}\hat{k}_{t+1} + m_{33}\hat{\imath}_t = \mu_3(m_{31}\hat{c}_t + m_{32}\hat{k}_t + m_{33}\hat{\imath}_{t-1}) + L_3\hat{A}_t + Q_3\varepsilon_{i,t}, \tag{9.116}$$

其中，$L = (L_1, L_2, L_3)' = M^{-1}\Gamma_2, Q = (Q_1, Q_2, Q_3)' = M^{-1}\Gamma_3$。运用迭代期望法则可以求解前面的表达式，即式（9.116）。

事实上，令$z_t = m_{31}\hat{c}_t + m_{32}\hat{k}_t + m_{33}\hat{l}_{t-1}$，则：

$$z_t = \frac{L_3}{\rho_A - \mu_3}\hat{A}_t - \frac{Q_3}{\mu_3}\varepsilon_{i,t},$$

即：

$$\hat{c}_t = -\frac{m_{32}}{m_{31}}\hat{k}_t - \frac{m_{33}}{m_{31}}\hat{\imath}_{t-1} + \frac{L_3/m_{31}}{\rho_A - \mu_3}\hat{A}_t - \frac{Q_3}{\mu_3 m_{31}}\varepsilon_{i,t}, \tag{9.117}$$

该式是（9.113）差分系统的稳定条件，将消费确定为两个状态变量的函数。

把该稳定条件代入式（9.114）和式（9.115）中，我们可以写出这两个状态变量关于它们自身过去时期的函数：

$$\begin{aligned}
&\left(m_{12} - \frac{m_{11}m_{32}}{m_{31}}\right)\hat{k}_{t+1} + \left(m_{13} - \frac{m_{11}m_{33}}{m_{31}}\right)\hat{\imath}_t \\
&= \mu_1\left(m_{12} - \frac{m_{11}m_{32}}{m_{31}}\right)\hat{k}_t + \mu_1\left(m_{13} - \frac{m_{11}m_{33}}{m_{31}}\right)\hat{\imath}_{t-1} \\
&\quad + \left(L_1 + \frac{L_3 m_{11}/m_{31}}{\rho_A - \mu_3}(\mu_1 - \rho_A)\right)\hat{A}_t + \left(Q_1 - \frac{Q_3 m_{11}\mu_1}{\mu_3 m_{31}}\right)\varepsilon_{i,t},
\end{aligned} \tag{9.118}$$

$$\begin{aligned}
&\left(m_{22} - \frac{m_{21}m_{32}}{m_{31}}\right)\hat{k}_{t+1} + \left(m_{23} - \frac{m_{21}m_{33}}{m_{31}}\right)\hat{\imath}_t \\
&= \mu_2\left(m_{22} - \frac{m_{21}m_{32}}{m_{31}}\right)\hat{k}_t + \mu_2\left(m_{23} - \frac{m_{21}m_{33}}{m_{31}}\right)\hat{\imath}_{t-1} \\
&\quad + \left(L_2 + \frac{L_3 m_{21}/m_{31}}{\rho_A - \mu_3}(\mu_2 - \rho_A)\right)\hat{A}_t + \left(Q_2 - \frac{Q_3 m_{21}\mu_2}{\mu_3 m_{31}}\right)\varepsilon_{i,t},
\end{aligned} \tag{9.119}$$

或者，以矩阵的形式：

$$\begin{bmatrix} m_{12} - \frac{m_{11}m_{32}}{m_{31}} & m_{13} - \frac{m_{11}m_{33}}{m_{31}} & -\kappa L_1 \\ m_{22} - \frac{m_{21}m_{32}}{m_{31}} & m_{23} - \frac{m_{21}m_{33}}{m_{31}} & -\kappa L_2 \\ 0 & 0 & 1 \end{bmatrix}\begin{bmatrix} \hat{k}_{t+1} \\ \hat{\imath}_t \\ \hat{A}_t \end{bmatrix}$$

$$=\begin{bmatrix} \mu_1\left(m_{12}-\dfrac{m_{11}m_{32}}{m_{31}}\right) & \mu_1\left(m_{13}-\dfrac{m_{11}m_{33}}{m_{31}}\right) & 0 \\ \mu_2\left(m_{22}-\dfrac{m_{21}m_{32}}{m_{31}}\right) & \mu_2\left(m_{23}-\dfrac{m_{21}m_{33}}{m_{31}}\right) & 0 \\ 0 & 0 & \rho_A \end{bmatrix}\begin{bmatrix}\hat{k}_t \\ \hat{\iota}_{t-1} \\ \hat{A}_{t-1}\end{bmatrix}$$

$$+\begin{bmatrix} Q_1-\dfrac{Q_3 m_{11}\mu_1}{\mu_3 m_{31}} & 0 \\ Q_2-\dfrac{Q_3 m_{21}\mu_2}{\mu_3 m_{31}} & 0 \\ 0 & 1 \end{bmatrix}\begin{bmatrix}\varepsilon_{i,t} \\ \varepsilon_{A,t}\end{bmatrix}, \tag{9.120}$$

其中，$\kappa_{L_1}\equiv\left(L_1+\dfrac{L_3 m_{11}/m_{31}}{\rho_A-\mu_3}(\mu_1-\rho_A)\right),\kappa_{L_2}\equiv\left(L_2+\dfrac{L_3 m_{21}/m_{31}}{\rho_A-\mu_3}(\mu_2-\rho_A)\right)$。式（9.120）是状态方程，且式（9.117）是控制方程。给定状态变量的初始值$\{\hat{k}_0,\hat{l}_{-1},\hat{A}_{-1}\}$以及新息$\{\varepsilon_{i,t},\varepsilon_{A,t}\}_{t=0}^{\infty}$，我们可以计算$\{\hat{c}_t,\hat{k}_{t+1},\hat{l}_t,\hat{A}_t\}_{t=0}^{\infty}$的时间序列。当获得一组时间序列时，我们可以获得序列的水平值：$\{c_t,k_{t+1},i_t,A_t\}_{t=0}^{\infty}$。由式（9.96）可得$\{\bar{m}_{t+1}\}_{t=0}^{\infty}$。由式（9.109）可得$\{\hat{r}_t\}_{t=0}^{\infty}$，由式（9.108）可得$\{E_t\hat{\pi}_{t+1}\}_{t=0}^{\infty}$。然而，我们不能计算实现的通货膨胀率、价格或名义货币余额的时间序列。所以，正如上面提到的两个不确定性水平：（1）初始价格水平P_0是未知的；（2）我们不能计算实现的价格和通货膨胀率的时间路径。我们也不能获得实际或名义的政府债券序列，因为它们是价格和通货膨胀率时间路径的函数。

运用*S_i_npi_s.m* MATLAB文件中的数值解法可以计算该数值解的单一样本实现。

9.7.1.2　案例2：$\rho_\pi\neq 0$

如果$\rho_\pi>1$，我们可以确定通货膨胀率的时间路径，即使我们不能计算初始的价格水平，所以名义上的不确定性依然存在。如果$\rho_\pi>1$，我们可以运用式（9.108）和泰勒规则得到：

$$E_t\hat{\pi}_{t+1}=\hat{\iota}_t-\hat{r}_t=\rho_i\hat{\iota}_{t-1}+\rho_\pi\hat{\pi}_t+\rho_y\hat{y}_t+\varepsilon_{i,t}-\hat{r}_t,$$

即：

$$\hat{\pi}_t=\frac{1}{\rho_\pi}E_t\hat{\pi}_{t+1}-\frac{1}{\rho_\pi}\left(\underbrace{\rho_i\hat{\iota}_{t-1}+\rho_y\hat{y}_t+\varepsilon_{i,t}-\hat{r}_t}_{s_t}\right),$$

无论何时$\rho_\pi>1^{15}$，都有一个解[①]：

$$\hat{\pi}_t=-\frac{1}{\rho_\pi}\sum_{j=0}^{\infty}\left(\frac{1}{\rho_\pi}\right)^j E_t s_{t+j}.$$

我们运用模型中式（9.106）、式（9.107）和式（9.105）以及泰勒规则计算数值解，

$$\hat{\iota}_t=\rho_i\hat{\iota}_{t-1}+\rho_\pi\hat{\pi}_t+\rho_y\hat{y}_t+\varepsilon_{i,t}, \tag{9.121}$$

令$\upsilon_t=(\hat{c}_t,\hat{\pi}_t,\hat{k}_t,\hat{\iota}_{t-1})'$，则式（9.121）写成状态方程的形式为：

$$\hat{l}_t=B\upsilon_t+\rho_y\hat{A}_t+\varepsilon_{i,t}, \tag{9.122}$$

---

① 该解为：$\hat{\pi}_t=\lim\limits_{j\to\infty}\left(\frac{1}{\rho_\pi}\right)^j E_t\hat{\pi}_{t+j}-\frac{1}{\rho_\pi}\sum_{j=0}^{\infty}\left(\frac{1}{\rho_\pi}\right)^j E_t s_{t+j}$，不管是否存在$\rho_\pi>1$，第一部分的极限都为零。

其中，$B=(0,\rho_\pi,\rho_y\alpha,\rho_i)$，此外

$$E_t\hat{\iota}_{t+1}=BE_t\nu_{t+1}+\rho_y\rho_A\hat{A}_t,\tag{9.123}$$

其中，$E_t\upsilon_{t+1}=(E_t\hat{c}_{t+1},E_t\hat{\pi}_{t+1},\hat{k}_{t+1},\hat{l}_t)'$。

式（9.106）、式（9.107）和式（9.105）可以写为υ_t的组合：

$$DE_t\nu_{t+1}+FE_t\hat{\iota}_{t+1}=G\nu_t+H\hat{\iota}_t+J\hat{A}_t\tag{9.124}$$

其中，

$$D=\begin{bmatrix}\dfrac{\sigma-\theta(1-\sigma)}{\beta} & 0 & (1-\alpha)\left(\dfrac{1}{\beta}-(1-\delta)\right) & -\dfrac{\theta(1-\sigma)}{\beta i_{ss}}\\ \dfrac{\sigma-\theta(1-\sigma)}{\beta} & \dfrac{1}{\beta} & 0 & -\left(\dfrac{\theta(1-\sigma)}{\beta i_{ss}}+\dfrac{1+i_{ss}}{1+\pi_{ss}}\right)\\ 0 & 0 & k_{ss} & 0\\ 0 & 0 & 0 & 1\end{bmatrix};$$

$$F=\begin{bmatrix}\dfrac{\theta(1-\sigma)}{\beta i_{ss}}\\ \dfrac{\theta(1-\sigma)}{\beta i_{ss}}\\ 0\\ 0\end{bmatrix};$$

$$G=\begin{bmatrix}\dfrac{\sigma-\theta(1-\sigma)}{\beta} & 0 & 0 & 0\\ \dfrac{\sigma-\theta(1-\sigma)}{\beta} & 0 & 0 & 0\\ -c_{ss} & 0 & \alpha A_{ss}k_{ss}^{\alpha}+(1-\delta)k_{ss} & 0\\ 0 & 0 & 0 & 0\end{bmatrix};H=\begin{bmatrix}0\\0\\0\\1\end{bmatrix};$$

$$J=\begin{bmatrix}\left(\dfrac{1}{\beta}-(1-\delta)\right)\rho_A\\ 0\\ A_{ss}k_{ss}^{\alpha}\\ 0\end{bmatrix}.$$

注意，求解的方法与上述章节及下述章节不同，现在我们不仅有$E_t\hat{\pi}_{t+1}$，而且有描述均衡的方程组中的$\hat{\pi}_t$。本章大多数模型的均衡条件是：$E_t\hat{\pi}_{t+1}=\hat{l}_t-\hat{r}_t$。当$E_t\hat{\pi}_{t+1}$而不是$\hat{\pi}_t$出现在简化的方程组中时，我们可以利用该条件消除方程组内的通货膨胀率。但在本模型中，这是不可能的，我们保持$E_t\hat{\pi}_{t+1}=\hat{l}_t-\hat{r}_t$是该方程组的一部分，方程组现在是四维而非三维的。

把式（9.122）和式（9.123）代入式（9.124）：

$$\underbrace{(D+FB)}_{L}E_t\nu_{t+1}=\underbrace{(G+HB)}_{N}\nu_t+\underbrace{(J+H\rho_A-F\rho_A\rho_y)}_{Q}\hat{A}_t+H\varepsilon_{i,t}\tag{9.125}$$

将该表达式左乘L^{-1}：

$$E_t\nu_{t+1}=\Gamma_1\nu_t+\Gamma_2\hat{A}_t+\Gamma_3\varepsilon_{i,t}\tag{9.126}$$

其中，$\Gamma_1=L^{-1}N;\Gamma_2=L^{-1}Q;\Gamma_3=L^{-1}H$。

注意矩阵Γ_1有三行，所以N有三行。因此，它其中的一个特征值等于零。无论是否存在$\rho_\pi>1$，其他两个特征值的绝对值大于1，剩余特征值的绝对值都小于1。所以，

随后会表明，从两个不稳定的特征值中我们得到两个稳定的条件，这将确定两个控制变量$(\hat{c}_t, \hat{\pi}_t)$，其是每一时期的两个状态变量$(\hat{k}_t, \hat{l}_{t-1})$的函数。不失一般性，我们假定$|\mu_1| = 0, |\mu_2| < 1, |\mu_3|, |\mu_4| > 1$。矩阵$\Gamma_1$的Jordan分解是：$\Gamma_1 = M\Lambda M^{-1}$。

其表示为：

$$M = \begin{bmatrix} M_{11} & M_{12} & \cdots & M_{14} \\ M_{21} & M_{22} & \cdots & M_{24} \\ \cdots & \cdots & \cdots & \cdots \\ M_{41} & M_{42} & \cdots & M_{44} \end{bmatrix}; M^{-1} = \begin{bmatrix} m_{11} & m_{12} & \cdots & m_{14} \\ m_{21} & m_{22} & \cdots & m_{24} \\ \cdots & \cdots & \cdots & \cdots \\ m_{41} & m_{42} & \cdots & m_{44} \end{bmatrix}.$$

将式（9.126）左乘M^{-1}得到：

$$M^{-1}E_t \nu_{t+1} = \Lambda \nu_t + \underbrace{M^{-1}\Gamma_2}_{\Phi} \hat{A}_t + \underbrace{M^{-1}\Gamma_3}_{\Psi} \varepsilon_{i,t},$$

即：

$$m_{11}E_t\hat{c}_{t+1} + m_{12}E_t\hat{\pi}_{t+1} + m_{13}\hat{k}_{t+1} + m_{14}\hat{\iota}_t = \Phi_1 \hat{A}_t + \Psi_1 \varepsilon_{i,t}, \tag{9.127}$$

$$\begin{aligned} & m_{21}E_t\hat{c}_{t+1} + m_{22}E_t\hat{\pi}_{t+1} + m_{23}\hat{k}_{t+1} + m_{24}\hat{\iota}_t \\ & = \mu_2(m_{21}\hat{c}_t + m_{22}\hat{\pi}_t + m_{23}\hat{k}_t + m_{24}\hat{\iota}_{t-1}) + \Phi_2 \hat{A}_t + \Psi_2 \varepsilon_{i,t}, \end{aligned} \tag{9.128}$$

$$\begin{aligned} & m_{31}E_t\hat{c}_{t+1} + m_{32}E_t\hat{\pi}_{t+1} + m_{33}\hat{k}_{t+1} + m_{34}\hat{\iota}_t \\ & = \mu_3(m_{31}\hat{c}_t + m_{32}\hat{\pi}_t + m_{33}\hat{k}_t + m_{34}\hat{\iota}_{t-1}) + \Phi_3 \hat{A}_t + \Psi_3 \varepsilon_{i,t}, \end{aligned} \tag{9.129}$$

$$\begin{aligned} & m_{41}E_t\hat{c}_{t+1} + m_{42}E_t\hat{\pi}_{t+1} + m_{43}\hat{k}_{t+1} + m_{44}\hat{\iota}_t \\ & = \mu_4(m_{41}\hat{c}_t + m_{42}\hat{\pi}_t + m_{43}\hat{k}_t + m_{44}\hat{\iota}_{t-1}) + \Phi_4 \hat{A}_t + \Psi_4 \varepsilon_{i,t}. \end{aligned} \tag{9.130}$$

由于$|\mu_3|, |\mu_3| > 1$，应用前面的迭代期望法则可以求解式（9.129）和式（9.130）：

$$m_{31}\hat{c}_t + m_{32}\hat{\pi}_t + m_{33}\hat{k}_t + m_{34}\hat{\iota}_{t-1} = \frac{\Phi_3}{\rho_A - \mu_3}\hat{A}_t - \frac{\Psi_3}{\mu_3}\varepsilon_{i,t},$$

$$m_{41}\hat{c}_t + m_{42}\hat{\pi}_t + m_{43}\hat{k}_t + m_{44}\hat{\iota}_{t-1} = \frac{\Phi_4}{\rho_A - \mu_4}\hat{A}_t - \frac{\Psi_4}{\mu_4}\varepsilon_{i,t},$$

这是两个稳定条件，矩阵的形式为：

$$\underbrace{\begin{bmatrix} \hat{c}_t \\ \hat{\pi}_t \end{bmatrix}}_{f_t} = \Theta \underbrace{\begin{bmatrix} \hat{k}_t \\ \hat{\iota}_{t-1} \end{bmatrix}}_{s_{t-1}} + \Xi \hat{A}_t + \Omega \varepsilon_{i,t}, \tag{9.131}$$

其中，$\Theta = S^{-1}U$；$\Xi = S^{-1}V$；$\Omega = S^{-1}W$；

$$S = \begin{bmatrix} m_{31} & m_{32} \\ m_{41} & m_{42} \end{bmatrix}; U = -\begin{bmatrix} m_{33} & m_{34} \\ m_{43} & m_{44} \end{bmatrix};$$

$$V = \begin{bmatrix} \dfrac{\Phi_3}{\rho_A - \mu_3} \\ \dfrac{\Phi_4}{\rho_A - \mu_4} \end{bmatrix}; W = \begin{bmatrix} -\dfrac{\Psi_3}{\mu_3} \\ -\dfrac{\Psi_4}{\mu_4} \end{bmatrix}.$$

式（9.131）是控制方程。把控制方程代入式（9.127）和式（9.128）得到状态方程。如果我们把这两个方程写成矩阵的形式，则：

$$\begin{aligned} & \underbrace{\begin{bmatrix} m_{11} & m_{12} \\ m_{21} & m_{22} \end{bmatrix}}_{\tilde{B}} E_t f_{t+1} + \underbrace{\begin{bmatrix} m_{13} & m_{14} \\ m_{23} & m_{24} \end{bmatrix}}_{\tilde{D}} s_t \\ & = \underbrace{\begin{bmatrix} 0 & 0 \\ \mu_2 m_{21} & \mu_2 m_{22} \end{bmatrix}}_{\tilde{F}} f_t + \underbrace{\begin{bmatrix} 0 & 0 \\ \mu_2 m_{23} & \mu_2 m_{24} \end{bmatrix}}_{\tilde{G}} s_{t-1} + \underbrace{\begin{bmatrix} \Phi_1 \\ \Phi_2 \end{bmatrix}}_{\tilde{H}} \hat{A}_t + \underbrace{\begin{bmatrix} \Psi_1 \\ \Psi_2 \end{bmatrix}}_{\tilde{J}} \varepsilon_{i,t}. \end{aligned}$$

把控制方程代入该方程得到：

$$s_t = \tilde{L}^{-1}\tilde{Q}s_{t-1} + \tilde{L}^{-1}\tilde{U}\tilde{A}^t + \tilde{L}^{-1}\tilde{V}\varepsilon_{i,t}, \tag{9.132}$$

其中，$\tilde{L} = \tilde{B}\Theta + \tilde{D}$; $\tilde{Q} = \tilde{F}\Theta + \tilde{G}$; $\tilde{U} = \tilde{H} + (\tilde{F} - \tilde{B}\rho_A)\Xi$; $\tilde{V} = \tilde{J} + \tilde{F}\Omega$。

利用式（9.132）和生产率冲击的运行定律，得到状态方程：

$$\begin{bmatrix} s_t \\ \hat{A}_t \end{bmatrix} = \begin{bmatrix} \tilde{L}^{-1}\tilde{Q} & \rho_A \tilde{L}^{-1}\tilde{U} \\ [0,0] & \rho_A \end{bmatrix}\begin{bmatrix} s_{t-1} \\ \hat{A}_{t-1} \end{bmatrix} + \begin{bmatrix} \tilde{L}^{-1}\tilde{V} & \tilde{L}^{-1}\tilde{U} \\ 0 & 1 \end{bmatrix}\begin{bmatrix} \varepsilon_{i,t} \\ \varepsilon_{A,t} \end{bmatrix}. \tag{9.133}$$

给定新息的样本$\{\varepsilon_{i,t}, \varepsilon_{A,t}\}_{t=0}^{\infty}$以及状态变量的初始值$\{\hat{k}_0, \hat{l}_{-1}, \hat{A}_{-1}\}$，我们得到状态变量的时间路径$\{\hat{k}_{t+1}, \hat{l}_t, \hat{A}_t\}_{t=0}^{\infty}$。给定一组时间序列，运用控制方程，我们得到控制变量$\{\hat{c}_t, \hat{\pi}_t\}_{t=0}^{\infty}$。然而，由于我们无法计算初始价格水平，名义上的不确定性将占上风。另一方面，在这种情况下，通货膨胀率可以求出。在该政策设定下，名义资产的时间路径也是不确定的。由式（9.96）可以获得实际货币余额$\{\hat{m}_{t+1}\}_{t=0}^{\infty}$，且由式（9.109）可获得利率$\{\hat{r}_t\}_{t=0}^{\infty}$。由一个初始债务水平，利用政府预算约束可获得实际政府债务的时间路径：

$$\underbrace{\bar{b}_{t+1}}_{\frac{V_{t+1}}{P_t}} = (1 + i_t)\left[\zeta - \tau^c c_t - \tau^y A_t k_t^{\alpha} - \bar{m}_{t+1} + \frac{\bar{m}_t}{1 + \pi_t}\right] + (1 - \eta)\frac{1 + i_t}{1 + \pi_t}\bar{b}_t.$$

在 *S_i_pi_s.m* MATLAB 文件中可进行数值模拟。作为一个随机经济，我们现在可以计算出所需的许多样本，它们都是不同的。这些内容可以通过程序 *mS_i.m* 实现。这些样本可用于计算任何统计数据的值，其概率分布可以通过一系列模拟进行估计。

9.7.2 货币当局选择货币供给

本节我们考虑货币当局依据下式选择货币增长的情形①：

$$\ln(1 + x_{t+1}) = (1 - \rho_x)\ln(1 + x_{ss}) + \rho_x \ln(1 + x_t) + \varepsilon_{x,t},$$
$$|\rho_x| < 1, \varepsilon_{x,t} \underset{iid}{\sim} N(0, \sigma_x^2), \tag{9.134}$$

或者，等价于

$$\hat{x}_{t+1} = \rho_x \hat{x}_t + \varepsilon_{x,t}, \tag{9.135}$$

所以，货币供给的延伸形式为：

$$M_{t+1} = (1 + x_{t+1})M_t,\text{给定}M_0。 \tag{9.136}$$

现在，除了债券存量的时间路径和消费税及所得税税率，货币当局选择货币增长作为政策控制变量。从上述的讨论中，我们知道：②

$$E_t\hat{\pi}_{t+1} = \hat{\iota}_t - \hat{r}_t,\text{其中}\hat{r} = \hat{\iota}_t - \frac{\delta + r_{ss}}{1 + r_{ss}}\left(\rho_A \hat{A}_t + (\alpha - 1)\hat{k}_{t+1}\right)。 \tag{9.137}$$

---

① 与其他变量一致，用x_{t+1}表示t时的货币供给增长率。所以，依据式（9.134）确定x_{t+1}的值。特殊的情形包含一个确定性货币增长率（$\sigma_x^2 = 0$）或恒定的货币增长（$\sigma_x^2 = \rho_x = 0$）。

② 由本章附录得到：

$$\hat{r}_t = \frac{1}{1 + r_{ss}}(1 - \tau^y)\alpha A_{ss}k_{ss}^{\alpha - 1}[\rho_A \hat{A}_t + (\alpha - 1)\hat{k}_{t+1}]$$

另一方面，在稳态有：$(1 - \tau^y)\alpha A_{ss}k_{ss}^{\alpha - 1} = \frac{1}{\beta} - (1 - \delta)$和$1 + r_{ss} = \frac{1}{\beta}$。

把这两个方程代入第一个方程得到：

$$\hat{r}_t = \hat{\iota}_t - \frac{\delta + r_{ss}}{1 + r_{ss}}(\rho_A \hat{A}_t + (\alpha - 1)\hat{k}_{t+1})$$

由式（9.136）得到：[①]

$$\hat{\pi}_{t+1}=\hat{x}_{t+2}+\hat{\breve{m}}_{t+1}-\hat{\breve{m}}_{t+2}, \tag{9.138}$$

所以

$$E_t\hat{\pi}_{t+1}=E_t\hat{x}_{t+2}+\hat{\breve{m}}_{t+1}-E_t\hat{\breve{m}}_{t+2}, \tag{9.139}$$

t时的$\hat{\breve{m}}_{t+1}$是已知的。

由式（9.137）和式（9.138）可知：

$$\hat{\imath}_t=E_t\hat{x}_{t+2}+\hat{\breve{m}}_{t+1}-E_t\hat{\breve{m}}_{t+2}+\hat{r}_t. \tag{9.140}$$

因此，构成简化模型系统的方程代表了模型动态形式：

（a）式（9.105）和式（9.102）可简洁地写为：

$$A_{ss}k_{ss}^{\alpha}\hat{A}_t+(A_{ss}k_{ss}^{\alpha}+(1-\delta)k_{ss})\hat{k}_t-c_{ss}\hat{c}_t-k_{ss}\hat{k}_{t+1}=0, \tag{9.141}$$

$$\begin{aligned}0=&\frac{\sigma}{\beta}\hat{c}_t-\frac{\theta(1-\sigma)}{\beta}\hat{\breve{m}}_{t+1}-\frac{\sigma}{\beta}E_t\hat{c}_{t+1}+\frac{\theta(1-\sigma)}{\beta}E_t\hat{\breve{m}}_{t+2}\\&+\left(\frac{1}{\beta}-(1-\delta)\right)\rho_A\hat{A}_t+\left(\frac{1}{\beta}-(1-\delta)\right)(\alpha-1)\hat{k}_{t+1}.\end{aligned} \tag{9.142}$$

（b）由式（9.103）、式（9.104）和式（9.139）推出一个方程：

$$\begin{aligned}0=&\frac{\sigma+i_{ss}}{\beta}\hat{c}_t-\frac{\theta(1-\sigma)+(1+i_{ss})}{\beta}\hat{\breve{m}}_{t+1}-\frac{\sigma}{\beta}E_t\hat{c}_{t+1}\\&+\frac{\theta(1-\sigma)+1}{\beta}E_t\hat{\breve{m}}_{t+2}-\frac{\rho_x}{\beta}\hat{x}_{t+1},\end{aligned} \tag{9.143}$$

我们运用了$r_{ss}=\dfrac{1}{\beta}$。

如果我们把这些方程写成矩阵的形式，则：

$$\underbrace{\begin{bmatrix}0 & 0 & k_{ss}\\ \dfrac{\sigma}{\beta} & -\dfrac{\theta(1-\sigma)}{\beta} & \left(\dfrac{1}{\beta}-(1-\delta)\right)(1-\alpha)\\ \dfrac{\sigma}{\beta} & -\dfrac{\theta(1-\sigma)+1}{\beta} & 0\end{bmatrix}}_{B}\underbrace{\begin{bmatrix}E_t\hat{c}_{t+1}\\ E_t\hat{\breve{m}}_{t+2}\\ \hat{k}_{t+1}\end{bmatrix}}_{E_tS_{t+1}^0}$$

$$=\underbrace{\begin{bmatrix}-c_{ss} & 0 & A_{ss}\alpha k_{ss}^{\alpha}+(1-\delta)k_{ss}\\ \dfrac{\sigma}{\beta} & -\dfrac{\theta(1-\sigma)}{\beta} & 0\\ \dfrac{\sigma+i_{ss}}{\beta} & -\dfrac{\theta(1-\sigma)+1+i_{ss}}{\beta} & 0\end{bmatrix}}_{D}\underbrace{\begin{bmatrix}\hat{c}_t\\ \hat{\breve{m}}_{t+1}\\ \hat{k}_t\end{bmatrix}}_{S_t^0}$$

---

① 注意：

$$M_{t+2}=(1+x_{t+2})M_{t+1}$$

类似于：

$$\frac{P_{t+1}}{P_t}\frac{M_{t+2}}{P_{t+1}}=(1+x_{t+2})\frac{M_{t+1}}{P_t}\Leftrightarrow(1+\pi_{t+1})\breve{m}_{t+2}=(1+x_{t+2})\breve{m}_{t+1}$$

由该方程的对数线性近似得到式（9.138）。

$$+\underbrace{\begin{bmatrix} A_{ss}k_{ss}^{\alpha} & 0 \\ (\frac{1}{\beta}-(1-\delta)\rho_A & 0 \\ 0 & -\frac{\rho_x}{\beta} \end{bmatrix}}_{F}\underbrace{\begin{bmatrix} \hat{A}_t \\ \hat{x}_{t+1} \end{bmatrix}}_{a_t},$$

即

$$BE_t s_{t+1}^0 = DS_t^0 + Fa_t,$$

或者

$$E_t s_{t+1}^0 = \Gamma_1 S_t^0 + \Gamma_2 a_t, \tag{9.144}$$

其中，$\Gamma_1 = B^{-1}D, \Gamma_2 = B^{-1}F$。

很容易看出，矩阵Γ_1有两个不稳定和一个稳定的特征值，通过它们相关的特征向量，这两个不稳定的特征值允许我们计算确定控制变量$\{\hat{m}_{t+1}, \hat{c}_t\}$的稳定条件，其是状态变量$\{\hat{k}_t, \hat{A}_t, \hat{x}_{t+1}\}$的函数。

基于MATLAB程序中假定的参数，不稳定特征值是一对共轭复数，范数大于1。不失一般性，我们假设Γ_1的特征值：$|\mu_1| < 1, \mu_2 = a + bi, \mu_3 = a - bi$，所以$(a^2 + b^2)^{1/2} > 1$。给定$k_0$，我们将有两个稳定性条件确定$\{c_0, \bar{m}_1\}$。现在，我们展示怎样计算两个稳定条件。更简便地把式（9.144）写为：

$$\begin{bmatrix} \hat{c}_{t+1} \\ \hat{\bar{m}}_{t+2} \\ \hat{k}_{t+1} \\ \hat{A}_{t+1} \\ \hat{x}_{t+2} \end{bmatrix} = \underbrace{\begin{bmatrix} \Gamma_1 & \Gamma_2 \\ 0_{2\times 3} & \Omega \end{bmatrix}}_{\Gamma_3}\begin{bmatrix} \hat{c}_t \\ \hat{\bar{m}}_{t+1} \\ \hat{k}_t \\ \hat{A}_t \\ \hat{x}_{t+1} \end{bmatrix}$$

$$+\underbrace{\begin{bmatrix} 1 & 0 \\ 0 & 1 \\ 0 & 0 \\ 0 & 0 \\ 0 & 0 \end{bmatrix}}_{\Gamma_4}\begin{bmatrix} \breve{\eta}_{1,t+1} \\ \breve{\eta}_{2,t+1} \end{bmatrix} + \underbrace{\begin{bmatrix} 0 & 0 \\ 0 & 0 \\ 0 & 0 \\ 1 & 0 \\ 0 & 1 \end{bmatrix}}_{\Gamma_5}\begin{bmatrix} \varepsilon_{A,t+1} \\ \varepsilon_{x,t+1} \end{bmatrix}, \tag{9.145}$$

其中，我们在式（9.144）中添加了技术变量的运行定律$\hat{A}_{t+1}$和货币增长过程$\hat{x}_{t+2}$，消费和实际余额的期望等于它们的实际值减去它们各自的预测误差，即$E_t\hat{c}_{t+1} = \hat{c}_{t+1} - \breve{\eta}_{1,t+1}, E_t\hat{\bar{m}}_{t+2} = \hat{\bar{m}}_{t+2} - \breve{\eta}_{2,t+1}$。此外，

$$\Omega = \begin{bmatrix} \rho_A & 0 \\ 0 & \rho_x \end{bmatrix}.$$

矩阵Γ_3有5个特征值，其中3个是已经提到的Γ_1，另外两个是ρ_A和ρ_x。我们假定矩阵Γ_3对角化为：

$$\Gamma_1 = M\Lambda M^{-1}$$

$$\Lambda = \begin{bmatrix} \mu_1 & 0 & 0 & 0 & 0 \\ 0 & \rho_A & 0 & 0 & 0 \\ 0 & 0 & \rho_x & 0 & 0 \\ 0 & 0 & 0 & a+bi & 0 \\ 0 & 0 & 0 & 0 & a-bi \end{bmatrix};$$

$$M=\begin{bmatrix} M_{11} & M_{12} & M_{13} & d_1+f_1 i & d_1-f_1 i \\ M_{21} & M_{22} & M_{23} & d_2+f_2 i & d_2-f_2 i \\ M_{31} & M_{32} & M_{33} & d_3+f_3 i & d_3-f_3 i \\ M_{41} & M_{42} & M_{43} & d_4+f_4 i & d_4-f_4 i \\ M_{51} & M_{52} & M_{53} & d_5+f_5 i & d_5-f_5 i \end{bmatrix}.$$

如数学附录中给出的解决具有复数特征值的有限阶差分的确定性系统的问题，给定一个维数为2的系统：

$$\begin{bmatrix} x_{1t} \\ x_{2t} \end{bmatrix}=\begin{bmatrix} A_{11} & A_{12} \\ A_{21} & A_{22} \end{bmatrix}\begin{bmatrix} x_{1t-1} \\ x_{2t-1} \end{bmatrix},$$

如果与转移矩阵相关的特征值是共轭复数，则：

$$\begin{bmatrix} A_{11} & A_{12} \\ A_{21} & A_{22} \end{bmatrix}=\underbrace{\begin{bmatrix} g_1+h_1 i & g_1-h_1 i \\ g_2+h_2 i & g_2-h_2 i \end{bmatrix}}_{P}\begin{bmatrix} \bar{\omega}+\upsilon i & 0 \\ 0 & \bar{\omega}-\upsilon i \end{bmatrix}$$

$$\times\begin{bmatrix} g_1+h_1 i & g_1-h_1 i \\ g_2+h_2 i & g_2-h_2 i \end{bmatrix}^{-1}$$

该一阶差分方程组的确定性通解可以写为：

$$\begin{bmatrix} x_{1t} \\ x_{2t} \end{bmatrix}=\begin{bmatrix} s^t C_1[g_1\cos(\omega t)-h_1\sin(\omega t)]+s^t C_2[g_1\sin(\omega t)+h_1\cos(\omega t)] \\ s^t C_1[g_2\cos(\omega t)-h_2\sin(\omega t)]+s^t C_2[g_2\sin(\omega t)+h_2\cos(\omega t)] \end{bmatrix}$$

$$=\underbrace{\begin{bmatrix} g_1 & h_1 \\ g_2 & h_2 \end{bmatrix}}_{\tilde{P}}\begin{bmatrix} s^t[C_1\cos(\omega t)+C\sin(\omega t)] \\ s^t[-C_1\sin(\omega t)+C_2\cos(\omega t)] \end{bmatrix},$$

其中，$s=(\bar{\omega}^2+\upsilon^2)^{1/2}$ 和 $\omega=\arctan(\upsilon/\bar{\omega})$，且 C_1 和 C_2 是两个确定性的常数。注意 $\tilde{P}$ 是一个两列的矩阵：第一列是转移矩阵的右特征向量的实数部分；第二列是该特征向量的虚数部分。

考虑这些结果，式（9.145）的齐次形式为：

$$\begin{bmatrix} \hat{c}_t \\ \hat{m}_{t+1} \\ \hat{k}_t \\ \hat{A}_t \\ \hat{x}_{t+1} \end{bmatrix}=\tilde{M}\begin{bmatrix} C'_1\mu_1^t \\ C'_2\rho_A^t \\ C'_3\rho_x^t \\ [C'_4\cos(\theta t)+C'_5\sin(\theta t)]q^t \\ [-C'_4\sin(\theta t)+C'_5\cos(\theta t)]q^t \end{bmatrix},$$

且 $\tilde{M}=\begin{bmatrix} M_{11} & M_{12} & M_{13} & d_1 & f_1 \\ M_{21} & M_{22} & M_{23} & d_2 & f_2 \\ M_{31} & M_{32} & M_{33} & d_3 & f_3 \\ M_{41} & M_{42} & M_{43} & d_4 & f_4 \\ M_{51} & M_{52} & M_{53} & d_5 & f_5 \end{bmatrix}$。

其中，$q=(a^2+b^2)^{1/2}$ 和 $\theta=\arctan(b/a)$。由于 $q>1$，当且仅当 C'_4 和 C'_5 等于零时，该解是稳定的，这是消除不稳定轨迹的条件。把这两个常数设置为零，我们得到了稳定条件，确定每一时间点上的控制变量，控制变量是状态变量的函数：

$$\tilde{M}^{-1}\begin{bmatrix} \hat{c}_t \\ \hat{m}_{t+1} \\ \hat{k}_t \\ \hat{A}_t \\ \hat{x}_{t+1} \end{bmatrix}=\begin{bmatrix} C'_1\mu_1^t \\ C'_2\rho_A^t \\ C'_3\rho_x^t \\ 0 \\ 0 \end{bmatrix}\Rightarrow\begin{bmatrix} \tilde{M}^{-1}_{1:3,:} \\ \tilde{M}^{-1}_{4:5,:} \end{bmatrix}\begin{bmatrix} \hat{c}_t \\ \hat{m}_{t+1} \\ \hat{k}_t \\ \hat{A}_t \\ \hat{x}_{t+1} \end{bmatrix}=\begin{bmatrix} C'_1\mu_1^t \\ C'_2\rho_A^t \\ C'_3\rho_x^t \\ 0 \\ 0 \end{bmatrix}$$

$$\Rightarrow \tilde{M}^{-1}_{4:5,:}\begin{bmatrix}\hat{c}_t\\ \hat{m}_{t+1}\\ \hat{k}_t\\ \hat{A}_t\\ \hat{x}_{t+1}\end{bmatrix}=\begin{bmatrix}0\\0\end{bmatrix}, \tag{9.146}$$

其中，$\tilde{M}^{-1}_{4:5,:}$表示矩阵$\tilde{M}^{-1}$的第4行第5列。这相当于矩阵$\tilde{M}$的第4列第5行，是矩阵Γ_3的右伪特征向量。

通过式（9.146）得到控制方程：

$$\begin{bmatrix}\hat{c}_t\\ \hat{m}_{t+1}\end{bmatrix}=\underbrace{-[\tilde{M}^{-1}_{4:5,1:2}]^{-1}\tilde{M}^{-1}_{4:5,3:5}}_{\Psi_1}\begin{bmatrix}\hat{k}_t\\ \hat{A}_t\\ \hat{x}_{t+1}\end{bmatrix}, \tag{9.147}$$

其中，$\tilde{M}^{-1}_{4:5,1:2}$表示由矩阵$\tilde{M}^{-1}$的第4，5行第1，2列组成的子矩阵，且$\tilde{M}^{-1}_{4:5,3:5}$表示由矩阵$\tilde{M}^{-1}$的第4，5行第3，5列组成的子矩阵。

式（9.145）左乘$\tilde{M}^{-1}$得到：

$$\tilde{M}^{-1}z_{t+1}=\tilde{M}^{-1}\Gamma_3 z_t+\tilde{M}^{-1}\Gamma_4\breve{\eta}_{t+1}+\tilde{M}^{-1}\Gamma_5\varepsilon_{t+1}, \tag{9.148}$$

其中，$z_{t+1}=\begin{bmatrix}\hat{c}_{t+1}\\ \hat{m}_{t+2}\\ \hat{k}_{t+1}\\ \hat{A}_{t+1}\\ \hat{x}_{t+2}\end{bmatrix},\breve{\eta}_{t+1}=\begin{bmatrix}\breve{\eta}_{1,t+1}\\ \breve{\eta}_{2,t+1}\end{bmatrix},\varepsilon_{t+1}=\begin{bmatrix}\varepsilon_{A,t+1}\\ \varepsilon_{x,t+1}\end{bmatrix}$。

式（9.148）可以写为：

$$\tilde{M}^{-1}z_{t+1}=(\tilde{M}^{-1}\Gamma_3\tilde{M})\tilde{M}^{-1}z_t+\tilde{M}^{-1}\Gamma_4\breve{\eta}_{t+1}+\tilde{M}^{-1}\Gamma_5\varepsilon_{t+1}. \tag{9.149}$$

注意矩阵$(\tilde{M}^{-1}\Gamma_3\tilde{M})$的结构如下：

$$\tilde{\Lambda}=(\tilde{M}^{-1}\Gamma_3\tilde{M})=\begin{bmatrix}\tilde{\Lambda}_{(1)} & \tilde{\Lambda}_{(2)}\\ \tilde{\Lambda}_{(3)} & \tilde{\Lambda}_{(4)}\end{bmatrix},$$

其中，

$$\tilde{\Lambda}_{(1)}=\begin{bmatrix}\mu_1 & 0 & 0\\ 0 & \rho_A & 0\\ 0 & 0 & \rho_x\end{bmatrix},\tilde{\Lambda}_{(2)}=\begin{bmatrix}0&0\\0&0\\0&0\end{bmatrix},\ \tilde{\Lambda}_{(3)}=\begin{bmatrix}0&0&0\\0&0&0\\0&0&0\end{bmatrix},\tilde{\Lambda}_{(4)}=\begin{bmatrix}\mu_{44} & \mu_{45}\\ \mu_{54} & \mu_{55}\end{bmatrix}. \tag{9.150}$$

因此，右乘式（9.149），得到：

$$\underbrace{\tilde{M}^{-1}_{4:5,:}z_{t+1}}_{=0\text{通过式}(9.146)}=\underbrace{\tilde{\Lambda}_{(3)}\tilde{M}^{-1}_{1:3,:}z_t}_{=0\text{通过式}(9.150)}+\underbrace{\tilde{\Lambda}_{(4)}\tilde{M}^{-1}_{4:5,:}z_t}_{=0\text{通过式}(9.146)}+\tilde{M}^{-1}_{4:5,:}\Gamma_4\breve{\eta}_{t+1}+\tilde{M}^{-1}_{4:5,:}\Gamma_5\varepsilon_{t+1},$$

即：$0=\tilde{M}^{-1}_{4:5,:}\Gamma_4\breve{\eta}_{t+1}+\tilde{M}^{-1}_{4:5,:}\Gamma_5\varepsilon_{t+1}$。

如果我们求解该模型中的预测误差，我们得到它们与随机过程新息的关系：

$$\begin{bmatrix}\breve{\eta}_{1,t+1}\\ \breve{\eta}_{2,t+1}\end{bmatrix}=\underbrace{-\left[\tilde{M}^{-1}_{4:5,:}\Gamma_4\right]^{-1}\left[\tilde{M}^{-1}_{4:5,:}\Gamma_5\right]}_{\Psi_2}\begin{bmatrix}\varepsilon_{A,t+1}\\ \varepsilon_{x,t+1}\end{bmatrix}. \tag{9.151}$$

这也是个稳定条件，因为它们是对式（9.145）的确定形式施加稳定性得到的（即式（9.145）的齐次部分）。

最后，把式（9.147）和式（9.151）代入式（9.145）获得状态方程：

$$
\begin{bmatrix} \hat{k}_{t+1} \\ \hat{A}_{t+1} \\ \hat{x}_{t+2} \end{bmatrix} = \underbrace{\left[\Gamma_{3_{(3:5,1:2)}} \Psi_1 + \Gamma_{3_{(3:5,3:5)}} \right]}_{\Phi_1} \begin{bmatrix} \hat{k}_t \\ \hat{A}_t \\ \hat{x}_{t+1} \end{bmatrix} + \underbrace{\left[\Gamma_{5_{(3:5,:)}} + \Gamma_{4_{(3:5,:)}} \Psi_2 \right]}_{\Phi_2} \begin{bmatrix} \varepsilon_{A,t+1} \\ \varepsilon_{x,t+1} \end{bmatrix}. \tag{9.152}
$$

在 $S\_M\_s.m$ MATLAB 文件中实现了该模型的数值解。使用 $mS\_M.m$ MATLAB 程序可以获得任意一个数值实现。在该程序中，我们把矩阵 Ψ_1 标为“MCONT1”，Ψ_2 为“MCONT2”，Φ_1 为“MS1”，Φ_2 为“MS2”。

给定初始条件 $k_0,\hat{A}_0,\hat{x}_1$，由式（9.152）得到 $\{\hat{k}_{t+1},\hat{A}_{t+1},\hat{x}_{t+2}\}_{t=0}^{T}$。由式（9.147）可以计算时间路径 $\{\hat{c}_t,\hat{\bar{m}}_{t+1}\}_{t=0}^{T}$。给定 $\{M_t,\hat{\bar{m}}_{t+1}\}_{t=0}^{T}$，计算 $\{P_t\}_{t=0}^{T}$，得到 $\{\pi_{t+1}\}_{t=0}^{T-1}$。注意，该模型不存在名义不确定性，因为我们可以计算 P_0 以及通货膨胀率和通货膨胀期望的整个时间路径，

$$\hat{\pi}_{t+1} = \hat{x}_{t+2} + \hat{\bar{m}}_{t+1} - E_t\,\hat{\bar{m}}_{t+2},$$

$$E_t\,\hat{\pi}_{t+1} = \rho_x\,\hat{x}_{t+1} + \hat{\bar{m}}_{t+1} - E_t\hat{\bar{m}}_{t+2},$$

其中，$E_t\hat{\bar{m}}_{t+2} = \Psi_1(2,1)\,\hat{k}_{t+1} + \Psi_1(2,2)\,\rho_A\hat{A}_t + \Psi_1(2,3)\,\rho_x\hat{x}_{t+1}$。

由式（9.137）和式（9.140），我们可以获得名义或实际利率的时间路径。由政府的预算约束：

$$\underbrace{\bar{b}_{t+1}}_{\frac{V_{t+1}}{P_t}} = (1+i_t)\left[\zeta - \tau^c c_t - \tau^y A_t k_t^{\alpha} - \bar{m}_{t+1} + \frac{\bar{m}_t}{1+\pi_t}\right] + (1-\eta)\,\frac{1+i_t}{1+\pi_t}\,\bar{b}_t.$$

通过对 $\zeta_t = \zeta - \eta\bar{b}_t$ 施加一个稳定条件，从初始条件开始我们可以获得 $\{\bar{b}_{t+1}\}_{t=0}^{T}$ 和初始价格水平 P_0，初始价格水平是转移支付时间路径 $\{\zeta_t\}_{t=0}^{T}$ 的一个函数。因为我们知道价格和债券的时间路径，计算名义债券存量很简单。最后，水平变量的时间序列可以很容易地从变量偏离稳态值的时间序列中获得。

9.8 新凯恩斯主义货币模型

本节我们介绍和求解一个动态随机一般均衡模型，该模型的效用函数中包含实际余额，并包含价格刚性。我们假定该经济由四个部门构成：代表性家庭、生产最终产品的代表性企业、一系列中间产品制造企业和货币当局。由于中间商品不能完全地替代最终产品的生产，生产中间商品的代表性企业在垄断竞争条件下出售它的产品，产出价格是每个中间商品构成最终品生产企业需求的函数。我们假设，生产中间产品的企业在两期间调整名义价格时面临二次成本，这是该模型中价格刚性的原因。在没有调整成本的情况下，该模型的对称均衡收敛于价格弹性经济。该模型的价格刚性条件还能够使我们获得一条菲利普曲线。

我们乐于呈现具有价格刚性的货币模型，读者可以清晰地看到价格弹性与价格刚性之间的相似点和区别，以及新古典主义货币模型与新凯恩斯主义结构的对比。我们首先介绍新凯恩斯货币模型，可以很容易地写出 IS、LM 及菲利普曲线的标准形式，与前面模型的不同之处在于这个模型具有弹性的劳动供给和缺乏资本积累。后面的假设允许我

们以一种非常自然的方式获得IS和LM的方程。当我们表示该模型时，我们需要回到个体提供无弹性劳动和具有实物资本积累的模型中。在这种模型中，IS和LM曲线不太明显，即使我们求解该模型与求解上述新古典主义货币模型类似。

下面，我们参考Ireland［3］的形式介绍具有微观基础的IS-LM-Phillips曲线模型。

9.8.1 不含资本积累的模型：Ireland's［3］

代表性家庭

代表性家庭被赋予h_t单位劳动，并将其投入到不同中间品的制造企业中，由于这些企业生产是连续的，对$j\in[0,1]$积分，得到：

$$h_t=\int_0^1 h_t(j)\,\mathrm{d}j$$

代表性家庭在时期t具有政府名义债务存量B_t和货币存量M_t。期初，代表性家庭从货币当局收到转移支付T_t。收到转移支付后，政府债券到期，为居民提供B_t额外单位的货币。该货币中一部分用于购买新的政府债券B_{t+1}，名义成本为$\frac{B_{t+1}}{1+i_t}$，其中i_t表示名义利率。剩余的货币用于以名义价格P_t购买最终商品。在本期末，居民收到D_t单位货币，由来自不同中间商品制造企业进行利息支付。货币M_{t+1}和政府债券B_{t+1}平移到$t+1$时期，预算约束为：

$$c_t+\frac{M_{t+1}}{P_t}+\frac{B_{t+1}}{P_t(1+i_t)}\leqslant\frac{M_t}{P_t}+\frac{B_t}{P_t}+\frac{T_t}{P_t}+w_th_t+\frac{D_t}{P_t},\tag{9.153}$$

其中，w_t表示实际工资。

代表性家庭求解的问题为：

$$\max_{\{c_t,M_{t+1},B_{t+1}\}}E_0\sum_{t=0}^{\infty}\beta^t a_t\left[U\left(c_t,\left(\frac{M_{t+1}}{P_t}\right)/e_t\right)-\psi h_t\right]$$

依据式（9.153）和给定的M_0，B_0，其中a_t和e_t分别表示偏好冲击（表现为对IS方程的扰动）和货币需求冲击，其遵循一个随机过程：

$$\ln a_t=\rho_a\ln a_{t-1}+\varepsilon_{at},|\rho_a|<1,\varepsilon_{at}\underset{iid}{\sim}N(0,\sigma_a^2),\tag{9.154}$$

$$\ln e_t=\rho_e\ln e_{t-1}+\varepsilon_{et},|\rho_e|<1,\varepsilon_{et}\underset{iid}{\sim}N(0,\sigma_e^2).\tag{9.155}$$

该问题的一阶条件是：

$$a_tU_1(c_t,\bar{m}_{t+1}/e_t)=\lambda_t,\tag{9.156}$$

$$\psi a_t=\lambda_tw_t,\tag{9.157}$$

$$\lambda_t=\beta(1+i_t)E_t[\lambda_{t+1}/(1+\pi_{t+1})],\tag{9.158}$$

$$(a_t/e_t)U_2(c_t,\bar{m}_{t+1}/e_t)=\lambda_t-\beta E_t[\lambda_{t+1}/(1+\pi_{t+1})],\tag{9.159}$$

以及式（9.153）可写为一个等式，对任意$t=0,1,2,\ldots$，和横截性条件：

$$\lim_{T\to\infty}E_t\left[\beta^{t+T}\lambda_{t+T}\left(\frac{M_{t+T+1}}{P_{t+T}}+\frac{B_{t+T+1}}{P_{t+T}(1+i_{t+T})}\right)\right]=0,$$

其中，$\bar{m}_{t+1}=\frac{M_{t+1}}{P_t}$，$\pi_{t+1}=\frac{P_{t+1}}{P_t}-1$。

最终产品生产企业

该企业投入$y_t(j)$单位的中间产品生产y_t单位最终产品，对任意$j\in[0,1]$。每个中间

产品的售价为 $P_t(j)$。该企业运用的技术为：

$$\left[\int_0^1 y_t(j)^{(\varepsilon-1)/\varepsilon} dj\right]^{\varepsilon/(\varepsilon-1)} \geqslant y_t, \varepsilon > 1. \tag{9.160}$$

求解的问题为：

$$\max_{\{y_t(j)\}} \prod_t = P_t y_t - \int_0^1 P_t(j) y_t(j) \mathrm{d}j,$$

约束为式（9.160）。

一阶条件是：

$$y_t(j) = [P_t(j)/P_t]^{-\varepsilon} y_t, \forall j \in [0,1], \tag{9.161}$$

其中，ε 衡量每种中间产品恒定的需求价格弹性。

市场中企业之间对最终产品的竞争导致零利润。其易于表明零利润条件意味着：[①]

$$P_t = \left[\int_0^1 P_t(j)^{1-\varepsilon} \mathrm{d}j\right]^{\frac{1}{1-\varepsilon}}. \tag{9.162}$$

中间产品生产企业

生产中间产品的企业在时期 t 以实际工资 w_t 雇佣 $h_t(j)$ 单位劳动，利用技术生产 $y_t(j)$ 单位的中间商品

$$z_t h_t(j) \geqslant y_t(j), \tag{9.163}$$

其中，z_t 是总技术冲击，常见于所有企业中，遵循随机过程

$$\ln z_t = \rho_z \ln z_{t-1} + \varepsilon_{zt}, |\rho_z| < 1, \varepsilon_{zt} \underset{iid}{\sim} N(0, \sigma_z^2). \tag{9.164}$$

正如上述所提到的，中间产品不能完全地替代最终商品。因此，具有代表性的中间商品生产企业在垄断竞争市场上销售产品，其价格取决于生产最终产品的企业需求。依据 Rotemberg［5］的设定，名义价格改变的二次成本为：

$$\frac{\phi}{2}\left[\frac{P_t(j)}{(1+\pi_{ss}P_{t-1}(j)} - 1\right]^2 y_t,$$

其中，$\phi \geqslant 0$，π_{ss} 表示稳态的通货膨胀率。

这种调整成本使得代表性中间品生产商的市场价值最大化问题成为动态：

$$\max_{\{P_t(j)\}} E_0 \sum_{t=0}^{\infty} \beta^t \lambda_t \left[\frac{D_t(j)}{P_t}\right]$$

依据式（9.161）和式（9.163），其中：

$$\frac{D_t(j)}{P_t} = \frac{P_t(j)}{P_t} y_t(j) - w_t h_t(j) - \frac{\phi}{2}\left[\frac{P_t(j)}{(1+\pi_{ss})P_{t-1}(j)} - 1\right]^2 y_t$$

$$\xlongequal[\text{使用式 (9.161) 和式 (9.163)}]{} \left[\frac{P_t(j)}{P_t}\right]^{1-\varepsilon} y_t - \left[\frac{P_t(j)}{P_t}\right]^{-\varepsilon} \frac{w_t y_t}{z_t} - \frac{\phi}{2}\left[\frac{P_t(j)}{(1+\pi_{ss})P_{t-1}(j)} - 1\right]^2 y_t, \tag{9.165}$$

$\forall t = 0, 1, 2, \cdots$，其中 $\beta^t \lambda_t / P_t$ 表示代表性家庭 1 单位额外货币所获得利息的边际效用。

---

① 结果为：

$$\prod_t = 0 \Rightarrow p_t y_t - \int_0^1 p_t(j) y_t(j) \mathrm{d}j = 0 \xRightarrow[\text{使用(9.161)}]{} p_t y_t - p_t^{\varepsilon} y_t \int_0^1 p_t(j)^{1-\varepsilon} \mathrm{d}j = 0$$

$$\Rightarrow p_t^{1-\varepsilon} = \int_0^1 p_t(j)^{1-\varepsilon} \mathrm{d}j \Rightarrow \text{式 (9.162)}$$

一阶条件为：

$$0=(1-\varepsilon)\lambda_t\left[\frac{P_t(j)}{P_t}\right]^{-\varepsilon}\frac{y_t}{P_t}+\varepsilon\lambda_t\left[\frac{P_t(j)}{P_t}\right]^{-1-\varepsilon}\frac{w_t y_t}{z_t P_t}$$

$$-\phi\lambda_t\left[\frac{P_t(j)}{(1+\pi_{ss})P_{t-1}(j)}-1\right]\left[\frac{y_t}{(1+\pi_{ss})P_{t-1}(j)}\right]$$

$$+\beta\phi E_t\left\{\lambda_{t+1}\left[\frac{P_{t+1}(j)}{(1+\pi_{ss})P_t(j)}-1\right]\left[\frac{y_{t+1}P_{t+1}(j)}{(1+\pi_{ss})P_t(j)^2}\right]\right\},$$

$$\forall t=0,1,2,\cdots \tag{9.166}$$

货币当局

货币当局实施政策调整名义利率 i_t，得出最终产出 y_t、通货膨胀 π_t 和货币增长 x_t，三者对应于各自的稳态值 y_{ss},π_{ss},x_{ss} 的偏离为：

$$\ln\left(\frac{1+i_t}{1+i_{ss}}\right)=\rho_i\ln\left(\frac{1+i_{t-1}}{1+i_{ss}}\right)+\rho_y\ln(y_t/y_{ss})+\rho_\pi\ln\left(\frac{1+\pi_t}{1+\pi_{ss}}\right)+\rho_x\ln\left(\frac{1+x_t}{1+x_{ss}}\right)+\varepsilon_{it}, \tag{9.167}$$

其中：

$$1+x_t=M_t/M_{t-1}, \tag{9.168}$$

$$\varepsilon_{it}\underset{iid}{\sim}N(0,\sigma_i^2).$$

均衡

我们考虑一个对称的均衡，所有的中间商品制造企业做相同的决定，所以：$y_t(j)=y(t),h_t(j)=h_t$，$p_t(j)=P_t$ 和 $d_t(j)=D_t(j)/P_t=D_t/P_t=d_t,\forall j\in[0,1],\forall t=0,1,2,\ldots$。此外，市场出清条件为：对所有的 $t=0,1,2,\cdots$，都有 $M_{t+1}=M_t+T_t$ 和 $B_{t+1}=B_t=0$。

在这些条件下，均衡条件构成以下方程组，第一个方程是总资源约束。

$$y_t=c_t+\frac{\phi}{2}\left[\frac{1+\pi_t}{(1+\pi_{ss})}-1\right]^2 y_t, \tag{9.169}$$

$$\ln a_t=\rho_a\ln a_{t-1}+\varepsilon_{at}, \tag{9.170}$$

$$\ln e_t=\rho_e\ln e_{t-1}+\varepsilon_{et}, \tag{9.171}$$

$$a_t U_1(c_t,\bar{m}_{t+1}/e_t)=\lambda_t, \tag{9.172}$$

$$\psi a_t=\lambda_t w_t, \tag{9.173}$$

$$\lambda_t=\beta(1+i_t)E_t[\lambda_{t+1}/(1+\pi_{t+1})], \tag{9.174}$$

$$(a_t/e_t)U_2(c_t,\bar{m}_{t+1}/e_t)=\lambda_t-\beta E_t[\lambda_{t+1}/(1+\pi_{t+1})], \tag{9.175}$$

$$y_t=z_t h_t, \tag{9.176}$$

$$\ln z_t=\rho_z\ln z_{t-1}+\varepsilon_{zt}, \tag{9.177}$$

$$d_t=y_t-\frac{w_t h_t}{z_t}-\frac{\phi}{2}\left[\frac{1+\pi_t}{(1+\pi_{ss})}-1\right]^2 y_t, \tag{9.178}$$

$$0=(1-\varepsilon)\lambda_t+\varepsilon\lambda_t\frac{w_t}{z_t}-\phi\lambda_t\left[\frac{1+\pi_t}{1+\pi_{ss}}-1\right]\left[\frac{1+\pi_t}{1+\pi_{ss}}\right]$$

$$+\beta\phi E_t\left\{\lambda_{t+1}\left[\frac{1+\pi_t}{1+\pi_{ss}}-1\right]\left[\frac{y_{t+1}(1+\pi_{t+1})}{y_t(1+\pi_{ss})}\right]\right\}, \tag{9.179}$$

$$\bar{m}_t(1+x_{t+1})=\bar{m}_{t+1}(1+\pi_t), \tag{9.180}$$

$$\ln\left(\frac{1+i_t}{1+i_{ss}}\right)=\rho_i\ln\left(\frac{1+i_{t-1}}{1+i_{ss}}\right)+\rho_y\ln\left(y_t/y_{ss}\right)$$
$$+\rho_\pi\ln\left(\frac{1+\pi_t}{1+\pi_{ss}}\right)+\rho_x\ln\left(\frac{1+x_t}{1+x_{ss}}\right)+\varepsilon_{it}. \tag{9.181}$$

这13个方程确定了均衡值：$y_t,\pi_t,\bar{m}_t,i_t,c_t,h_t,w_t,d_t,\lambda_t,x_t,a_t,e_t,z_t$。

运用式（9.172）、式（9.173）和式（9.178），通过消除h_t,w_t,d_t,λ_t来化简该方程组，得到：

$$y_t=c_t+\frac{\phi}{2}\left[\frac{1+\pi_t}{(1+\pi_{ss})}-1\right]^2y_t, \tag{9.182}$$

$$\ln a_t=\rho_a\ln a_{t-1}+\varepsilon_{at}, \tag{9.183}$$

$$\ln e_t=\rho_e\ln e_{t-1}+\varepsilon_{et}, \tag{9.184}$$

$$a_tU_1(c_t,\bar{m}_{t+1}/e_t)=\beta(1+i_t)E_t\left[a_{t+1}U_1(c_{t+1},\bar{m}_{t+2}/e_{t+1})/(1+\pi_{t+1})\right], \tag{9.185}$$

$$U_2(c_t,\bar{m}_{t+1}/e_t)=\frac{i_t}{1+i_t}e_tU_1(c_t,\bar{m}_{t+1}/e_t), \tag{9.186}$$

$$0=(1-\varepsilon)+\varepsilon\frac{\psi}{z_tU_1\left(c_t,\frac{\bar{m}_{t+1}}{e_t}\right)}-\phi\left[\frac{\pi_t-\pi_{ss}}{1+\pi_{ss}}\right]\frac{1+\pi_t}{1+\pi_{ss}}$$
$$+\beta\phi E_t\left\{\frac{a_{t+1}U_1\left(c_{t+1},\frac{\bar{m}_{t+2}}{e_{t+1}}\right)}{a_tU_1\left(c_t,\frac{\bar{m}_{t+1}}{e_t}\right)}\left[\frac{\pi_t-\pi_{ss}}{1+\pi_{ss}}\right]\frac{y_{t+1}(1+\pi_{t+1})}{y_t(1+\pi_{ss})}\right\}, \tag{9.187}$$

$$\bar{m}_t(1+x_{t+1})=\bar{m}_{t+1}(1+\pi_t), \tag{9.188}$$

$$\ln z_t=\rho_z\ln z_{t-1}+\varepsilon_{zt}, \tag{9.189}$$

$$\ln\left(\frac{1+i_t}{1+i_{ss}}\right)=\rho_i\ln\left(\frac{1+i_{t-1}}{1+i_{ss}}\right)+\rho_y\ln\left(y_t/y_{ss}\right)$$
$$+\rho_\pi\ln\left(\frac{1+\pi_t}{1+\pi_{ss}}\right)+\rho_x\ln\left(\frac{1+x_t}{1+x_{ss}}\right)+\varepsilon_{it}. \tag{9.190}$$

这9个方程确定均衡值：$y_t,\pi_t,\bar{m}_{t+1},i_t,c_t,x_{t+1},a_t,e_t,z_t$。

稳态

不存在冲击时，该经济将收敛于稳态，$y_t=y_{ss}$，$\pi_t=\pi_{ss}$，$\bar{m}_t=\bar{m}_{ss}$，$i_t=i_{ss}$，$c_t=c_{ss}$，$x_t=x_{ss}$，$a_t=1$，$e_t=1$和$z_t=1$。如果货币当局选择一个名义利率i_{ss}，由式（9.185）可得：

$$\pi_{ss}=\beta(1+i_{ss})-1,$$

且由式（9.188）可得：

$$x_{ss}=\pi_{ss}.$$

由式（9.186）和式（9.187），我们得到稳态值c_{ss}和$\bar{m}_{ss}$。求解该方程组：

$$U_2(c_{ss},\bar{m}_{ss})=\frac{i_{ss}}{1+i_{ss}}U_1(c_{ss},\bar{m}_{ss}),$$

$$\varepsilon-1=\frac{\varepsilon\psi}{U_1(c_{ss},\bar{m}_{ss})}.$$

最后，由式（9.182）可得：

$$y_{ss}=c_{ss}.$$

对数线性近似

现在，计算我们刚刚描述的稳态附近对数线性化的方程组，即式（9.182）~式（9.190）。使用符号：$\hat{y}_t = \ln(y_t/y_{ss})$，$\hat{\pi}_t = \ln[(1+\pi_t)/(1+\pi_{ss})]$，$\hat{\bar{m}}_t = \ln(\bar{m}_t/\bar{m}_{ss})$，$\hat{\imath}_t = \ln[(1+i_t)/(1+i_{ss})]$，$\hat{c}_t = \ln(c_t/c_{ss})$，$\hat{x}_t = \ln[(1+x_t)/(1+x_{ss})]$，$\hat{a}_t = \ln a_t$，$\hat{e}_t = \ln e_t$，$\hat{z}_t = \ln z_t$。式（9.182）~式（9.190）写为：

$$\hat{y}_t = \hat{c}_t, \tag{9.191}$$

$$\hat{a}_t = \rho_a \hat{a}_{t-1} + \varepsilon_{at}, \tag{9.192}$$

$$\hat{e}_t = \rho_e \hat{e}_{t-1} + \varepsilon_{et}, \tag{9.193}$$

$$\begin{aligned}\hat{y}_t = {} & E_t \hat{y}_{t+1} - \bar{\omega}_1(\hat{\imath}_t - E_t\hat{\pi}_{t+1}) + \bar{\omega}_2(\hat{\bar{m}}_{t+1} - E_t\hat{\bar{m}}_{t+2}) \\ & -\bar{\omega}_2(\hat{e}_t - E_t\hat{e}_{t+1}) + \bar{\omega}_1(\hat{a}_t - E_t\hat{a}_{t+1}),\end{aligned} \tag{9.194}$$

$$\hat{\bar{m}}_{t+1} = \bar{\omega}_3\hat{y}_t - \bar{\omega}_4\hat{\imath}_t + \bar{\omega}_5\hat{e}_t, \tag{9.195}$$

$$\hat{\pi}_t = \frac{1+\pi_{ss}}{1+i_{ss}}E_t\hat{\pi}_{t+1} + \frac{\varepsilon-1}{\phi}\left[\frac{1}{\bar{\omega}_1}\hat{y}_t - \frac{\bar{\omega}_2}{\bar{\omega}_1}\hat{\bar{m}}_{t+1} + \frac{\bar{\omega}_2}{\bar{\omega}_1}\hat{e}_t - \hat{z}_t\right], \tag{9.196}$$

$$\hat{\bar{m}}_t + \hat{x}_{t+1} = \hat{\bar{m}}_{t+1} + \hat{\pi}_t, \tag{9.197}$$

$$\hat{z}_t = \rho_z\hat{z}_{t-1} + \varepsilon_{zt}, \tag{9.198}$$

$$\hat{\imath}_t = \rho_i\hat{\imath}_{t-1} + \rho_y\hat{y}_t + \rho_\pi\hat{\pi}_t + \rho_x\hat{x}_t + \varepsilon_{it}, \tag{9.199}$$

其中，式（9.191）用于获得式（9.194）~式（9.196）：

$$\bar{\omega}_1 = -\frac{U_1(y_{ss},\bar{m}_{ss})}{y_{ss}U_{11}(y_{ss},\bar{m}_{ss})},$$

$$\bar{\omega}_2 = -\frac{\bar{m}_{ss}U_{12}(y_{ss},\bar{m}_{ss})}{y_{ss}U_{11}(y_{ss},\bar{m}_{ss})},$$

$$\bar{\omega}_3 = \left(\frac{y_{ss}(1+i_{ss})\bar{\omega}_2}{\bar{m}_{ss}\bar{\omega}_1} + \frac{i_{ss}}{\bar{\omega}_1}\right)\bar{\omega}_4,$$

$$\bar{\omega}_4 = \frac{1+i_{ss}}{i_{ss}\bar{m}_{ss}}\left[\frac{U_2(y_{ss},\bar{m}_{ss})}{i_{ss}U_{12}(y_{ss},\bar{m}_{ss}) - (1+i_{ss})U_{22}(y_{ss},\bar{m}_{ss})}\right],$$

$$\bar{\omega}_5 = 1 - i_{ss}\bar{\omega}_4.$$

我们可以把式（9.194）、式（9.195）和式（9.196）解释为IS曲线、LM曲线和Phillips曲线。所以，这三条曲线可以根据动态随机一般均衡模型得到。该模型的求解以及最大似然估计可在Peter N. Ireland的网页（https://www2.bc.edu/peter-ireland/programs.html）上阅读。

然而，现在我们介绍该模型解的更一般形式，在中间产品生产企业中加入资本积累和无弹性劳动供给。我们将会看到该模型的解与Sidrauski模型的解类似，尽管为获得Phillips曲线和计算该解使用了价格刚性条件。

9.8.2 具有资本积累的新凯恩斯货币模型

在价格刚性假设下，本节我们构建和求解Sidrauski货币增长模型。该模型是Ireland［2］的简写形式。

9.8.2.1 代表性家庭

该模型与前面章节代表性家庭问题的本质区别是居民在消费 c_t 和投资 inv_t 之间分配支出。实物资本的运行定律为：

$$k_{t+1} = (1-\delta)k_t + \nu_t inv_t, \tag{9.200}$$

其中，υ_t是投资边际效用冲击，根据Greenwood 等［1］设定形式，随机过程为：

$$\ln \nu_t = \rho_\nu \ln \nu_{t-1} + \varepsilon_{\nu t}, |\rho_z| < 1, \varepsilon_{\nu t} \underset{iid}{\sim} N(0, \sigma_\nu^2). \tag{9.201}$$

此外，我们假设居民被赋予1单位无弹性劳动供给，并将其投入到不同中间商品生产企业中，所以，

$$1 = \int_0^1 h_t(j)\,\mathrm{d}j, j \in [0,1]. \tag{9.202}$$

因此，代表性家庭面临的问题为：

$$\max_{\{c_t, k_{t+1}, M_{t+1}, B_{t+1}\}} E_0 \sum_{t=0}^{\infty} \beta^t a_t U\left[c_t, \left(\frac{M_{t+1}}{P_t}\right)/e_t\right]$$

约束条件为：

$$\frac{M_t}{P_t} + \frac{B_t}{P_t} + \zeta_t + (1-\tau^w) w_t + (1-\tau^q) q_t k_t + \frac{D_t}{P_t} \tag{9.203}$$

$$\geqslant (1+\tau^c) c_t + \frac{1}{\nu_t} k_{t+1} - (1-\delta) k_t + \frac{M_{t+1}}{P_t} + \frac{B_{t+1}}{P_t(1+i_t)}$$

给定k_0, M_0, B_0。

其中，a_t和e_t与之前模型的定义相同，q_t是资本的租赁价格。ζ_t表示来自政府的实际转移支付，该模型包含消费税、劳动税和资本所得税，见预算约束，即式（9.203）。

效用函数与前面章节分析的新古典货币增长模型中的形式类似：

$$U\left[c_t, \left(\frac{M_{t+1}}{P_t}\right)/e_t\right] = \frac{\left[c_t \left(\frac{M_{t+1}}{P_t e_t}\right)^{\theta}\right]^{1-\sigma} - 1}{1-\sigma}$$

导出一阶条件为：

$$a_t c_t^{-\sigma} \bar{m}_{t+1}^{\theta(1-\sigma)} e_t^{-\theta(1-\sigma)} = \lambda_t (1+\tau^c), \tag{9.204}$$

$$\lambda_t \frac{1}{\nu_t} = \beta E_t\left[\lambda_{t+1}\left((1-\tau^q) q_{t+1} + (1-\delta)\frac{1}{\nu_{t+1}}\right)\right], \tag{9.205}$$

$$\lambda_t = \beta(1+i_t) E_t\left[\lambda_{t+1}/(1+\pi_{t+1})\right], \tag{9.206}$$

$$(a_t/e_t)\theta c_t^{1-\sigma} \bar{m}_{t+1}^{\theta(1-\sigma)-1} e_t^{1-\theta(1-\sigma)} = \lambda_t - \beta E_t\left[\lambda_{t+1}/(1+\pi_{t+1})\right], \tag{9.207}$$

$t = 0,1,2,\cdots$，将式（9.203）写成如下等式，给定横截性条件：

$$\lim_{T\to\infty} E_t\left[\beta^{t+T}\lambda_{t+T}\left(k_{t+1} + \frac{M_{t+T+1}}{P_{t+T}} + \frac{B_{t+T+1}}{P_{t+T}(1+i_{t+T})}\right)\right] = 0.$$

如果我们消除λ_t，最优条件，即式（9.204）~式（9.207）可以写成如下方程组：

$$a_t c_t^{-\sigma} \bar{m}_{t+1}^{\theta(1-\sigma)} e_t^{-\theta(1-\sigma)} \frac{1}{\nu_t} = \beta E_t\left[a_{t+1} c_{t+1}^{-\sigma} \bar{m}_{t+2}^{\theta(1-\sigma)} e_{t+1}^{-\theta(1-\sigma)} \times \left((1-\tau^q) q_{t+1} + (1-\delta)\frac{1}{\nu_{t+1}}\right)\right], \tag{9.208}$$

$$a_t c_t^{-\sigma} \bar{m}_{t+1}^{\theta(1-\sigma)} e_t^{-\theta(1-\sigma)} = \beta(1+i_t) E_t\left[\frac{a_{t+1} c_{t+1}^{-\sigma} \bar{m}_{t+2}^{\theta(1-\sigma)} e_{t+1}^{-\theta(1-\sigma)}}{1+\pi_{t+1}}\right], \tag{9.209}$$

$$\theta(1+\tau^c) c_t = \bar{m}_{t+1} \frac{i_t}{1+i_t}. \tag{9.210}$$

9.8.2.2 最终产品生产企业

生产最终产品的企业求解与前面章节相同。

9.8.2.3 中间产品生产企业

在第t期，生产中间商品的第j个企业以工资w_t从代表性家庭中雇佣$h_t(j)$单位劳动，以租赁价格q_t雇佣$k_t(j)$单位资本，生产$y_t(j)$单位中间商品，技术为：

$$Ak_t(j)^{\alpha}(z_t h_t(j))^{1-\alpha} \geqslant y_t(j), \tag{9.211}$$

其中，z_t是常见于遵循随机过程的所有企业的总技术冲击：

$$\ln z_t = \rho_z \ln z_{t-1} + \varepsilon_{zt}, |\rho_z| < 1, \varepsilon_{zt} \underset{iid}{\sim} N(0, \sigma_z^2), \tag{9.212}$$

中间商品不能完全替代最终产品的生产，所以在垄断竞争市场中，生产中间商品的企业以最终产品制造企业需求决定的价格出售其商品。面临两期间改变名义价格的二次成本为：

$$\frac{\phi}{2}\left[\frac{P_t(j)}{(1+\pi_{ss})P_{t-1}(j)} - 1\right]^2 y_t,$$

其中，$\phi \geqslant 0$，π_{ss}表示稳态的通货膨胀率。

因存在调整成本函数，生产中间产品的第j个企业求解最大化市场价值的动态问题：

$$\max_{\{h_t(j), k_t(j), P_t(j)\}} E_0 \sum_{t=0}^{\infty} \beta^t \lambda_t \left[\frac{D_t(j)}{P_t}\right]$$

约束条件为式（9.211），其中：

$$\frac{D_t(j)}{P_t} = \frac{P_t(j)}{P_t} y_t(j) - w_t h_t(j) - q_t k_t(j) - \frac{\phi}{2}\left[\frac{P_t(j)}{(1+\pi_{ss})P_{t-1}(j)} - 1\right]^2 y_t, \tag{9.213}$$

对任意的$t = 0, 1, 2, \ldots$，其中$\beta^t \lambda_t / P_t$表示代表性家庭一单位额外货币获得利息的边际效用。

一阶条件为：

$$w_t h_t(j) \lambda_t = \xi_t (1-\alpha) A k_t(j)^{\alpha} (z_t h_t(j))^{1-\alpha} \tag{9.214}$$

$$q_t k_t(j) \lambda_t = \xi_t \alpha A k_t(j)^{\alpha} (z_t h_t(j))^{1-\alpha} \tag{9.215}$$

$$\begin{aligned}
&\phi \lambda_t \left[\frac{P_t(j)}{(1+\pi_{ss})P_{t-1}(j)} - 1\right] \frac{P_t}{(1+\pi_{ss})P_{t-1}(j)} \\
&= \lambda_t (1-\varepsilon) \left(\frac{P_t(j)}{P_t}\right)^{-\varepsilon} + \xi_t \varepsilon \left(\frac{P_t(j)}{P_t}\right)^{-\varepsilon-1} + \beta\phi \\
&\times E_t\left[\lambda_{t+1}\left(\frac{P_{t+1}(j)}{(1+\pi_{ss})P_t(j)} - 1\right)\right] \frac{y_{t+1}}{y_t} \frac{P_{t+1}(j) P_t}{(1+\pi_{ss}) P_t(j)^2},
\end{aligned} \tag{9.216}$$

其中，ξ_t是与中间产品生产企业利润最大化问题中的技术约束相关联的拉格朗日乘数。

9.8.2.4 货币当局

货币当局通过选择名义利率水平作为政策执行目标，依据前面章节中新古典主义货币模型的泰勒规则：

$$\ln\left(\frac{1+i_t}{1+i_{ss}}\right) = \rho_i \ln\left(\frac{1+i_{t-1}}{1+i_{ss}}\right) + \rho_y \ln(y_t / y_{ss}) + \rho_{\pi} \ln\left(\frac{1+\pi_t}{1+\pi_{ss}}\right) + \varepsilon_{it}, \tag{9.217}$$

其中，$\varepsilon_{it} \underset{iid}{\sim} N(0, \sigma_i^2)$。货币当局选择货币增长率而非名义利率时，设定和求解该模型，给读者留作练习。

9.2.8.5 财政当局

财政当局征收劳动税、资本所得税以及消费税。依据预算约束，政府发行债券为赤字和转移支付融资：

$$\tau^c c_t + \tau^w w_t + \tau^q q_t k_t + \frac{M_{t+1} - M_t}{P_t} + \left(\frac{B_{t+1}}{P_t(1+i_t)} - \frac{B_t}{P_t}\right) = \zeta_t. \tag{9.218}$$

在$\zeta_t = \zeta - \eta \dfrac{B_t}{P_t}$的条件下，我们假设政府选择转移支付$\zeta_t$，这意味着：

$$\frac{B_{t+1}}{P_t} = (1+i_t)\left[\zeta - \tau^c c_t - \tau^w w_t - \tau^q q_t k_t - \frac{M_{t+1}}{P_t} + \frac{M_t}{P_{t-1}(1+\pi_t)}\right] + (1-\eta)\frac{1+i_t}{1+\pi_t}\frac{B_t}{P_{t-1}}, \tag{9.219}$$

如果$1 > \eta > \dfrac{r_{ss}}{1+r_{ss}}$，其中$1 + r_{ss} = (1+i_{ss})/(1+\pi_{ss})$，则$\dfrac{B_{t+1}}{P_t}$是稳定的。

9.8.2.6 对称均衡

我们考虑一个对称均衡，所有中间商品制造企业都做相同的决策：$y_t(j) = y(t)$，$k_t(j) = k_t$，$h_t(j) = 1$，$p_t(j) = p_t$，$d_t(j) = D_t(j)/P_t = D_t/P_t = d_t$，$\forall j \in [0,1]$ 和 $\forall t = 0,1,2,\cdots$。如果我们应用对称均衡的条件，将政府预算约束代入家庭的预算约束中，消除变量d_t和ξ_t，那么模型解的方程式为：

$$a_t c_t^{-\sigma} \bar{m}_{t+1}^{\theta(1-\sigma)} e_t^{-\theta(1-\sigma)} \frac{1}{\nu_t} = \beta E_t\left[a_{t+1} c_{t+1}^{-\sigma} \bar{m}_{t+2}^{\theta(1-\sigma)} e_{t+1}^{-\theta(1-\sigma)} \times \left((1-\tau^q) q_{t+1} + (1-\delta)\frac{1}{\nu_{t+1}}\right)\right], \tag{9.220}$$

$$a_t c_t^{-\sigma} \bar{m}_{t+1}^{\theta(1-\sigma)} e_t^{-\theta(1-\sigma)} = \beta(1+i_t) E_t\left[\frac{a_{t+1} c_{t+1}^{-\sigma} \bar{m}_{t+2}^{\theta(1-\sigma)} e_{t+1}^{-\theta(1-\sigma)}}{1+\pi_{t+1}}\right], \tag{9.221}$$

$$\theta(1+\tau^c) c_t = \bar{m}_{t+1} \frac{i_t}{1+i_t}. \tag{9.222}$$

$$\phi\left[\frac{1+\pi_t}{1+\pi_{ss}} - 1\right]\frac{1+\pi_t}{1+\pi_{ss}} = (1-\varepsilon) + \varepsilon\frac{q_t k_t}{\alpha A k_t^{\alpha} z_t^{1-\alpha}} + \beta\phi \times E_t\left[\frac{a_{t+1} c_{t+1}^{-\sigma} \bar{m}_{t+2}^{\theta(1-\sigma)} e_{t+1}^{\theta(1-\sigma)}}{a_t c_t^{-\sigma} \bar{m}_{t+1}^{\theta(1-\sigma)} e_t^{-\theta(1-\sigma)}}\left(\frac{\pi_t - \pi_{ss}}{1+\pi_{ss}}\right)\frac{1+\pi_{t+1}}{1+\pi_{ss}}\frac{A k_{t+1}^{\alpha} z_{t+1}^{1-\alpha}}{A k_t^{\alpha} z_t^{1-\alpha}}\right], \tag{9.223}$$

$$A k_t^{\alpha} z_t^{1-\alpha} = c_t + \frac{1}{\nu_t}[k_{t+1} - (1-\delta) k_t] + \frac{\phi}{2}\left[\frac{1+\pi_t}{1+\pi_{ss}} - 1\right]^2 A k_t^{\alpha} z_t^{1-\alpha} \tag{9.224}$$

$$\ln\left(\frac{1+i_t}{1+i_{ss}}\right) = \rho_i \ln\left(\frac{1+i_{t-1}}{1+i_{ss}}\right) + \rho_y \ln(y_t/y_{ss}) + \rho_\pi \ln\left(\frac{1+\pi_t}{1+\pi_{ss}}\right) + \varepsilon_{it}, \tag{9.225}$$

及冲击式（9.201）、式（9.154）、式（9.155）和式（9.164）的运行定律。10个方程构成的方程组可以求解解释变量$k_{t+1}, \pi_t, \bar{m}_{t+1}, i_t, c_t, q_t, v_t, a_t, e_t, z_t$。注意一旦求解该方程组，我们可以获得以下变量的值：

$$w_t = \frac{1-\alpha}{\alpha} q_t k_t, \tag{9.226}$$

$$\lambda_t = a_t c_t^{-\sigma} \bar{m}_{t+1}^{\theta(1-\sigma)} e_t^{-\theta(1-\sigma)}/(1+\tau^c), \tag{9.227}$$

$$\xi_t = \frac{q_t k_t \lambda_t}{\alpha A k_t^{\alpha} z_t^{1-\alpha}}, \tag{9.228}$$

$$y_t = A k_t^{\alpha} z_t^{1-\alpha}, \tag{9.229}$$

$$d_t = y_t - w_t - q_t k_t - \frac{\phi}{2}\left[\frac{1+\pi_t}{1+\pi_{ss}} - 1\right]^2 y_t. \tag{9.230}$$

9.8.2.7 稳态

不存在随机冲击，该经济收敛于稳态 $y_t = y_{ss}$，$\pi_t = \pi_{ss}$，$\bar{m}_t = \bar{m}_{ss}$，$k_t = k_{ss}$，$i_t = i_{ss}$，$c_t = c_{ss}$，$q_t = q_{ss}$，$v_t = 1$，$a_t = 1$，$e_t = 1$，$z_t = 1$。当货币当局选择名义利率 i_{ss} 时，由式（9.220）可得：

$$q_{ss} = \left[\frac{1}{\beta} - (1-\delta)\right]\frac{1}{1-\tau^q},$$

且由式（9.221）、式（9.223）、式（9.224）和式（9.222），可得：

$$\pi_{ss} = \beta(1+i_{ss}) - 1.$$

$$k_{ss} = \left[A\alpha\frac{\varepsilon-1}{\varepsilon}\frac{1}{q_{ss}}\right].$$

$$c_{ss} = Ak_{ss}^{\alpha} - \delta k_{ss}.$$

$$\bar{m}_{ss} = \frac{1+i_{ss}}{i_{ss}}(1+\tau^c)\theta(Ak_{ss}^{\alpha} - \delta k_{ss}).$$

由式（9.226），式（9.229）和式（9.230），可得：

$$w_{ss} = \frac{1-\alpha}{\alpha}q_{ss}k_{ss},$$

$$y_{ss} = Ak_{ss}^{\alpha},$$

$$d_{ss} = Ak_{ss}^{\alpha} - \frac{1}{\alpha}\left[\frac{1}{\beta} - (1-\delta)\right]\frac{1}{1-\tau^q}k_{ss}.$$

9.8.2.8 对数线性化

使用符号：$\hat{k}_t = \ln(k_t/k_{ss})$，$\hat{\pi}_t = \ln[(1+\pi_t)/(1+\pi_{ss})]$，$\hat{\bar{m}}_t = \ln(\bar{m}_t/\bar{m}_{ss})$，$\hat{\imath}_t = \ln[(1+i_t)/(1+i_{ss})]$，$\hat{c}_t = \ln(c_t/c_{ss})$，$\hat{q}_t = \ln(q_t/q_{ss})$，$\hat{a}_t = \ln a_t$，$\hat{v}_t = \ln v_t$，$\hat{e}_t = \ln e_t, \hat{z}_t = \ln z_t$，式（9.226）~式（9.230）以及冲击的随机过程，稳态附近的对数线性近似为：

$$0 = -\frac{1}{\beta}(1-\rho_a)\hat{a}_t + \frac{1}{\beta}(1-\rho_v)\hat{v}_t + \frac{\theta(1-\sigma)}{\beta}(1-\rho_e)\hat{e}_t + \frac{\sigma}{\beta}\hat{c}_t - \frac{\theta(1-\sigma)}{\beta}\hat{\bar{m}}_{t+1} - \frac{\sigma}{\beta}E_t\hat{c}_{t+1} + \frac{\theta(1-\sigma)}{\beta}E_t\hat{\bar{m}}_{t+2} + (1-\tau^q)E_t\hat{q}_{t+1}$$

$$-\frac{\theta(1-\sigma)}{\beta}E_t\hat{\bar{m}}_{t+1} - \frac{\sigma}{\beta}E_t\hat{c}_{t+1} + \frac{\theta(1-\sigma)}{\beta}E_t\hat{\bar{m}}_{t+2} + (1-\tau^q)E_t\hat{q}_{t+1}, \tag{9.231}$$

$$0 = -\frac{1}{\beta}(1-\rho_a)\hat{a}_t + \frac{\theta(1-\sigma)}{\beta}(1-\rho_e)\hat{e}_t + \frac{\sigma}{\beta}\hat{c}_t - \frac{\theta(1-\sigma)}{\beta}\hat{\bar{m}}_{t+1},$$

$$+\frac{1}{1+\pi_{ss}}\hat{\imath}_t - \frac{\sigma}{\beta}E_t\hat{c}_{t+1} + \frac{\theta(1-\sigma)}{\beta}E_t\hat{\bar{m}}_{t+2} - \frac{1}{\beta}E_t\hat{\pi}_{t+1}, \tag{9.232}$$

$$\hat{\pi}_{t+1} = \hat{c}_t - \frac{\hat{\imath}_t}{i_{ss}}, \tag{9.233}$$

$$0 = -\phi\hat{\pi}_t + (\varepsilon-1)\hat{q}_t + (1-\alpha)(\varepsilon-1)\hat{k}_t - (1-\alpha)(\varepsilon-1)\hat{z}_t + \beta\phi E_t\hat{\pi}_{t+1}, \tag{9.234}$$

$$0 = -\left[\alpha Ak_{ss}^{\alpha-1} + (1-\delta)\right]\hat{k}_t + \frac{c_{ss}}{k_{ss}}\hat{c}_t + \hat{k}_{t+1} - (1-\alpha)Ak_{ss}^{\alpha-1}\hat{z}_t - \delta\hat{v}_t \tag{9.235}$$

$$\hat{\imath}_t = \rho_i\hat{\imath}_{t-1} + \rho_y\alpha\hat{k}_t + \rho_y(1-\alpha)\hat{z}_t + \rho_\pi\hat{\pi}_t + \varepsilon_{it}, \tag{9.236}$$

$$\hat{z}_t = \rho_z\hat{z}_{t-1} + \varepsilon_{zt}, \tag{9.237}$$

$$\hat{a}_t = \rho_a\hat{a}_{t-1} + \varepsilon_{at}, \tag{9.238}$$

$$\hat{e}_t = \rho_e \hat{e}_{t-1} + \varepsilon_{et}, \tag{9.239}$$

$$\hat{\nu}_t = \rho_\nu \hat{\nu}_{t-1} + \varepsilon_{\nu t}. \tag{9.240}$$

通过消除 $\hat{m}_{t+1}$，我们可以稍微简化一下该方程组。所以，我们把式（9.233）代入式（9.231）和式（9.232），依据式（9.233），$E_t\hat{m}_{t+2} = E_t\hat{c}_{t+1} - \frac{E_t\hat{i}_{t+1}}{i_{ss}}$，且依据式（9.236）$E_t\hat{i}_{t+1} = \rho_i\hat{i}_t + \rho_y\alpha\hat{k}_{t+1} + \rho_y\rho_z(1-\alpha)\hat{z}_t + \rho_\pi E_t\hat{\pi}_{t+1}$，得到：

$$\begin{aligned}0 = &-\frac{1}{\beta}(1-\rho_a)\hat{a}_t + \frac{1}{\beta}(1-\rho_\nu)\hat{\nu}_t + \frac{\theta(1-\sigma)}{\beta}(1-\rho_e)\hat{e}_t \\ &+\left(\frac{\sigma}{\beta} - \frac{\theta(1-\sigma)}{\beta}\right)(\hat{c}_t - E_t\hat{c}_{t+1}) + \frac{\theta(1-\sigma)}{\beta i_{ss}}(1-\rho_i)\hat{\iota}_t \\ &+(1-\tau^q)E_t\hat{q}_{t+1} - \frac{\theta(1-\sigma)}{\beta i_{ss}}\left(\rho_\pi E_t\hat{\pi}_{t+1} + \rho_y\alpha\hat{k}_{t+1} + \rho_y\rho_z(1-\alpha)\hat{z}_t\right),\end{aligned} \tag{9.241}$$

$$\begin{aligned}0 = &-\frac{1}{\beta}(1-\rho_a)\hat{a}_t + \frac{\theta(1-\sigma)}{\beta}(1-\rho_e)\hat{e}_t + \left(\frac{\sigma}{\beta} - \frac{\theta(1-\sigma)}{\beta}\right)\hat{c}_t \\ &+\left[\frac{\theta(1-\sigma)}{\beta i_{ss}}(1-\rho_i) + \frac{1}{1+\pi_{ss}}\right]\hat{\iota}_t - \left(\frac{\sigma}{\beta} - \frac{\theta(1-\sigma)}{\beta}\right)E_t\hat{c}_{t+1} \\ &-\left(\frac{1}{\beta} + \frac{\theta(1-\sigma)}{\beta i_{ss}}\rho_\pi\right)E_t\hat{\pi}_{t+1} - \frac{\theta(1-\sigma)}{\beta i_{ss}}\left(\rho_y\alpha\hat{k}_{t+1} + \rho_y\rho_z(1-\alpha)\hat{z}_t\right).\end{aligned} \tag{9.242}$$

所以，我们有 9 个方程［式(9.241),式(9.242),式(9.234)~式(9.240)］构成的方程组，求解 $\hat{k}_{t+1},\hat{\pi}_t,\hat{\iota}_t,\hat{c}_t,\hat{q}_t,\hat{a}_t,\hat{\nu}_t,\hat{e}_t,\hat{z}_t$。该方程组可写成矩阵的形式：

$$DE_t s_{t+1}^0 = Gs_t^0 + H\psi_t + J\varepsilon_{it}, \tag{9.243}$$

其中：

$$s_t^0 = [\hat{c}_t, \hat{\pi}_t, \hat{q}_t, \hat{k}_t, \hat{\iota}_{t-1}]',$$

$$\psi_t = [\hat{z}_t, \hat{a}_t, \hat{e}_t, \hat{\nu}_t]',$$

$$D = \begin{bmatrix} \tilde{\sigma} & \frac{\theta(1-\sigma)}{\beta i_{ss}}\rho_\pi & -(1-\tau^q) & \frac{\theta(1-\sigma)}{\beta i_{ss}}\rho_y\alpha & -\frac{\theta(1-\sigma)}{\beta i_{ss}}(1-\rho_i) \\ \tilde{\sigma} & \frac{1}{\beta} + \frac{\theta(1-\sigma)}{\beta i_{ss}}\rho_\pi & 0 & \frac{\theta(1-\sigma)}{\beta i_{ss}}\rho_y\alpha & D_{2,5} \\ 0 & \beta\phi & 0 & 0 & 0 \\ 0 & 0 & 0 & 1 & 0 \\ 0 & 0 & 0 & 0 & 1 \end{bmatrix}$$

$$G = \begin{bmatrix} \tilde{\sigma} & 0 & 0 & 0 & 0 \\ \tilde{\sigma} & 0 & 0 & 0 & 0 \\ 0 & \phi & 1-\varepsilon & (1-\alpha)(1-\varepsilon) & 0 \\ -\frac{c_{ss}}{k_{ss}} & 0 & 0 & \alpha Ak_{ss}^{\alpha-1} + (1-\delta) & 0 \\ 0 & \rho_\pi & 0 & \rho_y\alpha & \rho_i \end{bmatrix},$$

$$H = \begin{bmatrix} -\frac{\theta(1-\sigma)}{\beta i_{ss}}\rho_y\rho_z(1-\alpha) & -\frac{1}{\beta}(1-\rho_a) & \frac{\theta(1-\sigma)}{\beta}(1-\rho_e) & \frac{1}{\beta}(1-\rho_\nu) \\ -\frac{\theta(1-\sigma)}{\beta i_{ss}}\rho_y\rho_z(1-\alpha) & -\frac{1}{\beta}(1-\rho_a) & \frac{\theta(1-\sigma)}{\beta}(1-\rho_e) & 0 \\ (1-\alpha)(\varepsilon-1) & 0 & 0 & 0 \\ (1-\alpha)Ak_{ss}^{\alpha-1} & 0 & 0 & \delta \\ \rho_y(1-\alpha) & 0 & 0 & 0 \end{bmatrix},$$

$J = [0,0,0,0,1]'$,

其中，$\tilde{\sigma} \equiv \frac{\sigma}{\beta} - \frac{\theta(1-\sigma)}{\beta}, D_{2,5} \equiv -\frac{\theta(1-\sigma)}{\beta i_{ss}}(1-\rho_i) - \frac{1}{1+\pi_{ss}}$。

式（9.243）可以写为：

$$E_t s_{t+1}^0 = \Gamma_1 s_t^0 + \Gamma_2 \psi_t + \Gamma_3 \varepsilon_{it} \tag{9.244}$$

其中，$\Gamma_1 = D^{-1}G, \Gamma_2 = D^{-1}H, \Gamma_3 = D^{-1}J$。

为描述式（9.244）的稳定性，我们需要分析矩阵Γ_1的特征值。我们的参数①与出现在新古典主义货币模型中的参数一样，矩阵Γ_1有一对共轭复数特征值，所以我们把式（9.244）写成整数阶的形式。不失一般性，我们假设矩阵Γ_1的特征值已经按范数排序。对于给定的参数，特征值为：$\lambda_1 = 0, \lambda_2 < 1, \lambda_3 = a + bi, \lambda_4 = a - bi, \lambda_5 > 1$，且$(a^2 + b^2)^{1/2} > 1$。所以，我们有3个不稳定的特征值用于计算三个控制变量$\{\hat{c}_t, \hat{\pi}_t, \hat{q}_t\}$，控制变量的值是状态变量$\{\hat{k}_t, \hat{\iota}_{t-1}, \hat{a}_t, \hat{v}_t, \hat{e}_t, \hat{z}_t\}$的函数。因此，导出了具有良好定义的解。②

计算控制方程或稳态条件，式（9.244）写为下式更为简便：

$$\begin{bmatrix} \hat{c}_{t+1} \\ \hat{\pi}_{t+1} \\ \hat{q}_{t+1} \\ \hat{k}_{t+1} \\ \hat{\iota}_t \\ \hat{z}_{t+1} \\ \hat{a}_{t+1} \\ \hat{e}_{t+1} \\ \hat{v}_{t+1} \end{bmatrix} = \underbrace{\begin{bmatrix} \Gamma_1 & \Gamma_2 \\ 0_{4\times 5} & \Omega \end{bmatrix}}_{\Gamma_4} \begin{bmatrix} \hat{c}_t \\ \hat{\pi}_t \\ \hat{q}_t \\ \hat{k}_t \\ \hat{\iota}_{t-1} \\ \hat{z}_t \\ \hat{a}_t \\ \hat{e}_t \\ \hat{v}_t \end{bmatrix} + \underbrace{\begin{bmatrix} 1&0&0 \\ 0&1&0 \\ 0&0&1 \\ 0&0&0 \\ 0&0&0 \\ 0&0&0 \\ 0&0&0 \\ 0&0&0 \\ 0&0&0 \end{bmatrix}}_{\Gamma_5} \begin{bmatrix} \eta_{c,t+1} \\ \eta_{\pi,t+1} \\ \eta_{q,t+1} \end{bmatrix} + \underbrace{\begin{bmatrix} 0_{5\times 4} & \Gamma_3 \\ I_{4\times 4} & 0_{4\times 1} \end{bmatrix}}_{\Gamma_6} \begin{bmatrix} \varepsilon_{z,t+1} \\ \varepsilon_{a,t+1} \\ \varepsilon_{e,t+1} \\ \varepsilon_{v,t+1} \\ \varepsilon_{i,t+1} \end{bmatrix}, \tag{9.245}$$

其中，我们增加了$\{\hat{z}_t, \hat{a}_t, \hat{e}_t, \hat{v}_t,\}$的运行定律方程组，即式（9.244），消费、资本的通货膨胀租金率的期望等于它们的实际值减去它们各自的误差项，即$E_t\hat{c}_{t+1} = \hat{c}_{t+1} - \eta_{c,t+1}$，$E_t\hat{\pi}_{t+1} = \hat{\pi}_{t+1} - \eta_{\pi,t+1}$，$E_t\hat{q}_{t+1} = \hat{q}_{t+1} - \eta_{q,t+1}$，此外，

$$\Omega = \begin{bmatrix} \rho_z & 0 & 0 & 0 \\ 0 & \rho_a & 0 & 0 \\ 0 & 0 & \rho_e & 0 \\ 0 & 0 & 0 & \rho_v \end{bmatrix}.$$

矩阵Γ_4有9个特征值，5个为已经提到的矩阵Γ_1的特征值，其余4个为ρ_z, ρ_a, ρ_e和ρ_v。我们假定矩阵Γ_4的对角化形式为：

$\Gamma_4 = M\Lambda M^{-1}$,

---

① MATLAB程序neokeyn.m计算简单的实现，以图形的形式出现。程序nkeyprg.m在用户选择的任意次数模拟后呈现标准统计量。该程序调用函数nkeyn.m，它必须与上述程序放在同一个目录中，或者该目录包含在MATLAB的路径中。

② 参数ε和ϕ的值对是否有确定性解至关重要。记住ε为生产最终产品的企业对中间产品的需求价格弹性，ϕ表示价格调整成本的水平。较低的ε和ϕ可能很容易获得4个稳定和1个不稳定特征值，导致不确定的均衡，即多条均衡路径全部收敛到相同的稳态。MATLAB可以计算确定性均衡的情形，第2章内生增长模型详细地讨论了均衡不确定性的含义如何得到期望的均值解。因此，使用者必须考虑我们得到的不确定性的ε和ϕ值。可以用内生增长模型的相同方法来编写在该模型中计算不确定性数值解的程序。

$$\Lambda=\begin{bmatrix}0&0&0&0&0&0&0&0&0\\0&\lambda_2&0&0&0&0&0&0&0\\0&0&\rho_z&0&0&0&0&0&0\\0&0&0&\rho_a&0&0&0&0&0\\0&0&0&0&\rho_e&0&0&0&0\\0&0&0&0&0&\rho_v&0&0&0\\0&0&0&0&0&0&a+bi&0&0\\0&0&0&0&0&0&0&a-bi&0\\0&0&0&0&0&0&0&0&\lambda_5\end{bmatrix};$$

$$M=\begin{bmatrix}M_{11}&\cdots&M_{16}&d_1+f_1 i&d_1-f_1 i&M_{91}\\\vdots&\ddots&\vdots&\vdots&\vdots&\vdots\\M_{91}&\cdots&M_{96}&d_9-f_9 i&d_9-f_9 i&M_{99}\end{bmatrix}.$$

如数学附录所示，专门讨论双变量系统的转移矩阵的特征值与有限阶差分系统的解：$\begin{bmatrix}x_{1t}\\x_{2t}\end{bmatrix}=\begin{bmatrix}A_{11}&A_{12}\\A_{21}&A_{22}\end{bmatrix}\begin{bmatrix}x_{1t-1}\\x_{2t-1}\end{bmatrix}$,

上式有共轭复数，则：

$$\begin{bmatrix}A_{11}&A_{12}\\A_{21}&A_{22}\end{bmatrix}=\underbrace{\begin{bmatrix}g_1+h_1 i&g_1-h_1 i\\g_2+h_2 i&g_2-h_2 i\end{bmatrix}}_{P}\begin{bmatrix}\mu+\nu i&0\\0&\mu+\nu i\end{bmatrix}\times\begin{bmatrix}g_1+h_1 i&g_1-h_1 i\\g_2+h_2 i&g_2-h_2 i\end{bmatrix}^{-1}$$

该确定性一阶差分方程组的通解为：

$$\begin{bmatrix}x_{1t}\\x_{2t}\end{bmatrix}=\begin{bmatrix}s^tC_1[g_1\cos(\omega t)-h_1\sin(\omega t)]+s^tC_2[g_1\sin(\omega t)-h_1\cos(\omega t)]\\s^tC_1[g_2\cos(\omega t)-h_2\sin(\omega t)]+s^tC_2[g_2\sin(\omega t)-h_2\cos(\omega t)]\end{bmatrix}$$

$$=\underbrace{\begin{bmatrix}g_1&h_1\\g_2&h_2\end{bmatrix}}_{\tilde{P}}\begin{bmatrix}s^t[C_1\cos(\omega t)+C_2\sin(\omega t)]\\s^t[-C_1\sin(\omega t)+C_2\cos(\omega t)]\end{bmatrix},$$

其中，$s=(\mu^2+v^2)^{1/2}$，$\omega=\arctan(v/\mu)$，且 C_1 和 C_2 是两个恒定的常数。注意 $\tilde{P}$ 是两列矩阵，第一列是转移矩阵右特征向量的实数部分，第二列是该特征向量的虚数部分。考虑该结果，式（9.245）的齐次形式的解为：

$$\begin{bmatrix}\hat{c}_t\\\hat{\pi}_t\\\hat{q}_t\\\hat{k}_t\\\hat{\iota}_{t-1}\\\hat{z}_t\\\hat{a}_t\\\hat{e}_t\\\hat{\nu}_t\end{bmatrix}=\tilde{M}\begin{bmatrix}C_1\\C_2\lambda_1^t\\C_3\rho_z^t\\C_4\rho_a^t\\C_5\rho_e^t\\C_6\rho_v^t\\{[C_7\cos(\zeta t)+C_8\sin(\zeta t)]\tilde{r}^t}\\{[-C_7\sin(\zeta t)+C_8\cos(\zeta t)]\tilde{r}^t}\\C_9\lambda_5^t\end{bmatrix},$$

$$\text{且}\quad\tilde{M}=\begin{bmatrix}M_{11}&\cdots&M_{16}&d_1&f_1&M_{91}\\\vdots&\ddots&\vdots&\vdots&\vdots&\vdots\\M_{91}&\cdots&M_{96}&d_9&f_9&M_{99}\end{bmatrix}.$$

其中，$\tilde{r}=(a^2+b^2)^{1/2}$ 和 $\zeta=\arctan(b/a)$。由于 $\tilde{r}>1$，当且仅当 C_7，C_8 和 C_9 等于零，该解是稳定的，这是消除不稳定轨迹的条件。除了设置这3个数为零，我们还得到了每一点上确定控制变量作为状态函数的稳定性条件：

$$\tilde{M}^{-1}\begin{bmatrix}\hat{c}_t\\\hat{\pi}_t\\\hat{q}_t\\\hat{k}_t\\\hat{\iota}_{t-1}\\\hat{z}_t\\\hat{a}_t\\\hat{e}_t\\\hat{\nu}_t\end{bmatrix}=\begin{bmatrix}C_1\\C_2\lambda_1^t\\C_3\rho_z^t\\C_4\rho_a^t\\C_5\rho_e^t\\C_6\rho_\nu^t\\0\\0\\0\end{bmatrix}\Rightarrow\begin{bmatrix}\tilde{M}^{-1}_{1:6,:}\\\tilde{M}^{-1}_{7:9,:}\end{bmatrix}\begin{bmatrix}\hat{c}_t\\\hat{\pi}_t\\\hat{q}_t\\\hat{k}_t\\\hat{\iota}_{t-1}\\\hat{z}_t\\\hat{a}_t\\\hat{e}_t\\\hat{\nu}_t\end{bmatrix}=\begin{bmatrix}C_1\\C_2\lambda_1^t\\C_3\rho_z^t\\C_4\rho_a^t\\C_5\rho_e^t\\C_6\rho_\nu^t\\0\\0\\0\end{bmatrix}\Rightarrow\tilde{M}^{-1}_{7:9,:}\begin{bmatrix}\hat{c}_t\\\hat{\pi}_t\\\hat{q}_t\\\hat{k}_t\\\hat{\iota}_{t-1}\\\hat{z}_t\\\hat{a}_t\\\hat{e}_t\\\hat{\nu}_t\end{bmatrix}=\begin{bmatrix}0\\0\\0\end{bmatrix},\tag{9.246}$$

其中，$\tilde{M}^{-1}_{7:9,:}$表示矩阵$\tilde{M}^{-1}$的第7~9行，相当于矩阵$\tilde{M}$的第7~9列，为矩阵Γ_4的右伪特征向量。

由式（9.246），我们得到控制方程：

$$\begin{bmatrix}\hat{c}_t\\\hat{\pi}_t\\\hat{q}_t\end{bmatrix}=\underbrace{-[\tilde{M}^{-1}_{7:9,1:3}]^{-1}\tilde{M}^{-1}_{7:9,4:9}}_{\Psi_1}\begin{bmatrix}\hat{k}_t\\\hat{\iota}_{t-1}\\\hat{z}_t\\\hat{a}_t\\\hat{e}_t\\\hat{\nu}_t\end{bmatrix},\tag{9.247}$$

其中，$\tilde{M}^{-1}_{7:9,1:3}$表示由矩阵$\tilde{M}^{-1}$的第7~9行及第1~3列组成的子矩阵，且$\tilde{M}^{-1}_{7:9,4:9}$表示由矩阵$\tilde{M}^{-1}$的第7~9行及第4~9列组成的子矩阵。

将式（9.245）左乘$\tilde{M}^{-1}$，得到：

$$\tilde{M}^{-1}\tilde{z}_{t+1}=\tilde{M}^{-1}\Gamma_4\tilde{z}_t+\tilde{M}^{-1}\Gamma_5\eta_{t+1}+\tilde{M}^{-1}\Gamma_6\varepsilon_{t+1}\tag{9.248}$$

其中：

$$\tilde{z}_{t+1}=\begin{bmatrix}\hat{c}_t\\\hat{\pi}_t\\\hat{q}_t\\\hat{k}_t\\\hat{\iota}_{t-1}\\\hat{z}_t\\\hat{a}_t\\\hat{e}_t\\\hat{\nu}_t\end{bmatrix},\eta_{t+1}=\begin{bmatrix}\eta_{c,t+1}\\\eta_{\pi,t+1}\\\eta_{q,t+1}\end{bmatrix},\varepsilon_{t+1}=\begin{bmatrix}\varepsilon_{z,t+1}\\\varepsilon_{a,t+1}\\\varepsilon_{e,t+1}\\\varepsilon_{\nu,t+1}\\\varepsilon_{i,t+1}\end{bmatrix}.$$

式（9.248）可以写为：

$$\tilde{M}^{-1}\tilde{z}_{t+1}=(\tilde{M}^{-1}\Gamma_4\tilde{M})\tilde{M}^{-1}\tilde{z}_t+\tilde{M}^{-1}\Gamma_5\eta_{t+1}+\tilde{M}^{-1}\Gamma_6\varepsilon_{t+1}.\tag{9.249}$$

注意矩阵$(\tilde{M}^{-1}\Gamma_3\tilde{M})$的结构：

$$\tilde{\Lambda}=(\tilde{M}^{-1}\Gamma_4\tilde{M})=\begin{bmatrix}\tilde{\Lambda}_{(1)}&\tilde{\Lambda}_{(2)}\\\tilde{\Lambda}_{(3)}&\tilde{\Lambda}_{(4)}\end{bmatrix},$$

$$\tilde{\Lambda}_{(1)}=\begin{bmatrix}0&0&0&0&0&0\\0&\lambda_2&0&0&0&0\\0&0&\rho_z&0&0&0\\0&0&0&\rho_a&0&0\\0&0&0&0&\rho_e&0\\0&0&0&0&0&\rho_\nu\end{bmatrix},$$

$$\tilde{\Lambda}_{(2)} = 0_{6\times 3}, \tilde{\Lambda}_{(3)} = 0_{3\times 6},$$

$$\tilde{\Lambda}_{(4)} = \begin{bmatrix} a & -b & 0 \\ b & a & 0 \\ 0 & 0 & \lambda_5 \end{bmatrix}. \tag{9.250}$$

因此，由式（9.249）可得：

$$\underbrace{\tilde{M}^{-1}_{7:9,:} z_{t+1}}_{=0\ \text{通过式}(9.247)} = \underbrace{\tilde{\Lambda}_{(3)} \tilde{M}^{-1}_{1:6,:} z_t}_{=0\ \text{通过式}(9.250)} + \underbrace{\tilde{\Lambda}_{(4)} \tilde{M}^{-1}_{7:9,:} z_t}_{=0\ \text{通过式}(9.247)} + \tilde{M}^{-1}_{7:9,:} \Gamma_5 \boldsymbol{\eta}_{t+1} + \tilde{M}^{-1}_{7:9,:} \Gamma_6 \boldsymbol{\varepsilon}_{t+1}, 0$$

即：

$$0 = \tilde{M}^{-1}_{7:9,:} \Gamma_5 \boldsymbol{\eta}_{t+1} + \tilde{M}^{-1}_{7:9,:} \Gamma_6 \boldsymbol{\varepsilon}_{t+1}.$$

如果我们求解预测误差，我们将得到它们与该模型随机过程新息的关系：

$$\begin{bmatrix} \eta_{c,t+1} \\ \eta_{\pi,t+1} \\ \eta_{q,t+1} \end{bmatrix} = \underbrace{-[\tilde{M}^{-1}_{7:9,:} \Gamma_5]^{-1} [\tilde{M}^{-1}_{7:9,:} \Gamma_6]}_{\Psi_2} \begin{bmatrix} \varepsilon_{z,t+1} \\ \varepsilon_{a,t+1} \\ \varepsilon_{e,t+1} \\ \varepsilon_{\nu,t+1} \\ \varepsilon_{i,t+1} \end{bmatrix}. \tag{9.251}$$

这也是稳定性条件，因为它是对式（9.245）的确定形式施加稳定性获得的（式（9.245）的齐次部分）。

最后，把式（9.247）和式（9.251）代入式（9.245），我们得到状态方程：

$$\begin{bmatrix} \hat{k}_{t+1} \\ \hat{\imath}_t \\ \hat{z}_{t+1} \\ \hat{a}_{t+1} \\ \hat{e}_{t+1} \\ \hat{\nu}_{t+1} \end{bmatrix} = \underbrace{\left[\Gamma_{4_{(4:9,1:3)}} \Psi_1 + \Gamma_{4_{(4:9,4:9)}} \right]}_{\Psi_3} \begin{bmatrix} \hat{k}_t \\ \hat{\imath}_{t-1} \\ \hat{z}_t \\ \hat{a}_t \\ \hat{e}_t \\ \hat{\nu}_t \end{bmatrix} + \underbrace{\Gamma_{6_{(4:9,:)}}}_{\Psi_4} \begin{bmatrix} \varepsilon_{z,t+1} \\ \varepsilon_{a,t+1} \\ \varepsilon_{e,t+1} \\ \varepsilon_{\nu,t+1} \\ \varepsilon_{i,t+1} \end{bmatrix}. \tag{9.252}$$

在 *neokeyn.m* MATLAB 文件中运行该模型数值解的简单实现，运用 *nkeyprg.m* 程序获得任意数量的实现。

给定$\{\varepsilon_{z,t+1}, \varepsilon_{a,t+1}, \varepsilon_{e,t+1}, \varepsilon_{\nu,t+1}, \varepsilon_{i,t+1}\}_{t=0}^{T}$的样本，初始条件为$\{\hat{k}_0, \hat{\imath}_{-1}, \hat{z}_0, \hat{a}_0, \hat{e}_0, \hat{\nu}_0\}$。由式（9.252）可得到状态变量的序列$\{\hat{k}_{t+1}, \hat{\imath}_t, \hat{z}_{t+1}, \hat{a}_{t+1}, \hat{e}_{t+1}, \hat{\nu}_{t+1}\}_{t=0}^{T}$。给定状态变量的序列，由式（9.247）得到控制变量$\{\hat{c}_t, \hat{\pi}_t, \hat{q}_t\}_{t=0}^{T}$的值。由式（9.233）计算$\left\{\hat{\bar{m}}_{t+1}\right\}_{t=0}^{T}$。注意，在新古典货币模型中，存在着名义不确定性，除非我们施加初始价格P_0，否则我们不能计算价格路径。当我们计算$k_t, \pi_t, \bar{m}_t, i_t, c_t, q_t, \upsilon_t, a_t, e_t, z_t$的值后，利用式（9.266）~式（9.230）可获得实际工资、消费的边际效用、协态变量ξ_t、产出和利息的路径。

读者会注意到本模型比上述章节分析的货币或非货币模型中有更多种的随机冲击。这些模型也可以扩展为包含一些出现在货币模型中的冲击，这种扩展可以作为一个有趣的练习。

9.9 附录：对数线性近似

当政府发行实际债券时，我们考虑代表性个体的问题：

$$\max_{\{c_t, M_{t+1}, k_{t+1}, b_{t+1}\}} E_0 \sum_{t=0}^{\infty} \beta^t U(c_t, M_{t+1}/P_t)$$

约束条件为：

$$(1+\tau^c)c_t+k_{t+1}-(1-\delta)k_t+\frac{M_{t+1}}{P_t}+[b_{t+1}/(1+r_t)]$$

$$=(1-\tau^y)A_t k_t^\alpha+\frac{M_t}{P_t}+b_t+\zeta_t.$$

给定k_0, M_0, b_0的值。

该最优问题的一阶条件为：

$$U_c(c_t,\bar{m}_{t+1})=(1+\tau^c)\mu_t, \tag{9.253}$$

$$\mu_t=\beta E_t\left[\mu_{t+1}\left((1-\tau^y)\alpha A_{t+1}k_{t+1}^{\alpha-1}+1-\delta\right)\right], \tag{9.254}$$

$$-U_{\bar{m}}(c_t,\bar{m}_{t+1})\frac{1}{P_t}+\mu_t\frac{1}{P_t}=\beta E_t\left[\mu_{t+1}\frac{1}{P_{t+1}}\right], \tag{9.255}$$

$$\mu_t\frac{1}{(1+r_t)}=\beta E_t[\mu_{t+1}]. \tag{9.256}$$

对比这组最优条件与政府发行名义债券的问题，得到：

1. $\mu_t=\lambda_t$。

2. 由式（9.90）和式（9.256）可得：

$$E_t\left[\lambda_{t+1}\left(\frac{1+i_t}{1+\pi_{t+1}}-(1+r_t)\right)\right]=0.$$

很容易得到该方程的对数线性近似：

$$E_t\hat{\pi}_{t+1}=\hat{\iota}_t-\hat{r}_t$$

3. 由式（9.254）和式（9.256）可得：

$$E_t\left\{U_c(c_{t+1},\hat{m}_{t+2})\left[\left((1-\tau^y)\alpha A_{t+1}k_{t+1}^{\alpha-1}+1-\delta\right)-(1+r_t)\right]\right\}=0,$$

对数线性近似：

$$\hat{r}_t=\frac{1}{1+r_{ss}}(1-\tau^y)\alpha Assk_{ss}^{\alpha-1}\left[\rho_A\hat{A}_t+(\alpha-1)\hat{k}_{t+1}\right].$$

4. 在稳态有：

$$1+\pi_{ss}=\frac{1+i_{sx}}{1+r_{ss}},1+r_{ss}=\frac{1}{\beta},(1-\tau^y)\alpha A_{ss}k_{ss}^{\alpha-1}=r_{ss}+\delta. \tag{9.257}$$

|9.10| 练习

练习1 我们假设政府通过印刷钞票、发行债券、提高消费税和生产税融资。考虑一个生产函数$y_t=Ak_t^\alpha$，偏好由效用函数表示：

$$U(c_t,m_{t+1})=\frac{\left(c_t\left(\frac{M_{t+1}}{P_t}\right)^\theta\right)^{1-\sigma}}{1-\sigma},\theta>0,\sigma>0,\sigma\neq 1,m_t=\frac{M_{t+1}}{P_t}.$$

（a）假设政府保持恒定的产出税率τ_{ss}^y，恒定的转移支付水平ζ_{ss}，恒定的债券存量b_{ss}，名义利率目标i_{ss}。参数取值为：$\alpha=0.36$，$A=1$，$\theta=0.5$，$\beta=0.95$，$\delta=0.10$，寻找作为i_{ss}的函数的稳态水平$c_{ss},k_{ss},m_{ss},y_{ss},r_{ss},\tau_{ss}^c$，$i_{ss}$的后两个值为$i_0$和$i_1$，选择你想要的任意$\tau_{ss}^y$、$\zeta_{ss}$和$b_{ss}$值。

（b）假定一个特定的转移支付规则，其为政府未偿债务冲击的函数，与稳态分析相一致。假设政府改变货币政策和财政政策$(i_0,\tau_0^c)\Rightarrow(i_1,\tau_1^c)$：

$(i,\tau^c)=(i_0,\tau_0^c)\ t<t_{ss}.$

$(i,\tau^c)=(i_1,\tau_1^c)\ t\geqslant t_{ss}.$

练习2 描述消费、资本存量、实际余额、效用水平、转移支付、政府债务冲击、铸币税水平、所得税税收水平、通货膨胀率、实际利率和货币增长率的转移动态。使用四种不同的方法：

（b1）定义模型方程组的对数线性近似和模型动态的状态空间。

（b2）定义模型方程组的线性近似和模型动态的状态空间。

（b3）定义模型方程组的对数线性近似，在资源的总约束和稳定条件下计算实物资本的时间路径。

（b4）定义模型方程组的线性近似，在资源的总约束和稳定条件下计算实物资本的时间路径。

练习3 假设政府通过发行货币和债券以及从消费税和所得税中获得的收入为转移支付进行融资。考虑生产函数：$y_t=Ak_t^{\alpha}l_t^{1-\alpha}$，效用函数为：$U(c_t,l_t,\bar{m}_{t+1})=\psi\ln(c_t)+(1-\psi)\ln(1-l_t^{1-\alpha})+\theta\ln(\bar{m}_{t+1})$，其中$\bar{m}_{t+1}=\dfrac{M_{t+1}}{P_t}$。参数值$A=1$，$\beta=0.9$，$\alpha=0.33$，$\delta=0.07$，$\theta=0.50$，$\psi=0.35$，$\tau^c=0.15$，$\tau^y=0.20$，转移支付（$\zeta$）的自主部分等于0.15，转移支付对政府债务的敏感度为0.40。假设名义利率从3%增长到5%且保持恒定的消费税税率和所得税税率。

（a）描述初始稳态。

（b）描述最终稳态。

（c）在只有一个时点上发生变化的假设下：$i_t=0.03t<t_0,i_t=0.05t\geqslant t_0$，$t_0$是变化的时间，用本章讨论的求解方法，描述经济从初始稳态到最终稳态的转移动态过程。

（d）在假设名义利率逐渐改变的前提下，重复前面的分析：从t_0开始，$i_t=(1-\rho_i)i_{ss}+\rho_i i_{t-1}$。对不同的$\rho_i\in(0,1)$值进行分析。

尽管通货膨胀率提高，但如果政府保持名义转移支付不变，（c）和（d）将发生什么情况？

练习4 假设政府通过发行货币和债务为转移支付融资。考虑一个生产函数$y_t=Ak_t^{\alpha}$，效用函数为：

$$U(c_t,m_{t+1})=\frac{\left(c_t\left(\dfrac{M_{t+1}}{P_t}\right)^{\theta}\right)^{1-\sigma}}{1-\sigma},\theta>0,\sigma>0,\sigma\neq 1.$$

也假设名义转移支付的大小取决于未偿债务的存量，考虑参数值$A=1$，$\beta=0.95$，$\alpha=0.35$，$\delta=0.1$，$\theta=0.5$，$\sigma=1.2$，$\zeta=10$，$\eta=0.4$。

（a）在2%的货币增长率下，假设初始的资本存量是其稳态水平的99%。政府修改货币政策以至于货币供给从$t=10$开始增长到3%。这个变化会对经济增长造成什么影响？如果$\sigma=0.95$会有什么不同？

（b）假设经济最初处于与2%的货币增长率相对应的稳定状态。按照规则，如果政府将其长期货币增长目标改为3%，对经济有何影响？遵循的规则是：

$x_t=(1-\rho)x_{ss}+\rho x_{t-1}$.

练习5 假设政府通过发行货币和债券以及从消费税和所得税获得的收入为转移支付融资。考虑生产函数$y_t=Ak_t^{\alpha}l_t^{1-\alpha}$，

$\ln(A_t)=(1-\rho_A)\ln(A_{ss})+\rho_A\ln(A_{t-1})+\varepsilon_{A,t},|\rho_A|<1$.

效用函数：$U(c_t,l_t,\bar{m}_{t+1})=\psi\ln(c_t)+(1-\psi)\ln(1-l_t)+\theta\ln(\bar{m}_{t+1})$，其中，$\bar{m}_{t+1}=\dfrac{M_{t+1}}{P_t}$。参数值$A=1$，$\beta=0.9$，$\alpha=0.33$，$\delta=0.07$，$\theta=0.50$，$\psi=0.35$，$\tau^c=0.15$，$\tau^y=0.20$，转移支付的自主部分等于0.15，转移支付对政府债务的敏感度为0.40。假设货币当局根据泰勒规则选择名义利率：

$\hat{\imath}_t=\rho_i\hat{\imath}_{t-1}+\rho_\pi\hat{\pi}_t+\rho_y\hat{y}_t+\varepsilon_{i,t},|\rho_i|<1,\varepsilon_{i,t}\underset{iid}{\sim}N(0,\sigma_i^2)$,

其中：

$$\hat{\imath}_t\equiv\ln\left(\frac{1+i_t}{1+i_{ss}}\right);\hat{\pi}_t\equiv\ln\left(\frac{1+\pi_t}{1+\pi_{ss}}\right);\hat{y}_t\equiv\ln\left(\frac{y_t}{y_{ss}}\right)\underbrace{=}_{y_t=A_tk_t^{\alpha}}\hat{A}_t+\alpha\hat{k}_t,\hat{A}_t\equiv\ln\left(\frac{A_t}{A_{ss}}\right),\hat{k}_t\equiv\ln\left(\frac{k_t}{k_{ss}}\right).$$

选择泰勒规则中参数的值及$\rho_A,\sigma_{\varepsilon,A}^2,\sigma_{\varepsilon,i}^2$的值。计算模型扰动的样本实现，获得100个这样的实现并计算模型中主要变量的均值和标准差的样本分布，样本矩取决于选择的泰勒规则中的参数值吗？

练习6 考虑练习3中描述的经济。假设现在货币当局控制货币增长，依据运行定律：

$\ln(1+x_t)=(1-\rho_x)\ln(1+x_{ss})+\rho_x\ln(1+x_{t-1})+\varepsilon_{t-1}$,

选择参数值$\rho_A,\rho_x,\sigma_{\varepsilon,A}^2,\sigma_{\varepsilon,x}^2$。计算该模型200个观测值的简单样本，获得100个实现，并计算模型中每个主要变量的平均值和标准差的样本分布。

参考文献

1. Greenwood, J., Z. Hercowitz, Z., and G.W. Huffman. 1988. Investment, capacity utilization, and the real business cycle. *American Economic Review* 78:402–417.
2. Ireland, P.N. 2003. Endogenous money or sticky prices? *Journal of Monetary Economics* 50: 1623–1648.
3. Ireland, P.N. 2004. Money's role in the monetary business cycle. *Journal of Money, Credit, and Banking* 36(6):969–983.
4. Leeper, E.M. 1991. Equilibria under 'active' and 'passive' monetary and fiscal policies. *Journal of Monetary Economics* 27:129–147.
5. Rotemberg, J.J. 1982. Sticky prices in the United States. *Journal of Political Economy* 39:173–196.
6. Sims, C.A. 1994. A simple model for study of the determination of the price level and the interaction of monetary and fiscal policy. *Economic Theory* 4:381–399.
7. Taylor, J.B. 1993. Discretion versus policy rules in practice. *Carnegie—Rochester Conferences Series on Public Policy* 39(December):195–214.

第10章

数学附录

10.1 连续时间内的确定性控制问题

考虑一个动态优化问题：

$$\max_{\nu_t}\int_0^T f(x_t,\nu_t,t)\,dt$$

约束条件为：

$\dot{x}_t = h(x_t,\nu_t,t)$，给定 x_0

其中，ν_t是控制变量，x_t是状态变量。控制变量为每个时间点上决策的一个函数，约束条件则是描述状态变量随时间演变的一种微分方程的形式。当控制变量和状态变量都是向量时，每个状态变量都有一个与上述约束类似的约束条件。

针对这个问题，引用汉密尔顿函数：

$$H(x_t,\nu_t,u_t,t)=f(x_t,\mu_t,t)+u_t h(x_t,\nu_t,t),$$

其中，μ_t是协态变量，每个约束可以解释影子价格或者是t期1单位状态变量增加产生的边际价值。

Pontryagin原理表明，汉密尔顿方程通过选择ν_t序列使得最优化条件成立：

1）$\frac{\partial H}{\partial \nu_t}=0 \Leftrightarrow \frac{\partial f}{\partial \nu_t}+\mu_t\frac{\partial h}{\partial \nu_t}=0,$

上式为状态方程，也被称为阶条件。

2）$\dot{\mu}_t=-\frac{\partial H}{\partial x_t} \Leftrightarrow \dot{\mu}_t=-\frac{\partial f}{\partial x_t}-\mu_t\frac{\partial h}{\partial x_t},$

这是协态方程（对状态变量求导）。

如果限制控制变量ν_t的符号，例如$\nu_t \geqslant 0$，则状态方程变为：

$$\frac{\partial H}{\partial \nu_t}=\frac{\partial f}{\partial \nu_t}+\mu_t\frac{\partial h}{\partial \nu_t}\leqslant 0,\text{且}\nu_t\frac{\partial H}{\partial \nu_t}=0,$$

最后，得到了横截性条件。

10.1.1 横截性条件

有时，状态变量的终端值，即$x(T)=x_T$有符号限制。在经济中极大值原理的应用中，一个典型的状态变量就是经济中的生产性资本存量。横截性条件为：

$$x_T \geqslant 0, x_T\mu_T = 0.$$

上式表明，要么$x_T=0$，要么$\mu_T=0$。

相反地，如果x_T没有数值或符号的限制，则必定可以得出这个横截性条件：$\mu_{T=0}$。

当T趋向于无穷大时，x_T有符号限制时，横截性条件就变成：

$$\lim_{T\to\infty} x_T \geqslant 0, \lim_{T\to\infty} x_T\mu_T = 0.$$

并且当x_T不存在数值或符号限制时，有：

$$\lim_{T\to\infty} \mu_T = 0.$$

10.1.2 贴现问题

现在我们假定，在一段时期内贴现率为θ的约束下，许多经济学应用领域里的案例，特别是经济增长问题中，跨期全局优化目标是瞬时目标函数在时间上加总的结果。因此，函数$f(x_t,\nu_t,t)$的形式为：

$$f(x_t,\nu_t,t)=e^{-\theta t}g(x_t,\nu_t,t),$$

在给定的时期，贴现使得未来越远的目标函数$g(\cdot)$的净贡献水平较低。为简化起见，如果假设$f(x_t,\nu_t,t)$，$g(x_t,\nu_t,t)$，$h(x_t,\nu_t,t)$这些函数不因时间的改变而变化，则将会得到一个控制问题：

$$\max_{\nu_t}\int_0^T e^{-\theta t}g(x_t,\nu_t)\,\mathrm{d}t,$$

约束条件为：$\dot{x}_t=h(x_t,\nu_t)$，给定初始值x_0，

汉密尔顿函数为：$H(x_t,\nu_t,\mu_t)=e^{-\theta t}g(x_t,\nu_t)+\mu_t h(x_t,\nu_t)$，

状态方程或者阶条件为：$\frac{\partial H}{\partial \nu_t}=\frac{\partial f}{\partial \nu_t}+\mu_t\frac{\partial h}{\partial \nu_t}=e^{-\theta t}\frac{\partial g}{\partial \nu_t}+\mu_t\frac{\partial h}{\partial \nu_t}=0$，

协态方程为：$\dot{\mu}_t=-\frac{\partial H}{\partial x_t}\Leftrightarrow\dot{\mu}_t=-\frac{\partial f}{\partial x_t}-\mu_t\frac{\partial h}{\partial x_t}=-e^{-\theta t}\frac{\partial g}{\partial x_t}-\mu_t\frac{\partial h}{\partial x_t}$， (10.1)

并且具有与之前类似的横截性条件。

所有的变量在时间t=0时都是贴现的，特别是在单位t=0的初始时期，乘数μ_t将状态变量x_t的贡献转换至初始时期的汉密尔顿函数，这样就可以得出t时刻状态变量的值。然而，对我们而言更有用的是，求解在t时刻效用单位的问题。因为如果不这样做，在$e^{-\theta t}$因素存在的作用下，类似于式（10.1）定义的许多微分方程其最优条件将会取决于时间t。

在现值形式下，可以将汉密尔顿函数写成：

$$H(x_t,\nu_t,\mu_t)=e^{-\theta t}[g(x_t,\nu_t)+\mu_t e^{\theta t}h(x_t,\nu_t)],$$

其中，定义一个现值乘数为：$\lambda_t=\mu_t e^{\theta t}$， (10.2)

这样，就得出了影子价格或者在t时刻状态变量x_t的边际价值。另外，还可以定义现值汉密尔顿函数，H^*：

$$H^*=e^{\theta t}H=g(x_t,\nu_t)+\mu_t e^{\theta t}h(x_t,\nu_t)=g(x_t,\nu_t)+\lambda_t h(x_t,\nu_t),$$

易于得出，当ν_t的取值使得现值汉密尔顿函数H^*最大化的同时，也会使得汉密尔顿函数H最大化。

并且，联立式（10.1）和式（10.2），就可以得出使汉密尔顿函数H最大化的最优条件：

1.$\frac{\partial H}{\partial \nu_t}=\frac{\partial(e^{-\theta t}H^*)}{\partial \nu_t}=e^{-\theta t}\frac{\partial H^*}{\partial \nu_t}$,

从上面的公式可以得出，$\frac{\partial H}{\partial \nu_t}=0 \Leftrightarrow \frac{\partial H^*}{\partial \nu_t}=0.$

2.$\dot{\lambda}_t=\theta\lambda_t+e^{-\theta t}\dot{\mu}_t=\theta\lambda_t-e^{-\theta t}\frac{\partial H}{\partial x_t}=\theta\lambda_t-\frac{\partial g}{\partial x_t}-e^{\theta t}\mu_t\frac{\partial h}{\partial x_t}=\theta\lambda_t-\frac{\partial H^*}{\partial x_t}$.

所以状态方程和协态方程也可以写成如下形式：

$$\frac{\partial H^*}{\partial \nu_t}=\frac{\partial g}{\partial \nu_t}+\lambda_t\frac{\partial h}{\partial \nu_t}=0,$$

$$\dot{\lambda}_t=\theta\lambda_t-\frac{\partial H^*}{\partial x_t}=\theta\lambda_t-\frac{\partial g}{\partial x_t}-\lambda_t\frac{\partial h}{\partial x_t}.$$

对于$T\rightarrow\infty$的情况，依据现值的乘数，可以在横截性条件下进行一个类似的转换，当X_t存在符号限制时：

$$\lim_{T\rightarrow\infty}x_T\geqslant 0,\ \lim_{T\rightarrow\infty}e^{-\theta t}x_T\lambda_T=0, \tag{10.3}$$

当X_t不存在符号或数值限制时，可以得出：

$$\lim_{T\rightarrow\infty}e^{-\theta T}\lambda_T=0, \tag{10.4}$$

总体而言，当目标函数里存在一个贴现因子时，汉密尔顿函数就能够写成两种可以选择的形式，具体选择哪一种要根据我们定义乘数的方式，而且我们需要更仔细和认真地对最优条件进行适当的表达。

10.1.3 变分法

现在，引用几个关于变分法问题的评论，准确地说，当控制变量引起状态变量发生变化时，这才称之为一个特殊情形下的最优控制问题。所以，系统的运行定律可以写成一个简单的形式：

$$\dot{x}_t=\nu_t, h(x_t,\nu_t,t)=\nu_t,$$

其中，控制变量和状态变量在区间内都是连续的，可以给定一个初始值x_0或者可能情况下给定一个终端值x_T。由于这是一个特殊情况下的最优控制问题，所以可以直接应用Pontryagin原理求解这个问题，在这个问题中，汉密尔顿函数是：

$$H=f(x_t,\nu_t,t)+\mu_t\nu_t,$$

状态方程为：$\frac{\partial H}{\partial \nu_t}=\frac{\partial f}{\partial \nu_t}+\mu_t=0$,

协态方程为：$\dot{\mu}_t=-\frac{\partial H}{\partial x_t}=-\frac{\partial f}{\partial x_t}-\mu_t\frac{\partial h}{\partial x_t}=-\frac{\partial f}{\partial x_t}$,

然而，在变分法问题中，x_t的变化不会对h函数造成任何影响。

由状态方程，可以得出：$\mu_t=-\frac{\partial f}{\partial \nu_t}$,

求导可得：$\dot{\mu}_t=\frac{d}{dt}\left(-\frac{\partial f}{\partial x_t}\right)$,

在这种情况下，协态方程可以写成：$\frac{d}{dt}\left(\frac{\partial f}{\partial x_t}\right)=\frac{\partial f}{\partial x_t}$，

这就是著名的欧拉公式，也是一个二阶的微分方程。

10.2 离散时间下的确定性控制问题

现在，考虑连续的微分方程在离散时间情形下的动态优化问题：

$$\max_{\{\nu_t\}_0^\infty}\sum_{t=0}^{\infty}\beta^t f(x_t,\nu_t)$$

约束条件：

$x_{t+1}=h(x_t,\nu_t)$,

$x_{t+1}\geqslant 0$,

$\nu_t\geqslant 0$,给定初值x_0,

其中，ν_t是控制变量，x_t是状态变量。例如，控制变量的取值作为在每一个时间点上的决策函数，第一个约束条件是描述状态变量时间演化的差分方程的一种形式，另外两个约束条件是保证变量不取负值，这在经济模型中是典型的假设。

在这个问题中，写出拉格朗日函数为：

$$L(x_t,\nu_t,\mu_t)=\sum_{t=0}^{\infty}\beta^t[f(x_t,\nu_t)-\lambda_{1,t}(x_{t+1}-h(x_t,\nu_t))-\lambda_{2,t}x_{t+1}-\lambda_3\nu_t],$$

其中，$\lambda_{i,t}$中的$i=1,2,3$是库恩-塔克乘数，也称为库恩-塔克系数，用于解释影子价格，在这类问题中，库恩-塔克乘数通常被称为拉格朗日乘数。

我们可以利用库恩-塔克条件解决上述的非线性动化问题：

$$\frac{\partial L}{\partial \nu_t}=\beta^t\left(\frac{\partial f}{\partial \nu_t}+\lambda_{1,t}\frac{\partial h}{\partial \nu_t}-\lambda_{3,t}\right)=0, \tag{10.5}$$

$$\frac{\partial L}{\partial x_{t+1}}=\beta^{t+1}\left(\frac{\partial f}{\partial x_{t+1}}+\lambda_{1,t+1}\frac{\partial h}{\partial x_{t+1}}\right)-\beta^t(\lambda_{1,t}+\lambda_{2,t})=0, \tag{10.6}$$

$$\frac{\partial L}{\partial \lambda_{1,t}}=x_{t+1}-h(x_t,\nu_t)=0, \tag{10.7}$$

$$\frac{\partial L}{\partial \lambda_{2,t}}=-x_{t+1}\leqslant 0,\text{且}\lambda_{2,t}x_{t+1}=0, \tag{10.8}$$

$$\frac{\partial L}{\partial \lambda_{3,t}}=-\nu_t\leqslant 0,\text{且}\lambda_{3,t}\nu_t=0. \tag{10.9}$$

除此之外，拉格朗日乘数还必须满足：

$$\lambda_{i,t}\leqslant 0, i=1,2,3. \tag{10.10}$$

式（10.5）~式（10.7）的条件称为初始的可行性条件，式（10.8）~式（10.9）为互补松弛条件，式（10.10）是对偶可行性条件。

求解$\lambda_{3,t}$和$\lambda_{2,t}$，代入式（10.5）和式（10.6）中，分别求出：

$$\lambda_{3,t}=\frac{\partial f}{\partial \nu_t}+\lambda_{1,t}\frac{\partial h}{\partial \nu_t},$$

$$\lambda_{2,t}=-\lambda_{1,t}+\beta\left(\frac{\partial f}{\partial x_{t+1}}+\lambda_{1,t+1}\frac{\partial h}{\partial x_{t+1}}\right),$$

然后，将上述两式代入式（10.8）~式（10.10）中，就得到了库恩-塔克条件：

$$\left[-\lambda_{1,t}+\beta\left(\frac{\partial f}{\partial x_{t+1}}+\lambda_{1,t+1}\frac{\partial h}{\partial x_{t+1}}\right)\right]x_{t+1}=0, \tag{10.11}$$

$$\left(\frac{\partial f}{\partial \nu_t}+\lambda_{1,t}\frac{\partial h}{\partial \nu_t}\right)\nu_t=0, \tag{10.12}$$

$$-\lambda_{1,t}+\beta\left(\frac{\partial f}{\partial x_{t+1}}+\lambda_{1,t+1}\frac{\partial h}{\partial x_{t+1}}\right)\leqslant 0, \tag{10.13}$$

$$\frac{\partial f}{\partial \nu_t}+\lambda_{1,t}\frac{\partial h}{\partial \nu_t}\leqslant 0. \tag{10.14}$$

如上所述，这个结论将贯穿本书的始终。

在经济学中，目标函数和一系列的约束必须满足一个内点解的条件，因此，$x_{t+1}>0$，$\nu_t>0$，上述条件就可以减少为：

$$-\lambda_{1,t}+\beta\left(\frac{\partial f}{\partial x_{t+1}}+\lambda_{1,t+1}\frac{\partial h}{\partial x_{t+1}}\right)=0,$$

$$\frac{\partial f}{\partial \nu_t}+\lambda_{1,t}\frac{\partial h}{\partial \nu_t}=0.$$

在等式约束的条件下，这是求解动态离散时间优化问题的拉格朗日理论的最优化条件。最终，我们得到与连续时间情况类似的横截性条件。

类似描述的分析可以推广到多个状态变量和控制变量的情况。

10.3 一阶微分方程

10.3.1 常系数的一阶微分方程

例 1.1 带有常系数的齐次线性方程：$\dot{y}_t=ry_t$，其中，r是一个已知的常数，该方程可以写为：

$$\frac{dy_t}{dt}=ry_t\Rightarrow\frac{dy_t}{y_t}=rdt\Rightarrow\ln y_t=rt+C\Rightarrow y_t=e^{rt+C}=C'e^{rt}, \tag{10.15}$$

其中，常数C'是由边界条件求出的。例如，在时间为0时y_t的值，我们通过取一个特殊值$y_0=C'$，可以得出结果，$y_t=y_0e^{rt}$。

例 1.2 带有常系数的非齐次线性方程：$\dot{y}_t=ry_t+g_t$，其中，r是一个已知的常数。这种非齐次线性方程的一般解是由齐次线性方程解的通解加上非齐次线性方程的一个特解构成的（不要忽略方程中的g_t），在例 1.1 中$y_t=y_0e^{rt}$，我们已经可以解决齐次线性方程的解。为了找到一个非齐次线性方程的特解，我们引用一个时间函数u_t，由方程中的常数y_0可以得到：

$$y_{1t}=u_te^{rt}\Rightarrow\hat{y}_{1t}=\dot{u}_te^{rt}+u_tre^{rt},$$

采取初始方程$\dot{y}_{1t}=ry_{1t}+g_t\Rightarrow\dot{u}_te^{rt}+u_tre^{rt}=ru_te^{rt}+g_t$，可以得到：$\dot{u}_t=e^{-rt}g_t$。

上式可以分成两个积分的和：

面向过去的：$u_t=\int_0^t e^{-rs}g_s\,ds$,

面向未来的：$u_t=-\int_t^\infty e^{-rs}g_s\,ds$,

在上述两式中，对时间t进行求导，根据莱布尼兹定律可以得到一些导数，关于一个参数积分函数t的导数：

$$I(t)=\int_{a(t)}^{b(t)} f(x,t)\,dx,$$

$$\frac{dI(t)}{dt}=\int_{a(t)}^{b(t)}\frac{\partial f(x,t)}{\partial t}\mathrm{d}x+f(b(t),t)\frac{db}{dt}-f(a(t),t)\frac{da}{dt}.$$

经济应用里感兴趣的是无穷区间上的积分，但是只有在收敛的情况下才有意义，这是必要条件，虽然不一定是充分条件，条件是：$\lim_{s\to\infty}e^{-rs}g_s\to 0$。

如果满足上面的条件，可以得到非齐次线性方程的一个特解：

$$y_{1t}=-e^{rt}\int_t^{\infty}e^{-rs}g_s\,ds.$$

需要注意的是，即使我们只是寻找一个特解，在求解微分方程时是允许忽略积分常数的。

最后，非齐次线性方程的一般解等于齐次线性方程的通解加上特解y_{1t}。

$$y_t=Ce^{rt}-e^{rt}\int_t^{\infty}e^{-rs}g_s\,ds,$$

如果已知$\{g_s\}_{s=0}^{\infty}$这个序列和常数r的值，根据边界条件可以确定常数C的数值。

例如，在常数序列$g_s=g\forall s$的情况下，可以写出在$t=0$时一般解的形式：

$$y_0=C-\int_0^{\infty}e^{-rs}g\,ds=C-\frac{g}{r}\Rightarrow C=y_0+\frac{g}{r},$$

$$y_t=\left(y_0+\frac{g}{r}\right)e^{rt}-e^{rt}\int_t^{\infty}e^{-rs}g\,ds=\left(y_0+\frac{g}{r}\right)e^{rt}-\frac{g}{r}.$$

从微分方程中也可以得出一些类似的结论，根据另一个理论，如式（10.15）所示，齐次线性方程的特解是$y_t=Ce^{rt}$，怎样得到一个非齐次线性方程的特解呢？可以尝试这样一种方法，设$y_t=u_te^{rt}$，代入上述微分方程，可以得到：

$$\dot{u}_te^{rt}+u_tre^{rt}=ru_te^{rt}+g\Rightarrow\dot{u}_t=ge^{-rt},$$

进而可得：

$$u_t=-\frac{1}{r}ge^{-rt}.$$

非齐次一阶微分方程的通解为：

$$y_t=Ce^{rt}-\frac{g}{r}.$$

在时间t=0时，有：

$$y_0=C-\frac{g}{r}\Rightarrow C=y_0+\frac{g}{r}.$$

最后，得到的结果为：

$$y_t=\left(y_0+\frac{g}{r}\right)e^{rt}-\frac{g}{r}.$$

10.3.2 可变系数的一阶微分方程

例 2.1 可变系数下的齐次线性方程：$\dot{y}_t=r_ty_t$。

该方程可以写为：

$$\frac{dy_t}{dt}=r_ty_t\Rightarrow\frac{dy_t}{y_t}=r_tdt\Rightarrow\ln y_t=\int_0^t r_s\mathrm{d}s+C\Rightarrow y_t=e^{\int_0^t r_s\mathrm{d}s+C}=C'e^{\int_0^t r_s ds},\tag{10.16}$$

常数C'也是根据给定边界条件求出的，例如，变量y_t在时间$t=0$时的值可以表示为：$y_t = y_0 e^{\int_0^t r_s ds}$.

例如，在本书正文中，我们经常见到微分方程：$\frac{\dot{q}_t}{q_t} = n + \theta - r_t$，

根据上面的理论，积分可以得到：$q_t = q_0 e^{-\int_0^t (r_s - (n+\theta)) ds}$。

例 2.2 可变系数下的非齐次线性方程：$\dot{y}_t = r_t y_t + g_t$。

这种方程的通解是由齐次线性方程的解加上非齐次线性方程的一个特解组成的。从例 2.1 可以求出齐次方程的解，为了找到一个非齐次方程的特解，我们引用一个时间函数 u_t，由方程里的常数可以得出，$y_{1t} = u_t e^{\int_0^t r_s ds} \Rightarrow \dot{y}_{1t} = \dot{u}_t e^{\int_0^t r_s ds} + u_t r_t e^{\int_0^t r_s ds}$。

采用初始方程：

$\dot{y}_{1t} = r_t y_{1t} + g_t$,

$\dot{u}_t e^{\int_0^t r_s ds} + u_t r_t e^{\int_0^t r_s ds} = r_t u_t e^{\int_0^t r_s ds} + g_t$,

导出：$\dot{u}_t = e^{-\int_0^t r_s ds} g_t$,

对于无穷区间上的积分，我们得出一个非齐次微分方程的特解：$u_t = -\int_t^\infty e^{-\int_0^z r_s ds} g_z dz$,

上面的公式可以对时间 t 进行求导。

最后，非齐次方程通解的形式为：$y_t = Ce^{\int_0^t r_s ds} - e^{\int_0^t r_s ds} \int_t^\infty e^{-\int_0^z r_s ds} g_z dz$，它可以看作对时间 t 求导的形式。

但是，当 $z > t$ 时，可以写为：$-\int_0^z r_s ds = -\int_0^t r_s ds - \int_t^z r_s ds$。

我们可以分解一下位于最右边的微分方程的解，进而得到：

$$y_t = Ce^{\int_0^t r_s ds} - e^{\int_0^t r_s ds} \int_t^\infty e^{-\int_0^t r_s ds} e^{-\int_t^z r_s ds} g_z dz,$$

其中，第一个积分因子不随积分变量的变化而变化，可以简化为积分之外的因素，最后得到：$y_t = Ce^{\int_0^t r_s ds} - \int_t^\infty e^{-\int_t^z r_s ds} g_z dz$,

这就是非齐次方程的解。

给出一个已知的初始值，比如在之前的方程中，令 $t = 0$ 时，可得：

$$t = 0 \Rightarrow y_0 = Ce^{\int_0^0 r_s ds} - \int_0^\infty e^{-\int_0^z r_s ds} g_z dz \Rightarrow C = y_0 + \int_0^\infty e^{-\int_0^z r_s ds} g_z dz$$

$$\Rightarrow y_t = \left[y_0 + \int_0^\infty e^{-\int_0^z r_s ds} g_z dz \right] e^{\int_0^t r_s ds} - \int_t^\infty e^{-\int_t^z r_s ds} g_z dz$$

$$= y_0 e^{\int_0^t r_s ds} + \int_0^\infty e^{-\int_t^z r_s ds} g_z dz - \int_t^\infty e^{-\int_t^z r_s ds} g_z dz$$

$$= y_0 e^{\int_0^t r_s ds} + \int_0^t e^{\int_z^t r_s ds} g_z dz.$$

我们可以考虑一种特殊的情况：$g_s = g, r_s = r \forall s$，然后：

$$y_t = y_0 e^{\int_0^t r ds} + \int_0^t e^{\int_z^t r ds} g dz = y_0 e^{rt} + g\int_0^t e^{r(t-z)} dz$$

$$= y_0 e^{rt} - \frac{g}{r}(1 - e^{rt}) = (y_0 + \frac{g}{r}) e^{rt} - \frac{g}{r}$$

可以得出常系数下与非齐次一阶微分方程同样的解。

在本书正文中，我们会见到如下形式的微分方程，$\dot{a}_t + c_t + \tau_t = \omega_t + (r_t - n) a_t$，根据本章节的理论，积分可得：

$$a_t = a_0 e^{\int_0^t (r_s - n) ds} + \int_0^t e^{\int_z^t (r_s - n) ds} (\omega_t - c_z - \tau_z) dz$$

$$= \left[a_0 + \int_0^t e^{-\int_0^z (r_s - n) ds} (\omega_z - c_z - \tau_z) dz \right] e^{\int_0^t (r_s - n) ds}.$$

10.4 矩阵代数

数字μ是向量x关于方阵A的一个特征值，可以表示成：$Ax = \mu x$。

向量x被称为方阵A特征值为μ的右特征向量。特征值μ的左特征向量是满足下式的一个向量，$x'A = \mu x'$。

我们求解矩阵A的特征值时，需要求解这样一个重要的方程：$|A - \mu I| = 0$，这也是方阵A的特征方程。

假定Λ是以方阵A的特征值为对角线上元素的一个对角矩阵。然后，如果Γ的每一个列向量都是矩阵A右特征向量的矩阵，就会得到一个等式：$A\Gamma = \Gamma\Lambda$。如果$\tilde{\Gamma}$的每一个横向量都是矩阵A左特征向量的这样一个矩阵，那么就有$\tilde{\Gamma}A = \Lambda\tilde{\Gamma}$。方阵$A$的谱分解被定义为求解因素$A = \Gamma\Lambda\Gamma^{-1}$的解，其中，$\Lambda$对角上线上的元素与方阵$A$的特征值相等，$\Gamma$的每一个列向量都是方阵$A$的右特征向量。

此外，方阵A指数形式的谱分解被定义为求解$e^A = \Gamma e^{\Lambda} \Gamma^{-1}$的结果，其中，$\Lambda$也是一条对角线上元素等于方阵$A$特征值的对角矩阵，矩阵$\Gamma$的每一个列向量都是矩阵$A$的右特征向量。

引理1. 方阵A的左特征向量是矩阵A'的右特征向量，矩阵A和它的转置矩阵具有相同的特征值。

证明：假定矩阵$\tilde{\Gamma}$的每一个行向量都是方阵A的左特征向量，则有$\tilde{\Gamma}A = \Lambda\tilde{\Gamma} \Rightarrow A'\tilde{\Gamma}' = \tilde{\Gamma}'\Lambda' = \tilde{\Gamma}'\Lambda$，其中$\Lambda$是一个对角矩阵。从这个等式中，可以得出$\tilde{\Gamma}'$的每一个列向量都是矩阵$A'$的右特征向量，并且矩阵$A$和$A'$具有相同的特征值。$\tilde{\Gamma}'$的每一列也就是$\tilde{\Gamma}$的每一行。

当描述一个模型数值解稳定性的一部分时，我们将会广泛地应用上述理论。

引理2. 假定A是一个方形、可逆的矩阵。

(a) A和A^{-1}具有相同的右特征向量。

(b) 如果矩阵Γ的每一个列向量都是矩阵A的右特征向量，则Γ^{-1}的每一个行向量都是矩阵A^{-1}左特征向量。

(c) 矩阵A和A^{-1}具有相同的左特征向量。

证明：

（a）从矩阵A的谱分解：$A=\Gamma\Lambda\Gamma^{-1}$中，对等式两边求逆：$A^{-1}=\Gamma\Lambda^{-1}\Gamma^{-1}$，其中，对角矩阵$\Lambda^{-1}$的对角线上的元素都是矩阵$A$的特征值的逆。当矩阵$A$是可逆的时，那么矩阵$A^{-1}$的特征值就是矩阵$A$特征值的逆，$A$和$A^{-1}$这两个矩阵具有相同的右特征向量。

（b）根据对矩阵Γ的定义，对$A\Gamma=\Gamma\Lambda$两边求逆，得：$\Gamma^{-1}A^{-1}=\Lambda^{-1}\Gamma^{-1}$，可得矩阵$A^{-1}$的特征值是矩阵$A$特征值的逆（特征值的倒数），矩阵$\Gamma^{-1}$中所有行向量都是矩阵$A^{-1}$的左特征向量。

（c）结合上述两个结论，我们可以得出矩阵A和A^{-1}具有相同的左特征向量。

为了简化表示，我们将特征向量标准化，使得每一个特征向量的第一个元素化成1。

有些时候，我们会进行矩阵A的t次方，也就是A^t的谱分解。

引理3. 如果矩阵A满足谱分解：$A=\Gamma\Lambda\Gamma^{-1}$，则矩阵$A^t$的谱可分解为：$A^t=\Gamma\Lambda\Gamma^{-1}$，其中，矩阵$\Lambda^t$对角线上的元素是矩阵$\Lambda$对角线上元素的$t$次方。

证明：这里采用数学归纳法。

当t=2时：$A^2=AA=(\Gamma\Lambda\Gamma^{-1})(\Gamma\Lambda\Gamma^{-1})=\Gamma\Lambda\Gamma^{-1}\Gamma\Lambda\Gamma^{-1}=\Gamma\Lambda^2\Gamma^{-1}$，

当t=3时：$A^3=A^2A=(\Gamma\Lambda^2\Gamma^{-1})(\Gamma\Lambda\Gamma^{-1})=\Gamma\Lambda^3\Gamma^{-1}$。

现在，假设当$t-1$时：$A^{t-1}=\Gamma\Lambda^{t-1}\Gamma^{-1}$的结论也成立。

那么，$A^t=A^{t-1}A=(\Gamma\Lambda^{t-1}\Gamma^{-1})(\Gamma\Lambda\Gamma^{-1})=\Gamma\Lambda^t\Gamma^{-1}$，证明完毕。

让我们考虑这样一个函数e^A，其中A是$n\times n$阶矩阵，这个函数也遵循上面的谱分解。麦克劳林函数的矩阵扩展形式为：

$$
\begin{aligned}
e^A &= I_n + A + \frac{1}{2!}A^2 + \frac{1}{3!}A^3 + \cdots = I_n + \Gamma\Lambda\Gamma^{-1} + \frac{1}{2!}(\Gamma\Lambda\Gamma^{-1})^2 + \frac{1}{3!}(\Gamma\Lambda\Gamma^{-1})^3 + \cdots \\
&= I_n + \Gamma\Lambda\Gamma^{-1} + \frac{1}{2!}\Gamma\Lambda^2\Gamma^{-1} + \frac{1}{3!}\Gamma\Lambda^3\Gamma^{-1} + \cdots \\
&= \Gamma\left(I_n + \Lambda + \frac{1}{2!}\Lambda^2 + \frac{1}{3!}\Lambda^3 + \cdots\right)\Gamma^{-1} = \Gamma e^{\Lambda}\Gamma^{-1}.
\end{aligned}
$$

10.4.1 2×2阶的情况

在$\dot{z}_t=Az_t$的系统里，假设A是2×2阶的矩阵，$z_t=(z_{1t},z_{2t})'$

$$A=\begin{pmatrix} a_{11} & a_{12} \\ a_{21} & a_{22} \end{pmatrix},$$

它的特征方程为：

$$\mu^2-(a_{11}+a_{22})\mu+(a_{11}a_{22}-a_{12}a_{21})=0,$$

该特征方程的两个根为：

$$\mu_1=\frac{(a_{11}+a_{22})+\sqrt{(a_{11}+a_{22})^2-4(a_{11}a_{22}-a_{12}a_{21})}}{2},$$

$$\mu_2=\frac{(a_{11}+a_{22})+\sqrt{(a_{11}+a_{22})^2-4(a_{11}a_{22}-a_{12}a_{21})}}{2}.$$

与特征值μ_1对应的右特征向量$x=(x_1,x_2)$满足等式：

$$\begin{pmatrix} a_{11} & a_{12} \\ a_{21} & a_{22} \end{pmatrix}\begin{pmatrix} x_1 \\ x_2 \end{pmatrix}=\mu_1\begin{pmatrix} x_1 \\ x_2 \end{pmatrix},$$

$$\Rightarrow a_{11}x_1 + a_{12}x_2 = \mu_1 x_1, a_{21}x_1 + a_{22}x_2 = \mu_1 x_2,$$

进而：

$$x_2 = \frac{\mu_1 - a_{11}}{a_{12}} x_1,$$

$$x_2 = \frac{a_{21}}{\mu_1 - a_{22}} x_1,$$

这两种表达方式是一致的，原因在于μ是特征方程的根。

标准化，令$x_1 = 1$，得到如下的特征向量：

$$x = \begin{pmatrix} x_1 \\ x_2 \end{pmatrix} = \begin{pmatrix} 1 \\ \dfrac{\mu_1 - a_{11}}{a_{12}} \end{pmatrix}.$$

类似地，可以得到特征值μ_2的标准化特征向量：

$$y = \begin{pmatrix} y_1 \\ y_2 \end{pmatrix} = \begin{pmatrix} 1 \\ \dfrac{\mu_2 - a_{11}}{a_{12}} \end{pmatrix},$$

其中，乘积为：

$$x'y = x_1y_1 + x_2y_2 = 1 + \frac{\mu_1 - a_{11}}{a_{12}} \frac{\mu_2 - a_{11}}{a_{12}}$$

$$= 1 + \frac{\mu_1\mu_2 - a_{11}(\mu_1 + \mu_2) + a_{11}^2}{a_{12}^2} = 1 - \frac{a_{21}}{a_{12}}.$$

如果矩阵A是对称的，那么向量x和y是正交的，因为它们的内积结果为0。

现在，我们进行矩阵A的谱分解，$A = \Gamma\Lambda\Gamma^{-1}$，其中矩阵$\Lambda$的对角线上的元素是矩阵$A$的特征值，$\Lambda = \begin{pmatrix} \mu_1 & 0 \\ 0 & \mu_2 \end{pmatrix}$，矩阵$\Gamma$的每一个列向量都是矩阵$A$的右特征向量，因此，

$\Gamma = \begin{pmatrix} x_1 & y_1 \\ x_2 & y_2 \end{pmatrix}$，它的逆矩阵的形式为：

$$\begin{pmatrix} u_1 & v_1 \\ u_2 & v_2 \end{pmatrix} = \Gamma^{-1} = \begin{pmatrix} x_1 & y_1 \\ x_2 & y_2 \end{pmatrix}^{-1} = \frac{1}{x_1y_2 - x_2y_1} \begin{pmatrix} y_2 & -y_1 \\ -x_2 & x_1 \end{pmatrix}$$

$$= \frac{a_{12}}{\mu_2 - \mu_1} \begin{pmatrix} \dfrac{\mu_2 - a_{11}}{a_{12}} & -1 \\ -\dfrac{\mu_1 - a_{11}}{a_{12}} & 1 \end{pmatrix},$$

因此，$A = \dfrac{a_{12}}{\mu_2 - \mu_1} \begin{pmatrix} 1 & 1 \\ \dfrac{\mu_1 - a_{11}}{a_{12}} & \dfrac{\mu_2 - a_{11}}{a_{12}} \end{pmatrix} \begin{pmatrix} \mu_1 & 0 \\ 0 & \mu_2 \end{pmatrix} \begin{pmatrix} \dfrac{\mu_2 - a_{11}}{a_{12}} & -1 \\ -\dfrac{\mu_1 - a_{11}}{a_{12}} & 1 \end{pmatrix}$。

在一些情况下，我们感兴趣的可能是与特征值μ_1相关的左特征向量x和向量z_t之间的正交性问题，这将意味着：

$$z_{1t} + \frac{\mu_1 - a_{11}}{a_{12}} z_{2t} = 0.$$

但是这个特征方程的两个根必须满足：

$\mu_1\mu_2 = a_{11}a_{22} - a_{12}a_{21}$；$\mu_1 + \mu_2 = a_{11} + a_{22}$

可以推出：

$$-\frac{a_{21}}{\mu_2-a_{11}}=\frac{\mu_1-a_{11}}{a_{12}}.$$

因此，之前的条件可以写成如下的形式：

$$z_{1t}-\frac{a_{21}}{\mu_2-a_{11}}z_{2t}=0.$$

10.4.2 具有鞍点路径特征的系统

矩阵$A2\times 2$系统特征方程的形式：

$$\mu^2-(1+\frac{1}{\beta}+A)\mu+\frac{1}{\beta}=0,$$

该方程就含有鞍点路径结构，这个特征方程的两个根，其中有一个特征值大于$\frac{1}{\beta}$，另一个小于1。证明这些性质时，要注意该特征方程的两个根所具备的性质：

$$\mu_1+\mu_2=1+\frac{1}{\beta}+A,\mu_1\mu_2=\frac{1}{\beta},$$

可得：

$$\mu_1+\frac{1}{\beta\mu_1}=1+\frac{1}{\beta}+A.$$

在正实线上函数$f(\mu_1)=\mu_1+\frac{1}{\beta\mu_1}$描述的两个根的和是连续的，在$\mu_1=1$和$\mu_1=\frac{1}{\beta}$时，函数值是一样的，即$f(1)=f(\frac{1}{\beta})=1+\frac{1}{\beta}$，在上述两点之间，当$\mu_1=\sqrt{\frac{1}{\beta}}$时，函数取最小值。当$1+\frac{1}{\beta}+A>1+\frac{1}{\beta}$时，函数$f(\mu_1)=1+\frac{1}{\beta}+A$中$\mu_1$的两个可能取值一个小于1，另一个大于$\frac{1}{\beta}$。

10.4.3 随着时间的推移施加稳定条件

在这一节我们将说明对在初始时期$t=0$的动态系统施加线性或非线性近似的稳定条件就相当于在每一个时间点上施加条件。为了计算一个数值解，差分方程非线性动态系统的线性或非线性近似法贯穿了本书。在经济系统中，这种近似法可以写成控制变量和状态变量的一个扩展的向量一阶自回归过程。如果这个模型包含时间动态，这个向量可能包括状态变量和控制变量的滞后。该表示法称为状态空间表示法。

命题1 在任何动态经济状态空间的构造中，在时期$t=0$时施加稳定条件就相当于对任意一个$\forall t$施加条件。

考虑这样一个动态系统：

$$\begin{bmatrix}s_{t+1}\\c_{t+1}\end{bmatrix}=\begin{bmatrix}\Gamma_{11}&\Gamma_{12}\\\Gamma_{21}&\Gamma_{22}\end{bmatrix}\begin{bmatrix}s_t\\c_t\end{bmatrix},\text{给定}s_0,$$

其中，s_t是一个$k\times 1$阶的状态变量向量，c_t是一个$r\times 1$阶的控制变量向量。所以，Γ_{11}是一个$k\times k$的矩阵，Γ_{22}是一个$r\times r$阶的矩阵，Γ_{12}是一个$k\times r$阶矩阵，Γ_{21}是一个$r\times k$阶矩阵。

将矩阵Γ对角化：

$$\underbrace{\begin{bmatrix} M_{11} & M_{12} \\ M_{21} & M_{22} \end{bmatrix}}_{M}\underbrace{\begin{bmatrix} \Lambda_1 & 0_{k\times r} \\ 0_{r\times k} & \Lambda_2 \end{bmatrix}}_{\Lambda}\underbrace{\begin{bmatrix} m_{11} & m_{12} \\ m_{21} & m_{22} \end{bmatrix}}_{M^{-1}} = \begin{bmatrix} \Gamma_{11} & \Gamma_{12} \\ \Gamma_{21} & \Gamma_{22} \end{bmatrix}。$$

其中，假设Λ_1是一个由稳定特征值构成的对角矩阵，Λ_2是一个由不稳定特征值构成的对角矩阵。因此，混合矩阵$[M_{12} \quad M_{22}]$包含的每一个列向量都是不稳定的右特征向量，$[m_{21} \quad m_{22}]$包含的每一个行向量都是不稳定的左特征向量。需要注意的是，矩阵Λ_2必须是$r\times r$阶的矩阵，这样才能保证系统有解。

如果排除不稳定的路径，我们将会得到，在给出的关于状态变量的初始条件后，这个具有鞍点路径解决方案的动态系统的解是稳定的。排除不稳定的路径意味着获得控制变量的初始值的同时具有状态变量初始值的函数会消除其余的轨迹：

$$m_{21}s_0 + m_{22}c_0 = 0 \Rightarrow c_0 = -m_{22}^{-1}m_{21}s_0,$$

如果我们将上述表达式带入当$t=1$时的转置矩阵，一方面会得到：

$$s_1 = \Gamma_{11}s_0 - \Gamma_{12}m_{22}^{-1}m_{21}s_0 = [\Gamma_{11} - \Gamma_{12}m_{22}^{-1}m_{21}]s_0 \Rightarrow$$

$$s_0 = [\Gamma_{11} - \Gamma_{12}m_{22}^{-1}m_{21}]^{-1}s_1, \tag{10.17}$$

另一方面：

$$\begin{aligned} c_1 &= \Gamma_{21}s_0 + \Gamma_{22}c_0 \\ &= \Gamma_{21}s_0 - \Gamma_{22}m_{22}^{-1}m_{21}s_0 \\ &= [\Gamma_{21} - \Gamma_{22}m_{22}^{-1}m_{21}]s_0, \end{aligned} \tag{10.18}$$

将式（10.17）代入式（10.18）中，则有：

$$c_1 = [\Gamma_{21} - \Gamma_{22}m_{22}^{-1}m_{21}][\Gamma_{11} - \Gamma_{12}m_{22}^{-1}m_{21}]^{-1}s_1. \tag{10.19}$$

因此，只需要证明：$[\Gamma_{21} - \Gamma_{22}m_{22}^{-1}m_{21}] \times [\Gamma_{11} - \Gamma_{12}m_{22}^{-1}m_{21}]^{-1} = -m_{22}^{-1}m_{21}$。如果这一点成立，即对于$t=1$适用时，那么对所有的时间大于1的也都适用，易于得到对于任意的时间t结论都成立。

首先，我们已知：

$$\begin{bmatrix} \Lambda_1 & 0_{k\times r} \\ 0_{r\times k} & \Lambda_2 \end{bmatrix}\begin{bmatrix} m_{11} & m_{12} \\ m_{21} & m_{22} \end{bmatrix} = \begin{bmatrix} m_{11} & m_{12} \\ m_{21} & m_{22} \end{bmatrix}\begin{bmatrix} \Gamma_{11} & \Gamma_{12} \\ \Gamma_{21} & \Gamma_{22} \end{bmatrix}$$

$$\Rightarrow \begin{bmatrix} \Lambda_1 m_{11} & \Lambda_1 m_{12} \\ \Lambda_2 m_{21} & \Lambda_2 m_{22} \end{bmatrix} = \begin{bmatrix} m_{11}\Gamma_{11} + m_{12}\Gamma_{21} & m_{11}\Gamma_{12} + m_{12}\Gamma_{22} \\ m_{21}\Gamma_{11} + m_{22}\Gamma_{21} & m_{21}\Gamma_{12} + m_{22}\Gamma_{22} \end{bmatrix}$$

得到Λ_2的两种表达形式：

$$\Lambda_2 = m_{21}\Gamma_{11}m'_{21}(m_{21}m'_{21})^{-1} + m_{22}\Gamma_{21}m'_{21}(m_{21}m'_{21})^{-1}.$$

$$\Lambda_2 = m_{21}\Gamma_{12}m_{22}^{-1} + m_{22}\Gamma_{22}m_{22}^{-1} \tag{10.20}$$

其中，允许m_{12}不是一个方阵。

为使上面的两个表达式相等，等式右边都乘以$m_{21}m'_{21}$：

$$m_{21}[\Gamma_{11}m'_{21}(m_{21}m'_{21})^{-1}m_{21}m'_{21}-\Gamma_{12}m_{22}^{-1}m_{21}m'_{21}]$$
$$=-m_{22}[\Gamma_{21}m'_{21}(m_{21}m'_{21})^{-1}m_{21}m'_{21}-\Gamma_{22}m_{22}^{-1}m_{21}m'_{21}]$$
$$\Rightarrow m_{21}[\Gamma_{11}m'_{21}-\Gamma_{12}m_{22}^{-1}m_{21}m'_{21}]$$
$$=-m_{22}[\Gamma_{21}m'_{21}-\Gamma_{22}m_{22}^{-1}m_{21}m'_{21}]$$
$$\Rightarrow m_{21}[\Gamma_{11}-\Gamma_{12}m_{22}^{-1}m_{21}]m'_{21}$$
$$=-m_{22}[\Gamma_{21}-\Gamma_{22}m_{22}^{-1}m_{21}]m'_{21}$$
$$\Rightarrow m_{21}[\Gamma_{11}-\Gamma_{12}m_{22}^{-1}m_{21}]=-m_{22}[\Gamma_{21}-\Gamma_{22}m_{22}^{-1}m_{21}]$$
$$\Rightarrow -m_{22}{}^{-1}m_{12}=[\Gamma_{21}-\Gamma_{22}m_{22}^{-1}m_{21}][\Gamma_{11}-\Gamma_{12}m_{22}^{-1}m_{21}]^{-1}.$$

10.5 有关复数的一些笔记

假设$\{\mu_1=a+bi,\mu_2=a-bi\}$为两个共轭复数。如果把这两个复数写成极坐标的形式：

$$\mu_1=q\cos(\theta)+iq\sin(\theta),\mu_2=q\cos(\theta)-iq\sin(\theta),$$

其中，$\theta=\arctan(b/a),q=\|\mu_1\|=\|\mu_2\|=(a^2+b^2)^{1/2}$。

命题2 $e^{i\theta}=\cos(\theta)+i\sin(\theta)$.

证明：第一步，写出$\sin(\theta)$，$\cos(\theta)$和e^x的麦克劳林展开式：

$$\sin(\theta)=\sin 0+\theta\cos 0-\frac{1}{2!}\theta^2\sin 0-\frac{1}{3!}\theta^3\cos 0+\frac{1}{4!}\theta^4\sin 0+\cdots$$
$$=\theta-\frac{\theta^3}{3!}+\frac{\theta^5}{5!}-\frac{\theta^7}{7!}+\frac{\theta^9}{9!}-\cdots$$
$$\cos(\theta)=\cos 0-\theta\sin 0-\frac{1}{2!}\theta^2\cos 0+\frac{1}{3!}\theta^3\sin 0+\frac{1}{4!}\theta^4\cos 0-\cdots$$
$$=1-\frac{\theta^2}{2!}+\frac{\theta^4}{4!}-\frac{\theta^6}{6!}+\frac{\theta^8}{8!}-\cdots$$
$$e^x=1+x+\frac{x^2}{2!}+\frac{x^3}{3!}+\frac{x^4}{4!}+\cdots$$

如果令$x=i\theta$，则有：

$$e^{i\theta}=1+i\theta-\frac{\theta^2}{2!}-i\frac{\theta^3}{3!}+\frac{\theta^4}{4!}+i\frac{\theta^5}{5!}-\frac{\theta^6}{6!}-i\frac{\theta^7}{7!}+\cdots$$
$$=(1-\frac{\theta^2}{2!}+\frac{\theta^4}{4!}-\frac{\theta^6}{6!}+\frac{\theta^8}{8!}-\cdots)+i(\theta-\frac{\theta^3}{3!}+\frac{\theta^5}{5!}-\frac{\theta^7}{7!}+\frac{\theta^9}{9!}-\cdots)$$
$$=\cos(\theta)+i\sin(\theta).$$

推论1 $e^{-i\theta}=\cos(\theta)-i\sin(\theta)$

证明：
$$e^{-i\theta}=1-i\theta-\frac{\theta^2}{2!}+i\frac{\theta^3}{3!}+\frac{\theta^4}{4!}-i\frac{\theta^5}{5!}-\frac{\theta^6}{6!}+i\frac{\theta^7}{7!}+\cdots$$
$$=(1-\frac{\theta^2}{2!}+\frac{\theta^4}{4!}-\frac{\theta^6}{6!}+\frac{\theta^8}{8!}-\cdots)-i(\theta-\frac{\theta^3}{3!}+\frac{\theta^5}{5!}-\frac{\theta^7}{7!}+\frac{\theta^9}{9!}-\cdots)$$
$$=\cos(\theta)-i\sin(\theta).$$

推论2 给出两个共轭复数
$$\mu_1=a+ib=q[\cos(\theta)+i\sin(\theta)]=qe^{i\theta}$$
$$\mu_2=a-ib=q[\cos(\theta)-i\sin(\theta)]=qe^{-i\theta}$$

其中，q和θ与上文一致，则有：

$$e^{i\theta t}=\cos(\theta t)+i\sin(\theta t)$$
$$\mu_1^t=(a+ib)^t=q^t[\cos(\theta t)+i\sin(\theta t)]=q^t e^{i\theta t}$$
$$\mu_2^t=(a-ib)^t=q^t[\cos(\theta t)-i\sin(\theta t)]=q^t e^{-i\theta t}$$

证明：读者根据上面的方法很容易得出这个结论。

10.6 具有复数根的动态双方程的求解方法

考虑如下模型：

$$\begin{bmatrix} x_{1t} \\ x_{2t} \end{bmatrix}=\underbrace{\begin{bmatrix} a & b \\ c & d \end{bmatrix}}_{\Gamma}\begin{bmatrix} x_{1t-1} \\ x_{2t-1} \end{bmatrix}. \tag{10.21}$$

矩阵Γ的两个根不同，分别为：

$$\begin{bmatrix} x_{1t} \\ x_{2t} \end{bmatrix}=\begin{bmatrix} A_1\mu_1^t+A_2\mu_2^t \\ B_1\mu_1^t+B_2\mu_2^t \end{bmatrix}, \tag{10.22}$$

其中，A_1,A_2,B_1,B_2是待定系数。

假设如式（10.21）的转置矩阵Γ有复数根，则：

$$\begin{aligned}&\mu_1=\alpha+\beta i,\\&\mu_2=\alpha-\beta i,\\&A_1=\gamma+\delta i,A_2=\gamma-\delta i,\\&B_1=\bar{\omega}+\eta i,B_2=\bar{\omega}-\eta i.\end{aligned} \tag{10.23}$$

首先，需要说明的是，实际上，当且仅当A_1,A_2是共轭复数时，$\begin{Bmatrix} A_1\mu_1^t+A_2\mu_2^t \\ B_1\mu_1^t+B_2\mu_2^t \end{Bmatrix}$才是实数，$B_1,B_2$也是共轭复数时，才会有上述的结论。

$\Rightarrow A_1=\gamma_1+\delta_1 i,A_2=\gamma_2+\delta_2 i$，如果对任意的$t$，$A_1\mu_1^t+A_2\mu_2^t$都是一个实数，则当$t=0$时，它也是一个实数，$A_1+A_2$一定是一个实数，$\gamma_1+\delta_1 i+\gamma_2+\delta_2 i$也一定是实数，推出$\delta_1=-\delta_2$。现在令$\delta=\delta_1$，如果对任意的$t$，$A_1\mu_1^t+A_2\mu_2^t$都是一个实数，则当$t=1$时，$A_1\mu_1+A_2\mu_2$必是一个实数，如果$\gamma_1=\gamma_2$，则：

$(\gamma_1+\delta i)(\alpha+\beta i)+(\gamma_2-\delta i)(\alpha-\beta i)=(\gamma_1\alpha-2\delta\beta+\gamma_2\alpha)+\beta i(\gamma_1-\gamma_2)$必然是一个实数。令$\gamma=\gamma_1$，$A_1=\gamma+\delta i$，$A_2=\gamma-\delta i$是共轭复数，针对$B_1$、$B_2$的证明与之类似，不再赘述。

$\Rightarrow$如果A_1,A_2是共轭复数，B_1,B_2是共轭复数，则$\begin{Bmatrix} A_1\mu_1^t+A_2\mu_2^t \\ B_1\mu_1^t+B_2\mu_2^t \end{Bmatrix}$是一个实数。可以写为：

$$A_1=\gamma+\delta i=se^{i\omega}=s[\cos(\omega)+i\sin(\omega)],A_2=\gamma-\delta i=se^{-i\omega}=s[\cos(\omega)-i\sin(\omega)],$$
$$s=(\gamma^2+\delta^2)^{1/2},\omega=\arctan(\delta/\gamma).$$

令$\mu_1=\alpha+\beta i=qe^{i\nu}=q[\cos(\nu)+i\sin(\nu)],\mu_2=\alpha-\beta i=qe^{-i\nu}=q[\cos(\nu)-i\sin(\nu)]$，

其中，$q=(\alpha^2+\beta^2)^{1/2},\nu=\arctan(\beta/\alpha)$。

$$A_1\mu_1^t + A_2\mu_2^t = se^{i\omega} q^t e^{i\nu t} + se^{-i\omega} q^t e^{-i\nu t} = sq^t [e^{i(\omega+\nu t)} + e^{-i(\omega+\nu t)}]$$
$$= sq^t[\cos(\omega+\nu t) + i\sin(\omega+\nu t) + \cos(\omega+\nu t) - i\sin(\omega+\nu t)]$$
$$= 2sq^t\cos(\omega+\nu t) = 2sq^t[\cos(\omega)\cos(\nu t) - \sin(\omega)\sin(\nu t)]$$

因此，

$$= 2q^t\left[\underbrace{s\cos(\omega)}_{\gamma}\cos(\nu t) - \underbrace{s\sin(\omega)}_{\delta}\sin(\nu t)\right]$$
$$= 2q^t[\gamma\cos(\nu t) - \delta\sin(\nu t)],$$

它是一个实数。①

进一步地，解可以写成：

$$\begin{bmatrix} x_{1t} \\ x_{2t} \end{bmatrix} = \begin{bmatrix} 2q^t[\gamma\cos(\nu t) - \delta\sin(\nu t)] \\ 2q^t[\bar{\omega}\cos(\nu t) - \eta\sin(\nu t)] \end{bmatrix}, \tag{10.24}$$

其中，$\gamma, \delta, \bar{\omega}, \eta$ 是待定系数。

另一组解可以写成：

$$\begin{bmatrix} x_{1t} \\ x_{2t} \end{bmatrix} = \begin{bmatrix} q^t c_1[d_1\cos(\nu t) - f_1\sin(\nu t)] + q^t c_2[d_1\sin(\nu t) + f_1\cos(\nu t)] \\ q^t c_1[d_2\cos(\nu t) - f_2\sin(\nu t)] + q^t c_2[d_2\sin(\nu t) + f_2\cos(\nu t)] \end{bmatrix}, \tag{10.25}$$

其中，c_1, c_2 是待定系数，d_1, d_2 分别是特征向量 μ_1, μ_2 的实部，它们的实部相同，f_1, f_2 分别为特征向量 μ_1, μ_2 的虚部。所以，即使解的结果更有说服力，但是给定初始值 $(x_{10}\quad x_{20})$，我们只能计算出两个常数。这意味着在表示式（10.21）~式（10.24）解的形式时，A_1, B_1 必须成比例，同样 (A_2, B_2)，$(\gamma, \bar{\omega})$，(δ, η) 也要成比例，这个比例常数是转置矩阵 Γ 成分的一个函数。

现在，可以把解写成如式（10.25）的形式。在该形式下，求解差分方程系统：

$$\begin{bmatrix} x_{1t} \\ x_{2t} \end{bmatrix} = \begin{bmatrix} a & b \\ c & d \end{bmatrix}^t \begin{bmatrix} x_{10} \\ x_{20} \end{bmatrix} = \underbrace{\begin{bmatrix} M_{11} & M_{12} \\ M_{21} & M_{22} \end{bmatrix}}_{M} \underbrace{\begin{bmatrix} \mu_1^t & 0 \\ 0 & \mu_2^t \end{bmatrix}}_{\Lambda^t} \underbrace{\begin{bmatrix} m_{11} & m_{12} \\ m_{21} & m_{22} \end{bmatrix}}_{M^{-1}} \begin{bmatrix} x_{10} \\ x_{20} \end{bmatrix}$$

$$= \begin{bmatrix} M_{11} & M_{12} \\ M_{21} & M_{22} \end{bmatrix} \begin{bmatrix} \mu_1^t C_1 \\ \mu_2^t C_2 \end{bmatrix} = \begin{bmatrix} C_1 M_{11}\mu_1^t + C_2 M_{12}\mu_2^t \\ C_1 M_{21}\mu_1^t + C_2 M_{22}\mu_2^t \end{bmatrix}, \tag{10.26}$$

其中，$C_1 = m_{11}x_{10} + m_{12}x_{20}, C_2 = m_{21}x_{10} + m_{22}x_{20}$，$M$，$m$ 的矩阵形式为：

$$M = \begin{bmatrix} d_1 + if_1 & d_1 - if_1 \\ d_2 + if_2 & d_2 - if_2 \end{bmatrix}, m = \begin{bmatrix} g_1 + ih_1 & g_2 + ih_2 \\ g_1 - ih_1 & g_2 - ih_2 \end{bmatrix}.$$

注意，矩阵 M 的每一个列向量都是共轭复数的右特征向量，矩阵 m 的每一个行向量都是共轭复数的左特征向量。给定矩阵 M 和 m，易于得出常数 C_1, C_2 也是共轭复数。

$$C_1 = \underbrace{(g_1x_{10} + g_2x_{20})}_{C_r} + \underbrace{(h_1x_{10} + h_2x_{20})}_{C_i} i,$$

$$C_2 = (g_1x_{10} + g_2x_{20}) - (h_1x_{10} + h_2x_{20})i.$$

联立式（10.26）和式（10.22），可得：

$$\{C_1M_{11} = A_1; C_2M_{12} = A_2; C_1M_{21} = B_1; C_2M_{22} = B_2\}$$
$$\Rightarrow \{(C_r + iC_i)(d_1 + if_1) = \gamma + i\delta; (C_r + iC_i)(d_2 + if_2) = \bar{\omega} + i\eta\}$$
$$\Rightarrow \gamma = (C_rd_1 - C_if_1); \delta = (C_id_1 + C_rf_1); \bar{\omega} = (C_rd_2 - C_if_2); \eta = (C_id_2 + C_rf_2). \tag{10.27}$$

① 在该处应用了和的余弦公式：$\cos(a+b) = \cos(a)\cos(b) - \sin(a)\sin(b)$。

将式（10.27）代入式（10.24），得到：

$$\begin{bmatrix} x_{1t} \\ x_{2t} \end{bmatrix} = \begin{bmatrix} 2q^t[(C_r d_1 - C_i f_1)\cos(\nu t) - (C_i d_1 + C_r f_1)\sin(\nu t)] \\ 2q^t[(C_r d_2 - C_i f_2)\cos(\nu t) - (C_i d_2 + C_r f_2)\sin(\nu t)] \end{bmatrix}$$

$$= \begin{bmatrix} 2q^t[C_r(d_1\cos(\nu t) - f_1\sin(\nu t)) - C_i(d_1\sin(\nu t) + f_1\cos(\nu t))] \\ 2q^t[C_r(d_2\cos(\nu t) - f_2\sin(\nu t)) - C_i(d_2\sin(\nu t) + f_2\cos(\nu t))] \end{bmatrix}$$

$$= \begin{bmatrix} q^t c_1[d_1\cos(\nu t) - f_1\sin(\nu t)] + q^t c_2[d_1 sin(\nu t) + f_1 \cos(\nu t)] \\ q^t c_1[d_2\cos(\nu t) - f_2\sin(\nu t)] + q^t c_2[d_2 \sin(\nu t) + f_2\cos(\nu t)] \end{bmatrix},$$

其中，$c_1 = 2C_r, c_2 = -2C_i$。

索引

Benhabib，J.	人名（经济学家）
Blanchard，O.	人名（经济学家）
Blanchard-Khan solution method	Blanchard-Khan求解方法
Brock，W.A.	人名（经济学家）
Budget constraint	预算约束
Budget deficit	预算赤字
Business cycle fluctuations	经济周期波动
Business cycles	经济周期
C	
Caballe，J.	人名（经济学家）
Cagan，P.	人名（经济学家）
Calculus of variations	变分法
Calibration	校准
Calvo，G.	人名（经济学家）
Canova，F.	人名（经济学家）
Carlstrom，C.T.	人名（经济学家）
Cash-in-advance constraint	现金预付约束
Cass，D.	人名（经济学家）
Cass-Koopmans model	Cass-Koopmans模型
Cass-Koopmans-Ramsey model	Ramsey-Cass-Koopmans 模型
Castañeda，A.	人名（经济学家）
Central bank	中央银行
Certainty equivalence principle	确定性等价原则
Champ，B.	人名（经济学家）
Characteristic equation，polynomial	多项式特征方程
Characteristic roots	特征根
Chari，V.V.	人名（经济学家）
Chebychev collocation	切比雪夫配置
Chebychev nodes	切比雪夫节点
Chebychev polynomial interpolation	切比雪夫多项式插值
Chebyshev polynomials	切比雪夫多项式
Cholesky identification strategy	Cholesky识别策略
Christiano，L.	人名（经济学家）
Clower，R.W.	人名（经济学家）
Cobb-Douglas production function	柯布道格拉斯生产函数
Coefficient of relative risk aversion	相对风险厌恶系数
Coenen，G.	人名（经济学家）

Collocation method	配置方法
Commitment	承诺
Competitive equilibrium	竞争均衡
Competitive equilibrium with government	含政府部门竞争均衡
Computational methods	计算方法
Conditional convergence	条件收敛
Conditional expectations	条件期望
Constant relative risk aversion（CRRA）	常数相对风险厌恶
Constant returns to scale	规模收益不变
Constant savings rate	储蓄率不变
Consumption taxes	消费税率
Continuous-time model	连续时间模型
Control equation	控制方程
Control problem	控制问题
Control variables	控制变量
Convergence path	收敛路径
Cooley，T.F	人名（经济学家）
Cooper，R.W.	人名（经济学家）
Co-state equation	协态方程
Co-state variables	协态变量
Creative destruction	创造性破坏
Cross-correlation	互相关
Crowding out	挤出
CRRA	常数相对风险厌恶
Current-value multiplier	现值乘数

D

Dave，C.	人名（经济学家）
Decision rule	决策规制
Decomposition of variance	方差分解
De Jong，D.N.	人名（经济学家）
Den Haan，W.	人名（经济学家）
Den Haan-Marcet method	Den Haan-Marcet 方法
Detrending	去趋势
Diagonalization of matrices	矩阵对角化
Diaz-Gimenez，J.	人名（经济学家）
Differential equation	微分方程
Dinopoulos，E.	人名（经济学家）

Dirac delta function 迪拉克δ函数
Discount bonds 贴现债券
Discounted problem 贴现问题
Discrete-time model 离散时间模型
Distorting taxes 扭曲性税收
Dixit，A.K. 人名（经济学家）
Duration of the transition 转换持续期
Dynamic efficiency 动态效率
Dynamic inefficiency 动态无效率
Dynamic laffer curve 动态拉弗曲线
Dynamic multiplier 动态乘数
Dynamic stochastic general Equilibrium （DGSE） model 动态随机一般均衡（DSGE）模型

E
Economic policy evaluation 经济政策评价
Efficiency of competitive equilibrium 竞争性均衡的效率
Eigenvalue-eigenvector decomposition 特征向量分解
Eigenvalue-eigenvector decomposition method 特征向量分解方法
Elasticity of marginal utility 边际效用弹性
Endogenous growth 内生增长
Endogenous labor supply 内生劳动供给
Erceg，C.J. 人名（经济学家）
Ethier，W.J. 人名（经济学家）
Euler condition 欧拉条件
Euler equation 欧拉方程
Exact solution 精确解
Exact stability conditions 精确的稳定性条件
EXCEL book EXCEL书
EXCEL file EXCEL文件
Existence of steady state 稳态的存在性
Exogenous growth 外生增长
Exogenous saving rate 外生储蓄率
Expectations variables 预期变量
Externalities 外部性

F
Fackler，P.L. 人名（经济学家）

Feasible combinations of fiscal and monetary policies	财政货币政策的可行组合
First order autoregression	一阶自回归
Fiscal policy	财政政策
Fischer，S.	人名（经济学家）
Flannery，B.P.	人名（经济学家）
Follower country	追随者国家
Forward-looking expectation	前瞻性预期
Forward-looking solution	前瞻性的解决方案
Freeman，S.	人名（经济学家）
Friedman，M.	人名（经济学家）
Friedman's prescription	弗里德曼设定
Friedman's rule	弗里德曼规制
Fuerst，T.S.	人名（经济学家）
Function approximation（Interpolation）	函数逼近（插值）
G	
Galerkin method	Galerkin方法
Gali，J.	人名（经济学家）
Gauss-Hermite quadrature	高斯-埃尔米特求积公式
Gauss-Newton method	高斯-牛顿方法
Generalized method of moments	广义矩方法
Gertler，M.	人名（经济学家）
Global indeterminacy	全局不确定性
Golden rule	黄金法则
Government budget constraint	政府预算约束
Government capital	政府资本
Government debt	政府债务
Government deficit	政府赤字
Greenwood，J.Z.	人名（经济学家）
Grossman，G.M.	人名（经济学家）
Guerrieri，L.	人名（经济学家）
Guidotti，P.E.	人名（经济学家）
Guillman，M.	人名（经济学家）
Gust，C.	人名（经济学家）
H	
Hamiltonian	汉密尔顿函数

Hamilton-Jacobi-Bellman equation　Hamilton-Jacobi-Bellman 方程
Hansen，L.P.　人名（经济学家）
Heer，B.　人名（经济学家）
Helpman，E.　人名（经济学家）
Hercowitz，Z.　人名（经济学家）
Hermite polynomial　埃尔米特多项式
Howitt，P.　人名（经济学家）
Hoddrick-Prescott filter　H-P滤波
Huffman，G.W.　人名（经济学家）
Human capital accumulation　人力资本累积
Human capital in two-sector models of endogenous growth　含有人力资本的两部门内生增长模型

I
Imitation　模仿
Implementability condition　可执行条件
Impulse responses　冲击响应
Inada conditions　稻田条件
Income taxes　收入税
Indeterminacy of equilibrium　均衡的不确定性
Inefficiency of competitive equilibrium　竞争均衡的低效性
Inflation　通货膨胀
Inflation tax　通货膨胀税
Innovation　新息，创新
Instantaneous elasticity of substitution of consumption　消费的瞬时弹性
Intermediate goods and imperfect competition　中间产品与不完全竞争
Interrelation between monetary and fiscal policy　货币与财政政策的相互关系
Intertemporal budget balance　跨期预算平衡
Intertemporal elasticity of substitution of consumption　消费的跨期替代弹性
Inventions　发明
Ireland，P.N.　人名（经济学家）
IS curve　IS曲线

J
Jacobian　雅可比

Jones，L.E.	人名（经济学家）
Jones and Manuelli model	Jones and Manuelli 模型
Jordan decomposition	Jordan 分解
Judd，K.L.	人名（经济学家）
Jump variables	跳变量/Jump 变量
K	
Kahn，M.	人名（经济学家）
Kehoe，P.	人名（经济学家）
Keynes，J.M.	人名（经济学家）
Keynes-Ramsey condition	Keynes-Ramsey 条件
Keynes-Ramsey rule	Keynes-Ramsey 规则
Kimbrough，K.	人名（经济学家）
King，R.	人名（经济学家）
Koopmans，T.C.	人名（经济学家）
Kuhn-Tucker conditions	库恩-塔克条件
Kuhn-Tucker multipliers	库恩-塔克乘数
Kydland，F.C.	人名（经济学家）
L	
Labour-augmented technological growth	劳动增进型技术进步
Laffer curve	拉弗曲线
Lag operator	滞后算子
Lagrange multiplier	拉格朗日乘数
Lagrangian	拉格朗日
Law of iterated expectations	迭代期望定律
Law of large numbers	大数定律
Laxton，D.	人名（经济学家）
Leader-follower model	领先-追赶模型
Leading country	领先国家
Leapfrogging，	跨越
Least squares	最小二乘
Least squares method	最小二乘法
Leeper，E.M.	人名（经济学家）
Linear approximation	线性近似
Linear quadratic approximation	线性二次近似
Liquidity injections	注入流动性
Ljunqvist，L.	人名（经济学家）

LM curve LM曲线
Local indeterminacy 局部不确定性
Log Deviations from Steady-State Values 稳态值的对数差分
Log-linear approximation 对数线性近似
Long-run equilibria 长期均衡
Lorenzani，G. 人名（经济学家）
Lucas，R.E. 人名（经济学家）
Lucas' critique 卢卡斯批判
Lump-sum taxes 定额税

M
Manuelli，R. 人名（经济学家）
Marcet，A. 人名（经济学家）
Marginal cost of inflation 通货膨胀的边际成本
Marginal cost of labor 劳动的边际成本
Marginal product of labor 劳动的边际产出
Marginal utility of consumption 消费的边际效用
Marginal utility of money 货币的边际效用
Marimon，R. 人名（经济学家）
MATLAB file MATLAB文件
MATLAB program MATLAB程序
Maussner，A. 人名（经济学家）
McAdam，P. 人名（经济学家）
McCallum，B.T. 人名（经济学家）
McCandless，G. 人名（经济学家）
McGrattan，E.R 人名（经济学家）
McLaurin's power expansion McLaurin有效展开
Mean reversion 均值回归
Mean square error 均方误差
Method of undetermined coefficients 待定系数法
Microeconomic foundations 微观基础
Miranda，M.J. 人名（经济学家）
Mirman，L.J. 人名（经济学家）
Monetary policy 货币政策
Monetary policy instruments 货币政策工具
Monetary shocks 货币冲击
Money demand 货币需求
Money growth 货币增长

Money in the utility function	效用函数中的货币
Money neutrality	货币中性
Monopolistic competition	垄断竞争
Monopoly	垄断
Monte carlo analysis	蒙特卡罗分析
Moving average	移动平均
Multiplier-accelerator model	乘数-加速数模型

N

Neoclassical growth model	新古典增长模型
Neutrality	中性
New keynesian monetary model	新凯恩斯货币模型
Newton-Raphson method	牛顿-拉夫森方法
Nominal bonds	名义债券
Nominal indeterminacy	名义上的不确定性
Nominal Interest Rate	名义利率
Nonlinear deterministic model	非线性确定性模型
Nonlinear model	非线性模型
Nonlinear solution methods	非线性求解方法
Nonlinear stochastic model	非线性随机过程
Nonlinear system	非线性系统
Nonstationarity	非平稳
Novales, A.	人名（经济学家）
Numerical exercise	数值练习
Numerical methods	数值方法
Numerical solution	数值解

O

Objective function of central banks	中央银行的目标函数
Observation equation	观测方程
Opportunity cost of money	资金的机会成本
Optimal control problem	最优控制问题
Optimal growth model	最优增长模型
Optimal inflation rate	最优通胀率
Optimal monetary policy	最优货币政策
Optimal rate of inflation	最优通胀率
Optimal taxation	最优税率
Ordinary least square	普通最小二乘

Ramsey problem	拉姆齐问题
Ramsey's model	拉姆齐模型
Random walk	随机游走
Rate of growth	增长率
Rational expectations	理性预期
Rational expectations equilibrium	理性预期均衡
Rational expectations errors	理性预期偏差
Rational expectations models	理性预期模型
Rationality hypothesis testing	理性假设检验
R&D effort	研发努力
Real business cycle（RBC） models	真实经济周期（RBC）模型
Real money balances	真实货币余额
Rebelo，S.	人名（经济学家）
Representative agent model	代表性代理人模型
Representative agent problem	代表性代理人问题
Research and development（R&D）,	研发
Researcher monopoly	研发者垄断
Residual equation	残差方程
Ricardian doctrine	李嘉图理论
Ricardian equivalence	李嘉图等价
Rios-Rull，J.V.	人名（经济学家）
Risk aversion	风险厌恶
Romer，P.M.	人名（经济学家）
Rotemberg，J.J.	人名（经济学家）
Ruiz，J.	人名（经济学家）
S	
Saddle path,	鞍点路径
Saddle point	鞍点
Saddle-point stability	鞍点稳定
Sala-i-Martin，X.	人名（经济学家）
Santos，M.	人名（经济学家）
Sargent，T.J.	人名（经济学家）
Schumpeter，J.A.	人名（经济学家）
Schumpeterian growth	熊彼特增长
Schumpeterian model	熊彼特模型
Scott，A.	人名（经济学家）
Second order approximation	二阶近似

Second order autoregression	二阶自回归
Segerstrom，P.S.	人名（经济学家）
Seigniorage	铸币税
Sidrauski，M.	人名（经济学家）
Sidrauski model	Sidrauski模型
Sims，C.A.	人名（经济学家）
Sims' method	Sims方法
Simulations	模拟
Smets，F.	人名（经济学家）
Social planner	社会计划者
Social planner's problem	社会计划者问题
Solow，R.M.	人名（经济学家）
Solow Swan model	Solow-Swan模型
Solution methods	解决方法
Spectral decompositions	谱分解
Speed of convergence	收敛速度
Spence，M.	人名（经济学家）
Spreadsheets	电子表格
Stability conditions	稳定性条件
Stability of public debt	公共债务的稳定性
State equation	状态方程
State space approach	状态空间方法
State space models	状态空间模型
Stationarity	平稳性
Steady state	稳态
Steady-state equilibrium	稳态均衡
Stiglitz，J.	人名（经济学家）
Stochastic process	随机过程
Stochastic simulation	随机模拟
Stokey，N.L.	人名（经济学家）
Straub，R.	人名（经济学家）
Structural changes	结构变化
Structural macroeconomic models	结构宏观经济模型
Subsistence steady state	稳态的持续性
Superneutrality of money	货币超中性
Swan，T.W.	人名（经济学家）
Symmetric equilibrium	对称均衡

T

Tax system	税收体系
Taylor，J.B.	人名（经济学家）
Taylor rule	泰勒规则
Taylor's expansion	泰勒扩张
Technological change	技术变动
Technological diffusion	技术扩散
Technology shock	技术冲击
Teukolsky，S.A.	人名（经济学家）
Timing of real balances	实际余额的时机
Total factor productivity	全要素生产率
Transitional dynamics	动态转换
Transitional effects	转换效应
Transition between steady states	稳态间的转换
Transition matrix	转换矩阵
Transition towards steady state	向稳态的过渡
Transversality condition	横截性条件
Trend	趋势
True solution	实解
Turnovsky，S.	人名（经济学家）

U

Uhlig，H.	人名（经济学家）
Uhlig's method	Uhlig方法
Undetermined coefficients	待定系数
Uniqueness of steady state	稳态的唯一性
Unit roots	单位根
Unstable eigenvalue	不稳定特征值
Uzawa，H.	人名（经济学家）
Uzawa-Lucas model	Uzawa-Lucas模型

V

Variety of producer products	生产者产品的多样性
VAR representation	VAR表示
Vector autoregression（VAR）models	向量自回归（VAR）模型
Végh，C.A.	人名（经济学家）
Vetterling，W.T.	人名（经济学家）